東漢史書叢考

陶智 著

上海古籍出版社

2022年度國家社科基金後期資助項目

（項目批准號：22FYYB057）

國家社科基金後期資助項目
出版説明

　　後期資助項目是國家社科基金設立的一類重要項目,旨在鼓勵廣大社科研究者潛心治學,支持基礎研究多出優秀成果。它是經過嚴格評審,從接近完成的科研成果中遴選立項的。爲擴大後期資助項目的影響,更好地推動學術發展,促進成果轉化,全國哲學社會科學工作辦公室按照"統一設計、統一標識、統一版式、形成系列"的總體要求,組織出版國家社科基金後期資助項目成果。

全國哲學社會科學工作辦公室

目　　錄

緒　論 ……………………………………………………………… 1

第一編　《後漢書》叢考 …………………………………… 37

1. 負户 / 37
2. 擁節 / 40
3. 鱒彝 / 41
4. 制詔 / 41
5. 帝王 / 42
6. 貨行於言 / 42
7. 虞續 / 44
8. 朱瑀 / 44
9. 屯騎校尉袁逢 / 45
10. 自爲 / 45
11. 靈帝中子 / 46
12. 省閤 / 47
13. 收后 / 47
14. 僭忌 / 48
15. 齋禁　命教 / 48
16. 覆衣天下 / 50
17. 於 / 50
18. 居心 / 51
19. 然後隨以金帛 / 51
20. 祖姑 / 52
21. 大命 / 53
22. 述自亡之埶 / 54
23. 收涙 / 54
24. 聖恩 / 55
25. 輒此 / 56
26. 子女 / 57
27. 急況發兵 / 58
28. 母弟 / 58
29. 諸將軍 / 59
30. 析鄉 / 59
31. 天風 / 60
32. 儒生 / 61
33. 仗節死義 / 62
34. 拔戟 / 64
35. 堅壁 / 65
36. 因見 / 66
37. 實 / 66
38. 卒 / 67
39. 三十二年 / 67
40. 脩道 / 68
41. 計 / 70
42. 幹 / 71
43. 恩信　寬以待下 / 71
44. 殷志　正月 / 72

45. 重蒸 / 73
46. 以之交結 / 74
47. 推實 / 75
48. 有人失牛者 / 76
49. 敏 / 77
50. 排抵 / 77
51. 劍刃鉤之 / 78
52. 鄧敬因折芰 / 79
53. 詔 / 80
54. 才職 / 80
55. 千石令　令史丞尉 / 81
56. 褐巾布衣素棺殯殮 / 82
57. 欺真 / 83
58. 輔益 / 84
59. 口吟舌言 / 85
60. 發取妓女御者 / 86
61. 予 / 87
62. 流冗 / 88
63. 當為五更 / 88
64. 厚其名 / 89
65. 稍息 / 90
66. 乃今 / 90
67. 固病 / 91
68. 草萊 / 92
69. 抗疾 / 93
70. 道游俠 / 94
71. 校書部　校書　六人 / 95
72. 自論 / 104
73. 決 / 104
74. 夭傷 / 105
75. 逐出 / 106
76. 省瘦 / 108
77. 書文 / 109
78. 心 / 110
79. 前人 / 111
80. 皇后弟侍中竇憲 / 111
81. 洛縣 / 112
82. 由無 / 113
83. 聖聽 / 114
84. 消捐 / 115
85. 繒絲 / 115
86. 牛醫兒 / 116
87. 不免之 / 116
88. 几陽亭 / 117
89. 表識　光識 / 118
90. 慢憜 / 119
91. 糾持 / 120
92. 薪萊 / 121
93. 永寧元年 / 122
94. 當發 / 123
95. 率皆赤幘縫構 / 124
96. 憚其名 / 124
97. 北地 / 125
98. 冥鑒 / 126
99. 聞之 / 128
100. 循復 / 128
101. 字子琰 / 130
102. 非矜其人 / 130
103. 祖太尉脩 / 131
104. 通 / 132
105. 威 / 132
106. 客堂 / 133
107. 明年　更,經也 / 134
108. 辝其占 / 135
109. 任城相劉儒 / 136
110. 見則排斥　循善 / 137

111. 與子孫／138　　　　　　112. 致死／138

113. 戴戟／139　　　　　　　114. 爾乃／140

115. 窮寇勿迫,歸衆勿追／141　116. 愛畏　盡勤／141

117. 周規／142　　　　　　　118. 柸／143

119. 佐軍校尉／144　　　　　120. 山谷鄙生／144

121. 聞奏／145　　　　　　　122. 蘭輿／146

123. 見／146　　　　　　　　124. 天下所具／147

125. 孝爲字／147　　　　　　126. 遊息／148

127. 一日／149　　　　　　　128. 義／150

129. 陳闊／150　　　　　　　130. 便／151

131. 禍將及人／151　　　　　132. 操作　孟光／152

133. 數乃至千／155　　　　　134. 化狸／156

135. 五色印／156　　　　　　136. 皆以配／159

137. 正月／159　　　　　　　138. 以　災／159

139. 狙猱　無足／160　　　　140. 口救／161

141. 雒陽市令／162　　　　　142. 諸王客／162

143. 稱課促／163

第二編　《後漢紀》叢考…………………………… 165

1. 徐達／165　　　　　　　　2. 妄／165

3. 北　西擊／166　　　　　　4. 短絶／167

5. 成民／168　　　　　　　　6. 扶／169

7. 遺體子／169　　　　　　　8. 告斬／170

9. 公簿／171　　　　　　　　10. 上智處危以求安／172

11. 俱共　不居城内／172　　　12. 爲賊所突／173

13. 伏／174　　　　　　　　　14. 鮮車／175

15. 親事／175　　　　　　　　16. 守崇求本約／178

17. 塞事／179　　　　　　　　18. 庫鈞／180

19. 辛肜／182　　　　　　　　20. 觀世變動／182

21. 下治／183　　　　　　　　22. 不思小怨／184

23. 疑／185　　　　　　　　　24. 迎問／187

25. 恐／188　　　　　　　　　26. 長／189

27. 見／190　　　　　　　　　28. 願得耿君／190

29. 安陽 / 191
30. 司馬 / 191
31. 章句訓詁 / 192
32. 徵書 / 193
33. 襲蓋延　楚相 / 193
34. 悉 / 194
35. 何遇 / 195
36. 生 / 195
37. 令 / 196
38. 受其利　其 / 197
39. 嚮起　濯足 / 197
40. 建武九年 / 200
41. 北 / 200
42. 建武九年 / 200
43. 建武十二年 / 201
44. 軍沒民疲 / 201
45. 終身不得列于三公 / 202
46. 況已 / 202
47. 浸渥 / 203
48. 正 / 203
49. 父　虧君生身 / 205
50. 不款塞 / 205
51. 重 / 207
52. 業徒 / 207
53. 坦薄 / 208
54. 如 / 209
55. 撫　段柳 / 209
56. 得 / 210
57. 陽 / 210
58. 飭躬自行 / 211
59. 左翊公 / 211
60. 旱 / 211
61. 冬十月 / 212
62. 三十一年 / 212
63. 家丞 / 213
64. 識之非 / 214
65. 近語以字取 / 214
66. 數進御 / 215
67. 盛德之舞 / 216
68. 闕略 / 216
69. 隱視 / 217
70. 與 / 220
71. 先登士 / 221
72. 箇 / 221
73. 同 / 223
74. 吉凶之教 / 223
75. 以是效臣之能 / 224
76. 照於上下 / 224
77. 真定張林 / 225
78. 非 / 225
79. 簡斥 / 226
80. 將 / 227
81. 濯龍 / 228
82. 謂 / 229
83. 素厭 / 229
84. 遥和 / 230
85. 無事於外 / 230
86. 是非之倫 / 231
87. 竟故　辯加位　此明 / 231
88. 言 / 232
89. 俯順人意 / 232
90. 天下心 / 233
91. 以言取怒 / 234
92. 臣 / 234
93. 耿秉出塞 / 235
94. 北廬 / 236

95. 削誅 / 237	96. 教行文質 / 237
97. 采撰 / 238	98. 守土 / 239
99. 駭異 / 240	100. 易動 / 240
101. 雛雊 / 241	102. 溫邃 / 241
103. 攬服 / 242	104. 厗守 / 243
105. 驚　三十里一署 / 244	106. 二年春 / 245
107. 陰共 / 246	108. 望 / 246
109. 妨塞 / 247	110. 太尉司馬苞薨 / 248
111. 秋七月 / 248	112. 宰設服 / 248
113. 中常侍黃門郎 / 249	114. 著其節制 / 250
115. 在輿爲軾　所請 / 251	116. 來曆 / 252
117. 天子 / 252	118. 濟陽 / 253
119. 稱譜 / 253	120. 疾姦 / 254
121. 權貴 / 255	122. 定顛侯 / 255
123. 都梁侯 / 256	124. 以光祿大夫　居在所縣 / 257
125. 拜侍中 / 257	126. 殉準的 / 258
127. 普達 / 259	128. 尚書 / 259
129. 安而無愁 / 259	130. 耳目 / 260
131. 作制令　民衷 / 261	132. 體具山川 / 261
133. 正身以先之,嚴以泣之 / 262	134. 諷引 / 263
135. 以道理求便 / 263	136. 表素 / 264
137. 神聖 / 265	138. 畏惡 / 265
139. 殯已便關,關畢便葬 / 266	140. 漢安元年六月 / 267
141. 濟北太守 / 267	142. 還嬰 / 268
143. 無嗣 / 268	144. 十二月辛丑　居 / 269
145. 卒志畢力 / 270	146. 上將軍 / 271
147. 不絕遊戲 / 272	148. 治掠 / 273
149. 中郎 / 274	150. 死者 / 274
151. 實言 / 274	152. 招 / 275
153. 襲常存之爵,修不易之制 / 276	154. 公孫之衣 / 277
155. 造鑄錢 / 277	156. 聖朝 / 278
157. 資因 / 278	158. 禍福無門之殊應 / 279
159. 夜盜其家 / 279	160. 陳霸 / 280

161. 間／280　　　　　　　　162. 補其虛／280

163. 外甥／281　　　　　　　164. 實少／282

165. 使人／282　　　　　　　166. 愈以疾蕃／283

167. 轉相／283　　　　　　　168. 百姓／284

169. 薄埋　乃陷／284　　　　170. 永康元年／285

171. 乃許／286　　　　　　　172. 其中／286

173. 選其家屬／287　　　　　174. 尚書／287

175. 汎濫／288　　　　　　　176. 元艾／288

177. 子序／289　　　　　　　178. 宋子俊／289

179. 光武世／290　　　　　　180. 非其時人／290

181. 殯泣／290　　　　　　　182. 五十萬／291

183. 鮮卑中郎將／292　　　　184. 所由於外／292

185. 勸／293　　　　　　　　186. 勒／293

187. 放羹衣上／293　　　　　188. 緝／294

189. 閉　擬則／295　　　　　190. 狄道／296

191. 感悼之情／296　　　　　192. 忠恪／297

193. 害於天下／297　　　　　194. 脫文　韓馥／298

195. 去入／299　　　　　　　196. 鑄／299

197. 披其舌／300　　　　　　198. 執正／301

199. 令／301　　　　　　　　200. 捷避之／302

201. 之／302　　　　　　　　202. 口所常說／303

203. 王順／303　　　　　　　204. 我昔／303

205. 欲術爲援／304　　　　　206. 驃騎將軍／304

207. 比／305　　　　　　　　208. 尚書以下／305

209. 興平二年／305　　　　　210. 抱鉞／306

211. 親與／307　　　　　　　212. 處其逸／307

213. 不足邪／308　　　　　　214. 始用八佾／308

215. 先／309　　　　　　　　216. 且／309

217. 通簡／310　　　　　　　218. 求我之由／310

219. 全生／311　　　　　　　220. 監丞相軍事／311

221. 糾遯／312　　　　　　　222. 后父完／313

223. 追惟／313　　　　　　　224. 越水火／314

225. 旁祇厥序　甚／315　　　226. 大化／316

227. 鹿皮帽冠 / 317

第三編 《東觀漢記》叢考 ……………………………… 319

1. 極望老吏 / 319　　　　2. 宜令 / 319
3. 校勝 / 320　　　　　　4. 失草 / 322
5. 丹青之信 / 322　　　　6. 如平生　親 / 323
7. 中子 / 324　　　　　　8. 非 / 324
9. 十年　牛被野 / 325　　10. 胡客 / 325
11. 殂 / 326　　　　　　　12. 太尉 / 326
13. 章帝元和元年 / 327　　14. 謁者 / 327
15. 收捕 / 328　　　　　　16. 晝日 / 328
17. 平篹 / 329　　　　　　18. 百官表　明用達法理 / 330
19. 凡律所革 / 331　　　　20. 不於京師　庶績 / 331
21. 學博士 / 331　　　　　22. 其 / 332
23. 致 / 332　　　　　　　24. 務行 / 333
25. 修　恭王法 / 334　　　26. 乃　祖廟 / 334
27. 抵 / 335　　　　　　　28. 至意 / 336
29. 呼卿 / 336　　　　　　30. 所笑 / 337
31. 南破昆陽　明公 / 337　32. 臨淄 / 338
33. 憨遽 / 338　　　　　　34. 士 / 339
35. 娛樂 / 339　　　　　　36. 懸 / 340
37. 抗省　免官 / 340　　　38. 費 / 341
39. 天中關 / 342　　　　　40. 厭第 / 342
41. 帝自爲之辭 / 343　　　42. 德陽殿 / 344
43. 持兵長史 / 344　　　　44. 葛縛 / 345
45. 少懼 / 346　　　　　　46. 擔擾 / 346
47. 視事五年 / 346　　　　48. 平陵鮑恢爲從事 / 347
49. 如前 / 347　　　　　　50. 超號 / 348
51. 上書　梁不疑 / 349　　52. 聚珍本 / 349
53. 修父之業 / 349　　　　54. 止車門 / 350
55. 何能多日 / 351　　　　56. 感愴 / 352
57. 自禮 / 352　　　　　　58. 下言 / 353
59. 重式 / 353　　　　　　60. 雒陽 / 354

61. 宮上閣 / 354
62. 不遭明時 / 355
63. 陳　爲不足 / 355
64. 約禮者也 / 356
65. 亡捐 / 357
66. 其 / 357
67. 劉設教令　占見 / 358
68. 賜演 / 360
69. 編草 / 360
70. 常以吉日　杖二 / 361
71. 漢紀 / 361
72. 聚珍本 / 362
73. 王稚子代 / 363
74. 後 / 363
75. 紆便往察 / 363
76. 聚珍本 / 364
77. 以易生 / 364
78. 持車 / 365
79. 助國 / 366
80. 疾 / 366
81. 躬迹 / 367
82. 范康 / 367
83. 闕文 / 368

第四編　《八家後漢書》叢考 …… 369

1. 主身 / 369
2. 彭 / 369
3. 甲兵 / 370
4. 會 / 370
5. 令 / 371
6. 時 / 371
7. 丹筆 / 371
8. 叔子 / 371
9. 鈞 / 372
10. 駭犀 / 372
11. 謝丞集 / 373
12. 邡嘗 / 373
13. 五六十萬 / 374
14. 八十四 / 374
15. 及 / 375
16. 徐淑 / 375
17. 累世 / 376
18. 橋玄傳 / 376
19. 談高妙 / 376
20. 脯祭 / 377
21. 定有 / 377
22. 欣然 / 378
23. 黄他求没 / 378
24. 贏 / 379
25. 巷 / 379
26. 且 / 380
27. 不蒙 / 381
28. 困杖 / 381
29. 劾覽 / 382
30. 桑椹乾爲飯 / 382
31. 後 / 382
32. 化 / 383
33. 臨盡 / 383
34. 天子未嘗見 / 383
35. 蒙傳術 / 384
36. 星等 / 384
37. 封告 / 384
38. 丹板 / 385

39. 致富／386	40. 有録／386
41. 王黨／386	42. 許永／387
43. 駱俊傳／388	44. 幹吏／388
45. 張禹　公府吏／389	46. 征艾　朔士／390
47. 諸節　有閣／390	48. 波辜／391
49. 丈餘／391	50. 有刑法／391
51. 牧人／392	52. 深／392
53. 形似麟而無角／393	54. 嚮衛／393
55. 將醫／394	56. 死則委尸原野／394
57. 生本／395	58. 作官家／395
59. 中夫人／396	60. 十月／396
61. 七歲　授計／397	62. 夫人／398
63. 女娥／398	64. 遂／399
65. 又后／399	66. 位次九卿／399
67. 捨／400	68. 公／400
69. 息　注留／401	70. 觀講／401
71. 嚴而不苟／402	72. 郡／403
73. 波陂　百萬／403	74. 州郡／404
75. 曹襃／405	76. 部／405
77. 貪猥／406	78. 舉灼然／407
79. 甚／407	80. 敬／407
81. 貪國／408	82. 黃門張讓／408
83. 軌濫／408	84. 損官廟　塵沸／409
85. 赤爲帷裳／410	86. 邪／410
87. 尚書／411	88. 求之／411
89. 內居／411	90. 滅行／412
91. 子居／412	92. 浮圖佛道／413
93. 獨白草／413	94. 誤輯／414
95. 奇兵／414	96. 潛過／415
97. 與國　與士／415	98. 百倍／416
99. 齊姦　朽轅／417	100. 禂綯／418
101. 便宜事　數／418	102. 辨説／419
103. 相豫／420	104. 廉實／421

105. 便 / 422
106. 剪起 / 422
107. 通客 / 422
108. 程徐 / 423
109. 謀略拜 / 423
110. 劉盆子傳 / 424
111. 岑彭傳 / 424
112. 尹伯 / 424
113. 朱穆 / 425
114. 與 / 425
115. 彊以禪 / 425
116. 下 / 426
117. 佩韋 / 427
118. 延平元年 / 427
119. 常置其章 / 427
120. 稱 / 428
121. 約 / 428
122. 解后 / 428
123. 容皃 / 429
124. 梁輔 / 429
125. 陳□ / 430

主要參考文獻 …………………………………………………… 431

後記 …………………………………………………………… 443

緒　　論

　　本書所涉之"東漢史書"乃專記後漢之史,而非東漢史家所撰之史籍。東漢以降,史學日盛,涌現出一批類型各異的史學著作,惜時代久遠,頗多亡佚。目前所見東漢史籍主要有《後漢書》《東觀漢記》《後漢紀》《八家後漢書》等,除《後漢書》《後漢紀》外,餘者皆爲後人輯佚所得,材料較爲駁雜。本書所涉之"東漢史書"即爲《後漢書》《後漢紀》《東觀漢記》《八家後漢書》等數種。

一、東漢史書述略

1.《東觀漢記》述略

　　《東觀漢記》爲東漢史家經時百餘年編撰而成之本朝紀傳體史書。從明帝時開始直至漢末,班固、劉珍、賈逵、杜撫、伏無忌、崔寔、蔡邕等衆多學者皆致身東觀,於不同時期參與編撰,堪稱國史編撰史上之盛舉。① 該書規模宏大,體制完備,《隋書》卷三三《經籍志二》記《東觀漢記》曰:"一百四十三卷,起光武記注,至靈帝。長水校尉劉珍等撰。"其書當有紀、表、志(或稱"意")、載記、列傳等部分組成。② 《東觀記》歷史上曾與《史記》《漢書》並稱

---

① 朱桂昌認爲,《東觀漢記》東漢時至少有過七次大規模修撰:第一次爲明帝時,班固主持,協助的有陳宗、尹敏等,共撰成《世祖本紀》等二十八篇。第二次安帝永初中,主事者爲劉珍、李尤等,所修内容增加了記和表,又新增了名臣、節士、儒林、外戚四傳。第三次爲安帝永寧年間,劉珍、劉毅等主持,修撰《建武以來名臣傳》等。第四次爲桓帝元嘉初,詔邊韶、崔寔、朱穆等修撰《孝穆崇二皇傳》《順烈皇后傳》,又增補其他,如百官表、順帝功臣孫程等傳,凡百十有四篇,號曰《漢紀》。第五次亦爲元嘉初年修史之補充,主持者爲伏無忌,所撰以表、志爲主,又修《南單于傳》《西羌傳》等。第六次爲靈帝熹平中,馬日磾、蔡邕等共撰成《靈帝紀》"十意",又補諸列傳四十二篇。第七次爲靈帝光和元年,蔡邕、劉洪共修《律曆志》。詳參朱桂昌:《〈東觀漢記〉考證》,載《史學史研究》1985年第4期。

② 《後漢書》卷六〇下《蔡邕傳下》載:"其撰集漢事,未見録以繼後史。適作《靈紀》及十意,又補諸列傳四十二篇,因李傕之亂,湮没多不存。"關於"十意"之名,古多有異名。《史通·外篇·古今正史》稱"志",《後漢書》卷六〇下《蔡邕傳下》稱"十意",《續漢志》卷二《律曆志中》劉昭注引袁山松《書》曰"律曆記"。《史通》卷三《書志》:"原夫司馬遷曰'書',班固曰'志',蔡邕曰'意',華嶠曰'典',張勃曰'録',何法盛曰'説',名目雖異,體統(轉下頁)

爲"三史",①影響巨大,爲後世所推崇,也是魏晋之際諸東漢諸史史料之主要來源。《文心雕龍》卷四《史傳》曰:"後漢紀傳,發源東觀。"其書原名"漢記",魏晋時期始稱"東觀""東觀記""東觀漢記"等。南北朝至唐,《東觀記》影響日漸式微。②

《隋志》載其書凡一百四十三卷,而《新唐書》《舊唐書》皆云一百二十六卷,蓋至唐已有闕佚。姚振宗《隋書經籍志考證》曰:"唐《日本國見在書目》曰:'而件《漢記》,吉備大臣所將來也。'其《目錄》注云此書凡二本,一本百廿七卷,與集賢院見在書合;一本百四十一卷,與見書不合。又得零落四卷,又與兩本目錄不合。真備在唐國多處營求,竟不得其具本,今本朝見在百四十二卷,《隋書·經籍志》所載數百四十三卷。"③余嘉錫認爲,真備所求得

(接上頁)不殊,亦猶楚謂'檮杌',晋謂之'乘',魯謂之'春秋',其義一也。"嚴可均《全後漢文》卷七○蔡邕《戍邊上章》注曰:"《續漢·律曆志下》注補引蔡邕戍邊上章,又《後漢》本傳,'邕上書自陳,奏其所著十意',注引《邕別傳》,'邕昔作十意'云云。又《藝文類聚》八十,《御覽》三百三十五引《蔡邕徙朔方上書》,又本集,《外傳》。案本傳、《別傳》皆作'十意',則劉昭所引《禮樂志》《表志》,《初學記》所引《天文志》,原本是'意'字,傳寫變其文耳。"惠棟《後漢書補注》卷一四:"意猶志也,避桓帝諱,故作意。趙戒本字志伯,後避諱,改字意伯,見《孔廟置守廟百石碑》。"宋趙明誠《金石錄·漢孔子廟置卒史碑跋》:"《華陽國志》《後漢書》皆云趙戒字志伯,而此碑乃作意伯,疑其避桓帝諱故改爲。"《後漢紀》卷四《光武帝紀》周天游注曰:"諸家後漢書中堪稱'本志'者,唯《東觀記》可當之。《范書·蔡邕傳》載,邕作'《靈紀》及十意,又補諸列傳四十二篇,因李傕之亂,湮没多不存'。意即志也,因避桓帝諱,故作意。"吳樹平《蔡邕撰修的〈東觀漢記〉十志》曰:"'志''意''記'可以互稱,這是後人的事,就蔡邕本人來說,是以'意'名篇的。"又曰:"(避桓帝諱)這種看法,由於缺少有力的證據,很難令人置信。實際上,在蔡邕奏上十志之章中,屢屢出現'志'字,皆未改作'意'。"參吳樹平:《秦漢文獻研究》,齊魯書社,1988年,第178頁。今按,"避諱"之說較合情理,周氏所論甚是。《後漢書·桓帝紀》:"孝桓皇帝諱志,肅宗曾孫也。"李賢注:"志之字曰意。"《册府元龜》卷三《帝王部·名諱》云:"桓帝諱志之字曰意。"今蔡邕奏上之書所見"志"字,當爲後世之回改也。另中古典籍"意"多有用同"志",如"大意""大志""得意""得志"者,雖"意""志"義近通用,殆亦有避諱因素之影響,致詞義滲透而漸趨同矣。另清人於"十意"多有輯本,如嚴可均、曾樸等。至于文華專門輯有《十意輯存》,徐蜀編《兩漢書訂補文獻彙編》第3册有收(北京圖書館出版社,2004年)。該輯本體式完備,但問題仍較多,如分卷失實、輯誤、編排失當等,詳參余行勝:《蔡邕"二意"考辨》,載《中國音樂》2005年第3期。

① 余嘉錫曰:"三史之名始見《吳志·吕蒙傳》注引《江表傳》孫權之語,其時謝承《書》恐尚未成。"詳參氏著《四庫提要辨證》,中華書局,2007年第2版,第251頁。《四庫全書總目》:"晋時以此書與《史記》《漢書》爲三史,人多習之。故六朝及初唐人隸事釋書,類多徵引。"參《四庫全書總目》,第446頁。
② 余嘉錫曰:"蓋(劉)昭既爲范書作注,遂大行於世,爲學子所必讀,故競等爲作音訓,以便諷誦。《東觀漢記》以下諸家,由是漸微,然仍存於世。諸書引用不絶者,類事之家,以供漁獵,注書之人,用徵出典耳。至於考史,必據范書。"參《四庫提要辨證》,第252頁。《四庫全書總目》云:"自章懷太子集諸儒注釋《書》,盛行於代,此書遂微。"(第446頁)
③ (清)姚振宗:《隋書經籍志考證》,開明書店,1936年,第200頁。

《東觀記》百四十一卷,乃民間所藏,而官本早有闕佚。①

至宋,《東觀記》一書散佚更甚。《四庫全書提要》云:"北宋時尚有殘本四十三卷。趙希弁《讀書附志》、邵博《聞見後錄》并稱其書乃高麗所獻,蓋已罕得。"②而至南宋以後,散佚更甚,存僅數卷耳。《玉海》卷四六載《東觀記》云:"《中興書目》八卷。按《隋志》本一百四十三卷,唐吳兢家藏已亡十六卷。今所存止鄧禹、吳漢、賈復、景弇、寇恂、馮異、祭遵、景丹、蓋延九傳。"③《四庫總目提要》云:"陳振孫《書錄解題》稱所見本,卷第十二,而闕第七、第八二卷。卷數雖似稍多,而核其列傳之數,亦止九篇,則固無異於《書目》所載也。自元以來,此書已佚,《永樂大典》於鄧、吳、賈、耿諸韻中并無《漢紀》一語,即所謂九篇者,明初即已不存矣。"④吳樹平同意該書亡於元代,并指出,《永樂大典》所引《東觀記》文,蓋轉引自他書。⑤

至清,輯佚之風盛行。康熙年間,錢塘姚之駰最早將《東觀記》輯集成篇。姚本共輯得《東觀記》遺文八百四十餘條,編為八卷。"然所採書祇據劉昭《續漢書》十志補注、《後漢書注》、虞世南《北堂書鈔》、歐陽詢《藝文類聚》、徐堅《初學記》五書,又往往掇拾不盡,挂漏殊多。"⑥吳樹平曾詳論姚本之闕失,要有四,謂"遺漏較多""編排紊亂""疏於考訂""不注出處"等。⑦然其開創之功,未可泯矣。

乾隆年間,官修《四庫》,館臣"據姚本舊文,以《永樂大典》各韻所載,參考諸書,補其闕逸",⑧所輯佚文約八萬字,倍於姚本所輯,厘分附麗為二十四卷,其中帝紀三卷、年表一卷、志一卷、列傳十七卷、載記一卷,失考者別為佚文一卷。其體例粗具《東觀記》之貌,搜求概備,考訂尚精審,誠為後出轉精。然亦有所闕,如余嘉錫摘其沿姚本陋習,亦未著出處,"雖有搜集之功,不足抵疏謬之罪"。⑨

近年,吳樹平在前人基礎上,遍考群書,鈎沉索隱,重輯而成《東觀漢記

---

① 余嘉錫:《四庫提要辨證》,第250頁。
② 《四庫全書總目》,第446頁。
③ (宋)王應麟:《玉海》,江蘇古籍出版社、上海書店,1987年,第2冊,第862頁。
④ 《四庫全書總目》,第447頁。
⑤ 詳參吳樹平:《東觀漢記的流傳》,載《秦漢文獻研究》,第216—218頁。
⑥ 《四庫全書總目》,第447頁。
⑦ 詳參吳樹平:《姚之駰輯本〈東觀漢記〉》,載《秦漢文獻研究》,第225—234頁。
⑧ 《四庫全書總目》,第447頁。
⑨ 余嘉錫《四庫提要辨證》、吳樹平《秦漢文獻研究》論及殿本《東觀記》之疏失,詳參《四庫提要辨證》第256—257頁、《秦漢文獻研究》第242—255頁。

校注》，①分二十二卷,其中志三卷、表一卷、志一卷、傳十五卷、載記一卷、散句一卷。該書網羅放佚,體例完備,考訂精審,其成就遠在姚、殿諸本之上。② 然似亦有未盡之處,如佚文搜集尚有遺漏,域外漢籍、敦煌抄本中偶有所涉《東觀漢記》之録文,未見鈎稽。③ 然古書浩如煙海,輯佚之學難有窮盡,瑕不掩瑜,仍不失爲海内最佳之輯本。

2.《後漢紀》述略

《後漢紀》三十卷,東晋袁宏撰。宏以後漢諸史闕略,多不叙次,經營八年,疲而未定。④ 後見張璠書,探而益之,⑤依荀悦《漢紀》之體,"言行趣舍,各以類書","因前代之事,略舉義教所歸,庶以弘敷王道,補前史之闕",⑥而撰是著。袁《紀》後世與范《書》并興,爲世所稱,⑦所記多可補范史之闕。⑧

---

① 《東觀漢記校注·叙例》曰:"凡姚之駰和《四庫全書》館臣采用過的各種書籍,又都全部作了查檢,姚之駰未使用過的書籍,如《風俗通義》《世説新語》《隋書》《史略》《證類本草》《太平寰宇記》《事類賦》《事物紀原》《書叙指南》《海録碎事》《錦繡萬花谷》《事文類聚》《記纂淵海》《古今合璧事類備要》《玉海》《翰苑新書》《急就篇補注》《鳴沙石室古籍叢殘》《一切經音義》《華嚴經音義》等,也都進行了檢索。參(東漢)劉珍等撰,吴樹平校注:《東觀漢記校注》,中華書局,2008年。

② 武倩認爲吴輯本長於以往輯本主要有四:一、内容更完備;二、編排更科學規範;三、考證更精當;四、注解詳盡,文獻價值頗高。參武倩:《〈東觀漢記〉研究》,山東師範大學碩士學位論文,2008年,第32—37頁。

③ 童嶺曾據日類書《秘府略》輯得《東觀記》異文數則。參童嶺:《舊鈔本〈秘府略〉殘卷中所見〈東觀漢記〉佚文輯考》,載《古典文獻研究》第13輯,鳳凰出版社,2010年。另敦煌文獻中亦偶見《東觀記》之佚文,如敦煌本《蒙求》注文所見《東觀記》"楊震"佚文;敦煌抄本《勵忠節抄》卷二載"班超"佚文等。另敦煌P.2528《西京賦》李善注:"《東觀漢記》詔楚王曰:'以助伊蒲塞、桑門之盛饌。'"今本《文選》作"制楚王曰",《後漢書》亦作"詔"。今按,作"制",恐爲避武后諱而改,後世沿而未之回改也。

④ 袁宏《後漢紀·自序》:"予嘗讀後漢書,煩穢雜亂,睡而不能竟也。聊以暇日,撰集爲《後漢紀》。其所綴會《漢紀》、謝承《書》、司馬彪《書》、華嶠《書》、謝忱(沈)《書》、《漢山陽公記》、《漢靈獻起居注》、《漢名臣奏》,旁及諸郡《耆舊先賢傳》,凡數百卷。前史闕略,多不次叙,錯謬同異,誰使正之?經營八年,疲而不能定。頗有傳者,始見張璠所撰書,其言漢末之事差詳,故復探而益之。"參(晋)袁宏撰,周天游校注:《後漢紀校注》,天津古籍出版社,1987年。

⑤ 《四庫全書總目》曰:"璠書三十卷,今已散佚,惟取《三國志》注及《後漢書》注間引數條。今取與此書互勘,璠《記》所有,此書往往不載,其載者亦有所點竄,互有詳略。"

⑥ (晋)袁宏:《後漢紀·自序》,載《後漢紀校注》。

⑦ (唐)劉知幾曰:"世言漢中興史者,唯范、袁二家而已。"參(唐)劉知幾撰,(清)浦起龍釋:《史通通釋》卷一一《古今正史》,上海古籍出版社,1978年,第343頁。另,宋晁公武亦論袁《紀》云:"比諸家號爲精密。"見(宋)晁公武撰,孫猛校證:《郡齋讀書志校證》,上海古籍出版社,1990年,第199頁。

⑧ 李興和總結《後漢紀》史價值有三:一、保存佚文;二、保存他書未載的史料;三、訂正他書之誤。詳參(晋)袁宏撰,李興和點校:《袁宏〈後漢紀〉集校·校點前言》,雲南大學出版社,2008年,第12—15頁。另陳長琦《論〈後漢紀〉的史學價值》所述亦詳,皆可參,載《黄淮學刊》1990年第3期。

袁《紀》成書早於《後漢書》，影響固不及之，流傳亦"幾經波折，不絕一綫。"①至宋，所見亦"衍文助語，亂布錯置，往往不可句讀"。②紹興年間，王氏（佚名）刊《兩漢紀》，王銍序云："祥符中，刊版於錢塘。版廢幾百年，今始合二書，用諸家傳本校其異同，撥其訛誤，稍條然可讀，遂再刻之。"③是宋刻本有二，錢塘刻本與王銍所序之紹興本，惜今皆不可見。至明嘉靖年間，吳郡黃姬水重刊《兩漢紀》，言其所據爲朱大韶之宋本。④蔣國祚曰："靖間吳郡黃姬水重刻兩紀，云原本宋刻得自雲間朱氏，意即銍所校讎本也。"⑤萬曆年南京國子監又刊《兩漢紀》，⑥惜訛脱甚多，亦非善本。⑦

　　至清康熙年間，蔣國祚、蔣國祥兄弟以黃本爲底本，取南監本詳加考較，⑧堪稱精善。至光緒二年，廣東陳璞學海堂刻《兩漢紀》，據果親王、陳澧所校黃本而校刊《後漢紀》，是爲"學海堂本"。⑨清代尚有四庫本、⑩四庫薈要本、⑪

---

① 《後漢紀校注·前言》，第9頁。
② （清）宋犖：《後漢紀序》，載《後漢紀校注》，第893頁。
③ （宋）王銍：《兩漢紀後序》，載《後漢紀校注》，第889頁。
④ （明）黃姬水《刻兩漢紀序》："支硎楊公嘗造先子五嶽山人，語及袁荀之書，亟爲歎賞。云往時曾于雲間朱氏覽宋刻本，真天府閟笈也，惜未祈借，爲可恨懊，乃今不可復睹矣。後不逾月，有持一編者來，則朱氏本也。先予傾囊購焉，將序刻未暇，而先子已矣。"參《後漢紀校注》，第891—892頁。
⑤ （清）蔣國祚：《兩漢紀異同考序》，載《後漢紀校注·附錄》，第899頁。
⑥ 李興和謂南監本應以紹興本爲底本，參校黃本而付梓。詳參《袁宏〈後漢紀〉集校·校點前言》，第20頁。
⑦ 明馮班《南監本袁〈紀〉跋》："兹因監本字多差訛，其中事蹟、姓氏、地名，貧無書籍，止將綱目粗加參考，殊爲殘缺，俟班、范全書得備，當覆繙以畢未精之業也。"參《後漢紀校注·附錄》，第892頁。
⑧ 清宋犖《後漢紀·序》："袁子篤志嗜古，慨然幸是書之存，而惜其傳之不廣也。間謁予吳閶署齋，見架上有黃氏鋟本，遽携之去。黃本故多訛字，烏焉亥豕，展卷有之，亦有復誤至數行者。蔣子重購得萬曆間監本差善，乃相對校讎，旁參班、范兩《書》，正其字之灼然訛者，而疑其句義之牴牾脱誤者，授之厥氏。"參《後漢紀校注·附錄》，第893頁。毛奇齡序曰："其所讎校，則初購善本於吳門，宋開府署得明嘉靖間姬水黃氏所勒本，續得宋版前《紀》於項侍郎宅，又續得明南監本後《紀》於吳宮允宅，互相參對，補其漏而更其訛，疑即闕之，不妄填一字。"詳參《後漢紀校注·附錄》，第896—897頁。
⑨ 陳璞《兩漢紀校記叙》："今此刻以陳蘭甫先生所藏黃氏本，經果親王手校，蘭翁亦略校一過，與蔣本所校改無可疑者盡從之。尚有書存所改不復著於此，乃更取《史記》、班《書》、《通鑑》、王行甫《西漢年紀》及《考異》諸書以校《前紀》，取《東觀漢記》《魏志》裴注、范《書》章懷注、《續漢志》劉注《通鑑考異》諸書以校後《紀》，合果校、陳校得若干條，分爲上下兩卷。"參《後漢紀校注》，第899—900頁。
⑩ 《四庫全書總目》曰："明黃姬水所刊亦間有舛訛。康熙中襄平蔣國祥、蔣國祚與袁宏《後漢紀》合刻，後附《兩漢紀字句異同考》一卷。今用以參校，較舊本稍完善焉。"參《四庫全書總目》，第419頁。
⑪ 《後漢紀》，四庫薈要本，吉林出版集團影印，2005年。

龍谿精舍刻本、四部叢刊本等。①

20世紀80年代，周天游董理此書，以蔣本爲底本，參之諸本，撰成《後漢紀校注》。② 20世紀，張烈以南監本、龍谿本、學海堂本爲校本，汲歷代學人之校勘成果，又詳考《後漢紀》諸書而校正之。③ 李興和又以四庫本爲底本，參校異本，而成《袁宏〈後漢紀〉集校》。三書各擅勝場，皆有可取。

3.《後漢書》述略

東漢亡後二百餘年，南朝宋范曄删衆家《後漢書》，志成《後漢書》百卷，爲一家之作。④ 今存本紀十卷、列傳八十卷。⑤ 梁劉昭始注范《書》，⑥影響日盛。至唐，《東觀記》漸湮，范《書》而代《東觀》"三史"之名。武后時，章懷太子李賢繼注范《書》。後人以劉昭注司馬彪《續漢書》之八志三十卷，合

---

① 周天游云："此外尚有龍谿精舍刻本，乃依蔣氏本，而略加校改而成；四部叢刊本則影印明本，實黃本之濫觴，從廣流布，而與校勘無補。"參《後漢紀校注》，第10頁。

② 周天游云："以康熙蔣氏本兼取黃本、南監本之長，校刻較爲審愼，故取其爲工作底本。又以北京圖書館所藏之經果親王、陳澧批校的黃本、明馮班批校的南監本與之重校一過，兼取學海堂本、龍谿精舍本、四部叢刊本之長，盡己所能以恢復《後漢紀》之本來面目。"參《後漢紀校注·前言》，第11頁。

③ （漢）荀悦、（晋）袁宏著，張烈點校：《兩漢紀》，中華書局，2002年。

④ 束世澂認爲宋文帝元嘉元年（424年），彭城太妃死，范氏治喪中失其禮，被貶宣城，乃修《後漢書》，是年二十七歲。參束世澂：《范曄與〈後漢書〉》，載《歷史教學》1961年第11—12期。張述祖以爲范曄始修《後漢書》在元嘉九年（432年），曰："《宋書》568及《南史》248《曄傳》，俱以彭城王太妃薨，在元嘉元年。然按傳文，叙事已過元嘉九年，後忽出元嘉元年事，似不可能，其時義康尚未當權，何以怒而黜曄。今檢《宋書》559《義康傳》云：'元嘉……九年……太妃薨。解侍中，辭班劍。'據本傳言，'給班劍三十人'，在元嘉三年，元年安得辭乎？故知《曄傳》誤矣，今從《義康傳》。"詳參張述祖：《范蔚宗年譜》，載《歷史年報》1940年第2期。陳光崇亦認爲當在元嘉九年，參陳光崇：《關於范曄〈後漢書〉的三個問題》，載《光明日報》1963年11月20日第4版。中華書局點校本《宋書》卷六九《曄傳》校勘記曰："'九年'各本及《南史》並作'元年'，孫彪《宋書考論》云：'彭城太妃卒在元嘉九年，此言元年，形近之誤。《南史》誤同。'按孫説是。上文有征南大將軍檀道濟北征，係元嘉七年事，此當在九年。今改正。"《南史》卷三三《范曄傳》校勘記曰："'九年'各本作'元年'，據《宋書·彭城王義康傳》改。"

⑤ 據劉漢忠考證，范氏撰"十志"未竟而殁，除《百官》《五行》《天文》《禮樂》《輿服》五志見於本書外，尚有《律曆》《郡國》二志，見於劉昭《後漢書注補志序》，另未知名之三志蓋爲《刑法》《食貨》《郊祀》，范書有《文苑傳》，而省《藝文》，是爲"十志"。參《説范曄〈後漢書〉之志》，載《文獻》1997年第4期。吳樹平以爲《郊祀》當併入《禮樂》，而存《藝文》。參吳樹平：《范曄〈後漢書〉的志》，載《秦漢文獻研究》，齊魯書社，1988年。今按，吳氏所論可從。《隋書》即有《文學傳》而仍存《經籍志》。且《藝文志》與《文苑傳》相涉較少，不當有《文苑》而省《藝文》。

⑥ 唐劉知幾指摘劉氏補注之弊，云："惟范曄之删後漢也，簡而且周，疏而不漏，蓋云備矣。而劉昭採其所捐，以爲補注，言盡非要，事皆不急。"參（唐）劉知幾撰，（清）浦起龍釋：《史通通釋》卷五《補注》，第133頁。

李賢注范《書》爲一編，①凡百二十卷，即今世《後漢書》之傳本。

范氏《後漢書》史上攻治者甚多，自梁劉昭注范《書》始，梁元帝子蕭方、吳均皆有注范《漢》。南北朝音義體大興，爲范《漢》音義者亦頗有之，北魏劉芳有《後漢書音》、南朝陳臧競有《范漢音訓》，至隋而有蕭該撰《范漢音》，惜後世皆佚。

至唐武后年間，章懷太子李賢召集諸生共注范曄《後漢書》，其注"多主訓詁，與昭補注之體既殊"。②李賢注范《書》重訓詁，勘文字，亦有據唐存之後漢諸史而補范史之闕者，成就頗高。③王先謙論曰："詳觀章懷之范注，不減於顏監之注班，惜非一手所成，不免有踳駁漏略之處。"④其論甚允。

入宋，官刻史書，宋太宗淳化五年（994年）、真宗景德二年（1005年）、仁宗景祐元年（1034年）覆校《後漢書》，中真宗乾興元年（1022年）又校定《後漢志》三十卷。⑤至仁宗嘉祐年間（1056—1063年），劉攽奉詔校勘《後漢書》，撰《東漢刊誤》四卷。之後南宋孝宗年間吳仁傑撰《兩漢刊誤補遺》十卷，其中補《東漢刊誤》者二卷。宋人筆記間有考釋《後漢書》語辭者，如王觀國《學林》、趙叔問《肯綮錄》等。

有清一代，學術空前，於《後漢書》研究亦爲大觀。清初顧炎武開一代學風。《日知錄》乃顧氏讀書筆記，"稽古有得，隨時劄記，久而類次"，⑥蓋其一生精力所在焉。其書內容博贍，考證精核，涉《後漢書》之史實訓詁者亦間有之。乾嘉年間，有王鳴盛《十七史商榷》、錢大昕《廿二史考異》、趙翼《廿二

---

① 余嘉錫《四庫提要辨證》曰："無論如何算法，皆可證明劉昭補注范《書》之中，卻亦將司馬八《志》并入其內，固無以異也。以事理度之，蓋自章懷注既行之後，人之言後漢事者，爭用其書，而諸家之説盡廢，昭注浸以不顯。……至宋時，昭所注《書》紀、傳遂佚，而志則藉此倖存，孫奭遂建議以昭所注《志》與范《書》合爲一編。蓋以前昭所注志與章懷所注紀、傳，各爲一書，至是始合。"（第126—127頁）羅炳南認爲，梁書合併始於劉昭，係指第一個合編本，而認爲兩書合併始於孫奭，係指第二個合編本。詳參羅炳良：《范曄〈後漢書〉紀傳與司馬彪〈續漢書〉志分合考辨》，載《華中科技大學學報（社會科學版）》2005年第4期。
② （清）王先謙：《後漢書集解·述略》，（清）王先謙等撰：《後漢書集解（外三種）》，上海古籍出版社影印本，2006年，第1冊，第178頁上欄。
③ 周曉瑜曾綜論李賢注范史之功，要之有八，曰：一、合異同而得其卷；二、核群籍而歸諸正；三、援他書而補其缺；四、考典制而明其始；五、引舊詁而齊其訓；六、采多方而闡其句；七、究古今而定其音；八、避繁瑣而采互見。而其弊有三：體例不夠嚴密；校勘偶有失漏；釋義注音偶有失誤。詳參周曉瑜：《李賢〈後漢書注〉評議》，載《吉林大學社會科學學報》1992年第4期。
④ （清）王先謙：《後漢書集解·述略》，《後漢書集解（外三種）》，第1冊，第178頁上欄。
⑤ 《玉海》，第1冊，第813頁。
⑥ （清）潘耒：《日知錄原序》，參（清）顧炎武撰，陳垣校注：《日知錄校注》，安徽大學出版社，2007年，上冊，第20頁。

史札記》等,成就斐然。王氏《商榷》二十九卷至三十八卷,凡十卷考辨《後漢書》。①"重於校勘文本,補正訛誤,審事迹之虚實,辨紀傳之異同,於輿地、職官、典章、名物,每致詳焉。"②嘉定錢大昕,覽《史》《漢》以下二十餘家,"反覆校勘,雖寒暑疾疢,未嘗少輟,偶有所得,寫於别紙",③漸次增益,撰《廿二史考異》百卷,别有《三史拾遺》五卷、《諸史拾遺》五卷。其中涉《後漢書》三卷,《續漢書》二卷,凡五卷;《拾遺》亦有辨范《書》之條目。錢氏另有《十駕齋養新録》《潛研堂文集》等間涉《後漢書》之論。梁啓超論《考異》一書曰:"錢書最詳於校勘文字,解釋訓詁名物,糾正原書事實訛謬處亦時有,凡所校考,令人涣然冰釋,比諸經部書,蓋王氏《經義述聞》之流也。……以余所見,錢固清學之正宗,其校訂精核處最有功於原著者。"④陳垣亦曰:"今《廿二史考異》中所謂當作某者,後得古本證之,往往良是,始服先生之精思爲不可及。"⑤

其時,治《後漢書》者,尚有錢大昭《後漢書辨疑》、惠棟《後漢書補注》。繼之,又有侯康《後漢書補注續》、沈銘彝《後漢書注又補》、周壽昌《後漢書注補正》、何若瑶《後漢書注考證》、杭世駿《後漢書蒙拾》、林茂春《後漢書拾遺》、吴壽暘《後漢書校注》、陳景雲《兩漢訂誤》、沈家本《後漢書瑣言》等。⑥其中規模大者爲惠棟《補注》、沈欽韓《後漢書疏證》及王先謙《後漢書集解》三家。

惠棟《後漢書補注》二十四卷,初名"訓纂",後更爲"補注"。惠氏輯後漢諸史而補劉昭、李賢之注,間校勘文字。⑦沈欽韓《疏證》三十卷,鑒於章懷所注范史雜出衆手,純駁互見,劉氏注司馬八志,雖宏富而少統貫,尤疏于地理;乃遠搜故籍,四易其稿,正訛補缺,疏通事理,尤能詳陳得失,考論制度。王先謙《集解》百二十卷,合李賢注與惠棟補注爲一編,廣徵衆説,爰取

---

① 王氏另有《蛾術編》刊本八十二卷,乃王氏筆記彙編,或間涉《後漢書》者,並可參。
② (清)錢大昕:《西沚先生墓志銘》,收入《潛研堂文集》,江蘇古籍出版社,1997年,第792頁。
③ (清)錢大昕:《廿二史考異·序》,上海古籍出版社,2004年,第1頁。
④ 梁啓超:《中國近三百年學術史》,東方出版社,2004年,第317—318頁。
⑤ 陳垣:《校勘學釋例》,上海書店出版社,1997年,第122頁。
⑥ 其中大部分研究著作徐蜀編《兩漢書訂補文獻彙編》有收入;另張舜徽主編《二十五史三編》(岳麓書社,1994年)第4分册《後漢書之屬》亦收部分研究成果,並可參。
⑦ 清顧棟高《後漢書補注序》論其體式曰:"先生仿裴松之注三國之例,以范史爲主,悉本《東觀記》及皇甫謐《帝王世紀》,謝承、謝沈、袁山松所撰《後漢書》,及司馬彪《續漢書》、袁宏、薛瑩《後漢紀》傳爲之附,俾事粲然可觀,約而不漏,詳而不煩,注《八志》援引猶多。其有脱字、衍字及差訛者,復據家寅人先生及何義門所評三史,一一校正之,使讀者一見易了,無復有魯魚亥豕之訛,其用心可謂勤矣。"參(清)惠棟:《後漢書補注》,商務印書館,1936年,第1頁。

而刊行之。① 惜採擷未竟而殁,門人黄山、柳從辰踵繼其後,補而全之。②

清儒筆記中亦多見考訂《後漢書》之文,如何焯《義門讀書記》、王念孫《讀書雜志·餘編·後漢書雜志》、周悦讓《老學庵槧記·史牾》、桂馥《札樸》、李慈銘《越縵堂讀史札記》等。

其後至今,陸續有楊樹達《讀後漢書札記》③、張森楷《百衲本後漢書校勘記》、戴蕃豫《稿本後漢書疏記》④、陳漢章《兩漢書注商榷》、馬叙倫《讀兩漢書紀》、施之勉《後漢書集解補》、宋文民《後漢書考釋》、曹金華《後漢書稽疑》等校訂范史。其中曹金華《後漢書稽疑》⑤,廣求博搜,詳加辨證,多有創獲。但該書於語言文字方面措意不足,所校或有可議之處。

自 20 世紀中葉以來,中古漢語研究大興,學界於東漢史籍的語言研究用力甚勤,蔣禮鴻、徐復、郭在貽、曲守約、蔡鏡浩、董志翹、王雲路、方一新、汪維輝、劉百順、王彥坤、何亞南、高明、真大成等致力於中古漢語詞彙研究,通考中古典籍疑難語詞,探微抉奥,勝義紛呈,其中多涉後漢諸史。另日本學者藤田至善編《後漢書語彙集成》⑥爲資料纂集之作。

二、東漢史書異文的研究價值

方一新曾指出:"(中古史書)無論從材料的真實性,還是從篇幅數量上看,在同時期的中土文獻中都罕有其儔,值得充分重視。"⑦東漢諸史異文材

---

① 清王先謙《後漢書集解序》曰:"唐章懷注成於衆手,皆以爲美,猶有憾。國朝惠棟全書補注刊見《粵海堂叢書》中,無人爲之合併,余服膺此書有年,於遺文奥義覆加推闡,惠氏外廣徵古説,請益同人,所得倍夥,爰取而刊行之。"參《後漢書集解(外三種)》,第 1 册,第 175 頁上欄。

② 楊樹達有摘《集解》之疏失,曰:"《集解》所取材既不能如《補注》之宏博;而先生成書倉卒,又不如集《補注》時編摩之久,故以《集解》視《補注》,似有遜色焉。余讀其書,自章本《考證》以下,清儒之治《後漢書》者,雖大致皆已採擷。而如錢大昭之《後漢書辨疑》,侯康、沈銘彝兩家之《後漢書補注補》,行世已久,《集解》竟未采入。及書成後,黄山君爲之《校補》,始爲補采。"詳參楊樹達:《跋〈後漢書集解〉》,《清華學報》1927 年第 4 卷第 1 期。又該書刊定,黄山等出力甚多,黄山《後漢書集解附續漢志集解校補跋》:"(《集解》)未畢兩卷,卒所居涼堂老屋,其前已就印出者,屬某君謄校,既卒,訪之,并書無存矣。……是書尚餘列傳數卷未定稿,……而《禮儀》《祭祀》《輿服》未備……始悉原板寫刻訛奪紕繆百出,底稿十亡三四,所採擷諸家書,先生因亂播遷,亦多不在。"黄山又別撰《集解校補》三十卷,彙入校記。詳參(清)黄山:《後漢書集解附續志集解校補跋》,《後漢書集解(外三種)》,第 2 册,第 775 頁上欄。

③ 收入楊樹達《積微居讀書記》,上海古籍出版社,2007 年。

④ 據戴書《前言》,《疏記》脱稿已值"七七"事變前夕,後"遺置箱底,再未動及",至 1995 年,始由書目文獻出版社出版。

⑤ 曹金華:《後漢書稽疑》,中華書局,2014 年。

⑥ [日]藤田至善:《後漢書語彙集成》,日本京都大學人文科學研究所,1960 年。

⑦ 方一新:《東漢魏晉南北朝史書詞語箋釋》,黄山書社,1997 年,第 2 頁。

料豐富,異文類型多樣,既多有版本異文、引書異文,更有較多"異載異文"。① 對這些異文資料的爬梳剔抉,無論於中古漢語詞彙研究,還是對於東漢史書文本校訂,都極具價值。

1. 有助于校勘文字,提供正確的東漢史書的文本

(1) 訂證史實

中古時期史學興盛,有多家撰後漢之史者。各家均拾掇史料,裁爲一家之言,其中所采多有相舛者;再加以後漢諸史書頗多亡佚,現存或爲輯佚所得,來源駁雜,或有舛失。諸史間的互勘互證,或可袪疑發惑,别真僞,辨正訛,正古史之違失,還史實之本真。

例一:《後漢書》卷一五《來歙傳》:"來歙字君叔,南陽新野人也。六世祖漢,有才力,武帝世,以光禄大夫副樓船將軍楊僕,擊破南越、朝鮮。父仲,哀帝時爲諫大夫,娶光武祖姑,生歙。"(585 頁②)

點校本校記曰:"娶光武祖姑生歙 按:《殿本考證》萬承蒼謂下文王遵曰'君叔陛下之外兄也',此'祖姑'字必有誤。又沈家本謂按後文'而陛下之外兄也',注'光武之姑子,故曰外兄',然則仲娶者非光武祖姑,恐'祖'字訛也。"

曹金華《後漢書稽疑》言"姑""祖姑"皆不誤,依祖姑論,光武當爲來歙之表侄,并謂王遵不曉來歙祖上外親,而依劉嘉稱之。③

按,《後漢紀》卷四《光武帝紀》:"來歙字君叔,南陽新野人。父沖,哀帝時爲諫(議)大夫,娶世祖姑,生歙。歙有才略,多通,慷慨有大志,兄弟五人,而世祖獨親愛之。"④據季忠平,《後漢書》中涉及劉秀稱帝前的稱呼一般遵循《史記》《漢書》《三國志》等體例,即稱劉秀爲"世祖",點校本中相關的"光武"稱呼,應該爲唐人諱改。⑤ 來歙父來仲"娶光武祖姑"乃漢哀帝時事,據《後漢書》體例,其時當稱光武帝廟號"世祖",即與《後漢紀》稱同,其原文即應爲"娶世祖姑"。至唐,始避唐諱改"世祖"爲"光武",而此處改"世祖"又未盡,襲"世祖"之稱而衍"祖"字,遂訛爲"娶光武祖姑",致文意不明。《類聚》卷五一引《東觀記》曰:"光武封新野主子鄧泛爲吳侯,伯父皇皇考姊子周均爲富波侯,追封外祖樊重爲壽張侯,重子丹爲射陽侯,孫茂爲平望侯,

---

① 真大成:《中古史書校證》,中華書局,2013 年,第 27 頁。
② 本書引《後漢書》頁碼皆出自 1965 年中華書局點校本。
③ 曹金華:《後漢書稽疑》,第 260 頁。
④ (晉)袁宏著:《後漢紀》,張烈點校《兩漢紀》,中華書局,2002 年,第 57 頁。
⑤ 季忠平:《是"光武"還是"世祖"——點校本〈後漢書〉唐諱錐指》,《史林》2011 年第 5 期;後收入氏著《儀顧集——古漢語與古文獻研究》,中華書局,2022 年,第 175—198 頁。

尋玄鄉侯,從子沖更父侯,後父陰睦宣恩侯,子識原鹿侯,就爲信陽侯,皇考女弟子來歙征羌侯,弟由宜西侯。"①女弟者,妹也。因此,來歙當爲光武帝劉秀父妹之子,亦即光武姑母之子,故王遵稱來歙爲"陛下之外兄",自當合乎情理。《稽疑》言"祖姑""姑"皆不誤,又以劉嘉證之,言王遵不曉來歙祖上外親,而依劉嘉稱之,其説待商。《後漢書》卷一五《來歙傳》曰:"歙女弟爲漢中王劉嘉妻",《後漢紀》卷四亦載"歙女弟爲劉嘉妻",②是劉嘉娶妻爲來歙之妹。而據《後漢書》卷一四《劉嘉傳》曰:"順陽懷侯嘉字孝孫,光武族兄也。"③則劉嘉爲光武族兄甚明,此益更可證來歙與光武爲平輩。因此,光武帝無論從劉嘉論,抑或從其姑論,均不可爲來歙之侄。

例二:《後漢書》卷二二《馬成傳》:"二十七年,定封全椒侯,就國。三十二年卒。"(779 頁)

《後漢紀》卷八《光武帝紀》紀"全椒侯馬成薨"爲建武二十八年事,與此有異。按,實當從《後漢紀》。建武乃光武帝年號,自元年(25 年六月建元)始至三十一年(55 年),《後漢書》僅紀至三十一年止,次年四月即改元而紀爲"中元元年"。④《續漢志》卷七《祭祀志上》:"四月己卯,大赦天下,以建武三十二年爲建武中元元年,復博、奉高、嬴勿出元年租、芻稿。"《後漢書》卷一下《光武帝紀下》以建武三十二年爲"中元元年",曰:"中元元年春正月,東海王彊、沛王輔、楚王英、濟南王康、淮陽王延、趙王盱皆來朝。"⑤全書除此處言(建武)三十二年馬成薨外,他處皆曰"中元元年",如《光武帝紀下》載中元元年"三月戊辰,司空張純薨";卷三五《張純傳》載曰:"中元元年,帝乃東巡岱宗,以純視御史大夫從,并上元封舊儀及刻石文。三月,薨,諡曰節侯。"⑥中元元年三月尚未改元。《後漢紀》載亦無"建武三十二年"

---

① (唐)歐陽詢撰,汪紹楹校:《藝文類聚》,上海古籍出版社,1999 年新 2 版,第 930 頁。
② 《後漢書》,中華書局,1965 年,第 585 頁;《後漢紀》,張烈點校《兩漢紀》,第 58 頁。
③ 《後漢書》,第 567 頁。
④ 《資治通鑑》卷四四《漢紀·光武帝紀下》胡三省注曰:"洪氏《隸釋》曰:成都有漢蜀郡太守何君造尊楗閣碑,其末云'建武中元二年六月'。按范史《本紀》,建武止三十一年,次年改爲中元,直書中元元年。觀此所刻,乃是雖别爲中元,猶冠以建武,如文、景中元、後元之類也。又《祭祀志》載封禪後赦天下詔,明言'改建武三十二年爲建武中元元年'。《東夷倭國傳》'建武中元二年,來奉貢',證據甚明。宋莒公《紀元通譜》云:'紀志俱出范史,必傳寫脱誤,學者失於精審,以意删去。梁武帝大同、大通俱有"中"字,是亦憲章於此。'司馬公作《通鑑》,不取其説。余按《考異》,温公非不取宋説也,從袁、范書'中元'者,從簡易耳。"參《資治通鑑》,中華書局,1956 年,第 1423—1424 頁。黄生《義府》卷下曰:"按,光武以建武三十二年爲建武中元元年,此蓋惑於讖緯術數之説,復改其元,意在延期永命耳。"參(清)黄生撰,(清)黄承吉合按:《字詁義府合按》,中華書局,1984 年,第 251 頁。
⑤ 《後漢書》,第 3170、81 頁。
⑥ 《後漢書》,第 82、1197 頁。

者,與《後漢書》體例同。據此,范《書》《馬成傳》言馬成卒於建武"三十二年",殆不可信,似當從《後漢紀》作"二十八年"。另,《續漢志·祭祀志》紀年有作"建武三十二年"者,如卷七《祭祀志上》載:"三十二年正月,上齋,夜讀河圖會昌符。"①餘者諸《志》則言"中元元年",此與范《書》、袁《紀》體例稍有異。

（2）訂正文字

東漢史書史源複雜,流傳甚久,版本多樣,魚魯亥豕,頗多有之。以東漢史書間的互勘互見,加之以版本異文、引書異文等的條分縷析,或可匡補史書流傳過程中的增益改刪,辨正諸史中文字方面的訛脫衍倒。

例三:《後漢書》卷八三《逸民傳·梁鴻》:"乃更爲椎髻,著布衣,操作而前。鴻大喜曰:'此真梁鴻妻也。能奉我矣!'字之曰德曜,〔名〕孟光。"（2766 頁）

按,"操作而前",《後漢紀》卷一一《章帝紀》、《御覽》卷三七三引《東觀記》皆作"操作具而前"。②"具"當據補。"作具"指勞動工具。③《漢書·外戚傳》下:"遣子弟及諸生四夷,凡十餘萬人,操持作具,助將作掘平共王母、丁姬故冢。"④《論語·公冶長》:"糞土之墻不可杇也。"宋邢昺疏引李巡曰:"涂一名杇,涂土之作具也。"⑤《五燈會元》卷三《洪州百丈山懷海禪師者》:"師凡作務執勞,必先于衆,主者不忍,密收作具而請息之。師曰:'吾無德,爭合勞于人?'既遍求作具不獲,而亦忘餐。"⑥"作具"皆勞作工具義。孟光更衣飾即勞作於前,似於情理不合。操持作具而至鴻前,更合乎情。故當據《後漢紀》《東觀記》文補"具"字。

例四:《後漢書》卷三九《趙咨傳》:"視事三年,以疾自乞,徵拜議郎。抗疾京師,將終,告其故吏朱祇、蕭建等,使薄斂素棺。"（1314 頁）

點校本校勘記曰:"按:《刊誤》謂'抗'無義,當是'被'字。"

清曾國藩曰:"抗疾者,累起召而固以疾辭也。"⑦

按,曾國藩說無據。《刊誤》謂"抗"無義,甚確。但言爲"被"字之訛,恐

---

① 《後漢書》,第 3163 頁。
② 《後漢紀》,張烈點校《兩漢紀》,第 218 頁;(宋)李昉等撰:《太平御覽》,中華書局影宋本,1960 年,第 1722 頁下欄。
③ 《漢語大詞典》收"作具",首例引北魏酈道元《水經注·渭水》例,頗遲,參《漢語大詞典》卷一,漢語大詞典出版社,1986 年,第 1250 頁。
④ 《漢書》,中華書局,1962 年,第 5004 頁。
⑤ 《論語注疏》,(清)阮元校刻《十三經注疏(清嘉慶刊本)》,中華書局,2009 年,第 5373 頁。
⑥ (宋)普濟撰,蘇淵雷點校:《五燈會元》,中華書局,1984 年,第 136 頁。
⑦ 唐浩明主編:《曾國藩全集》第 15 冊《讀書錄·史》,岳麓社,2011 年,第 208 頁。

無據。《御覽》卷五五四引《後漢書》作"沈疾",蓋是也。①"沈疾"即"沉疾",重病之義。《三國志》卷九《魏志·曹爽傳》裴注引《魏末傳》曰:"年老沈疾,死在旦夕。"②《宋書》卷七八《劉延孫傳》:"良以休運甫開,沈疾方被,雖宿恩内積,而安私外簡。"卷八一《顧覬之傳》:"膏粱方丈,沈疾弗顧;瑶碧盈尺,阽危弗存。"③《太平廣記》卷三〇六《陳袁生》:"吾少年棄家,學浮屠氏,迨今年五十,不幸沈疾。"(出《宣室志》)④"沈疾京師",猶言重病於京師。

又有"沈痾(痫)""沈病",與"沈疾"義同。《魏書》卷四八《高允傳》:"中遇沈痾,賦詩以訊,忠顯于辭,理出于韻。"《晋書》卷四三《樂廣傳》:"廣乃告其所以,客豁然意解,沈痾頓愈。"⑤南朝宋鮑照《自礪山東望震澤》:"以此藉沉痾,棲迹别人群。"南朝齊謝朓《侍筵西堂落日望鄉》:"沈病已綿緒,負官别鄉憂。高城淒夕吹,時見國煙浮。"⑥唐圓仁《入唐求法巡禮行記》卷一:"官人等從在京之日,沈病辛苦。"⑦

"沉疾京師",猶重病於京師。《後漢書》卷七二《鄭均傳》:"常稱病家廷,不應州郡辟召。"⑧《魏書》卷六四《張彝傳》:"彝愛好知己,輕忽下流,非其意者,視之蔑爾。雖疹疾家庭,而志氣彌亮。"⑨"疹疾",疾病也。"疹疾家庭"與"沉疾京師"句式一致。據此,《趙咨傳》"抗疾"當據正爲"沈疾"。

東漢諸史材料豐富,後世典籍亦多有采取者,其文或可相互比勘,或可利用東漢諸史所載,以校訂其他相關典籍的訛誤。

---

① "亢""尤"二旁形近易訛。《全唐詩》卷七九駱賓王《夕次舊吴》:"維舟背楚服,振策下吴畿。盛德宏三讓,雄圖枕九圜。"校曰:"枕,一作抗。"《史記》卷八六《刺客列傳》:"臣左手把其袖而右手揕其匈。"《集解》引徐廣曰:"揕,一作抗。"王念孫《讀書雜志·史記第五》:"'抗'與'揕'聲不相近,'揕'字無緣通作'抗'。'抗'當爲'扰',俗書從'尤'之字作'冘',從'亢'之字作'尢',二形相似,故'扰'譌爲'抗'。"參(清)王念孫撰,徐煒君等校點:《讀書雜志》,上海古籍出版社,2014年,第356頁。另曾良曾詳論"凡""亢""冘"不别例,參曾良:《俗字及古籍文字通例研究》,百花洲文藝出版社,2006年,第69—73頁;曾良:《隋唐出土墓誌文字研究及整理》,齊魯書社,2007年,第71—72頁。另有"枕疾",乃卧病之意,如《晋書》卷六八《賀循傳》:"循自以枕疾廢頓,臣節不修,上隆降尊之義,下替交叙之敬,懼非垂典之教也,累表固讓。"
② 《三國志》,中華書局,1982年,第285頁。
③ 《宋書》,中華書局,1974年,第2021、2086頁。
④ (宋)李昉等編:《太平廣記》,中華書局,1961年,第2422頁。
⑤ 《魏書》,中華書局,1974年,第1083頁;《晋書》,中華書局,1974年,第1244頁。
⑥ 黄節:《謝康樂詩注 鮑參軍詩注》,中華書局,2008年,第295頁;(南朝齊)謝朓撰,曹融南校注:《謝朓集校注》,中華書局,2019年,第405頁。
⑦ [日]圓仁撰,白化文等校注:《入唐求法巡禮行記校注》,中華書局,2019年,第120頁。另"沈病",《漢語大詞典》首具清蒲松齡《聊齋志異》例,過遲。參卷五,第1002頁。
⑧ 《後漢書》,第945頁。
⑨ 《魏書》,第1429頁。

例五：《三國志》卷六《魏志·袁紹傳》裴注引《獻帝傳》："授曰：'今迎朝廷，至義也，又於時宜大計也，若不早圖，必有先人者也。夫權不失機，功在速捷，將軍其圖之！'"（195頁①）

按，"必有先人者"②無意。《後漢紀》卷二八《獻帝紀》、《後漢書》卷七四上《袁紹傳》皆作"必有先之者"。③《長短經》卷七《權議》、《通鑑》卷六一《漢紀·獻帝紀》載亦同。④ 據此可確定"人"當爲"之"之誤。"必有先之者"，言必有先往迎朝廷者，如此方得文意貫通。

例六：《三國志》卷七《魏志·臧洪傳》："但懼秋風揚塵，伯珪馬首南向，張楊、飛燕，脅力作難，北鄙將告倒縣之急，股肱奏乞歸之誠耳。主人當鑒我曹輩，反旆退師，治兵鄴垣，何宜久辱盛怒，暴威於吾城下哉？"（235頁）

"鑒我曹輩"，⑤《後漢書》卷五八《臧洪傳》作"鑒戒曹輩"。⑥ 按，據文意，當作"鑒戒"。"鑒戒"乃成詞，有以爲警戒之義，亦可作"鑑戒""鑑誡"等。《後漢書·臧洪傳》又曰："是以鑒戒前人，守死窮城，亦以君子之違，不適敵國故也。"⑦"鑒戒前人"，言以前人爲警戒。《晉書》卷三〇《刑法志》："若刑諸市朝，朝夕鑒戒，刑者詠爲惡之永痛，惡者睹殘刖之長廢，故足懼也。"⑧《北齊書》卷二四《杜弼傳》："又令陳政務之要可爲鑒戒者，録一兩條。"⑨

因此，全句言袁術當以"秋風揚塵，伯珪馬首南向，張楊、飛燕旅力作難，北鄙將告倒懸之急，股肱奏乞歸之記"爲警戒，反旆退兵，不宜陳兵於東武陽城下。"曹輩"蓋指伯珪、張楊之輩，故不當以"我"稱之。"我"乃"戒"之形訛。《三國志》"我"當據改。

例七：《三國志》卷一六《魏書·鄭渾傳》："又明公之將帥，皆中表腹心，周旋日久，自三原、硤口以來，恩信醇著，忠誠可遠任，智謀可特使，以此當山東解（合）〔后〕之虛誕，實不相若，八也。"（510頁）

―――――――

① 本書引《三國志》頁碼皆出自1959年中華書局點校本。
② 吳金華點校《三國志》同。趙幼文校箋亦作"必有先人者"，出校曰："郝《書》作'必有先之者矣'，語意較勝。"參吳金華點校：《三國志（修訂本）》，岳麓書社，2002年，第133頁；趙幼文校箋，趙振鐸等整理：《三國志校箋》，巴蜀書社，2001年，上册，第267頁。
③ 《後漢紀》，張烈點校《兩漢紀》，第534頁；《後漢書》，第2383頁。
④ （唐）趙蕤撰，梁運華整理：《長短經》，中華書局，2017年，第416頁；《資治通鑑》，第1970頁。
⑤ 吳金華點校《三國志》、趙幼文校箋《三國志》於此均同，並未校。參吳金華點校：《三國志（修訂本）》，第161頁；《三國志校箋》，上册，第292頁。
⑥ 《後漢書》，第1889頁。
⑦ 《後漢書》，第1889頁。
⑧ 《晉書》，第941頁。
⑨ 《北齊書》，中華書局，1972年，第349頁。

點校本校勘記曰:"解后　從吳承仕《絸齋讀書記》説。"(1493頁)

趙幼文、吳金華校《三國志》亦均從吳説。① 《八家後漢書輯注》張璠《後漢紀·獻帝紀》"初平三年"輯此亦從中華本作"解后"。②

按,《後漢書》卷七〇《鄭太傳》載此曰:"以膠固之衆,當解合之埶,猶以烈風掃彼枯葉。"③即正作"解合"。另《册府》卷八三三、《文選》卷五二李善注、卷五四李善注引《後漢書》皆作"解合"。④ "解后"無意,"后"當爲"合"之誤字。"解合"雖非成詞,其意尚顯,謂將聚合之衆分解散開,"解合"與"膠固"義相反,爲使聯合者解散之義。"恩信醇著,忠誠可遠任"句,言以忠信智謀之將士,對此山東分崩離析之虚誕之衆,則實不能相比若也。"解合"切合文意,不當改字。

例八:《世説新語·黜免》劉孝標引《郭林宗别傳》曰:"客曰:'甑既已破,視之何益?'林宗賞其介決,因以知其德性,謂必爲美士,勸令讀書。"⑤

《後漢紀》卷二三《靈帝紀上》亦載孟敏事,於此作"林宗以爲有分決"。⑥《通鑑》卷五五《漢紀·靈帝紀》紀此事亦作"分決"。⑦ 另,《御覽》卷七五七引《郭林宗别傳》亦作"分決"。⑧ 按,"介決"典籍鮮見,⑨此當作"分決"。"分決",言有決斷也,唐釋慧苑撰《新譯大方廣佛花嚴經音義》卷八〇引《玉篇》曰:"斷,謂裁制分決之也。"⑩可知"斷"與"分決"義近。《淮南子·兵略》:"兵静則固,專一則威,分決則勇,心疑則北,力分則弱。故能分人之兵,疑人之心,則錙銖有餘;不能分人之兵,疑人之心,則數倍不足。"

---

① 《三國志校箋》,第665頁;吳金華點校:《三國志(修訂本)》,第349頁。
② 周天游輯注:《八家後漢書輯注(修訂本)》,上海古籍出版社,2020年,第718頁。
③ 《後漢書》,第2258頁。
④ (宋)王欽若等編,周勛初等校訂:《册府元龜》,鳳凰出版社,2006年,第9679頁(下文引《册府元龜》,除另有標注其他版本外,皆爲此本);(梁)蕭統編,(唐)李善注:《文選》,中華書局影胡刻本,1977年,第723頁上欄、747頁上欄。
⑤ (南朝宋)劉義慶著,(南朝梁)劉孝標注,余嘉錫箋疏:《世説新語箋疏》,中華書局,2007年第2版,第1020頁。
⑥ 《後漢紀》,張烈點校《兩漢紀》,第450頁。
⑦ 胡三省注曰:"分,扶問翻。"檢《漢書》卷一〇〇上《叙傳上》:"是故窮達有命,吉凶由人,嬰母知廢,陵母知興,審此四者,帝王之分決矣。"顔注:"分音扶問反。"胡氏音注或本於此。今按,《漢書》之"分決"非詞也,"帝王之分"當連讀。"分"謂情義、情分,猶"去就之分"之"分",與"分決"之"分"義别。"分決"之"分"當讀平聲,胡注似誤。
⑧ 《太平御覽》,第3361頁下欄。
⑨ 《漢語大詞典》據此文收有"介決",釋義爲"耿直善斷"。按,此據誤文收詞也。參《漢語大詞典》卷一,漢語大詞典出版社,1986年,第1047頁。另亦收有"分決"釋爲"猶決斷",甚是。參《大詞典》卷二,漢語大詞典出版社,1988年,第570頁。
⑩ 黄仁瑄校注曰"今本作'斷,裁也,決也'",詳參(唐)釋慧苑撰,黄仁瑄校注:《新譯大方廣佛華嚴經音義校注》,中華書局,2020年,第207頁。

又曰:"故計定而發,分決而動,將無疑謀,卒無二心,動無墮容,口無虛言,事無嘗試,應敵必敏,發動必亟。"①"分決而動",言有決斷即付諸行動。

"分決"又可倒文爲"決分",如《上清高聖太上大道君洞真金元八景玉錄》集六:"若夫決分萬滯,剖堅散疑,觸音合節,四映顯丕,天曜焕遷,不傳不師,八風迴釋。"②"決分萬滯",猶"決疑"也,明"決分"義同"分決",爲決斷之義。《御覽》卷四四一引《益部耆舊傳》:"和自陳説,斷計決分,守全孤弱。"③"斷計決分",言驗證所陳之辭,作裁斷也。

另有"剖決",猶"分決"也。《北史》卷五五《郎茂傳》:"茂性明敏,剖決無滯,當時以吏幹見稱。"④卷七七《裴政傳》:"簿案盈几,剖決如流,用法寬平,無有冤濫。"《通鑑》卷一八九《唐紀·高祖武德四年》:"與玄齡常從世民征伐,參謀帷幄,軍中多事,如晦剖決如流。"⑤因此,原文當作"賞其分決",言賞識其有決斷。

例九:《通鑑》卷五一《漢紀·順帝紀上》:"袁宏論曰:夫謀事作制,以經世訓物,必使可爲也。古者四十而仕,非謂彈冠之會必將是年也,以爲可仕之時在於強盛,故舉其大限以爲民衷。且顏淵、子奇,曠代一有,而欲以斯爲格,豈不偏乎!"⑥

按,"民衷",民心也,《南齊書》卷二《高帝紀下》:"敬簡元辰,虔奉皇符,升壇受禪,告類上帝,以永答民衷,式敷萬國。"⑦《通鑑》作"民衷",於此無意。當據《後漢紀》卷一八《順帝紀》作"民表"。⑧ "民表",民之表率,《後漢紀》載詔曰"郡國孝廉年四十已上,考德行,試其經。奏其茂才異行如顏淵、子奇,不拘年齒",⑨故袁宏論曰"舉大限,以爲民表"。"大限",期限也,年限也。又曰"顏淵、子奇,曠代一有,而欲以斯爲格,豈不偏乎","格",標準也,與"表"義近,可證作"表"是。

例一〇:《搜神記》卷六:"靈帝建寧中,男子之衣好爲長服,而下甚短;

---

① 何寧:《淮南子集釋》,中華書局,1998年,第1071頁。
② 《正統道藏》第34册《正乙部·上清高聖太上大道君洞真金元八景玉錄》,上海書店影印本,1988年,第148頁下欄。
③ 《太平御覽》,第2030頁下欄。
④ 《北史》,中華書局,1974年,第2015、2612頁。
⑤ 《資治通鑑》,第5932頁。
⑥ 《資治通鑑》,第1661頁。
⑦ 《南齊書》,中華書局,1972年,第31頁。
⑧ 《後漢紀》,張烈點校《兩漢紀》,第353—354頁。
⑨ 《後漢紀》,張烈點校《兩漢紀》,第353頁。

女子好爲長裾,而上甚短。"①

李劍國《搜神記輯校》輯此入《附録一：舊本〈搜神記〉僞目疑目辨證》中,校曰:"本條未見諸書引作《搜神記》,實取自《後漢書·五行志一》,然多訛誤,原作'獻帝建安中''長躬''長裾'。"②

今按,"長服"誤,當以"長躬"爲是。《廣雅·釋器》:"衻、裍、袾、衶,裑也。"清王念孫疏證即引《五行志》例曰:"衶,謂衣中也。《字通》作'身'。《喪服記》'衣二尺有二寸',鄭注云:'此謂袂中也。言衣者,明與身參齊。'疏云:'衣即身也。'衶,通作躬。"③唐瞿曇悉達《大唐開元占經》卷一一四引此作"爲長身",④"身"即"衶",義亦同"衶"。

2. 有助於漢語詞彙史的深入研究

東漢史書蔚然大觀,語料宏富,是漢語史研究的寶貴財富。由於東漢各史間關係密切,異中有同,從異文角度考察相關語詞的發展演變及詞語斷代,不失爲一條值得探索的途徑。而于有些字面普通而詞義隱微的新義,亦可通過異文間的互勘互證而相抉發。對東漢史書異文材料的整理或可彌補當前大型辭書"探源溯流、源流并重"上的一些不足,亦間可匡正辭書編纂中因文本訛誤而造成的疏失。

(1) 發掘新詞新義,訂正補充大型工具書之疏失

例一一:《後漢紀》卷一一《章帝紀上》:"鴻曰:'吾欲得裘褐之人,可與俱隱深山爾。今若乃衣綺縞,〔傅〕白黑,豈梁鴻所願者哉!'"(323 頁⑤)

"白黑"一詞,《後漢書》卷八三《逸民傳·梁鴻》作"粉墨"。⑥"白黑"當與"粉墨"義同,猶"粉黛",脂粉之屬;其構詞亦同於"粉黛""粉墨"。"白"蓋指所敷之白粉,而"黑"則表點眉之黛墨。《楚辭·大招》:"粉白黛黑,施芳澤只。"⑦《戰國策·楚策三》:"後鄭周之女,粉白墨黑,立於衢間,非知而見之者,以爲神。"⑧《淮南子·脩務》:"雖粉白黛黑,弗能爲美者,嫫母、仳倠也。"⑨漢賈誼《新書》卷八《勸學》:"當試傅白黱黑,榆鋏陂,雜芷若,虿虱

---

① (晋)干寶撰,汪紹楹校注:《搜神記》,中華書局,1979 年,第 85 頁。
② (晋)干寶、(晋)陶潛撰,李劍國輯校:《搜神記輯校》,中華書局,2019 年,第 633 頁。
③ (清)王念孫著,張其昀點校:《廣雅疏證》,中華書局,2019 年,第 557 頁。
④ (唐)瞿曇悉達:《大唐開元占經》卷一一四,國家圖書館藏清抄本,第八頁。
⑤ 《後漢紀》引文除另有注明,皆引自周天游校注本,下皆同。
⑥ 《後漢書》,第 2766 頁。
⑦ (宋)洪興祖補注,白化文等點校:《楚辭補注》,中華書局,1983 年,第 222 頁。
⑧ (西漢)劉向集録:《戰國策》,上海古籍出版社,1985 年,第 540 頁。"墨黑",姚本校曰:"別本作'黛黑'。"
⑨ 何寧:《淮南子集釋》,第 1330 頁。

視,益口笑。""臘"即"黛"字,此用爲動詞。又卷四《匈奴》:"令婦人傅白墨黑,繡衣而侍其堂者二三十人。"①"傅白墨黑"義同"傅白臘黑"。《列子》卷三《周穆王》:"衣阿錫,曳齊紈,粉白黛黑,珮玉環。"②表粉黛義的"白黑"應爲當時口語新詞,《漢語大詞典》亦未收"白黑"之粉黛義。③

例一二:《後漢書》卷六三《李固傳》:"自數年以來,災怪屢見,比無雨潤,而沈陰鬱泱。宮省之内,容有陰謀。"(2078頁)

按,"容有陰謀",《後漢紀》卷一八《順帝紀上》作"必有陰謀"。④ "陰謀",謂陰謀其陽也。《續漢志》卷一八《五行志六》劉昭注引李郃上書:"禍在蕭牆之内,臣恐宮中必有陰謀其陽,下圖其上,造爲逆也。"⑤是"容"有"必"義甚明。楊樹達《詞詮》卷九:"容,助動詞,當也。"⑥《世説新語·方正》:"既出户,謂兄曰:'何至如此,彼容不相知也?'士衡正色曰:'我祖名播海内,甯有不知?鬼子敢爾!'""彼容不相知",日本大典禪師釋曰:"言彼實不知吾父祖。"⑦"容不相知",謂定不相知。《晋書》卷五四《陸機傳》載此云:"陸雲曰:'殊邦遐遠,容不相悉,何至於此!'"⑧《魏書》卷一〇八之四《禮儀志四》:"鄭玄云:'義服恩輕。'以此推之,明義服葬容有樂理。"⑨"容有樂理",謂定有樂理也。

例一三:《後漢書》卷五二《崔寔傳》:"且濟時拯世之術,豈必體堯蹈舜然後乃理哉?期於補綻決壞,枝柱邪傾,隨形裁割,要措斯世於安寧之域而已。故聖人執權,遭時定制,步驟之差,各有云設。"(1726頁)

前言"期於補綻決壞",後曰"要措斯世於安寧之域",可知"要"與"期"意近,"要"亦當爲欲義。"要措",欲置也,言欲置此世於安寧之域也。《宋

---

① (漢)賈誼撰,閻振益、鍾夏校注:《新書校注》,中華書局,2000年,第297、136頁。
② 楊伯峻:《列子集釋》,中華書局,2013年,第96頁。
③ 《漢語大詞典》卷八,漢語大詞典出版社,1991年,第199頁。
④ 《後漢紀》,張烈點校《兩漢紀》,第357頁。
⑤ 《後漢書》,第3364頁。
⑥ 楊樹達:《詞詮》,中華書局,1954年,第454頁。《漢語大字典(第2版)》"容"下引楊樹達説,具例漢董仲舒《雨雹對》:"然則建巳之月爲純陽,不容者無復陰也。"參漢語大字典編輯委員會編:《漢語大字典(第2版)》,崇文書局、四川辭書出版社,2010年,第1002頁。按,"不容",不可能也。"容"有可能義,詳參董志翹、蔡鏡浩:《中古虚詞語法例釋》,吉林教育出版社,1994年,第443頁。另董、蔡又言"容"可用在動詞前,表推測語氣,可譯爲"或許""也許",引《後漢書》例,則失之。
⑦ 周興陸輯著:《世説新語彙校彙注彙評》,鳳凰出版社,2017年,第522頁。另,此例"容",多釋爲"或許",殆可商。從句意看,"容"作"必定"解,義更勝。
⑧ 《晋書》,第1473頁。
⑨ 《魏書》,第2799頁。

大詔令集》卷一一《皇太后上·太皇太后册文》:"故夙夜寅畏,厲精萬務,期措斯世于泰寧之域。"①《全宋文》卷六六七三卓洵《題俞公書區後》(慶元六年正月):"刺史守相莫不務行寬大,推廣上意,蘄措斯世於太和之域。""蘄"亦欲義也,可證"要措"乃欲措也。《全宋文》卷八一六五黃大任《應試策文一》:"以陛下聖德日新,直欲措斯世於隆平之地,則有其機而自舍之,臣知其決不出此也。"②

另有"要欲"一詞,《漢語大詞典》亦未收。"要""欲"同義連文,亦爲"欲"義,其成詞尚早,③如《文選》卷二七《謝朓〈敬亭山詩〉》:"要欲追奇趣,即此陵丹梯。皇恩竟已矣,兹理庶無睽。"④"要欲"亦即"欲"也。

例一四:《後漢紀》卷二三《靈帝紀上》:"滂與母訣曰:'滂承順教訓,不能保全其身,得下奉亡君於九泉,亦其願也。'母曰:'爾得李、杜齊名,吾復何恨!'"(645頁)

"亡君",《漢語大詞典》釋義爲"亡國之君、失權之君"。⑤ 按,此"亡君"乃亡父之稱。《後漢書》卷六七《黨錮傳·范滂》作"從龍舒君歸黃泉",李賢

---

① 《宋大詔令集》,中華書局,1962年,第50頁。
② 曾棗莊、劉琳主編:《全宋文》第293册,第182頁;第353册,第78頁。
③ 董志翹、蔡鏡浩《中古虛詞語法例釋》釋"要"有"欲"義,首引白居易《朝歸書寄元八》"要語連夜語,須眠終日眠"例,認爲:"此同義並列用法之'要欲'比單用'要'表主觀上的打算和希望,産生時代早,可能是'要',受到'欲'的類化而産生的詞義演變的。"詳參氏著《中古虛詞語法例釋》,吉林教育出版社,1994年,第577頁。謹按,其説待商。"要"之想要義應爲其"求取"義之引申,恐非類化而有。另,白居易詩"要語連夜語"之"要",亦非"想要"之義。"要""須"對言,二者義同,皆爲應當之義也,言應當語則連夜語,應當眠則終日眠也("要"有須義,詳參清劉淇《助字辨略》,萬有文庫本,商務印書館,1937年,第127頁;王雲路、方一新:《中古漢語語詞例釋》,吉林教育出版社,1992年,第431頁;王鍈:《詩詞曲語辭例釋(第二次增訂本)》,中華書局,2005年,第344頁等)。另,中古文獻中有些"要欲"非爲成詞,乃"應當要"之義,須詳審之。如《後漢紀》卷七《光武帝紀》:"援曰:'今尚有匈奴、烏桓擾北邊,我欲自請擊匈奴。男兒要欲死於邊野,以馬革裹尸還葬矣,反卧床上於兒女子手中死邪!'"《宋書》卷五三《庾炳之傳》:"臣愚,既有所啓,要欲盡其心,如無可納,伏願有其觸忤之罪。"《晋書》卷一〇三《劉曜載記》:"大丈夫處身立世,鳥獸投人,要欲濟之,而況君子乎!"又有"要欲"乃總之要之義。如《詩經》:"有酒湑我,無酒酤我。"鄭玄箋:"此族人陳王之恩也,王有酒則沛茜之,王無酒酤買之,要欲厚於族人。""要",總之之辭。方一新、王雲路編《中古漢語讀本(修訂本)》選《宋書·庾炳之傳》文,注"要欲"爲"總歸要,總是要",(按,此例方一新《中古近代漢語詞彙學》亦引,釋爲"希望",見上册第427頁)并援引《晋書》卷六六《陶侃傳》"要欲十日忍饑"例(第213頁)釋義甚確。但又於王義之《雜帖·知體氣常佳》下注"要欲"爲"想要;希望",下亦引《陶侃傳》例(第367頁),殆有舛失也。今按,《陶侃傳》之"要欲"亦爲"應當要"之義。另上引《劉曜載記》中"要欲",《中古漢語讀本(修訂本)》釋爲"想要;希望"。按,此"要欲"亦應當要之義,言鳥獸依人,大丈夫應當要濟助之,何況君子呢?作"想要"解,於語境不甚切合。
④ 《文選》,第384頁下欄。
⑤ 《漢語大詞典》卷二,第295頁。

注引謝承《後漢書》:"滂父顯,故龍舒侯相也。"①是《紀》文之"亡君"蓋爲滂之亡父。古可稱父爲"君",如"家君""嚴君""先君"等。據此,"亡君"有亡父義,《漢語大詞典》亦失收。

例一五:《後漢紀》卷二七《獻帝紀》引華嶠曰:"故汝、豫之戰,歸功於朱儁;張角之捷,本之於盧植。蓋功名者,士之所宜重。誠能不爭,天下莫之與争,則怨禍不深矣。"(763頁)

"宜重",《後漢書》卷七一《皇甫嵩朱儁傳·史論》則引華嶠《書》作"甚重",②可知"宜"有"甚"義,辭書均未見載。《後漢紀》卷二七《獻帝紀》:"碩以瓦器奉職天臺,不思先公而務私家,背奥媚竈,苟諂大臣。昔孔子誅少正卯,以顯刑戮。碩宜放肆,以懲姦僞。若久舍不黜,必縱其邪惑,傷害忠正,爲患不細。'"③"碩宜放肆",言吴碩甚放肆也。另《孟子·盡心上》:"公孫丑曰:'道則高矣美矣!宜若登天然;似不可及也。'"④"宜若",甚若也。唐柳宗元《與崔連州論石鐘乳書》:"又聞子敬時憒悶動作,宜以爲未得其粹美,而爲龍礦慘悍所中。"⑤"宜以爲",甚以爲。宋王安石《與馬運判書》:"私竊度之,京師兵食宜窘,薪芻百穀之價亦必踊。"⑥"宜窘",甚窘。"宜"有"甚"義,⑦當由其"應當"義引申而來。

例一六:《後漢紀》卷四《光武帝紀》:"馮異曰:'赤眉衆多,可以恩信傾,難用兵力破也。'"(93頁)

"傾",《漢語大詞典》引此例釋義爲"使順從,歸服"。⑧ 按,此釋義大致可通,但仍似欠準確。《後漢書》卷一七《馮異傳》載作"可以恩信傾誘",⑨"傾""誘"當同義連文,"傾"猶"誘"也。《史記》卷八七《李斯列傳》:"然後能滅仁義之涂,掩馳説之口,困烈士之行,塞聰揜明,内獨視聽,故外不可傾以仁義烈士之行,而内不可奪以諫説忿争之辯。"⑩"外不可傾以仁義烈士之

---

① 《後漢書》,第2207頁。
② 《後漢書》,第2314頁。
③ 《後漢紀》,張烈點校《兩漢紀》,第524頁。
④ (清)焦循撰,沈文倬點校:《孟子正義》,中華書局,1987年,第1015頁。
⑤ 《柳宗元集》,中華書局,1979年,第835頁。
⑥ (宋)王安石撰,劉成國點校:《王安石文集》,中華書局,2021年,第1314頁。
⑦ 上博簡第2册《容成氏》:"民乃宜月(怨),虐疾始生。""宜"之釋義亦頗多爭議,詳可參鄔可晶:《説上博簡"民乃宜怨"中的"宜"及古書中的相關字詞》,《出土文獻研究》第12輯,中西書局,2013年,第58—65頁。今謂"宜"似亦可訓爲"甚"。"宜怨",甚怨也。
⑧ 《漢語大詞典》卷一,第1644頁。
⑨ 《後漢書》,第646頁。
⑩ 《史記》,中華書局,1982年,第2557頁。

行",言外不可爲仁義烈士之行所傾惑。《吳越春秋》卷一〇《勾踐伐吳外傳》:"越王復召相國,謂曰:'子有陰謀兵法,傾敵取國九術之策,今用三已破彊吳,其六尚在子,所願幸以餘術,爲孤前王於地下謀吳之前人。'"①"傾敵"即誘敵。《新唐書》卷一五一《袁滋傳》:"俄而高霞寓敗,帝思以恩信傾賊,且滋嘗云云,乃授彰義節度使,僑治唐州。"同上《竇易直傳》:"晉懦弛苟安,滋欲以恩信傾賊,迂暗之人,烏可語功名會哉!"②"以恩信傾賊",言以恩信誘賊。

又有"傾惑",誘惑之義。《漢書》卷九七下《外戚傳下·孝成趙皇后》:"誣汙先帝傾惑之過,成結寵妾妒媚之誅。"③《晉書》卷七一《陳頵傳》:"加有莊老之俗傾惑朝廷,養望者爲弘雅,政事者爲俗人,王職不恤,法物墜喪。"④《宋書》卷四一《后妃傳論》:"及太祖之傾惑潘嫗,謀及婦人大明之淪溺殷姬,并后匹嫡,至使多難起于肌膚,并命行于同產,又況進于此者乎。"⑤

又有"傾詭",《玉篇·言部》:"詭,欺也,責也,怪也,謾也。"⑥"傾詭"義同"誘騙"。《隋書》卷三〇《地理志中》:"齊郡舊曰濟南,其俗好教飾子女淫哇之音,能使骨騰肉飛,傾詭人目。"⑦"傾"有"誘惑"義,辭書皆失收。

例一七:《後漢書》卷二五《劉寬傳》例,曰:"寬嘗於坐被酒睡伏。帝問:'太尉醉邪?'寬仰對曰:'臣不敢醉,但任重責大,憂心如醉。'帝重其言。"(887頁)

"睡伏",《漢語大詞典》有收,釋爲"謂伏几打盹"。⑧ 今按,《漢語大詞典》所釋待商,梁陶弘景《真誥》卷一二載此作"伏地睡",⑨《御覽》卷四七九引謝承《後漢書》亦作"伏地睡",⑩可知"伏"非"伏几"也,當爲"伏地"之義。"睡伏"乃伏地睡也。《漢語大詞典》失檢。

例一八:《後漢書》卷四一《第五倫傳》:"倫奉公盡節,言事無所依違。諸子或時諫止,輒叱遣之,吏人奏記及便宜者,亦並封上,其無私若此。"(1401頁)

---

① (漢)趙曄撰,周生春校注:《吳越春秋輯校彙考》,中華書局,2019年,第168頁。
② 《新唐書》,中華書局,1975年,第4825、4828頁。
③ 《漢書》,第3997頁。
④ 《晉書》,第1893頁。
⑤ 《宋書》,中華書局,1974年,第1298頁。
⑥ (梁)顧野王撰,呂浩校點:《大廣益會玉篇》,中華書局,2019年,第297頁。
⑦ 《隋書》,中華書局,1973年,第862頁。
⑧ 《漢語大詞典》卷七,第1230頁。
⑨ (梁)陶弘景撰,趙益點校:《真誥》,中華書局,2011年,第219頁。
⑩ 《太平御覽》,第2273頁上欄。

"依違"乃古之常詞,《漢語大詞典》收有該詞,列三個義項,分別爲"遲疑;……亦謂模棱兩可""依順、依仗""形容樂聲抑揚動聽"。① 從這幾個義項看,似乎"遲疑……亦謂模棱兩可"與《第五倫傳》文例最相合,但細味文意,似仍有隙。此句大致意思應該説:第五倫言事時容易得罪人,所以他的兒子有時諫言制止他。但容易得罪人和談論事情不遲疑、不模棱兩可,關係似乎不太明顯。可見此句中"依違"作"遲疑"或"模棱兩可"解,於句意不甚密合。那麼,此句中的"依違"應爲何義呢?

　　《後漢紀》卷一一《章帝紀》對此也有記載:"倫志在奉公,言事無所隱,諸子或時諫止,輒叱遣之。"②其文字與《後漢書》略同,但《第五倫傳》中的"無所依違",在《後漢紀·章帝紀》中即作"無所隱",如此看來,"依違"顯然與"隱"意義相近,即回避、隱諱義。

　　《公羊傳·襄公二年》:"齊姜與繆姜,則未知其爲宣夫人與? 成夫人與?"漢何休注:"齊姜者,宣公夫人;九年繆姜者,成公夫人也。傳家依違者,襄公服繆姜喪未逾年,親自伐鄭,有惡,故傳從内義,不正言也。"③《漢語大詞典》亦引此例,釋"依違"云"謂模棱兩可",恐亦未確。此"依違"亦當爲隱諱、回避之義。"傳家依違"言因爲"有惡",故史家"不正言"而有所隱諱、回避。

　　東漢蔡邕《獨斷》曰:"上者,尊位所在也。太史令司馬遷記事,當言帝則依違但言上,不敢渫瀆言尊號,尊王之義也。""不敢渫瀆言尊號"正説明了"依違"的隱諱、回避義。同上:"天子自謂曰行在所,猶言今雖在京師、行所至耳。巡狩天下,所奏事處皆爲宫。在京師曰奏長安宫,在泰山則曰奏奉高宫。唯當時所在,或曰朝廷,亦依違尊者所都,連舉朝廷以言之也。親近侍從官稱曰大家;百官小吏,稱曰天家。"④《漢書》卷八五《谷永傳》:"至親難數言,故推永等使因天變而切諫,勸上納用之。永自知有内應,展意無所依違,每言事輒見答禮。至上此對,上大怒。""展意無所依違",謂申述其意無所隱諱、無所回避。又卷三六《楚元王傳》:"今聖上德通神明,繼統揚業,亦閔文學錯亂,學士若兹,雖昭其情,猶依違謙讓,樂與士君子同之。"⑤《後漢書》卷六〇下《蔡邕傳下》:"以邕經學深奧,故密特稽問,宜披露失得,指陳政要,勿有依違,自生疑諱。具對經術,以皁囊封上。"⑥《文心雕龍·詔

────────
① 《漢語大詞典》卷一,第 1352 頁。
② 《後漢紀》,張烈點校《兩漢紀》,第 215 頁。
③ 《春秋公羊傳注疏》,(清)阮元校刻《十三經注疏(清嘉慶刊本)》,第 4997 頁。
④ (漢)蔡邕:《蔡中郎集》,四部備要本,中華書局,1930 年,第 135 頁下欄。
⑤ 《漢書》,第 3465、1970 頁。
⑥ 《後漢書》,第 1998 頁。

策》:"魏武稱作敕戒,當指事而語,勿得依違。"①"指事而語,勿得依違",意爲指明事情發表議論,不得回避、隱諱。

另有"回隱""回避",與"依違"義同。《後漢書》卷二一《任隗傳》:"獨與司徒袁安同心畢力,持重處正,鯁言直議,無所回隱。"李注:"回,邪也。隱,避也。"②按,李注待商,"回""隱"同義連文,皆爲回避之義。《後漢書》卷四三《樂恢傳》:"恢劾奏調、阜,並及司隸校尉。諸所刺舉,無所回避,貴戚惡之。"③上揭諸例與《後漢書·第五倫傳》正可相比讀,亦證明"依違"有"回避""隱諱"之義。④"依違"此義,《漢語大詞典》亦失收。

"依違"又可寫作"猗違",《國語·晉語三》:"國斯無刑,偷居幸生。不更厥貞,大命其傾。威兮懷兮,各聚爾有,以待所歸兮。猗兮違兮,心之哀兮。歲之二七,其靡有徵兮。若狄公子,吾是之依兮。"三國韋昭注:"猗,歎也。違,去也。言民心欲去其上,安土重遷,故心哀之。"汪遠孫《國語發正·晉語三》曰:"《漢書·孔光傳》:'猗違者數載。'顔注:'猗違猶依違耳。'如注云:'不決事之言也。'《韋玄成傳》:'依違者一年。'猗、依一聲之轉,'猗兮違兮,心之哀兮',言欲歸重耳而不能決,故心哀也。韋注誤。"⑤

汪遠孫所論頗確。"威兮懷兮"與"猗兮違兮"句式相同,"猗"不當解爲嘆詞,當作實詞解。"威""懷"同"猗""違",皆相反成意。"猗違"即"依違",亦"不決事之言",言晉國之民欲歸重耳,而心畏惠公,遂不能決而心哀之。"依",依從也;"違"者,避也,二者相反成意。"違"有避義,《尚書·大甲中》:"天作孽猶可違,自作孽不可逭。"孔傳:"言天災可避,自作災不可逃。"⑥《左傳·成公三年》:"若不獲命,而使嗣宗職,次及於事,而帥偏師以脩封疆,雖遇執事,其弗敢違,其竭力致死,無有二心。"晉杜預注:"違,辟也。"⑦《後漢書》卷五四《楊彪傳》:"明年,關東兵起,董卓懼,欲遷都以違其難。"李賢注:"違,避也。"卷四三《朱穆傳》:"故君有正道,臣有正路,從之如

---

① (南朝梁)劉勰撰,黃叔琳注,李詳補注,楊明照校注拾遺:《增訂文心雕龍校注》,中華書局,2012年,第263頁。
② 《後漢書》,第754頁。
③ 《後漢書》,第1478頁。
④ 《後漢書》卷二五《魯恭傳》:"每政事有益於人,恭輒言其便,無所隱諱。"《陳書》卷六《後主紀》:"救民俗之疾苦,辯禁網之疏密者,各進忠讜,無所隱諱。"卷二二《馬武傳》:"武爲人嗜酒,闊達敢言,時醉在御前面折同列,言其短長,無所避忌。"李賢注:"敢言謂果敢於言,無所隱也。"《後漢紀》卷二四《靈帝紀中》:"詔群臣上封事,靡有所諱。"這些例證也可與《第五倫傳》中的"無所依違"相比讀,更可證"依違"之隱諱、回避義。
⑤ 徐元誥:《國語集解》,中華書局,2002年,第304—305頁。
⑥ 《尚書正義》,(清)阮元校刻《十三經注疏(清嘉慶刻本)》,第348頁。
⑦ 《春秋左傳正義》,(清)阮元校刻《十三經注疏(清嘉慶刻本)》,第4126頁。

升堂,違之如赴壑。"卷八六《西南夷傳》:"夷人冬則避寒,入蜀爲傭,夏則違暑,反其(衆)〔聚〕邑。"①

因此,"依違"有不决事之意。漢劉向《九歎·離世》:"余思舊邦,心依違兮。"②《漢書》卷八一《孔光傳》:"傅太后欲與成帝母俱稱尊號,群下多順指,言母以子貴,宜立尊號以厚孝道。唯師丹與光持不可。上重違大臣正議,又内迫傅太后,猗違者連歲。"顔注云:"如淳曰:'不決事之言也。'師古曰:'猗違猶依違耳。猗音於奇反。'"③此句言哀帝難違師丹、孔光之正議,又内迫於傅太后,故猗違之連歲。哀帝本意當不疑,然迫於傅太后,甚感爲難,故猶豫而不決也。"猗違者數載",言猶豫不決之連年也。④《新唐書》卷一四六《李棲筠傳》:"帝比比欲召相,憚載輒止。然有進用,皆密訪焉,多所補助。棲筠見帝猗違不斷,亦内憂憤,卒,年五十八,自爲墓誌。"⑤此言代宗欲召相,忌元載而不能決事。

可見,"依違"之本義應該爲遲疑不决、猶豫不决,其"隱諱、回避"之義蓋由此引申而來。⑥

另,"猗違"有"回避"義,古書亦可見,如《新唐書》卷一八七《王珂傳》:"始,全忠擊楊行密不能克,諷荆、襄、青、徐等道請己爲都統以討行密,帝猗違未報;而珂與太原、鎮定等道亦請加行密都統,以討全忠。"⑦"猗違未報",回避而未報也。

綜上所論,《後漢書·第五倫傳》中的"依違"一詞當解爲隱諱、回避,《漢語大詞典》中有關"依違"一詞的釋義及例證,也應當有所修正補充。

（2）訂正古注誤釋

例一九:《後漢書》卷二九《鮑永傳》:"帝見永,問曰:'卿衆所在?'永離

---

① 《後漢書》,第1786、1468、2858頁。
② 《楚辭補注》,第288頁。
③ 《漢書》,第3357頁。
④ 其義亦同"遲回",《後漢書》卷七二《東海恭王强傳》:"十七年而郭後廢,强常戚戚不自安,數因左右及諸王陳其懇誠,願備藩國。光武不忍,遲回者數歲,乃許焉。"另有"依韋"一詞。《漢書》卷二二《禮樂志二》:"五音六律,依韋饗昭,雜變並會,雅聲遠姚。"顔師古注:"依韋,諧和不相乖離也。"《大詞典》收該詞,並引此例,釋義爲"形容樂音抑揚動聽。"參《漢語大詞典》卷一,第1351頁。按,此"依韋"當同"依違",指旋律迴旋婉轉,應該是由"依違"之回避、徘徊之義引申得來的。《文選》卷三四曹植《七啓》:"飛聲激塵,依違厲響。"李善注:"依違,猶徘徊也。""依違",亦言聲之回環往復也。
⑤ 《新唐書》,第4737頁。
⑥ 《漢語大詞典》引陸游《親舊見過多見賀强健戲作此篇》"道貌安能希睟盎,世緣但可付猗違",釋"猗違"爲遲疑不决,欠準確。詩句言修道怎能希望有睟面盎背之貌,而俗世之事但可付於回避之策。"猗違"亦當爲回避義。參《漢語大詞典》卷五,第76頁。
⑦ 《新唐書》,第5440頁。

席叩頭曰：'臣事更始，不能令全，誠慙以其衆幸富貴，故悉罷之。'帝曰：'卿言大！'而意不悦。"（1018 頁）

唐李賢注："幸，希也。"

按，《後漢紀》卷三《光武帝紀》作"以衆獲貴"，可知，"幸"當爲獲得義。《小爾雅·廣義》："幸，非分而得謂之幸。"①漢蔡邕《獨斷》卷上："是故謂之幸，皆非其所當得而得之。王仲任曰：'君子無幸而有不幸，小人有幸而無不幸。'《春秋傳》曰：'民之多幸，國之不幸也。'言民之得所不當得，故謂之幸。"②《中庸》："故君子居易以俟命，小人行險以徼幸。"宋朱熹章句："幸，謂所不當得而得者。"③《論語·雍也》："罔之生也幸而免。"清劉寶楠正義曰："《晉語》：'德不純而福禄並至，謂之幸。'言非分而得，可慶幸也。"④唐慧琳《一切經音義》卷二七《音妙法蓮花經》"慶幸"下："《小爾雅》'非分而得謂之幸'。幸，遇也，亦冀望也，皆非其所當而得之耳。"⑤是"幸富貴"義爲非分而獲取富貴也，故鮑永慙而悉罷衆。

3. 有助于中古時期字際關係的整理與認識

東漢史書存有大量的異文資料，其中較多異文爲當時通用的異體字、古今字、通假字。對于東漢史書異文材料的爬抉整理，可以幫助對異體字、通假字、古今字的整理，于中古近代漢字字際關係研究亦有所裨益。

（1）破除通假，糾正詞語誤釋

例二〇：《後漢書》卷四三《樂恢傳》："經曰：'天地乖互，衆物夭傷。君臣失序，萬人受殃。'政失不救，其極不測。方今之宜，上以義自割，下以謙自引。"（1478 頁）

點校本校勘記曰："按：汲本'夭'作'大'。"⑥

按，《後漢紀》卷一三《和帝紀上》作"衆生夭傷"；《通志》卷一〇九上、《冊府》卷五三六載此皆作"夭傷"。⑦"夭傷"乃古之成詞，謂夭亡也。"傷"亦喪亡也，與"夭"義同。《漢語大詞典》收"夭傷"，釋義爲"夭折損傷"，⑧似

---

① （清）胡承珙：《小爾雅義證》，黃山書社，2011 年，第 86 頁。
② 《蔡中郎集》，四庫備要本，第 136 頁下欄。
③ （宋）朱熹：《四書章句集注·中庸章句》，中華書局，1983 年，第 24 頁。
④ （清）劉寶楠撰，高流水點校：《論語正義》，中華書局，1990 年，第 234 頁。
⑤ （唐）慧琳等撰，徐時儀校注：《一切經音義三種校本合刊（修訂版）》，上海古籍出版社，2012 年，第 982 頁。
⑥ 清嚴可均輯《全後漢文》卷三一輯此文作"大傷"，殆誤。參《全上古三代秦漢三國六朝文》，中華書局，1958 年，第 1292 頁。
⑦ 《後漢紀》，張烈點校《兩漢紀》，第 253 頁；《冊府元龜》，第 6125 頁；（宋）鄭樵編撰：《通志》，中華書局影印本，1987 年，第 1590 頁上欄。
⑧ 《漢語大詞典》卷二，第 1460 頁。

不確。"夭""傷"同義連文,均爲夭亡義。"傷"亦作"殤",《廣韻·漾韻》:"傷,未成人。或作'殤'。"①《戰國策·秦策三》:"蔡澤復曰:'富貴顯榮,成理萬物,萬物各得其所;生命壽長,終其年而不夭傷。'"②《漢書》卷六三《武五子傳》:"陰陽不和則萬物夭傷,父子不和則室家（散）〔喪〕亡。"卷八五《谷永傳》:"上天震怒,災異婁降,日月薄食,五星失行,山崩川潰,水泉踊出,妖孽並見,茀星耀光,饑饉荐臻,百姓短折,萬物夭傷。"③"夭傷"並夭亡之義。

"夭傷"又可作"夭殤"。《逸周書》卷六《謚法解》:"短折不成曰殤;未家短折曰殤。"清盧文弨校曰:"《正義》'殤'作'傷'。"④《列子·黄帝》:"其民無嗜慾,自然而已。不知樂生,不知惡死,故無夭殤;不知親己,不知疏物,故無愛憎。"⑤"夭殤",《御覽》卷七九引作"夭傷"。⑥ 三國吳竺律炎共支謙譯《摩登伽經》卷下:"月在畢宿,而地動者,懷孕婦人,胎多夭殤,諸果凋落,飢饉疾疫,兵刀相害。""殤",宋、元、明本皆作"傷"。蕭齊求那毗地譯《百喻經》卷一《婆羅門殺子喻》:"有人問婆羅門言:'汝何故哭?'婆羅門言:'今此小兒七日當死,愍其夭傷,以是哭耳。'""傷",宋、元、明本皆作"殤"。⑦

據此,"夭傷"即"夭殤",乃夭亡義,《漢語大詞典》釋爲"夭折損傷",殆爲望文,似未中其鵠。

例二一:《漢書》卷一〇〇上《叙傳上·班彪〈王命論〉》:"夫餓饉流隸,饑寒道路,思有短褐之襲,儋石之畜,所願不過一金,然終於轉死溝壑。何則?貧窮亦有命也。況呼天子之貴,四海之富,神明之祚,可得而妄處哉?"顔師古注曰:"隸,賤隸。"⑧

《文選》卷五二亦收有班彪《王命論》,文字與《漢書》大體相同。其中"流隸",李善注曰:"流移賤隸也。《左氏傳》曰:'人有十等,輿臣隸也。'"劉良亦注:"流隸,謂逃流賤隸之人。"⑨

---

① 余迺永校注:《新校互注宋本廣韻(定稿本)》,上海人民出版社,2008年,第425頁。
② 《戰國策》,第212頁。
③ 《漢書》,第2744、3467頁。
④ 黄懷信、張懋鎔、田旭東:《逸周書彙校集注》,上海古籍出版社,2007年,第678頁。
⑤ 《列子集釋》,中華書局,1979年,第43頁。
⑥ 《太平御覽》,第369頁上欄。
⑦ (三國吳)竺律炎、支謙譯:《摩登伽經》,《大正新修大藏經》,第21册,日本東京大藏出版株式會社,1988年,第408頁上欄;(蕭齊)求那毗地譯:《百喻經》,《大正新修大藏經》,第53册,第544頁下欄。
⑧ 《漢書》,第4209頁。
⑨ 《六臣注文選》,中華書局影涵芬樓藏宋刻本,2012年,第964頁下欄。

另外，《宋書》卷二七《符瑞志上》也録有此文，①文字大略相同。

"流隸"，《漢語大詞典》有收，亦從顏師古、李善所説，釋義爲："舊謂流亡他鄉的微賤之民"，且引用《陳書》卷三《世祖紀》："或親屬流隸，負土無期，子孫冥滅，手植何寄。"②

從《陳書》例看，"流隸"似乎不應爲"流移賤隸"之義。"親屬"乃名詞，後與"流隸"平列，則難以索解。從句式看，"親屬流隸""子孫冥滅"正相儷偶，可見"流隸""冥滅"詞性當一致，"流隸"顯然不爲名詞，而應作動詞解。

除却班彪《王命論》與《陳書》外，唐代以前的典籍中亦可見"流隸"。

《三國志》卷五二《吳志·諸葛瑾傳》：'瑾避席曰："瑾與殷模等遭本州傾覆，生類殄盡。棄墳墓，携老弱，披草萊，歸聖化，在流隸之中，蒙生成之福，不能躬相督厲。"'③"在流隸之中，蒙生成之福"句式相對，"流隸"也當非爲名詞。此句中"流隸"顯然也不可解爲"流移之賤隸"。《三國志》卷五三《吳志·薛瑩傳》："適兹樂土，庶存孑遺，天啓其心，東南是歸。厥初流隸，困於蠻垂，大皇開基，恩德遠施。"④"厥初"，其初，乃副詞，後鮮能承以名詞。且該詩乃薛瑩紀其父，此句叙其父薛綜早年隨族人遷交州之事。同卷《薛綜傳》裴松之引《吳録》注曰："其先齊孟嘗君封于薛。秦滅六國，而失其祀，子孫分散。漢祖定天下，過齊，求孟嘗後，得其孫陵、國二人，欲復其封。陵、國兄弟相推，莫適受，乃去之竹邑，因家焉，故遂氏薛。自國至綜，世典州郡，爲著姓。綜少明經，善屬文，有秀才。"⑤可見，薛綜其身份不可能爲"賤隸"。而且，依情理，子叙其父事，自不當直稱其父爲"隸"。因此，此句之"流隸"，似亦不可能作"流亡之賤隸"解。

《唐大詔令集》卷五《帝王〈改元太和赦〉》："如舊故在上都任經本司陳狀，不必更待州府申請。流貶中縱赦不許量移者，及言終身勿齒者，亦與依例處分。亡官失爵，各與收叙。痕累禁錮，並從洗滌。其緣去年十二月八日坐累流隸者，不在此限。"⑥此例之"流隸"，也不應當作"流亡之賤隸"解。"坐累流隸者"，"者"爲名詞性標記成分，表"……的人"，"者"前一般爲謂詞性成分。因此，此"流隸"定非名詞，而當作謂詞解，其義應與前文之"流貶"意義相近。

---

① 《宋書》，第 772 頁。
② 《漢語大詞典》卷五，第 1275 頁。
③ 《三國志》，第 1232 頁。
④ 《三國志》，第 1255 頁。
⑤ 《三國志》，第 1250 頁。
⑥ （宋）宋敏求編：《唐大詔令集》，商務印書館，1959 年，第 29 頁。

從上揭唐代以前"流隸"之用例來看,多當作動詞解,作"流亡之賤隸"解者較少見。如此,《王命論》中"流隸"解作"流亡之賤隸",則頗讓人懷疑。

東漢荀悦《漢紀》卷三〇《平帝紀》、晉袁宏《後漢紀》卷五《光武帝紀》亦載有班彪《王命論》,其中"餓饉流隸",荀悦《漢紀》、袁宏《後漢紀》均作"饑饉流離"。① 如《漢紀》曰:"夫饑饉流離,單寒道路,思有短〔裋〕褐之襲,擔石之蓄。"②兩相對比即可知,此句"流隸"即用爲"流離"。

"隸""離"皆爲來母字,"離"古音屬歌部,"隸"爲脂部字,二者韻尾相同,主要母音發音相近,歌脂旁轉,聲韻關係極近。《説文·广部》"癘"下:"從广麗聲,一曰瘦黑,讀若隸。"③"癘"從麗聲,與"隸"讀音相近。"麗""隸"均有附屬之義,二者同源。④ 而"麗"與"離"均有並義,也存有同源關係,⑤可證"離""隸"音義關係極爲密切。《周易·離》:"離王公也。"唐陸德明釋文"離"下云:"音麗,鄭作麗。"《儀禮·鄉飲酒禮》:"乃間歌魚麗。"唐陸德明釋文:"麗本或作離。"⑥《論衡·書虚》"高漸麗",馬宗霍校曰:"《御

---

① 《漢書》"餓饉流隸",李善注:"饉或爲殣。荀悦曰:'道瘞謂之殣也。'"按,此注殆有誤,"餓饉"義當同"饑饉",《兩漢紀》引此文均作"饑饉",可證。六臣注《文選·王命論》曰:"良曰:無菜曰饑,無穀曰饉。"可見劉良也認爲此"饉"非讀爲"殣"。大正藏本梁寶唱《經律異相》卷一〇《爲國王身治梵志罪》"王忘道士令餓六日,受罪六年,餓饉裁盡。""餓饉",宋、元、明本作"饑饉",這也可證"餓饉"正爲饑饉義。"饑饉"本指饑荒而不得食,語出《論語》"因之以饑饉",後世沿用,如《漢書》卷九九下《王莽傳下》:"枯旱霜蝗,饑饉薦臻,百姓困乏,流離道路,於春尤甚,予甚悼之。"《三國志》卷一二《魏志〈毛玠傳〉》:"今天下分崩,國主遷移,生民廢業,饑饉流亡,公家無經歲之儲,百姓無安固之志,難以持久。"東漢荀悦《漢紀》卷二三《元帝紀》:"今陛下即位以來,災異並出,人民饑饉,盜賊不禁,視今爲治邪亂邪?"《晉書》卷一二二《呂隆載記》:"自武皇棄世,諸子競尋干戈,德刑不恤,殘暴是先,饑饉流亡,死者太半。""饑饉流亡"義同"餓饉流隸"。此外,還尚有"荒饉""凶饉""疲饉"等,如《後漢書》卷四三《朱穆傳》:"百姓荒饉,流移道路。"《後漢書》卷四《和帝紀》:"陰陽不和,水旱違度,濟河之域,凶饉流亡。"《後漢書》卷一五《來歙傳》:"今西州新破,兵人疲饉。"對比即知"餓饉"之"饉"不當讀爲"殣"。五代以後,典籍亦偶見"餓饉",如《舊唐書》卷三七《五行志》:"餓饉枕道",《新唐書》卷三六《五行志三》作"餓殣枕道"。《舊唐書》"餓饉",很可能是據李善注而誤用之。另,《新唐書》卷一四九《第五琦傳》有"餓饉相望"。其中"餓殣",宋孫逢吉編《職官分紀》卷四、宋朱弁撰《猗覺寮雜記》卷下均引作"饑饉",可知此"餓饉"亦爲饑饉之義,殆指遭饑荒而不得食者。

② 張烈點校《漢紀》,第543頁。點校本《後漢紀》改"襲"爲"褻"字。今按,"襲"不當改,清王念孫《讀書雜志》已詳辨之(第1015頁)。又,"短",點校本《兩漢紀》皆改爲"裋"。按,此亦不當改,"短"可借爲"裋",孫詒讓辨之甚詳,可參(清)孫詒讓:《墨子閒詁》,中華書局,2001年,第256頁。另,"終於",《後漢紀》作"終不免",餘者前後《漢紀》皆同。參《後漢紀》,張烈點校《兩漢紀》,第87頁。

③ (漢)許慎:《説文解字》,中華書局影印本,1963年,第155頁。

④ 參殷寄明:《漢語同源詞大詞典》,復旦大學出版社,2018年,第1773頁。

⑤ 王力:《同源字典》,商務印書館,1982年,第359頁。

⑥ 《周易注疏》,(清)阮元校刻《十三經注疏(清嘉慶刻本)》,第212頁;《儀禮注疏》,(清)阮元校刻《十三經注疏(清嘉慶刻本)》,第2132頁。

覽》七百四十二引'麗'作'離',與《國策》《史記》合,'麗''離'雙聲,古通用。"①此皆可證古"離""隸"語音極近,"隸""離"二字可得通借。

"流離"古書多見,《漢書》卷三六《楚元王傳》亦見"流離":"死者恨于下,生者愁於上,怨氣感動陰陽,因之以饑饉,物故流離以十萬數。"唐顏師古注曰:"流離,謂亡其居處也。"②顏氏此釋甚確,"流離"即爲流轉離散而亡失其居處之義。《後漢書》卷七二《董卓傳》:"盛夏炎暑,不能得冷水,飢渴流離。"③"飢渴流離",與《王命論》之"餓饉流隸"意義相近。《後漢紀》卷一一《章帝紀》:"又諸徙家,骨肉離散,孤魂不祀,骸骨流離,死生被毒,一人呼嗟,王道爲虧。"④"骨肉離散"與"骸骨流離"正相對文。《北史》卷一二《隋本紀下》:"加之以師旅,因之以饑饉,流離道路,轉死溝壑,十七八焉。"⑤《舊唐書》卷五〇《刑法志》:"重以大兵之後,屬遭凶年,流離飢餓,死喪略半。"⑥宋徐夢莘編《三朝北盟會編》卷一一五《炎興下帙·宗澤奏對論》:"飢荒流離,困厄道路,弱者填滿溝壑,强者盡爲盜賊。"⑦"飢荒流離,困厄道路"正與"餓饉流隸,饑寒道路"句式相同,意義相近。

上揭諸例,"流離"均爲流亡離散之義。⑧"流""離"屬近義連文,二者義近。《史記》卷二《夏本紀》:"五百里荒服,三百里蠻,二百里流。"裴駰集解引馬融曰:"流者,流行無城郭常居。"⑨《後漢書》卷一五《來歙傳》:"隴西雖平,而人饑,流者相望。"李注:"流,謂流離以就食也。"⑩《資治通鑑》卷八九《晉紀·愍帝紀下》:"流殍者什五六。"胡注曰:"餓死於中野者曰殍,散而之他方者曰流。"⑪"離",猶去也,即離開,離散之義,與"流"義近。

又有"流冗",義同"流離"。《漢書》卷一〇《成帝紀》:"農民失業,怨恨者衆,傷害和氣,水旱爲災,關東流冗者衆。"顏注:"冗,散失其事業也。"⑫

---

① (漢)王充撰,馬宗霍校注:《論衡校讀箋識》,中華書局,2010年,第63—64頁。
② 《漢書》,第1957頁。
③ 《後漢書》,第2337頁。
④ 《後漢紀》,張烈點校《兩漢紀》,第206頁。
⑤ 《北史》,第475頁。
⑥ 《舊唐書》,第2145頁,中華書局,1975年。
⑦ (宋)徐夢莘:《三朝北盟會編》,上海古籍出版社影印本,1987年,第844頁下欄。
⑧ 又有"流移""流曳",均爲近義連文,與"流隸""流離"義近。《後漢書》卷四三《朱穆傳》:"永興元年,河溢,漂害人庶數十萬户,百姓荒饉,流移道路。"《續漢志》卷一三《五行志》:"永初元年十一月,民訛言相驚,司隸、并、冀州民人流移。"《三國志》卷六四《吳志·諸葛恪傳》:"恪引軍而去。士卒傷病,流曳道路,或頓僕坑壑,或見略獲,存亡忿痛,大小呼嗟。"
⑨ 《史記》,第75頁。
⑩ 《後漢書》,第588頁。
⑪ 《資治通鑑》,第2833頁。
⑫ 《漢書》,第318頁。

"冗"猶離也,離散之義,與"流"義近,顏氏所言略欠周詳。《後漢書》卷一《光武帝紀》:"詔曰:'更始破敗,棄城逃走,妻子裸袒,流冗道路。朕甚愍之。'"唐李賢注:"冗,散也。"卷四《和帝紀》:"庚寅,遣使者分行貧民,舉實流冗,開倉賑稟三十餘郡。"李注:"冗,散也。"卷七《桓帝紀》:"河水溢。百姓飢窮,流冗道路,至有數十萬戶。"①

因此,"流隸"應即"流離","隸"殆爲"離"之借音字。顏氏昧於文字,不知音訓,而有兩釋之誤。② 前揭《後漢書》"飢渴流離"、《舊唐書》"流離飢餓",《後漢書》卷四《和帝紀》有"濟河之域,凶饉流亡",③《三國志》卷一二《魏志·毛玠傳》有"生民廢業,饑饉流亡",④此皆可與《王命論》"餓饉流隸"相比讀,可證"流離""流隸"實爲一詞,義當一致,和所謂"賤隸"應無聯繫。"餓饉流隸"即爲"饑寒交迫而流離失所"之義。

《陳書》卷三《世祖本紀》"親屬流隸",其義應爲"親屬流離",即謂親屬流亡,居無定所。《三國志》卷五二《吳志·諸葛瑾傳》"在流隸之中",宋蕭常《續後漢書》卷二六《吳載記》亦載,於此即作"在流離之中",是"隸"即"離"也,言在流亡離散之中。《三國志》卷五三《吳志·薛瑩傳》中"厥初流隸",言其初流離也。《唐大詔令集》卷五《帝王·太和改元赦文》"坐累流隸者"意即受牽連而被流放者。將上揭諸例中的"流隸"解爲"流離",無不文從字順。因此,班彪《王命論》"餓饉流隸"自當爲饑餓流亡之義,"餓饉""流離"相平列,而非爲修飾關係。

唐代以後,"流隸"在典籍中亦或有見,其義已多指"流亡之賤隸",很可能受顏師古、李善注文之影響,如宋薛季宣《浪語集》卷一六《代論流配劄子》:"周世宗收天下奸人亡命,以備禁旅,治以軍法,皆有成效。臣謂先王加役之流隸於赤籍者,此其意也。"⑤"赤籍"謂軍籍;"加役之流隸於赤籍者",

---

① 《後漢書》,第24、176、298頁。
② "流離"又有狀紛繁不絕之貌義,乃"陸離""淋漓"等之音轉,漢揚雄《甘泉賦》:"曳紅采之流離兮,揚翠氣之宛延。""流離"狀光彩斑斕貌,又可轉寫爲"流麗"。漢司馬相如《長門賦》:"左右悲而垂淚兮,涕流離而從橫。"《漢語大詞典》釋"流離"爲"猶淋漓",又釋"淋漓"爲沾濕或流滴貌,舉南朝梁范縝《擬〈招隱士〉》例:"岌峨兮傾敧,飛泉兮激湍,散漫兮淋漓。"此"淋漓"亦指狀雜亂之貌。詳參蘭佳麗《連綿詞族叢考》,學林出版社,2012年,第20頁。又有"林離""霖漓""連邐""連漇"等,均有錯落不絕之意。因此,表流亡離散義之"流離"與狀紛亂不絕之"流離",蓋爲同形詞。此外"流離"又爲"璧流離"之簡稱,表示來自西域所燒成的一種玻璃器名,後轉寫爲"琉璃"。詳參趙永《琉璃名稱考辨》,《中國國家博物館館刊》2013年第5期。可見"流離"其語源非一。
③ 《後漢書》,第178頁。
④ 《三國志》,第374頁。
⑤ (宋)薛季宣《浪語集》,《景印文淵閣四庫全書》,臺灣商務印書館影印本,1982年,第1159冊,第284頁上欄。

言增加在軍籍中流亡役隸的役期。"流隸"應指流亡之賤隸、被流放之役隸。明李光遠《市南子》卷五《武舉錄後序》:"竟内急而是,出遏流隸,靖方域,末以其屬西南征。"①"遏流隸,靖方域"中之"流隸"是對流民的貶稱。

因此,唐以前典籍中的"流隸"大多可讀爲"流離","隸""離"可相通,"流隸"即可讀爲"流離",爲流轉離散而居無定所之義。"流隸"一詞又有"流亡之賤隸"的用法。《漢語大詞典》逕襲顔師古、李善説,不加分辨,似當改。

例二二:《後漢書》卷五二《崔寔傳》:"近孝宣皇帝明於君人之道,審於爲政之理,故嚴刑峻法,破姦軌之膽,海内清肅,天下密如。"李賢注:"密,静也。"(1727頁)

按,"密如",《藝文類聚》卷五二引作"謐如"。是"謐如""密如"實同。《漢語大詞典》分設兩詞,於"密如"下曰:"安定貌。"②"謐如"下曰"猶謐然","謐然"則釋爲"平静貌"。③ 其釋似欠準確。"謐如"即"密如",安定貌,猶"謐然",《詩經·周頌·昊天有成命》:"夙夜基命宥密。"④賈誼《新書·禮容》引作"夙夜基命宥謐"。⑤《漢書》卷八九《揚雄傳》:"乃展民之所訕,振民之所乏,規億載,恢帝業,七年之間而天下密如也。"顔注:"密,静也。"⑥《三國志》卷三〇《魏志·東夷傳序》:"而後海表謐然,東夷屈服。"⑦《魏書》卷三一《于栗磾》:"太傅清河王等奏曰:'竊惟先帝升遐之初,皇上登極之始,四海謐然,宇内晏清。'"⑧《宋書》卷五《文帝紀論》:"故能内清外晏,四海謐如也。"⑨《南史》卷二《文帝紀論》作"故能内清外晏,四海謐如"。⑩ 是"密""謐"可通,《大詞典》分釋兩義,似欠妥。

(2)補充辭書古今字文例

例二三:《後漢紀》卷三〇《獻帝紀》:"仰惟爵高寵厚,俯思自效,憂深責重,驚悸累息,如臨于谷。輒將率六軍,順時撲討,以寧社稷,以報萬分。"(周本859頁)

---

① (明)李光遠:《市南子》卷五,《四庫禁毁書叢刊》集部第105册,北京出版社影印本,1997年,第91頁上欄。
② 《漢語大詞典》卷三,第1533頁。
③ 《漢語大詞典》卷十一,第392頁。
④ (清)阮元校刻:《十三經注疏(附校勘記)·毛詩正義》,中華書局影印本,1980年,第587頁下欄。
⑤ (漢)賈誼撰,閻振益、鍾夏校注:《新語校注》,中華書局,2000年,第379頁。
⑥ 《漢書》,第3560頁。
⑦ 《三國志》,第840頁。
⑧ 《魏書》,第743頁。
⑨ 《宋書》,第103頁。
⑩ 《南史》,第72頁。

《漢語大字典(第二版)》"將"下釋曰:"同'獎',《集韻·養韻》:'獎,勸也,助也,或作將。'"①按,《漢語大字典》所釋頗確,但惜未有辭例。

袁《紀》"將率六軍",《三國志》卷三二《蜀志·先主傳》作"獎厲六師",②對比可知,"將率"即"獎率"也,激勵率領之義,與"獎勵"義近。唐玄應《玄應音義》卷二二《瑜伽師地論》"將化"下曰:"又作'獎',同。子兩反。《小爾雅》云:'獎,率、勸,勵也。又成也。助也。'"③"將"即用爲"獎"。"獎率"一詞,《漢語大詞典》亦未收。《三國志》卷三五《蜀志·諸葛亮傳》:"今南方已定,兵甲已足,當獎率三軍,北定中原,庶竭駑鈍,攘除姦凶。"④《魏書》卷四七《盧昶傳》:"萬壽等獎率同盟,攻掩朐城,斬衍輔國將軍、琅邪、東莞二郡太守。"⑤《宋書》卷六五《劉道錫傳》:"前者兵寇攻逼,邊情波駭,廣威將軍、巴西梓潼二郡太守劉道錫,獎率文武,盡心固守,保全之績,厥效可書。"點校本校勘記曰:"'獎'各本並作'將',據《元龜》三七九改。"⑥按,"將"即用爲"獎",不煩改字。

(3) 辨明中古通假關係

例二四:《後漢書》卷二四《馬援傳》:"客卿幼而岐嶷,年六歲,能應接諸公,專對賓客。"(852 頁)

"岐嶷",《御覽》卷三八四引《東觀記》作"岐嶷"。⑦"岐嶷"本當作"岐嶷",《詩·大雅·生民》"克岐克嶷,以就口食",毛傳曰:"岐,知意也;嶷,識也。"⑧宋朱熹集傳:"岐、嶷,峻茂之狀。"⑨《後漢書》卷三七《桓榮傳》:"夙智早成,岐嶷也;學優文麗,至通也;仕不苟祿,絕高也;辭隆從窊,絜操也。"李賢注:"岐,行貌也。嶷然有所識也。《詩》曰'克岐克嶷'也。"⑩又可寫作"奇嶷",《後漢紀》卷九《明帝紀上》即作"兄客卿幼而奇嶷"。⑪隋《韓邕墓

---

① 漢語大字典編輯委員會編:《漢語大字典(第2版)》,崇文書局、四川辭書出版社,2016年,第2544頁。
② 《三國志》,第887頁。
③ 徐時儀校注:《一切經音義三種校本合刊(修訂版)》,第449頁。
④ 《三國志》,第920頁。
⑤ 《魏書》,第1057頁。
⑥ 《宋書》,第1727頁。
⑦ 《太平御覽》,第1774頁上欄。
⑧ (漢) 毛亨傳,鄭玄箋,(唐) 陸德明音義,孔祥軍點校:《毛詩傳箋》,中華書局,2018年,第383頁。
⑨ (宋) 朱熹:《詩集傳》,中華書局,2017年,第298頁。
⑩ 《後漢書》,第1261頁。
⑪ 《後漢紀》,張烈點校《兩漢紀》,第166頁。另吴金華先生校"奇"爲"岐"之音訛,似可商。詳參吴金華《〈後漢紀〉校議》,《古籍整理研究學刊》2001年第2期,又收入氏著《古文獻整理與古漢語研究》,江蘇古籍出版社,2001年,第82—83頁。又《大詞典》收"奇嶷",僅具《後漢紀》例,釋爲"特別聰明",未能溯其本源也。參《漢語大詞典》卷二,第1528頁。

誌》："君早標奇嶷，挺秀人倫；質素蓋於鄉閭，播美流於朝廷。"①唐《□唐故韓君墓誌銘並序》："弱齡奇嶷，晒芳名於月中；幼號神童，目無雙於日下。"②可知，"奇"可與"岐""歧"相通，辭書均未見載。

例二五：謝承《後漢書》卷二《羊續傳》："以清率下，〔計日受俸，以作乾〕〔飯〕，唯卧一幅布絢，〔穿〕敗，糊紙補之。"（《初學記》卷二一　《書鈔》卷三八　《御覽》卷四二五　又卷六九九　又卷七〇七　《事類賦注》卷一五）③

《初學記》卷二一、《事類賦注》卷一五、《御覽》卷四五二、卷七〇七引謝承《書》均作"布絢"，④《天中記》卷四八引華嶠《後漢書》亦同。⑤"絢"乃繩索之義，《爾雅·釋言》："絢，絞也。"⑥《廣雅》卷七下《釋器》："綯，索也。"⑦作"絢"於文意頗不可解。檢《御覽》卷六九九、《古今事文類聚續集》卷一一引此作"布幬"，⑧正得之。《書鈔》卷三八又引作"布裯"，⑨亦即"布幬"。"幬"，帳也。《説文·巾部》："幬，禪帳也。"《爾雅·釋訓》："幬，謂之帳。"⑩《御覽》卷六九九引謝承《後漢書》："黃昌，夏多蚊，貧無幬，傭債為作幬。"⑪三國魏丁廙妻《寡婦賦》："刷朱扉以白堊，易玄帳以素幬。"⑫字又作"裯"，《詩·召南·小星》："肅肅宵征，抱衾與裯。"鄭玄箋："裯，牀帳也。諸妾夜行，抱被與牀帳，待進御之次序。"⑬是"裯""絢"皆可與"幬"通。"裯""幬"皆澄母幽部，"絢"定母幽部，音韻關係極近，故得通借。

例二六：《東觀漢記校注》卷一八《楊政傳》："楊政，字子行，治梁丘易，與京兆祁聖元同好，俱名善説經書。京師號曰：'説經硻硻楊子行，論難幡幡祁聖元。'"（《書鈔》卷九八）（825 頁）

---

① 羅新、葉煒編：《新出魏晉南北朝墓誌疏證》，中華書局，2016 年，第 362 頁。
② 周紹良、趙超編：《唐代墓誌彙編》，上海古籍出版社，1992 年，第 275 頁。
③ 周天游輯注：《八家後漢書輯注（修訂本）》，上海古籍出版社，2020 年，第 30 頁。
④ （唐）徐堅等著：《初學記》，中華書局，2004 年第 2 版，第 517 頁；（宋）吳淑撰注，冀勤等點校：《事類賦注》，中華書局，1989 年，第 319 頁；《太平御覽》，第 1959 頁下欄、3151 頁上欄。
⑤ 《天中記》，《景印文淵閣四庫全書》第 967 册，臺灣商務印書館，1986 年，第 328 頁。
⑥ 周祖謨：《爾雅校箋》，江蘇教育出版社，1984 年，第 31 頁。
⑦ 《廣雅疏證》，第 568 頁。
⑧ 《太平御覽》，第 3122 頁上欄。（宋）祝穆編：《古今事文類聚續編》，《景印文淵閣四庫全書》，第 927 册，第 219 頁。
⑨ （唐）虞世南編纂：《北堂書鈔》，學苑出版社影清光緒十四年南海孔氏三十有三萬卷堂刊本，1998 年，第 1 册，第 303 頁上欄。
⑩ 周祖謨校箋：《爾雅校箋》，江蘇教育出版社，1984 年，第 44 頁。
⑪ 《太平御覽》，第 3122 頁上欄。
⑫ 《全上古三代秦漢三國六朝文》，第 1982 頁。
⑬ 《毛詩傳箋》，第 28 頁。

"硜硜",《後漢書》卷七九《儒林傳下·楊政》作"鏗鏗"。①"鏗鏗",乃狀聲音洪亮之貌。《禮記·樂記》:"鍾聲鏗,鏗以立號,號以立横,横以立武。"唐孔穎達疏:"鍾聲鏗者,言金鍾之聲鏗鏗然也。"②此以"鏗鏗"以狀楊政説經時聲音響亮,如金石聲然。明方以智《通雅》卷九曰:"踁踁、硜硜、誙誙、脛脛、硻硻、硱硱、磶磶,猶硜硜也。"③清王念孫《廣雅疏證》卷一下《釋詁》:"《釋訓》篇云:'頓頓,堅也。'頓頓,猶硜硜。凡堅貌謂之硜,堅聲亦謂之硜。《論語·子路》篇'言必信,行必果,硜硜然小人哉',皇侃疏云:'硜硜,堅正難移之貌也。'《樂記》'石聲磬,磬以立辨,辨以致死',《史記·樂書》'磬'作'硜',集解引王肅注云:'硜,聲果勁也。'《釋名》:'磬,磬也,其聲磬磬然堅緻也。'並聲近而義同。"④"頓頓""硜硜""磬磬""鏗鏗"等並通,"硜硜"亦可讀爲"鏗鏗",《新唐書》卷一〇八《裴均傳》:"均字君齊,以明經爲諸暨尉。數從使府辟,硜硜以才顯。"⑤是"硜硜"亦即"鏗鏗"。《大詞典》釋"硜硜"曰:"理直氣壯,從容不迫的樣子。"⑥所釋似未中鵠的。

例二七:《後漢紀》卷五《光武帝紀》:"正使得其城,張藍引兵奔臨淄,如是臨淄更強。"(中華本,79頁)

"正(政)"有縱使、假使義前人多已有詳論,如蔣禮鴻、江藍生、蔡鏡浩、董志翹等。⑦ 清儒亦有所論,如王念孫《讀書雜志》即有論《漢書》中"正"有"縱使"之義。⑧ 但"正"爲何有"縱使""假使"之義,則語焉不詳。清劉淇《助字辨略》卷四:"假令猶縱使也。正得爲即,故亦得爲縱。"⑨"即",即使也,與"縱"意義相近,並無實質差别,唯語氣稍别爾,劉淇所論並未道出緣由。楊樹達《詞詮》卷六釋"正",即並二義爲一,曰:"推拓連詞,縱也,即也。"⑩

以異文觀之,或可解"正"有"縱使"義之所由也。《後漢紀》"正使得其

---

① 《後漢書》,第2552頁。
② 《禮記正義》,(清)阮元校刻《十三經注疏(清嘉慶刻本)》,第3341頁。
③ (明)方以智:《通雅》,上海古籍出版社,1988年,第358頁。
④ 《廣雅疏證》,第95頁。
⑤ 《新唐書》,第4091頁。
⑥ 《漢語大詞典》卷七,第1501頁。
⑦ 蔣禮鴻:《敦煌變文字義通釋(增補定本)》,上海古籍出版社,1997年,第419頁;江藍生:《魏晉南北朝小説詞語匯釋》,語文出版社,1988年;蔡鏡浩、董志翹:《中古漢語語法虚詞例釋》,吉林教育出版社,1994年,第645—647頁。
⑧ 《讀書雜志》,第842頁。
⑨ (清)劉淇撰,章錫琛校注:《助字辨略》,中華書局,1954年,第230頁。
⑩ 楊樹達:《詞詮》,中華書局,1954年,第201頁。

城",《後漢書》卷一九《耿弇傳》作"縱能拔之",①"正"與"縱"正相對應。《後漢紀》卷一三《和帝紀》:"榮曰:'榮乃江淮孤生,蒙先帝大恩,備宰士,正爲竇氏所害,誠所甘心。'"②"正爲竇氏所害",《後漢書》卷四五《周榮傳》作"縱爲竇氏所害",③可證"正"似當即"縱"之借字。

"正復"猶"縱復",如《三國志》卷四八《吳書·三嗣主傳》:"縱復如此,亦何所損?"④《宋書》卷七七《沈慶之傳》:"卿在左右久,偏解我意,正復違詔濟事,亦無嫌也。"⑤"正復"義即"縱復"。

"正使"猶"縱使"《三國志》卷四《魏志·三少帝紀》裴松之注引《漢晉春秋》:"帝乃出懷中版令投地,曰:'行之決矣。正使死,何所懼?況不必死邪!'"卷一四《魏志·董昭傳》"帝曰:'君論此事,何其審也!正使張、陳當之,何以復加。'"⑥"正使"義同"縱使"。另"正令"亦猶"縱令",皆爲縱使之義。"縱"古爲精母東部,"正"屬章紐耕部,二者語音關係較近,可得通借。⑦

當然,東漢史書中的異文材料有時也可爲解決其他古籍中的疑難問題提供一些綫索,如六朝小説《觀世音應驗記(三種)·繫觀世音應驗記》二一:"夏便自覺無復鎖械,即穿出檻,檻外牆上大有芀判,見道人在芀上行。夏因上就之。比出獄,已曉,亦失向道人。"⑧其中"芀判"及"芀",詞義不明。從字形來看,"芀"當爲"芀"之訛字。古書中"方""力"二字字形較近,極易相混,《續漢志》卷一《律曆志上》:"方爲能傳崇學耳。"點校本校曰:"'方'原譌'力',徑改正。"⑨因此,"芀"當爲"芀"之形誤。"芀"有荆棘之義。《資治通鑑》卷二四九《唐紀·宣宗大中十二年》:"式有才略,至交趾,樹芀木爲柵,可支數十年。"胡三省注"芀"曰:"昔嘗見一書從艸從力者,讀與棘同。棘,羊矢棗也,此木可以支久。"⑩"芀"可作"棘"之或體,吐魯番文

---

① 《後漢書》,第 710 頁。
② 張烈點校《後漢紀》作"備宰士正,爲竇氏所害"(第 258 頁)。案,此標點有誤,"正"當從下句讀。另,周校本標點正確(第 375 頁)。
③ 《後漢書》,第 1537 頁。
④ 《三國志》,第 1160 頁。
⑤ 《宋書》,第 2000 頁。
⑥ 《三國志》,第 143、442 頁。
⑦ "縱""正"並爲齒音,韻部分屬東部、耕部,可相旁轉。典籍亦有見東、耕二部相通之例,如《尚書·金縢》"乃并是吉","并"屬幫母耕部;《論衡·卜筮》引"并"作"逢","逢"即爲並母東部;《爾雅·釋詁》"關關、噰噰,聲之和也",《文選》卷四《南都賦》李善注引《爾雅》作"關關、嚶嚶,聲之和也"。"噰""嚶"分別爲影母東部與影母耕部,可得相通。
⑧ 董志翹校注:《觀世音應驗記三種譯注》,江蘇古籍出版社,2022 年。
⑨ 《後漢書》,第 2023 頁。
⑩ 《資治通鑑》,第 8066 頁。

書中有"白芳",即爲"白棘"。① "芳判"之"判",當爲"刺"字之訛字,古籍中"刺"與"判"字形極似。因此,"芳判"本當作"芳刺",亦即"棘刺"。故原文當作"檻外牆上大有(芳判)[棘刺],見道人在(芳)[棘]上行。"如此,文意方暢。②

三、主要研究内容

東漢以降,史學日盛,涌現出一批類型各異的史學著作,主要有《後漢書》《後漢紀》《東觀漢記》《八家後漢書》等。其中很多自唐代以後逐漸亡佚。目前所見,除《後漢書》《後漢紀》外,其他皆爲後人輯佚所得,材料較爲駁雜。20世紀60年代,中華書局點校本《後漢書》(1964)問世,至今仍被認爲是《後漢書》的最佳校本。繼之,周天游撰《後漢紀校注》(1987)、《八家後漢紀輯注》(1990,2020),張烈點校《兩漢紀》(2002),吴樹平輯校《東觀漢記校注》(2008),東漢史書方以全貌呈現。李興和又撰《後漢紀集校》(2008),間有所獲,也可備參考。

以上東漢諸史的點校本和輯校本,均已堪稱精善。隨着研究條件的不斷優化,尤其是漢語史和訓詁學研究的不斷深入,爲以上諸史進一步校訂創造了較好的條件。本書從異文材料和具體的語境出發,通過異文間的比勘互證,並結合其來源、時代、文本差異等因素,嘗試綜合運用訓詁學、文字學、漢語史、文獻學等學科的方法,闡發異文所涉及相關詞語的意義與用法,並對異文取捨加以按斷,希望能做到正文字、釋詞義、明是非。對於一些修辭性異文,則望通過異文間之比較,抉發一些字面普通、詞義隱微的詞義。全文共分五部分,分别爲"緒論""《後漢書》叢考""《後漢紀》叢考""《東觀漢記》叢考"和"《八家後漢書》叢考"。

"緒論"部分主要包括兩方面的研究内容:一是概述《後漢書》《後漢紀》以及《東觀漢記》等東漢史乘的成書、流傳及校訂情況;二是闡述東漢史書異文整理與研究的意義和價值。"《後漢書》叢考"部分以《後漢書》中華書局點校本爲基礎,對其中的一些問題作出校訂,也對相關著作中的校勘意見略加辨析。"《後漢紀》叢考"部分主要對周天游、張烈、李興和三家點校本中皆未措意的一些問題提出校訂意見。對周本已有明辨,但張、李二本皆未留意處,亦偶有論及,以期引起重視。"《東觀漢記》叢考"部分和"《八家後漢書》叢考"部分是以吴樹平輯校的《東觀漢記校注》和周天游輯校《八家後漢書輯注》爲基礎,對其中的某些問題提出自己的校訂意見。

---

① 李格非:《釋"芳""棘"》,《武漢大學學報(社會科學版)》1984年第4期。
② 陶智:《"芳判""芳"考辨》,《中國語文》2017年第6期。

第一編 《後漢書》叢考

1. 負户

《後漢書》卷一上《光武帝紀上》："或爲地道，衝輣橦城。積弩亂發，矢下如雨，城中負户而汲。"（7頁）

校勘記曰："《御覽》二八三引'户'作'楯'。"

惠棟《後漢書補注》曰："户内穿井，故云負户。《通典》一百五十八卷作'負楯'。"王先謙《後漢書集解》卷一承惠氏之説。周壽昌《後漢書注補正》卷一："此説非也，户，門扇也，所以避弩矢之亂發也。《通典》一百五十八卷作負輔，即負户意，是負之而汲以避弩矢也。"①

戴蕃豫《稿本後漢書疏記》曰："户，《御覽》二百八十三引作楯，馬叙倫曰：'《通典》一五八引作負楯，當依改。'豫案《閫外春秋》作蒙楯而趨，作楯是。"②

宋文民論曰："《説文》云：'户，護也，半門曰户。'上文言積弩亂發，矢下如雨，此言負户，謂以户爲掩護外出汲水也。負楯（浙江古籍出版社出版之《通典》仍作負户。或惠氏別有所據。）負户，字雖異而謂因掩護體外出汲水則同。"③

何亞南云："但就文義而言，作'負户''負楯'可兩通，這是治《後漢書》者共同的看法。標點本校勘記説：'《御覽》二八三引户作楯。'也于此處異文不下斷制。這説明兩者文字雖異，其義則一，故可兩存，并没有截然的是非問題。……如果一定要在這兩個異文中分出優劣來，那麼作'負户'義長。"④

梁春勝引羅振玉説，據《李憲墓志》例認爲《後漢書》原文當作"負户"，

---

① 徐蜀編：《兩漢書訂補文獻彙編》，第3册，第610頁。
② 戴蕃豫：《稿本後漢書疏記》，書目文獻出版社，1995年，第33頁。
③ 宋文民：《後漢書考釋》，上海古籍出版社，1995年，第2頁。
④ 何亞南：《〈後漢書〉詞語校釋》，《古籍整理研究學刊》1999年第3期。

而"負楯"爲傳抄中爲人所改。①

《續漢志》卷一〇《天文志》作"弩矢雨集,城中負户而汲。求降不聽,請出不得"。②《後漢紀》卷一《光武帝紀》、《御覽》卷九〇、卷三三六引《東觀記》、《資治通鑑》卷三九、《水經注》卷二一載均作"負户"。③《御覽》卷三八二引《後漢書》、《通志》卷六上等引此亦同。④ 點校本《通典》卷一五八所載作"負户",另有版本作"負楯"。⑤《太平御覽》卷二八三引《漢書》則作"負楯"。⑥

按,《御覽》卷二八三所載此條未標明所引何書,僅接"漢書"條下作"又曰",顯然,該段文字與《漢書》無涉。而此條以下數條又言"《後漢書》曰",則明此條文字又非出自范氏《後漢書》,其文字與《後漢書》所載亦頗有異。考其文字與《通典》卷一五八所載大略相同,很可能爲轉抄自《通典》之別本。⑦

另外,從字面意看,"負楯""負户"似皆可通,但是事實應非如此,"負户""負楯"唐代以前其用法判然有別。"負户"爲漢魏六朝時語,多言流矢如雨,城中告急之狀。如《宋書》卷七二《南平穆王鑠傳》:"虜多作高樓,施弩以射城內,飛矢雨下,城中負户以汲。"⑧《南史》卷一四《陳憲傳》作:"魏作高樓施弩射城內,城內負户以汲。"卷五八《張睿傳》:"鍾離今鑿穴而處,負户而汲,車馳卒奔,猶恐其後,而況緩乎。"《梁書》同傳亦同。⑨《全晋文》卷九二潘岳《馬汧督誄(並序)》:"城中鑿穴而處,負户而汲。木石將盡,樵蘇乏竭,芻蕘罄絕。"又曰:"爨麥而炊,負户以汲。累卵之危,倒懸之急。"《全梁文》卷三一沈約《齊司空柳世隆行狀》:"雲軿俯闞,地穴斜通,半藏晚飧,負户晨汲。"⑩東魏《李憲墓志》:"刀斗沸於堞下,謗歌起於城上。負户而

---

① 梁春勝:《六朝石刻叢考》,中華書局,2021 年,第 118—119 頁。
② 《後漢書》,第 3219 頁。
③ 《後漢紀》,張烈點校《兩漢紀》,第 8 頁;《太平御覽》,第 430 頁下欄;《資治通鑑》,第 2242 頁;(北魏)酈道元撰,陳橋驛校證:《水經注校證》,中華書局,2007 年,第 502 頁。
④ 《太平御覽》,第 1508 頁下欄、1542 頁下欄;《通志》,第 101 頁中欄。
⑤ (唐)杜佑撰,王文錦等點校:《通典》,中華書局,1988 年,第 4066 頁。校勘記曰:"《後漢書·光武帝紀》上七頁同。北宋本、明抄本、明刻本、王吳本'户'作'楯'。"
⑥ 《太平御覽》,第 1314 頁中欄。
⑦ 羅亮認爲,《御覽》在編撰時大量利用了其他類書,同時還利用了《通典》一類的政書,但編撰者往往不加以説明,而是自行安排材料出處,張冠李戴的情況時有發生。參羅亮:《〈太平御覽〉中的"唐書"考辨》,《中山大學學報(社會科學版)》2022 年第 4 期。
⑧ 《宋書》,第 1856 頁。
⑨ 《南史》,第 395、1428 頁;《梁書》,第 223 頁。
⑩ 《全上古三代秦漢三國六朝文》,第 1494、3133 頁。

汲,易子而炊,事等丸積,勢若棊累。"①上揭諸例可明"負户而汲""負户以汲"等蓋爲六朝時之習語。

六朝以後"負户"一詞也有沿用,如《北史》卷六四《柳蚪傳》:"孝寬廼馮兹雉堞,抗彼仇讎,事甚析骸,勢危負户,終能奮其智勇,應變無方,城守六旬,竟摧大敵。"②《全唐文》卷一一高宗《大唐紀功頌》:"飛衝業業,降臨負户之危;長隧悠悠,上窺析骸之急。""勢危負户""負户之危",正用《後漢書》"負户而汲"之典,以狀形勢危急。又卷一九三《瀘川都督王湛神道碑》:"負户而汲,不能定西戎之禍;析骸而爨,不能解南楚之圍。"又卷三六七賈至《授魯炅襄陽郡防禦使制》:"自翰守南陽,載罹寒暑,城孤師寡,負户以汲,虜不得進,江漢賴寧。古之忠賢,無以加也。"③《太平廣記》卷三四七《鬼·趙合》:"連弩灑雨,飛梯排雲,穿壁決濠,晝夜攻擊;城中負户而汲者矢如蝟毛。"(出唐裴鉶《傳奇》)④上揭"負户之危""負户以汲"等例,顯然取典自《東觀記》與范《書》,可證唐以前所見范《書》原文即正作"負户"。

再看"負盾(楯)",雖亦爲成詞,但在典籍中該詞與"汲水"無涉,多與打鬥相承,如《三國志》卷二三《杜襲傳》:"二日,往出户問消息。至四五日,乃更負楯親鬥,語子緒曰:'勇可習也。'"⑤《晋書》卷六二《劉琨傳》:"寇盜互來掩襲,恒以城門爲戰場,百姓負楯以耕,屬鞬而耨。"⑥"負楯以耕,屬鞬而耨",言時刻戒備,以防敵人襲擊。《宋書》卷八四《孔覬傳》:"賊連栅周亘,塘道迫狹,將士力不得展,亮乃負楯而進,直入重栅,衆軍因之,即皆摧破。"⑦《南齊書》卷五七《魏虜傳》:"虜築圍壅栅三重,燒居民净盡,并力攻城,城中負楯而立。"⑧所揭"負楯"皆與汲水無涉。

詳考其用例,即知唐代以前"負户""負楯"用法頗有别:"負楯"多指舉負盾牌或欄楯,言負楯將鬥也,而非關汲水;"負户"則多與汲水相承,狀城中告急之狀,明二者不相亂也。唐以後"負户"亦可用於打鬥義,如《新唐書》卷一三六"兵負户戰"、《續資治通鑑長編》卷五一六"羌十餘萬持薪負户,欲

---

① 毛遠明編著:《漢魏六朝碑刻校注》,綫裝書局,2008年,第7册,第219頁。
② 《北史》,第2290頁。
③ (清)董誥等編:《全唐文》,中華書局,1983年,第131、1953、3730頁。
④ 《太平廣記》,第2749頁。
⑤ 《三國志》,第666頁。
⑥ 《晋書》,第1681頁。
⑦ 《宋書》,第2160頁。
⑧ 《南齊書》,第994頁。

焚門而入""總管王愍令軍士撤户負之爲盾,剡木墨之爲戈"等,①蓋至宋代以後,隨著語言的發展演變,"負户"的使用范圍有所擴大。

綜上,諸本引《後漢書》《東觀記》多作"負户",而《通典》卷一五八有本作"負楯"者,殆爲傳抄改易之字;《御覽》卷二八三乃據《通典》之别本亦作"負楯",本不足爲憑。范《書》作"户"當是。

2. 擁節

《後漢書》卷一下《光武帝紀下》:"匈奴遣使來獻,使中郎將報命。"李賢注:"《漢官儀》曰:'使匈奴中郎將,擁節,秩比二千石。'"(51頁)

點校本校記:"擁節　按:'擁'原作'雍',逕據汲本、殿本改。"

案,"雍"不煩改字改。"雍""擁"古今字,典籍多通用,《史記》卷九五《樊酈滕灌傳》:"還定三秦,别擊西丞白水北,雍輕車騎於雍南,破之。"《漢書》卷四一《樊噲傳》"雍"字作"擁",點校本校記曰:"景祐本作'雍',《史記》同。王念孫説作'雍'是。"②《史記》卷一一八《淮南衡山列傳》:"淮南王安擁閼奮擊匈奴者讋被等,廢格明詔,當棄市。"索隱引崔浩云:"詔書募擊匈奴,而雍遏應募者,漢律所謂廢格。"③《漢書》卷四四《淮南王傳》"擁"即作"雍",顔注:"'雍'讀曰'壅'。"《漢書》卷四一《夏侯嬰傳》:"嬰常收載行,面雍樹馳。"顔注云:"雍,抱持之。言取兩兒,令面背己,而抱持之以馳,故云面雍樹馳。服言圍樹而走,義尤疏越。雍讀曰擁。"④《漢書》卷八七上《揚雄傳上》:"惟漢十世,將郊上玄,定泰畤,雍神休,尊明號。"顔注云:"雍,聚也。明號,謂總三皇五帝之號而稱皇帝也。雍讀曰擁。"⑤《六臣注文選》卷七"雍作"擁",注曰:"善本作雍。"⑥《荀子·致士》:"隱忌雍蔽之人,君子不近。"唐楊倞注:"雍讀曰擁。"⑦《戰國策·秦策五》:"雍天下之國。"宋鮑彪云:"'雍''擁'同,言據有之。"⑧東漢永康元年《濟陰太守孟郁脩堯廟碑》:"耽樂道術,教授經業,雍徒帶衆,滋滋汲汲。"⑨"雍徒"即爲"擁徒"。此皆"雍""擁"通用之例。據此,"雍"不煩改字。

---

① 《新唐書》,中華書局,1975年,第4584頁;(宋)李燾:《續資治通鑑長編》,中華書局,1995年,第12286、12287頁。
② 《漢書》,第2090頁。
③ 《史記》,第3084頁。
④ 《漢書》,第2149、2078頁。
⑤ 《漢書》,第3523頁。
⑥ 《六臣注文選》,第140頁下欄。
⑦ (清)王先謙撰,沈嘯寰、王星賢點校:《荀子集釋》,中華書局,1988年,第258頁。
⑧ 諸祖耿編撰:《戰國策集注彙考(增補本)》,鳳凰出版社,2008年,第427頁。
⑨ (宋)洪适編:《隸釋 隸續》卷一,中華書局,1985年,第12頁。

3. 鐏彝

《後漢書》卷一下《光武帝紀下》："益州傳送公孫述瞽師、郊廟樂器、葆車、輿輦，於是法物始備。"李賢注："郊廟之器，鐏彝之屬也。樂器，鍾磬之屬。"（62頁）

點校本校勘記曰："鐏彝之屬也　按：'鐏'原訛'鐏'，逕改正。"

按，"鐏"亦可用爲酒器之名，用同"樽"，亦即"樽"，其古字皆作"尊"。《西京雜記》卷四引漢枚乘《柳賦》："鐏盈縹玉之酒，爵獻金漿之醪。"《御覽》卷八六一引作"樽"。① "鐏"即"樽"，又可作"尊"，酒器也。《白氏長慶集》（四部叢刊本）卷二《續古詩》之八："豈無盈鐏酒，非君誰與娛。"② "鐏"，《全唐詩》卷四二五作"尊"。③ 同卷《輕肥》："鐏罍溢九醖，水陸羅八珍。"④《全唐詩》卷四二五輯作"尊罍"。⑤ 唐張彥遠《歷代名畫記》卷一《叙畫之源流》："清廟肅而鐏彝陳，廣輪度而疆理辨。"⑥ "鐏彝"，《全唐文》卷七九〇輯作"尊彝"。⑦《國語·周語中》："出其樽彝，陳其鼎俎。"徐元誥校曰："宋庠本'樽'作'尊'，'樽'俗字。"⑧ 姚秦耶舍共竺佛念等譯《四分律》卷四二《藥揵度之一》："畢陵伽婆蹉得銅杓得樽。""樽"，宋本作"鐏"，元明本皆作"鐏"。⑨ 因此，"尊""樽""鐏""鐏"可不別，"鐏"不煩改字。

4. 制詔

《後漢書》卷一下《光武帝紀下》："九月戊辰，地震裂。制詔曰：'日者地震，南陽尤甚。夫地者，任物至重，静而不動者也。而今震裂，咎在君上。鬼神不順無德，災殃將及吏人，朕甚懼焉。'"（74頁）

點校本校勘記曰："制詔　按：《刊誤》謂多一'制'字。"

按，"制"恐非衍文。《漢書》卷三《高后紀》："惠帝崩，太子立爲皇帝，年幼，太后臨朝稱制，大赦天下。"顔注云："天子之言一曰制書，二曰詔書。制書者，謂爲制度之命也，非皇后所得稱。今吕太后臨朝行天子事，斷決萬機，

---

① （晋）葛洪等撰，程毅中點校：《燕丹子　西京雜記》，中華書局，1985年，第26頁；《太平御覽》，第3828頁上欄。
② （唐）白居易：《白氏長慶集》卷二，四部叢刊初編本，商務印書館，1920年，第三頁。
③ （清）彭定求等編：《全唐詩》，中華書局，1960年，第4673頁。
④ 《白氏長慶集》卷二，四部叢刊初編本，第七頁。
⑤ 《全唐詩》，第4676頁。
⑥ （唐）張彥遠：《歷代名畫記》，浙江人民美術出版社，2019年，第2頁。
⑦ 《全唐文》，第8227頁。
⑧ 徐元誥：《國語集解》，第59頁。
⑨ （後秦）佛陀耶舍、竺佛念等譯：《四分律》，《大正新修大藏經》，第22册，第874頁中欄。

故稱制詔。"①漢蔡邕《獨斷》卷上:"漢天子正號曰皇帝,自稱曰朕,臣民稱之曰陛下,其言曰制詔。"②"制詔",天子之令也。"制詔"兩漢史籍多見。《漢書》卷二五上《郊祀志上》:"於是高祖制詔御史:'其令天下立靈星祠,常以歲時祠以牛。'"卷二五下《郊祀志下》:"制詔太常:'夫江海,百川之大者也,今闕焉無祠。'"③《後漢書》卷六《順帝紀》:"五月戊戌,制詔曰:'昔我太宗,丕顯之德,假於上下。"卷八六《南蠻西南夷列傳》:"豹遣使封還印綬,上書言狀,制詔即以豹爲珠崖太守。"④東漢蔡邕《蔡中郎集》卷五《中鼎銘》:"延公登於玉堂前廷,乃制詔曰:'其以司空喬玄爲司徒。'"同卷《西鼎銘》:"延公入崇德殿前,乃制詔曰:'其以光禄大夫玄爲太尉。'"⑤據此,"制詔"當不誤。

5. 帝王

《後漢書》卷二《明帝紀》:"先帝受命中興,德侔帝王,協和萬邦,假於上下,懷柔百神,惠於鰥寡。"(95頁)

曹金華《稽疑》曰:"'先帝'指光武帝劉秀,然既爲帝,不當稱'德侔帝王'也,《後漢紀》卷八引此詔作'德侔五帝',其説應是。"⑥

按,《稽疑》言誤,"帝王"乃三皇五帝之並提。《莊子·秋水》:"帝王殊禪,三代殊繼。差其時、逆其俗者,謂之篡夫。"唐成玄英疏:"帝,五帝也。王,三王。三代,夏、殷、周。"⑦《史記》卷六八《商君列傳》:"吾説君以帝王之道比三代,而君曰:'久遠,吾不能待。'"⑧《後漢書》卷二九《申屠剛傳》:"陛下宜遂聖明之德,昭然覺悟,遠述帝王之迹,近遵孝文之業,差五品之屬,納至親之序。"⑨"帝王"並爲遠古聖王之稱,即三皇五帝之謂也。可知"帝王"與袁《紀》"五帝"義近,字不誤。

6. 貨行於言

《後漢書》卷四《和帝紀》:"是以令下而姦生,禁至而詐起。巧法析律,

---

① 《漢書》,第95頁。
② (漢)蔡邕:《蔡中郎集》,《景印文淵閣四庫全書》,第1063册,第139頁。
③ 《漢書》,第1211、1249頁。
④ 《後漢書》,第264、2835頁。
⑤ 《蔡中郎集》,《景印文淵閣四庫全書》,第1063册,第202、203頁。
⑥ 曹金華:《後漢書稽疑》,第53頁。
⑦ (清)郭慶藩撰,王孝魚點校:《莊子集釋》,中華書局,2012年,第583頁。
⑧ 《史記》,第2228頁。
⑨ 《後漢書》,第1013頁。

飾文增辭,貨行於言,罪成乎手,朕甚病焉。公卿不思助明好惡,將何以救其咎罰? 咎罰既至,復令災及小民。"(186頁)

"貨行於言",疑"貨"當爲"禍",言禍患行於言談。"禍""罪"相應,互文見義。典籍常見"言""禍"相依者,如《荀子·勸學》:"故言有招禍也,行有招辱也,君子慎其所立乎!"《文子·微明》:"行有召寇,言有致禍,無先人言,後人已附耳之語,流聞千里。言者、禍也,舌者、機也。出言不當,駟馬不追。"①漢焦延壽撰《焦氏易林》卷一五《巽》:"陰作大姦,欲君勿言。鴻鵠利口,發其禍亂。"②《後漢書》卷七八《宦者列傳·序》:"雖忠良懷憤,時或奮發,而言出禍從,旋見孥戮。因復大考鈎黨,轉相誣染。"③《魏書》卷四四《費穆傳·史論》:"費穆出身致力,遂有功名,而末路一言,禍被簪帶。"④《全晋文》卷四九傅玄《擬金人銘作口銘》:"神以感通,心由口宣。福生有兆,禍來有端。情莫多妄,口莫多言。勿謂何有,積怨致咎。勿謂不然,變出無閒。勿謂不傳,伏流成川。蟻孔潰河,溜穴傾山。病從口入,患自口出。存亡之機,開闔之術,心與口謀,安危之源,樞機之發,榮辱隨焉。"⑤《全唐文》卷四七三陸贄《謝密旨因論所宣事狀》:"假有忍人之意,其如言發禍隨,求之以情既無端,驗之以迹又無兆,宜蒙昭恕,理在不疑。"⑥上揭諸例皆論"言""禍"相隨之理。

另外,"禍""罪"典籍亦常平列,多相並提,如《國語·越語下》:"昔者上天降禍於吴,得罪於會稽。"⑦《韓非子·顯學》:"與人相若也,無饑饉疾疚禍罪之殃,獨以貧窮者,非侈則墯也。"⑧賈誼《新書·鑄錢》:"抵禍罪者,固乃始耳。"《論衡·辨祟》:"人不觸禍不被罪,不被罪不入獄。"⑨《説苑·敬慎》:"若身不死,安知禍罪不施?"⑩《後漢書》卷六七《范滂傳》:"滂死則禍塞,何敢以罪累君,又令老母流離乎!"⑪

---

① 王利器:《文子疏義》,中華書局,2000年,第337頁。
② 《焦氏易林》,叢書集成初編本,商務印書館,1935年,第269頁。另,有關《焦氏易林》作者、時代多有爭議,詳參余嘉錫:《四庫提要辨證》,第745—758頁。
③ 《後漢書》,第2510頁。
④ 《魏書》,第1006頁。
⑤ 《全上古三代秦漢三國六朝文》,第1739頁。
⑥ 《全唐文》,第4825頁。
⑦ 徐元誥:《國語集解》,第586頁。
⑧ (清)王先慎撰,鍾哲點校:《韓非子集解》,中華書局,2013年,第501頁。
⑨ 黄暉:《論衡校釋》,中華書局,1990年,第1012頁。
⑩ (漢)劉向撰,向宗魯校證:《説苑校證》,中華書局,1987年,第265頁。
⑪ 《後漢書》,第2207頁。

據此可知，"貨行於言"之"貨"，恐爲"禍"之音訛①，字作"禍"意似更勝。"禍行於言"，猶"言有招禍"，言巧析法律，增飾文辭，詭言譯語，而終以招禍矣。

7. 虞續

《後漢書》卷六《質帝紀》："二月，豫章太守虞續坐贓，下獄死。"（277 頁）

"虞續"，《通志》卷六引此同。②《御覽》卷二五三引《漢魏先賢行狀》詳載此事，曰："故宗正南陽劉伯，字奉先。少履清節，忠亮正直，研精文學，無不綜覽。嘗爲督郵時，豫章太守虞續以饕餮穢汙，徵至郡界，當就法車，不肯就坐，伯乃拔刀毆續。續恐，就車，乃徑上尚書，以肅王道。"③"績""續"未知孰是，他書似亦未見載，姑錄而存疑。

8. 朱瑀

《後漢書》卷八《靈帝紀》："冬十月丁亥，中常侍侯覽諷有司奏前司空虞放、太僕杜密、長樂少府李膺、司隸校尉朱（瑀）〔寓〕、潁川太守巴肅、沛相荀（翌）〔昱〕、河內太守魏朗、山陽太守翟超皆爲鉤黨，下獄，死者百餘人。"（330 頁）

點校本校勘記曰："司隸校尉朱（瑀）〔寓〕　集解引錢大昕說，謂《黨錮》及《竇武傳》皆作'朱寓'，此作'瑀'，誤。今據改。"

按，《後漢紀》卷二二《桓帝紀下》載"沛國朱寓嘗爲司隸校尉"（周本 618 頁）。中華本（423 頁）、李本（272 頁）並錄作"朱寓"。另點校本《三國志》卷五四《吳書·周瑜傳》裴松之注引謝承《後漢書》曰："辟汝南陳蕃爲別駕，潁川李膺、荀緄、杜密、沛國朱寓爲從事，皆天下英俊之士也。"④《冊府》卷七二六載作"朱寓"。⑤檢南宋刊刻本《三國志》卷五四（日本宮內廳書陵部藏本）"朱寓"即作"朱寓"。《世說新語·品藻》劉孝標引薛瑩《漢書》："李膺、王暢、荀緄、朱寓、魏朗、劉佑、杜楷、趙典爲八俊。"余嘉錫校曰：

---

① 《焦氏易林》卷一一《姤第四四》："公孫宜賈，資貨萬倍。"校記曰："賈，汲古作買。貨作禍。"參尚秉和注，張善文校理：《焦氏易林注》，中華書局，2020 年，第 803 頁。"禍"，戰國文字常作"杂"，從"化"得聲，知"禍""貨"音極近，可參禤健聰：《戰國楚系簡帛用字習慣研究》，科學出版社，2017 年，第 146—147 頁。另"貨"，馬王堆漢墓帛書《老子》甲本一一二作"貫"，即爲"賈"。據此，"禍""貨"亦可由形致誤。

② 《通志》，第 126 頁中欄。

③ 《太平御覽》，第 1193 頁下欄。

④ 《三國志》，第 1259 頁。

⑤ 《冊府元龜》，第 8359 頁。

"'寓',景宋本及沈本作'寓'。"①《真誥》卷一二《稽神樞》:"明晨侍郎張桃枝者,漢司隸校尉朱寓季陵母也,沛人。"②另陶淵明《集聖賢群輔録下》作"司隸沛國朱寓"。③"寓"即爲"宇"之或體。《說文·宀部》"宇"下曰:"🗔,籀文宇,從禹。"④《荀子·賦篇》:"精微乎毫毛,而大盈乎大寓。"唐楊倞注:"寓,與宇同。"⑤據此,其名當作"寓"。《三國志》、袁《紀》作"寓"者,應爲"寓"之形訛。⑥ 錢大昕所論頗確。

9. 屯騎校尉袁逢

《後漢書》卷八《靈帝紀》:"九月,太尉張顥罷,太常陳球爲太尉。司空來豔薨。冬十月,屯騎校尉袁逢爲司空。"(341 頁)

"屯騎校尉袁逢",《後漢書》卷二四《靈帝紀中》作"射(身)〔聲〕校尉袁逢"。⑦ 按,此當從袁《紀》。據《後漢書》卷六〇下《蔡邕傳》載光和元年七月蔡邕答詔問災異事曰:"又長水校尉趙玹、屯騎校尉蓋升,並叨時幸,榮富優足。"⑧《後漢紀》卷二四《靈帝紀》載此奏曰"屯騎校尉蓋延",⑨ "蓋延"誤,當作"蓋升"。據此,是時屯騎校尉乃蓋升,而非袁逢。范《書》載當有誤。

10. 自爲

《後漢書》卷九《獻帝紀》:"十一月癸酉,董卓〔自〕爲相國。十二月戊戌,司徒黃琬爲太尉,司空楊彪爲司徒,光祿勳荀爽爲司空。"(368 頁)

點校本校勘記曰:"董卓〔自〕爲相國 據殿本《考證》引何焯説補。"

清何焯《義門讀書記》卷二一《後漢書·獻帝紀》曰:"董卓爲相國,'爲相國'上脱一'自'字。"⑩

按,何氏所言無據。《後漢紀》卷二五《靈帝紀下》作"十一月,太尉董卓爲相國"(周本 728 頁),亦無"自"字;《後漢書》卷七二《董卓傳》載此曰:

---

① 《世説新語箋疏》,第 591 頁。
② 《真誥》,第 219 頁。
③ 袁行霈:《陶淵明集箋注》,中華書局,2003 年,第 589 頁。
④ 《説文解字》,第 150 頁上欄。
⑤ 梁啓雄:《荀子簡釋》,中華書局,1983 年,第 357 頁。
⑥ "寓""寓"相訛,清王念孫已有論,詳參氏著《讀書雜志·餘編下》,第 2687 頁。
⑦ 《後漢紀》,張烈點校《兩漢紀》,第 468 頁。
⑧ 《後漢書》,第 1999 頁。
⑨ 《後漢紀》,張烈點校《兩漢紀》,第 467 頁。
⑩ (清)何焯:《義門讀書記》,中華書局,1987 年,第 360 頁。

"尋進卓爲相國,入朝不趨,劍履上殿。"卷一一四《列女傳·皇甫規妻》亦曰"後董卓爲相國"。①《通鑑》卷五一《靈帝紀下》作"以董卓爲相國"。② 另《通典》卷三四、《册府》卷七一、歐陽修編《家範》卷八等載皆作"董卓爲相國",③均無"自"字。可知,"自"不必補。

11. 靈帝中子

《後漢書》卷九《獻帝紀》:"孝獻皇帝諱協,靈帝中子也。"(367頁)

點校本校勘記曰:"靈帝中子也 按:《集解》引惠棟説,謂《續志》作'靈帝少子'。"

按,《文選》卷二四潘岳《爲賈謐作贈陸機》李善注引范曄《後漢書》亦作"中子"。④《三國志》卷六《魏志·董卓傳》載曰:"立靈帝少子陳留王,是爲獻帝。"⑤另據《後漢紀》卷二五《靈帝紀下》載:"初,帝數失皇子,何太后生皇子辯,養於史道人家,故號爲'史侯'。王貴人生皇子協,養於董太后宫,號爲'董侯'。初,大臣請立太子,辯輕佻無威儀,不可以爲宗廟主,然何后有寵,大將軍進權重,故久而不決。帝將崩,屬協於上軍校尉蹇碩。協疏幼,少在喪,哀感百官,見者爲之感慟。"⑥《後漢書》卷一〇下《皇后紀》載:"靈思何皇后諱某,南陽宛人。家本屠者,以選入掖庭。長七尺一寸。生皇子辯,養於史道人家,號曰史侯。拜后爲貴人,甚有寵幸。性彊忌,後宫莫不震懾。光和三年,立爲皇后。明年,追號后父真爲車騎將軍、舞陽宣德侯,因封后母興爲舞陽君。時王美人任娠,畏后,乃服藥欲除之,而胎安不動,又數夢負日而行。四年,生皇子協,后遂酖殺美人。帝大怒,欲廢后,諸宦官固請得止。董太后自養協,號曰董侯。"⑦據此,靈帝當有二子,即劉辯、劉協。《後漢書》稱劉協爲"中子",頗疑當讀作"仲子",⑧即次子也,如此即可與《續志》《三國志》所載"少子"之稱相協。因此,作"中子",似亦不爲誤。

---

① 《後漢書》,第2325、2798頁。
② 《資治通鑑》,第1906頁。
③ 《通典》,第949頁;《册府元龜》,第764頁;(宋)歐陽修編:《家範》卷八《妻上》,清朱軾校輯朱文端公藏書十三種刻本,第五頁。
④ 《文選》,第350頁上欄。
⑤ 《三國志》,第174頁。
⑥ 《後漢紀》,張烈點校《兩漢紀》,第493頁。
⑦ 《後漢書》,第449頁。
⑧ "中""仲"相通者,古書習見。詳參高亨:《古字通假會典》,齊魯書社,1989年,第21—22頁。

12. 省閣

《後漢書》卷九《獻帝紀》:"於是尚書令以下皆詣省閣謝,奏收侯汶考實。"(376頁)

《集解》引劉攽《刊誤》曰:"閣當作閤,閤門也。'詣閣'無理。"①

點校本校勘記亦引劉攽説曰:"皆詣省閣謝 按:《刊誤》謂案文'閣'當作'閤'。"(卷七二《董卓列傳》,2349頁)

按,古籍中"閣""閤"常通用,"閣"不必改字。如《後漢書》卷三四《梁冀傳》:"帝因是御前殿,召諸尚書入,發其事,使尚書令尹勳持節勒丞郎以下皆操兵守省閣,斂諸符節送省中。"②"省閣",《通鑑》載作"省閤"。③《御覽》卷七〇七引《東觀記》:"馮豹每奏事未報,常服省閣下,或從昏至明。"④《東觀漢記校注》卷一四輯此,校曰:"'省閣',聚珍本作'省門'。按'省閣'二字是。"⑤"省閣""省門"義同,不必定其是非也。"省閣",《後漢書》卷二八下《馮衍傳下》作"省閤"。⑥ 另,《通典》卷二二載此作:"每奏事未報,常俯伏省閣下,或從昏至明。"⑦是"服""伏"相通也。又有"鈴閣",可寫作"鈴閤"⑧;"詣閣",又可作"詣閤",如《三國志》卷五六《吕範傳》裴注引《江表傳》曰:"範出,更釋褠,著袴褶,執鞭,詣閣下啓事,自稱領都督。"《通鑑》卷六一《漢紀·獻帝興平二年》作"執鞭詣閤下啓事"。⑨"詣閣",即"詣閤"也。據此。"閣""閤"並可通,不煩改字。

13. 收后

《後漢書》卷一〇下《皇后紀下》:"又以尚書令華歆爲郗慮副,勒兵入宫收后。閉户藏壁中,歆就牽后出。"(454頁)

校勘記曰:"閉户藏壁中 按:《刊誤》謂案文'閉户'上少一'后'字。"

按,劉攽所言是。《御覽》卷三七三引謝承《後漢書》作"勒兵入宫收后,

---

① 《後漢書集解(外三種)》,第1册,第318頁下欄。
② 《後漢書》,第1186頁。
③ 《資治通鑑》,第1746頁。
④ 《太平御覽》,第3151頁下欄。
⑤ 《東觀漢記校注》,第559頁。
⑥ 《後漢書》,第1004頁。
⑦ 《通典》,第604頁。
⑧ 詳參董志翹:《關於古代漢語大型辭書中"因誤成詞"詞條的處理》,《中國語文》2020年第2期。
⑨ 《三國志》,第1309頁;《資治通鑑》,第1973頁。

后閉户藏壁中"，①《資治通鑑》卷六七《漢紀·獻帝紀》載此亦同；②《三國志》卷一《魏志·武帝紀》裴松之注引《曹瞞傳》、《御覽》卷一三七引《曹瞞別傳》皆作"勒兵入宫收后，后閉户匿壁中"；③《通志》卷一九《后妃傳》載此事亦有兩"后"字，④均可證《後漢書》脱一"后"字。原文當作"勒兵入宫收后，后閉户藏壁中"，如此句意方足。

14. 僣忌

《後漢書》卷一二《王閎傳》："閎持上太后，朝廷壯之。及王莽篡位，僣忌閎，乃出爲東郡太守。閎懼誅，常繫藥手内。"（500頁）

"僣"，殿本作"潛"。⑤《御覽》卷九八四引《東觀記》作"潛忌"；《通志》卷一〇四、《册府》卷三〇四皆作"潛忌"。⑥

按，"僣"當作"潛"，形近而訛。《説文·人部》："僣，假也。"⑦《廣雅·釋詁四》："僣、忒，差也。"清錢大昭曰："僣者，《湯誥》云'天命弗僣'，孔傳：'僣，差也。'通作'朁'。《漢書·王子侯表》'或朁差失軌'，顔師古曰：'朁，古僣字。'"⑧典籍中"僣"多爲僣越、差錯或虚假義，於文意皆不密合。"僣忌"典籍亦難覓其例。"潛忌"，暗中忌恨也。《後漢書》卷七〇《孔融傳》："操疑其所論建漸廣，益憚之。然以融名重天下，外相容忍，而潛忌正議，慮鯁大業。"《舊唐書》卷五六《杜伏威傳》："初，伏威與公祏少相愛狎，公祏年長，伏威每兄事之，軍中咸呼爲伯，畏敬與伏威等。伏威潛忌之，爲署其養子闞稜爲左將軍，王雄誕爲右將軍，推公祏爲僕射，外示尊崇，而陰奪其兵權。"⑨《册府》卷一七九《帝王部·姑息四》："李重進、鄭仁誨、向訓等皆帝親舊腹心也，峻潛忌之。"⑩"潛忌"皆暗中忌恨之義，頗切文意。據此，"僣"當爲"潛"之誤，當據改。

15. 齋禁　命教

《後漢書》卷一二《彭寵傳》："五年春，寵齋，獨在便室。蒼頭子密等三

---

① 《太平御覽》，第1720頁下欄。
② 《資治通鑑》，第2134頁。
③ 《三國志》，第44頁；《太平御覽》，第669頁下欄。
④ 《通志》，第376頁中欄。
⑤ 張元濟：《百衲本二十四史校勘記——〈後漢書〉校勘記》，中華書局，1999年，第70頁。
⑥ 《太平御覽》，第4355頁下欄；《通志》，第1485頁下欄；《册府元龜》，第3432頁。
⑦ 《説文解字》，第166頁。
⑧ （清）錢大昭撰，黄建中、李發舜點校：《廣雅疏義》，中華書局，2016年，第333頁。
⑨ 《後漢書》，第2272頁；《舊唐書》，第2269頁。
⑩ 《册府元龜》，第1987頁。

人因寵卧寐,共縛著牀,告外吏云:'大王齋禁,皆使吏休。'僞稱寵命教,收縛奴婢,各置一處。"(504頁)

按,《後漢紀》卷五《光武帝紀》、《御覽》卷五〇〇引《東觀記》均作"大王解齋"。① 前言彭寵齋,後不當再告外吏曰"齋禁"。據理當以袁《紀》文作"解齋"爲是。②

另"命教",點校本校勘記曰:"按:《刊誤》謂多一'命'字,教即勑下之書,下文自有'命'字。"

《後漢紀》卷五《光武帝紀》作"以寵教責問",《資治通鑑》卷四一作"僞稱寵命"。③ 今按,"命教"當不誤,"命""教"義同,《集韻·爻韻》:"教,令也。"④《漢書》卷八三《朱博傳》:"乃召見諸曹史書佐及縣大吏,選視其可用者,出教置之。"⑤"出教",發布命令也。"命教"同義連文,均爲教令之義。《孟子·滕文公上》:"徐子以告夷子,夷子憮然,爲間曰:'命之矣。'"東漢趙岐章句:"'命之'猶言受命教矣。""命教"即命令、教令。又《離婁上》:"今也,小國師大國而恥受命焉,是猶弟子而恥受命於先師也。"東漢趙岐章句曰:"今小國以大國爲師學法度焉,而恥受命教,不從其進退,譬猶弟子不從師也。"⑥趙岐注文均以"命教"釋"命",可知"命教"當即中古之口語詞。"命教"又可倒文作"教命",義亦同。《説文·叩部》"嚴"下曰:"教命急也。"⑦《釋名·釋書契》:"笏,忽也。君有教命及所啓白,則書其上,備忽忘也。"⑧《三國志》卷五四《吴志·魯肅傳》裴注引《江表傳》載周瑜與權牋云:"人生有死,修短命矣,誠不足惜,但恨微志未展,不復奉教命耳。"⑨據此,"命教"當不誤。"僞稱寵命教",言僞稱彭寵之教令也。

_____

① 《後漢紀》,張烈點校《兩漢紀》,第76頁;《太平御覽》,第2286頁上欄。
② 吴金華曰:"先秦以來,爲了禳除災害而向鬼神祈禱叫做'解',范書把'解齋'變爲'齋禁',雖然字面上不同,語義是一樣的。"參吴金華:《後漢紀校讀瑣記》,《古籍研究》1998年第3期;又收入氏著《古文獻整理與古漢語研究》,江蘇古籍出版社,2001年,第70頁。《大詞典》有收"解齋",釋爲"解除齋禁"(卷一〇,第1379頁),《續漢志》卷四《禮儀志上》:"凡齋,天地七日,宗廟、山川五日,小祠三日。齋内有汙染,解齋,副倅行禮。"《法苑珠林》卷九一《受齋篇》:"既受齋已,若欲解齋,要待明相出時,始得食粥。不爾,破齋。""受齋""解齋"相對,據文例可知,當從《漢語大詞典》釋。
③ 《後漢紀》,張烈點校《兩漢紀》,第76頁;《資治通鑑》,第1324頁。
④ (宋)丁度等編:《集韻(附索引)》,上海古籍出版社影印本,1985年,第185頁。
⑤ 《漢書》,第3400頁。
⑥ 《孟子注疏》,(清)阮元校刻《十三經注疏(清嘉慶刻本)》,第5888、5913頁。
⑦ 《説文解字》,第35頁下欄。
⑧ (漢)劉熙撰,愚若點校:《釋名》,中華書局,2020年,第87頁。
⑨ 《三國志》,第1271頁。

16. 覆衣天下

《後漢書》卷一三《公孫述傳》："蜀地沃野千里,土壤膏腴,果實所生,無穀而飽。女工之業,覆衣天下。名材竹幹,器械之饒,不可勝用。"（535頁）

點校本校勘記曰："覆衣天下　按：李慈銘謂'覆衣'當作'覆被'。"

曹金華《稽疑》曰："作'覆衣'亦通。《後漢紀》卷一、《御覽》卷四六一引《東觀記》皆作'覆衣'。"①

按,《稽疑》所論甚是,但言《後漢紀》卷一載"覆衣",則失檢。《後漢紀》卷三《光武帝紀》作"覆衣天下"。② 另唐趙蕤《長短經》卷六《霸紀下》引此亦作"覆衣天下"。③ "覆衣",言覆之以衣也。《宋書》卷五四《沈曇慶傳》："荆城跨南楚之富,揚部有全吳之沃,魚鹽杞梓之利,充牣八方,絲綿布帛之饒,覆衣天下。"④《孟子》卷七《離婁下》："既竭心思焉,繼之以不忍人之政,而仁覆天下矣。"東漢趙岐注："盡心欲行恩,繼以不忍加惡於人之政,則天下被覆衣之仁也。"⑤ "覆衣之仁",言被覆衣物之仁惠也。據此,"覆衣"當不誤,"覆衣",覆加衣物也。

17. 於

《後漢書》卷一三《公孫述傳》："漢祖無前人之迹,立錐之地,起於行陣之中,躬自奮擊,兵破身困者數矣。然軍敗復合,創愈復戰。何則？前死而成功,踰於卻就於滅亡也。"（539頁）

點校本校勘記曰："《刊誤》謂下'於'字當作'而'。"

《集解》引劉攽曰："下'於'字當作'而',在語勢上不可並兩'而'字也。"又引惠棟曰："《東觀記》云：'愈於坐而滅亡'。"⑥《御覽》卷四六一引《東觀記》云："死而功成,踰於卻就於滅亡。"吴樹平輯校曰："此句范曄《後漢書·公孫述》傳同,聚珍本作'愈於坐而滅亡'。"⑦

按,作"於"不誤,聚珍本《東觀記》亦作"於"。⑧ "愈"讀曰"踰",超過、勝過之義。"踰於"即"過於"之意。"卻就",退卻而就之也。《漢書》卷九

---

① 曹金華：《後漢書稽疑》,第244頁。
② 《後漢紀》,張烈點校《兩漢紀》,第38頁。
③ 《長短經》,第314頁。
④ 《宋書》,第1540頁。
⑤ 《孟子注疏》,（清）阮元校刻《十三經注疏（清嘉慶刻本）》,第5909頁。
⑥ （清）王先謙：《後漢書集解》,商務印書館,1959年,第533頁。
⑦ 《東觀漢記校注》,第914頁。
⑧ 《東觀漢記》,四部備要本,中華書局,1935年,第102頁。

五《東越傳》:"是時,漢使大司農張成、故山州侯齒將屯,不敢擊,卻就便處,皆坐畏懦誅。"唐顏師古注:"卻,退也。""卻就便處",言退卻而就便宜之處。《漢書》卷七七《諸葛豐傳》:"使四方明知爲惡之罰,然後却就斧鉞之誅,誠臣所甘心也。"①"於",乃介詞,引介"卻就"之所。"卻就於滅亡",言退卻而就於滅亡。全句乃比較句,言前赴死而成功,勝於退卻而趨於滅亡。

另,《後漢紀》卷六《光武帝紀》作:"故軍敗復合,創愈復往。何則?前死成功,愈於就滅亡也。"是《紀》文"於"後脱"卻"字甚明,當補。②

18. 居心

《後漢書》卷一三《公孫述傳》:"令漢帝釋關隴之憂,專精東伐,四分天下而有其三;使西州豪傑咸居心於山東,發閒使,招攜貳,則五分而有其四;若舉兵天水,必至沮潰,天水既定,則九分而有其八。"(539頁)

點校本校勘記:"使西州豪傑咸居心於山東　殿本'居'作'歸',王先謙謂作'歸'是。"

《後漢紀》卷六《光武帝紀》亦作"居心"。③《長短經》卷六《霸紀下》載亦同。④ 按,《後漢書》作"居心"不誤,"居心"有係心、歸心義。⑤《漢書》卷一〇〇下《叙傳下》:"項氏畔換,黜我巴、漢,西土宅心,戰士憤怨。"唐顏師古注引劉德云:"宅,居也。西方人皆居心於高祖,猶係心也。《書》曰'惟衆宅心'。"⑥《全唐文》卷四〇三寶忻《大唐故雲麾將軍左監門衛將軍上柱國彭城縣開國公劉府君墓志銘(并序)》:"祖高道不仕,父居心物外,混迹人間,絶粒歸真,澄神息念。"⑦《太平廣記》卷二〇二《儒行》:"少好閑默,馳騁經史。守道恭素,不以榮利居心,時號居士焉。"(出《談藪》)⑧"居心"猶"係心",與"歸心"義近。據此,作"居心"當不誤。

19. 然後隨以金帛

《後漢書》卷一四《北海靖王劉興傳》:"初,靖王薨,悉推財産與諸弟,雖

---

① 《漢書》,第3862、3249頁。
② 周本、李本逕作"愈於就滅亡也",未校,參周本第154頁,李本第68頁。中華本則據《後漢書》補"卻"字,甚是。參中華本,第103頁。
③ 《後漢紀》,張烈點校《兩漢紀》,第103頁。
④ 《後漢紀》,張烈點校《兩漢紀》,第103頁;《長短經》,第314頁。
⑤ 此義項《漢語大詞典》失收。參《漢語大詞典》卷四,第21頁。
⑥ 《漢書》,第4236頁。
⑦ 《全唐文》,第4118頁。
⑧ 《太平廣記》,第1519頁。

王車服珍寶非列侯制,皆以爲分,然後隨以金帛贖之。"(557頁)

按,"然後隨以金帛贖之"承前句,句意未足。《後漢紀》卷一〇《明帝紀》作"有要,然〔後〕隨〔以〕金帛贖之"。① "要",求也。《孟子·公孫丑上》:"非所以要譽於鄉黨朋友也。"宋朱熹集注:"要,求。"②《吕氏春秋》卷四《勸學》:"凡遇合也合不可必,遺理釋義以要不可必。"東漢高誘注:"要,求也。"③

此句言王車服珍寶皆分與諸弟,如有需求,則再以金帛贖回。據此,《後漢書》"有要"當補,否則後言"隨以金帛贖之",則無從着落。

20. 祖姑

《後漢書》卷一五《來歙傳》:"來歙字君叔,南陽新野人也。六世祖漢,有才力,武帝世,以光禄大夫副樓船將軍楊僕,擊破南越、朝鮮。父仲,哀帝時爲諫大夫,娶光武祖姑,生歙。"(585頁)

點校本校勘記曰:"娶光武祖姑生歙 按:殿本《考證》萬承蒼謂下文王遵曰'君叔陛下之外兄也',此'祖姑'字必有誤。又沈家本謂按後文'而陛下之外兄也',注'光武之姑子,故曰外兄',然則仲娶者非光武祖姑,恐'祖'字訛也。"

曹金華《稽疑》言"姑""祖姑"皆不誤,依祖姑論,光武當爲來歙之表侄,并謂王遵不曉來歙祖上外親,而依劉嘉稱之。④

按,《後漢紀》卷四《光武帝紀》:"來歙字君叔,南陽新野人。父沖,哀帝時爲諫(議)大夫,娶世祖姑,生歙。歙有才略,多通,慷慨有大志,兄弟五人,而世祖獨親愛之。"⑤據季忠平,《後漢書》中涉及劉秀稱帝前的稱呼一般遵循《史記》《漢書》《三國志》等體例,即稱劉秀爲"世祖",點校本中相關的"光武"稱呼,應該爲唐人諱改。⑥ 來歙父來仲"娶光武祖姑"乃漢哀帝時事,據《後漢書》例,其時當稱光武帝廟號"世祖",即與《後漢紀》稱同,其原文即應爲"娶世祖姑"。至唐,始避唐諱改"世祖"爲"光武",而此處改"世祖"又未盡,襲"世祖"之稱而衍"祖"字,遂訛爲"娶光武祖姑",致文意不明。《類聚》卷五一引《東觀記》曰:"光武封新野主子鄧泛爲吳侯,伯父皇皇考姊子周均爲富波侯,追封外祖樊重爲壽張侯,重子丹爲射陽侯,孫茂爲平望侯,尋

---

① 《後漢紀》,張烈點校《兩漢紀》,第195頁。
② 《四書章句集注·孟子集注》,第237頁。
③ 許維遹:《吕氏春秋集釋》,中華書局,2009年,第90頁。
④ 曹金華:《後漢書稽疑》,第260頁。
⑤ 《後漢紀》,張烈點校《兩漢紀》,第57頁。
⑥ 季忠平:《是"光武"還是"世祖"——點校本〈後漢書〉唐諱雛指》,《史林》2011年第5期;後收入氏著《儀顧集——古漢語與古文獻研究》,中華書局,2022年,第175—198頁。

玄鄉侯,從子沖更父侯,後父陰睦宣恩侯,子識原鹿侯,就爲信陽侯,皇考女弟子來歙征羌侯,弟由宜西侯。"①女弟者,妹也。因此,來歙當爲光武帝劉秀父妹之子,亦即光武姑母之子,故王遵稱來歙爲"陛下之外兄",自當合情合理。《稽疑》言"祖姑""姑"皆不誤,又以劉嘉證之,言王遵不曉來歙祖上外親,而依劉嘉稱之,其説待商。《後漢書》卷一五《來歙傳》曰:"歙女弟爲漢中王劉嘉妻",《後漢紀》卷四亦載"歙女弟爲劉嘉妻",②是劉嘉娶妻爲來歙之妹。而據《後漢書》卷一四《劉嘉傳》曰:"順陽懷侯嘉字孝孫,光武族兄也。"③則劉嘉爲光武族兄甚明,此益更可證來歙與光武爲平輩。因此,光武帝無論從劉嘉論,抑或從其姑論,均不可爲來歙之侄。

21. 大命

《後漢書》卷一五《王常傳》:"常頓首謝曰:'臣蒙大命,得以鞭策託身陛下。始遇宜秋,後會昆陽,幸賴靈武,輒成斷金。'"(580頁)

曹金華《稽疑》:"'大命'疑作'天命',《後漢紀》卷一《光武帝紀》引作'臣蒙天命'。本傳下文'常以匹夫興義兵,明于知天命,故更始封爲知命侯'也。"④

按,"大命"當不誤。《册府》卷一七一、《通志》卷一○五載皆作"大命"。⑤"大命"猶"天命"。《尚書·太甲上》:"伊尹作書曰:'先王顧諟天之明命,以承上下神祇。社稷宗廟,罔不祇肅。天監厥德,用集大命,撫綏萬方。'"孔傳曰:"天視湯德,集王命於其身撫安天下。"⑥《漢書》卷八四《翟方進傳》:"予予害敢不于身撫祖宗之所受大命?若祖宗乃有效湯、武伐厥子,民長其勸弗救。"又卷九九中《王莽傳中》:"皇天明威,黄德當興,隆顯大命,屬予以天下。"⑦《後漢書》卷六一《周舉傳》:"北鄉侯本非正統,姦臣所立,立不踰歲,年號未改,皇天不祐,大命夭昏。"⑧《文選》卷六○陸機《弔魏武帝文》:"當建安之三八,實大命之所艱。"唐李善注:"大命,謂天命也。"⑨據此,作"大命"亦當不誤。

---

① 《藝文類聚》,第930頁。
② 《後漢書》,第585頁;《後漢紀》,張烈點校《兩漢紀》,第58頁。
③ 《後漢書》,第567頁。
④ 曹金華:《後漢書稽疑》,第258頁。
⑤ 《册府元龜》,第1902頁;《通志》,第1494頁上欄。
⑥ 《尚書正義》,(清)阮元校刻《十三經注疏(清嘉慶刻本)》,第346頁。
⑦ 《漢書》,第3434、4109頁。
⑧ 《後漢書》,第2029頁。
⑨ 《文選》,第834頁下欄。

22. 述自亡之埶

《後漢書》卷一五《來歙傳》："臣嘗與隗囂相遇長安。其人始起，以漢爲名。今陛下聖德隆興，臣願得奉威命，開以丹青之信，囂必束手自歸，則述自亡之埶，不足圖也。"（585 頁）

按，"則述自亡之埶"，《後漢紀》卷五《光武帝紀》作："囂必歸命，則公孫自亡，勢不足圖也。"①則《後漢書》"勢"屬下讀義更勝，當點作："囂必束手自歸，則述自亡之，埶不足圖也。""之"爲語助；"勢"，情勢。"勢不足"，古書習見，如漢荀悦《漢紀》卷三《孝宣皇帝紀》："若爲小寇，勢不足患。"②《後漢書》卷四九《仲長統傳》："形不堪復抗，埶不足復校。"《魏書》卷八七《節義傳·胡小虎》："觀其兵士，勢不足言，努力堅守。'"《梁書》卷五六《候景傳》："力不足以自強，勢不足以自保。"③《資治通鑑》卷八二《晉武帝太康十年》："若包藏禍心，其勢不足獨以有爲。"④皆其例。句言公孫述自當滅亡，其情勢不值得考慮。明夏樹芳輯《奇姓通》卷二載此云："則述當自亡，不足圖也。"⑤

23. 收淚

《後漢書》卷一五《來歙傳》："延見歙，因伏悲哀，不能仰視。歙叱延曰：'虎牙何敢然！今使者中刺客，無以報國，故呼巨卿，欲相屬以軍事，而反效兒女子涕泣乎！刃雖在身，不能勒兵斬公邪！'延收淚强起，受所誡。"（589 頁）

按，"收淚"，《御覽》卷四八八引《東觀記》同，吳樹平輯此未校。⑥《通鑑》卷四二《漢紀·光武帝紀中之上》亦作"收淚"。⑦《後漢紀》卷六《光武帝紀》作"抆泪"，明"收"當爲"抆"之誤字。"抆"與"拭"義同，《楚辭·九章·悲回風》："孤子吟而抆泪兮，放子出而不還。"宋洪興祖補注："抆，音吻，拭也。"⑧漢王褒《洞簫賦》："故聞其悲聲，則莫不愴然累欷，撇涕抆

---

① 《後漢紀》，張烈點校《兩漢紀》，第 81 頁。
② 《前漢紀》，張烈點校《兩漢紀》，第 333 頁。
③ 《後漢書》，第 1646 頁；《魏書》，第 1895 頁；《梁書》，第 836 頁。
④ 《資治通鑑》，第 2596 頁。
⑤ （明）夏樹芳輯：《奇姓通》卷二，國家圖書館藏明天啓刻本，第二十頁。
⑥ 《太平御覽》，第 2233 頁下欄；《東觀漢記校注》，第 288 頁。
⑦ 《資治通鑑》，第 1367 頁。
⑧ 《楚辭補注》，第 158 頁。

泪。"①後又可寫作"揾",宋辛弃疾《水龍吟·登建康賞心亭》:"倩何人、唤取紅巾翠袖,揾英雄泪?"②古籍中"扠""收"二字形近常訛。③《潜夫論》卷一《潜嘆》:"二世收目獨視。"彭鐸校箋:"王侍郎云:'收目'當作'扠目','扠'即《説文》'㧺'字。鐸按:《爾雅·釋詁》:'收,聚也。''收目'蓋謂聚集目力而視之耳。"④據此,《來歙傳》"收"似當正作"扠"。

24. 聖恩

《後漢書》卷一五《來歷傳》:"歷與太常桓焉、廷尉張皓議曰:'經説,年未滿十五,過惡不在其身。且男、吉之謀,皇太子容有不知,宜選忠良保傅,輔以禮義。廢置事重,此誠聖恩所宜宿留。'"(591 頁)

《後漢紀》卷一七《安帝紀下》載此作:"此誠聖思所宜詳審。"(482 頁)李本(212 頁)亦同。中華本(335 頁)作"聖恩",又校"恩"爲"思",曰:"從學海堂本改。"

今按,范《書》、袁《紀》"聖恩"均當正作"聖思",唐李賢注:"宿留,猶停留也。"⑤《漢書》卷七五《李尋傳》:"唯棄須臾之間,宿留瞽言,考之文理,稽之《五經》,揆之聖意,以參天心。"清王先謙補注:"此宿留,亦謂存其言於心,以待後時之參驗也。"⑥"宿留"蓋與"詳審"義近,乃權衡考慮之義。從句意看,作"聖思"更勝。《後漢書》卷二五《魯恭傳》:"惟陛下留聖恩,休罷士卒,以順天心。"點校本校勘記曰:"《刊誤》謂'恩'當作'思'。按:惠棟云袁《紀》作'恩'。"⑦《刊誤》校是,此亦當作"聖思","留聖思",義同"聖思之宿留",言惟帝君多加考慮。《後漢紀》卷一二《章帝紀》亦作"惟陛下留聖恩"。⑧"恩"亦當作"思"。《漢書》卷三六《楚元王傳》:"唯陛下深留聖思,審固幾密,覽往事之戒,以折中取信,居萬安之實。"⑨《後漢書》卷五六《張綱傳》:"伏願陛下少留聖思,割損左右,以奉天心。"⑩"聖思"均其義。

---

① 《全上古三代秦漢三國六朝文》,第 354 頁下欄。
② (南宋)辛弃疾撰,辛更儒箋注:《辛弃疾集編年箋注》,中華書局,2015 年,第 559 頁。
③ "收""扠"形近,古書常混訛,張文冠曾詳辨之。參張文冠:《中古史書校勘拾遺》,《漢語史學報》第 18 輯,上海教育出版社,2018 年,第 259—260 頁。
④ (漢)王符撰,(清)汪繼培箋,彭鐸校正:《潜夫論箋校正》,中華書局,1985 年,第 101—102 頁。
⑤ 《後漢書》,第 519 頁。
⑥ (清)王先謙:《漢書補注》,上海古籍出版社影印本,2008 年,第 4914 頁。
⑦ 《後漢書》,第 890 頁。
⑧ 《後漢紀》,張烈點校《兩漢紀》,第 243 頁。
⑨ 《漢書》,第 1962 頁。
⑩ 《後漢書》,第 1817 頁。

又有"聖意""聖心""聖神""聖明"等,皆與"聖思"義近。《後漢書》卷五一《陳龜傳》:"陛下繼中興之統,承光武之業,臨朝聽政,而未留聖意。"卷三〇下《郎顗傳》:"惟留聖神,不以人廢言。"卷二六《韋彪傳》:"宜增秩重賞,勿妄遷徙。惟留聖心。"卷六五《皇甫規傳》:"伏願陛下暫留聖明,容受瞽直。"①後代又有"聖慮""聖念"等語,皆可與"留"相搭配,亦多見於書奏之文,多與"留聖思"等語意近,如《舊唐書》卷一二八《段秀實傳》:"若去其爪牙,則犬鼷馬牛悉能爲敵。伏願少留聖慮,冀神萬一。"②《舊五代史》卷一八《梁書·敬翔傳》:"今寇馬已至鄆州,陛下不留聖念,臣所未諭一也。"③

綜其文意,當以"聖思"爲勝。④ 另,《通志》卷一〇五、《册府》卷六二二引《來歷傳》皆作"聖恩";⑤《資治通鑑》卷五〇《漢紀·安帝紀中》紀此亦作"聖恩",⑥可明至宋代,文已有訛,後世多襲《後漢書》誤文而沿誤。

25. 輒此

《後漢書》卷一六《鄧訓傳》:"前烏桓吏士皆奔走道路,至空城郭。吏執不聽,以狀白校尉徐傿。傿歎息曰:'此義也。'乃釋之。遂家家爲訓立祠,每有疾病,輒此請禱求福。"(612頁)

點校本校勘記曰:"輒此請禱求福 按:王先謙謂'此'字疑衍,或'此'上奪'於'字。今按:《御覽》二七八引無'此'字。"

按,"此"應不誤。《册府》卷四一二、卷八二〇、《通志》卷一〇五載皆作"輒此"。⑦ "輒此",相當於"即此",即於此之義。隋慧文《與智顗書論毁寺》:"冀未壞之寺,庶得安全,敢藉護持,輒此祈仰。"⑧《全唐文》卷九〇九道宣《上榮國夫人楊氏論拜親無益啓》:"若不早有申聞,恐遂同於俗法,僧等翹注莫敢披陳,情用迴惶,輒此投訴,伏乞慈覆,特爲上聞。"又卷三〇四鄭

---

① 《後漢書》,第1693、1070、919、2136頁。
② 《舊唐書》,第3587頁。
③ 《舊五代史》,第249頁,中華書局,1976年。
④ "恩""思"典籍常亂,如《漢書》卷五七上《揚雄傳上》:"惟夫所以澄心清魂,儲精垂思。"清王先謙補注曰:"善注《文選》本'思'作'恩',云冀神垂恩也。然不如'思'順。"參《漢書補注》,商務印書館,1959年,第5077頁。《南齊書》卷二二《豫章文獻王傳》"恩義軫慕,望埏結哀",點校本校勘記曰:"恩義,南監本、局本作'思義'。《元龜》二百七十二作'懷恩'。"參《南齊書》,第424頁。又唐韓愈《苦寒》:"鸞皇苟不存,爾固不在占。其餘蠢動儔,俱死誰思嫌。"宋魏仲舉校曰:"思,一作恩。"參(唐)韓愈撰,(宋)魏仲舉集注,郝潤華、王東峰整理:《五百家注韓昌黎集》卷四,中華書局,2019年,第253頁。
⑤ 《通志》,第1495頁下欄;《册府元龜》,第7205頁。
⑥ 《資治通鑑》,第1632頁。
⑦ 《册府元龜》,第4660、9541頁;《通志》,第1498頁上欄。
⑧ 《全上古三代秦漢三國六朝文》,第8459頁。

老萊《對春設土牛判》:"即科其罪,恐涉深文,輒此商量,寧斯折中?請從寬典,佇葉通規。"又卷四〇六李子珣《對覩生束脩判》:"何稱抑納?輒此薄言。須科虛訴之愆,俾從伎術之例。"①《敦煌變文校注》卷一《張維深變文》:"今以子孫流落□□河西,不能堅守誠盟,信任諸下,輒此猖狂。"②《太平廣記》卷二四二:"乃密召吏人執而鞭之,張亦未寤,罵仍恣肆。擊之困極,方問何人,輒此詬罵。"(出《紀聞》)"輒此詬罵"意為即於此謾罵。又卷四四二:"老婢怒云:'汝是何人,輒此狂妄。'"(出《廣異記》)③"輒此狂妄"猶言"即於此狂妄"。上揭"輒此"皆即於此之意,明王氏所說不可從,范《書》"輒此"當不誤。

26. 子女

《後漢書》卷一六《鄧禹傳》:"禹曾孫香(子)〔之〕女為桓帝后,帝又紹封度遼將軍遵子萬世為南鄉侯,拜河南尹。"(618頁)

點校本校勘記校"子"為"之",曰:"據《校補》引張熷說改。"

另,《續漢志》卷一一《天文志中》:"是時大將軍耿寶、中常侍江京、樊豐、小黃門劉安與阿母王聖、聖子女永等并構譖太子保,并惡太子乳母男、廚監邴吉。"(3242頁)

《稽疑》曰:"諸書不載王聖子事,疑'子'為'二'之譌,即安帝乳母王聖女伯榮、永。"④

今按,"子"皆不誤,《冊府》卷三一載亦作"子女"。⑤"香子女"即鄧香之女鄧猛。"子女",女兒義,與作兒子義的"子男"結構同。如《後漢書》卷五四《楊震傳》:"安帝乳母王聖,因保養之勤,緣恩放恣;聖子女伯榮出入宮掖,傳通姦賂。""聖子女伯榮"即王聖之女兒伯榮。卷一四《城陽恭王祉傳》李注引《東觀記》曰:"敞為嫡子終娶宣子女習為妻,宣使嫡子姬送女入門,二十餘日,義起兵。"卷五五《章帝八王傳》:"永初元年,太后封宋衍為盛鄉侯,分清河為二國,封慶少子常保為廣川王,子女十一人皆為鄉公主,食邑奉。"⑥"子女",顯然皆為女兒義。《後漢紀》卷一〇《明帝紀》:"匈奴遣使謂恭曰:'空於城中餓死,為何不早降?降者封為白屋侯,妻以子女。'"⑦《三國

---

① 《全唐文》,第9484、3086、4153頁。
② 黃征、張涌泉校注:《敦煌變文校注》,中華書局,1997年,第191頁。
③ 《太平廣記》,第1867、3608頁。
④ 曹金華:《後漢書稽疑》,第1408頁。
⑤ 《冊府元龜》,第3399頁。
⑥ 《後漢書》,第1761、561、1804頁。
⑦ 《後漢紀》,張烈點校《兩漢紀》,第198頁。

志》卷五〇《吴志·嬪妃傳》裴松之注引《江表傳》:"其二千石大臣子女,皆當歲歲言名,年十五六一簡閱,簡閱不中,乃得出嫁。"①"子女"皆女兒之義。② 因此,"子女"不當改字。

27. 急況發兵

《後漢書》卷一六《寇恂傳》:"及王郎起,遣將徇上谷,急況發兵。恂與門下掾閔業共説況曰:'邯鄲拔起,難可信向。……"(621頁)

曹金華《稽疑》曰:"《十七史商榷》謂'急況發兵'當作'急發況兵',是也。"③

按,"急況發兵"不誤,"急"有促迫義,言迫促耿況發兵也。《戰國策·楚策一》:"齊楚構難,宋請中立,齊急宋,宋許之。"郭希汾輯注云:"急謂迫之使不得不從。"④《史記》卷八一《廉頗藺相如列傳》:"臣觀大王無意償趙王城邑,故臣復取璧。大王必欲急臣,臣頭今與璧俱碎於柱矣!"⑤《漢書》卷五五《衛青傳》:"信故胡人,降爲翕侯,見急,匈奴誘之,遂將其餘騎可八百奔降單于。"⑥"見急",謂被逼也。《後漢紀》卷二《光武帝紀》作"時,王郎使上谷發兵",⑦言王郎令上谷發兵,可證原文不誤。

28. 母弟

《後漢書》卷一六《寇恂傳》:"今聞大司馬劉公,伯升母弟,尊賢下士,士多歸之,可攀附也。"(621頁)

曹金華《稽疑》曰:"'母弟',《後漢紀》卷二作'親弟'。史謂'母弟'則是異父,作'親弟'是。"⑧

按,《左傳·宣公十七年》:"冬,公弟叔肸卒,公母弟也。凡大子之母弟,公在曰公子,不在曰弟,凡稱弟,皆母弟也。"⑨《尚書·牧誓》"昏棄厥遺王父母弟不迪",孔傳曰:"母弟,同母弟。"孔疏云:"《春秋》之例,母弟稱弟,

---

① 《三國志》,第1203頁。
② 《漢語大詞典》"子女"下未收女兒義,《漢語大詞典訂補》有補收,釋義爲"女子;女兒"義。今按,《訂補》具例"子女"皆爲女兒義,所增"女子"義,待删。參《大詞典》卷四,第5233頁;又漢語大詞典編纂處:《漢語大詞典訂補》,上海辭書出版社,2010年,第436頁。
③ 曹金華:《後漢書稽疑》,第272頁。
④ 繆文遠:《戰國策新校注》,巴蜀書社,1998年,第408頁。
⑤ 《史記》,第2440頁。
⑥ 《漢書》,第2476頁。
⑦ 《後漢紀》,張烈點校《兩漢紀》,第25頁。
⑧ 曹金華:《後漢書稽疑》,第272頁。
⑨ 《春秋左傳正義》,(清)阮元校刻《十三經注疏(清嘉慶刻本)》,第4101頁。

凡《春秋》稱弟皆母弟也。母弟謂同母之弟。"①《後漢書》卷一〇下《皇后紀下》："勃海王悝,桓帝母弟也。處國奉藩,未嘗有過。陛下曾不證審,遂伏其辜。"②劉悝乃桓帝之親弟,亦稱"母弟"。《後漢書》卷四二《廣陵思王劉荊傳》："顯宗以荊母弟,祕其事,遣荊出止河南宮。"③廣陵王劉荊爲明帝之親弟,亦稱之"母弟"。上揭諸例皆可知"母弟"爲同母弟,而非謂"異父",《稽疑》説待商。《悝傳》作"母弟",《後漢紀》作"親弟",其義實同,不必定其是非。

29. 諸將軍

《後漢書》卷一六《寇恂傳》："時光武傳聞朱鮪破河內,有頃恂檄至,大喜曰:'吾知寇子翼可任也!'諸將軍賀,因上尊號,於是即位。"（622頁）

點校本校勘記曰："諸將軍賀 《集解》引何焯説,謂'軍'疑當作'畢'。今按:《史記·淮陰侯列傳》'諸將效首虜畢賀',《漢書》作'皆賀',諸將畢賀者,諸將皆賀也,何説是。"

《稽疑》曰："作'諸將軍賀'亦通,《御覽》卷五四三引《東觀記》作'諸將軍賀,因上尊號'。"④

按,點校本從何焯説,證據頗不足。《書鈔》卷八五引《東觀記》作"諸將軍賀,思上尊號";《御覽》卷五四三引《東觀記》作"諸將軍賀,因上尊號"。⑤二書所引《東觀記》文皆作"諸將軍賀",與《後漢書》文字同,可知"軍"當非訛文。另,《通志》卷一〇五、《册府》卷三四一載皆作"諸將軍賀,因上尊號",⑥點校本引何焯説待商。

30. 析鄉

《後漢書》卷一七《馮異傳》："長子彰嗣。明年,帝思異功,復封彰弟訢爲析鄉侯。十三年,更封彰東緡侯,食三縣。永平中,徙封平鄉侯。彰卒,子

---

① 《尚書注疏》,(清)阮元校刻《十三經注疏(清嘉慶刻本)》,第389頁。
② 《後漢書》,第449頁。
③ 《後漢書》,第1448頁。
④ 曹金華:《後漢書稽疑》,第273頁。
⑤ 《北堂書鈔》,第2册,第35頁;《太平御覽》,第2463頁上欄。另,吳樹平據以輯入《東觀記》,校曰:"此二句姚本、聚珍本作'諸將賀之,懇上尊號',《唐類函》卷一四四引同。"參《東觀漢記校注》,第272頁。今按,諸書引此多作"因上尊號",《書鈔》作"思",殆爲"因"之訛字。《唐類函》乃明人俞安期所輯,頗不可信從,其中"懇",當爲明人據《書鈔》之訛文而妄改之。《後漢紀》卷三《光武帝紀》作"至中山,群臣上尊號",益可證無"思"字。
⑥ 《通志》,第1499頁下欄;《册府元龜》,第3852頁。

普嗣,有罪,國除。"(652頁)

點校本校勘記曰:"復封彰弟訢爲析鄉侯　按:'析'原譌'祈',逕據汲本、殿本改正。"

"析鄉侯",《後漢紀》卷六《光武帝紀》作"祈鄉侯",①《册府》卷一三〇、《文獻通考》卷二六九載均作"祈鄉侯"。② 按,當從《紀》文正作"祈鄉"。"祈鄉"爲縣名,《漢書》卷二八上《地理志上》載其地屬沛郡。③ 又作"祁鄉",《漢書》卷一五下《王子侯表三下》"祁鄉節侯賢"。④ "東緡""平鄉",均爲縣名,《續漢志》卷二一《郡國志三》、《後漢書》本傳李賢注引《東觀記》皆有載東緡縣屬"山陽郡"。⑤《後漢書》卷七九下《儒林傳下》:"丁恭字子然,山陽東緡人也。""平鄉",《漢書》卷二八下《地理志下》載爲縣名,屬廣平國;《續漢志》卷二〇《郡國志二》載其屬巨鹿郡。⑥ 故"祈鄉侯"爲祈鄉縣侯,字應不誤,不當改。

31. 天風

《後漢書》卷一七《岑彭傳》:"時天風狂急,(彭)奇船逆流而上,直衝浮橋,而欑柱鉤不得去,奇等乘埶殊死戰,因飛炬焚之,風怒火盛,橋樓崩燒。"李賢注:"《續漢書》曰:'時天東風,其欑柱有反把,鉤奇船不得去。'"(661頁)

校勘記曰:"時天風狂急　《集解》引錢大昕説,謂'天'當爲'大'字之訛。今按:《通鑑》作'時東風狂急'。"

《稽疑》曰:"本傳注引《續漢書》作'時天東風',《後漢紀》卷六作'時大東風',黄本'大'作'天'。而依文義,作'時東風狂急'爲長。"⑦

按,"天風"不誤。突然而起的大風、狂風可稱爲"天風"。⑧《御覽》卷三一二引《後漢書》、《册府》卷三四八載皆作"天風"。⑨《史記》卷九《吕太

---

① 《後漢紀》,張烈點校《兩漢紀》,第107頁。
② 《册府元龜》,第1421頁。點校本《文獻通考》作"析鄉",校記曰:"'析鄉'原作'祈鄉',據《後漢》卷一七《馮異傳》改。"詳參(元)馬端臨撰,上海師範大學古籍研究所、華東師範大學古籍研究所點校:《文獻通考》,中華書局,2011年,第7366頁。今按,"祈鄉"當不誤。
③ 《漢書》,第1572頁。
④ 《漢書》,第515頁。
⑤ 《後漢書》,第3455、652頁。
⑥ 《後漢書》,第2578頁;《漢書》,第1631頁;《後漢書》,第3433頁。
⑦ 曹金華:《後漢書稽疑》,第284頁。
⑧ 《大詞典》收"天風"一詞,首例引蔡邕《飲馬長城窟行》:"枯桑知天風,海水知天寒。"按,《大詞典》引例待商。此例"天風"非詞,乃主謂短語,天起風之義;"天寒"義爲天變寒。二者結構同,互文見義。參《漢語大詞典》卷二,第1425頁。
⑨ 《太平御覽》,第1434頁上欄;《册府元龜》,第3927頁。

后本紀》:"日餔時,遂擊產。產走,天風大起,以故其從官亂,莫敢鬭。"《漢書》卷三《高后紀》作"天大風"。① 《漢書》卷九九下《王莽傳下》:"昆陽中兵出並戰,邑走,軍亂。天風蜚瓦,雨如注水,大衆崩壞號謼,虎豹股栗,士卒奔走,各還歸其郡。"《後漢書》卷一《光武帝紀上》載此事作"會大雷風";《續漢志》卷一〇《天文志上》作"會天大風"。② 可知"天風"乃大風、狂風義。唐韓愈《辛卯年雪》:"波濤何飄揚,天風吹旛旎。"③"天風"亦大風義。因此,《後漢書》原文當不誤。

32. 儒生

《後漢書》卷一八《吳漢傳》:"漢乃辭出,止外亭,念所以譎衆,未知所出。望見道中有一人似儒生者,漢使人召之,爲具食,問以所聞。"李賢注引《續漢書》曰:"時道路多飢人,來求食者似(諸)〔儒〕生,漢召〔之〕,故先爲具食。"(675—676頁)

點校本校勘記曰:"來求食者似(諸)〔儒〕生 據汲本、殿本改。"

按,"諸生"當不誤,不煩改字。④《後漢紀》卷二《光武帝紀》作"時道多飢民,見一諸生,漢使人召之,乃問所聞見",⑤其文正作"諸生"。"諸生"義同"儒生",《後漢書》卷一〇上《皇后紀上》:"后重違母言,晝修婦業,暮誦經典,家人號曰'諸生'。"又卷七九下《儒林傳·包咸》:"包咸字子良,會稽曲阿人也。少爲諸生,受業長安,師事博士右師細君,習魯詩、論語。"⑥"諸生"皆儒生之義。

又《稽疑》曰:"既謂'一人','者'字當衍。本傳注引《續漢書》作'來求食者似儒生',《後漢紀》卷二作'見一諸生',是也。"⑦

按,此論亦待商。"者",乃語助詞,表句中停頓,兼表稱代,與名詞之數量並無關係。⑧ 且此句式古漢語中觸處可見,如《荀子·王霸》:"今以一人兼聽天下日有餘而治不足者,使人爲之也。"⑨《戰國策·韓策三》:"伏軾結

---

① 《史記》,第410頁;《漢書》,第4183頁。
② 《漢書》,第102頁;《後漢書》,第8、3219頁。
③ 《全唐詩》,第3804頁。
④ 《八家後漢書輯注(修訂本)》司馬彪《續漢書》據此輯作"儒生",欠妥。詳參《八家後漢書輯注(修訂本)》,第341頁。
⑤ 《後漢紀》,張烈點校《兩漢紀》,第26頁。
⑥ 《後漢書》,第418、2570頁。
⑦ 曹金華:《後漢書稽疑》,第287頁。
⑧ 吳懷成、完權、許立群對當前有關漢語史中"者"的研究有較詳細的回顧和總結,詳可參氏著《"之""者""而"新解》,學林出版社,2019年,第61—111頁。
⑨ 《荀子集解》,第213頁。

靬西馳者,未有一人言善韓者也;伏軾結靬東馳者,未有一人言善秦者也。"①"者"皆其例也。且《御覽》卷四九四引《後漢書》、《册府》卷三四一載均有"者"字,②《稽疑》言待商。

33. 仗節死義

《後漢書》卷一八《吳漢傳》:"漢乃勃然裹創而起,椎牛饗士,令軍中曰:'賊衆雖多,皆劫掠群盜,"勝不相讓,敗不相救",非有仗節死義者也。今日封侯之秋,諸君勉之!'於是軍士激怒,人倍其氣。"(679頁)

點校本校勘記:"非有仗節死義者也 按:'仗'原訛'伏',逕改正。"

"仗節",《後漢紀》卷四《光武帝紀》周校本作"伏節"(97頁)。中華本(62頁)改"伏"爲"仗",校曰:"據南監本、《後漢書·吳漢列傳》改。"李本(42頁)逕作"仗",無校。

"仗節",《漢語大詞典》收該詞,具兩個義項,義項一:手執符節。古代大臣出使或大將出師,皇帝授予符節,作爲憑證及權力的象徵,首例引《漢書·叙傳下》:"博望仗節,收功大夏;貳師秉鉞,身釁胡社。"義項二:堅守節操,首引《後漢書》例。③ "仗節"又可寫作"杖節",《大詞典》釋義爲:"執持旄節。古代帝王授予將帥兵權或遣使四方,給旄節以爲憑信。"首引《漢書·叙傳下》例,"仗節"作"杖節"。④ 但"杖節"下僅具此義項,而"仗節"之"秉持正義"義,則未收。

"仗節"有"秉持正義"義,除《後漢書》例,至遲要在唐以後典籍中始見,且多"仗節死義""仗節死難"等連言。如《全唐文》卷六〇三劉禹錫《上杜司徒書》:"烈士之所以異於恒人,以其仗節以死誼也。"卷七二五王叡《誠節論》:"誠如是,無乃滯於變通,而能成功則拙,仗節死義可矣。既不能仗節死義,又不能變通成功,此謂之偷生無恥之夫。"卷七七四李商隱《爲滎陽公上史館白相公狀》:"某早蒙榮顧,遥奉休聲,徒勤仗節之心,未有望塵之路。"⑤

宋代以後所見益夥,如《新唐書》卷一七八《劉蕡傳》:"有藏姦觀釁之心,無仗節死難之誼。"⑥宋胡仔《苕溪漁隱叢話前集》卷一三《杜少陵八》:

---

① 《戰國策》,第1007頁。
② 《太平御覽》,第2259頁上欄;《册府元龜》,第3852頁。
③ 《漢語大詞典》卷一,第1130頁。
④ 《漢語大詞典》卷四,第771頁。
⑤ 《全唐文》,第6094、7472、8067頁。
⑥ 《新唐書》,第5303頁。

"杜子美《送嚴武還朝》詩:'公若登臺輔,臨危莫愛身。'勸以仗節死義也。"①宋朱熹《朱子語類》卷二〇《論語二》:"且如一箇人坐亡立化,有一箇人仗節死義。畢竟還仗節死義底是。"②清王士禎《池北偶談·談獻三·馬文肅家書》:"慷慨仗節易,從容就義難。吾輩將爲其難乎?抑爲其易乎?"③

而"杖節"秉持正義之義似乎未能同步發展。檢覈典籍,至遲清代以前,"杖節"皆爲持節之義,誠無"秉持正義"義。爲何"仗節""杖節"同,"仗節"有"秉持正義"義,而"杖節"的詞義則未同步發展呢?

再看"伏節",乃漢魏六朝之常語。"伏"有死義,如"伏刑""伏法""伏刃""伏死""伏誅""伏劍"等。"伏節",伏於節也,謂爲氣節而捨身,與"死義""死誼""死理"結構同,義相近。《後漢紀》卷四《光武帝紀》:"尚書令侯霸奏浮構成寵罪,敗亂幽州,不能伏節死難,與寵相拒,罪當誅。"④"死難",爲國難而死,與"伏節"義近。"伏節死難",《朱浮傳》作"死節",是"伏"猶"死"也。⑤漢董仲舒《春秋繁露》卷一七《天地之行》:"伏節死難,不惜其命,所以救窮也。"⑥漢班固《白虎通》卷一八《瑞贄》:"人君至尊,極美之物以爲贄;士賤伏節死義,一介之道也,故不變。"清陳立疏證:"'伏',舊作'仗',非。"⑦按,陳立所校甚是。漢桓寬《鹽鐵論》卷一〇《周秦》:"今不軌之民,犯公法以相寵,舉棄其親,不能伏節死理,遁逃相連,自陷於罪,其被刑戮,不亦宜乎?"⑧《漢書》卷七七《諸葛豐傳》:"夫以布衣之士,尚猶有刎頸之交,今以四海之大,曾無伏節死誼之臣,率盡苟合取容,阿黨相爲。""誼"通"義","死誼"即"死義"。卷八六《王嘉傳》:"前山陽亡徒蘇令等從橫,吏士臨難,莫肯伏節死義,以守相威權素奪也。"⑨《後漢書》卷七六《循吏傳·孟嘗》:"孟嘗字伯周,會稽上虞人也。其先三世爲郡吏,並伏節死難。"⑩《三國志》卷四《魏志·高貴鄉公髦傳》:"余顛沛殞斃,殺身濟君。其下司徒,署

---

① (宋)胡仔:《苕溪漁隱叢話》,人民文學出版社,1962年,第87頁。
② (宋)黎靖德編,王星賢點校:《朱子語類》,中華書局,1986年,第468頁。
③ (清)王士禎:《池北偶談》,中華書局,1982年,第145頁。
④ 《後漢紀》,張烈點校《兩漢紀》,第67頁。
⑤ 張烈點校《後漢紀》從陳璞校"伏"爲"仗",李本逕作"仗節",並誤,參中華本第67頁、李本46頁;周本作"伏節",是,參周本第107頁。另《後漢書》,第1141頁。
⑥ 蘇輿:《春秋繁露義證》,中華書局,1992年,第459頁。
⑦ (清)陳立:《白虎通疏證》,中華書局,1994年,第358頁。
⑧ 王利器校注:《鹽鐵論校注》,中華書局,1992年,第584頁。
⑨ 《漢書》,第3249、3490頁。《王嘉傳》"伏節死義",宋蘇軾《徐州上皇帝書》有引,別本引作"仗節死義",誤。(宋)蘇軾撰,(明)茅坤編,孔凡禮點校:《蘇軾文集》卷二六《徐州上皇帝疏》,中華書局,1986年,第760頁,校記曰:"'伏',原作'仗'。今從郎本、《文鑒》。"
⑩ 《後漢書》,第2472頁。

余孫倫吏,使蒙伏節之報。"①

另,屈原《離騷》:"伏清白以死直兮,固前聖之所厚。"東漢王逸章句:"言士有伏清白之志,以死忠直之節者,固乃前世聖王之所厚哀也,故武王伐紂,封比干之墓,表商容之閭也。"②有注言"伏"爲保持義;或曰"伏"通"服"等,恐皆誤。③ "伏"亦當爲死義,"伏清白"即爲清白而殉身,與"死直"義近。

漢魏六朝時産生的"伏節死難""伏節死義(誼)""伏節死理"等,正可與宋代及以後的"仗節死義""仗節死難"等相對比。顯然,"仗節"在宋代後産生的"爲節而殉身"的新義,當受范《書》影響而産生的誤用義。④ 從蓋唐宋以後,《後漢書》"伏節"已有別本誤爲"仗節"者,古人行文多尚古,於是據《後漢書》誤文誤用其典。"仗節"本指秉持符節,故可聯想爲有責任、誠信、正義等義,加之誤文語境之影響,致"仗節"一詞産生"堅守節義而殉身"之義。正因爲"伏節"以及《後漢書》"仗節"誤文的影響,"仗節"發展出殉身義,而"杖節",卻未能同步發展出此義。此益可證《後漢書》"仗節"本當作"伏節"。⑤

34. 拔戟

《後漢書》卷一八《吴漢傳》李賢注引《續漢書》曰:"漢躬被甲拔戟,令諸部將曰:'聞雷鼓聲,皆大呼俱(大)進,後至者斬。'遂鼓而進之。"(680頁)

《稽疑》曰:"按,戟可持、可仗,不可拔也。《後漢紀》卷四作'被甲仗戟',《御覽》卷三五二引《東觀記》作'被甲持戟'。"⑥

按,"拔"字不誤。"拔"有提義,《説文・手部》:"拔,擢也。"⑦《方言》卷三:"揠、擢、拂、戎,拔也。自關而西或曰拔,或曰擢。"⑧"拔戟",提戟也,古

---

① 《三國志》,第141頁。
② 《楚辭補注》,第16頁。
③ 詳參崔富章、李大明編:《楚辭集校集釋》,湖北教育出版社,2003年,第265—267頁。
④ 有關典籍中的"誤解誤用義",學界多有討論,如朱慶之《論"誤用"在漢語歷史演變中的作用——社會語言學理論與漢語史研究札記之一》,國際中國語言學學會第18屆年會(Boston,哈佛大學),2010年;汪維輝、顧軍《論詞的"誤解誤用義"》,《語言研究》2012年第3期;李運富《從成語的"誤解誤用"看漢語辭彙的發展》,《江蘇大學學報》2013年第3期等,並可參。
⑤ 李博亦認爲字當作"伏節"。參李博:《〈後漢書〉〈後漢紀〉史料比較研究》,南京師範大學博士學位論文,2019年。
⑥ 曹金華:《後漢書稽疑》,第289頁。
⑦ 《説文解字》,第255頁上欄。
⑧ 周祖謨校箋:《方言校箋》,中華書局,1993年,第21頁。

書習見。《後漢書》卷七五《呂布傳》："布怒,拔戟斫机曰:'卿父勸吾協同曹操,絕婚公路。'"《三國志》卷七《魏志·呂布傳》亦作"拔戟斫几"。①《晉書》卷六二《祖逖傳》："樊雅遣衆夜襲逖,遂入壘,拔戟大呼,直趣逖幕,軍士大亂。"②《南史》卷六《梁本紀上》："中兵參軍陳秀拔戟逐之,斬于門外,傳首于帝。"③《通鑑》卷一一三《晉紀·安帝元興三年》:"敷曰:'汝欲作何死!'拔戟將刺之,裕瞋目叱之,敷辟易。"④"拔戟"皆提戟也,與"持戟""仗戟"義近,故不煩校字。

35. 堅壁

《後漢書》卷一八《陳俊傳》："俊言於光武曰:'宜令輕騎出賊前,使百姓各自堅壁,以絕其食,可不戰而殄也。'光武然之,遣俊將輕騎馳出賊前。視人保壁堅完者,敕令固守;放散在野者,因掠取之。"(689頁)

點校本校勘記曰:"使百姓各自堅壁　按:汲本、殿本'堅'下有'守'字。"

《御覽》卷四九九引司馬彪《續漢書》作"使百姓各堅壁"。⑤《資治通鑑》卷四〇《漢紀·光武帝紀》作"各自堅壁";另《通志》卷一〇五、《冊府》卷三六一載作"堅守壁"。⑥

按,"守"殆爲衍文。"堅壁"乃成詞,使營壘堅固,引申有固守營壘義。⑦且"堅"本即有固守義,《資治通鑑》卷三《周紀三·赧王上》:"有公孫龍者,善爲堅白同異之辯。"元胡三省注:"堅白,即守白也,言堅持其説,如墨子墨守之義。"⑧《漢書》卷六九《趙充國傳》:"適使先零得施德於罕羌,堅其約,合其黨。"⑨"堅其約",即固守其約之義。故"堅壁"即固守壁壘之義,且古書鮮見"堅守壁"連言者,"堅壁"則觸處可見,如《史記》卷八一《廉頗藺相如列傳》:"軍中候有一人言急救武安,趙奢立斬之。堅壁,留二十八日不行,復益增壘。"卷七三《白起王翦列傳》:"廉頗堅壁以待秦,秦數挑戰,趙兵不出。"⑩《後漢書》卷一二《劉永傳》:"諸將請進,帝不聽,知五校乏食當退,敕

---

① 《後漢書》,第2449頁;《三國志》,第255頁。
② 《晉書》,第1695頁。
③ 《南史》,第172頁。
④ 《資治通鑑》,第3563頁。
⑤ 《太平御覽》,第2064頁上欄。
⑥ 《資治通鑑》,第1276頁;《通志》,第1507頁上欄;《冊府元龜》,第4079頁。
⑦ "固"亦有堅守義,與"堅"義同。參真大成:《中古史書校證》,第110頁。
⑧ 《資治通鑑》,第114頁。
⑨ 《漢書》,第2982頁。
⑩ 《史記》,第2445、2333頁。

各堅壁以待其敝。"①《後漢紀》卷六《光武帝紀》："蜀民各堅壁，觀形勢。"②"堅"皆爲動詞，"堅壁"即固守營壁之義。

又有"堅營壁""堅營""堅壘"等，意爲使營壘堅固，亦有固守營壘之義，如《漢書》卷六九《趙充國傳》："行必爲戰備，止必堅營壁。"《後漢書》卷一上《光武帝紀上》："賊數出挑戰，光武堅營自守。"③《三國志》卷一七《魏志·于禁傳》："將軍在亂能整，討暴堅壘，有不可動之節。"卷二七《魏志·王基傳》："時大軍在項，以賊兵精，詔基斂軍堅壘。"④可見《後漢書》"堅壁"不誤。他本作"堅守壁"，殆傳抄致誤，"守"字殆衍，頗不可信。

36. 因見

《後漢書》卷一九《耿弇傳》："弇從幸舂陵，因見自請北收上谷兵未發者，定彭寵於漁陽，取張豐於涿郡，還收富平、獲索，東攻張步，以平齊地。帝壯其意，乃許之。"（707頁）

曹金華《稽疑》曰："'因見'，按文當作'因間'。"⑤

按，《稽疑》言誤，《册府》卷三八九載亦作"因見自請北收上谷兵"；⑥《資治通鑑》卷四一《漢紀·光武帝紀上之下》作"耿弇從容言於帝，自請北收上谷兵未發者"。⑦從文意看，"因見"乃"因見光武"之省。"因"，趁也，言趁見光武帝之機，自請北收未發之兵以平齊地。《三國志》卷一八《魏志·龐淯傳》："號哭喪所訖，詣猛門，衷匕首，欲因見以殺猛。猛知其義士，敕遣不殺。"⑧"因見以殺猛"，言趁見張猛之時以殺之。因此，原文作"見"文意貫通，改"見"爲"間"，實無據。

37. 實

《後漢書》卷一九《耿弇傳》："弇進軍畫中，居二城之間。弇視西安城小而堅，且藍兵又精，臨淄名雖大而實易攻，乃敕諸校會，後五日攻西安。"（710頁）

按，《御覽》卷三一七引《東觀記》作"弇視西安城小而堅，藍兵又精，未易攻也。臨淄諸郡太守相與雜居，人不專一，其聲雖大而虛，易攻"；⑨《册

---

① 《後漢書》，第497頁。
② 《後漢紀》，張烈點校《兩漢紀》，第110頁。
③ 《漢書》，第2976頁；《後漢書》，第17頁。
④ 《三國志》，第522、754頁。
⑤ 曹金華：《後漢書稽疑》，第300頁。
⑥ 《册府元龜》，第4388頁。
⑦ 《資治通鑑》，第1315頁。
⑧ 《三國志》，第547頁。
⑨ 《太平御覽》，第1461頁下欄。

府》卷三六八載作"其勢雖大而虛,易攻"。①《後漢紀》卷五《光武帝紀》作"西安城小而兵精,臨淄名大而不實"。②兩相比勘,明《耿弇傳》原文疑當作"名雖大而不實,易攻"。"名雖大而不實"正對前文"城小而堅",否則,言其"易攻",則失據矣。據此,疑《耿弇傳》"實"前脱"不"字,當作"臨淄名雖大而不實,易攻"。補"不"字,其文正可與《東觀記》"其聲雖大而虛,易攻"、《後漢紀》"臨淄名大而不實"相應。

38. 卒

《後漢書》卷二一《耿純傳》:"今邯鄲自立,北州疑惑,純雖舉族歸命,老弱在行,猶恐宗人賓客半有不同心者,故燔燒屋室,絶其反顧之望。'"(762頁)

李博據《後漢紀》卷二《光武帝紀》"猶恐宗人賓客卒有異心"校"半"當作"卒",③甚是。按,《類聚》卷六四、《御覽》卷一八一引《東觀記》曰:"恐宗人賓客,卒有不同,故焚燒廬舍,絶其反顧之望。"④從句意看,作"卒有不同心"義更長。此當據《東觀記》《後漢紀》正作"卒",二者形近易訛。

39. 三十二年

《後漢書》卷二二《馬成傳》:"二十七年,定封全椒侯,就國。三十二年卒。"(779頁)

《後漢紀》卷八《光武帝紀》紀"全椒侯馬成薨"爲建武二十八年事,與此有異。按,實當從《後漢紀》。建武乃光武帝年號,自元年(25年六月建元)始至三十一年(55年),《後漢書》僅紀至三十一年止,次年四月即改元而紀爲"中元元年"。⑤《續漢志》卷七《祭祀志上》:"四月己卯,大赦天下,以建武三十二年爲建武中元元年,復博、奉高、嬴勿出元年租、芻稾。"《後漢書》

---

① 《册府元龜》,第4165頁。
② 《後漢紀》,張烈點校《兩漢紀》,第79頁。
③ 李博:《〈後漢書〉〈後漢紀〉史料比較研究》,第86頁。
④ 《藝文類聚》,第1154頁;《太平御覽》,第883頁上欄。
⑤ 《資治通鑑》卷四四《漢紀·光武帝紀下》胡三省注曰:"洪氏《隸釋》曰:成都有漢蜀郡太守何君造尊楗閣碑,其末云'建武中元二年六月'。按范史《本紀》,建武止三十一年,次年改爲中元,直書中元元年。觀此所刻,乃是雖別爲中元,猶冠以建武,如文、景中元、後元之類也。又《祭祀志》載封禪後赦天下詔,明言'改建武三十二年爲建武中元元年'。《東夷倭國傳》'建武中元二年,來奉貢',證據甚明。宋莒公《紀元通譜》云:'紀志俱出范史,必傳寫脱誤,學者失於精審,以意删去。梁武帝大同、大通俱無"中"字,是亦憲章於此。'司馬公作《通鑑》,不取其説。余按《考異》,温公非不取宋説也,從袁、范書'中元'者,從簡易耳。"參《資治通鑑》,第1423—1424頁。黄生《義府》卷下曰:"按,光武以建武三十二年爲建武中元元年,此蓋惑於讖緯術數之説,復改其元,意在延期永命耳。"參(清)黄生撰,(清)黄承吉合按:《字詁義府合按》,第251頁。

卷一下《光武帝紀下》以建武三十二年爲"中元元年",曰:"中元元年春正月,東海王彊、沛王輔、楚王英、濟南王康、淮陽王延、趙王盱皆來朝。"①《後漢書》全書除此處言(建武)三十二年馬成薨外,他處皆曰"中元元年",如《光武帝紀下》載中元元年"三月戊辰,司空張純薨";卷三五《張純傳》載曰:"中元元年,帝乃東巡岱宗,以純視御史大夫從,并上元封舊儀及刻石文。三月,薨,諡曰節侯。"②中元元年三月尚未改元。《後漢紀》載亦無"建武三十二年"者,與《後漢書》體例同。據此,范《書》《馬成傳》言馬成卒於建武"三十二年",殆不可信,似當從《後漢紀》作"二十八年"。另,《續漢志·祭祀志》紀年有作"建武三十二年"者,如卷七《祭祀志上》載"三十二年正月,上齋,夜讀河圖會昌符",③餘《志》則多言"中元元年",此與范《書》、袁《紀》體例稍有異。

40. 脩道

《後漢書》卷二三《竇融傳》:"又上疏曰:'臣融年五十三。有子年十五,質性頑鈍。臣融朝夕教導以經蓺,不得令觀天文,見讖記。誠欲令恭肅畏事,恂恂循道,不願其有才能,何況乃當傳以連城廣土,享故諸侯王國哉?'"(807頁)

"循道",《後漢紀》卷六《光武帝紀》作"修道"。④《類聚》卷二一引《東觀記》亦作"脩道",⑤吴樹平輯此校曰:"'脩',姚本、聚珍本同,《御覽》卷四二四引作'循',范曄《後漢書·竇融傳》亦作'循'。按二字於義皆通。"⑥

按,"脩道"一般爲修養道德之義。⑦《禮記·中庸》:"天命之謂性,率性之謂道,修道之謂教。道也者,不可須臾離也,可離非道也。"⑧《説苑》卷一七《雜言》:"聞君子居必擇處,所以求士也;遊必擇士,所以脩道也。"⑨

---

① 《後漢書》,第3170、81頁。
② 《後漢書》,第82、1197頁。
③ 《後漢書》,第3163頁。
④ 《後漢紀》,張烈點校《兩漢紀》,第113頁。
⑤ 《藝文類聚》,第386頁。
⑥ 《東觀漢記校注》,第418頁。
⑦ 《大詞典》釋"修道"爲"猶行道,謂實踐某种原則或思想。"恐未盡其義。另義項二釋爲"遵循某种原則、規律",并引《荀子·天論》:"脩道而不貳,則天不能禍。"殆亦有誤。參《漢語大詞典》卷一,第1377頁。按,《荀子》例"脩"當爲"循"之誤字。此王念孫《讀書雜志》早已正之,原句當爲"循道而不貳"(第1819頁)。
⑧ (漢)鄭玄注:《禮記注》,中華書局,2021年,第673頁。
⑨ 《説苑校證》,第431頁。

《新語·本行》:"段干木徒步之士,脩道行德,魏文侯過其間而軾之。"①《孔子家語》卷五《在厄》:"且芝蘭生於深林,不以無人而不芳;君子修道立德,不爲窮困而敗節。"②《後漢書》五三《周燮傳》:"燮曰:'吾既不能隱處巢穴,追綺季之迹,而猶顯然不遠父母之國,斯固以滑泥揚波,同其流矣。夫修道者,度其時而動。動而不時,焉得亨乎!'"③上揭"修道",皆爲涵養道德之義。

而"循道"多指遵循大道。《荀子·堯問》:"德若堯禹,世少知之;方術不用,爲人所疑;其知至明,循道正行,足以爲紀綱。"④"循道""正行"相連文,其義近也。《越絶書》卷一五《越絶篇叙外傳記》:"其范蠡行爲,持危救傾也,莫如循道順天,富邦安民,故次計倪。"⑤《後漢書》卷二九《鮑永傳·史論》:"誠能釋利以循道,居方以從義,君子之概也。""循道""從義"互文見義,明"循道",乃遵循大道之義。卷五六《王暢傳》曰:"夫奢不僭上,儉不逼下,循道行禮,貴處可否之間。'"⑥

據此可知,"循道""脩道"義有別。"循道"其辭甚大,多指遵循大道。從文意來看,竇融上疏之言,謙恭之至,又言其子,更爲謙卑,前言"恂恂"亦甚明,故不當直言其子"循道"。"脩"應爲"循"之誤字,⑦作"脩道"更合語境。此言其子恭慎養道,而不望其有才能也。

───────

① 王利器:《新語校注》,中華書局,2012年,第142頁。
② (清)陳士珂輯:《孔子家語疏證》,鳳凰出版社,2017年,第147頁。
③ 《後漢書》,第1742頁。
④ 《荀子集解》,第553頁。
⑤ (東漢)袁康撰,李步嘉校釋:《越絶書校釋》,中華書局,2013年,第382頁。
⑥ 《後漢書》第1021、1825頁。
⑦ "脩""循"二字古書常混訛,王引之《經義述聞》卷一三《大戴禮記下》:"'古者天子爲諸侯不行禮儀,不修法度。''修'當作'循'。"又卷一四《禮記上》"謹脩其法 反本脩古 脩乎軍旅"下曰:"家大人曰:《曲禮》曰:'祭祀之禮,居喪之服,哭泣之位,皆如其國之故,謹脩其法而審行之。''脩'當爲'循'字之誤也。隸書'循''脩'二字相似,故書傳中'循'字多譌作'脩'。漢《北海相景君碑陰》'故循行者昌台邱暹',《金石録》曰:'案《後漢書·百官志》注:河南尹官屬有循行一百三十人。而《晉書·職官志》州縣吏皆有循行,今此碑陰載故吏者昌台邱暹而下十九人皆作'循行'他漢及晉碑數有之,亦與此碑陰所同,豈'循''脩'字畫相近遂致訛謬邪?'《隸續》曰:'脩、循二字,隸法只争一畫,書碑者好奇,所以從省借用。''謹循其法'〔《射義》曰:'卿大夫以循法爲節。'《趙策》曰:'承成而動,循法無私。'〕正承'如其國之故'而言,謂君子謹遵故法,非謂於故法有所損益,亦非謂故法已廢而君子脩之也。《禮器》曰:'禮也者,反本脩古,不忘其初者也。'正義曰:'脩,定本及諸本作循字,當作脩。'案:定本及諸本是也。鈔本《北堂書鈔·禮儀部》引此亦作'循古'。"詳参(清)王引之:《經義述聞》,上海古籍出版社,2016年,第779頁。另裘錫圭、曾良等先生對於古籍中"循""脩"相訛亦有詳論,可参裘錫圭:《考古發現的秦漢文字資料對於校讀古籍的重要性》,載《中國社會科學》1980年第5期,又收入《裘錫圭學術文集》第四卷,復旦大學出版社,2012年,第367—368頁;曾良:《俗字及古籍文字通例研究》,第91—93頁。

41. 計

《後漢書》卷二三《竇憲傳》："兄弟親幸,並侍宮省,賞賜累積,寵貴日盛,自王、主及陰、馬諸家,莫不畏憚。憲恃宮掖聲勢,遂以賤直請奪沁水公主園田,主逼畏,不敢計。"(812頁)

集解引王補云："逼畏,《通鑑》《通志》亦然,謂因逼脅而畏之,不敢與之計較也。"①"計",《御覽》卷四八三引《東觀記》作"訴";②《後漢紀》卷一一《章帝紀上》作"爭"。③ 按,作"訴"義更勝。《玉篇·言部》："訴,訟也,告訴冤枉也。"④《漢書》卷一〇《成帝紀》："朕承天地,獲保宗廟,明有所蔽,德不能綏,刑罰不中,衆冤失職,趨闕告訴者不絶。"⑤《後漢書》卷二《明帝紀》："權門請託,殘吏放手,百姓愁怨,情無告訴。有司明奏罪名,并正舉者。"卷一〇《皇后紀下·桓思竇皇后》："黃門令董萌因此數爲太后訴怨,帝深納之,供養資奉有加於前。"卷五六《張綱傳》："夫三公尊重,承天象極,未有詣理訴冤之義。"⑥《舊唐書》卷一二〇《郭曜傳》："曜家大恐,賴宰相張鎰力爲庇護。姦人幸其危懼,多論奪田宅奴婢,曜不敢訴。"⑦"訴"皆爲訴訟、告訟之義。

"爭"亦有訟義,與"訴"義近。袁《紀》作"爭",正與"訴"相合。《玉篇·爪部》："爭,諫也,引也,訟也。或作諍。"⑧《論語·衛靈公》："君子矜而不爭,群而不黨。"唐陸德明《釋文》曰"爭訟之爭"。⑨《漢書》卷七六《韓延壽傳》："民有昆弟相與訟田自言,延壽大傷之,曰:'幸得備位,爲郡表率,不能宣明教化,至令民有骨肉爭訟,既傷風化,重使賢長吏、嗇夫、三老、孝弟受其恥,咎在馮翊,當先退。'"⑩"爭訟",即訟也。"訴""計"形近,古書多訛⑪。蓋

---

① 《後漢書集解(外三種)》,第1册,第471頁下欄。
② 《太平御覽》,第2211頁下欄。
③ 《後漢紀》,張烈點校《兩漢紀》,第213頁。
④ 《大廣益會玉篇》,第297頁。
⑤ 《漢書》,第315頁。
⑥ 《後漢書》,第98、446、1820頁。
⑦ 《舊唐書》,第3467頁。
⑧ 《大廣益會玉篇》,第985頁。
⑨ (唐)陸德明:《經典釋文》,上海古籍出版社影印宋元遞修本,1985年,第1383頁。
⑩ 《漢書》,第3213頁。
⑪ 《文苑英華》卷七七九《駱賓王·靈泉頌并序》:"非濫漿不可以適口,非源泉不可以蠲疴。膳養既虧,憂惶靡計。""計"下注曰:"《集》作'訴'。"參(宋)李昉等編:《文苑英華》,中華書局,2002年,第317頁。唐韋應物《南塘泛舟會元六昆季》詩:"雲澹水容夕,雨微荷氣涼。一寫悃勤意,寧用計華觴。"孫望校箋曰:"'計'汪本作'訴',萬有文庫本作亦作'訴',惟注曰'一作計'。餘本並作'訴',注曰'一作計'。"參(唐)韋應物撰,孫望校箋:《韋應物詩集繫年校箋》卷七,中華書局,2002年,第317頁。

范《書》之"計"當爲"訴"之訛,當據正。《集解》引王氏説亦失察。

42. 幹

《後漢書》卷二三《竇憲傳》:"和帝即位,太后臨朝,憲以侍中,内幹機密,出宣誥命。肅宗遺詔以篤爲虎賁中郎將,篤弟景、瓌並中常侍,於是兄弟皆在親要之地。"(813頁)

唐李賢注:"幹,主也,或曰古'管'字也。"《集解》引沈欽韓曰:"'幹'當爲'榦'。"①

又《續漢志》卷一五《五行志三》:"是時和帝幼,竇太后攝政,其兄竇憲幹事,及憲諸弟皆貴顯,並作威虐,嘗所怨恨,輒任客殺之。"②

《稽疑》引《校補》謂:"'幹'無由通'管',當是'榦'字之訛。"③

按,《稽疑》所言待商。"幹"古有主管之義,用同"管"。《漢書》卷三六《劉向傳》:"顯幹尚書事,尚書五人,皆其黨也。"唐顔師古注:"'幹'與'管'同,言管主其事。"④《後漢書》卷二六《伏湛傳》:"光武即位,知湛名儒舊臣,欲令幹任内職,徵拜尚書,使典定舊制。"唐李賢注:"幹,主也。"又卷六九《竇武傳》:"陛下委任近習,專樹饕餮,外典州郡,内幹心膂。"又卷二六《趙憙傳》:"憙内典宿衛,外幹宰職,正身立朝,未嘗懈惰。"⑤"幹""典"互文,其義相近。"幹"之言"管",主管也。故此作"幹"亦通,不煩改字。

43. 恩信 寬以待下

《後漢書》卷二四《馬援傳》:"援務開(寬)〔恩〕信,(恩)〔寬〕以待下,任吏以職,但總大體而已。"(836頁)

點校本校勘記曰:"務開(寬)〔恩〕信(恩)〔寬〕以待下 據《刊誤》改。按:聚珍本《東觀記》正作'務開恩信,寬以待下'。"

《東觀漢記校注》:"馬援,字文淵,扶風人。爲隴西太守,務開寬信,恩以待下,任吏以職,但總大體而已。"(《御覽》卷二六○)(429頁)

校勘記曰:"此二句聚珍本作'務開恩信,寬以待下'。從文義來看,聚珍本爲是。范曄《後漢書·馬援傳》舊刻本亦作'務開寬信,恩以待下',中華書局點校本已改作'務開恩信,寬以待下'。"

---

① 《後漢書集解(外三種)》,第1册,第471頁下欄。
② 《後漢書》,第3308頁。
③ 曹金華:《後漢書稽疑》,第342頁。
④ 《漢書》,第1948頁。
⑤ 《後漢書》,第894、2240、915頁。

按，《後漢紀》卷六《光武帝紀》作："援以郡新復，務開寬信，舉大體而已。"①《御覽》卷二六〇引《東觀記》作"務開寬信，恩以待下"，②《職官分紀》卷四一引《東觀記》亦同，③可知原文當不誤。聚珍本《東觀記》作"務開恩信，寬以待下"，未知所據何書。

"寬信"亦爲成詞，儒家有所謂"恭、寬、信、敏、惠"，④曰爲五德。故"寬信"得連言成詞，乃寬厚信任之義。《魏書》卷九三《恩倖傳·王叡》："又八表既廣，遠近事殊，撫荒裔宜待之以寬信，綏華甸宜惠之以明簡。"⑤《法苑珠林》卷九一《賞罰》："陳主乃遣刑白馬爲誓，載遂開門，陳主亦示寬信。還楊都後，陳主即位，遣載從征。"⑥唐邢宇《□唐故中散大夫義陽郡太守蕭府君（諲）墓誌銘》："恭儉溫良，服之無默。寬信敏惠，行之則是。"⑦《新唐書》卷一三二《柳璟傳》："璟爲人寬信，好接士，稱人之長，游其門者它日皆顯於世。"⑧

另，"恩以待下"，猶言推恩以待下。《漢書》卷六五《東方朔傳》："深念遠慮，引義以正其身，推恩以廣其下，本仁祖義，襃有德，祿賢能，誅惡亂，總遠方。"⑨《後漢書》卷八四《列女傳·班昭》："夫爲夫婦者，義以和親，恩以好合，楚撻既行，何義之存？"⑩《晉書》卷四八《段灼傳》："故臣以爲陛下當深思遠念，杜漸防萌，彈琴詠詩，垂拱而已。其要莫若推恩以協和黎庶，故推恩足以保四海，不推恩不足以保妻子。"又曰："若慮後世強大，自可豫爲制度，使得推恩以分子弟。"⑪

因此，原文作"務開寬信，恩以待下"，不可謂誤，各本據《刊誤》改字，實不可從。

44. 殷志　正月

《後漢書》卷二四《馬援傳》："十八年春，軍至浪泊上，與賊戰，破之，斬

---

① 《後漢紀》，張烈點校《兩漢紀》，第106頁。
② 《太平御覽》，第1219頁下欄。
③ （宋）孫逢吉：《職官分紀》，《景印文淵閣四庫全書》，臺灣商務印書館，1986年，第923冊，第774頁。
④ 《論語·陽貨》曰："子張問仁於孔子。孔子曰：'能行五者於天下，爲仁矣。'請問之。曰：'恭、寬、信、敏、惠。恭則不侮，寬則得衆，信則人任焉，敏則有功，惠則足以使人。'"參（梁）皇侃：《論語義疏》，中華書局，2013年，第449頁。
⑤ 《魏書》，第1989頁。
⑥ （唐）釋道世撰，周叔迦、蘇晉仁校注：《法苑珠林校注》，中華書局，2003年，第2653頁。
⑦ 吳鋼主編：《全唐文補遺（千唐志齋新藏專輯）》，三秦出版社，2006年，第190頁。
⑧ 《新唐書》，第4537頁。
⑨ 《漢書》，第2871頁。
⑩ 《後漢書》，第2789頁。
⑪ 《晉書》，第1339頁。

首數千級,降者萬餘人。援追徵側等至禁谿,數敗之,賊遂散走。明年正月,斬徵側、徵貳,傳首洛陽。"(838頁)

按,《後漢紀》卷七《光武帝紀》載此事曰:"夏四月,伏波將軍馬援、扶樂侯劉隆、樓船將軍段志、平樂侯韓宇擊交阯。"①另,《後漢書》卷八六《南蠻傳》曰:"明年夏四月,援破交阯,斬徵側、徵貳等,餘皆降散。"卷一下《光武本紀下》紀此亦爲十九年夏四月事,②與《後漢紀》同。《通典》卷一八八、《册府》卷一二一所載亦同。③ 據此,《馬援傳》言"斬徵側、徵貳"事在正月,殆不可信。

45. 重蒸

《後漢書》卷二四《馬援傳》:"當吾在浪泊、西里間,虜未滅之時,下潦上霧,毒氣重蒸,仰視飛鳶跕跕墮水中,卧念少游平生時語,何可得也!"(838頁)

點校本校勘記曰:"毒氣重蒸 《刊誤》謂'重'當作'熏'。今按:《集解》引周壽昌說,謂'重蒸'言'下潦上霧',兩重相蒸也,不必改'熏'。王先謙謂《東觀記》作'熏',案'重'字亦通。"

按,《類聚》卷二、《御覽》卷三九〇引《東觀記》作"熏蒸";④《御覽》卷一五引《東觀記》載作"薰蒸"。⑤ 吳樹平輯此,校曰:"'熏',《類聚》卷九二、《御覽》卷九二三、《記纂淵海》卷九七、《文選》卷二八鮑照《苦熱行》李善注引作'上'。"⑥《白孔六帖事類集》卷一載亦作"薰蒸";⑦《後漢紀》卷七《光武帝紀》作"浮蒸"。⑧《事類賦注》引《後漢書》、《册府》卷七八五、《通志》卷一〇六載此亦作"熏蒸"。⑨

徐復曰:"作'熏'義長,《說文》:'熏,火煙上出也。'又云:'烝,火氣上行也。'《墨子·節用中》:'逮夏,下潤濕,上熏烝。'熏與烝通,爲二字連用之始也。"⑩

---

① 《後漢紀》,張烈點校《兩漢紀》,第168頁。
② 《後漢書》,第2837、70頁。
③ 《通典》,第5086頁;《册府元龜》,第1318頁。
④ 《藝文類聚》,第37頁;《太平御覽》,第1803頁下欄。
⑤ 《太平御覽》,第76頁下欄。
⑥ 《東觀漢記校注》,第439頁。
⑦ (唐)白居易:《白氏六帖事類集》卷一,日本静嘉堂藏北宋刊本,第一四頁。
⑧ 《後漢紀》,張烈點校《兩漢紀》,第130頁。
⑨ 《事類賦注》,第45頁;《册府元龜》,第9107頁;《通志》,第1526頁。
⑩ 徐復:《後漢書臆解》,收入氏著《徐復語言文字學論稿》,江蘇教育出版社,1995年,第136頁。

按，徐復先生所論甚是。周壽昌謂"'重蒸'言'下潦上霧'，兩重相蒸也"，恐待商榷。"下潦上霧"，非謂毒氣兩重相蒸也。"潦"，積水也。《集韻·號韻》："潦，積水。"①唐玄應《大唐衆經音義》卷一《大方廣佛華嚴經》："潦，謂聚雨水爲洿潦也。"又卷一四《四分律》："潦，謂聚雨水爲汙潦水也。"②"下潦"即地上之積水，非爲毒氣，故無可浮蒸也；且"重蒸"典籍亦罕見用例。

"熏蒸"乃成詞，義同"浮蒸"。"浮蒸"，氣上行而浮於空中，《藝文類聚》卷九引晋盛弘之《荆州記》曰："新陽縣惠澤有温泉。冬月，未至數里，遥望白氣，浮蒸如煙，上下采映，狀若綺疏。"③"熏蒸"，其義亦同。"熏"有蒸義，《漢書》卷五一《路温舒傳》："故盛服先生不用於世，忠良切言皆鬱於胸，譽諛之聲日滿於耳；虛美熏心，實禍蔽塞。"唐顔師古注："熏，氣烝也。""烝"用同"蒸"。又卷九九中《王莽傳中》："或光自上復於下，流爲烏，或黃氣熏烝，昭耀章明，以著黃虞之烈焉。"④"熏烝"即"熏蒸"。《後漢書》卷一二《王昌傳》："朕仰觀天文，乃興于斯，以今月壬辰即位趙宮。休氣熏蒸，應時獲雨。"⑤吴樹平校言《類聚》卷九二、《御覽》卷九二三、《記纂淵海》卷九七、《文選》卷二八鮑照《苦熱行》李善注引《東觀記》並作"上蒸"。"上蒸"義同"熏蒸"。據此，"重"殆爲"熏"之壞字，⑥當正作"熏蒸"。

46. 以之交結

《後漢書》卷二四《馬援傳》："爲行浮薄，亂群惑衆，伏波將軍萬里還書以誡兄子，而梁松、竇固以之交結，將扇其輕僞，敗亂諸夏。"（845頁）

點校本校勘記曰："竇固以之交結　按：王先謙謂'以'字無義，疑當作'與'，音近而訛。"

曹金華《稽疑》："'以之'，因之也。……是以杜保爲被告，若做'與'字，反是松、固未被告矣，故作'以'字不訛。《後漢紀》卷八作上書言保'今在京師，與梁松、竇固等交'，其義甚明。"⑦

---

① 《集韻（附索引）》，第588頁。
② （唐）釋玄應撰，黄仁瑄校：《大唐衆經音義校注》，中華書局，2018年，第10、527頁。
③ 《藝文類聚》，第166頁。
④ 《漢書》，第2370、4106頁。
⑤ 《後漢書》，第492頁。
⑥ "重""熏"典籍多訛混，《墨子·節用中》："聖王慮之，以爲堀穴曰：'冬可以辟風寒'，逮夏，下潤溼，上熏烝，恐傷民之氣，于是作爲宫室而利。"校曰："'熏'，道藏本、吴鈔本、陸本、唐本、沈本、茅本、縣眇閣本作'重'，寶曆本作'重'，並誤。"參吴毓江：《墨子校注》，中華書局，2006年，第265頁。
⑦ 曹金華：《後漢書稽疑》，第356頁。

按,曹氏所論甚迂,梁松、竇固與之交接,"扇其輕偽,敗亂諸夏",辭意連貫,不知何以不能以杜保爲被告?"以"不煩改字,"以"本有"與"義,《詩經·大雅·皇矣》:"予懷明德,不大聲以色,不長夏以革。"清馬瑞辰傳箋通釋:"'以''與'古通用,聲以色猶云聲與色也,夏以革猶云夏與革也。"①"以"作連詞,有"與"義,清王引之早有詳論,②可參。

47. 推實

《後漢書》卷二五《卓茂傳》李賢注引《東觀記》曰:"茂爲人恬蕩樂道,推實不爲華貌,行己在於清濁之間,自束髮至白首,與人未嘗有争競。"(869頁)

點校本校勘記曰:"推實不爲華貌 按:殿本'推'作'雅'。《校補》謂作'雅實'與《通鑑》合。作'推實'亦與《東觀記》合,'推實'即推誠,非字有誤。"

吴樹平輯《東觀記》卷一三《卓茂傳》輯此,未出校。③《通鑑》卷四〇《漢紀·光武帝建武元年》作"雅實"。④ 按,"推實",猶推誠,點校本校記所論是。《三國志》卷一五《魏志·劉馥傳》裴松之注引《晉陽秋》:"夫統天下者當與天下同心,治一國者當與一國推實。吾統荆州十郡,安得十女婿,然後爲治哉!"⑤"推實"與"同心"對文,當爲推誠義。《後漢紀》卷一八《順帝紀上》:"商推誠實不爲華飾,常病多藏厚亡爲子孫累,故衣裘車馬供用而已。"⑥宋蕭常《蕭氏續後漢書》卷一九《譙周傳》:"身長八尺,容止甚朴,推誠實不矯飾,無造次辯論之才。"⑦"推誠實"義與"推誠""推實"同。《後漢紀》卷二三《靈帝紀上》:"寔推純誠,不厲名行。然羅居老少,皆親而敬之。"⑧"純誠"義同"純實",唐黄元之《潤州江寧縣瓦棺寺維摩詰畫像碑》:"因風起對,共賞慈悲。他日趨庭,獨推誠實,知識慕善。"⑨《宋史》卷三八五《蕭燧傳》:"龔茂良奏:'燧純實無華,正可任言責,聞除目下,外議甚允。'"⑩

---

① (清)馬瑞辰撰,陳金生點校:《毛詩傳箋通釋》,中華書局,1989年,第852—853頁。
② (清)王引之:《經傳釋詞》,中華書局,1956年,第19頁。另,"與""以"典籍常得通用,詳參馮其庸、鄧安生纂著:《通假字匯釋》,北京大學出版社,2006年,第38—39頁。
③ 《東觀漢記校注》,第472頁。
④ 《資治通鑑》,第1284頁。
⑤ 《三國志》,第465頁。
⑥ 《後漢紀》,張烈點校《兩漢紀》,第368頁。
⑦ (宋)蕭常:《蕭氏續後漢書》,《景印文淵閣四庫全書》,第384册,第500頁。
⑧ 《後漢紀》,張烈點校《兩漢紀》,第358頁。
⑨ 《全唐文》,第2769頁。
⑩ (元)脱脱等撰:《宋史》,中華書局,1985年,第11840頁。

另,"推實"亦可爲推問或推求事實之義。《三國志》卷九《魏志・夏侯惇傳》裴松之注引《魏略》:"帝意欲殺之,以問長水校尉京兆段默,默以爲'此必清河公主與楙不睦,出于譖構,冀不推實耳。'"①《新唐書》卷二〇九《酷吏傳・來俊臣》:"每摘一事,千里同時輒發,契驗不差,時號爲'羅織',牒左署曰:'請付來俊臣或侯思止推實必得。'"②唐智昇《開元釋教録》卷一〇:"妄增部卷,推實即無。"③"推實"皆推求事實之義。

"雅實",雅正平實義,於文意雖亦合,與後"不爲華貌"亦可相應,但"雅實"成詞尚晚,至遲唐代始見,如唐蘇頲《授齊澣紫微舍人制》:"運心孤邁,懷器獨立,屬詞每窮其雅實,臨事益表其甄明。"又蘇頲《授陳正觀將作少監制》:"藴器沈敏,懷才雅實,在公有甄綜之能,臨事有靖恭之譽。"④

由此觀之,當以"推實"爲勝。《後漢書》卷六一《周舉傳》曰:"但務其華,不尋其實。""華""實"相反,故可曰"推實不爲華貌"。且"推實"與下句之"行己",結構相同,正相對文。《通鑑》作"雅",當爲史臣改易之辭,不足爲憑。

48. 有人失牛者

《後漢書》卷二五《劉寬傳》:"寬嘗行,有人失牛者,乃就寬車中認之。寬無所言,下駕步歸。有頃,認者得牛而送還,叩頭謝曰:'慚負長者,隨所刑罪。'"(886頁)

曹金華《稽疑》:"據文,'人''者'疑衍一字。"⑤

按,《稽疑》所言非是。《類聚》卷九四引謝承《後漢書》、《御覽》卷八九八引《後漢書》、《册府元龜》卷七九三、《事類賦注》卷二二載皆作"有人失牛者"。⑥ 古者"有人……者"多見,"者",語助詞,表句中停頓。《藝文類聚》卷九三引《東觀記》:"卓茂爲丞相史,嘗出,道中有人認茂馬者。"⑦漢荀悦《漢紀》卷八《文帝紀下》:"其後有人盗高廟坐前玉環者,下廷尉,奏當棄市。"又卷一〇《武帝紀一》:"有人箕踞視之者,解問其姓名。"⑧《後漢書》卷

---

① 《三國志》,第269頁。
② 《新唐書》,第5905頁。
③ (唐)智昇撰,富世平點校:《開元釋教録》,中華書局,2018年,第616頁。
④ 《全唐文》卷二五〇,第2531頁;卷二五一,第2542頁。
⑤ 曹金華:《後漢書稽疑》,第371頁。
⑥ 《藝文類聚》,第1626頁;《太平御覽》,第3987頁上欄;《册府元龜》,第9189頁;《事類賦注》,第442頁。
⑦ 《藝文類聚》,第1617頁。
⑧ (漢)荀悦:《漢紀》,張烈點校《兩漢紀》,第117、157頁。

三三《朱浮傳》："永平中,有人單辭告浮事者,顯宗大怒,賜浮死。"又卷四四《張敏傳》："建初中,有人侮辱人父者,而其子殺之。"①可知,作"有人失牛者",文意貫通無誤。

49. 敏

《後漢書》卷二七《宣秉傳》："四年,拜大司徒司直。所得禄奉,輒以收養親族。其孤弱者,分與田地,自無擔石之儲。六年,卒於官,帝敏惜之,除子彪爲郎。"(928 頁)

點校本校勘記曰："帝敏惜之 《刊誤》謂'敏'當作'愍'。今按:《校補》引錢大昭説,謂敏與閔古字通。又謂《前書·人表》'宋愍公',徐幹《中論》作'敏公',是敏亦與愍通,皆不須改字。"

按,《册府元龜》卷一三〇載此作"帝愍惜之"。②"敏"在"聰明"義上,蓋爲"慜"之古字,六朝碑刻"敏"可寫作"慜",而"慜"又通"閔",亦即"愍"。③ 則"敏"在"哀憫"義上,則爲"慜"之省旁字。唐張説《節愍太子妃(楊氏)墓誌銘并序》,校勘記曰:"愍,底本原作'敏',注:'《唐文》作愍。'據《英華》《四庫》《全文》、朱刻改。"④"慜"又用同"愍"。⑤《楚辭·九章·懷沙》:"鬱結紆軫兮,離慜而長鞠。"宋洪興祖補注:"慜與愍同。"⑥《史記》卷八四《屈原列傳》作"離愍之長鞠"。⑦《玉篇·心部》:"慜,同上。"⑧言"慜"即"愍"字。苻秦曇摩難提譯《增壹阿含經》卷一四:"今爲龍所害,甚可憐慜!""慜",宋、元、明本皆作"愍"。舊題安世高譯《太子慕魄經》⑨:"太子心内悲感,傷其愚惑,矜慜無量。""慜",宋、元、明本即作"愍"。⑩

50. 排抵

《後漢書》卷二八上《桓譚傳》:"能文章,尤好古學,數從劉歆、楊雄辯析

---

① 《後漢書》,第 1145、1502 頁。
② 《册府元龜》,第 1420 頁,校記曰:"宋本作'敏'。"
③ 毛遠明:《漢魏六朝碑刻異體字典》,中華書局,2014 年,第 615—616 頁。
④ 熊飛校注:《張説集校注》卷二六,中華書局,2013 年,第 1245 頁。
⑤ 後世字作"慜",當與避唐諱有一定關係。詳參王彥坤:《歷代避諱字彙典》,中華書局,2009 年,第 200—201 頁。
⑥ 《楚辭補注》,第 141 頁。
⑦ 《史記》,第 2487 頁。
⑧ 《大廣益會玉篇》,第 280 頁。
⑨ 方一新、高列過曾考辨此經譯者與時代,推斷認爲:舊題安世高譯《太子慕魄經》乃竺法護所譯,而舊題竺法護譯《太子慕魄經》乃南朝梁以後的一部失譯經。參氏著《東漢疑僞佛經的語言學考辨研究》,人民出版社,2012 年,第 148—171 頁。
⑩ 《大正新修大藏經》,第 2 册,第 619 頁下欄;第 3 册,第 408 頁下欄。

疑異。性嗜倡樂，簡易不修威儀，而意非毁俗儒，由是多見排抵。"（955頁）

唐李賢注："抵，擊也，音紙。"

點校本校勘記："由是多見排抵　'抵'汲本、殿本作'扺'，注同。按：注云音紙，則字當作'扺'。"

按，"抵"可寫作"扺"，"氐""氏"俗寫常相混。①"抵"有排擠義，與"排"義同。《説文·手部》："排，擠也。"又曰："抵，擠也。"清段玉裁注："排而相距也。"②《廣雅》卷六《釋詁一》："排、擠、抵（丁禮反），推也。"③唐慧琳《一切經音義》卷一"排空"下云："顧野王云：'排，抵也。'《廣雅》'推也'。《説文》'擠也'。"④《文選》卷一六江淹《恨賦》："至乃敬通見抵，罷歸田里。"唐李善注："抵，距也。"⑤《北史》卷六二《樂運傳》："運常願處一諫官，從容諷議，而性訐直，爲人所排抵，遂不被任用。"《周書》卷四〇《樂運傳》同。⑥宋黎靖德編《朱子語類》卷一三一《本朝五》："魏公既還，絶不言前功，欲以安趙公與共國事也。而二公門下士互相排抵。"⑦"排抵"皆排斥之義。據此，作"抵"亦不誤。

51. 劍刃鈎之

《後漢書》卷二八上《馮衍傳》李賢注引《晏子春秋》："劫吾以刃而失其意，非勇也。留吾以利而背其君，非義也。《詩》云：'愷悌君子，求福不回。'嬰可回而求福乎？劍刃鈎之，直兵推之，嬰不革矣。"（972頁）

曹金華《稽疑》謂："'劍'，《晏子春秋·内篇·雜上》作'曲'。以'鈎'解之，當作'曲'字，與'直'爲偶。"⑧

按，《晏子春秋》卷五作"曲刃鈎之"；⑨《韓詩外傳》卷二作"直兵推之，曲兵鈎之，嬰不之革也"；⑩《新序·義勇》作"直兵推之，曲兵鈎之"；⑪《吕氏

---

① "氐""氏"訛混，梁春勝有論。詳參梁春勝：《楷書部件演變研究》，綫裝書局，2012年，第105—106頁。
② （漢）許慎撰，（清）段玉裁注：《説文解字注》，上海古籍出版社影經韻樓刻本，1988年第2版，第596頁。
③ 《廣雅疏義》，第238頁。
④ 《一切經音義三種校本合刊（修訂版）》，第524頁。
⑤ 《文選》，第236頁上欄。
⑥ 《北史》，第2222頁；《周書》，第724頁。
⑦ （宋）黎靖德編，王星賢點校：《朱子語類》，第3144頁。
⑧ 曹金華：《後漢書稽疑》，第400頁。
⑨ 張純一校注，梁運華點校：《晏子春秋校注》，中華書局，2014年，第229頁。
⑩ （漢）韓嬰撰，許維遹校釋：《韓詩外傳集釋》，中華書局，1980年，第47頁。
⑪ （漢）劉向編著，石光瑛校釋：《新序校釋》，中華書局，2009年第2版，第1025頁。

春秋》卷二〇作"直兵造胸,句兵鈎頸"。①

另,漢王充《論衡·命義篇》亦敘此事:"晏子所遭,可謂大矣,直兵指胸,白刃加頸,蹈死亡之地,當劍戟之鋒,執死得生還。"黃暉校釋曰:"'白'當作'曲',曲直對文。《晏子·内篇雜上》五:'晏子曰:"曲刃鈎之,直兵推之,嬰不革矣。"'《吕氏春秋·知分》:'直兵造胸,曲兵鈎頸。'《韓詩外傳》二:'直兵推之,曲兵鈎之。'《新序·義勇》篇:'直兵將推之,曲兵將勾之。'並作'曲刃''曲兵',是其證。以《晏子》上下文考之,曲刃指戟,直兵指劍。淺人不明'曲刃'之義而妄改之。《後漢書·臧洪傳》:'晏嬰不降志於白刃。'文與此異,不可比。"②

按,《後漢書》"劍刃"、《論衡》"白刃"似均不煩改字。《墨子·魯問》:"斧鉞鈎要,直兵當心。"③"鈎"可指砍斫之動作,故以"白刃"或"劍刃"鈎之,文亦可通。"鈎"本爲兵器,屬劍類。《廣韻·候韻》:"鈎,曲也。又劍屬。"④《漢書》卷七六《韓延壽傳》:"延壽又取官銅物,候月蝕鑄作刀劍鈎鐔,放效尚方事。"顏注云:"鈎,亦兵器也。似劍而曲,所以鈎殺人也。"⑤《論衡》卷一六《亂龍》:"今妄取刀劍偃月之鈎,摩以向日,亦能感天。"又卷二《率性》:"今妄以刀劍之鈎月,摩拭朗白,仰以嚮日,亦得火焉。夫鈎月非陽遂也……隨侯之所作珠,人之所摩刀劍鈎月焉。"⑥"偃月之鈎"即似彎月之鈎。晉張華《博物志》卷六《器名考》:"寶劍名:鈍鈎、湛盧、豪曹、魚腸、巨闕,五劍皆歐冶子所作。"⑦陝西臨潼秦俑一號墓曾出土兩件彎曲度較大的弧形銅兵器,通長七十餘厘米,形如彎曲的鐮刀,鈎前端齊頭狀,兩面對開雙刃,刃口較鈍,其形制與文獻記載"鈎"之形制頗類似,《發掘報告》名之爲"金鈎"。⑧故"鈎"當如彎刀形,兩面開刃,可斫可鈎。由此,《後漢書》作"劍刃鈎之"猶"劍刃斫之",均指以劍砍殺之,義亦可通,故不煩改字。

52. 鄧敬因折芰

《後漢書》卷二九《郅惲傳》李賢注引謝沈《後漢書》:"(鄭敬)辭病去,

---

① 許維遹:《吕氏春秋集釋》,第555頁。
② 黄暉:《論衡校釋》,中華書局,1990年,第56頁。
③ (清)孫詒讓:《墨子閒詁》,中華書局,2001年,第478頁。
④ 余迺永校注:《新校互注宋本廣韻(定稿本)》,第214頁。
⑤ 《漢書》,第3214頁。
⑥ 黄暉:《論衡校釋》,第697、77頁。另,黄暉校"刀劍之鈎月"爲"刀劍偃月之鈎"。
⑦ (晉)張華撰,范寧校證:《博物志校證》,中華書局,2014年,第75頁。
⑧ 詳參陝西省考古研究所始皇陵秦俑坑考古發掘隊編著:《秦始皇陵兵馬俑一號坑發掘報告(1974—1984)》,文物出版社,1988年,上册,第254頁;圖版可參《發掘報告》下册,第180頁。

隱處精學蛾陂中。陰就、虞延並辟,不行。同郡鄧敬因折芰爲坐,以荷薦肉,瓠瓢盈酒,言談彌日,蓬廬華門,琴書自娛。"(1031頁)

按,"同郡鄧敬因折芰爲坐"句意不明。《御覽》卷五〇二引謝沈《書》①載此作"同郡鄧敬公爲督郵,過存敬,敬方釣魚於大澤,因折芰爲坐"數句。據此,"同郡鄧敬"下當補入"公爲督郵,過存敬,敬方釣魚於大澤"字。②

53. 詔

《後漢書》卷三〇下《襄楷傳》:"書上,即召(詔)〔詣〕尚書問狀。"(1083頁)

點校本校勘記曰:"即召(詔)〔詣〕尚書問狀 《刊誤》謂案文'詔'當作'詣',今據改。"

《稽疑》曰:"本傳或脱'入'字,或衍'召'字也。"③

按,《册府》卷五三七、《通志》卷一〇七下載此亦作"即召詔尚書問狀"。④《後漢紀》卷二二《桓帝紀下》作:"上即詔尚書召問";⑤《通鑑》卷五五《漢紀·桓帝紀中》作"即召入,詔尚書問狀"。⑥故"詔"不誤,字亦無衍脱,原句當點爲"書上,即召,詔尚書問狀。""召",言召其入也。如《北史》卷二四《崔悛傳》:"馮氏受納狼籍,爲御史劾,與悛俱召,詔付廷尉,諸囚多姦焉,獄中致競。"⑦《宋史》卷三七八《胡交修傳》:"三年,復以舍人召,詔守臣津發,尋進給事中、直學士院兼侍講。"⑧據此,"詔"當不誤。

54. 才職

《後漢書》卷三一《王堂傳》:"遷汝南太守,搜才禮士,不苟自專,乃教掾(吏)〔史〕曰:'古人勞於求賢,逸於任使,故能化清於上,事緝於下。其憲章朝右,簡覈才職,委功曹陳蕃。匡政理務,拾遺補闕,任主簿應嗣。庶循名責實,察言觀效焉。'"(1105—1106頁)

點校本校勘記曰:"簡覈才職 按:殿本《考證》謂'職'字應照宋本

---

① 《太平御覽》嘉慶鮑崇城本載此條出"謝承《後漢書》";四部叢刊影宋本載此條出"謝沈《後漢書》"。按,嘉慶鮑本當誤。參《太平御覽》卷五〇二,嘉慶鮑崇城校刊本,第二頁;又《太平御覽》,中華書局影四部叢刊本,1960年,第2294頁下欄。
② 《八家後漢書輯注(修訂本)》謝沈《後漢書》據范《書》李賢注輯此條,字亦未補,當補入。詳參《八家後漢書輯注(修訂本)》,第607頁。
③ 曹金華:《後漢書稽疑》,第431頁。
④ 點校本《册府元龜》校記:"'召'原無,據宋本補。"(第6142頁);《通志》,第1553頁上欄。
⑤ 《後漢紀》,張烈點校《兩漢紀》,第428頁。
⑥ 《資治通鑑》,第1793頁。
⑦ 《北史》,第847頁。
⑧ 《宋史》,第11676頁。

作'識'。"

按，據文意，當以"才職"爲勝。《御覽》卷二六二引鍾岏《良吏傳》作"簡覈衆職委功曹"。① "簡覈"，審覈，審查也。據《後漢書》卷三一《陳蕃傳》，陳蕃曾上疏言："宜嚴敕三府，隱覈牧守令長，其有在政失和，侵暴百姓者，即便舉奏，更選清賢奉公之人，能班宣法令情在愛惠者，可不勞王師，而群賊弭息矣。"② "隱覈"，義同"簡覈"，"隱覈牧守令長"，即審核郡守、縣令、縣長等職。《資治通鑑》卷一一三《晉紀·安皇帝戊》："尚書韓諤請加隱覈，備德從之，使諤巡行郡縣，得蔭户五萬八千。"胡注云："隱，度也。覈，實也。隱覈，度其實也。"③ 《通典》卷一八《選舉六》："凡今選法，皆擇才於吏部，述職於州郡。若才職不稱，紊亂無任，責於刺史。"④ 《唐六典》卷八《門下省》："又置内供奉，無員數，才職相當，不待闕而授，其資望亦與正官同，録俸等并全給。"⑤ 《舊唐書》卷三四《職官志二》："凡授四品已下清望官，才職相當，不應進讓。"⑥ "才職"，才能職守也。"簡覈才職"，言審核所任才能職守相稱與否。因此，"才職"當不誤。⑦ 另《職官分紀》卷四〇引張璠《後漢紀》作"簡拔才識"，⑧ 亦可通。

55. 千石令　令史丞尉

《後漢書》卷三三《鄭弘傳》："舊制，尚書郎限滿補縣長令史丞尉。弘奏以爲臺職雖尊，而酬賞甚薄，至於開選，多無樂者，請使郎補千石〔令〕，令史爲長。"（1155頁）

校勘記曰："請使郎補千石〔令〕　據《刊誤》補。"

《册府》卷四七〇、《東漢會要》卷二五引此即作"千石"。⑨ 《通典》卷二

---

① 《太平御覽》，第1228頁下欄。
② 《後漢書》，第2160頁。
③ 《資治通鑑》，第3549頁。
④ 《通典》，第448頁。
⑤ （唐）李林甫等撰，陳仲夫點校：《唐六典》，中華書局，1992年，第247頁。
⑥ 《舊唐書》，第1820頁；又見《唐六典》，第34頁。
⑦ 另有"材職"，《漢語大詞典》釋爲"猶才識"，引例唐韓愈《晉公破賊回重拜台司以詩示幕中賓客愈奉和》："長慙典午非材職，得就閒官即至公。""職"，一本作"識"。參《漢語大詞典》卷四，第759頁。按，《漢語大詞典》釋待商。"材職"即"才職"，"長慙典午非材職"言常慚愧自己任職司馬材職非稱也。"才職"，才能職守也。再如《唐會要》卷六七《員外官》："伏願審量材職，官無虛授，私不害公，情無撓法。""材職"均其義。
⑧ 曹金華《後漢書稽疑》曰："《職官分紀》卷四〇引張璠《後漢紀》作'簡拔才識'，《文選》卷二五盧子諒《贈劉琨詩》注引張璠書無此句。"（第439頁）
⑨ 《册府元龜》，第5306頁；（宋）徐天麟：《東漢會要》，中華書局，1955年，第278頁。

二《尚書上》載、《御覽》卷二一五引謝承《書》作"二千石"。①《類聚》卷五四載作"二千戶"。② 按，"令"不煩補。東漢縣令秩千石，"千石"即謂縣令之職也。據《續漢志》卷二八《百官志五》縣長："每縣、邑、道，大者置令一人，千石；其次置長，四百石；小者置長，三百石。"③因此，"補千石"即言郎官補縣令之職。另《太平御覽》卷二一五引《會稽典錄》云"無樂者，請使郎補縣令，史爲長。"④

另，"舊制，尚書郎限滿補縣長令史丞尉"，句意不明。按，此句疑脫"補"字，當作"舊制，尚書郎限滿補縣長，令史補丞尉。""令史補丞尉"，謂尚書令史補縣丞、縣尉之闕。據《續漢志》卷二八《百官志五》，縣長大者四百石，小者三百石；而縣丞、縣尉一般秩二百石至四百石。⑤《續漢志》卷二六《百官志二》又載，尚書令史十八人，秩二百石。⑥ 故曰："舊制，尚書郎限滿補縣長，令史補丞尉。"《御覽》卷六三七引《後漢書》即正作"令史補承尉"，《通典》卷二二《尚書上·歷代都事主事令史》載此作"令史補丞尉"，並可爲證。⑦ 另，《類聚》卷五四載作"令史報丞尉"，⑧"報"當作"補"。《太平御覽》卷二一五引《會稽典錄》云"令史爲縣丞"。⑨

56. 褐巾布衣素棺殯殮

《後漢書》卷三三《鄭弘傳》："帝省章，遣醫占弘病，比至已卒。臨歿悉還賜物，敕妻子褐巾布衣素棺殯殮，以還鄉里。"(1157頁)

按，"敕妻子褐巾布衣素棺殯殮"辭意不明，當點斷爲"敕妻子褐巾布衣，素棺殯殮。"《後漢紀》卷一二《章帝紀下》作"敕妻子葛巾布衣，殯以素棺"。⑩ "葛""褐"可通，⑪是"褐巾"又可作"葛巾"。《三國志》卷一三《吳志·周瑜傳》裴注引《江表傳》曰："幹有儀容，以才辯見稱，獨步江、淮之間，

---

① 《通典》，第604頁；《太平御覽》，第1025頁下欄。按，據《續漢志》卷二六《百官志三》，尚書郎"三十六人，四百石"，其無由得補二千石之職。《八家後漢書輯注（修訂本）》輯此逕作"二千石"，未校。"二"當爲衍文無疑。詳參《八家後漢書輯注（修訂本）》，第38頁。另，《通典》卷二二《尚書上·歷代郎官》亦載曰"請使郎補二千石"，"二"亦爲衍文。
② 《藝文類聚》，第969頁。按，"户"誤，當作"石"。
③ 《後漢書》，第3622頁。
④ 《太平御覽》，第1016頁上欄。
⑤ 《後漢書》，第2321—2323頁。
⑥ 《後漢書》，第3597頁。
⑦ 《太平御覽》，第2854頁下欄；《通典》，第609頁。
⑧ 《藝文類聚》，第969頁。
⑨ 《太平御覽》，第1016頁上欄。
⑩ 《後漢紀》，張烈點校《兩漢紀》，第236頁。
⑪ 王海根編：《古代漢語通假字大字典》，福建人民出版社，2006年，第743頁。

莫與爲對。乃布衣葛巾,自託私行詣瑜。"①宋蘇軾《評史·周瑜雅量》即引作"布衣褐巾"。②"葛巾",乃葛布所織之頭巾,《世說新語·巧藝》:"客著葛巾角,低頭拂棋,妙踰於帝。"③《抱朴子內篇》卷一七《登涉》:"昔張蓋蹋及偶高成二人,並精思於蜀云臺山石室中,忽有一人著黃練單衣葛巾,往到其前曰:'勞乎道士,乃辛苦幽隱!'"④《神仙傳》卷八《左慈》:"或不識者問慈形貌何似,傳言慈眇一目,青葛巾單衣,見有似此人者便收之。及爾一市中人皆眇一目,葛巾單衣,竟不能分。"⑤

57. 欺真

《後漢書》卷三四《梁竦傳》李賢注引《東觀記》曰:"臨衆瀆之神林兮,東敕職於蓬碣。祖聖道而垂典兮,褒忠孝以爲珍。既匡救而不得兮,必殞命而後仁。惟貫傳其違指兮,何楊生之欺真。彼皇麟之高舉兮,熙太清之悠悠。"(1171頁)

點校本校勘記曰:"何楊生之欺真　按:汲本、殿本'欺'作'敗'。"

《東觀漢記校注》據此輯,亦作"欺真",校勘記曰:"'楊生之欺真','楊生',指楊雄。王莽篡漢,建立新朝,雄曾事莽。在東漢人看來,劉漢爲'真',新莽爲'僞'。因雄事莽,故云'欺真'。"⑥

《集解》引王會汾曰:"'楊生敗真'謂揚雄作《反騷》,義乖貞烈也。監本誤作'欺真'。"⑦

《稽疑》曰:"余按:作'敗'是,掃葉本即作'敗'。又《集解》引王會汾說,云'楊生敗真'謂揚雄作《反騷》,義乖貞烈也。監本誤作'欺真'。"⑧

按,此文爲梁竦撰《悼騷賦》。本傳曰"後坐兄松事,與弟恭俱徙九真。既徂南土,歷江、湖,濟沅、湘,感悼子胥、屈原以非辜沈身,乃作《悼騷賦》,繫

---

① 《三國志》,第1265頁。
② 《蘇軾文集》卷六五《史評·周瑜雅量》,第2020頁。校勘記曰:"'葛'原作'褐',今從《外集》卷二十。案,《三國志》卷五四《周瑜傳》引《江表傳》即作'葛'。"今案,"褐""葛"通,不煩改字。《周易·困·上六》:"困於葛藟。"漢帛書本作"褐纍",參白于藍編:《簡帛古書通假字大系》,福建人民出版社,2017年,第792頁。清朱駿聲《説文通訓定聲·泰部》:"葛,假借爲'褐'。"參《説文通訓定聲》,萬有文庫本,商務印書館,1936年,第2658頁。
③ 徐震堮:《世説新語校箋》,中華書局,1984年,第384頁。
④ 王明:《抱朴子內篇校釋》,中華書局,1985年,第300頁。
⑤ (晋)葛洪撰,胡守爲校釋:《神仙傳校釋》,中華書局,2010年,第276頁。校記曰:"'青葛巾單衣',漢魏本作'著青葛巾青單衣'。"
⑥ 《東觀漢記校注》,第612頁。
⑦ 《後漢書集解(外三種)》,第1冊,第586頁。
⑧ 曹金華:《後漢書稽疑》,第466頁。

玄石而沈之。"①故"賈傅其違指"當指賈誼撰《吊屈原賦》,賦中指摘屈原沉江之志,曰"般紛紛其離此尤兮,亦夫子之故也。歷九州而相其君兮,何必懷此都也?"②而"揚生之欺真"則當指揚雄撰《反離騷》而摘屈子之志,曰"終回復於舊都兮,何必湘淵與濤瀨!""弃由聃之所珍兮,蹠彭咸之所遺!"③"違指"與"欺真"義同,皆言違屈子之本旨也,故作"欺"更勝,④作"敗真"則無意矣。

"欺"有違逆義,《史記》卷八八《刺客列傳》:"自曹沫至荆軻五人,此其義或成或不成,然其立意較然,不欺其志,名垂後世,豈妄也哉!"⑤"欺其志",違其志也。《吕氏春秋·審應覽》:"非辭無以相期,從辭則亂。亂辭之中又有辭焉,心之謂也。言不欺心,則近之矣。凡言者,以諭心也。言心相離,而上無以参之,則下多所言非所行也,所行非所言也。"⑥"欺心",違心也,即所謂"言心相離也"。《説苑·談叢》:"惡語不出口,苟言不留耳;務偽不長,喜虚不久。義士不欺心,廉士不妄取;以財爲草,以身爲寶。"⑦唐道宣《廣弘明集》卷二九《破魔露布文》:"安忍無親,禍連九族。威怒互行,戮及忠孝。方乃忽聖誣賢,欺真枉正。"⑧"欺真"義同"枉正"。是"欺"皆猶"違"也。據此,作"欺真"意更勝。

58. 輔益

《後漢書》卷三四《梁商傳》:"六年秋,商病篤,敕子冀等曰:'吾以不德,享受多福。生無以輔益朝廷,死必耗費幣臧,衣衾飯唅玉匣珠貝之屬,何益朽骨。'"(1177頁)

"輔益",集解本作"補益",《後漢紀》卷一九《順帝紀下》載亦同。⑨

按,當作"補益"。"輔益"六朝偶有所見,較早見於《三國志》,唐以後漸多,如《三國志》卷二八《魏志·鍾會傳》裴注引《鍾會母傳》云:"汝居心正,

---

① 《後漢書》,第1170頁。
② 《漢書》,第2224頁。
③ 《漢書》,第3521頁。
④ "欺""敗"字形相訛者古文有之,《文苑英華》卷九二一載張説《常州刺史平貞眘神道碑》:"公威簡有素,誠結無欺。"宋人校:"欺,一作敗。"參《文苑英華》,中華書局,1966年,第4851頁。又如《戰國策·楚策二》:"楚王將出張子,恐其敗已也。"吴師道補注引姚宏曰:"'敗',一作'欺'。"參何建章注釋:《戰國策注釋》,中華書局,1990年,第541頁。
⑤ 《史記》,第2538頁。
⑥ 許維遹:《吕氏春秋集釋》,第489頁。
⑦ 《説苑校證》,第393—394頁。
⑧ (唐)釋道宣:《廣弘明集》,《大正新修大藏經》,第52册,第346頁下欄。
⑨ 《後漢書集解(外三種)》,第1册,第588頁下欄;《後漢紀》,張烈點校《兩漢紀》,第373頁。

吾知免矣。但當脩所志以輔益時化,不忝先人耳。"①"輔益",匡輔、補益之義。"輔益時化",匡正而有益時世教化。"輔益",《後漢書》僅此一見,而"補益"使用頻率較高,凡十餘例,如《後漢書》卷二五《魯恭傳》:"恭性謙退,奏議依經,潛有補益。"卷二六《韋彪傳》:"又諫議之職,應用公直之士,通才謇正,有補益於朝者。"卷三一《杜詩傳》:"及臣齒壯,力能經營劇事,如使臣詩必有補益,復受大位,雖析珪授爵,所不辭也。"卷三三《鄭弘傳》:"弘前後所陳有補益王政者,皆著之南宮,以爲故事。"又卷六〇下《蔡邕傳》:"言事者因此欲陷臣父子,破臣門户,非復發糾姦伏,補益國家者也。"②又卷七一《皇甫嵩傳》:"嵩爲人愛慎盡勤,前後上表陳諫有補益者五百餘事,皆手書毀草,不宣於外。"卷六七《黨錮傳·劉淑》:"再遷尚書,納忠建議,多所補益。"卷七八《宦者列傳》:"史游爲黃門令,勤心納忠,有所補益。"③

"補益",裨補助益之義,中古典籍觸處可見,其對象亦多爲朝廷政事,與《梁商傳》之"補益朝廷"意正相合。且梁商性謙恭畏慎,若自言"輔益",則反失其恭謹,與其品性相違。因此,以中古之語言事實而觀之,"輔益"當爲"補益"之誤文,④當據集解本及袁《紀》改。

另,《東觀漢記校注》卷一五引聚珍本作"輔益朝庭"。⑤ 按,其文來源頗可疑,未知所出,檢其文字實與《後漢書》全同,恐誤輯自《後漢書》。《通鑑》卷五二亦作"輔益",⑥當襲《後漢書》誤文而沿誤,亦明"輔益"於唐宋後即已有訛。

59. 口吟舌言

《後漢書》卷三四《梁冀傳》:"冀字伯卓。爲人鳶肩豺目,洞精矘眄,口吟舌言,裁能書計。"(1178頁)

"口吟舌言",唐李賢注:"謂語吃不能明了。"

---

① 《三國志》,第786頁。
② 《後漢書》,第882、919、1096、1155、2002頁。
③ 《後漢書》,第2307、2109、2508頁。
④ "輔""補"形近多訛,《荀子·臣道》"以德調君而輔之",梁啓雄校曰:"今本'輔'作'補',據郝據《外傳》校改。"參《荀子簡釋》,第180頁;敦煌本《孝經注》曰:"遂有一神鳥鳳凰,一翼補之,一翼覆之,夕後不死。"校勘記曰:"'補',潘重規以爲當作'輔'。"詳參張涌泉主編:《敦煌經部文獻合集》第4冊《孝經類孝經之屬·孝經注(二)》,中華書局,2008年,第1979頁。
⑤ 《東觀漢記校注》,第613頁。另"庭",聚珍本《東觀記》作"廷"。參《東觀漢記》卷一二,清武英殿木活字印聚珍版,第一二頁;另參《東觀漢記》,四部備要本,中華書局,1936年,第54頁上欄。
⑥ 《資治通鑑》,第1692頁。

《集解》引周壽昌曰:"非口吃之謂也。口唫,口中喁喁私嚅,聽之不覺聲,審之不成句。《傷寒論》中所謂'鄭聲'也。"①

按,周說是。《文選》卷四五班固《答賓戲一首(并序)》:"夫啾發投曲,感耳之聲。"唐李善注引項岱曰:"啾,口唫也。"②"啾",本指小兒聲,可指小聲。《說文·口部》:"啾,小兒聲也。"③《楚辭·九歌·山鬼》:"猨啾啾兮又夜鳴。"宋洪興祖補注:"啾,小聲也。"④《集韻·爻韻》:"啾,小聲。"⑤"口唫"即小聲之義甚明。《先秦漢魏晉南北朝詩·北魏詩·太上皇老君哀歌》:"五毒更互加,惡神來克侵。口唫不能言,妻子呼蒼天。莫怨神不佑,由子行不仁。"⑥"口唫不能言",言口中喃喃已不能成言也。

60. 發取妓女御者

《後漢書》卷三四《梁冀傳》:"冀又遣客出塞,交通外國,廣求異物。因行道路,發取(妓)〔伎〕女御者,而使人復乘勢橫暴,妻略婦女,毆擊吏卒,所在怨毒。"(1181頁)

點校本校勘記曰:"發取(妓)〔伎〕女御者 《刊誤》謂古無'妓'字,當作'伎'。今據改。按:句疑有訛,《冊府元龜·外戚部七》作'發取奴女御豎'。"⑦

按,句當不誤,《後漢紀》卷二〇《質帝紀》亦作"發取妓女御者";⑧《通志》卷一〇八亦同。⑨

另,"妓"不必改。《說文》已收"妓"之小篆字形,《說文·女部》:"妓,婦人小物也。从女支聲。"⑩唐慧琳《一切經音義》卷七九《音經律異相》卷三〇"妃妓"下引《倉頡篇》曰:"妓,美婦也,女樂也。"又卷二二《新譯大方廣佛花嚴經音義》"妓侍眾女"下引魏張揖《埤蒼》曰:"'妓,美女也'。"⑪漢代

---

① 《後漢書集解(外三種)》,第1冊,第589頁。
② 《文選》,第634頁上欄。
③ 《說文解字》,第30頁下欄。
④ 《楚辭補注》,第81頁。
⑤ 《集韻(附索引)》,第263頁。
⑥ 逯欽立輯校:《先秦漢魏晉南北朝詩》,中華書局,1983年,第2251頁。
⑦ 《冊府元龜》此卷(卷三〇六)宋本缺。四庫本遂作"發取妓女御者",參《景印文淵閣四庫全書》,第907冊,第296頁;明刻本作"發取奴女御豎者",參《冊府元龜》,中華書局影明黃氏刻本,1960年,第3609頁。
⑧ 《後漢紀校注》作"妓"字,出校引劉攽說(第555頁)。另,張烈據點校本《後漢書》校勘記逕校改"妓"爲"伎",欠妥。參《後漢紀》,張烈點校《兩漢紀》,第390頁。
⑨ 《通志》,第1566頁。
⑩ 《說文解字》,第262頁下欄。
⑪ 《一切經音義三種校本合刊(修訂版)》,第1902、880頁。另,《一切經音義》卷二一、二五"妓"下皆有引《埤蒼》,文字皆同,參《一切經音義三種校本合刊(修訂版)》,第864、932頁。

瓦當亦已見有"官妓"陶文①,均可證,至遲漢代"妓"字應已產生。

《說文》另亦收"伎"②,《說文·人部》:"伎,與也。"清段玉裁注:"《丌部》曰:'與者,黨與也。'此伎之本義也。用爲'技巧'之'技'"③

61. 予

《後漢書》卷三五《曹褒傳》:"元和二年下詔曰:'……予末小子,託于數終,曷以纘興,崇弘祖宗,仁濟元元?《帝命驗》曰:"順堯考德,題期立象。"且三五步驟,優劣殊軌,況予頑陋,無以克堪,雖欲從之,末由也已。每見圖書,中心慇焉。'"(1202頁)

點校本校勘記曰:"況予頑陋　按:'予'原訛'于',逕改正。"

按,"于"當不誤。《後漢紀》卷一二《章帝紀》作"況于頑陋"④;《册府》卷五六三載亦同;⑤《續漢志》卷二《律歷志中》作"況乎頑陋"⑥。"況於",況且,何況也,意同"況乎"。《孫子兵法·始計》:"多算勝,少算不勝,而況於無算乎?"⑦《後漢書》卷二五《魯恭傳》:"由此觀之,君不行仁政而富之,皆棄於孔子者也,況於爲之強戰?"卷四七《班超傳》:"夫周齊同在中土千里之間,況於遠處絕域,小臣能無依風首丘之思哉?"⑧

"三五步驟",李注云:"《孝經·鈎命決》曰:'三皇步,五帝驟,三王馳。'宋均注云:'步謂德隆道用,日月爲步。時事彌順,日月亦驟。勤思不已,日月乃馳,'是優劣也。"⑨《後漢紀》卷一二《章帝紀》作"三代推益,優劣殊

---

① 詳可參徐正考、肖攀編著:《漢代文字編》,作家出版社,2016年,第1729頁。
② 漢代已見"伎"字,馬王堆漢墓帛書《周易經傳·昭力》005有"伎"字,《長沙馬王堆漢墓簡帛集成》錄作"仗",並校曰:"其字確可看作'伎'之形誤或形混爲長("支"旁與"丈"旁形近,秦漢文字多相亂)。'伎'當讀爲'恨',很(狠)也,彊也。"詳參裘錫圭主編:《長沙馬王堆漢墓簡帛集成》,中華書局,2014年,第3册,第150頁。另,《敦煌漢簡釋文》簡296"出塞吏子葆婢伎女□人",參吳礽驤、李永良、馬建華釋校:《敦煌漢簡釋文》,甘肅人民出版社,1991年,第30頁。"伎",張德芳《敦煌馬圈灣漢簡集釋》釋爲"使";白軍鵬《敦煌漢簡校釋》亦同,參張德芳:《敦煌馬圈灣漢簡集釋》,甘肅文化出版社,2013年,第458頁;白軍鵬:《敦煌漢簡校釋》,上海古籍出版社,2018年,第217頁。按,字當釋爲"使","使女"漢簡習見,爲七至十四歲未成年女性。
③ 《說文解字注》,第379頁上欄。
④ 《後漢紀》,張烈點校《兩漢紀》,第234頁。張烈據《後漢書》校改"于"爲"予",恐欠妥。
⑤ 《册府元龜》,第6456頁。
⑥ 《後漢書》,第3028頁。
⑦ (春秋)孫武撰,(三國)曹操等注,楊丙安校理:《十一家注孫子校理》,中華書局,1999年,第20頁。
⑧ 《後漢書》,第879、1583頁。
⑨ 《後漢書》,第1024頁。

軌"。① "頑陋",己之謙稱,猶"愚""鄙"之謂己也。全句言上古聖主之推益,優劣尚殊途,況且愚陋之己,無以克堪。

62. 流冗

《後漢書》卷三五《曹褒傳》:"時春夏大旱,糧穀踊貴。褒到,乃省吏并職,退去姦殘,澍雨數降。其秋大孰,百姓給足,流冗皆還。"(1205頁)

"流冗",《御覽》卷一一引《東觀記》作"流民"。吳樹平校注曰:"'流民皆還','民'字范曄《後漢書·曹褒傳》作'冗',誤。"②

按,"流冗"當不誤,《册府》卷六七七、《通志》卷一〇八引此皆作"流冗"。③ "流冗"可指流離失所之人,如《後漢書》卷四《和帝紀》:"庚寅,遣使者分行貧民,舉實流冗,開倉賑稟三十餘郡。"唐李賢注:"冗,散也。流散者舉案其實而給之。"④《新唐書》卷五〇《蘇幹傳》:"河朔饑,前刺史苛暴,百姓流徙,幹檢吏督奸,勸課農桑,由是流冗盡復,以治稱。"又卷五八《張守珪傳》:"於是脩復位署,招流冗,使復業。"⑤ "流冗"皆流民義。因此,作"流冗"意亦可通,⑥似不可據《東觀記》校改之。

63. 當爲五更

《後漢書》卷三六《張霸傳》:"時皇后兄虎賁中郎將鄧騭,當朝貴盛,聞霸名行,欲與爲交,霸逡巡不答,衆人笑其不識時務。後當爲五更,會疾卒,年七十。"(1242頁)

曹金華《稽疑》曰:"'當爲五更',乃謂爲五更也,而《華陽國志》卷十上《先賢士女總贊》作'遂授霸五更,尊禮於太學,年老卒',又云'敬司,馬氏女,五更張伯饒妻也。'二説不合。"⑦

按,"當"有方始之義,裴學海《古書虛字集釋》卷六:"當,猶方也。一爲'正'字之義";"一爲'方纔'之義"。⑧《三國志》卷二九《魏志·華佗傳》:"佗久遠家思歸,因曰:'當得家書,方欲暫還耳。'到家,辭以妻病,數乞

---

① 《後漢紀》,張烈點校《兩漢紀》,第234頁。
② 《東觀漢記校注》,第623頁。
③ 《册府元龜》,第7796頁;《通志》,第1569頁上欄。
④ 《後漢書》,第176頁。
⑤ 《新唐書》,第4404、4549頁。
⑥ 《册府》卷六八一、《御覽》卷二六〇引作"流寓"。"流冗""流寓"意一也,可并存,參前文"流隸"條。《册府元龜》,第7850頁;《太平御覽》,第1221頁上欄。
⑦ 曹金華:《後漢書稽疑》,第489頁。
⑧ 裴學海:《古書虛字集釋》,中華書局,2004年第2版,第449頁。

期不反。"①"當"即爲方始、剛剛義。《太平廣記》卷四一九《柳毅》:"復欲馳白於君子,值君子累娶當娶,已而又娶於韓。"(出《異聞集》)②"當娶",方娶。據此,《霸傳》"當爲五更",意即方爲五更。其文當不誤。

64. 厚其名

《後漢書》卷三七《桓榮丁鴻傳·論》:"至夫鄧彪、劉愷,讓其弟以取義,使弟受非服而已厚其名,於義不亦薄乎!"(1268頁)

點校本校勘記曰:"而已厚其名 按:《集解》引惠棟説,謂《華嶠書》'厚'作'享'。"

"厚",袁《紀》卷一三《和帝紀》引華嶠《後漢書》即作"享"。③ 按,當以"享其名"爲勝。"享",受也,《後漢書》卷二九《郅惲傳》:"劉氏享天永命,陛下順節盛衰,取之以天。"唐李賢注:"享,受也。"又卷四一《宋意傳》"今鮮卑奉順,斬獲萬數,中國坐享大功,而百姓不知其勞",唐李賢注:"享,受也。"④"享其名"即受其名,言貪享其名也,與前文"弟受非服"意正相應,句式亦更整飭。"享名"者,典籍亦習見,《晏子春秋》卷三《内篇問上·景公伐斄勝之問所當賞晏子對以謀勝禄臣》:"故上有羨獲,下有加利,君上享其名,臣下利其實。"⑤《後漢書》卷七五《袁術傳》:"術下馬牽之曰:'仲應,足下獨欲享天下重名,不與吾共之邪?'"又卷二三《竇融列傳·史論》:"竇將軍念咎之日,乃庸力之不暇,思鳴之無晨,何意裂膏腴,享崇號乎?"⑥"享崇號",猶"受尊名"。《唐大詔令集》卷六《帝王·太上皇三答上尊號並辭大聖字誥》:"道高者必傳其迹,德著者必享其名。"⑦宋蘇軾《范景仁墓誌銘》:"使天下受其害,而吾享其名,吾何心哉?"⑧

"享"俗字可寫作"庌"(唐《孟氏妻麻夫人墓誌》),⑨字形頗似"厚"字。"厚"亦有異體寫作"![]""![]"⑩等,亦與"享"字形頗似,是以二者易訛,傳

---

① 《三國志》,第802頁。
② 《太平御覽》,第3415頁。
③ 《後漢紀》,張烈點校《兩漢紀》,第264頁。
④ 《後漢書》,第1025、1416頁。
⑤ 《晏子春秋校注》,第129頁。"名",校記曰:"'名'從孫本,下文'是上獨擅名'。元刻誤'民'。"
⑥ 《後漢書》,第2442、821頁。
⑦ (宋)宋敏求編:《唐大詔令集》,中華書局,2008年,第38頁。
⑧ 《蘇軾文集》,第443頁。
⑨ 秦公、劉大新編著:《碑別字新編(修訂本)》,文物出版社,2016年,第76頁。
⑩ 參毛遠明:《漢魏六朝碑刻異體字典》,中華書局,2014年,第326頁。

抄古文中亦有"厚""享"相近之例。① 據此,疑《後漢書》作"厚其名"本當作"享其名"。

65. 稍息

《後漢書》卷三八《法雄傳》:"雄乃移書屬縣曰:'凡虎狼之在山林,猶人之居城市。古者至化之世,猛獸不擾,皆由恩信寬澤,仁及飛走。太守雖不德,敢忘斯義。記到,其毁壞檻阱,不得妄捕山林。'是後虎害稍息,人以獲安。"(1278頁)

點校本校勘記曰:"是後虎害稍息人以獲安　按:汲本、集解本'稍'作'消'。王先謙謂作'稍'蓋誤,稍息不得云人安也。"

按,作"稍"不誤。唐余知古撰《渚宫舊事》卷四引《後漢書》作"虎害稍息"②;《御覽》卷八九一、《事類賦注》卷二〇引《後漢書》、《册府》卷六八一載皆同③。"稍"有漸義,《玉篇·禾部》:"稍,漸也。"④唐慧琳《一切經音義》卷二"稍微"下引《韻詮》曰:"稍,漸漸也。"⑤《漢書·郊祀志上》:"秦皇帝不得上封。陛下必欲上,稍上即無風雨,遂上封矣。"唐顏師古注:"稍,漸也。"⑥"稍息",漸息也。⑦ 此言虎災漸息,民得以安。

66. 乃今

《後漢書》卷三九《劉平傳》:"衆皆大驚,相謂曰:'常聞烈士,乃今見之。子去矣,吾不忍食子。'於是得全。"(1296頁)

曹金華《稽疑》:"'乃今'疑作'今乃',《御覽》卷四二〇引《東觀記》、

---

① 詳參李春桃:《古文異體關係整理與研究》,中華書局,2016年,第71頁。另"厚""享"典籍常見相混例,如敦煌本《孝經》:"君親臨之厚莫重焉。"校勘記曰:"戊卷、己卷、辛卷、癸卷同,甲卷、卯卷脱,乙卷'厚'作'享',庚一、丑二'重'作'大',陳鐵凡(二)云'厚'誤作'享'。"詳參《敦煌經部文獻合集》第4册《群經類孝經之屬·孝經》,第1911頁;又徐仁甫《史記注解辨證》卷四曰:"'而序往古之勛',《正義》:序作厚。《國策》作'享'。按'序'猶象,'象'與'享',聲義並近。'序往古之勛'即象離往古之勛。《易·繫辭傳》'君子所居而安者,易之序也',陸績曰:序,象也,虞翻本'序'作'象',是'序'與'象'同義。'象'又同'享',故'趙策'作'享'。作'厚'者不知'序'義而妄改也。"詳參徐仁甫:《史記注解辨正》,中華書局,2014年,第105頁。
② (唐)余知古:《渚宫舊事》,叢書集成初編本,商務印書館,1935年,第40頁。
③ 《太平御覽》,第3957頁下欄;《事類賦注》,第417頁;《册府元龜》,第9850頁。
④ 《大廣益會玉篇》,第524頁。
⑤ 《一切經音義三種校本合刊(修訂版)》,第524頁。
⑥ 《漢書》,第1223頁。
⑦ 《漢語大詞典》收"稍息",引近代例釋義爲"略微停止"。參《漢語大詞典》卷八,第83頁。按,"稍息"的漸漸停息義亦當補。

《後漢紀》卷九皆作'常聞烈士,今乃見之'。"①

按,"乃今"不誤。《御覽》卷九七六引《後漢書》、《通志》卷一六七載並作"乃今見之"。②"乃",纔也,竟也,表一定程度的意料之外。《左傳·襄公七年》:"吾乃今而後知有卜筮。"③又《昭公二年》:"觀書於大史氏,見《易象》與《魯春秋》曰:'周禮盡在魯矣!吾乃今知周公之德與周之所以王也。'"唐孔穎達正義:"文王周公能制此典,因見此書而追歎周德,吾乃於今日始知周公之德,以周公制春秋之法故也。"④經文作"乃今",正義解作"乃於今",即知"乃"即爲副詞,猶"纔"也。《孔叢子》卷四《儒服》:"子高曰:'始吾謂此二子丈夫爾,乃今知其婦人也。'""乃今",《孔叢子》四部叢刊本載爲"今乃"。⑤ 南朝宋求那跋陀羅譯《雜阿含經》卷一六《雜因誦》:"見已,作是念:'我狂失性,世間所無,而今見之。'"⑥"而"亦用爲副詞,表意料之外,相當於"纔",⑦"而今"猶"乃今"。因此,"乃今見之",猶言"今乃見之",字不誤也。

67. 固病

《後漢書》卷三九《王扶傳》:"國相張宗謁請,不應,欲強致之,遂杖策歸鄉里。連請,固病不起。太傅鄧禹辟,不至。"(1298頁)

點校本校勘記曰:"固病不起 《刊誤》謂案文當作'固以病不起'。"

按,《刊誤》所論待商。"固病"乃成詞,當不誤,《後漢書》卷五三《徐稚傳》:"太守華歆禮請相見,固病不詣。"卷四二《東平憲王劉蒼傳》:"宜當暴骸膏野,爲百僚先,而愚頑之質,加以固病,誠羞負乘,辱汙輔將之位,將被詩人'三百赤紱'之刺。"⑧又有"固疾",《後漢書》卷八一《獨行傳·李業》:"公孫述僭號,素聞業賢,徵之,欲以爲博士,業固疾不起。"卷五《張酺傳》:"非有望於

---

① 曹金華:《後漢書稽疑》,第509頁。
② 《太平御覽》,第4324頁;《通志》,第2694頁上欄。
③ 《漢語大詞典》收"乃今",釋爲"而今;方今;如今",首例即具此;清王引之曰:"'乃今而後',即而今而後也。"按,此句"乃"應爲副詞,表一定程度的意料之外,全句言從今而後纔知有卜筮。"而今而後"相當於"乃今而後""而後方今","而"猶"乃"也。《漢語大詞典》釋義非洽。參《漢語大詞典》卷一,第627頁;(清)王引之:《經傳釋詞》卷六,中華書局,1956年,第217—218頁。
④ 《春秋左傳正義》,(清)阮元校刻《十三經注疏(清嘉慶刻本)》,第4406頁。
⑤ 傅亞庶:《孔叢子校釋》,中華書局,2011年,第297頁;《孔叢子》,《四部叢刊初編》,商務印書館影明翻宋刻本,1922年,第78頁。
⑥ (南朝宋)求那跋陀羅譯:《雜阿含經》,《大正新修大藏經》,新文豐出版公司,1983年,第2冊,第109頁上欄。
⑦ 參《漢語大字典(第2版)》,第3002頁。
⑧ 《後漢書》,第1748、1435頁。

斷金也。司徒固疾,司空年老,公其傴僂,勿露所敕。"①"固疾""固病"義皆爲舊病,②又作"痼病""痼疾",義同。"固病不起"言以舊病而不起仕也。

68. 草菜

《後漢書》卷三九《趙孝傳》:"賊有夷長公,特哀念譚,密解其縛,語曰:'汝曹皆應就食,急從此去。'對曰:'譚爲諸君爨,恒得遺餘,餘人皆茹草菜,不如食我。'"(1300頁)

點校本校勘記曰:"餘人皆茹草萊 按:'萊'原訛'菜',逕據汲本、殿本改正。"

《稽疑》曰:"《御覽》卷四二〇引《東觀記》作'餘皆菜食',似作'菜'不誤。"③

按,"草菜"亦可通,元刊本、武英殿本《通志》卷一六七、明初刻本《册府》卷八〇一載即作"草菜";④《御覽》卷四二〇引《東觀記》作"餘皆菜食"。⑤《爾雅·釋天》:"蔬不熟爲饉。"晋郭璞注:"凡草菜可食者,通名爲蔬。"⑥《漢書》卷五六《董仲舒傳》:"食於舍而茹葵,愠而拔其葵。"唐顔師古曰:"食菜曰茹。"⑦《文選》卷二四曹植《贈徐幹》:"薇藿弗充虛,皮褐猶不全。"唐吕向注:"薇藿,草菜名。褐,短衣。言草菜之食不充飢虛,皮褐短衣不能全其體也。"⑧北魏賈思勰《齊民要術》卷六《養鵝鴨》:"鵝,唯食五穀、稗子及草菜,不食生蟲。"⑨《藝文類聚》卷三五引晋束晳《貧家賦》:"銜賣葉而難售,遂前至於飢年。煮黄當之草菜,作汪洋之羹饘。"⑩《法苑珠林》卷一《劫量篇·饑饉部》:"天不降雨四五年中,由大旱故,覓生草菜尚不可得,何况米穀?一切禽獸悉取食之。"又卷二三《獎導篇·述意部》:"鹽梅早自兩

---

① 《後漢書》,第 2649、1532 頁。
② 《漢語大詞典》收"固疾",未收"固病",當補。參《漢語大詞典》卷三,第 626 頁。
③ 曹金華:《後漢書稽疑》,第 511 頁。
④ 《通志》卷一六七,元刊刻本(中華古籍資源庫),第十頁;《通志》卷一六七,清武英殿刻本,第七頁。中華書局影明刻本《通志》作"菜"(第 2694 頁)。《册府元龜》明初刻本,《景印文淵閣四庫全書》本作"菜";點校本、中華書局影明刻本作"菜",參《册府元龜》卷八〇一,明刻初印本,第一五頁;《景印文淵閣四庫全書》,第 916 册,第 198 頁;周勛初等校訂《册府元龜》,鳳凰出版社,2006 年,第 9306 頁;《册府元龜》,中華書局影明刻本,1960 年,第 9514 頁。
⑤ 《太平御覽》,第 1937 頁下欄。
⑥ (晋)郭璞注:《爾雅》,中華書局,2020 年,第 115 頁。
⑦ 《漢書》,第 2521 頁。
⑧ 《六臣注文選》,第 442 頁。
⑨ (北魏)賈思勰撰,石聲漢校釋:《齊民要術今釋》,中華書局,2009 年,第 596 頁。
⑩ 《藝文類聚》,第 630 頁。

無,魚菜久已雙闕。乃至并日而餐糜粥相係,雜以水菓,加以草菜,萎黄困篤自濟無方。"①《舊唐書》卷一七八《李蔚傳》:"入秋已來,亢旱爲災,苗而不實,霜損蟲暴,草菜枯黄,下人咨嗟,未加賑貸。"②"草菜"皆菜食之義。③ 據此,"草菜"當不誤,不煩改字。

69. 抗疾

《後漢書》卷三九《趙咨傳》:"視事三年,以疾自乞,徵拜議郎。抗疾京師,將終,告其故吏朱祇、蕭建等,使薄斂素棺,籍以黄壤,欲令速朽,早歸后土,不聽子孫改之。"(1314頁)

點校本校勘記曰:"抗疾京師 按:《刊誤》謂'抗'無義,當是'被'字。"

清曾國藩曰:"抗疾者,累起召而固以疾辭也。"④

按,《刊誤》謂"抗疾"無義,甚確。但言爲"被"字之訛,恐無據。《御覽》卷五五四引《後漢書》作"沉疾京師",⑤蓋是。"沉疾"又作"沈疾",⑥重病義。《三國志》卷九《魏志·曹爽傳》裴松之注引《魏末傳》曰:"宣王徐更寬言,才令氣息相屬,説:'年老沈疾,死在旦夕。君當屈并州,并州近胡,好善爲之,恐不復相見,如何!'"⑦《宋書》卷七八《劉延孫傳》:"良以休運甫開,沈疾方被,雖宿恩内積,而安私外簡。"又卷八一《顧顗之傳》:"膏粱方丈,沈疾弗顧;瑶碧盈尺,阽危弗存。"⑧《太平廣記》卷三〇六《陳袁生》:"吾少年棄家,學浮屠氏,迨今年五十,不幸沉疾。"(出《宣室志》)⑨宋陸游《皇帝御正殿賀皇太子箋》:"某久嬰沉疾,已迫頽齡。"⑩

---

① 《法苑珠林校注》,第6、737頁。
② 《舊唐書》,第4626頁。
③ "草菜"多指雜草或雜草叢生的荒蕪之地,又引申爲隱居之地或隱士。參《漢語大詞典》卷九,第371頁。
④ 唐浩明主編:《曾國藩全集》第15册《讀書録·史》,第208頁。
⑤ 《太平御覽》,第2506頁。
⑥ "亢""尢"二旁形近易訛。《全唐詩》卷七九駱賓王《夕次舊吳》:"維舟背楚服,振策下吴畿。盛德宏三讓,雄圖枕九圍。"校曰:"枕,一作抗"。《史記》卷八六《刺客列傳》:"臣左手把其袖而右手揕其匈。"《集解》引徐廣曰:"揕,一作抗。"王念孫《讀書雜志·史記第五》:"'抗'與'揕'聲不相近,'揕'字無緣通作'抗'。'抗'當爲'扰',俗書從'尤'之字作'冘',從'亢'之字作'冗',二形相似,故'扰'譌爲'抗'。"(第356頁)另曾良亦詳論石刻文字中"凡""亢""冗"不别例,可參曾良:《俗字及古籍文字通例研究》,第69—73頁;《隋唐出土墓誌文字研究及整理》,齊魯書社,2007年,第71—72頁。
⑦ 《三國志》,第285頁。
⑧ 《宋書》,第2021、2086頁。
⑨ 《太平廣記》,第2422頁。
⑩ 《陸游集》,中華書局,1976年,第1980頁。另,《漢語大詞典》收"沈(沉)疾",首例具唐張讀《宣室志》例,引例頗遲。參《漢語大詞典》卷五,第1002頁。

又有"沈疴(痾)""沈病"等,與"沈疾"義同。《魏書》卷四八《高允傳》:"中遇沈疴,賦詩以訊,忠顯于辭,理出于韻。"①《晉書》卷四三《樂廣傳》:"廣乃告其所以,客豁然意解,沈疴頓愈。"②南朝宋鮑照《自礪山東望震澤》:"以此藉沉疴,棲迹別人群。"③南朝齊謝朓《侍筵西堂落日望鄉》:"沈病已綿緒,負官別鄉憂。高城悽夕吹,時見國煙浮。"④唐圓仁《入唐求法巡禮行記》卷一:"官人等從在京之日,沈病辛苦。"⑤

"沉疾京師",猶重病於京師也。《魏書》卷六四《張彝傳》:"彝愛好知己,輕忽下流,非其意者,視之蔑爾。雖疹疾家庭,而志氣彌亮。"⑥"疹疾",疾病也。"疹疾家庭"與"沉疾京師"句式一致。據此,《趙咨傳》"抗"當據正爲"沈"。

70. 道游俠

《後漢書》卷四〇上《班彪傳》:"其論術學,則崇黃老而薄五經;序貨殖,則輕仁義而羞貧窮;道游俠,則賤守節而貴俗功:此其大敝傷道,所以遇極刑之咎也。"(1325 頁)

按,"道游俠",《後漢紀》卷一三《和帝紀》作"尊遊俠"。⑦ 按,作"道"義更勝。《史記》卷一二四《遊俠列傳·序》曰:"且緩急,人之所時有也。太史公曰:昔者虞舜窘於井廩,伊尹負於鼎俎,傅說匿於傅險,呂尚困於棘津,夷吾桎梏,百里飯牛,仲尼畏匡,菜色陳、蔡。此皆學士所謂有道仁人也,猶然遭此菑,況以中材而涉亂世之末流乎?其遇害何可勝道哉!"⑧可知李賢言"道遊俠",即用太史公"其遇害何可勝道"之語也。"論""序""道"均有言說、議論義,故以"論術學""序貨殖""道遊俠"得相平列。⑨ 司馬遷《遊俠列傳序》又曰:"今游俠,其行雖不軌於正義,然其言必信,於行必果,已諾必誠,不愛其軀,赴士之厄,蓋有足多者。今拘學或抱咫尺之義,久孤於世,豈若卑

---

① 《魏書》,第 1083 頁。
② 《晉書》,第 1244 頁。
③ (南朝宋)鮑照撰,丁福林、叢玲玲校注:《鮑照集校注》,中華書局,2012 年,第 504 頁。
④ 《謝朓集校注》,第 405 頁。
⑤ 《入唐求法巡禮行記校注》,第 120 頁。另"沈病",《漢語大詞典》首具清蒲松齡《聊齋志異》例,過遲。參《漢語大詞典》卷五,第 1002 頁。
⑥ 《魏書》,第 1429 頁。
⑦ 《後漢紀》,張烈點校《兩漢紀》,第 261 頁。
⑧ 《史記》,第 3182 頁。
⑨ 蒙汪維輝先生惠告。另參汪維輝《漢語"說類詞"的歷史演變與共時分佈》,《中國語文》2003 年第 4 期;又收入氏著《漢語歷史詞的歷史與現狀研究》,商務印書館,2018 年,第 923 頁。

論齊俗,①與世沈浮而取榮名哉!"②此即班彪言太史公"則賤守節而貴俗功"也。

"道"可寫作"導",字形與"尊"似,是以相訛混。③袁《紀》作"尊"蓋爲"道"之訛字。

71. 校書部　校書　六人

《後漢書》卷四〇上《班固傳》載:"顯宗甚奇之,召詣校書部,除蘭臺令史,與前睢陽令陳宗、長陵令尹敏、司隸從事孟異共成《世祖本紀》。遷爲郎,典校祕書。"(1334頁)

點校本校勘記:"召詣校書部　按:'校書部'疑當作'校書郎'。《御覽》五一五引正作'校書郎',又《班超傳》云'兄固,被召詣校書郎'。"

張宗品曾據《初學記》引《東觀記》以及《史通》卷一二認爲:"部"爲衍文,本當作"校書","校書"爲"校書郎"之省,東漢應無"校書部"之機構,《唐六典》等書據《後漢書》誤文爲説,認爲東漢有校書部,不可信從。張先生又引張家山漢簡《二年律令·史令》認爲,漢代史祝之官,當先考核,才能任其職。班固初無官任,需先拜謁職守官,再除令史。④

《稽疑》曰:"本傳云'召詣校書部,除蘭臺令史,與前睢陽令……共成世祖本紀。遷爲郎,典校祕書。'明其遷郎前,非爲郎也。"並引《初學記》《後漢紀》文以證。⑤

可見,《班固傳》"召詣校書部"尚有較大爭議。我們認爲,《班固傳》作"召詣校書部"當不誤。

首先,東漢時當置有"校書部"。"校書部"事,典籍多見載。《後漢紀》卷一三《和帝紀》亦作:"會郡亦封上固書,天子甚奇〔之〕,徵詣校書部,除蘭臺令史。"⑥《唐六典》卷一〇《祕書省》:"至後漢,始於東觀置校書郎中。……東觀有校書部,置校書郎中典其事。時通儒達學亦多以佗官領之。"⑦是時東

---

① 點校本校勘記曰:"'齊'當依《史記》作'儕'。"參《後漢書》,第1352頁。
② 《史記》,第3182頁。
③ 《文苑英華》卷二八唐楊敬之《華山賦(並序)》:"唯遵其常,享國遂長。"宋人校曰:"遵,一作道。"參《文苑英華》,第126頁。《漢書》卷五二《韓安國傳》:"爲天子(尊)〔導〕引"。點校本校勘記曰:"景祐、殿本都作'導',此誤。"參《漢書》,第2408頁。《全唐詩》卷三二劉孝孫《早發成皋望河》:"惝怳屢飛魂。鴻流遵積石。""遵"下校曰:"一作導。"參《全唐詩》,第454頁。
④ 張宗品:《〈後漢書〉"詣校書部"辨》,《中國史研究》2014年第4期。
⑤ 曹金華:《後漢書稽疑》,第524頁。
⑥ 《後漢紀校注》,第382頁。
⑦ 《唐六典》,第298頁。

觀置有"校書部"甚明。《通典》卷二六《職官八》:"又選他官入東觀,皆令典校秘書,或撰述傳記。蓋有校書之任,而未爲官也,故以郎居其任,則謂之校書郎。"本注:"明帝召班固詣校書部,除蘭臺令史,後遷爲郎,典校秘書。"①

《唐六典》與《初學記》成書時代相近,皆爲玄宗時期,《通典》稍遲。至唐,後漢諸史尚存者頗多,諸書所引後漢諸史多可信據。非僅《唐六典》《通典》,《東漢會要》卷一二《文學中》②等引均作"校書部"。③ 更重要的是,晉袁宏所撰《後漢紀》亦作"召詣校書部",可見《固傳》作"召詣校書部"不可輕言謂誤。

除"校書部"外,東漢近御者尚有"講部"。《後漢書》卷六〇上《馬融傳上》:"召還郎署,復在講部。"④"講部"有"講郎",亦爲郎中之稱,同"校書郎",《後漢書》卷七九《儒林傳上》:"詔高才生受《古文尚書》《毛詩》《穀梁》《左氏春秋》,雖不立學官,然皆擢高第爲講郎,給事近署。"卷二七《趙典傳》:"建和初,四府表薦,徵拜議郎,侍講禁內,再遷爲侍中。"⑤"侍講"即屬講部之官,《後漢書》卷四三《朱穆傳》載:"宜爲皇帝選置師、傅及侍講者。"⑥

又有"太史部",亦置有"太史部郎中"。《續漢志》卷二《律曆志中》:"甲辰詔屬太史部郎中劉固、舍人馮恂等課效,復作八元術,固等作月食術。"又曰:"三月、五月皆陰,太史令修、部舍人張恂等推計行度。"⑦據《續漢志》卷二五《百官志二》,"太史令"乃太常之屬官,掌天時、星曆,亦爲近御之官。又有"候部",似爲太史部之屬部。同上卷一《律曆志上》:"房言律詳於歆所奏,其術施行於史官,候部用之。"又曰:"自此律家莫能爲準施弦,候部莫知復見。"同上卷二《律曆志中》:"恂久在候部,詳心善意,能揆儀度,定立術數,推前校往,亦與見食相應。"⑧"候",占候也。"候部"當爲觀測四時天象氣候之近署。

《固傳》言"召詣校書部,除蘭臺令史",與《後漢紀》《唐六典》所述正合。且《固傳》又言固後遷爲郎,典校秘書,是此時方始稱"校書郎"也。

---

① 《通典》,第 735 頁。
② 《東漢會要》,上海古籍出版社影印本,1978 年,第 171 頁。
③ 四庫本《北堂書鈔》卷六三《設官部》引《後漢書》亦作"召詣校書部",但檢萬卷堂本《書鈔》卷六三《設官部》,於此處則引謝承《後漢書》,並校曰:"陳本(按,指陳禹謨校本)改引范《書》,非也。"參《北堂書鈔》,學苑出版社影印三十有三萬卷堂本,1998 年,第 1 册,第 481 頁。
④ 《後漢書》,第 1791 頁。
⑤ 《後漢書》,第 2546、947 頁。
⑥ 《後漢書》,第 1462 頁。
⑦ 《後漢書》,第 3040—3041 頁。
⑧ 《後漢書》,第 3001、3015、3042 頁。

另，《後漢書》卷三七《丁鴻傳》曰："鴻以才高，論難最明，諸儒稱之，帝數嗟美焉。時人歎曰：'殿中無雙丁孝公。'數受賞賜，擢徙校書，遂代成封爲少府。"①點校本校記云："《刊誤》謂漢校書者郎官而已，鴻已爲二千石，不當以校書爲擢徙也，明衍'校書'二字。《集解》引惠棟説，謂如劉説，則'擢徙'二字無所附麗，或作'尚書'。《校補》謂案劉意，'擢徙'二字承上'數受賞賜'爲一句，不必有所附麗，尚書六百石，亦非二千石擢徙之官。此傳但云'校書'，未言'校書郎'，則'賞賜擢徙'與'校書'各爲一事，原不必校書定爲官名。今按：句當有脱訛，諸説皆未諦。"②

其實，"擢徙校書"當不誤，"擢徙"亦非承上。《通志》卷一〇八引《後漢書》也作"擢徙校書"。③東漢時徵詣東觀任校書者並非僅郎中或郎，官秩千石以上者亦多有之。《後漢書》卷二六《伏無忌傳》："順帝時，爲侍中屯騎校尉。永和元年，詔無忌與議郎黃景校定中書五經、諸子百家、藝術。"④據《續漢志》卷二五《百官志二》，侍中比二千石；卷二七《百官志四》載，屯騎校尉比二千石。《後漢書》卷五九《張衡傳》："永初中，謁者僕射劉珍、校書郎劉騊駼等著作東觀，撰集漢記，因定漢家禮儀。"《後漢書》卷八〇上《文苑傳上·劉珍》："永初中，爲謁者僕射。鄧太后詔使與校書劉騊駼、馬融及五經博士，校定東觀五經、諸子傳記、百家藝術，整齊脱誤，是正文字。"⑤據《續漢志》卷二五《百官志二》，謁者僕射秩千石。《後漢書》卷八〇上《文苑傳上·邊韶》："桓帝時，爲臨潁侯相，徵拜太中大夫，著作東觀。"⑥據《續漢志》卷二五《百官志二》，太中大夫秩千石。

上揭諸例亦可知，徵至東觀任職校書者，非爲其本官之稱，"校書"亦非僅爲"校書郎"之省稱，任職校書者，皆可謂之"校書"。嚴耕望説："東漢以光禄郎典校秘書，故稱校書郎；又以書在東觀，郎居其中，又稱東觀郎。"並注文曰："《漢書·叙傳》，固'永平中爲郎，典校秘書'。《後漢書·班固傳》同。而《班超傳》及《馬嚴傳》皆直稱固爲校書郎。又《賈逵傳》：'拜爲郎，與班固並校秘書，應對左右。'而《東平王蒼傳》亦直稱爲校書郎。可知校書郎即光禄郎在校書部者，本傳詳其本事，他傳乃冠職爲稱耳，非別爲一官也。"⑦前

---

① 《後漢書》，第 1264 頁。
② 《後漢書》，第 1272 頁。
③ 《通志》，第 1576 頁上欄。
④ 《後漢書》，第 898 頁。另，侍中、屯騎校尉爲二職，中華本當點斷。
⑤ 《後漢書》，第 1940、2617 頁。
⑥ 《後漢書》，第 2462 頁。
⑦ 嚴耕望：《秦漢郎吏制度考》，《"中央研究院"歷史語言研究所集刊》第二十三本（上），1951 年，第 110 頁；又收入《嚴耕望史學論文集》，上海古籍出版社，2009 年，上册，第 44 頁。

引《通典》卷二六《職官八》:"又選他官入東觀,皆令典校秘書,或撰述傳記。蓋有校書之任,而未爲官也,故以郎居其任,則謂之校書郎。"①光禄郎乃班固之本職,"校書郎"則爲其校書於東觀而別稱之。從"校書"者官秩來看,更有千石以上任此職者。②此亦可知,"校書"非惟校書郎之省稱,任職校書者,皆可稱之爲"校書",如謂丁鴻"擢徙校書"者。

張宗品認爲,據張家山漢簡《二年律令》,令史任用須謁職守官考核。③從上揭諸例看,千石以上亦可任爲校書之職,況且校書部任職校書郎者甚多,則校書郎當非校書部之主官。如此,謂拜謁主官校書郎考核,則無從談起。另外,《二年律令》乃西漢初年所制,至東漢,早已不行此律。東漢以後,令史選拔已經多用徵召,而不必考核通過後再任,《後漢書》卷六三《李固傳》曾明載:"又舊任三府選令史,光禄試尚書郎,時皆特拜,不復選試。"④東漢許慎《説文·叙》亦云:"今雖有尉律,不課,小學不修,莫達其説久矣。"⑤因此,謂班固先拜謁主官,考核通過後拜官受職,不太符合事實。

更重要的是,從語言上看,"召詣"之"詣"並非"拜謁"義。"召詣"義同"徵詣",乃"召某人詣某地"之省稱,即召某人前往某地,而非謂"召某人拜謁某人"。古者前往官府機構報到,常稱之爲"詣"。《漢書》卷六〇《杜周傳》:"上盡召直言之士詣白虎殿對策。"卷六八《金日磾傳》:"謁者召欽詣詔獄,欽自殺。"卷三八《朱博傳》:"臣請詔謁者召博、玄、晏詣廷尉詔獄。"卷八二《王商傳》:"臣請詔謁者召商詣若盧詔獄。"卷八六《王嘉傳》:"光等請謁者召嘉詣廷尉詔獄。"⑥《後漢書》卷三五《曹褒傳》:"章和元年正月,乃召褒詣嘉德門。"卷六〇下《蔡邕傳下》:"其年七月,詔召邕與光禄大夫楊賜、諫議大夫馬日磾、議郎張華、太史令單揚詣金商門,引入崇德殿。"卷六〇下《蔡邕傳下》載邕自叙其事:"今年七月,召詣金商門,問以災異。"⑦前句言"召邕與光禄大夫楊賜……詣金商門",後句曰"召詣金商門",可見"召詣"正爲上

---

① 《通典》,第735頁。
② "講部"亦多有千石以上官員選任,《後漢書》卷六一《黄瓊傳》:"出爲魏郡太守,稍遷太常。和平中,以選入侍講禁中。"太常爲九卿之首,掌禮儀祭祀,秩中二千石。《後漢書》卷二五《和帝紀》:"詔長樂少府桓郁侍講禁中。"同上卷三七《桓榮傳》:"由是遷長樂少府,復入侍講。"據《後漢書》卷一〇《皇后紀》李賢注:"長樂少府,掌皇太后宫,秩二千石。"《後漢書》卷六四《楊秉傳》:"臣奕世受恩,得備納言,又以薄學,充在講勤,特蒙哀識。"可知楊秉亦曾選入講部,時楊秉已遷侍中,任職尚書,秩比二千石。
③ 張宗品:《〈後漢書〉"詣校書部"辨》,《中國史研究》2014年第4期。
④ 《後漢書》,第2082頁。
⑤ 《説文解字》,第315頁上欄。
⑥ 《漢書》,第2673、2995、2408、3374、3501頁。
⑦ 《後漢書》第1203、1998、2001頁。

引諸文中"召某人詣某地"之省。

因此,"召詣"後多承接處所名,而鮮有承人稱者。如《漢書》卷三六《張敞傳》:"今一旦召詣府,恐諸偷驚駭,願一切受署。"①《後漢書》卷一九《耿弇傳》:"召詣省闥。"卷二三《竇融傳》:"被詔召詣上東門。"卷三七《桓榮傳》李賢注引謝承《後漢書》曰:"召詣太官賜食。"②卷八〇上《文苑傳上·黃香傳》:"後召詣安福殿言政事。"同上《李尤傳》:"和帝時,侍中賈逵薦尤有相如、楊雄之風,召詣東觀,受詔作賦,拜蘭臺令史。"③《續漢志》卷三《律曆志》劉昭注引蔡邕《戍邊上章》:"召拜郎中,受詔詣東觀著作。"④"召詣東觀""受詔詣東觀"等與"召詣校書部"結構相似,亦可證"召詣校書部"不誤。

另有"徵詣",亦爲"徵某人詣某地"之省,與"召詣"義同。如《漢書》卷三六《楚元王傳》:"其徵堪詣行在所。"卷八一《孔光傳》:"是月徵光詣公車。"卷八六《師丹傳》:"徵丹詣公車,賜爵關內侯。"⑤《後漢紀》卷一七《安帝紀下》:"徵濟北、河間王子年十四已下、七歲已上詣京師。"卷二二《桓帝紀下》:"穆坐徵詣廷尉。"⑥而卷四三《朱穆傳》作"徵穆詣廷尉"。⑦ "徵詣"即爲"徵某人詣某地"之省。《漢書》卷二七《五行志》:"先是,栗太子廢爲臨江王,以罪徵詣中尉,自殺。"卷九〇《酷吏傳》紀此事則作:"臨江王徵詣中尉府對簿。"⑧可知"徵詣中尉"即爲"徵詣中尉府"。《後漢書》卷四八《楊終傳》:"顯宗時,徵詣蘭臺,拜校書郎。"此句正可與"召詣校書部,除蘭臺令史"相比讀。《後漢書》卷五一《李忠傳》:"徵詣京師。"卷五五《魯恭傳》:"帝即徵方詣公車。"⑨"徵詣"與"召詣"用同,其後皆承處所名。

此外,還有"徵到",亦爲"召詣"義,其後亦承處所名。《後漢書》卷五四《楊秉傳》:"於是重徵,乃到,拜太常。"⑩"徵到"即"徵某人到某地"之省。《後漢書》卷一四《劉祉傳》李賢注引《東觀記》:"刺史舉奏,莽徵到長安,免

---

① 《漢書》,第 3221 頁。
② 《後漢書》,第 716、813、1250 頁。另,"太官"爲官署名,或作"大官",戰國秦置。秦漢沿置,掌宮廷膳食,由令、丞主之,屬少府。參吕宗力主編:《中國歷代官制大辭典》,北京出版社,1994 年,第 124 頁。
③ 《後漢書》,第 2613、2616 頁。
④ 《後漢書》,第 3082 頁。
⑤ 《漢書》,第 1948、3359、3510 頁。
⑥ 《後漢紀》,張烈點校《兩漢紀》,第 336、421 頁。
⑦ 《後漢書》,第 1470 頁。
⑧ 《漢書》,第 1331、3648 頁。
⑨ 《後漢書》,第 756、875 頁。
⑩ 《後漢書》,第 1772 頁。

就國。"①《資治通鑑》卷五三《漢紀・質帝紀》："梁太后欲以女弟妻志,徵到夏門亭。"②其後所承地名也可省略,如《三國志》卷五七《吳志・張溫傳》："徵到延見,文辭占對,觀者傾竦。"③

另有"徵至""召至"等,與"召詣"詞義相近,用法亦類似。如《史記》卷九《呂太后本紀》："趙相徵至長安,乃使人復召趙王。"卷一二六《滑稽列傳》："數召至前談語。"④《漢書》卷七三《韋賢傳》："徵至長安。"⑤《後漢書》卷六《沖帝紀》："清河王蒜徵至京師。"⑥

值得注意的是,"召詣""徵詣"等詞,有時可承接"尚書""廷尉"等稱,其似爲官職名,實亦是官署名。"尚書"相當於"尚書臺","廷尉"即爲"廷尉府"之省。如《漢書》卷三八《朱博傳》："即召玄詣尚書問狀。玄辭服,有詔左將軍彭宣與中朝者雜問。"⑦"尚書"乃秦漢所置官署名,東漢時稱之爲"尚書臺"。"召玄詣尚書問狀",言召趙玄前往尚書臺,接受對相關案情詢問。既是"問狀","詣尚書"定非拜詣尚書之意。《後漢書》卷七五《周榮傳》："詔召司隸校尉左雄詣臺對詰。"卷三〇下《襄楷傳》："書上,即召(詔)〔詣〕尚書問狀。"卷七七《酷吏傳》："詔召司隸校尉、河南尹詣尚書譙問。"⑧"召……詣臺對詰"和"召……詣尚書譙問""召詣尚書問狀"句式完全相同,可見這些"尚書"皆爲官署名,而非爲官職之稱。《後漢書》卷六一《左雄傳》："是時大司農劉據以職事被譴,召詣尚書,傳呼促步,又加以捶撲。"卷八三《逸民傳・王霸》："建武中,徵到尚書,拜稱名,不稱臣。"⑨"徵到",義同"徵詣""召詣"。這些"尚書"皆爲"尚書臺"之省稱。《初學記》卷一一《職官部上》引蔡質《漢官典職》曰："尚書郎,初從三署郎選,詣尚書臺試,每一郎缺,則試五人,先試箋奏,初入臺,稱郎中,滿歲,稱侍郎。"⑩《資治通鑑》卷七〇《魏紀・文帝紀》："高柔固執不從詔命,帝怒甚,召柔詣臺,遣使者承指至廷尉誅勳。""召柔詣臺",胡三省注曰："召詣尚書臺也。"⑪可知"召詣尚書""召……詣尚書""召……詣臺""召詣尚書臺"等,皆爲"受召前往尚

---

① 《後漢書》,第 560 頁。
② 《資治通鑑》,第 1707 頁。
③ 《三國志》,第 1329 頁。
④ 《史記》,第 397、3205 頁。
⑤ 《漢書》,第 3108 頁。
⑥ 《後漢書》,第 276 頁。
⑦ 《漢書》,第 3475 頁。
⑧ 《後漢書》,第 1538、1083、2495 頁。
⑨ 《後漢書》,第 2022、2762 頁。
⑩ 《初學記》,中華書局,1962 年,第 270 頁。
⑪ 《資治通鑑》,第 2117 頁。

書臺報到"之意,而非指受召而拜詣尚書。

"召詣""徵詣"等後又可承接"廷尉",《史記》卷五七《絳侯周勃世家》:"景帝罵之曰:'吾不用也。'召詣廷尉。廷尉責曰:'君侯欲反邪?'"①似乎此句中兩"廷尉"皆作官職名。其實,前一"廷尉"即爲廷尉府,爲機構之名,後一"廷尉"乃官職之稱。古史廷尉府常省作"廷尉",《周勃世家》下文又叙此事,曰:"初,吏捕條侯,條侯欲自殺,夫人止之,以故不得死,遂入廷尉。"②"遂入廷尉"正與上引"召詣廷尉"相對應,可知"召詣廷尉"之"廷尉"乃官署名,而"廷尉問曰"之"廷尉"乃官職名。《漢書》卷四〇《周勃傳》紀此事與《史記》同,而《漢書》卷四《文帝紀》也載此事曰:"絳侯周勃有罪,逮詣廷尉詔獄。"③"詣廷尉詔獄"即前往廷尉府之詔獄,此也可與前引《史記》"召詣廷尉""遂入廷尉"相對讀,更可證"召詣"後承乃處所名而非爲人稱。《後漢紀》卷二二《桓帝紀下》:"覽後以誣弼謗訕朝政,徵詣廷尉。"④而《後漢書》卷六四《史弼傳》載此事曰"下廷尉詔獄"。⑤

《漢書》卷九〇《酷吏傳·田延年》:"使者召延年詣廷尉。"⑥《後漢書》卷五六《王龔傳》:"夫三公尊重,承天象極,未有詣理訴冤之義。"唐李賢注:"哀帝時,丞相王嘉有罪,召詣廷尉詔獄。"《後漢書》卷五〇《梁節王劉暢傳》:"有司請徵暢詣廷尉詔獄,和帝不許。"卷四六《鄧禹傳》:"又中郎將任尚嘗遺鳳馬,後尚坐斷盜軍糧,檻車徵詣廷尉。"⑦以上"廷尉"均爲官署名,乃"廷尉府"之省稱。

從句法上看,"召詣""徵詣"所承之賓語均當爲處所名,而不能承以人稱。如此,校《班固傳》"召詣校書部"爲"召詣校書郎";或校之曰"召詣校書",謂"校書"乃"校書郎"之省,皆與句法不合,難以信從。

因此,《班固傳》作"召詣校書部"不可謂誤。《初學記》等引《東觀記》文作"校書",恐亦非誤文。唐劉知幾《史通》卷一二《外篇·古今正史》亦作:"帝意乃解,即出固,徵詣校書。"⑧《史通》引文不錄原文而多以意裁取,其文也應本自《東觀記》。"校書"可稱校書之職,亦可謂"校書部"之機構,《御覽》卷四八四引謝承《後漢書》作"永平五年,超兄固被召詣校書";上引

---

① 《史記》,第2079頁。
② 《史記》,第2079頁。
③ 《漢書》,第121頁。
④ 《後漢紀》,第610頁。
⑤ 《後漢書》,第2111頁。
⑥ 《漢書》,第3666頁。
⑦ 《後漢書》,第1820、1676、616頁。
⑧ (唐)劉知幾撰,(清)浦起龍釋:《史通通釋》,第314頁。

《初學記》卷二一引《東觀記》作"徵詣校書";宋佚名《翰苑新書前集》卷二四《秘書省》載亦曰:"明帝召班固詣校書,除蘭臺令史。"①此"校書"正爲"校書部"之省稱也,若"尚書"之於"尚書臺"、"太尉"之於"太尉府"、"廷尉"之於"廷尉府"、"中尉"之於"中尉府"之屬。諸如"尚書""太尉""廷尉"等既可指官署名,又可稱官職名的詞,在史籍中觸處可見。因此,"校書""校書部"辭異而實同,意皆可通,是《後漢書》《東觀記》二書所記有別,而不必遽定是非。

另,《後漢書》卷四七《班超傳》載:"永平五年,兄固被召詣校書郎,超與母隨至洛陽。"李賢注:"校書郎,解見《班固傳》。"②

此句亦頗有疑意。如前所論,"召詣""徵詣"等詞,其後不可承接以人稱,若作"被召詣校書郎",③則文辭難通。因此,從句法角度看,原文應當有兩種可能,一是作"被召詣校書部";二或當作"被召詣校書",而絕無可能作"被召詣校書郎"。

前引《御覽》卷四八四引謝承《後漢書》提供了一條重要綫索:"永平五年,超兄固被召詣校書,超與母隨至洛陽。"④根據校勘原則,對比《御覽》所載,此處校作"召詣校書"的可信度顯然更高。然則,李賢注文曰"校書郎,解見《班固傳》",恐亦非誤文。《固傳》"召詣校書部",李賢注曰"前書《固叙傳》曰:'永平中爲郎,典校秘書。'"此正解班固召詣校書部,拜校書郎之事。考李賢所注之辭,有解詞者,有解事者。解事之語,所注之辭則無須泥引原文。如卷五四《楊震傳》"秉上言三署見郎七百餘人",李注云:"三署郎,解見《安帝紀》。"卷一八《吳漢傳》"發北軍五校",李注曰:"漢置南北軍五校,解見《順帝紀》。"卷三八《楊璇傳》"而景風之賞未甄",李注云:"景風至則行賞,解見《和紀》。"⑤皆其例。此注曰"校書郎",乃指班固徵詣校書,拜校書郎之事,故注語曰"校書郎,解見《班固傳》。"《班超傳》作"校書郎",極有可能爲抄者不明章懷注例,據注文誤衍"郎"字。

另外,有關"蘭臺令史"一職,典籍所載亦頗有異:

《後漢書》卷四〇《班固傳》:"顯宗甚奇之,召詣校書部,除蘭臺令史,

---

① (宋)無名氏:《翰苑新書前集》,《景印文淵閣四庫全書》,第949冊,第195頁。
② 《後漢書》,第1571頁。
③ "被召詣"用法與"召詣"大體相同,如《漢書》卷七四《丙吉傳》:"吉以故廷尉監征。"唐顏師古注曰:"被召詣京師。"古籍又多有"被徵詣",例多不具,其用與"徵詣"大略相同。"召詣""徵詣"等詞本身即可表被動。
④ 《太平御覽》,第2218頁。
⑤ 《後漢書》,第1772、684、1288頁。

與前睢陽令陳宗、長陵令尹敏、司隸從事孟異共成世祖本紀。遷爲郎,典校秘書。"李賢注:"《漢官儀》曰:'蘭臺令史六人,秩百石,掌書劾奏。'"①

又卷四七《班超傳》:"帝乃除超爲蘭臺令史,後坐事免官。"李賢注引《續漢志》:"蘭臺令史六人,秩百石,掌書劾奏及印主文書。"②

《續漢志》卷二六《百官志三》曰:"蘭臺令史,六百石。本注曰:掌奏及印工文書。"③

有關"蘭臺令史",《續漢志》與李賢注引文有異,點校本皆未出校。曹金華認爲,蘭臺令史先百石,或增至六百石,《班超傳》李賢注引《續漢書》不當謂蘭臺令史"秩百石"。④ 此說多臆測而無據。

"令史"在東漢主要爲中央部門所設屬吏,乃掌管文書之類的低級官員,大致相當於今"秘書"之職,其秩不可能爲六百石。對此,理明早已辨之。⑤《固傳》載,固先除蘭臺令史,後遷校書郎。《續漢志》卷二五《百官志二》曰:"郎中,比三百石。"卷三〇《輿服志下》亦曰:"郎中秩皆比三百石。"如此,蘭臺令史一職官秩不過三百石甚明。

王文錦等點校《通典》時認爲,《續漢書》"蘭臺令史六百石","六"爲衍文。⑥ 理明也從其說。⑦

吳從祥認爲,《百官志》"蘭臺令史"前置十餘種"令"職,且多數秩爲六百石,故"蘭臺令史六百石",應爲"蘭臺令,六百石。""史"爲衍文。⑧

考之典籍,皆未見有載"蘭臺令"一職者,《通典》卷二六《職官八》明確指出:"後於蘭臺置令史十八人。"注曰:"秩百石,屬御史中丞。"⑨《唐六典》卷一〇《祕書省》曰:"御史中丞掌殿中蘭臺秘書圖籍,因置蘭臺令史典校其書。"⑩ 諸書均未及"蘭臺令"一職,蘭臺令史之主官即爲御史中丞。

以《續漢志·百官志》所述百官體例來看,《志》所紀之官,皆以次記其官名、員額、官秩,即使無定員者,其下亦當有注。以《百官志三》"少府"以下爲例,《志》載"少府,卿一人,中二千石";"太醫令一人,六百石";"侍中,

---

① 《後漢書》,第1344頁。
② 《後漢書》,第1571頁。
③ 《後漢書》,第3600頁。
④ 曹金華:《後漢書稽疑》,第524頁。
⑤ 理明:《"蘭臺令史"官秩考異》,《浙江檔案》1997年第8期。
⑥ 《通典》,第1001頁。
⑦ 理明:《"蘭臺令史"官秩考異》,《浙江檔案》1997年第8期,第40—41頁。
⑧ 吳從祥:《漢代蘭臺考辨》,《蘭臺世界》2015年12月上旬刊。
⑨ 《通典》,第735頁。
⑩ 《唐六典》,第298頁。

比二千石。本注曰：無員"；"中常侍,千石。本注曰：宦者,無員"；"黃門侍郎,六百石。本注曰：無員"；"御史中丞一人,千石"等等,①無一不合其例。作"蘭臺令史,六百石""蘭臺令史,百石"或"蘭臺令,六百石",皆與書例不合。

據此,《百官志》所述"蘭臺令史,六百石","六"下脱"人"字,原文應當作"蘭臺令史,六人,百石"。此亦與李賢注引《續漢書》《漢官儀》相合。

72. 自論

《後漢書》卷四〇下《班固傳》："固自以二世才術,位不過郎,感東方朔、楊雄自論,以不遭蘇、張、范、蔡之時,作《賓戲》以自通焉。"（1373頁）

按,"自論",《漢書》卷一〇〇上《叙傳上》作"自諭"；②《文選》卷四五班固《答賓戲並序》作"自喻"。③"諭"即"喻",據文意,當以"自喻（諭）"爲勝。李賢注云："東方朔《答客難》曰：'使蘇秦、張儀與僕並生,曾不得掌故,安敢望侍郎乎？'楊雄《解嘲》曰：'范睢,魏之亡命也。蔡澤,山東之匹夫也。有談范、蔡於許、史之閒,則狂矣。'固所作《賓戲》,事見前書。"④由此,東方朔、揚雄撰文以蘇、張、范、蔡之遭際而喻己者,甚明矣。"自喻",自解、自明也。《漢書》卷六五《東方朔傳》曰："朔因著論,設客難己,用位卑以自慰諭。"⑤"慰諭"近義連文；"自慰諭"即自我寬慰、自解之義。范《書》載"感東方朔、楊雄自喻,以不遭蘇、張、范、蔡之時,作《賓戲》以自通焉。""自通",自解、自明也,其義正與"自喻"相應,可證作"自喻"於意更勝。《後漢書》卷六〇下《蔡邕傳下》："感東方〔朔〕客難及揚雄、班固、崔駰之徒設疑以自通,乃斟酌群言,韙其是而矯其非,作《釋誨》以戒厲云爾。"⑥"自通",猶"自喻"。

73. 決

《後漢書》卷四一《第五倫傳》："每讀詔書,常歎息曰：'此聖主也,一見決矣。'等輩笑之曰：'爾說將尚不下,安能動萬乘乎？'倫曰：'未遇知己,道不同故耳。'"（1396頁）

"此聖主也,一見決矣",《御覽》卷五九三引《東觀記》作"此聖主也,當何由一得見快矣。"⑦吳樹平據以輯,校曰："'快',聚珍本作'決',范曄《後

---

① 《後漢書》,第3592頁。
② 《漢書》,第4425頁。
③ 《文選》,第633頁。
④ 《後漢書》,第3592頁。
⑤ 《漢書》,第2864頁。
⑥ 《後漢書》,第1980頁。
⑦ 《太平御覽》,第2669頁下欄。

漢書·第五倫傳》亦作'決'。按二字義雖不同,然於此皆可通。'快',言其心情暢快。'決',猶今言見分曉。"①

按,作"快"意較勝。第五倫已明光武乃聖主,似不必謂見面乃能見分曉。《後漢紀》卷一〇《明帝紀下》作:"常嘆曰:'此真聖主也,當何由得一見也?'"②"快"乃滿足、稱意之義。此義自漢魏以來始用,乃中古新義。《廣雅》卷二下《釋詁》:"逞、苦、曉、佼,快也。"③是"快"猶"逞"也。《玉篇·辵部》:"逞,快也。"又《心部》曰:"快,可也。"④唐慧琳《一切經音義》卷三二"悇説"注引《考聲》:"悇,適意也。"⑤"悇"即"快"字。《廣韻·夬韻》:"快,稱心也。"《急就篇》卷一:"用曰約少誠快意。"宋王應麟補注:"快,稱心也。"⑥《左傳·桓公六年》:"今民餒而君逞欲,祝史矯舉以祭,臣不知其可也。"晉杜預注:"逞,快也。"⑦"逞欲",滿足心中所慾也。實現心中所願,即謂之"逞",《左傳·昭公二十五年》:"魯君失民矣,焉得逞其志?"⑧"逞其志",言滿足心中所願。《後漢書》卷五九《張衡傳》:"遇九皋之介鳥兮,怨素意之不逞。"唐李賢注:"逞,快也。"⑨"意之不逞",即志之不逞,言心中所願無法實現。

據此,《後漢書》之"決"當作"快"。"一見快",言若能一見帝面,當得償所願。言能申其志,施其能也。故此,或笑之曰:"爾説將尚不下,安能動萬乘乎?"此言縱能見帝面,也無得動搖帝心,申其抱負也。

74. 夭傷

《後漢書》卷四三《樂恢傳》:"陛下富於春秋,纂承大業,諸舅不宜幹正王室,以示天下之私。經曰:'天地乖互,眾物夭傷。君臣失序,萬人受殃。'政失不救,其極不測。方今之宜,上以義自割,下以謙自引。"(1478頁)

校勘記曰:"眾物夭傷 按:汲本'夭'作'大'。"

按,《後漢紀》卷一三《孝和皇帝紀上》作"眾生夭傷";⑩《通志》卷一〇

---

① 《東觀漢記校注》,第687頁。
② 周本(第295頁)、中華本(第197頁)、李本(第129頁)均同。按,袁《紀》"一見"下脱"快"字,疑抄者不明"快"義而删,當據補。
③ (漢)揚雄撰,華學誠彙證:《揚雄方言校釋彙證》,中華書局,2006年,第207頁。
④ 《大廣益會玉篇》,第350、260頁。
⑤ 《一切經音義三種校本合刊(修訂版)》,第1047頁。
⑥ 劉桓編著:《新見漢牘〈倉頡篇〉〈史篇〉校釋》,中華書局,2019年,第134頁。
⑦ 《春秋左傳正義》,(清)阮元校刻《十三經注疏(清嘉慶刻本)》,第3799頁。
⑧ 《春秋左傳正義》,(清)阮元校刻《十三經注疏(清嘉慶刻本)》,第4576頁。
⑨ 《後漢書》,第1918頁。
⑩ 《後漢紀》,張烈點校《兩漢紀》,第253頁。

九上、《册府》卷五三六載此皆作"夭傷"。①"夭傷"乃古之成詞,謂夭亡也。"傷"亦喪亡也,與"夭"義同。《漢語大詞典》收"夭傷",釋義爲"夭折損傷",②似不確。"夭""傷"同義連文,均爲夭亡義。"傷"亦作"殤",《廣韻·漾韻》:"傷,未成人。或作'殤'。"③《戰國策·秦策三》:"富貴顯榮,成理萬物,萬物各得其所;生命壽長,終其年而不夭傷。'"④《漢書》卷六三《武五子傳》:"陰陽不和則萬物夭傷,父子不和則室家〔散〕〔喪〕亡。"又卷八五《谷永傳》:"山崩川潰,水泉踊出,妖孽並見,茀星耀光,饑饉荐臻,百姓短折,萬物夭傷。"⑤

"夭傷"又作"夭殤"。《逸周書》卷六《謚法解》:"短折不成曰殤;未家短折曰殤。"清盧文弨校曰:"《正義》'殤'作'傷'。"⑥《列子·黄帝》:"其民無嗜慾,自然而已。不知樂生,不知惡死,故無夭殤;不知親己,不知疏物,故無愛憎。"⑦"夭殤",《御覽》卷七九引作"夭傷"。⑧ 三國吳竺律炎共支謙譯《摩登伽經》卷下:"月在畢宿,而地動者,懷孕婦人,胎多夭殤,諸果凋落,飢饉疾疫,兵刀相害。""殤",宋、元、明本皆作"傷"。蕭齊求那毗地譯《百喻經》卷一《婆羅門殺子喻》:"有人問婆羅門言:'汝何故哭?'婆羅門言:'今此小兒七日當死,愍其夭傷,以是哭耳。'""傷",宋、元、明本皆作"殤"。⑨

據此,汲本"大"當作"夭"。"夭傷"即"夭殤",乃夭亡義,《漢語大詞典》釋爲"夭折損傷",殆爲望文,似未中其鵠。

75. 逐出

《後漢書》卷四三《何敞傳》李賢注引《史記》曰:"公儀休相魯,食茹而美,拔園葵而棄之,見布好而逐出其家婦,燔其機,云'欲令農士女工安得奪其貨乎'?"(1482頁)

---

① 《册府元龜》,第6125頁。
② 《漢語大詞典》卷二,第1460頁。
③ 余迺永校注:《新校互注宋本廣韻(定稿本)》,第425頁。
④ 《戰國策》,第212頁。《漢語大字典》(第2版)引于省吾先生説,"傷"通"喪",舉本例爲證,似可商。
⑤ 《漢書》,第2744、3467頁。
⑥ 黄懷信等:《逸周書彙校集注》,第678頁。
⑦ 《列子集釋》,第43頁。
⑧ 《太平御覽》,第369頁上欄。
⑨ 《大正新修大藏經》,新文豐出版社,1983年,第21册,第408頁上欄;第53册,第544頁下欄。

按,"逐出"疑誤。《史記》卷一一九《循吏列傳》作"疾出其家婦",①諸本引作"逐出"者,殆不可信。兩漢以前休妻多曰"出",而罕言"逐出"者。如《左傳·哀公十一年》:"初,疾娶於宋子朝,其娣嬖,子朝出,孔文子使疾出其妻而妻之。"②《儀禮·喪服》:"出妻之子爲母。"漢鄭玄注:"出猶去也。"是"出妻"又可言"去妻"也,唐賈公彦疏:"此謂母犯七出。去,謂去夫氏或適他族,或之本家,子從而爲服者也。七出者:無子一也,淫泆二也,不事舅姑三也,口舌四也,盜竊五也,妒忌六也,惡疾七也。天子諸侯之妻,無子不出,唯有六出耳。"③《儀禮·士昏禮》:"姆纚笄宵衣,在其右。"唐賈公彦疏引《家語》曰:"婦人有七出:不順父母出,淫辟出,無子出,不事舅姑出,惡疾出,多舌出,盜竊出。"④《戰國策·秦策四》:"薛公入魏而出齊女。"漢高誘注:"婦人大歸曰出。"⑤《後漢書》卷七九《儒林傳上·楊政》:"范升嘗爲出婦所告,坐繫獄,政乃肉袒,以箭貫耳,抱升子潛伏道傍,候車駕。"⑥《後漢紀》卷一二《孝章皇帝紀》:"超聞邑言,歎曰:'身非曾參而有三至之讒,恐見疑於當世。'遂去其妻。"⑦

"出"又可作"黜""絀"。《國語·周語中》:"十八年,王黜狄后。狄人來誅殺譚伯。""黜",《史記》作"絀",二者通。三國韋昭注:"黜,廢也。"⑧《列子·周穆王》:"華子既悟,迺大怒,黜妻罰子,操戈逐儒生。"《韓非子·外儲說左上》:"蔡女爲桓公妻,桓公與之乘舟,夫人盪舟,桓公大懼,禁之不止,怒而出之。"⑨《楚辭》卷一六《劉向〈九歎·愍命〉》:"蔡女黜而出帷兮,戎婦入而彩綉服。"⑩《孔叢子·居衛》:"齊尹文子生子,不類,怒而杖之,告子思曰:'此非吾子也。吾妻殆不婦,吾將黜之。'"⑪《後漢紀》卷二三《孝靈

---

① 《史記斠正》曰:"《考證》:楓、三本'疾'作'逐'。施之勉云:《書鈔》三十八、四十九引,'疾'並作'逐'。《漢書·何敞傳》注亦作'逐'。案唐李亢《獨異志》中,疾亦作逐。後贊文'公儀子見好布,而家婦逐。'與此作'逐'相應。《藝文類聚》六五、《御覽》八二六引並作'去',《漢紀》十一同。《御覽》八百二十引《韓子》曰:'公儀休相魯,其妻織布。休曰:"汝豈與世人爭利哉?"遂燔其機。'"參王叔岷:《史記斠正》卷一一九,中華書局,2007年,第3232頁。新校本《史記》亦載另有本作"遂",詳參《史記(修訂本)》,中華書局,2014年,第3772頁。
② 《春秋左傳正義》,(清)阮元校刻《十三經注疏(清嘉慶刻本)》,第4706頁。
③ 《儀禮注疏》,(清)阮元校刻《十三經注疏(清嘉慶刻本)》,第2390頁。
④ 《儀禮注疏》,(清)阮元校刻《十三經注疏(清嘉慶刻本)》,第2084頁。
⑤ 郭人民著,孫順霖補正:《戰國策校注繫年補正》,中州古籍出版社,2020年,第207頁。
⑥ 《後漢書》,第2552頁。
⑦ 《後漢紀》,張烈點校《兩漢紀》,第228頁。
⑧ 徐元誥:《國語集解》,第50頁。
⑨ (清)王先慎撰,鍾哲點校:《韓非子集解》,中華書局,1998年,第275頁。
⑩ 《楚辭補注》,第303頁。另,原校曰:"一本'女'下有'疾'字。"
⑪ 《孔叢子校釋》,第130頁。

皇帝紀》："元艾婦夏侯氏，有三子，便遣歸家，將黜之，更索隗女也。"其中"黜"，蔡宗堯本作"出"。①《後漢書》卷六八《郭太傳》作："允聞而黜遣其妻夏侯氏。"②

又可曰"棄""遣"等，如漢簡《史篇》第二四："盜竊蔽匿，往來口舌，反覆謾欺，承夫不謹，毋子絶字，義皆當棄，慎毋久置。"③《詩經·邶風·谷風》下毛傳引申培曰："邶之良婦，見棄于夫，而作是詩。"④《後漢書》卷六八《郭太傳》："允聞而黜遣其妻夏侯氏。婦謂姑曰：'今當見棄，方與黃氏長辭，乞一會親屬，以展離訣之情。'"⑤

因此，《後漢書》作"逐出"殆不可信。"逐"恐爲後世轉寫之訛，似當以"疾"爲是。⑥"疾"有憎惡之義，《禮記·少儀》："有亡而無疾。"唐孔穎達疏："疾猶憎惡也。"⑦《史記》卷六九《蘇秦列傳》："方誅商鞅，疾辯士，弗用。"⑧"疾出"，言憎而去之也。《漢書》卷五六《董仲舒傳》作"怒而出其妻"，⑨正與"疾出其家婦"句意相近，亦可證字本當作"疾出"。⑩

76. 省瘦

《後漢書》卷四五《袁閎傳》："既至府門，連日吏不爲通，會阿母出，見閎驚。"（1525頁）

李賢注引謝承《後漢書》曰："乳母從内出，見在門側，面貌省瘦，爲其垂泣。閎厚丁寧：'此間不知吾，慎勿宣露也。'"

曹金華《稽疑》校曰："按，'省'當作'消'，形近而訛，周天游《八家後漢書輯注》錄之作'消'。"⑪

按，"省瘦"當不誤，"省瘦"乃成詞，義即消瘦。《漢書》卷九七《外戚傳》："嫶妍太息，嘆稚子兮。"唐顔師古注引晉灼曰："三輔謂憂愁面省瘦曰

---

① 《後漢書》卷六八《郭太傳》作"子艾"。同卷《符融傳》亦作"梁國黃子艾"，李賢注引謝承《後漢書》曰："文經、子艾，曜名遠近。"袁《紀》作"元"疑誤。
② 《後漢書》，第2230頁。
③ 劉桓編著：《新見漢牘〈蒼頡篇〉〈史篇〉校釋》，中華書局，2019年，第185頁。
④ 《後漢紀》，張烈點校《兩漢紀》，第451頁。
⑤ 《後漢書》，第2230頁。
⑥ "疾"俗書有作"遬"，與"逐"形近。《太平廣記》卷四七八引李玫《纂異記》："其行迅遬。"掃葉山房本作"遬"，明談刻本、中華書局本作"迅疾"。參《漢語大字典（第2版）》，第4130頁。
⑦ 《禮記正義》，(清) 阮元校刻《十三經注疏（清嘉慶刻本）》，第3278頁。
⑧ 《史記》，第2242頁。
⑨ 《漢書》，第2528頁。
⑩ "逐"亦有可能爲"遬"之訛字，但據文意及異文，作"疾"似更有理。
⑪ 曹金華：《後漢書稽疑》，第601頁。

'譙冥'。'譙冥'猶譙姸也。"①"省瘦"古書又多寫作"眚瘦",《周禮·夏官·司馬》:"馮弱犯寡則眚之。"漢鄭玄注:"眚猶人眚瘦也。"②清段玉裁《說文解字注》"眚"下引《周禮》注曰:"眚,猶人省瘦也,四面削其地。按,'省瘦'亦作'眚瘦',俗云'瘦省'。"③宋王安石《寄張劍州并示女弟》:"烏辭反哺顛毛黑,鳥引思歸口血丹。行路想君今瘠瘦,相逢添我老悲酸。"校曰:"'瘠',原作'眚',據大德本改。"④如此,作"省瘦"不誤。

77. 書文

《後漢書》卷四六《陳寵傳》:"其後荇復徵咸,遂稱病篤。於是乃收斂其家律令書文,皆壁藏之。"(1548頁)

曹金華《稽疑》:"'書文'當作'文書'。《後漢紀》卷一五作'斂家中律令文書壁藏之',《御覽》卷六三七引《東觀記》作'乃收家中律令文書壁藏之'。"⑤

按,《稽疑》所論待商。《通典》卷一七〇、《册府》卷四六六、《東漢會要》卷三六載皆作"書文"⑥。"書文"猶"文書",義爲典籍,⑦如《後漢書》卷一一《劉玄傳》:"漢起,驅輕黠烏合之衆,不當天下萬分之一,而旌旃之所撝及,書文之所通被,莫不折戈頓顙,爭受職命。"⑧"書文"即書籍也。《論衡》卷二八《書解》:"文儒之業,卓絕不循,人寡其書,業雖不講,門雖無人,書文奇偉,世人亦傳。"⑨《太平經》卷四一《件古文名書訣》:"迺與衆賢明大德共訣之,以類更相微明,去其復重,次其辭文而記置之,是名爲得天地書文及人情辭,究竟畢定,其善訣事,無有遺失,若絲髮之間。"⑩"書文"蓋典籍義。

---

① 《漢書》,第3955頁。
② 《周禮注疏》,(清)阮元校刻《十三經注疏(清嘉慶刻本)》,第1802頁。
③ 《說文解字注》,第134頁。
④ 《王安石文集》,第369頁。"省"又作"瘠"或"骼",《集韻·梗韻》:"瘠,瘦謂之瘠,或從骨。"字又作"痉",《龍龕手鏡》卷四下《疒部》:"痉俗。瘠正。"參早稻田大學藏本《龍龕手鏡》卷四下,第一九頁。另睡虎地秦簡《日書》甲簡86正壹有"痉"字,疑即"眚",參睡虎地秦墓竹簡整理小組編:《睡虎地秦墓竹簡》,文物出版社,1990年,第192頁。
⑤ 曹金華:《後漢書稽疑》,第611頁。
⑥ 《通典》,第4410頁;《册府元龜》,第5259頁;《東漢會要》,第386頁。
⑦ 《大詞典》釋義爲"文書",引例即爲此,另見南朝齊謝超宗《嘉胙樂》例:"聲正涵月軌,書文騰日迹。"參《漢語大詞典》卷五,第715頁。按,釋爲"文書"恐欠準確,另所具"書文"例亦非爲詞,"文",善也,"書文"乃文辭華美之義。"書文"與"聲正"對仗,俱爲主謂結構,"聲正"謂聲律雅正。
⑧ 《後漢書》,第476頁。
⑨ 黃暉:《論衡校釋》,第1151頁。
⑩ 王明點校:《太平經合校》,中華書局,2014年,第89頁。

《晉書》卷四六《劉頌傳》："唐虞以前，書文殘缺，其事難詳。"①"書文"，皆典籍之義。

"文書"亦有典籍義，《史記》卷六《秦始皇本紀》："廢王道，立私權，禁文書而酷刑法，先詐力而後仁義，以暴虐爲天下始。"②《論衡》卷七《語增》："言燔燒詩書，滅去五經文書也；坑殺儒士者，言其皆挾經傳文書之人也。燒其書，坑其人，詩書絕矣。"③"書文""文書"義同，皆爲典籍義。故此"書文"不煩校改。

78. 心

《後漢書》卷四六《陳寵傳》："躬生寵，明習家業，少爲州郡吏，辟司徒鮑昱府。是時三府掾屬專尚交遊，以不肯視事爲高。寵常非之，獨勤心物務，數爲昱陳當世便宜。昱高其能，轉爲辭曹，掌天下獄訟。"（1548頁）

《御覽》卷四三一引《東觀記》作"以不肯親事爲高"。④《東觀漢記校注》卷一六《陳寵傳》輯此，吳樹平校曰："'以'，聚珍本作'心'，范曄《後漢書·陳寵傳》同。按'心'字義長。"⑤

按，中華本《後漢書》卷四六《陳寵傳》作"以"而不爲"心"，吳氏失檢。《後漢紀》卷一五《殤帝紀》亦作"以"。"以……爲高"爲古語所習見，作"以"爲長。

另，《御覽》卷二四九引華嶠《後漢書》作"不肯親事，但出入養虛"；⑥袁宏《後漢紀》卷一五《殤帝紀》、《御覽》卷四三一引《東觀記》、《通典》卷二〇、《冊府》卷八四四載均作"親事"。⑦ 按，此當以"親事"更勝。"親事"言操持具體事務，而"視事"常指就職上任。⑧ 從文意看，三府之掾吏非不願任職授事，而是不肯處理具體的官府事務，卻以交游爲尚。華嶠《書》作"時俗三府掾屬不肯親事，但出入養虛"，更可知時三府掾吏多尚營虛，不務實事，故陳寵"常非之，獨勤心物務"。"勤心物務"，言勤心於具體事務，此正與前

---

① 《晉書》，第1297頁。
② 《史記》，第283頁。
③ 黃暉：《論衡校釋》，第354頁。
④ 《太平御覽》，第1985頁。
⑤ 《東觀漢記校注》，第722頁。
⑥ 《太平御覽》，第1176頁。
⑦ 《後漢紀》，張烈點校《兩漢紀》，第297頁；《太平御覽》，第1985頁；《通典》，第521頁；《冊府元龜》，第9811頁。另《御覽》卷六三九引《後漢書》作"視事"，參《太平御覽》，第2861頁。
⑧ "親事""視事"之辨，可詳參本書第二編《〈後漢紀〉叢考》"親事"條。

文"三府掾屬不肯親事"相對比,可證"勤心物務"與"親事"義相合。據此,作"親事"更洽文意。

79. 前人

《後漢書》卷四六《陳寵傳》:"帝敬納寵言,每事務於寬厚。其後遂詔有司,絕鉆鑽諸慘酷之科,解妖惡之禁,除文致之請讞五十餘事,定著于令。"李賢注:"文致謂前人無罪,文飾致於法中也。"(1549頁)

點校本校勘記曰:"文致謂前人無罪文飾致於法中也 按:《校補》引柳從辰説,謂'前'字疑'其'字之誤。"

按,"前"不誤,"前人"乃中古常詞,猶"別人""對方"。項楚論曰:"'前人'本爲文牘用語,猶云'對方'……惟使用中已不限于文牘。"①唐劉肅《大唐新語》卷七《容恕》:"夫前人唾者,發於怒也,汝今拭之,是逆前人怒也。唾不拭而自乾,何如笑而受之?"②"前人"猶別人也。

80. 皇后弟侍中竇憲

《後漢書》卷四六《陳寵傳》:"皇后弟侍中竇憲,薦真定令張林爲尚書,帝以問寵,寵對'林雖有才能,而素行貪濁',憲以此深恨寵。"(1553頁)

李賢注:"臣賢案:《竇后紀》及《憲傳》並云憲竇后兄,今諸本皆言弟,蓋誤也。"

曹金華《稽疑》曰:"《後漢紀》卷一一作'皇后弟竇憲',范《書》或因此誤。"③

按,李注甚是。《後漢紀》卷一一《章帝紀》載"皇后弟竇憲侍中貴幸",④蓋亦誤也。除卻李注所言"《竇后紀》及《憲傳》並云憲竇后兄",餘者亦有所載,其中《竇憲傳》載章帝敕班固勒竇憲功,其銘曰:"'惟永元元年秋七月,有漢元舅曰車騎將軍竇憲,寅亮聖明,登翼王室,納于大麓,惟清緝熙。'"元舅,長舅也,漢魏時多以之稱太后之兄。又卷四《和帝紀》載竇太后詔曰:"……侍中憲,朕之元兄,行能兼備,忠孝尤篤,先帝所器,親受遺詔,當以舊典輔斯職焉。"此更爲憲乃竇后兄之明證。又卷七八《宦者傳·鄭衆》:

---

① 項楚:《〈王梵志詩校輯〉匡補》,《中華文史論叢》1985年第1輯(總第33輯),第111—112頁;又收入氏著《敦煌文學叢考》,上海古籍出版社,1991年,第487頁。
② (唐)劉肅撰,許德楠、李鼎霞點校:《大唐新語》,中華書局,1984年,第108頁。
③ 曹金華:《後漢書稽疑》,第613頁。
④ 《後漢紀》,張烈點校《兩漢紀》,第217頁。

"時竇太后秉政,后兄大將軍憲等並竊威權。"①《東觀漢記校注》卷一八《鄭衆傳》亦曰:"和帝初,竇太后秉政,兄大將軍憲等並竊威權。"(出聚珍本)②《續漢志》卷一三《五行志一》:"章帝時,竇皇后兄憲以皇后甚幸於上,故人人莫不畏憲。"又卷一五《五行志三》:"是時和帝幼,竇太后攝政,其兄竇憲幹事,及憲諸弟皆貴顯,並作威虐。"又卷一六《五行志四》:"是時竇太后攝政,兄竇憲專權。"又卷一八《五行志六》:"是月十九日,上免太后兄弟竇憲等官,遣就國,選嚴能相,於國蹙迫自殺。"③據此,可知李注甚確。此范《書》、袁《紀》文均誤,當爲史料舛失所致,而諸本引皆失檢。

81. 洛縣

《後漢書》卷四六《陳寵傳》:"先是(洛)〔雒〕縣城南,每陰雨,常有哭聲聞於府中,積數十年。"李賢注:"(洛)〔雒〕,縣名,故城在今益州雒縣南也。"(1553—1554 頁)

點校本校勘記曰:"先是(洛)〔雒〕縣城南 《集解》引錢大昕説,謂'洛'當作'雒',廣漢郡治所。今據改。注同。"

《御覽》卷五五四引謝承《後漢書》④、《水經注》卷三三載均作"洛縣城南"。⑤ 按,"洛""雒"古常通用,不必校改。《文選》卷一二郭璞《江賦》"聿經始於洛沫",唐李善注:"《漢書》廣漢郡雒縣有漳水,雒水所出,入湔。雒與洛通。"⑥《初學記》卷六《地部中》:"初在犍爲與青衣水、汶水合;至洛縣,與洛水合;東北至巴郡,與涪水、漢水、白水合。"⑦"洛縣"即蜀地之"雒縣"。《史記》卷七《項羽本紀》正義引《括地志》:"後漢都洛陽,改爲雒。漢以火德,忌水,故去'洛'旁'水'而加'隹'。魏於行次爲土。土,水之忌也,水得土而流,土得水而柔,故除'隹'以加'水'。"⑧《漢書》卷二八上《地理志上》顏注云:"魚豢云漢火德忌水,故去'洛''水'而加'隹'。如魚氏説,則光武以後改爲'雒'字也。"⑨可知"洛""雒"可得通用,字不誤。

---

① 《後漢書》,第 815、166、2512 頁。
② 此條出聚珍本,未詳出處,校勘記言"字句與范曄《後漢書·鄭衆傳》大同小異"。參《東觀漢記校注》,第 815 頁。
③ 《後漢書》,第 3268、3308、3328、3332、3362 頁。
④ 《太平御覽》,第 2506 頁上欄。
⑤ 《水經注校證》,第 771 頁。
⑥ 《文選》,第 183 頁下欄。
⑦ 《初學記》,第 123 頁。
⑧ 《史記》,第 318 頁。
⑨ 《漢書》,第 1556 頁。

82. 由無

《後漢書》卷四八《應劭傳》："班固亦云'不如趙母指括以全其宗'。傳曰'僕妾感慨而致死者，非能義勇，顧無慮耳'。"李賢注："言僕妾之致死者，顧由無計慮耳。語見《史記·欒布傳贊》也。"（1611—1612頁）

點校本校勘記曰："顧由是無計慮耳　按：汲本、殿本'由無'作'無由'。"

《史記》卷一〇〇《季布欒布列傳》太史公曰："夫婢妾賤人感慨而自殺者，非能勇也，其計畫無復之耳。"集解引徐廣曰："'復'，一作'冀'。"①《漢書》卷三七《季布欒布田叔傳·贊》曰："夫婢妾賤人，感概而自殺，非能勇也，其畫無俚之至耳。"唐顏師古注："張晏曰：'言其計畫道理無所至，故自殺耳。'蘇林曰：'俚，賴也。言其計畫無所成賴。'晋灼曰：'揚雄《方言》曰"俚，聊也"，許慎曰"賴也"。此爲其計畫無所聊賴，至於自殺耳。'師古曰：'晋説是也。'"②

按，《史記》"無復之"，言計劃無法實現也。"復"，猶履也。《左傳·僖公九年》："荀叔曰：'吾與先君言矣，不可以貳，能欲復言，而愛身乎？'"竹添光鴻會箋："復，履也。言欲踐其言，自不得愛惜其身也。"③《韓非子·解老》："聖人之復恭敬盡手足之禮也不衰。"陳奇猷注引太田方曰："復，猶'克己復禮'之'復'，猶履也。"④唐白居易《與元九書》："上以廣宸聰，副憂勤；次以酬恩獎，塞言責；下以復吾平生之志。"⑤"復吾平生之志"，言實現平生之志也。《漢書》"無俚"，言無所成賴也，蓋與"無復之""無冀之"義近。準此，則《後漢書》李賢注"由無計慮"，當作"無由計慮"。"無由"，沒有途徑，沒有辦法之義。《漢書》卷二二《禮樂志二》："故自公卿大夫觀聽者，但聞（鑑）〔鏗〕鎗，不曉其意，而欲以風諭衆庶，其道無由。""其道無由"，言無由而成其道。《漢書》卷七六《張敞傳》："夫近臣自危，非完計也，臣敞願於廣朝白發其端，直守遠郡，其路無由。"⑥"其路無由"言無由而通其路。"無由計慮"，即言無途徑而爲計慮，計慮無由得施，其與太史公所論意近。因此，作"由無"無意，當據汲本作"無由"。

---

① 《史記》，第2735頁。
② 《漢書》，第1985頁。
③ 〔日〕竹添光鴻會箋：《左氏會箋》，遼海出版社影印本，2008年，第110頁。
④ 陳奇猷：《韓非子新校注》，上海古籍出版社，2000年，上册，第378頁。
⑤ （唐）白居易撰，謝思煒校注：《白居易文集校注》，中華書局，2011年，第324頁。
⑥ 《漢書》，第1072、3218頁。

83. 聖聽

《後漢書》卷四八《應劭傳》："是用敢露頑才，廁于明哲之末。雖未足綱紀國體，宣洽時雍，庶幾觀察，增闡聖聽。惟因萬機之餘暇，游意省覽焉。"（1613頁）

曹金華《稽疑》："按，《晉書·刑法志》引'聽'作'德'。二者繁體形近，當有一訛。"①

按，據文意揆之，作"聖聽"義更勝。"聖"乃古者君王之尊稱，"聖聽"指君王之聽聞，"增闡聖聽"言使君王之聽聞得以增廣彰明。應劭撰具諸文書，其目的應爲供獻帝省覽，而增廣其聞見也。作"增闡聖德"，於君王而言，其辭欠妥，君王之德行恐非臣子敢增廣之。《後漢書》卷六三《李固傳》："其言有中理，即時施行，顯拔其人，以表能者。則聖聽日有所聞，忠臣盡其所知。"《續漢志》卷一八《五行六》劉昭注引馬融上書曰："臣子遠近，莫不延頸企踵，苟有隙空一介之知，事願自效，貢納聖聽。"②"貢納聖聽"意與"增廣聖聽"相近。《魏書》卷四八《高允傳》："臣學不洽聞，識見寡薄，懼無以裨廣聖聽，仰酬明旨。"③《晉書》卷六七《溫嶠傳》："加以玩等之誠，聞於聖聽，當受同賊之責，實負其心。"《晉書》卷三四《羊祜傳》："然臣不能推有德，達有功，使聖聽知勝臣者多，未達者不少。"④《續資治通鑑長編》卷二五二《神宗熙寧七年》："行年六十，未嘗有一言稍涉阿倚以希己利，未嘗有一言不盡理道以補聖聽。'"⑤《宋史》卷四一七《喬行簡傳》："其間亦豈無深憂遠識高出衆見之表，忠言至計有補聖聽之聰者，固未聞采納而用之也。"⑥《元史》卷二四《仁宗紀一》："河東廉訪使趙簡言：'請選方正博洽之士，任翰林侍讀、侍講學士，講明治道，以廣聖聽。'"⑦"聞於聖聽""廣聖聽""補聖聽"等辭，其意皆近。據此可知，《劭傳》當作"聖聽"。⑧

---

① 曹金華：《後漢書稽疑》，第636頁。
② 《後漢書》，第2077、3365頁。
③ 《魏書》，第1073頁。
④ 《晉書》，第1788、1015頁。
⑤ （宋）李燾：《續資治通鑑長編》，中華書局，2004年，第4444頁。
⑥ 《宋史》，第12790頁。
⑦ 《元史》，第557頁。
⑧ "德""聽"形近，典籍常混，《後漢書》卷五二《崔寔傳》："故言事者，雖合聖德，輒見掎奪。"中華本校勘記曰："按：張森楷《校勘記》謂《治要》'德'作'聽'，疑'聽'字是。"（第1736頁）又漢應劭《風俗通義·聲音》："五常爲智，五事爲聽。"校記曰："'聽'原作'德'，朱筠云：'當作聽。'案《漢志》正作'聽'，今據改正。"參王利器校注：《風俗通義校注》，中華書局，1981年，第278頁。

84. 消捐

《後漢書》卷四九《王符傳》："皆單費百縑,用功千倍,破牢爲僞,以易就難,坐食嘉穀,消捐白日。"李賢注："'損'或作'捐'。"（1635頁）

按,"捐"當爲誤字,應作"消損"。"消捐"典籍尟見。漢王符《潛夫論·浮侈》作"消費"。① "消損"義同"消費",二者皆有消磨,消耗義。漢王充《論衡·率性》："孔子引而教之,漸漬磨礪,闓導牖進,猛氣消損,驕節屈折,卒能政事,序在四科。"②三國魏曹植《自試表》："今臣文不昭於俎豆,武不習於干戈,而竊位藩王,尸祿東夏,消損天日,無益聖朝。"③"消損"皆消磨、消耗義。據此,當以"消損"爲是。

85. 繒絲

《後漢書》卷四九《王符傳》："古者必有命然後乃得衣繒絲而乘車馬,今雖不能復古,宜令細民略用孝文之制。"（1635頁）

"繒絲",《潛夫論》卷三《浮侈》作"繒綵"。④ 按,此蓋出《尚書大傳·皋陶謨》："其君然後得乘飾車駢馬,衣文錦。未有命者不得衣,不得乘,乘衣者有罰。"⑤"文錦"爲彩色之錦緞,與"繒綵"義同。《漢書》卷九一《貨殖傳序》："富者木土被文錦,犬馬餘肉粟,而貧者裋褐不完,唅菽飲水。"⑥唐柳宗元《答吳武陵〈非國語〉書》："夫爲一書,務富文采,不顧事實,而益之以誣怪,張之以闊誕,以炳然誘後生,而終之以僻,是猶用文錦覆陷阱也。"⑦"文錦"皆謂彩色之繒帛。

《玉篇·糸部》曰："綵,五綵備也。"⑧唐慧琳《一切經音義》卷八七"紋綵"下引《考聲》曰："綵,繒帛有色者也。"⑨漢賈誼《新書·勢卑》："以漢而歲致金絮繒綵,是入貢職於蠻夷也。"⑩《後漢書》卷八八《西域傳》："其王常欲通使於漢,而安息欲以漢繒綵與之交市,故遮閡不得自達。"⑪唐玄奘、辯

---

① 《潛夫論箋校正》,第127頁。
② 黃暉:《論衡校釋》,中華書局,1990年,第73頁。
③ （三國魏）曹植撰,趙幼文校注:《曹植集校注》,中華書局,2016年,第754頁。
④ 《潛夫論箋校正》,第132頁。
⑤ （清）皮錫瑞:《尚書大傳疏證》,中華書局,2015年,第93頁。
⑥ 《漢書》,第3682頁。
⑦ 《柳宗元集》,第825頁。
⑧ 《大廣益會玉篇》,第949頁。
⑨ 《一切經音義三種校本合刊（修訂版）》,第2026頁。
⑩ 《新書校注》,第153頁。
⑪ 《後漢書》,第2920頁。

機《大唐西域記》卷一《窣利地區總述》："齊髮露頂，或總剪剃，繒綵絡額。"①"繒絲"，古書鮮見其例。《説文·糸部》："繒，帛也。"②"繒"乃絲綢之總名。"絲"，蠶絲也。"繒絲"連言，與此處其義亦不彰。據此，《後漢書》"絲"蓋爲"綵"之誤文。③

86. 牛醫兒

《後漢書》卷五三《黄憲傳》："是時，同郡戴良才高倨傲，而見憲未嘗不正容，及歸，罔然若有失也。其母問曰：'汝復從牛醫兒來邪？'"（1744 頁）

按，《後漢紀》卷二三《靈帝紀上》作"汝復從牛醫兒所來"，④《世説新語·德行》劉孝標注引《典略》⑤亦同。"所"，處也。《後漢書》卷一二《彭寵傳》："令作記告城門將軍云：'今遣子密等至子后蘭卿所，速開門出，勿稽留之。'"又卷四一《第五倫傳》："今來防所，議者咸致疑怪，況乃以爲從事，將恐議及朝廷。"⑥"防所"，馬防處。范《書》"復從牛醫兒來"句意未足，當從袁《紀》"牛醫兒"後補"所"字。

87. 不免之

《後漢書》卷五三《徐穉傳》："時陳蕃爲太守，以禮請署功曹，穉不免之，既謁而退。蕃在郡不接賓客，唯穉來特設一榻，去則縣之。後舉有道，家拜太原太守，皆不就。"（1746 頁）

"穉不免之"，校勘記曰："殿本《考證》引何焯説，謂'免'疑作'就'。《集解》引惠棟説，謂《通鑑》作'稚不之免'，胡注'不辭免也'。袁宏《紀》作'不之起'。"

按，《御覽》卷四七四、《文選》卷三〇沈休文《和謝宣城詩》李善注引謝承《後漢書》均作"穉不免之"；⑦《御覽》卷二四六引《後漢書》亦作"不免之"；⑧袁宏

---

① （唐）玄奘、辯機撰，季羨林等校注：《大唐西域記校注》，中華書局，2000 年，第 72 頁。
② 《説文解字》，第 273 頁。
③ "絲""綵"典籍多混，如《後漢書》卷二《明帝紀》"以青綵飾之"，中華本校勘記曰："殿本、集解本'綵'作'絲'。"（第 126 頁）又如唐王勃《益州德陽縣善寂寺碑》："絲綸既洽，棟宇行周，坤德用寧，陰儀再朗。""絲"下校曰："一作綵。"詳參明周復俊編：《全蜀藝文志》卷四六唐王勃《益州德陽縣善寂寺碑》，《景印文淵閣四庫全書》，第 1381 册，第 634 頁。
④ 《後漢紀》，張烈點校《兩漢紀》，第 454 頁。
⑤ 徐震堮：《世説新語校箋》，中華書局，1984 年，第 2 頁。
⑥ 《後漢書》，第 505、1399 頁。
⑦ 《太平御覽》，第 2174 頁下欄；《文選》，第 433 頁。
⑧ 《太平御覽》，第 1234 頁上欄。

《後漢紀》卷二二《桓帝紀下》作"爲之起"。① 按,"不免之"與"爲之起"意相近。"免",辭也,避退之義。《戰國策·趙策一》:"馮亭垂涕而免曰:'是吾處三不義也。'"宋鮑彪注:"免,辭也。"②《史記》卷四三《趙世家》作"馮亭垂涕不見使者",③是"免"猶"避"也。漢王充《論衡》卷一《累害》:"聖賢不治名,害至不免辟。"④"免辟"即"免避"。"不免之",言不辭避之也。原文當不誤,《通鑑》作"不之免"乃復古之辭,本亦猶"不免之"。

88. 几陽亭

《後漢書》卷五四《楊震傳》:"豐等復惡之,乃請大將軍耿寶奏震大臣不服罪,懷恚望,有詔遣歸本郡。震行至城西几陽亭,乃慷慨謂其諸子門人曰:'死者士之常分。……'"(1766頁)

點校本校勘記曰:"震行至城西几陽亭 汲本、殿本'几'作'夕'。《集解》引惠棟說,謂《東觀記》作'洛陽都亭',袁宏《紀》作'洛陽沈亭',《通鑑》作'几陽亭'。今按:清胡克家翻刻元刊胡注本《通鑑》作'夕陽亭',章鈺校宋刊本《通鑑》三種及明孔天胤本,並作'几陽亭'。"

曹金華《稽疑》曰:"《御覽》卷五五一引《續漢書》作'凡陽亭',《書鈔》卷九二引《續漢書》作'陽亭',而疑作'夕陽亭'是。《种嵩傳》載並州牧董卓'還軍夕陽亭',章懷注:'夕陽亭在河南城西。'《郡國志》有'沈亭',屬汝南平輿縣,非是。"⑤

按,宋錢時《兩漢筆記》卷一一、《册府》卷九〇七引此作"夕陽亭"。⑥清沈欽韓《後漢書疏證》曰:"《伽藍記》'洛陽城西張方橋,即漢之夕陽亭。'《一統志》'唐時爲餞送之所,更名河亭'。"⑦北魏楊衒之《洛陽伽藍記》卷四《城西》:"延伯出師於洛陽城西張方橋,即漢之夕陽亭也。時公卿祖道車騎成列,延伯危冠長劍,耀武於前。"范祥雍校注:"漢洛陽城外門亭有十二,夕陽亭是其一。晉賈充出鎮長安時,百寮餞送於此。"⑧漢應劭《風俗通義·正失》"置都亭下",王利器注曰:"元《河南志》卷二:都亭二十四,華延儁《洛

---

① 《後漢紀》,張烈點校《兩漢紀》,第419頁。點校本《後漢書》校記言袁《紀》作"不之起",誤。
② 諸祖耿校注:《戰國策集注匯考(增補本)》,鳳凰出版社,2008年,第923頁。
③ 《史記》,第1826頁。
④ 黃暉:《論衡校釋》,第17頁。
⑤ 曹金華:《後漢書稽疑》,第692頁。
⑥ (宋)錢時:《兩漢筆記》,《景印文淵閣四庫全書》,第686册,第550頁;《册府元龜》,第14501頁。
⑦ (清)沈欽韓:《後漢書疏證》,上海古籍出版社影印本,2006年,第118頁。
⑧ (北魏)楊衒之撰,范祥雍校注:《洛陽伽藍記校注》,上海古籍出版社,1978年,第191頁。

陽記》曰:'城內都亭二十四:芳林亭,奉常亭,廣世亭,昌益亭,廣莫亭,定陽亭,遮要亭,暴室亭,廣陽亭,西明亭,萬歲亭,夕陽亭,東明亭,視中亭,東因亭,建春亭,止奸亭,德宮亭,東陽亭,千秋亭,安衆亭,孝敬亭,清明亭。'"①《御覽》卷一七八引《郡國志》曰:"洛陽雞臺②有劉曜試弩棚、夕陽亭,賈充出鎮長安,百僚餞送於此。"③清顧炎武《歷代宅京記》卷八《雒陽中》:"出閶闔門城外七里,有長分橋,即漢之夕陽亭也。中朝時以穀水迅急,注於城下,多壞民家,立石橋以限之,長則分流入雒,故名曰長分橋。"④據此,原文作"夕陽亭"較可信。

89. 表識　光識

《後漢書》卷五四《楊秉傳》:"臣奕世受恩,得備納言,又以薄學,充在講勸,特蒙哀識,見照日月,恩重命輕,義使士死,敢憚摧折,略陳其愚。"(1770頁)

點校本校勘記曰:"特蒙哀識　《集解》引王補說,謂袁《紀》'哀識'作'光識'。按:《校補》謂'哀'字疑當作'表'。"

按,"表識",乃標志、旗幟之義,又作"表幟"。《漢書》卷九九下《王莽傳下》:"初,京師聞青、徐賊衆數十萬人,訖無文號旌旗表識,咸怪異之。"唐顏師古注:"識,讀與幟同。"⑤《後漢書》卷一七《馮異傳》:"異爲人謙退不伐,行與諸將相逢,輒引車避道。進止皆有表識,軍中號爲整齊。"又卷七《桓帝紀》:"若無親屬,可於官壖地葬之,表識姓名,爲設祠祭。又徒在作部,疾病致醫藥,死亡厚埋藏。"⑥《三國志》卷六〇《吳志·周魴傳》:"并乞請幢麾數十,以爲表幟,使山兵吏民,目瞻見之,知去就之分已決。"⑦"表幟"一詞皆爲標志、標幟之義,典籍鮮見引申爲"楷模""表率"之義。即使依《校補》,作"特蒙表識",曰楊秉自言自己特被桓帝立爲楷模、表率,於意也有欠允當。

《後漢紀》作"光識",⑧"光識"則未聞,典籍罕見。"光"亦當爲"哀"之訛字,"哀"草書或與"光"相近,故以爲訛。"哀"有矜愛、憐愛之義。《釋

---

① （漢）應劭撰,王利器校注:《風俗通義校注》,中華書局,1981年,第82頁。
② 《太平御覽》卷一七七引《述征記》曰:"西北有鬭雞臺。"參《太平御覽》,第865頁上欄。
③ 《太平御覽》,第868頁上欄。
④ （清）顧炎武:《歷代宅京記》,中華書局,1984年,第146頁。
⑤ 《漢書》,第4179頁。
⑥ 《後漢書》,第641、294頁。
⑦ 《三國志》,第1390頁。
⑧ 《後漢紀》,張烈點校《兩漢紀》,第399頁。

名》卷四《釋言語》:"哀,愛也。愛乃思念之也。"①《吕氏春秋·報更》:"人主胡可以不務哀士?"東漢高誘注:"哀,愛也。"②《後漢書》卷一〇《皇后紀上·序》:"進賢才以輔佐君子,哀窈窕而不淫其色。"③"哀"即愛也。《穆天子傳》卷五:"天子作詩三章以哀民。"晋郭璞注:"哀,猶愍也。"④

"哀識",矜愛賞識也。《三國志》卷六五《吴志·韋曜傳》:"而華覈連上疏救曜曰:'曜運值千載,特蒙哀識,以其儒學,得與史官,貂蟬内侍,承合天問,聖朝仁篤,慎終追遠,迎神之際,垂涕敕曜。'"⑤晋葛洪《神仙傳》卷五《陰長生》:"奉事聖師,承歡悦色,面垢足胝,乃見哀識。遂受要訣,恩深不測。"⑥對比《楊秉傳》"特蒙哀識",可明"哀識"不誤。

又有"哀厚",如《後漢書》卷一九《耿弇傳》李賢注引《續漢書》:"弇曰:'大王哀厚弇如父子,故披赤心為大王陳事。'"⑦"哀厚",矜愛厚待也,與"哀識"義近。"哀",亦多用於臣子所奏之書,明其地位也,如《後漢書》卷四二《光武十王傳·東平憲王蒼》:"臣蒼誠傷二帝純德之美,不暢於無窮也,惟蒙哀覽。"⑧《文選》卷三九南朝梁任昉《啓蕭太傅固辭奪禮》:"近啓歸訴,庶諒窮款,奉被還旨,未垂哀察。"⑨"哀察",矜愛體察也。"哀"均其例。

據此,"哀識"當不誤,《校補》所論待商。另,《册府》卷五三七、《職官分紀》卷一五載亦均作"哀識"。⑩

90. 慢憿

《後漢書》卷五四《楊賜傳》:"又聞數微行出幸苑囿,觀鷹犬之執,極槃遊之荒,政事日墮,大化陵遲。陛下不顧二祖之勤止,追慕五宗之美蹤,而欲以望太平,是由曲表而欲直景,卻行而求及前人也。宜絶慢憿之戲,念官人之重,割用板之恩,慎貫魚之次,無令醜女有四殆之歎,遐邇有憤怨之聲。"(1778頁)

---

① 《釋名》,第52頁。
② 許維遹:《吕氏春秋集釋》,第375頁。
③ 《後漢書》,第397頁。
④ (晋)郭璞注,王貽樑、陳建敏校釋:《穆天子傳匯校集釋》,中華書局,2019年,第256頁。
⑤ 《三國志》,第1463頁。
⑥ (晋)葛洪撰,胡守為校釋:《神仙傳校釋》,中華書局,2010年,第173頁。
⑦ 《後漢書》,第706頁。
⑧ 《後漢書》,第1438頁。
⑨ 《文選》,第556頁。
⑩ 《册府元龜》,第6137頁;《職官分紀》,《景印文淵閣四庫全書》,第923册,第359頁。

"慢憿",《後漢紀》卷二四《靈帝紀下》作"慢游"。按,"憿"疑當作"游"。"慢憿",傲慢之義,①於文意頗不密合。"慢游"即"慢遊",任意遨遊之義。《尚書·益稷》:"無若丹朱傲,惟慢遊是好,傲虐是作。"②《南齊書》卷三八《蕭穎胄傳》:"九族内離,四夷外叛,封境日蹙,戎馬交馳,帑藏既空,百姓已竭,不卹不憂,慢遊是好。"③《舊唐書》卷七七《柳澤傳》:"今驕奢之後,流波未變;慢遊之樂,餘風或存。"④

又可作"漫遊",北魏酈道元《水經注》卷一七《渭水》:"渭水東南與神澗水合,《開山圖》所謂靈泉池也,俗名之爲萬石灣,淵深不測,實爲靈異,先後漫遊者,多羅其斃。"⑤唐元結《漫酬賈沔州》詩:"漫遊無遠近,漫樂無早晏。"又可作"曼遊",同"慢遊",《南史》卷四一《始安王遥光傳》:"太子不悦學,唯曼遊是好,朝議令蔡仲熊爲太子講禮。"⑥

是時靈帝"數微行出幸苑囿,觀鷹犬之埶,極槃遊之荒""拜爵過差,遊觀無度",故楊賜有此奏疏。"慢遊"亦正與前文"觀鷹犬之埶,極槃遊之荒"相應。據此"憿"當正爲"遊"。

91. 紏持

《後漢書》卷五四《楊秉傳》李賢注引謝承《後漢書》:"以人臣之勢,行桀紂之態,傷和逆理,痛感天地,宜當紏持,以謝一州。"(1774頁)

"紏持",《八家後漢書輯注》輯此亦同。⑦ 按,"紏持"典籍罕見,⑧"持"

---

① 《漢語大詞典》卷七,第709頁。
② 《尚書正義》,(清)阮元校刻《十三經注疏(清嘉慶刻本)》,第300頁。另,"傲虐",孔傳曰:"遨戲而爲虐",而《楊賜傳》"絕慢憿之戲"乃上疏之言,不宜有貶刺之語,故此當非用《尚書》"慢遨"典。
③ 《南齊書》,第669頁。
④ 《舊唐書》,第2686頁。
⑤ 《水經注校證》,第428頁。
⑥ 《南史》,第1040頁。另,中華本校勘記曰:"'曼遊'疑當作'慢遊'。《尚書·益稷》:'惟慢遊是好。'"參《南史》,中華書局,1975年,第1056頁。今按"慢""曼"古可通用,字不煩改,參劉信芳:《楚簡帛通假匯釋》,高等教育出版社,2011年,第340頁。
⑦ 《八家後漢書輯注(修訂本)》,第91頁。
⑧ "紏持"古書偶見,唐不空譯《摩利支菩薩略念誦法》:"以二手内相叉,堅合二頭指,二中指各紏持二頭指令相捻。""紏"同"糾",此"紏持"乃相交而把持之義,與《後漢書》文意不相合。宋楊時《二程粹言》卷上《論書篇》:"先王以仁義得天下而教化之,後世以智力取天下而紏持之,古今之所以相絕者,遠矣。"明胡居仁《居業錄》卷五《古今》曰:"後世以智力取天下,其治天下乃把持制馭之術。"相對比即知,"紏持"殆爲"把持"之訛,"紏""把"形近易訛。"把"亦持也,"把持",乃古之常詞,相控制也。作"紏持"則無意。

本當作"治",當爲章懷轉録謝承《書》時避高宗諱而改作"持"。①"糾治",糾察懲辦之義,如晉葛洪《抱朴子内篇》卷九《道意》:"威傾邦君,勢凌有司,亡命通逃,因爲窟藪,皆由官不糾治,以臻斯患,原其所由,可爲歎息。"②《魏書》卷五六《鄭羲傳》:"自此素族名家,遂多亂雜,法官不加糾治,婚宦無貶於世,有識咸以歎息矣。"③宋李燾《續資治通鑑長編》卷三七九《哲宗元祐元年》:"臣位中執法,職在糾治姦慝,伏請以臣章付外議,正惠卿罪狀,考古之義,依律處分。"④"糾治"當同"糾持"。"糾持"字面生僻,似當回改爲"糾治"。

92. 薪萊

《後漢書》卷五四《楊賜傳》:"帝欲造畢圭靈琨苑,賜復上疏諫曰:'竊聞使者並出,規度城南人田,欲以爲苑。昔先王造囿,裁足以脩三驅之禮,薪萊芻牧,皆悉往焉。'"(1782頁)

"薪萊",《御覽》卷四五三引《東觀記》同。⑤《後漢紀》卷二四《靈帝紀中》亦作"薪採"。⑥嚴可均輯《全後漢文》卷五一載此作"薪采"。⑦《册府》卷三二五載作"薪萊"。⑧

按,"薪采芻牧,皆悉往焉",言採薪打草者皆往。"萊"乃雜草之義,一般不與"薪""芻"等並用。⑨據此,"萊"當爲"采"之訛字,"薪采",采薪也。

---

① "治"典籍中多避唐諱而作"持",詳參(清)周廣業:《經實避名彙考》,上海古籍出版社,2015年,第417—418頁;又王彥坤編著:《歷代避諱字彙典》,中華書局,2009年,第408頁。張文冠有論"持""治"文獻中多相混,詳參氏著《敦煌雜字疑難字詞箋釋》,《唐研究》總第二七卷,北京大學出版社,2022年,27—33頁。按,唐代文獻中二字相混,避諱當爲重要因素。敦煌文獻中有明顯避"治"爲"持"者,如敦煌本《瑜伽師地論隨聽手記》"持罪",原卷用朱筆將二字抹去,在右旁寫"治罪"。是本作"治罪",抄者避唐諱而抄録爲"持罪",後講經又用朱筆回改爲"治罪"。參竇永懷:《敦煌文獻避諱研究》,甘肅教育出版社,2013年,第153頁。另,張涌泉也指出:"'治'寫作'持',唐代時還要考慮避諱的因素。"參張小艷:《敦煌社會經濟文獻詞語考論》,上海教育出版社,2013年,第554頁。
② (晉)葛洪撰,王明校釋:《抱朴子内篇校釋》,中華書局,1985年,第173頁。
③ 《魏書》,第1243頁。
④ (宋)李燾:《續資治通鑑長編》,中華書局,2004年,第9202頁。
⑤ 文淵閣四庫本作"薪采";而影宋本《太平御覽》作"薪萊"。參《太平御覽》,第2082頁下欄。
⑥ 《後漢紀》,張烈點校《兩漢紀》,第471頁。
⑦ 《全上古秦漢三國六朝文》,第1510頁。
⑧ 《册府元龜》,第3666頁。
⑨ 典籍中亦見"薪萊",材料多未必可靠,如四庫本黄庭堅《山谷集》卷八《晚泊長沙示秦處度、范元實,用寄明略和父韻》:"相逢唾珠玉,貧病問薪萊。""薪萊",宋任淵等注《黄庭堅集詩注》卷一九载作"薪菜",詳參《黄庭堅詩集注》,中華書局,2003年,第673頁。宋沈括《開封府推官金部員外郎劉君誌銘》:"縣之北有鹽官,其鹵田及薪萊之地,歲漫衍,稍吞嚙其傍民田。"參《全宋文》,上海辭書出版社,安徽教育出版社,2006年,第78册,第8頁。按,"薪萊"亦當爲"薪菜",四部叢刊本沈括《長興集》卷二五载此即作"薪菜",參《沈氏三先生文集》卷三五,《四部叢刊三編》第413册,第廿九頁。

《公羊傳·哀公十四年》:"然則孰狩之?薪采者也。"唐徐彦疏:"薪采猶言采薪也。"①《左傳·昭公六年》:"禁芻牧採樵,不入田,不樵樹,不采蓻。""採樵"義同"薪采",清阮元校勘記曰:"宋本採作采,與《釋文》合。"②《詩經·大雅·板》:"先民有言,詢於芻蕘。"毛傳:"芻蕘,薪采者。"③《戰國策》卷六《秦策四·或爲六國説秦王》:"築剛平,衛無東野,芻牧薪采莫敢闚東門。"④《晉書》卷六二《劉琨傳》:"嬰守窮城,不得薪采,耕牛既盡,又乏田器。"⑤

"采"古常寫作"菜",如《列子·説符》:"臣有所與共擔纏薪菜者。"清俞樾《諸子平議》曰:"'菜'當爲'采',古字通用。"⑥《淮南子》卷一二《道應》即作"采薪"。⑦《隸釋》卷一《帝堯碑》:"眉八菜",宋洪适曰:"碑以'菜'爲'采'。"又卷五《梁相孔耽神祠碑》:"躬菜薐薠。"宋洪适曰:"菜即采字。"又卷一七《富春丞張君碑》:"乃登山菜石。"宋洪适曰:"菜即采字。"⑧據此,"薪菜"當正爲"薪采",⑨是"采"可作"菜",又訛爲"萊"。

93. 永寧元年

《後漢書》卷五五《章帝八王傳》:"永寧元年,鄧太后封開子翼爲平原王,奉懷王勝祀;子德爲安平王,奉樂成王黨祀。"(1808頁)

點校本校勘記曰:"永寧元年至奉樂成王萇也 《集解》引錢大昕説,謂《安帝紀》是年與平原王同封者,乃濟北王壽之子樂成王萇也。其明年爲建光元年,鄧太后崩,樂成王萇亦以罪廢。又明年爲延光元年,始改樂成國爲安平,封河間王開子得爲王,得與德本一人也。此傳蓋有脱文,不可考矣。"

按,《後漢書》卷五五《章帝八王傳》:"蠡吾侯翼,元初六年鄧太后徵濟北、河間王諸子詣京師,奇翼美儀容,故以爲平原懷王後焉。"卷五《安帝紀》永寧元年夏四月:"己巳,紹封陳王羨子崇爲陳王,濟北王子萇爲樂成王,河

---

① 《春秋公羊傳注疏》,(清)阮元校刻《十三經注疏(清嘉慶刻本)》,第5112頁。
② 《春秋左傳正義》,(清)阮元校刻《十三經注疏(清嘉慶刻本)》,第4440、4445頁。
③ 《毛詩傳箋》,第404頁。
④ 《戰國策》,第258頁。
⑤ 《晉書》,第1980頁。
⑥ (清)俞樾:《諸子平議》卷一六,中華書局,1954年,第322頁。
⑦ 何寧:《淮南子集釋》,第860頁。
⑧ 《隸釋 隸續》,第14、60、173頁。
⑨ 另,"薪菜"又有薪柴和蔬菜義,如《史記》卷一一八《淮南衡山列傳》:"臣請處蜀郡嚴道邛郵,遣其子母從居,縣爲築蓋家室,皆廩食給薪菜鹽豉炊食器席蓐。""薪菜鹽豉"相平列,"菜"當爲蔬菜義。《隋書》卷二七《百官志中》:"司農寺,掌倉市薪菜,園池果實。""薪菜",亦當解作薪與菜,與《後漢書》"薪菜"義有異。《漢語大詞典》未收"薪菜"。

間王子翼爲平原王。"卷五《安帝紀》又載延光元年"己巳,改樂成國爲安平,封河間王開子得爲安平王"。① 卷五五《章帝八王傳·平原懷王劉勝》載:"平原懷王勝,和帝長子也。不載母氏。少有痼疾,延平元年封。立八年薨,葬於京師。無子,鄧太后立樂安夷王寵子得爲平原王,奉勝後,是爲哀王。得立六年薨,無子。"卷七《桓帝紀》建和二年載:"改清河爲甘陵,立安平王得子經侯理爲甘陵王。"卷七《桓帝紀》元嘉元年又載:"夏四月己丑,安平王得薨。"李賢注:"河間孝王開之子,初爲樂成王,後改曰安平。"又卷一六《鄧寇傳》:"及太后崩,宮人先有受罰者,懷怨恚,因誣告悝、弘、閶先從尚書鄧訪取廢帝故事,謀立平原王得。"②

據《後漢書》,封安平王事與封平原王事誠不在同年。但范《書》言"子德爲安平王,奉樂成王黨祀",此别爲一事也。二者相並提,乃言二王雖同父,但奉祀有别,非謂同年也。另據《安帝紀》《桓帝紀》《章帝八王傳》及《鄧騭傳》等載,"德"當作"得"。

94. 當發

《後漢書》卷五八《虞詡傳》:"羌乃率衆數千,遮詡於陳倉、崤谷,詡即停軍不進,而宣言上書請兵,須到當發。"(1868頁)

曹金華《稽疑》曰:"依文'當發'應作'乃發',《後漢紀》卷十六作'兵至乃發'。"③

按,"當發"不誤。《御覽》卷一八六、卷二九四引《後漢書》皆作"須到當發",④《御覽》卷四四九引司馬彪《續漢書》亦同。⑤ 另《通典》卷一五三、《册府》卷三六一、⑥《通鑑》卷四九載此皆作"當"。⑦ "當"有始義,與"乃"同。《三國志》卷二九《魏志·華佗傳》:"佗久遠家思歸,因曰:'當得家書,方欲暫還耳。'"⑧晉張華《博物志》卷一〇《雜説下》:"歸至家當醉,而家人不知,以爲死也,權葬之。"⑨"當醉",方醉也。《太平廣記》卷三二一《鬼》:"葬後,其鄰家欲娶之,碧玉當去,見義乘馬入門,引弓射之,正中其喉。"⑩

---

① 《後漢書》,第1809、231、235頁。
② 《後漢書》,第1810、293、297、616頁。
③ 曹金華:《後漢書稽疑》,第739頁。
④ 《太平御覽》,第903頁上欄、1358頁下欄。
⑤ 《太平御覽》,第2064頁上欄。
⑥ 《通典》,第3924頁;《册府元龜》,第4082頁。
⑦ 《資治通鑑》,第1594頁。
⑧ 《三國志》,第802頁。
⑨ (晉)張華撰,范寧校證:《博物志校證》,中華書局,2014年,第110頁。
⑩ 《太平廣記》,第2545頁。

"當去"謂始去,方去也。因此,范《書》"須到當發"意與袁《紀》"兵至乃發"同,不煩改字。

95. 率皆赤幘縫褠

《後漢書》卷五八《虞詡傳》李賢注引《續漢志》曰:"鈴下、侍閤、門蘭、部署、街〔里〕走卒,皆有程品,多少隨所典領,率皆赤幘縫褠。"(1872頁)

點校本校勘記曰:"率皆赤幘縫褠　汲本、殿本'縫'作'絳'。按:《續志》作'絳褠'。"

按,《續漢志》卷二九《輿服志上》作"卒皆赤幘絳褠云"(3651頁)。《續漢志》"卒"當爲"率"之形訛字。① "率""皆"同義連文,表範圍,義爲全部。句言鈴下、侍閤等皆有法式,大多隨所主管者,皆赤幘絳褠。

另,"縫"當據《續志》正作"絳","縫褠"無意。"褠"用同"韝",《釋名・釋衣服》"褠"下畢沅疏證曰:"亦俗字也。本韋旁作《説文》'韝,射臂决'也。"②《後漢書》卷一〇上《皇后紀・明德馬皇后》:"倉頭衣緑褠,領袖正白。"李注:"褠,臂衣,今之臂褠,以縛左右手,於事便也。"③是褠之顔色爲古者身份之主要標識之一。東漢蔡邕《獨斷》卷下:"幘者,古之卑賤執事不冠者之所服也。孝武帝幸館陶公主家,召見董偃,偃傅青褠,緑幘。"④《宋書》卷一八《禮志八》:"持椎斧武騎虎賁、五騎傳詔虎賁、殿中羽林及守陵者太官尚食虎賁、稱飯宰人、諸宮尚食虎賁,佩武猛都尉以上印者,假青綬。別部司馬以下,假墨綬。給絳褠,武冠。"⑤是武職亦絳褠也。《晋書》卷一一〇《慕容儁載記》:"朝服雖是古禮,絳褠始於秦漢,迄于今代,遂相仍準。"⑥據此,"縫"當正作"絳"。

96. 憚其名

《後漢書》卷五八《傅燮傳》:"忠愈懷恨,然憚其名,不敢害。權貴亦多疾之,是以不得留,出爲漢陽太守。"(1877頁)

點校本校勘記曰:"然憚其名不敢害　按:《校補》謂此處當脱仍奏請封

---

① 《後漢書稽疑》曰:"'率'當作'卒'。"參曹金華:《後漢書稽疑》,第724頁。今按,《稽疑》言待商。
② (東漢)劉熙撰,(清)畢沅疏證,(清)王先謙補注:《釋名疏證補》卷五,中華書局,2008年,第171頁。
③ 《後漢書》,第411頁。
④ 《蔡中郎集・蔡中郎外集》卷四,四部備要本,第148頁。
⑤ 《宋書》,第517頁。
⑥ 《晋書》,第2836頁。

熒某侯，并熒轉某官，否則下文似不接，且議郎亦不得即拜太守也。"

按，《後漢紀》卷二五《靈帝紀下》載此作："忠愈恨燮，然憚其高明，不敢害，出爲漢陽太守。"①據此，《校補》謂《傅燮傳》有脱文，似非。

另，《傅燮傳》載燮前已拜安定都尉，因疾免，後徵拜議郎。《續漢志》卷二八《百官志五》："每屬國置都尉一人，比二千石，丞一人。"②"安定"即安定屬國。安定都尉統理安定國之軍政，官秩僅比郡太守略低。因此，出傅燮爲漢陽太守，是爲常任。另，由議郎拜爲太守，時亦有其例，如《通鑑》卷五八《漢紀·靈帝紀中》載中平四年孫堅事曰："冬，十月，長沙賊區星自稱將軍，衆萬餘人；詔以議郎孫堅爲長沙太守，討擊平之，封堅烏程侯。"③《三國志》卷四六《吴志·孫堅傳》載此曰："拜堅議郎。時長沙賊區星自稱將軍，衆萬餘人，攻圍城邑，乃以堅爲長沙太守。到郡親率將士，施設方略，旬月之間，克破星等。"④據此可明《校補》所言非是。

97. 北地

《後漢書》卷五八《傅燮傳》："時北〔地〕胡騎數千隨賊攻郡，皆叩懷燮恩，共於城外叩頭，求送燮歸鄉里。"（1877 頁）

點校本校勘記曰："時北〔地〕胡騎數千 《刊誤》謂案文少一'地'字，下文云'鄉里羌胡'，是與燮同北地人也。今據補。"

按，《刊誤》所言當是。胡騎均處北方，作"北胡騎"者似無必要，且"北胡騎"典籍亦鮮見。《群書治要》卷二三引《後漢書》⑤、《通鑑》卷五八《靈帝紀中》⑥載此均作"北地胡騎"。另，《後漢紀》卷二五《靈帝紀下》亦作"時北胡騎數千"，⑦恐後世不明"北地"爲郡名，而脱"地"字。《册府》卷六八五、《通志》卷一一一上載此亦同，⑧明宋時《後漢書》已有本脱"地"。

---

① 《後漢紀》，張烈點校《兩漢紀》，第 487 頁。
② 《後漢書》，第 3621 頁。
③ 《資治通鑑》，第 1886 頁。
④ 《三國志》，第 1095 頁。另《後漢紀》卷二五《靈帝紀下》載此曰："冬十月，零陵盜賊寇長沙，太守孫堅討破之。封堅烏程侯。"《後漢紀》，張烈點校《兩漢紀》，第 487 頁。按，"長沙"當從後讀，又脱"桂陽"二字，似當正作"零陵盜賊寇桂陽，長沙太守孫堅討破之"。《後漢書》卷八《靈帝紀》載曰："冬十月，零陵人觀鵠自稱'平天將軍'，寇桂陽，長沙太守孫堅擊斬之。"可爲證。
⑤ （唐）魏徵等撰：《群書治要》，《叢書集成初編》第 199 册，第 371 頁，商務印書館，1935 年。
⑥ 《資治通鑑》，第 1884 頁。
⑦ 《後漢紀》，張烈點校《兩漢紀》，第 488 頁。
⑧ 《册府元龜》，第 7882 頁；《通志》，第 1634 頁。

98. 冥鑒

《後漢書》卷五九《張衡傳》："宜獲福祉神祇，受譽黎庶。而陰陽未和，災眚屢見，神明幽遠，冥鑒在兹。福仁禍淫，景響而應，因德降休，乘失致咎，天道雖遠，吉凶可見，近世鄭、蔡、江、樊、周廣、王聖，皆爲效矣。"（1910頁）

點校本校勘記曰："冥鑒在兹　汲本、殿本'冥'作'宜'。按：嚴可均輯《全後漢文》作'冥'。"

按"冥鑒"乃成詞，别本作"宜"，當爲"冥"之形譌。① 作"宜"字無意。《大詞典》即收有"冥鑒"一詞，並引《張衡傳》例，釋爲"指神靈的鑒戒"。② 其釋義待商。"冥鑒"指神靈所擁有的超凡洞察力。"冥"有幽深、深遠義，《文選》卷一一晉孫綽《遊天台山賦》："臨萬丈之絶冥。"唐李善注："冥，幽深也。"③ 南朝宋謝靈運《擬魏太子鄴中集》："唯羨肅肅翰，繽紛戾高冥。"黃節補注曰："冥，遠也。"④ 又引申爲神靈義，如"冥佑"，指神靈的保佑；"冥慶"，指神靈所賜的祥慶；"冥徵"指神靈所示的徵兆等。"鑒"有洞察義。三國蜀諸葛亮《正議》："魏不審鑒，今次之也。"⑤ "審鑒"猶審察也。唐韓愈《進順宗皇帝實録表狀》："聖明所鑒，毫髮無遺。"⑥ "所鑒"，所察也。因此，"冥鑒"一般專指神靈所擁有的深遠的洞察。南朝梁陶弘景《真誥》卷三《運題象》："柸子誠小，還爲童史所偷，故疾而惜之。今冥鑒即擒，蓋所以懼惡而善者別矣。今雖嘿然不言，小人足知靈驗，有訓在其中，非直區區，若此小小而不能坦也。"⑦ "冥鑒即擒"言神靈深遠的洞察即有擒獲。唐玄奘等《大唐西域記》卷八《摩揭陀國上》："中精舍佛立像高三丈，左多羅菩薩像，右觀自在菩薩像。凡斯三像，鍮石鑄成，威神肅然，冥鑒遠矣。精舍中各有舍利一升，靈光或照，奇瑞間起。"⑧ 唐般刺密諦譯《首楞嚴經》卷五："退藏密機，冀佛冥授。"唐懷迪證釋曰："而唯以内心默念爲機，故云退藏密機。冀佛冥授，謂望佛冥鑒密機而授其要道也。"⑨ "冥鑒"均指神靈深遠的洞察。"神明幽遠，冥

---

① 宋惟白集《圓覺道場修證廣禮讚文》卷第一三："非覺違拒使昏宜。"校曰："宜疑冥。"（參《續大正藏》，新文豐出版公司，1994年，第74册，第470頁下欄）宋張孝祥《德慶范監州以子石硯寵假雖小而奇戲作二首》："笑我支床已多許，須君隱几更冥搜。"校勘記曰："'冥'，《詩淵》作'宜'。"參辛更儒點校：《張孝祥集編年校注》卷一一，中華書局，2016年，第425頁。
② 《漢語大詞典》卷二，第457頁。
③ 《文選》，第164頁。
④ （南朝宋）謝靈運撰，黃節注：《謝康樂詩注》卷四，中華書局，2008年，第157頁。
⑤ （三國）諸葛亮撰，段熙仲、聞旭初編校：《諸葛亮集》，中華書局，1960年，第14頁。
⑥ （唐）韓愈撰，劉真倫、岳珍校注：《韓愈文集匯校箋注》，中華書局，2010年，第2851頁。
⑦ 《真誥》，第54頁。
⑧ （唐）玄奘、辯機撰，季羨林等校注：《大唐西域記校注》，中華書局，2010年，第650頁。
⑨ （唐）懷迪：《首楞嚴經義海》，《永樂北藏》，綫裝書局，2000年，第168册，第548頁上欄。

鑒在兹"言神明雖遠,但其深遠的洞察仍在於此,故下文言"天道雖遠,吉凶可見",正應合前文"冥鑒在兹"。

又有"深鑒"一詞,其義與"冥鑒"相近。《三國志》卷四《魏志·三少帝紀》:"六月乙巳,詔:'吳使持節都督夏口諸軍事鎮軍將軍沙羡侯孫壹,賊之枝屬,位爲上將,畏天知命,深鑒禍福,翻然舉衆,遠歸大國,雖微子去殷,樂毅遁燕,無以加之。'"又卷二八《魏志·鍾會傳》:"誠能深鑒成敗,邈然高蹈,投迹微子之蹤,錯身陳平之軌,則福同古人,慶流來裔,百姓士民,安堵舊業。"①"深鑒"與"冥鑒"意思相近,意爲深遠的洞察,衹是"冥鑒"一般用於神靈,而"深鑒"則多用於人。如《陳書》卷六《後主紀》:"朕將虚己聽受,擇善而行,庶深鑒物情,匡我王度。"②《北齊書》卷一六《段孝言傳》:"孝言既無深鑒,又待物不平,抽擢之徒,非賄則舊。"③

又有"幽鑒"一詞,"幽""冥"意義相近,"幽鑒"亦與"冥鑒""深鑒"義近。如《晉書》卷二《景帝紀》:"孫壹構隙,自相疑阻,幽鑒遠照,奇策洞微,遠人歸命,作藩南夏,爰授鋭卒,畢力戎行。""幽鑒遠照"即指深遠的洞察可以遠知。梁陶弘景《真誥》卷一《運題象》引愕緑華詩:"静尋欣斯會,雅綜彌齡祀。誰云幽鑒難,得之方寸裏。"④後秦僧肇《肇論·涅槃無名論·會異》:"所以無患雖同,而升虚有遠近;無爲雖一,而幽鑒有淺深。"⑤《全宋文》卷六四南朝宋釋寶林《檄魔文》:"幽鑒天命,來投王化。聖上開襟,感忝歸順。"⑥宋法雲《翻譯名義集》卷一《宗翻譯主》:"少而好學,長而彌篤。神爽高雅,該覽經律,陶思八禪,遊心七覺。明悟出群,幽鑒物表。"⑦"幽鑒物表"即深鑒於物外之義。又有"玄鑒",如《抱朴子外篇·明實》:"人主不能運玄鑒以索隱,而必須當途之所舉。"⑧"玄鑒"即深鑒也。⑨

"幽鑒""深鑒""玄鑒"皆與"冥鑒"義近,衹是"冥鑒"一般專指神靈幽

---

① 《三國志》,第140、789頁。
② 《陳書》,第107頁。
③ 《北齊書》,第215頁。
④ 《真誥》,第3頁。另,《大詞典》"幽鑒"下即引此例,釋爲:"猶'玄鑒',喻玄妙高深的見解。"參《漢語大詞典》卷四,第447頁。其釋義仍未達一間,但"幽鑒"亦指深邃入微的洞察。"玄鑒",義亦同"深鑒""冥鑒"等,如《漢語大詞典》舉例晉葛洪《抱朴子·行品》:"夫惟大明,玄鑒幽微。"《舊唐書·太宗紀上》:"太宗幼聰睿,玄鑒深遠。"皆其例。
⑤ (東晉)僧肇撰,張春波校釋:《肇論校釋》,中華書局,2010年,第216頁。
⑥ 《全上古三代秦漢三國六朝文》,第2787頁。
⑦ (宋)法雲撰,富世平校注:《翻譯名義集校注》,中華書局,2020年,第87頁。
⑧ (晉)葛洪撰,楊明照校箋《抱朴子外篇校箋》,中華書局,1991年,第496頁。
⑨ 《淮南子·脩務》"執玄鑒於心,照物明白",高誘注:"玄,水也;鑒,鏡也。"按,高注似非,"玄"作水名,即指玄水也。此處"玄鑒"與玄水無涉。字又作"玄鏡",《漢語大詞典》釋爲"猶明鏡,喻高明的見解",又引申爲"明察、洞察",甚確。參《漢語大詞典》卷二,第325頁。

遠的洞察,而"幽鑒"等則一般形容人所具有洞察力。《衡傳》汲本、殿本所作"宜",當爲"冥"之形訛。

99. 聞之

《後漢書》卷六一《左雄傳》:"由是拜雄尚書,再遷尚書令。上疏陳事曰:'臣聞柔遠和邇,莫大寧人,寧人之務,莫重用賢,用賢之道,必存考黜。……'"(2015頁)

點校本校勘記曰:"臣聞柔遠和邇 《校補》引柳從辰説,謂閩本'聞'下有'之'字。"

按,《後漢紀》卷一八《順帝紀上》作"臣聞柔遠能邇",①亦未見有"之"字。《群書治要》卷二三、《通志》卷一一一、《册府》卷四七〇載皆無"之"字。② 據此,所謂閩本"聞"下有"之"字,殆爲誤衍。

100. 循復

《後漢書》卷六一《周舉傳》:"舉謂郃曰:'昔鄭武姜謀殺嚴公,嚴公誓之黃泉;秦始皇怨母失行,久而隔絶,後感潁考叔、茅焦之言,循復子道。書傳美之。……'"(2023頁)

"循復子道",《後漢紀》卷一七《安帝紀》作"修復子道",《册府元龜》卷七一七引此文亦同;《通鑑》卷五一《漢紀·安帝紀下》載此作"復脩子道"。③ 按,當作"修復"義更勝,"循"疑爲"脩"之訛字。④

"循復",漢魏六朝時期多爲思慮、追思或揣摩之義,⑤《宋書》卷一三《律曆志》:"苟理無所依,則可愚辭成説,曾泉、桑野,皆爲明證,分至之辨,竟在何日,循復再三,竊深歎息。""循復再三",言思慮再三也。又卷八《顧愷之傳》:"問曰:循復前旨,既以理命縣兆,生數冥期。研覆後文,又云依仗名教,帥循訓範。"⑥"循復前旨"與"研覆後文"相對,可見"循復"正爲思慮之義。《陳書》卷六《後主本紀》:"今雅道雍熙,由庚得所,斷琴故履,零落不

---

① 《後漢紀》,張烈點校《兩漢紀》,第350頁。
② (唐)魏徵等撰,沈錫麟整理:《群書治要》,中華書局,2014年,第272頁;《通志》,第1647頁;《册府元龜》,第5307頁。
③ 《後漢紀》,張烈點校《兩漢紀》,第337頁;《册府元龜》,第8267頁;《資治通鑑》,第1641頁。
④ "循""修(脩)"字形相近,古書多訛,參《後漢書校證》"循善"條。
⑤ 《漢語大詞典》釋"循復"爲回復、恢復,具《後漢書·周舉傳》例,失考。參《漢語大詞典》卷三,1043頁。
⑥ 《宋書》,第309、2085頁。

追,閲笥開書,無因循復。外可詳之禮典,改築舊廟,蕙房桂棟,咸使惟新,芳蘗潔潦,以時饗奠。""無因循復",言無由思考揣摩也。《陳書》卷三四《許亨傳》:"且卿始云知命,方騁康衢,未有執戟之疲,便深夜行之慨,循復來翰,殊用憮然。"①"循復來翰",揣摩來信之意。《梁書》卷二七《殷鈞傳》:"謹當循復聖言,思自補續,如脱申延,實由亭造。""循復聖言",思慮聖上所言也。又卷三一《袁昂傳》:"都史至辱誨,承藉以衆論,謂僕有勤王之舉,兼蒙誚責,獨無送款。循復嚴旨,若臨萬仞。"②《北齊書》卷三一《王昕傳》:"晞稱先被犬傷,困篤不起。有故人疑其所傷非猘,書勸令起。晞復書曰:'辱告存念,見令起疾,循復眷旨,似疑吾所傷未必是猘。'"③唐道世撰《法苑珠林》卷一四《敬佛篇》:"故琰《冥祥記・自序》云:此像常自供養,庶必永作津梁,循復其事有感深懷,沿此徵觀綴成斯記。"④"循復"皆研思、揣摩之義。

又有"研復",與"循復"義近。如《宋書》卷八一《顧覬之傳》:"若夫陽施陰德,長世遐年,揆厥所原,孰往非命。研復來旨,讎校往說,起予惟商,未識所異。"⑤《全宋文》卷二三南朝宋何承天《答顔光禄書》:"敬覽芳訊,研復淵旨,區別三才,步驗精粹。""研復來旨""研復淵旨",猶上引《袁昂傳》之"循復嚴旨",又卷五七南朝宋朱廣之《諮顧歡夷夏論(並書)》:"便相挫蹙,比類蟲鳥。研復逾日,未愜鄙懷。"⑥"研復",皆研究、揣摩之意。

"循"有順行之義。《説文・彳部》:"循,行順也。"《論語・鄉黨》:"足蹜蹜如有循。"清劉寶楠正義引《説文》:"循,順行也。""復"有回義。故"循復"得以喻追思、反復思考、反復揣摩之義。⑦

"修復",猶修補;"修復子道",言修補爲子之道也。《後漢書》卷六《順帝紀》唐李賢注引《東觀記》曰:"元和以來,音戾不調,修復如舊典。"卷三八《馮緄傳》:"衛、霍北征,功列金石,是皆將軍所究覽也。今非將軍,誰與修復前迹?""修復前迹",猶修復前功。《續漢志》卷九《祭祀志下》:"典祀或有未修,而爰居之類衆焉。世祖中興,蠲除非常,修復舊祀,方之前事邈殊矣。"⑧《三國志》卷二八《魏志・毌丘儉傳》裴注引毌丘儉、文欽《表》:"而師

---

① 《陳書》,第112、459頁。
② 《梁書》,第408、453頁。
③ 《北齊書》,第417頁。
④ 《法苑珠林校注》,第475頁。
⑤ 《宋書》,第2038頁。
⑥ 《全上古三代秦漢三國六朝文》,第2562、2745頁。
⑦ "循復"又有循環往復之義。梁慧皎撰《高僧傳》卷一四:"考業果幽微,則循復三世,言至理高妙,則貫絶百靈。"唐慧琳《一切經音義》卷二一:"循復……言經歷往來也。"參《一切經音義三種校本合刊(修訂版)》,第862頁。
⑧ 《後漢書》,第263、1281、3205頁。

不自改悔,修復臣禮,而方徵兵募士,毀壞宮內,列侯自衛。"①"修復臣禮",修補爲臣之禮。《宋書》卷一八《禮志五》:"漢初崇簡,不存改作,車服之儀,多因秦舊。至明帝始乃修復先典,司馬彪《輿服志》詳之矣。"②"修復"皆修補之意。

據此,作"修復子道"意更勝。《後漢書》"循復"當作"修復",言鄭莊公③、始皇感潁考叔、茅焦之言而修補爲子之道也。

101. 字子琰

《後漢書》卷六一《黃琬傳》:"琬字子琰。少失父。早而辯慧。祖父瓊,初爲魏郡太守。"(2039頁)

點校本校勘記曰:"《集解》引惠棟説,謂《文選》注引范《書》作'公琰'。"

按,《後漢書》卷五三《申屠蟠傳》作"黃子琰";④《御覽》卷三八四引司馬彪《續漢書》⑤、《後漢紀》卷二七《獻帝紀》、《御覽》卷四六三引《後漢書》、《通典》卷二九載皆作"黃琬字子琰"。⑥ 明何良俊《何氏語林》卷二二作"黃子琰",又注引《東觀漢記》作"字子琰"。⑦ 王維《裴僕射濟州遺愛碑》文曰:"公則晋州之第三子也,語而能文,有識便智。爲兒則量過黃髮,未仕而心在蒼生。伯達試經,子琰應詔,古之人也,我不後之。"⑧ "子琰"即爲黃琬,均可證范《書》不誤。《三國志》卷四四《蜀志·蔣琬傳》載,蔣琬字公琰。《文選》李善注所引疑與蔣琬誤混。

102. 非矜其人

《後漢書》卷六二《荀悦傳》:"賞罰,政之柄也。明賞必罰,審信慎令,賞以勸善,罰以懲惡。人主不妄賞,非徒愛其財也,賞妄行則善不勸矣。不妄罰,非矜其人也,罰妄行則惡不懲矣。"(2061頁)

---

① 《三國志》,第763頁。
② 《宋書》,第493頁。
③ 《後漢書》周舉稱"莊公"爲"嚴公",避明帝劉莊之名諱也。
④ 《後漢書》,第1752頁。
⑤ 《太平御覽》,第1773頁下欄。
⑥ 《後漢紀》,張烈點校《兩漢紀》,第520頁;《太平御覽》,第2029頁下欄;《通典》,第807頁。
⑦ 《東觀漢記》至明已全部亡佚。何氏所錄,他書似均未見載,不知所據何書。清姚之駰《後漢書補逸》卷八《東觀漢記》亦輯入此條,文字全同。《東觀漢記校注》卷一七亦輯此條,注曰:"此條又見聚珍本,惟無'江夏安陸人'一句。二本輯自何書,不詳。"參《東觀漢記校注》,第769頁。
⑧ (唐)王維撰,陳鐵民校注:《王維集校注》卷九,中華書局,1997年,第761頁。

"非矜其人",《後漢紀》卷二九《獻帝紀》、漢荀悅《申鑒·政體》載此皆作"非徒矜其人",①《群書治要》卷第四六引荀悅《申鑒》亦同。② 另宋劉述《論百姓侈靡乞身先儉約奏》引此亦作"非徒矜其人"。③ 按,前文曰"不妄賞,非徒愛其財也",此言"不妄罰,非徒矜其人",兩者句式同,正相對應。可證《荀悅傳》"徒"字脱,當據補。

103. 祖太尉脩

《後漢書》卷六二《鍾皓傳》:"皓兄子瑾母,膺之姑也。瑾好學慕古,有退讓風,與膺同年,俱有聲名。膺祖太尉脩,常言:'瑾似我家性,邦有道不廢,邦無道免於刑戮。'復以膺妹妻之。"(2064頁)

曹金華《稽疑》:"'祖'後疑脱'父'字,《黨錮·李膺傳》《翰苑新書》卷四六引《東觀記》作'祖父脩'。"④

按,曹氏所言待商。《後漢紀》卷二一《桓帝紀上》作"膺祖太尉修";《三國志》卷一三《魏志·鍾繇傳》裴注引《先賢行狀》、《通鑑》卷五三《漢紀·桓帝紀上》載同,並可證。⑤ "祖"有祖父義,《爾雅·釋親》:"祖,王父也。"⑥《玉篇·示部》:"祖,父之父也。"⑦《儀禮·聘禮》:"卿受于祖廟。"鄭注:"祖,王父也。"⑧《尚書·牧誓》:"昏弃厥遺王父母弟不迪。"孔疏云:"《釋親》云'父之考爲王父',則王父是祖也。"⑨清郝懿行《證俗文·稱謂》:"孫我者爲祖,父之父也。"⑩《漢書》卷九七《外戚傳下·孝元傅昭儀》:"少傅閻崇以爲《春秋》不以父命廢王父命。"顏注:"王父謂祖也。"⑪唐柳宗元《捕蛇者説》:"吾祖死於是,吾父死於是,今吾嗣爲之十二年,幾死者數矣。"⑫據此,作"膺祖"不誤。

---

① 《後漢紀》,張烈點校《兩漢紀》,第566頁;(漢)荀悅撰,(明)黄省曾注,孫啓治校補:《申鑒注校補》,中華書局,2012年,第21頁。
② 《群書治要》,第556頁。
③ 曾棗莊、劉琳主編:《全宋文》卷六一六,第29册,第142頁。
④ 曹金華:《後漢書稽疑》,第820頁。
⑤ 《後漢紀》,張烈點校《兩漢紀》,第402頁;《三國志》,第391頁;《資治通鑑》,第1717頁。
⑥ (清)郝懿行:《爾雅義疏》,齊魯書社,2010年,第3188頁。
⑦ 《大廣益會玉篇》,第7頁。
⑧ 《儀禮注疏》,(清)阮元校刻《十三經注疏(清嘉慶刻本)》,第2299頁。
⑨ 《尚書正義》,(清)阮元校刻《十三經注疏(清嘉慶刻本)》,第389頁。
⑩ (清)郝懿行:《證俗文》,齊魯書社,2010年,第2286頁。
⑪ 《漢書》,第4000頁。
⑫ 《柳宗元集》卷一六,第455頁。

104. 通

《後漢書》卷六三《李杜列傳》："今與陛下共理天下者,外則公卿尚書,内則常侍黃門,譬猶一門之内,一家之事,安則共其福慶,危則通其禍敗。"(2076頁)

曹金華《稽疑》曰:"按:'通',《後漢紀》卷十八引作'同',以共言之,作'同'義長。"①

按,"通"有共義,《禮記·内則》:"内外不共井,不共湢浴,不通寢席,不通乞假。""共""通"相對文,正與《後漢書》文例相似。《大戴禮記·曾子制言下》:"不通患而出危色。"清阮元注:"通,共也,猶交同也。"②《後漢書》卷一五《來歷傳》:"薛皓先頓首曰:'固宜如明詔。'歷怫然,廷詰皓曰:'屬通諫何言,而今復背之?大臣乘朝車,處國事,固得輾轉若此乎!'"唐李賢注:"通猶共也。近言共諫,何乃相背也。"③清劉淇《助字辨略》卷一:"通字,總舉之辭也。"④楊樹達《詞詮》卷二:"通,副詞。皆也,共也。"⑤《漢書》卷九二《遊俠傳·原涉》:"天下殷富,大郡二千石死官,賦斂送葬皆千萬以上,妻子通共受之,以定產業。"⑥"通""共"同義連文,"通"亦爲共義。《後漢書》卷三四《朱暉傳》:"又宜因交阯、益州上計吏往來,市珍寶,收采其利,武帝時所謂均輸者也。於是詔諸尚書通議。"⑦"通議",共同商議。因此《後漢書》作"通其禍敗"文從字順,《稽疑》所言待商。

105. 威

《後漢書》卷六三《李固傳》:"孔子曰:'智者見變思刑,愚者睹怪諱名。'天道無親,可爲祇畏。"(2078頁)

李賢注:"祇,敬也。言天無親疏,惟善是與,可敬(威)〔畏〕也。《書》曰:'皇天無親。'"

點校本校勘記曰:"可敬(威)〔畏〕也　據殿本改。"

按,"威"不煩改字,古"威""畏"常得通用。《國語·晉語八》:"欒書實

---

① 曹金華:《後漢書稽疑》,第826頁。
② 方向東校釋:《大戴禮記彙校集解》,中華書局,2008年,第569頁。
③ 《後漢書》,第591頁。
④ 《助字辨略》,第1頁。
⑤ 楊樹達:《詞詮》,中華書局,1954年,第66頁。
⑥ 《漢書》,第3714頁。
⑦ 《後漢書》,第1460頁。

覆宗,弑厲公以厚其家,若滅欒氏,則民威矣。"三國韋昭注曰:"威,畏也。"①《管子·重令》:"非號令無以使下,非斧鉞無以畏衆,非禄賞無以勸民。"清洪頤煊注引孫星衍曰:"《群書治要》引'畏'作'威'。"②《老子》第七二章:"民不畏威,則大威至。無狎其所居,無厭其所生。"馬王堆漢墓帛書《老子》乙本作"民之不畏=,則大畏將至矣。"③《後漢書》卷六五《皇甫規傳》:"在事數歲,北邊威服。"④"威服"猶"畏服"。晋潘岳《楊荆州誄》:"吴夷凶侈,僞師畏逼,將乘釁釁,席卷南極。"⑤"畏逼"亦即"威逼"。據此,作"威"不誤。

106. 客堂

《後漢書》卷六四《延篤傳》:"吾嘗昧爽櫛梳,坐於客堂。朝則誦羲、文之《易》,虞、夏之《書》,歷公旦之典禮,覽仲尼之《春秋》。"(2106頁)

點校本校勘記曰:"坐於客堂 按:《集解》引沈欽韓説,謂'客'一本作'容',是也。隱蔽自障者皆謂之容。堂前有屏蔽之設,故曰容堂。"

按,"客堂"當不誤。《類聚》卷七〇、《御覽》卷七一四、《白孔六帖事類集》卷一四引《續漢書》皆作"客堂"。⑥《册府》卷八一三、《通志》卷一一二載此亦同;⑦另宋葉夢得《避暑録話》卷上載此亦作"客堂"。⑧

"容堂"成詞尚晚,至遲宋元始見。《全元詩·方回〈題陶介夫見山軒〉》:"湖上山如故,湖邊客總非。容堂今不見,涼夜草螢飛。"又方回《記正月二十五日西湖之游十五首》:"容堂何地可容人,一語忠規坐殺身。"⑨

"客堂"則成詞尚早,至遲魏晋之際已經出現。東晋瞿曇僧伽提婆譯《中阿含經》卷三四:"乃往昔時,閻浮洲中諸商人等皆共集會在賈客堂,而作是念。"東晋帛尸梨蜜多羅譯《佛説灌頂經》卷五:"諸梵志集來迦羅那大客堂上。迦羅那自行澡水。"⑩《全晋文》卷八七束晢《近游賦》:"兒晝啼于客堂,設杜門以避吏。婦皆卿夫,子呼父字。"(出《藝文類聚》六四、《御覽》

---

① 徐元誥:《國語集解》,第420頁。
② (清)洪頤煊撰:《管子義證》,浙江古籍出版社,2019年,第103頁。
③ 裘錫圭主編:《長沙馬王堆漢墓簡帛集成》,中華書局,2014年,第4册,第197頁。
④ 《後漢書》,第2136頁。
⑤ 《文選》,第781頁下欄。
⑥ 《藝文類聚》,第1224頁;《太平御覽》,第3173頁上欄;(唐)白居易撰,(宋)孔傳續撰:《白孔六帖事類集》卷一四,明嘉靖刊覆宋刻本,第四頁。
⑦ 《册府元龜》,第9464頁;《通志》,第1658頁中欄。
⑧ (宋)葉夢得:《避暑録話》,《景印文淵閣四庫全書》,第863册,第653頁上欄。
⑨ 楊鐮主編:《全元詩》第6册,中華書局,2013年,第408、426頁。
⑩ 《大正新修大藏經》,第1册,第642頁中欄;又第21册,第508頁下欄。

六八七)①《搜神記輯校》卷六《感應篇之三》:"沛國戴文堪,隱居陽城山中,曾于客堂食際,忽聞有神呼曰:'我天帝使者,欲下憑君,可乎?'"(《藝文類聚》卷九二、《太平廣記》卷二九四、《廣博物志》卷一四引)②據此,可知"客堂"當是。

蓋"客堂"漢代以前多謂之"序",又謂之"廡"。《御覽》卷一八一引《通俗文》曰:"客堂曰序。"《釋名·釋宮室》:"大屋曰廡……并、冀人謂之序。序,正也。屋之正大者也。"③晋宋後又多謂之"客舍""廳"等。《廣韻·馬韻》:"序,廳也。"唐玄應《一切經音義》卷一七《出曜論》"前序":"幽冀之人謂之序,今言廳序是也。"④黄侃《蘄春語》:"今北京酒肆設座以待客,曰雅座,即此序字。"⑤

107. 明年　更,經也

《後漢書》卷六六《王允傳》:"靈帝責怒讓,讓叩頭陳謝,竟不能罪之。而讓懷協忿怨,以事中允。明年,遂傳下獄。會赦,還復刺史。旬日間,復以它罪被捕。司徒楊賜以允素高,不欲使更楚辱,乃遣客謝之曰:'君以張讓之事,故一月再徵,凶愆難量,幸爲深計。'"(2173頁)

點校本校勘記曰:"明年遂傳下獄　按:《校補》引柳從辰說,謂'明年'二字衍,蓋黄巾起事及允之討擊黄巾別帥,發張讓之姦,皆中平元年二三月事,下獄會赦,還復刺史,旬日間復以它罪被補,仍不出元年三月也。"

按,《後漢紀》卷二七《獻帝紀》載此曰:"讓由是怨允,譖之於靈帝,詔徵允治罪。道遇赦,還官。後百餘日,復見徵。太尉楊賜與允書曰:'若以張讓事,百日再徵,宜深思之。'"⑥可知,"發張讓之姦"與"以事中允""遂傳下獄"乃爲二事,二者並不相屬。因此,謂"明年"二字衍,證據頗不足。《通鑑》卷五六《漢紀·靈帝中平元年》載此事附於元年十二月之末,是以此事年月稍複雜,而未可遽定也。

另,李賢注:"更,經也。楚,苦痛。"《集解》引周壽昌曰:"'更'字,宜從本音,猶再也。允始以傳下獄,兹復被捕,是再被楚辱也。注訓'經',則當音作'庚',恐非。"⑦

---

① 《全上古三代秦漢三國六朝文》,第3924頁。
② (晋)干寶等撰,李劍國輯校:《搜神記輯校　搜神後記輯校》,中華書局,2019年,第95頁。
③ 《釋名》,第82頁。
④ (唐)釋玄應撰,黄仁瑄校注:《大唐衆經音義校注》,中華書局,2018年,第690頁。
⑤ 黄侃:《蘄春語》,收入《新輯黄侃學術文集》,南京大學出版社,2008年,第308頁。
⑥ 《後漢紀》,張烈點校《兩漢紀》,第519頁。
⑦ 《後漢書集解(外三種)》,第2册,第178頁。

按,《通鑑》卷五六《漢紀·靈帝中平元年》胡注引李賢注,並曰:"更,工衡翻。"①是胡氏亦從章懷説。"更"有經受、經過義,《史記》卷一二三《大宛列傳》:"因欲通使,道必更匈奴中。"唐司馬貞索隱:"更,經也。"②《漢書》卷一二《平帝紀》:"及選舉者,其歷職更事有名之士,則以爲難保,廢而弗舉,甚謬於赦小過舉賢材之義。"唐顔師古注:"更,經也……更音工衡反。"又卷二一上《律曆志上》:"壽王候課,比三年下,終不服。再劾死,更赦勿劾,遂不更言,誹謗益甚,竟以下吏。"唐顔師古注:"更,經也,音工衡反。"③《後漢書》卷一五《王常傳》:"光武見常甚歡,勞之曰:'王廷尉良苦。每念往時,共更艱厄,何日忘之。莫往莫來,豈違平生之言乎?'"唐李賢注:"更,經也。艱厄謂帝敗小長安,造常壁,與常共破甄阜及王尋等也。"④宋陸游《春夜讀書感懷》詩:"悲哉白髮翁,世事已飽更。"⑤"飽更"猶"飽經"。若《允傳》"更"作'再'解,則爲副詞,後不當直接承以"楚辱"。故此當從章懷説,周氏言誤。

108. 誶其占

《後漢書》卷六七《黨錮列傳》:"時河内張成善説風角,推占當赦,遂教子殺人。李膺爲河南尹,督促收捕,既而逢宥獲免,膺愈懷憤疾,竟案殺之。初,成以方伎交通宦官,帝亦頗誶其占。"(2187頁)

點校本校勘記曰:"帝亦頗誶其占 《集解》引錢大昕説,謂'誶'當作'訊',古書訊誶二字多相亂。今按:《御覽》六五一引作'訊'。"

按,"誶"責也,"誶其占"無意,字當作"訊"。⑥《類聚》卷五二引謝承《後漢書》、《御覽》卷六五一引《後漢書》作"頗訊其占",⑦《通鑑》卷五五

---

① 《資治通鑑》,第1876頁。
② 《史記》,第3157頁。
③ 《漢書》,第348、978頁。
④ 《後漢書》,第580頁。
⑤ (宋)陸游撰,錢仲聯校注:《劍南詩稿校注》,上海古籍出版社,1985年,第1255頁。
⑥ "誶""訊"二字古書常混,可參(清)王念孫:《廣雅疏證》卷四上,上海古籍出版社,2016年,第617頁。中古近代文獻"誶""訊"相混多見,詳可參曾良:《俗字及古籍文字通例研究》,第61—64頁。另梁春勝認爲二字相混,是形音義三方面共同作用的結果,詳參氏著《楷書部件演變研究》,綫裝書局,2012年,第122—123頁。蔣文認爲,古文字階段"訊""誶"字形差異大,無訛混可能。漢代以後,由於字形演變而導致字形相近,故易混訛。並進一步認爲,二者相混應與音關係不大,主要是形近而訛。詳參蔣文:《重論〈詩經·墓門〉"訊"爲"誶"之形訛——以文字訛混的時代性爲視角》,《中國語文》2019年第4期;另參蔣文:《先秦秦漢出土文獻與〈詩經〉文本的校勘和解讀》,中西書局,2019年,第15—21頁。
⑦ 《藝文類聚》,第949頁;《太平御覽》,第2911頁上欄。

《漢紀·桓帝紀》載此均同，胡注曰："訊，問也。"①按，胡注似非。"訊"當讀爲"信"，"訊其占"言信其占也。宋謝維新、虞載纂《古今合璧事類備要》卷四一引《後漢書》作"信其占"，宋真德秀《大學衍義》卷三九載此事並同②；《佩文韻府》卷二九"諄占"下引《後漢書》"帝亦頗諄其占"，注文曰"謂信其占也"，③並可證。《佩文韻府》引"諄"並無信義，字當作"訊"。"訊""信"中古音同，皆爲心母震韻，可相通假，《文選》卷三一南朝宋王僧達《和琅琊王依古》："既踐終古迹，聊訊興旺言。"唐李善注："訊與信通。"④宋蘇軾《答孔毅夫書》之一："忽辱手書及子由家訊，窮途一笑，豈易得之？"⑤"家訊"，即"家信"也。宋無名氏《宦門子弟錯立身》一二齣："便做真龍，我也難從你逐浪波，訊口胡應和，譯話吃不過。"錢南揚校注："訊，應作'信'。即'信口開合'之意。"⑥皆"訊""信"相通之例。⑦

109. 任城相劉儒

《後漢書》卷六七《黨錮列傳》："大長秋曹節因此諷有司奏捕前黨故司空虞放、太僕杜密、長樂少府李膺、司隸校尉朱㝢、潁川太守巴肅、沛相荀翌、河內太守魏朗、山陽太守翟超、任城相劉儒、太尉掾范滂等百餘人，皆死獄中。"（2188頁）

"任城相劉儒"，《後漢紀》卷二三《靈帝紀上》作"議郎劉儒"。⑧按，當從袁《紀》，卷六七《黨錮列傳·劉儒傳》載："桓帝時，數有災異，下策博求直言，儒上封事十條，極言得失，辭甚忠切。帝不能納，出爲任城相。頃之，徵拜議郎。會竇武事，下獄自殺。"⑨據此可知劉儒下獄死時已爲議郎。

另，"魏朗"，《後漢紀》卷二三《靈帝紀上》載爲"尚書"。⑩據《後漢書》六七《黨錮列傳·魏朗傳》載："桓帝美其功，徵拜議郎。頃之，遷尚書。屢

---

① 《資治通鑒》，第1794頁。
② （宋）謝維新、虞載纂：《事類備要》卷四一，明嘉靖夏相刻本，第四頁；（宋）真德秀撰，朱人求點校：《大學衍義》，華東師範大學出版社，2010年，第626頁。校曰："'信'，原誤作'訊'，今據陳本、四庫本改。"
③ 《佩文韻府》卷二九，清光緒丙戌年上海同文書局石印本，第18冊，第十頁。
④ 《文選》，第442頁上欄。
⑤ 《蘇軾文集》，第1718頁。
⑥ 錢南揚校注：《永樂大典戲文三種校注》，中華書局，2009年，第248頁。
⑦ "訊""信"相通，相沿已久，可參曾良：《明清小説俗字研究》，商務印書館，2017年，第225—226頁。
⑧ 《後漢紀》，張烈點校《兩漢紀》，第448頁。
⑨ 《後漢書》，第2215頁。
⑩ 《後漢紀》，張烈點校《兩漢紀》，第448頁。

陳便宜,有所補益。出爲河内太守,政稱三河表。尚書令陳蕃薦朗公忠亮直,宜在機密,復徵爲尚書。會被黨議,免歸家。"①後以黨被徵,途中自殺,是亦非死獄中,其職官亦當從袁《紀》,以"尚書"稱之。

110. 見則排斥　循善

《後漢書》卷六七《黨錮·范滂傳》:"甫曰:'卿更相拔舉,迭爲脣齒,有不合者,見則排斥,其意如何?'滂乃慷慨仰天曰:'古之循善,自求多福;今之循善,身陷大戮。身死之日,願埋滂於首陽山側,上不負皇天,下不愧夷、齊。'"(2205—2206 頁)

點校本校勘記曰:"見則排斥　按:《刊誤》謂'見則'案文當作'則見'。"又曰:"古之循善　按:《刊誤》謂按文'循'當作'修'。"

按,"見則排斥"當不誤。《册府》卷八七七、卷九二五、《通志》卷一一二載此均作"見則排斥"。②"見則排斥",所見皆被排斥也。因此,"見則排斥"文亦通,不煩改字。另《後漢紀》卷二二《桓帝紀下》作"則見排擯",③並可通。

另,"循善"殆誤,《刊誤》所論甚是,當作"修善"。《御覽》卷四二七引袁山松《後漢書》、《後漢紀》卷二二《桓帝紀下》均作"修善";④《通鑑》卷五六《漢紀·桓帝紀下》、《册府》卷九二五、《東漢會要》卷二五載並同。⑤"循善",唐代以前罕見可靠用例。⑥"修善"乃成詞,行善之義,⑦古書習見。

---

① 《後漢書》,第 2201 頁。
② 《册府元龜》,第 10205、10727 頁;《通志》,第 1670 頁。
③ 《後漢紀》,張烈點校《兩漢紀》,第 431 頁。
④ 《後漢紀》,張烈點校《兩漢紀》,第 431 頁;《太平御覽》,第 1967 頁上欄。
⑤ 《資治通鑑》,第 1799 頁;《册府元龜》,第 10727 頁;《東漢會要》,第 721 頁。
⑥ 馬王堆漢墓帛書《戰國縱橫家書·蘇秦使盛慶獻書於燕王章》:"信□□奉陽君使周納言之,曰:'欲謀齊',寡人弗信也。周納言:燕勺(趙)循善矣,皆不任子以事。"同上:"今王曰:'必善勺(趙),利於國。'臣與不知其故。奉陽君之所欲,循〔善〕齊秦以定其封,此其上計也。次循善齊以安其國。齊勺(趙)循善,燕之大過(禍)。〔將〕養勺(趙)而美之齊乎,害於燕惡之齊乎,奉陽君怨臣,臣將何處焉?"參裘錫圭主編:《長沙馬王堆漢墓簡帛集成》,中華書局,2014 年,第 3 册,第 204 頁。文中數處"循善","循"皆作⟨循⟩,字迹清晰,乃"循"字無疑。"循善",帛書整理本皆未注,但細味文意,皆非《後漢書》"循善"之義。此"循善"非詞,應爲遵循友善之意。"燕勺(趙)循善"意即燕趙二國遵循友好。"循〔善〕齊秦以定其封",言與秦國遵循友好以定其封。另,王充《潛夫論·賢難》:"故所謂賢難者,乃將言乎循善則見妒,行賢則見嫉,而必遇患難者也。"汪繼培箋:"'循'當作'脩',古書循、脩多相亂。"彭鐸校正:"《隸續》云:'循、脩二字,隸法只爭一畫。'例亦見下文。"參《潛夫論箋校正》,第 39 頁。"循善"不晚於唐代始爲成詞,但非遵循友好之意,亦非行善之義,乃爲善良義。另,韓愈《與鄭相公書》:"孟氏兄弟,在江東未至。先與相識,亦甚循善;所慮才幹不足任事。""循善"乃同義連文,"循"乃"循良"之"循",猶善也,與本例之"循善"詞義有别,《漢語大詞典》釋此爲"猶善良",甚確。參《漢語大詞典》卷三,第 1043 頁。
⑦ 《漢語大詞典》卷一,第 1494 頁。

《史記》卷八七《李斯列傳》:"夫高,故宦人也,然不爲安肆志,不以危易心,絜行修善,自使至此,以忠得進,以信守位。'"①《後漢書》卷六〇《蔡邕傳下》:"豈況萬乘之主,脩善求賢?宜舉敦朴,以輔善政。"②《論衡·異虛》:"高宗,賢君也,而感桑穀生而問祖己,行祖己之言,修政改行,桑穀之妖亡,諸侯朝而年長久。脩善之義篤,故瑞應之福渥。"③《三國志》卷二〇《魏志·樂陵王曹茂傳》:"如聞茂頃來少知悔昔之非,欲脩善將來。君子與其進,不保其往也。"④"修善"猶言"行善"。據此,范《書》"循善"當正作"修善"。

111. 與子孫

《後漢書》卷六七《黨錮傳·檀敷》:"家無產業,子孫同衣而出。"李賢注曰:"謝承《書》曰'敷〔與〕子孫同衣而行,并日而食'也。"(2215頁)

點校本校勘記曰:"敷〔與〕子孫同衣而行 據汲本、殿本補。"

按,范《書》同卷《虞延傳》載"子孫同衣而出";⑤《册府》卷八〇五載此作"子孫同衣而出",注曰"一云敷子孫同衣而行,并日而食",⑥均未及"與"字。另《後漢紀》卷一八《順帝紀》載陳寵事曰"子弟同衣而出,并日而食";又《後漢書》卷六七《黨錮傳·虞延》李賢注引謝承《書》亦曰:"身没之後,家貧空,子孫同衣而出,并日而食";《初學記》卷一八引《後漢書》:"李元字大遜,陳留人也,事母至孝。家貧,兄弟六人同衣而出入。"⑦皆言兄弟同衣也,益可證"與"字衍,不必補。⑧

112. 致死

《後漢書》卷六九《何進傳》:"進素有仁恩,士卒皆流涕曰:'願致死!'匡遂引兵與董卓弟奉車都尉旻攻殺苗,棄其屍於苑中。"(2252頁)

---

① 《史記》,第2559頁。
② 《後漢書》,第1995頁。
③ 黃暉:《論衡校釋》,第214頁。
④ 《三國志》,第589頁。
⑤ 《後漢書》,第1154頁。
⑥ 《册府元龜》,第9361頁。
⑦ 《後漢紀》,張烈點校《兩漢紀》,第348頁;《後漢書》,第2215頁;《初學記》,第444頁。周天游據《初學記》引輯,詳參《八家後漢書輯注》,第176頁。按,《初學記》引此僅作"後漢書曰",未明何種《後漢書》。《類聚》卷三五載曰:"范曄《漢書》曰:'李元(校曰:《太平御覽》四百八十四作"充")字大遜,陳留人,事母至孝。家貧,兄弟六人同衣出入。'"(參《藝文類聚》,上海古籍出版社,1965年,第627頁)其文字與《初學記》引《後漢書》全同,則此條當爲范曄《後漢書》文。另《後漢書》卷八一《獨行傳》曰:"李充字大遜,陳留人也。家貧,兄弟六人同食遞衣。"(第2684頁)文字稍異。
⑧ 周天游輯《八家後漢書輯注(修訂本)》據《後漢書》點校本補"與"字(第133頁),當刪。

曹金華《稽疑》曰："據文義'致'當作'效'，《後漢紀》卷二五即作'效'，形近而訛也。"①

按，"致"應不誤。"致死"乃成詞，"致"有盡義，"致死"，盡死也。"效死"，獻死也，二者義近。②《易·困·象傳》："君子以致命遂志。"③"致命"猶"致死"。《論語·學而》："事父母能竭其力，事君能致其身。"南朝梁皇侃疏："致，極也。"④又《子張》："人未有自致者也，必也親喪乎？"朱熹集注："致，盡其極也。"⑤

"致死"古籍習見。《左傳·成公三年》："雖遇執事，其弗敢違，其竭力致死，無有二心，以盡臣禮，所以報也。"⑥"致死"，盡其死也。《國語·晉語一》："昔者之伐也，興百姓以爲百姓也，是以民能欣之，故莫不盡忠極勞以致死也。"⑦"盡忠極勞以致死"，盡忠極勞而盡死。《後漢書》卷一《光武帝紀上》："降者更相語曰：'蕭王推赤心置人腹中，安得不投死乎！'"唐李賢注："投死，猶言致死。"又卷三八《張宗傳》："宗曰：'愚聞一卒畢力，百人不當；萬夫致死，可以橫行。'"⑧"畢力""致死"相對文，"致"猶"畢"也。《三國志》卷一〇《吳志·孫策傳》："策爲人，美姿顔，好笑語，性闊達聽受，善於用人，是以士民見者，莫不盡心，樂爲致死。"⑨"盡心""致死"亦相對文。"致死"皆盡其死之義。據此，"致死"當不誤。

113. 戴戟

《後漢書》卷七〇《鄭太傳》："關西諸郡，頗習兵事，自頃以來，數與羌戰，婦女猶戴戟操矛，挾弓負矢，況其壯勇之士，以當妄戰之人乎！其勝可必。"（2258頁）

點校本校勘記曰："婦女猶戴戟操矛　按：王先謙謂'戟'不能'戴'，《魏志·鄭渾傳》注引張璠《漢紀》作'載戟'。"

---

① 曹金華：《後漢書稽疑》，第909頁。
② 《漢語大詞典》收"效死"，未收"致死"，當補。
③ 《周易注疏》，(清)阮元校刻《十三經注疏(清嘉慶刻本)》，第121頁。
④ (南朝梁)皇侃：《論語義疏》，中華書局，2013年，第394頁。另，《漢語大詞典》引此例，釋"致"爲"奉獻，獻納"，參《漢語大詞典》卷七，第792頁。按，《漢語大詞典》釋似未盡洽。"致"亦當爲"盡"義，"致""竭"對文，"致"猶"竭"也。《國語·吳語》："飲食不致味，聽樂不盡聲。"三國韋昭注："致，極也。""致""盡"對文，義亦同。
⑤ 《四書章句集注》，第191頁。
⑥ 《春秋左傳正義》，(清)阮元校刻《十三經注疏(清嘉慶刻本)》，第4126頁。
⑦ 徐元誥：《國語集解》，第255頁。
⑧ 《後漢書》，第17、1275頁。
⑨ 《三國志》，第1104頁。

按,作"戴"不誤,"戴""載"古常通用。清段玉裁《説文解字注》卷三上:"引申之凡加於上皆曰'戴'。如'土山戴石曰崔嵬、石山戴土曰砠'是也。又與'載'通用,言其上曰'戴',言其下曰'載'也。《釋山》或本'石載土謂之崔嵬,土載石為砠',謂石載於土,土載於石,則與《毛傳》不異也。《周頌》'載弁俅俅'、《月令》'載青旗',皆同'戴'。"①《史記》卷四《魯周公世家》:"周公於是乃自以為質,設三壇,周公北面立,戴璧秉圭,告于太王、王季、文王。"清錢大昕曰:"戴即載也。"②《淮南子內篇·繆稱》:"故倡而不和,意而不戴,中心必有不合者也。"清王念孫曰:"戴,讀為載。"③

114. 爾乃

《後漢書》卷七一《皇甫嵩傳》:"嵩溫卹士卒,甚得眾情,每軍行頓止,須營幔修立,然後就舍帳。軍士皆食,(爾)〔已〕乃嘗飯。"(2302頁)

點校本校勘記曰:"(爾)〔已〕乃嘗飯　據殿本改。按:王先謙謂作'已'是。"

曹金華《稽疑》曰:"《書鈔》卷六四引《華嶠書》作'軍士皆食爾,乃嘗飯','爾'同'耳',作'罷'解,亦通。……故作'爾'字亦不誤也。"④

按,《書鈔》卷六四引華嶠《續漢書》作"軍士皆食爾乃嘗飯"。⑤《御覽》卷二八〇引《後漢書》、《冊府》卷三九八、《通鑑》卷五八《漢紀·靈帝中平元年》載均作"軍士皆食,爾乃嘗飯",元胡三省注:"爾,如此也。"⑥因此,作"爾"當不誤。或謂"爾"作'罷'解,則誤矣。

"爾乃"乃成詞,於是、然後之義。漢應劭《風俗通義·序》:"揚雄好之,天下孝廉,衛卒交會,周章質問,以次注續,二十七年,爾乃治正,凡九千字。"⑦《後漢書》卷三八《度尚傳》:"今兵寡少,未易可進,當須諸郡所發悉至,爾乃并力攻之。"⑧《三國志》卷二五《魏志·楊阜傳》:"吳蜀以定,爾乃上安下樂,九親熙熙。"⑨三國魏曹植《洛神賦》:"日既西傾,車殆馬煩。爾廼税駕乎蘅皋,秣駟乎芝田,容與乎陽林,流眄乎洛川。"⑩"爾乃"皆然後之義。

---

① 《説文解字注》,第105頁。
② (清)錢大昕:《廿二史考異》,上海古籍出版社,2004年,第47頁。
③ 《讀書雜志》,第2182頁。
④ 曹金華:《後漢書稽疑》,第933頁。
⑤ 《北堂書鈔》,第1冊,第488頁上欄。
⑥ 《太平御覽》,第1303頁下欄;《冊府元龜》,第4509頁;《資治通鑑》,第1873頁。
⑦ (漢)應劭撰,王利器校注:《風俗通義校注》,中華書局,1981年,第11頁。
⑧ 《後漢書》,第1285頁。
⑨ 《三國志》,第705頁。
⑩ 《文選》,第270頁。

115. 窮寇勿迫，歸衆勿追

《後漢書》卷七一《皇甫嵩傳》："卓曰：'不可。兵法，窮寇勿(迫)〔追〕，歸衆勿(追)〔迫〕。今我追國，是迫歸衆，追窮寇也。困獸猶鬥，蜂蠆有毒，況大衆乎！'"（2305 頁）

點校本校記曰："窮寇勿(迫)〔追〕歸衆勿(追)〔迫〕 據汲本、殿本改。按：下云'是迫歸衆，追窮寇也'，明當作'窮寇勿追，歸衆勿迫'。"

《稽疑》據《後漢紀》《孫子》文認爲文不誤。① 按，《稽疑》説是。《後漢紀》卷二五《靈帝紀下》紀此作："不可！兵法窮寇勿迫，歸衆勿追。今我追國，是追歸衆，迫窮寇也。"②《孫子·軍爭》："歸師勿遏，圍師必闕，窮寇勿迫，此用兵之法也。"③ 另唐趙蕤《長短經》卷九《兵權》載"窮寇勿迫，歸衆勿追"。④《御覽》卷二八四、卷三〇九引《後漢書》、《册府》卷二四〇、《通鑑》卷五九《漢紀·靈帝紀下》載並同。⑤ 因此，原文似不可謂誤。且"窮寇勿迫，歸衆勿追"互文見義，不煩改字。

《稽疑》又言後文"迫歸衆，追窮寇"，當據《後漢紀》作"追歸衆，迫窮寇"，則不必。"追""迫"互文見義，其義並同。前引《長短經》《通典》《册府》等均載作"追歸衆，迫窮寇"，是亦不煩改字。

116. 愛畏　盡勤

《後漢書》卷七一《皇甫嵩傳》："嵩爲人愛慎盡勤，前後上表陳諫有補益者五百餘事，皆手書毁草，不宣於外。又折節下士，門無留客。時人皆稱而附之。"（2307 頁）

唐李賢注"門無留客"曰："言汲引之速。"

點校本校勘記曰："嵩爲人愛慎盡勤　按：《刊誤》謂當作'愛畏勤盡'。"

《集解》引劉攽《刊誤》曰："文'愛'非所以配'慎'，當是'畏'字；'勤'又當在'盡'字上。"⑥

---

① 曹金華：《後漢書稽疑》，第 936 頁。
② 《後漢紀》，張烈點校《兩漢紀》，第 492 頁。
③ 《十一家注孫子校理》，第 159 頁。
④ 《長短經》，第 529 頁。
⑤ 《太平御覽》，第 1317 頁上欄、1421 頁上欄；《册府元龜》，第 4564 頁；《資治通鑑》，第 1892 頁。另《通典》卷一六二載作"窮寇勿迫，歸衆勿迫。今我追國，是追歸衆，追窮寇也。"王文錦校曰："'追''迫'原互訛，據《後漢書·皇甫嵩傳》（二三〇五頁）乙改。"參《通典》，第 4184 頁。按，此校亦有失也。《通典》作"窮寇勿迫，歸衆勿追"，正爲《後漢書》所引之原文。
⑥ 《後漢書集解（外三種）》，第 2 册，第 224 頁。

曹金華《稽疑》："似作'畏慎勤盡'爲是。下文上表陳諫皆手書毀草,又折節下士,門無留客,是'畏慎'也。"①

按,"愛慎""盡勤"當不誤。《刊誤》謂"愛"非所以配"慎",失之武斷。《稽疑》謂當作"畏慎勤盡",亦無據。唐李賢注"門無留客"曰："言汲引之速。"則"折節下士,門無留客"與"畏慎"亦無甚關聯。

"愛慎"典籍習見。《類聚》卷一二、《御覽》卷九〇引《續漢書》："柔遠以德,愛慎人命。"②北魏賈思勰《齊民要術》卷五《種漆》："世人見漆器,暫在日中,恐其炙壞,合著陰潤之地,雖欲愛慎,朽敗更速矣。"③北魏吉迦夜共曇曜譯《雜寶藏經》卷一〇《優陀羨王緣》："怪哉大惡耶輸陀羅,不慮是非,輕有所作,不自愛慎,令我舉宮都被染污。"④《詩經·秦風·小戎》："游環脅驅,陰靷鋈續。"孔疏："以一條皮上繫於衡,後繫於軫,當服馬之脅,愛慎乘駕之具也。"⑤"愛慎"皆爲愛惜謹慎,憐愛重視義。可知,《崔傳》作"愛慎"不誤。

"盡勤"古書亦多見,晉潘岳《爲任子咸妻作孤女澤蘭哀辭》："淑質彌暢,聰慧日新。朝夕顧復,夙夜盡勤。彼蒼者天,哀此矜人。"⑥"盡勤"猶"盡心""盡力"。《晉書》卷三三《石崇傳》："崇自表曰:'臣兄統以先父之恩,早被優遇,出入清顯,歷位盡勤。伏度聖心,有以垂察。'"⑦《宋書》卷六《武帝紀》："近北討文武,於軍亡沒,或殞身矢石,或癘疾死亡,並盡勤王事,而斂槥卑薄。"⑧《南齊書》卷二《高帝紀下》："詔'諸將及客,戮力艱難,盡勤直衛,其從還宮者,普賜位一階。'"⑨"盡勤",盡心盡力也,與"勤力"義近。

因此,范《書》"折節下士,門無留客"謂之"愛";"手書毀草,不宣於外"即爲"慎";前後"陳諫有補益者五百餘事",是謂"盡勤"也。據此,《崔傳》作"愛慎盡勤",⑩字不誤也。

117. 周規

《後漢書》卷七一《朱儁傳》："儁以孝養致名,爲縣門下書佐,好義輕財,

---

① 曹金華：《後漢書稽疑》,第937頁。
② 《藝文類聚》,第236頁;《太平御覽》,第433頁下欄。
③ 《齊民要術今釋》,第441—442頁。
④ （北魏）吉迦夜、曇曜譯：《雜寶藏經》,《大正新修大藏經》,第4冊,第496頁中欄。
⑤ 《毛詩正義》,（清）阮元校刻《十三經注疏（清嘉慶刻本）》,第787頁。
⑥ 《全上古三代秦漢三國六朝文》,第1997頁。
⑦ 《晉書》,第1005頁。
⑧ 《宋書》,第124頁。
⑨ 《南齊書》,第34頁。
⑩ 《漢語大詞典》"愛慎""盡勤"均未收,似當補。

鄉閭敬之。時同郡周規辟公府,當行,假郡庫錢百萬,以爲冠幘費,而後倉卒督責,規家貧無以備,儁乃竊母繒帛,爲規解對。"(2308 頁)

點校本校勘記曰:"同郡周規　按:《集解》引汪文臺説,謂《御覽》八一四引張璠《漢紀》,'規'作'起'。"

按,《御覽》卷四九二引《會稽典録》曰:"周規,字公圓。"①《書鈔》卷三二、卷三七引《會稽典録》、《御覽》卷二六六引華嶠《後漢書》均作"周規";②《册府》卷七〇一、卷載並同。③《孟子·離婁上》:"離婁之明,公輸子之巧,不以規矩,不能成方員。"④"員"即"圓"古字。《詩經·小雅·沔水詩序》:"《沔水》,規宣王也。"漢鄭箋曰:"規,正圓之器也。"⑤《玉篇·夫部》:"規,正圜之器也。"⑥"周規"名規,字以"圓",名、字義正相合,作"周規"當不誤。

118. 桮

《後漢書》卷七二《董卓傳》:"先斷其舌,次斬手足,次鑿其眼目,以鑊煮之。未及得死,偃轉(柸)〔桮〕案間。"(2330 頁)

點校本校勘記曰:"偃轉(柸)〔桮〕案間　按:'柸'非'桮'字,各本並訛,今改正。"

又《後漢書》卷七七《酷吏列傳·董宣》李賢注引謝承《後漢書》:"敕令詣太官賜食。宣受詔出,飯盡,覆桮食机上。"(2490 頁)

點校本校勘記曰:"覆桮食机上　按:'桮'原訛'柸',逕改正。"

按,"柸"不煩改字,"柸"即"桮"之或體,或又寫作"盃"。《山海經·海内北經》:"犬封國曰犬戎國,狀如犬。有一女子,方跪進柸食。"清郝懿行疏曰:"明藏本'柸'作'桮'。"⑦《漢書》卷五二《竇嬰傳》:"此天下壯士,非有大惡,爭柸酒,不足引它過以誅也。"⑧"柸"皆爲"桮"字。又可寫作"盃",《莊子·逍遥遊》"覆杯水於坳堂之上。"唐陸德明釋文曰:"杯,崔本作'盃'。"⑨是"杯""桮""盃"一也。據此,"柸"不必校改。

---

① 四部叢刊本《太平御覽》引作"公圖",參第 2251 頁上欄。今按,明嘉靖本、四庫本皆作"圓"。"圓"即"圓"。"公圖"當作"公圓"。
② 《北堂書鈔》,第 263 頁下欄、298 頁上欄;《太平御覽》,第 1245 頁下欄。
③ 《册府元龜》,第 8101、9311 頁。
④ 《孟子正義》,第 475 頁。
⑤ 《毛詩傳箋》,第 247 頁。
⑥ 《大廣益會玉篇》,第 93 頁。
⑦ (晋)郭璞傳,(清)郝懿行疏:《山海經箋疏》,齊魯書社,2010 年,第 4943 頁。
⑧ 《漢書》,第 2390 頁。
⑨ (清)郭慶藩:《莊子集釋》,中華書局,1961 年,第 7 頁。

119. 佐軍校尉

《後漢書》卷七四《袁紹傳》："後辟大將軍何進掾,爲侍御史、虎賁中郎將。中平五年,初置西園八校尉,以紹爲佐軍校尉。"(2374頁)

李賢注："樂資《山陽公載記》曰:'小黄門蹇碩爲上軍校尉,虎賁中郎將袁紹爲中軍校尉,屯騎校尉鮑鴻爲下軍校尉,議郎曹操爲典軍校尉,趙融爲助軍左校尉,馮芳爲助軍右校尉,諫議大夫夏牟爲左校尉,淳于瓊爲右校尉:凡八人,謂之西園軍,皆統於碩。'此云'佐軍',與彼文不同。"

點校本校勘記曰:"以紹爲佐軍校尉　《集解》引洪頤煊說,謂《何進傳》作'中軍校尉',《蓋勳傳》《五行志》俱作'佐軍校尉'。按:沈家本謂注引《山陽公載記》作'中軍',《獻紀》注引亦同,《魏志》亦作'中軍',案時有上軍、下軍,則作'中軍'是也。"

按,《後漢書》卷七八《宦者傳·張讓》亦作:"六年,帝崩。中軍校尉袁紹說大將軍何進。"《後漢紀》卷二五《靈帝紀下》亦作"虎賁中郎將袁紹爲中軍校尉",同卷中平六年兩載"中軍校尉袁紹";①《治要》卷二四、②《通典》卷七六③載亦同;宋志磐撰《佛祖統紀》卷三五載曰:"中軍校尉袁紹引兵捕諸宦者。"④以上諸引皆可證"佐軍"當"中軍"。

120. 山谷鄙生

《後漢書》卷七六《劉寵傳》："山陰縣有五六老叟,尨眉皓髮,自若邪山谷間出,人齎百錢以送寵。寵勞之曰:'父老何自苦?'對曰:'山谷鄙生,未嘗識郡朝。它守時吏發求民間,至夜不絕,或狗吠竟夕,民不得安。'"(2478頁)

點校本校勘記曰:"山谷鄙生未嘗識郡朝　按:袁宏《紀》作'山谷鄙老生未嘗到郡縣'。《集解》引王補說,謂《通鑑》從范書,無'老'字。按如范《書》,則'生'字句絕,袁《紀》則'生'字當屬下句讀。"

曹金華《稽疑》曰:"本傳說同《初學記》卷二七引《華嶠書》。而以'白首''老叟'論之,當作'鄙老'爲是,《吳志·劉繇傳》注引《續漢志》亦同《袁紀》。"⑤

---

① 《後漢紀》,張烈點校《兩漢紀》,第488、494頁。
② 《群書治要》,第284頁。
③ 《通典》,第2077頁。
④ (宋)志磐撰:《佛祖統紀》,《大正新修大藏經》,第49冊,第331頁上欄。
⑤ 曹金華:《後漢書稽疑》,第1031頁。

按,清何焯《義門讀書記》卷二四論曰:"《吳志》注中引《續漢書》作'山谷鄙老生未嘗至郡',則此'鄙'字下脱一'老'字。"①此論甚確,《文選》卷五九沈文休《齊故安陸昭王碑文》李善注引司馬彪《續漢書》亦作"山谷鄙老,生未嘗到郡縣"。②"生",平生。《韓非子·初見秦》:"出其父母懷衽之中,生未嘗見寇耳。"③袁《紀》所載與裴注引同。④《初學記》卷二七引華嶠《書》作"鄙生未嘗識郡朝",當脱"老"字。⑤ 吴樹平據以輯,失校。⑥

121. 聞奏

《後漢書》卷七七《酷吏列傳序》:"故臨民之職,專事威斷,族滅姦軌,先行後聞。"李賢注曰:"先行刑而後聞奏也。"(2487 頁)

曹金華《稽疑》曰:"按,'聞奏'疑作'奏聞'。"⑦

按,《稽疑》所論待商。"聞",上聞,禀奏也。"先行刑而後聞奏",言先行刑而後向上禀奏也。《正字通·耳部》:"凡人臣奏事於朝,亦曰聞。"⑧《淮南子·主術》:"是故號令能下究,而臣情得上聞。"東漢高誘注:"聞,猶達也。"⑨《漢書》卷四九《爰盎傳》:"淮南王至雍,病死,聞。上輟食,哭甚哀。"唐顔師古注:"聞,聞於天子也。"⑩《資治通鑑》卷一四五《梁紀·武帝紀》:"帝聞之,責元紹不重聞。"元胡三省注:"聞,奏也。"⑪是"聞奏"乃同義複詞,禀奏之義,典籍習用,如《後漢書》卷五一《龐參傳》:"有司以良不先聞奏,輒折辱宰相,坐繫詔獄。"⑫《魏書》卷七九《董紹傳》:"對曰:'通好息民,乃兩國之事,既蒙命及,輒當聞奏本朝。'"⑬《晋書》卷五九《司馬亮傳》:"使訓導觀察,有不遵禮法,小者正以義方,大者隨事聞奏。"⑭"聞奏"亦可倒文為"奏聞",義並同,如《後漢書》卷六三《西羌傳》:"安國以事奏聞,後將軍趙

---

① 《義門讀書記》,第398頁。
② 《文選》,第819頁。
③ 《韓非子集解》,第3頁。
④ 《後漢紀》,張烈點校《兩漢紀》,第445頁。
⑤ 《初學記》,第654頁。
⑥ 周天游輯注:《八家後漢書輯注(修訂本)》,第590頁。
⑦ 曹金華:《後漢書稽疑》,第1033頁。
⑧ (明)張自烈:《正字通》卷八《未集中·耳部》,康熙二十四年秀水清畏堂精刻本,第九八頁。
⑨ 何寧:《淮南子集釋》,第657頁。
⑩ 《漢書》,第2269頁。
⑪ 《資治通鑑》,第4536頁。
⑫ 《後漢書》,第1691頁。
⑬ 《魏書》,第1758頁。
⑭ 《晋書》,第1591頁。

充國以爲不可聽。"①"聞奏""奏聞"義同。"聞奏"字不誤。

122. 蘭輿

《後漢書》卷七七《董宣傳》李賢注:"《謝承書》曰'有白馬一匹,蘭輿一乘'也。"(2490頁)

曹金華《稽疑》曰:"按,'蘭',《書鈔》卷一四〇引《陳留耆舊傳》作'闌',《御覽》卷四二六引《陳留耆舊傳》作'簡'。而據正文'敝車一乘',疑作'簡'是。"②

按,"蘭輿"不誤,"蘭輿"乃輕便小車,《御覽》卷七七四引《陳留耆舊傳》即作"蘭輿"。③《漢書》卷八《宣帝紀》:"太僕以軨獵車奉迎曾孫,就齊宗正府。"唐顏師古注曰:"文穎曰:'軨獵,小車,前有曲輿不衣也,近世謂之軨獵車也。'孟康曰:'今之載獵車也。前有曲軨,特高大,獵時立其中格射禽獸。'李奇曰:'蘭輿輕車也。'師古曰:'文、李二説皆是。時未備天子車駕,故且取其輕便耳,非藉高大也。孟説失之。'"④《續漢志》卷二九《輿服志上》:"近小使車,蘭輿赤轂,白蓋赤帷。"⑤是"蘭輿"乃輕便小車也。⑥《居延漢簡釋文合校》簡 183.13:"初亡時駕騧牡馬,乘蘭轝車,黄車茵,張白車蓬,騎騧牡馬。"⑦"蘭轝"即"蘭輿"。據此,"蘭輿"當不誤。

123. 見

《後漢書》卷七七《酷吏傳·樊曄》:"凉州爲之歌曰:'游子常苦貧,力子天所富。寧見乳虎穴,不入冀府寺。'"(2491頁)

點校本校勘記曰:"寧見乳虎穴 按:校補謂'見'或'覓'之訛。"

按,"見"字不誤,"寧見乳虎穴",句意暢達無礙。北齊顏之推《顏氏家訓》卷六《書證》引《後漢書》作"寧見乳虎穴"⑧,《册府》卷六九七載,《古今

---

① 《後漢書》,第 1788 頁。
② 曹金華:《後漢書稽疑》,第 1034 頁。
③ 《太平御覽》,第 3432 頁下欄。
④ 《漢書》,第 238 頁。
⑤ 《後漢書》,第 3651 頁。
⑥ 輕便小轎亦可稱之"蘭輿",又寫作"籃輿",《宋書》卷九三《隱逸列傳·陶潛》:"弘令潛故人龐通之齎酒具於半道栗里要之,潛有脚疾,使一門生二兒舉籃輿,既至,欣然便共飲酌,俄頃弘至,亦無忤也。"《晋書》卷八八《孝友列傳·孫晷》:"富春車道既少,動經江川,父難於風波,每行乘籃輿,晷躬自扶持。""籃"又可寫作"藍",宋司馬光《王安之以詩二絶見招依韻和呈》之一:"藍輿但恨無人舉,坐想紛紛醉落暉。"
⑦ 謝桂華、李均明、朱國炤輯:《居延漢簡釋文合校》,文物出版社,1987 年,第 294 頁。
⑧ (北齊)顏之推撰,王利器校注:《顏氏家訓集解》,中華書局,1993 年,第 466 頁。

合璧事類備要外集》卷二〇、《記纂淵海》卷六四引《後漢書》同;①《書鈔》卷七五、《御覽》卷二六二引《東觀記》並同,②均可證作原書"見"不誤。

124. 天下所具

《後漢書》卷七九上《儒林傳上·孔僖》:"斯皆有以致之,故不可以誅於人也。且陛下即位以來,政教未過,而德澤有加,天下所具也,臣等獨何譏刺哉?"(2561頁)

點校本校勘記曰:"天下所具也　按:《集解》謂《袁宏紀》云'天下所共見也'。"

《通鑑》卷四六《漢紀·章帝紀》同,元胡三省注曰:"謂天下之人所具知也。"章鈺校"孔本'具'下正有'知'字。"③

曹金華《稽疑》曰:"錢大昭曰:'具'宜作'見'。案,據《通鑑》已作'具',則字非有誤也。依胡三省説,則具下當補'知'。依惠氏引《袁紀》則'具'下當更增'見'。實則此'具'字與下'獨'字對文,'所具'猶言所同耳,天下所同謂無異辭也。"④

"天下所具"無意,校"具"爲"見"亦無據。《稽疑》言"所具"猶言"所同",亦非。"具"並無"同"義。⑤ 今按,"具"下當補"知"。《通鑑》章鈺校甚是,當從。《冊府》卷八七三、《通志》卷二〇〇載皆作"天下所具知也。"⑥ "具"即"俱"古字,"具知"即"俱知"。⑦

125. 孝爲字

《後漢書》卷八〇上《文苑傳上》:"邊韶字孝先,陳留浚儀人也。以文章知名,教授數百人。韶口辯,曾晝日假臥,弟子私謿之曰:'邊孝先,腹便便。

---

① 《冊府元龜》,第8047頁;(宋)謝維新、虞載編:《古今合璧事類備要外集》,《景印文淵閣四庫全書》,第941冊,第556頁;(宋)潘自牧輯:《記纂淵海》卷一五八,國家圖書館藏宋刻本,第二頁。
② 《北堂書鈔》,第1冊,第559頁上欄;《太平御覽》,第1229頁下欄。
③ 《資治通鑑》,第1498頁。
④ 曹金華:《後漢書稽疑》,第1061頁。
⑤ 《漢語大字典》下列"具"十條義項,《漢語大詞典》下具十八條義項,均未及"具"有"同"義。詳可參《漢語大字典(第2版)》,第124頁;另參《漢語大詞典》卷二,第107頁。
⑥ 《冊府元龜》,第10153頁;《通志》,第1774頁。另,《冊府》卷四一載此作"天下所具也",可知至宋時范《書》恐有本已誤。
⑦ "具知"有詳細知道之義,但此"具"與"獨"相對,作"俱"解意更洽。另,"具"中古有"知道、明白、了解"義,方一新先生早已抉發,詳參方一新:《東漢魏晋南北朝史書詞語箋釋》,黃山書社,1997年,第84—85頁。但查檢《後漢書》"具"凡172見,除此例外,無一例可解作"知曉"義,故不取。

嬾讀書,但欲眠。'詔潛聞之,應時對曰:'邊爲姓,孝爲字。腹便便,五經笥。但欲眠,思經事。寐與周公通夢,静與孔子同意。師而可謝,出何典記?'謝者大慚。詔之才捷皆此類也。"(2623頁)

曹金華《稽疑》曰:"《類聚》卷二五引《續漢書》作'邊爲姓,先爲字',邊韶字孝先,可簡稱'先',亦可簡稱'孝'乎?"①

"孝爲字",《御覽》卷三七一、卷四六六引《後漢書》皆作"先爲字";②《類聚》卷二五引司馬彪《續漢書》亦同;③《白氏六帖事類集》卷六載亦作"先爲字"。④ 按,"孝先",字當作"先"。後漢人取字,首字多爲飾字,且喜用"孝",如楊孚字孝先,馮魴字孝孫,封觀字孝起,宗慈字孝初,臺佟字孝威,李南字孝山,法正字孝直等,皆其例。邊韶名"韶","韶",樂也。《尚書·益稷》:"《簫韶》九成,鳳皇來儀。"孔傳:"《韶》,舜樂名。"⑤《論語·先進》:"先進於禮樂,野人也。後進於禮樂,君子也。如用之,則吾從先進。"⑥"先"與"禮樂"相應,正與"韶"相合。"先"又有"先生"義,如《漢書》卷六七《梅福傳》:"夫叔孫先非不忠也,箕子非疏其家而畔親也,不可爲言也。"顏注云:"先猶言先生也。"⑦邊韶爲師,對語曰"師而可謝","先"又與"師"應。可知,作"先爲字"更密合文意。

126. 遊息

《後漢書》卷八一《獨行傳·范式》:"對之歎息,語及平生。曰:'昔與子俱曳長裾,遊(集)〔息〕帝學,吾蒙國恩,致位牧伯,而子懷道隱身,處於卒伍,不亦惜乎!'"(2678頁)

點校本校勘記曰:"遊(集)〔息〕帝學 殿本'集'作'息'。《集解》引惠棟説,謂《禮·學記》'息焉遊焉',當作'息'。今據改。"

曹金華《稽疑》曰:"《御覽》卷四八四引《華嶠書》作'遊集帝學',《范丹碑》載'遊集帝學',故作'集'也不誤。"⑧

按,曹説是。《御覽》卷八二九引華嶠《後漢書》亦作"遊集",《書鈔》卷

---

① 曹金華:《後漢書稽疑》,第1086頁。
② 《太平御覽》,第1710頁上欄、2141頁上欄。
③ 《藝文類聚》,第453頁。
④ (唐)白居易:《白氏六帖事類集》卷六,文物出版社影宋紹興刊本,1987年,第五六頁。
⑤ 《尚書正義》,(清)阮元校刻《十三經注疏(清嘉慶刻本)》,第303頁。
⑥ 《論語注疏》,(清)阮元校刻《十三經注疏(清嘉慶刻本)》,第5426頁。
⑦ 《漢書》,第2917頁。
⑧ 曹金華:《後漢書稽疑》,第1112頁。

六七引謝承《後漢書》,其題亦作"孔嵩遊集帝學"。① "集"有止義,義同"息",《説文・雥部》:"集,群鳥在木上也。"②《詩經・唐風・鴇羽》"集於苞栩",毛傳:"集,止。"③《國語・晉語二》:"人皆集於苑,已獨集於枯。"三國韋昭注:"集,止也。"④是"集"言止息也,"遊集"猶言"遊息",遊巡止息也⑤。《宋書》卷九七《夷蠻傳・西南夷訶羅陀國》:"學徒遊集,三乘競進,敷演正法,雲布雨潤。"⑥《南齊書》卷四〇《武十七王傳・竟陵文宣王子良》:"子良少有清尚,禮才好士,居不疑之地,傾意賓客,天下才學皆遊集焉。"⑦《北齊書》卷四九《崔季舒傳》:"又自解彈琵琶,能爲新曲,招城市年少歌舞爲娱,遊集諸倡家。"⑧"遊集"義皆同"遊息","集"不煩改字。

127. 一日

《後漢書》卷八一《獨行傳・李充》:"同坐汝南張孟舉往讓充曰:'一日聞足下與鄧將軍說士未究,激刺面折,不由中和,出言之責,非所以光祚子孫者也。'"(2685頁)

李賢注:"一日猶昨日也。"

曹金華《稽疑》曰:"按,'一日'疑是'某日''那日',非'昨日'也……據其文意絶非'昨日'也。"⑨

按,李賢謂"一日"爲"昨日",非誤。"昨日"本有前日之義,《三國志》卷一六《魏志・杜畿傳》裴松之注引《魏略》曰:"及畿之官,而固爲郡功曹。張時故任京兆。畿迎司隸,與時會華陰,時、畿相見,於儀當各持版。時歎曰:'昨日功曹,今爲郡將也!'"⑩《南史》卷五九《王僧孺傳》:"競行姦貨,以新換故,昨日卑細,今日便成士流。"⑪唐韋應物《有所思》:"借問堤上柳,青

---

① 《太平御覽》,第3697頁下欄;《北堂書鈔》,第1册,第511頁。
② 劉釗先生認爲"集"本義中有"降落"之義。郭永秉先生對"集"的本義也作出進一步的探討。詳參劉釗《"集"的形音義》,《中國語文》2018年第1期;郭永秉《古人如何降落在草木之上》,《上海書評》2018年9月27日,後收入氏著《金石有聲:文獻與文字斷想》,上海人民出版社,2021年,第116—143頁。
③ 《毛詩傳箋》,第154頁。
④ 徐元誥:《國語集解》,第275頁。
⑤ 《漢語大詞典》釋爲"聚集求學",欠妥。詳參《漢語大詞典》卷十,第1054頁。
⑥ 《宋書》,第2380頁。
⑦ 《南齊書》,第694頁。
⑧ 《北齊書》,第514頁。
⑨ 曹金華:《後漢書稽疑》,第1116頁。
⑩ 《三國志》,第409頁。
⑪ 《南史》,第1462頁。

青爲誰春。空遊昨日地,不見昨日人。"①"昨日"皆指前些日、往日。②

"一日"亦可表"往日"義,如《續漢志》卷一七《五行志五》劉昭注引《搜神記》:"武陵充縣女子李娥,年六十餘,病死,埋於城外,已十四日。……武陵太守聞娥死復生……娥語曰:'伯文,一日誤見召,今得遣歸,既不知道,又不能獨行,爲我得一伴不?'……即遣門卒與户曹相問:'司命一日誤召武陵大女李娥,今得遣還。娥在此積日,尸喪又當殯斂,當作何等得出?'"③可知,"一日"乃指數日之前,猶"往日"也,而非指前一天。《後漢書》卷六三《李固傳》:"臣前在荊州,聞厚、純等以病免歸,誠以悵然,爲時惜之。一日朝會,見諸侍中並皆年少,無一宿儒大人可顧問者,誠可歎息。"④"一日朝會",言前些日之朝會。因此,章懷所謂"一日猶昨日也",蓋稱"一日"有往日之義,與"昨日"義近也。

128. 義

《後漢書》卷八一《獨行傳·雷義》:"初爲郡功曹,(皆)〔嘗〕擢舉善人,不伐其功。義嘗濟人死罪,罪者後以金二斤謝之,義不受。"(2687頁)

點校本校勘記曰:"義嘗濟人死罪　按:《校補》謂案文'義'當作'又',疑'又'訛'乂','乂'復訛'義'。"

按,作"義"當不誤,不煩改。《御覽》卷七〇一引《後漢書》即作"義嘗濟人死罪",⑤晉李瀚撰《蒙求》卷上"雷義送金"下,宋徐子光集注⑥、《通志》卷一六八⑦引此亦同;《書鈔》卷一三二引謝承《書》作"雷義字仲公,嘗濟人死罪",⑧均未及有"又"字。"義嘗濟人死罪","義",雷義也,言雷義嘗濟助人死罪。句文辭通暢,《刊誤》所言殆可商。

129. 陳闊

《後漢書》卷八一《獨行傳·范丹》:"奐曰:'行路倉卒,非陳〔契〕闊之

---

① 《全唐詩》卷一七,第173頁。
② "昨"亦有往日之義,《正字通》:"昨,往日也。"晉陶淵明《歸去來兮辭》:"覺今是而昨非。"另"昨來""昨者"唐代均有往日之義,詳參白維國主編:《近代漢語詞典》,商務印書館,2015年,第2773頁。
③ 《後漢書》,第3348頁。
④ 《後漢書》,第2081頁。
⑤ 《太平御覽》,第3129頁。
⑥ (晉)李瀚撰,(宋)徐子光集注:《蒙求集注》卷上,《叢書集成初編》第978册,商務印書館影印本,1936年,第57頁。另,該書有關徐子光注文,余嘉錫曾詳辨之,參余嘉錫:《四庫提要辨證》卷一六,第960頁。
⑦ 《通志》,第2720頁。
⑧ 《北堂書鈔》,第2册,第362頁。

所,可共到前亭宿息,以叙分隔。'"(2689頁)

點校本校勘記曰:"非陳〔契〕闊之所　據汲本、殿本補。"

按,"契"不煩補,《册府》卷八八一載、宋任廣《書叙指南》卷一五《羈旅行李》引范《書》均作"非陳闊之所",①《類聚》卷二九引謝承《後漢書》亦同。②"闊"有離散義,《詩經·邶風·擊鼓》:"死生契闊,與子成説。"清馬瑞辰通釋:"'契闊'與'死生'相對成文,猶云合離聚散耳。"③《魏書》卷六二《李彪傳》:"清都可爾,一去何事！觀卿此言,似成長闊,朕當以殊禮相送。"④是"闊"乃離散之義;"長闊",久別也。三國魏嵇康《與山巨源絶交書》:"時與親舊叙闊,陳説平生。"⑤《三國志》卷五四《吴志·周瑜傳》裴注引《江表傳》:"幹曰:'吾與足下州里,中間别隔,遥聞芳烈,故來叙闊,并觀雅規,而云説客,無乃逆詐乎?'"⑥"叙闊",猶"陳闊"也。宋鄒浩《送許羿秀才還舊隱叙》:"余時見也,則酌酒陳闊,更僕劇談。"⑦"陳闊",陳述闊别之思也。

130. 便

《後漢書》卷八二下《方術傳·華陀》李賢注引《佗别傳》曰:"佗便飲藥令卧,破腹視,脾半腐壞。刮去惡肉,以膏傅創,飲之藥,百日平復。"(2736頁)

"便",《三國志》卷二九《魏志·方技傳·華佗》裴注引《華佗别傳》作"使"。⑧ 據文意,"便"當正作"使"。《册府》卷八五八、《通志》卷一八一載、宋張杲《醫説》卷七引《華佗别傳》亦作"使飲藥令卧"。⑨ "便""使"二字古書常訛,例多不具。

131. 禍將及人

《後漢書》卷八三《逸民傳·逢萌》:"時王莽殺其子宇,萌謂友人曰:'三綱絶矣！不去,禍將及人。'"(2759頁)

---

① 《册府元龜》,第10236頁;(宋)任廣輯,(明)柴紫增定:《書叙指南》卷一五,清道光錢氏刻珠叢别録本,第一頁。
② 《藝文類聚》,第511頁。
③ 《毛詩傳箋通釋》,第121頁。
④ 《魏書》,第1390頁。
⑤ 《全上古三代秦漢三國六朝文》,第1321頁下欄。
⑥ 《三國志》,第1265頁。
⑦ 曾棗莊主編:《宋代序跋全編》卷七二,齊魯書社,2015年,第1962頁。
⑧ 《三國志》,第804頁。
⑨ 《册府元龜》,第10000頁;《通志》,第2924中欄;(宋)張杲:《醫説》卷七,明嘉靖張子立刻本,第一七頁。

點校本校勘記曰:"不去禍將及人　按:《校補》謂上言'不去',則下不合言'及人','人'當作'我',否則衍字。"

《稽疑》曰:"'人'乃泛稱,若作'我'字,其義反晦,莽殺其子不當禍及一書生也。又《御覽》卷六八四引《東觀記》作'三綱絶矣!不去禍將及人';《後漢紀》卷五作'三綱絶矣,禍將及人'。"①

按,作"人"不誤,《稽疑》所論是。但言"人"爲泛稱,則失之。"人"有時候可指代自己。吕叔湘先生曾指出:"人或人家指别人,大率是指你我之外的第三者,如上文的例。但也可以拿'你'做主體,指你以外的别人,那麼'我'也在内;有時候,意思就指的是'我'。從前的人字常常這樣用,後來有了人家這個詞兒,也可以這樣用,但是人字還是很常見。"②吴金華、方一新、王雲路等亦有詳論,③如《漢書》卷六八《霍光傳》:"禹曰:'我何病?縣官非我家將軍不得至是,今將軍墳墓未乾,盡外我家,反任許、史,奪我印綬,令人不省死。'"顔注曰:"不自省有過也。"④《三國志》卷二八《魏志·鍾會傳》:"而衆人皆言蜀不可伐,惟鍾會與人意同。今遣會伐蜀,必可滅蜀。"⑤《古詩十九首·行行重行行》:"思君令人老,歲月忽已晚。"⑥"人"均作己稱。

132. 操作　孟光

《後漢書》卷八三《逸民傳·梁鴻》:"妻曰:'以觀夫子之志耳。妾自有隱居之服。'乃更爲椎髻,著布衣,操作而前。鴻大喜曰:'此真梁鴻妻也。能奉我矣!'字之曰德曜,〔名〕孟光。"(2766頁)

按,"操作而前",《御覽》卷五〇二引《後漢書》、卷三七三、卷四六七引《東觀記》、《後漢紀》卷一一《章帝紀》皆作"操作具而前"。⑦ 司馬光《家範》卷七載並同。⑧ 按,"具"當據補。"作具"指勞動工具。⑨《漢書》卷九七下《外戚傳下》:"公卿在位皆阿莽指,入錢帛,遣子弟及諸生四夷,凡十餘萬

---

① 曹金華:《後漢書稽疑》,第1154頁。
② 吕叔湘撰,江藍生補:《近代漢語指代詞》,學林出版社,1985年,第92頁。
③ 吴金華:《世説新語考釋》,江蘇教育出版社,1994年,第92頁;方一新、王雲路:《中古漢語讀本》(修訂本),上海教育出版社,2018年,第187、297頁。
④《漢書》,第2954頁。
⑤《三國志》,第794頁。
⑥《文選》,第409頁下欄。
⑦《太平御覽》,第2294頁上欄、1722頁下欄、2147頁下欄;《後漢紀》,張烈點校《兩漢紀》,第218頁。
⑧ (宋)司馬光:《家範》卷七,清光緒朱衡重刊朱文端公藏書十三種本,第一七頁。
⑨《漢語大詞典》收"作具",首例引北魏酈道元《水經注·渭水》例,稍遲。參卷一,第1250頁。

人,操持作具,助將作掘平共王母、丁姬故冢,二旬間皆平。"①《論語·公冶長》:"糞土之墻不可杇也。"宋邢昺疏引李巡曰:"涂一名杇,涂土之作具也。"②宋普濟撰《五燈會元》卷三《百丈懷海禪師》:"既遍求作具不獲,而亦忘飡。"③孟光更衣飾即勞作而前,似於情理不合;操持作具而至鴻前,更合乎情。故當據《後漢紀》《東觀記》文補"具"。

另,"字之曰德曜,〔名〕孟光。"點校本校勘記曰:"惠棟《補注》引田藝衡説,謂多一'孟'字。張森楷《校勘記》謂本傳作孟氏女,復名'孟光',則'孟孟光'矣,非詞也,據此可見孟光確姓趙氏。今按:《御覽》五百二及袁《紀》均無'名'字,不成文理,疑本作'字之曰德曜,名光',後人習見'孟光'字,妄改'名'字爲'孟'字耳。今據汲本、殿本補一'名'字,而録田、張兩家説備考。"

"同縣孟氏有女"。校勘記曰:"按:《校補》引柳從辰説,謂《東觀記》亦作孟氏女,獨袁《紀》作'趙氏有女'。"④

《後漢紀》卷一一《孝章皇帝紀》作"字德耀,名孟光"。周天游校曰:"蔣本'名孟光'三字闕,黄本僅有'孟光'二字。惠棟曰:'田藝衡曰:"案,多一孟字。"棟案:《續列女傳》曰:"字之曰德曜,名孟光。自名曰運期,字侯光。"似"孟"非衍字。'故據以補。"⑤

《御覽》卷五〇二引《後漢書》作"字曰德曜孟光";《御覽》卷三七三、卷四六七引《東觀記》作"字之曰德曜孟光"。⑥ 吴樹平據以輯,並校曰:"原無'名'字,聚珍本有,汲古閣刻本和武英殿刻本范曄《後漢書》亦有'名'字,今據增補。……《御覽》卷三八三引云孟氏女'名光',可證有'名'字是,又'孟'字爲衍文。此條《御覽》卷四六七、卷六九五亦引,文字簡略。《御覽》卷三八二引與此出入較大,今録全文如下,以供參考:'梁鴻同郡孟氏,其女名光,狀貌醜而黑,力能舉石臼,擇而不嫁,至年三十,鴻聞而聘之。'《御覽》卷三七八、《記纂淵海》卷八一、《合璧事類》卷三〇引與《御覽》卷三八二引

---

① 《漢書》,第4004頁。
② 《論語注疏》,(清)阮元校刻《十三經注疏(清嘉慶刻本)》,第5373頁。
③ 《五燈會元》,第136頁。
④ 《後漢書》,第2779頁。
⑤ 參《後漢紀校注》,第324頁。另中華本(226頁)亦補"名"字,校曰"從《後漢書·逸民列傳》補。"李本(143頁)逕作"名孟光",未出校。
⑥ 《太平御覽》,第2294頁上欄、1722頁下欄、2148頁上欄。另吴樹平據此輯入《東觀記》,曰出《類聚》卷六七。但檢《類聚》卷六七,引文頗不完整,並無此文字。詳參《藝文類聚》,第1190頁;《東觀漢記校注》,第864頁。

相類,文字節删較多。"①

按,今本《後漢紀》各本均作"孟氏女",無作"趙氏女"者,不知柳説所據何本。《類聚》卷六七等引《東觀記》、《後漢紀》皆有本作"字之曰德曜孟光",與《後漢書》文字同,恐非巧合。

考後漢人喜有名號,《後漢書》卷七九《儒林傳·甄宇》李賢注引《東觀記》云:"建武中每臘,詔書賜博士一羊。羊有大小肥瘦。時博士祭酒議欲殺羊分肉,又欲投鈎,宇復耻之。宇因先自取其最瘦者,由是不復有争訟。後召會,問'瘦羊博士'所在,京師因以號之。"卷七七《酷吏傳·董宣》:"賜錢三十萬,宣悉以班諸吏。由是搏擊豪彊,莫不震慄。京師號爲'卧虎'。歌之曰:'枹鼓不鳴董少平。'"卷七八《宦者傳》:"其後四侯轉横,天下爲之語曰:'左回天,具獨坐,徐卧虎,唐兩墯。'"卷二五《魯恭傳》:"祖父匡,王莽時,爲羲和,有權數,號曰'智囊'。"卷三九《江革傳》:"革以母老,不欲摇動,自在轅中輓車,不用牛馬,由是鄉里稱之曰'江巨孝'。"②卷七一《朱雋傳》:"自黄巾賊後,復有黑山、黄龍、白波、左校、郭大賢、于氐根、青牛角、張白騎、劉石、左髭丈八、平漢、大計、司隸、掾哉、雷公、浮雲、飛燕、白雀、楊鳳、于毒、五鹿、李大目、白繞、畦固、苦酉之徒,並起山谷間,不可勝數。其大聲者稱雷公,騎白馬者爲張白騎,輕便者言飛燕,多髭者號于氐根,大眼者爲大目,如此稱號,各有所因。"卷八四《列女傳·劉長卿妻》:"沛劉長卿妻者,同郡桓鸞之女也。……沛相王吉上奏高行,顯其門閭,號曰'行義桓螯③'。"④《書鈔》卷五九引華嶠《後漢書》:"黄瓊字世英,遷尚書令,朝廷事⑤,號爲'補職'。"⑥《後漢紀》卷七《光武帝紀》:"伏氏世以清約相承,東州號曰'伏不鬭'。"⑦

據此,原文當爲"字之曰德曜孟光。""字",猶名也,號也。《老子》第二五章:"吾不知其名,字之曰道,强爲之名曰大。"⑧"字之曰道",言名之曰"道"。《史記》卷三六《老子韓非列傳》:"老子者,楚苦縣厲鄉曲仁里人也,姓李氏,名耳,字聃。"唐張守節正義:"《神仙傳》云:'外字曰聃。'按,字,號

---

① 《東觀漢記校注》,第 864 頁。
② 《後漢書》,第 2580、2490、873、1302 頁。
③ 中華本校勘記曰:"汲本、殿本'螯'作'嫠',注同。按:螯嫠古通。"参《後漢書》,第 2805 頁。
④ 《後漢書》,第 2310、2797、2032 頁。
⑤ 周天游輯注《八家後漢書輯注(修訂本)》輯此條,於"朝廷"前補"習"字,校曰:"據汪輯補。"(第 579 頁)
⑥ 《北堂書鈔》,第 1 册,第 448 頁下欄。
⑦ 《後漢紀》,張烈點校《兩漢紀》,第 121 頁。
⑧ 楊丙安撰:《老子古本合校》,中華書局,2014 年,第 110—111 頁。

也。疑老子耳漫無輪,故世號曰耼。"①《周禮·考工記·輈人》:"故登阤者,倍任者也,猶能以登。"東漢鄭玄注:"故書繀作鰇。鄭司農云:'讀爲繀,關東謂紂爲繀。鰇,魚字。'"唐賈公彥疏:"字,猶名也。"②《後漢書》卷八二下《方術傳下》李注引《漢武帝内傳》"不以姓名語人","名"《神仙傳》卷一〇即作"字"。③ 梁僧祐《釋迦譜》卷二《釋迦母摩訶摩耶夫人記》:"大王當知求夫人時,諸釋共諍或言不與,使彼此流離,今當立名曰'流離。'"其中"名",宋、元、明宮本皆作"字"。④ 據此可知,"字"有名號之義。

"字之曰德曜孟光",言梁鴻因其妻德尚,有隱逸之志,即爲之名號曰"德曜孟光"。"孟光"蓋爲其本名,"德曜"乃梁鴻所贈之號,故謂之"德曜孟光"。

133. 數乃至千

《後漢書》卷八六《南蠻西南夷列傳》:"永寧元年,撣國王雍由調復遣使者詣闕朝賀,獻樂及幻人,能變化吐火,自支解,易牛馬頭。又善跳丸,數乃至千。"(2851 頁)

曹金華《稽疑》曰:"'千'疑作'十'。"⑤

"數乃至千",《御覽》卷七九一、《册府》卷九七九載皆同。⑥《通典》卷一八七《邊防三》、《文獻通考》卷三三〇載作"數乃至十";⑦《後漢紀》卷一五《殤帝紀》載此作"能跳十丸"。⑧ 按,"千"當作"十"。《稽疑》言是。"跳丸"乃古戲法名,表演者以兩手快速連續拋接數個圓球,以同時拋擲球的個數爲衡量技藝高低之主要標準,類似於今之丟球雜技。⑨《後漢書》作"數乃至千",於情理不合。《後漢書》卷八八《西域傳》李賢注引魚豢《魏略》曰:"大秦國俗多奇幻,口中出火,自縛自解,跳十二丸,巧妙非常。"⑩《三國志》卷三〇《魏志〈烏丸鮮卑東夷傳〉》裴松之注引《魏略·西戎傳》曰:"俗多奇

---

① 《史記》,第 2140 頁。
② 《周禮注疏》,(清)阮元校刻《十三經注疏(清嘉慶刻本)》,第 1076 頁。
③ 《後漢書》,第 2750 頁;(晋)葛洪撰,胡守爲校釋:《神仙傳校釋》,中華書局,2010 年,第 365 頁。
④ (梁)僧祐:《釋迦譜》,《大正新修大藏經》,第 50 册,第 56 頁上欄。
⑤ 曹金華:《後漢書稽疑》,第 1207 頁。
⑥ 《太平御覽》,第 3507 頁下欄;《册府元龜》,第 11534 頁。
⑦ 《通典》,第 5064 頁;《文獻通考》,第 9086 頁。
⑧ 《後漢紀》,張烈點校《兩漢紀》,第 302 頁。
⑨ 詳可參吳顥中:《漢代畫像石中的跳丸探析》,《戲曲研究通訊》第 11 期,"國立中央大學",2017 年,第 113—162 頁。
⑩ 《後漢書》,第 2920 頁。

幻,口中出火,自縛自解,跳十二丸巧妙。"①《樂府詩集》卷九九《新樂府辭·立部伎》:"立部伎,鼓笛喧。舞雙劍,跳九丸。裊巨索,掉長竿。"②據此,"千"當爲"十"之誤字。

134. 化狎

《後漢書》卷八八《西域傳》:"至於宣、元之世,遂備蕃臣,關徼不閉,羽檄不行。由此察之,戎狄可以威服,難以化狎。"(2912頁)

"狎",馴養、親近也。文意雖粗可通,但"化狎"非詞,典籍鮮見。《後漢紀》卷一七《安帝紀》作"化洽"。③"化洽"乃成詞,教化融合之義,典籍習見,如《後漢書》卷四〇下《班固傳》:"躬奉天經,惇睦辯章之化洽;巡靖黎蒸,懷保鰥寡之惠浹。"④"化洽"亦多用爲教化融合外族,《魏書》卷二三《崔浩傳》:"雖然,太祖用漠北醇樸之人,南入中地,變風易俗,化洽四海,自與羲農齊列,臣豈能仰名?"⑤《北史》卷七〇《辛昂傳》:"秩滿還京,首領皆隨昂詣闕朝覲。以昂化洽夷落,進位驃騎大將軍、開府儀同三司。"⑥《周書》卷一六《趙貴獨孤信侯莫陳崇列傳·史論》:"獨孤信威申南服,化洽西州,信著遐方,光照鄰國。"又卷四五《儒林傳·樂遜》:"遜勸勵生徒,加以課試,數年之間,化洽州境。蠻俗生子,長大多與父母別居。遜每加勸導,多革前弊。"⑦據此,頗疑《西域傳》之"化狎"當作"化洽"。"洽""狎"殆爲音近而訛。

135. 五色印

《續漢志》卷五《禮儀志中》:"周人木德,以桃爲更,言氣相更也。漢兼

---

① 《三國志》,第860頁。
② (宋)郭茂倩編:《樂府詩集》,中華書局,1977年,第1363頁。《全唐詩》卷四二六白居易《立部伎》作"跳七丸"。參《全唐詩》,第4691頁。另,清人小説《野叟曝言》第八〇回《斷鐵雙關密計,開銅鎖方便陰功》:"飛娘道:'跳丸是真,便奇極了,怎還説不甚奇?'素臣道:'他們每人跳著二十六個丸子,高下疾徐,蟬聯不斷,只在手勢停勻,習練純熟,尚是可能。'飛娘道:'他每人兩手跳有五七百丸,怎説只二十六個丸子?'奢摩他精夫一齊跪下道:'蠻女們每人實止二十六丸,爺的神眼,真怕死人!二十六丸,有二十六影丸,影上下參差相乘,幻出六百七十六丸。若是高手,一倍幻出倍half,便成一千一十四丸。最高神手,幻出兩倍,便成一千三百五十二丸,其實原只二十六丸也。'素臣暗道:'《後漢書》所載跳丸,數乃至千,還不是最高之手。幻民之幻,乃至此乎!'"詳參《古本小説集成》第四輯《野叟曝言》,上海古籍出版社,1994年,第4册,第2214—2215頁。今按,此當爲小説家據《後漢書》誤文敷演而成,頗不足信。
③ 《後漢紀》,張烈點校《兩漢紀》,第331頁。
④ 《後漢書》,第1382頁。
⑤ 《魏書》,第811頁。
⑥ 《北史》,第2426頁。
⑦ 《周書》,第271、818頁。

用之，故以五月五日，朱索五色印爲門户飾，以難止惡氣。"（3122頁）

劉昭注："桃印本漢制，所以輔卯金，魏除之也。"

曹金華《稽疑》："'五色印'當作'五色桃印'，'難止惡氣'，疑衍'難'字。《御覽》卷三一引《謝承書》：'五月五日，朱索五色桃印爲門户飾，以止惡氣也。'"①

按，《稽疑》言"五色印"當作"五色桃印"，"難止惡氣"，疑"難"字衍，皆待商。

"難"有抑絶、拒斥義，②《集韻·换韻》："難，阻也。"《尚書·舜典》："柔遠能邇，惇德允元，而難任人，蠻夷率服。"孔傳："難，拒也。佞人斥遠之。"唐陸德明釋文："難音乃旦反。"③《廣雅·釋詁》"攤，按也"下，王念孫疏證曰："《堯典》'惇德允元，而難任人'，難猶抑也；謂進君子而退小人也。"④《銀雀山漢墓竹簡·孫臏兵法·兵失》："備固，不能難倚（敵）之器用，陵兵也。"⑤"難敵"，拒敵也。漢揚雄《太玄·將》："初一：難我冥冥。"晋范望注："初九將起，難却群陰而上，今尚在地下，故言難。"司馬光集注曰："難者，阻抑之象。"⑥《後漢紀》卷七《光武帝紀》："父教不可廢，子諫不可難，惟陛下留神。"⑦"不可難"，不可抑，不可阻也。《後漢書》卷二九《郅惲傳》作"不可拒"。⑧ 又引申爲遏止不祥義，《集韻·戈韻》："難，却凶惡也。""難"又可寫作"儺"，清段玉裁曰："其殴疫字本作'難'，自假儺爲殴疫字，而儺之本義廢矣。""難止惡氣"，《通典》卷五五載即作"儺止惡氣"。⑨ 宋羅願《爾雅翼》卷三一《釋魚四》載曰："當夏至之日，陰氣萌作，恐物不楙，故歷代各以所尚爲門户飾，以難止惡氣。"⑩"難止"乃近意連文，卻阻也。"難止惡氣"即"儺止惡氣"，言卻阻臭惡之氣也。隋杜臺卿《玉燭寶典》卷五引《續漢志·禮儀志》作"故以五月五日，朱索五色即爲門户餙，以難止惡氣"。⑪《御覽》卷三一引謝承《後漢書》脱"難"字，疑爲不明"難"義而逕删之。

---

① 曹金華：《後漢書稽疑》，第1338頁。
② "難"有不許、拒絶義，方一新有論，詳參《〈世説新語〉校釋札記》，《杭州大學學報》1998年第4期。
③ 《尚書注疏》，（清）阮元校刻《十三經注疏（清嘉慶刻本）》，第273頁。
④ 《廣雅疏證》，第251頁。
⑤ 張震澤校訂：《孫臏兵法校理》，中華書局，1984年，第170頁。
⑥ （漢）揚雄撰，（宋）司馬光集注：《太玄集注》，中華書局，1998年，第169頁。
⑦ 《後漢紀》，張烈點校《兩漢紀》，第131頁。
⑧ 《後漢書》，第1025頁。
⑨ 《通典》，第1550頁。
⑩ （宋）羅願撰，石雲孫校點：《爾雅翼》，黄山書社，2013年，第368頁。
⑪ （隋）杜臺卿：《玉燭寶典》卷五，《古逸叢書》影日本鈔卷子本，第一五頁。

另，"五色印"亦不誤。《通典》卷五五載此亦作"朱索五色印，爲門户飾"；《書鈔》卷一五五引《續漢書》作"五色劉卯以施門户"。①"劉卯"即"罡卯"，又作"剛卯"。《漢書》卷九九中《王莽傳中》："正月剛卯，金刀之利，皆不得行。博謀卿士，僉曰天人同應，昭然著明。其去剛卯莫以爲佩，除刀錢勿以爲利，承順天心，快百姓意。"唐顏師古注曰："服虔曰：'剛卯，以正月卯日作佩之，長三〔尺〕〔寸〕，廣一寸，四方，或用〔玉〕，或用金，或用桃，著革帶佩之。今有玉在者，銘其一面曰"正月剛卯"。金刀，莽所鑄之錢也。'晉灼曰：'剛卯長一寸，廣五分，四方。當中央從穿作孔，以采絲（茸）〔茸〕其底，如冠纓頭蕤。刻其上面，作兩行書，文曰"正月剛卯既央，靈殳四方，赤青白黄，四色是當。帝令祝融，以教夔、龍，庶疫剛癉，莫我敢當。"其一銘曰"疾日嚴卯，帝令夔化，順爾固伏，化兹靈殳。既正既直，既觚既方，庶疫剛癉，莫我敢當。"'師古曰：'今往往有土中得玉剛卯者，案大小及文，服説是也。莽以劉字上有卯，下有金，旁又有刀，故禁剛卯及金刀也。'"②《續漢志》卷三〇《輿服志下》："佩雙印，長寸二分，方六分。乘輿、諸侯王、公、列侯以白玉，中二千石以下至四百石皆以黑犀，二百石以至私學弟子皆以象牙。上合絲，乘輿以縢貫白珠，赤罽蕤，諸侯王以下以綟赤絲蕤，縢綟各如其印質。刻書文曰：'正月剛卯既決，靈殳四方，赤青白黄，四色是當。帝令祝融，以教夔龍，庶疫剛癉，莫我敢當。疾日嚴卯，帝令夔化，慎爾周伏，化兹靈殳。既正既直，既觚既方，庶疫剛癉，莫我敢當。'凡六十六字。"是"剛卯"即所謂"五色印"也。《續漢志》卷五《禮儀志中》曰："以桃印長六寸，方三寸，五色書文如法，以施門户。"③五色，蓋以五色書文，即以赤、青、白、黄、黑五色，以應五行。印或以桃製，故又名曰"五色桃印"，是"五色印""五色桃印"名異而實同。故此言"五色印"亦可通，字不必補。

另，"五月五日"，宋吴仁傑《兩漢刊誤補遺》卷九曰："按'五'當作'午'。郎顗曰'宜以五月丙午遣大尉'，《論衡》亦曰'以五月丙午日日中之時鑄陽燧'。謂'丙日'或'午日'也。顗、充皆當時人，其言宜可據。則以索印飾門户，必仲夏午日也。世俗訛傳，遂用'五日'。"④

按，其説可從。《肩水金關漢簡（二）》73EJT24：305+497+498A 簡乃日

---

① 《通典》，第1550頁；《北堂書鈔》，第555頁上欄。
② 《漢書》，第4109—4110頁。
③ 《後漢書》，第3673、3122頁。據校記，《宋志》"桃印"作"桃卯"。按，"桃印""桃卯"文皆可通，不煩改。另，有關漢代"剛卯"，可參馬承源《從剛卯到玉琮的探索》，載《遼海文物學刊》1989年第1期；王正書《漢代剛卯真僞考釋》，載《文物》1991年第11期；詳又可參李俊娜《漢代玉剛卯、嚴卯考》，載《環球人文地理》2017年第7期。
④ 參宋吴仁傑《兩漢刊誤補遺》卷九"五日一"下，《兩漢書訂補文獻彙編》，第3册，第1067頁。

曆簡,上載"八鬼節"和"重節"之名。據程少軒考證,此爲居攝三年廢棄簡,其"重節"當爲午月午日,乃"五月"第二個午日,即所謂"正午"也,此亦爲"端午"之來源。①《續漢志》卷五《禮儀志中》又曰:"仲夏之月,萬物方盛。日夏至,陰氣萌作,恐物不楙。其禮:以朱索連葷菜,彌牟〔朴〕蠱鍾。以桃印長六寸,方三寸,五色書文如法,以施門户。"②《書鈔》卷一五五引《風土紀》:"俗重五日與夏至同。"③唐韓鄂《歲華紀麗》卷二:"月號正陽,時惟端午。"④"正陽"即夏至也。據此,可證"五日"殆爲"午日","五"通"午"。⑤

136. 皆以配

《續漢志》卷九《祭祀志下》劉昭注引謝沈《後漢書》:"上以公卿所奏明德皇后在世祖廟坐位駁議示蒼,上言:'文、武、宣、元祖祫食高廟,皆以配,先帝所制,典法設張。'"(3198頁)

"皆以配",句意未明。《御覽》卷五三一引《東觀記》作"皆以后配"。按,"后",皇后也。劉昭注引脱"后"字,當據補。

137. 正月

《續漢志》卷一三《五行志一》:"靈帝建寧中,群狼數十頭入晋陽南城門齧人。"劉昭注引袁山松《後漢書》:"光和三年正月,虎見平樂觀,又見憲陵上,齧衛士。蔡邕封事曰:'政有苛暴,則虎狼食人。'"(3286頁)

"光和三年正月",《後漢紀》卷二四《靈帝紀中》作光和三年,"夏,虎見平樂觀下,又見憲陵"。⑥ 頗疑"正月"乃"五月"之訛。

138. 以 災

《續漢志》卷一三《五行志一》:"時李固對策,引《京房易傳》曰'君將無道,害將及人,去之深山〔以〕全身,厥(災)〔妖〕狼食人'。陛下覺寤,比求隱滯,故狼災息。"(3285頁)

點校本補"以"字,校勘記曰:"據《集解》引惠棟説補。"又校"災"爲

---

① 詳參程少軒:《肩水金關漢簡中的端午節》,載《文匯報》第一五版《文匯學人》,2016年6月3日。
② 《後漢書》,第3122頁。
③ 《北堂書鈔》,第2册,第554頁。
④ (唐)韓鄂:《歲華紀麗》卷二,清嘉慶十年虞山張氏照曠閣學津討原本,第二頁。
⑤ "五""午"典籍多通,詳參高亨編:《古字通假會典》,齊魯書社,1997年,第849頁;又可參王海根編:《古代漢語通假字大字典》,第119頁。
⑥ 《後漢紀》,張烈點校《兩漢紀》,第470頁。

"妖",曰:"據《集解》引惠棟説補。"

按,《後漢紀》卷一八《順帝紀下》亦載此曰:"冬十月,望都狼食數十人。本志曰:'言之不從,則有毛蟲之孽。京房《易》曰:'君無道,害將及人。去之深山全身,厥災狼食人。'"①正與《續漢志》所載互爲證也,明"去之深山全身,厥災狼食人"當不誤。宋趙禎撰《洪範政鑒》卷八下,②《文獻通考》卷三一一載均作"去之深山全身,厥災狼食人",③可證引文不煩校改。

139. 狙猱　無足

《續漢志》卷一五《五行志三》劉昭注引《東觀記》:"況草創兵長,卒無德能,直以擾亂,乘時擅權,作威玉食,(狙)〔狙〕猱之意,徼幸之望,曼延無足,張步之計是也。"(3307 頁)

點校本校勘記曰:"(狙)〔狙〕猱之意　據何焯校改。"

又校曰:"蔓延無足　按:《校補》謂案文'足'當作'定'。"

按,"狙猱""狙猱"均不可解,《東觀漢記校注》卷一四《杜林傳》輯此逕作"狙",④亦未詳審也。此當從《後漢紀》卷七《光武帝紀》作"狙泰"。⑤ 二字同義連文,驕縱自大之義。字或又作"狙忕""忸忕"等,方一新已發之,可參。⑥

另"無足"應不誤。《稽疑》曰"據文作'足'爲長",⑦其説甚是。"無足",不滿足也,於句意甚洽。《荀子·勸學》:"今之所謂處士者,無能而云能者也,無知而云知者也,利心無足,而佯無欲者也。"⑧《列女傳》卷七《孽

---

① 周本(第 500 頁)校曰:"''以'字據惠棟説補。又此乃《京房易傳》之文。"李本(第 221 頁)校同。周本又據惠棟説校"災"作"妖"。中華本(第 350 頁)則點作"去之深山,全身厥災,狼食人"。按,"災""妖",本指自然界的反常現象。《左傳·宣公十五年》:"天反時爲災,地反物爲妖,民反德爲亂,亂則妖災生。"《宋書》卷三四《五行志五》:"孫盛曰:'龍,水物也,何與於人,子産言之當矣。但非其所處,實爲妖災。'""妖""災"即義近連文,統言則不别也。又可作"災妖",漢蔡邕《陳政要七事疏》:"自今齋制,宜如故典,庶荅風霆災妖之異。"《後漢書》卷六五《皇甫規傳》:"天之於王者,如君之於臣,父之於子也。誠以災妖,使從福祥。"是字作"妖"可通也。"災"又可表災害義,《後漢書》卷四六《陳寵傳》:"故唐堯著典,'眚災肆赦';周公作戒,'勿誤庶獄'。"李賢注:"災,害也。""厥災",言其害也,故作"害"解亦可通。據此,所校均不煩改補。
② 宋趙禎撰:《洪範政鑒》卷八下,北京圖書館據宋淳熙三年内府寫本影印,2002 年,第二頁。
③ 元馬端臨《文獻通考》卷三一一,清乾隆十二年武英殿刻本,第一頁。另點校本作"妖狼",校記曰:"'妖'原作'災',據《後漢書·五行志一》改。"(第 8427 頁)
④ 《東觀漢記校注》,第 529 頁。
⑤ 《後漢紀》,張烈點校《兩漢紀》,第 315 頁。
⑥ 方一新:《東漢魏晋南北朝史書詞語箋釋》,黄山書社,1997 年,第 105 頁。
⑦ 曹金華:《後漢書稽疑》,第 1443 頁。
⑧ 《荀子集解》,第 101 頁。

嬖》："頌曰：趙悼倡后，貪叨無足，隳廢后適，執詐不愨，淫亂春平，窮意所欲，受賂亡趙，身死滅國。"①《晉書》卷一《宣帝紀》："魏武曰：'人苦無足，既得隴右，復欲得蜀！'"②"無足"皆不滿足之義。且《後漢紀》卷七《光武帝紀》亦作"無足"，③並可爲證。

140. 口救

《續漢志》卷一五《五行志三》劉昭注引《東觀記》："其被災害民輕薄無累重者，兩府遣吏護送饒穀之郡。或懼死亡，卒爲傭賃，亦所以消散其口救，贍全其性命也。"（3307 頁）

點校本校勘記曰："亦所以消散其口救　按：'救'疑'數'之訛。"

《東觀漢記校注》卷一四《杜林傳》據此輯，點作："亦所以消散其口，救贍全其性命也。"④"口"，《後漢紀》卷七《光武帝紀》作"清散其凶，全其性命也"。⑤ 周本校"清"爲"消"，曰："消、清形近而訛。"（204 頁）

按，周本校"清"爲"消"，甚是。"口""口救""口數"，於句意皆有所礙。此當據《後漢紀》正作"消散其凶"。另李本據四庫本作"散其凶氣"（90頁），當爲館臣改易，頗不足信。"凶"，凶年也。《周禮·地官·司關》："國凶札，則無關門之征。"東漢鄭玄注："凶，謂凶年，饑荒也。"⑥《逸周書·武順》："天游四時，不時謂凶。"⑦"凶"即災荒也。《孟子·梁惠王上》："河內凶，則移其民于河東，移其粟于河內；河東凶，亦然。"東漢趙岐注曰："言凶年以此救民也。"清焦循正義："凶謂荒年。"⑧晉葛洪《抱朴子外篇》卷四八《詰鮑》："家有備凶之儲，國有九年之積。"⑨"備凶之儲"，防備災年的儲蓄。

"消散"，消除也。《漢書》卷七五《李尋傳》："宜察蕭牆之內，毋忽親疏之微，誅放佞人，防絕萌牙，以盪滌濁濊，消散積惡，毋使得成禍亂。"⑩東晉楊羲撰《上清大洞真經》卷一："願晨暉焕發，暎照臣身，臟府榮華，災禍消

---

① （清）王照圓補注，虞思徵點校：《列女傳補注》，華東師範大學出版社，2012 年，第 326 頁。
② 《晉書》，第 2 頁。
③ 《後漢紀》，張烈點校《兩漢紀》，第 136 頁。
④ 《東觀漢記校注》，第 529 頁。
⑤ 《後漢紀》，張烈點校《兩漢紀》，第 135 頁。
⑥ 《周禮注疏》，（清）阮元校刻《十三經注疏（清嘉慶刻本）》，第 1593 頁。
⑦ 黃懷信、張懋鏞、田旭東撰：《逸周書彙校集注（修訂本）》，上海古籍出版社，2007 年，第 310 頁。
⑧ 《孟子正義》，第 51 頁。
⑨ （晉）葛洪撰，楊明照校箋：《抱朴子外篇校箋》，中華書局，1991 年，第 560 頁。
⑩ 《漢書》，第 3187 頁。

散,七祖返胎,同駕雲輿。"①"消散其凶",謂散解其凶荒之年。故范《書》全句當作"亦所以消散其凶,救贍全其性命也。""救贍全"同義連文。

141. 雒陽市令

《續漢志》卷一七《五行志五》劉昭注引干寶《搜神記》曰:"桓帝即位,有大蛇見德陽殿上,雒陽市令淳于翼曰:'蛇有鱗,甲兵之象也。見於省中,將有椒房大臣受甲兵之誅也。'"(3344頁)

按,"雒陽市令"當作"雒陽市長"。《後漢紀》卷二二《桓帝紀下》載:"縣民故雒陽市長淳于翼學問淵深。"②《後漢書》卷四五《周景傳》李賢注引蔡質《漢儀》:"延熹中,京師游俠有盜發順帝陵,賣御物於市,市長追捕不得。"京師市長,即雒陽市長也。又卷五七《李雲傳》:"太常楊秉、洛陽市長沐茂、郎中上官資並上疏請雲。"又卷五六《陳球傳》李賢注引謝承《後漢書》:"瑀舉孝廉,辟公府,洛陽市長;後辟太尉府,未到。"③另據《續漢志》卷二六《百官志三》:"又有廩犧令,六百石,掌祭祀犧牲鴈鶩之屬。及雒陽市長、滎陽敖倉官,中興皆屬河南尹。"劉昭注引《漢官》曰:"市長一人,秩四百石。丞一人,二百石,明法補。""市長",即雒陽市長。《續漢志》卷三〇《輿服志下》劉昭注引《東觀記》曰:"雒陽市長秩四百石,主家長秩皆四百石。"④唐李林甫等撰《唐六典》卷二〇《太府志》:"後漢河南尹屬官有雒陽市長、丞,魏、晉因之。"⑤據此可知,《續漢志》"令"當作"長"。

142. 諸王客

《續漢志》卷一八《五行志六》:"於是上怒,詔捕諸王客,皆被以苛法,死者甚重。"(3360頁)

曹金華《稽疑》曰:"'客'前疑脱'賓'字,《光武帝紀》作'因詔郡縣捕王侯賓客,坐死者數千人';《馬援傳》作'收捕諸王賓客,更相牽引,死者以千數'。"⑥

按,文未有脱字,"客"本有賓客義。唐李淳風撰《觀象玩占存》卷二《日論》載此事亦作"詔捕諸王客"。⑦《後漢紀》卷一〇《明帝紀下》曰:

---

① (東晉)楊羲:《上清大洞真經》卷一,明正統刻道藏本,第六頁。
② 《後漢紀》,張烈點校《兩漢紀》,第424頁。
③ 《後漢書》,第1539、1852、1835頁。
④ 《後漢書》,第3590、3676頁。
⑤ 《唐六典》,第543頁。
⑥ 曹金華:《後漢書稽疑》,第1472頁。
⑦ (唐)李淳風:《觀象玩占存》卷二,明許明遠藍格抄本,第三三頁。

"諸王爭招致賓客，好事者皆與之周旋。更遣人請儵，儵精義於學，一無所應。及捕諸王客，儵不在其中。"①前言"賓客"，後言"客"，是"客"本即有賓客義。再如《漢書》卷六三《武五子傳》："王客吕廣等知星，爲王言'當有兵圍城，期在九月十月，漢當有大臣戮死者。'"②"王客"即王之賓客。《稽疑》所論待商。

143. 稱課促

《續漢志》卷二九《輿服志上》："諸侯王法駕，官屬傅相以下，皆備鹵簿，似京都官騎，張弓帶鞬，遮迾出入稱（課）促。列侯，家丞、庶子導從。若會耕祠，主縣假給辟車鮮明卒，備其威儀。"（3652頁）

點校本校勘記曰："出入稱（課）促 《集解》引陳景雲説，謂'課'字衍。'促'一作'娖'。《中山簡王傳》'官騎百人，稱娖前行'，注'稱娖猶整齊也'。今據删。"

按，《後漢書》卷四二《光武十王傳・中山簡王焉》載："永平二年冬，諸王來會辟雍，事畢歸蕃，詔焉與俱就國，從以虎賁官騎。焉上疏辭讓，顯宗報曰：'凡諸侯出境，必備左右，故夾谷之會，司馬以從。今五國各官騎百人，稱娖前行，皆北軍胡騎，便兵善射，弓不空發，中必決眥。夫有文事必有武備，所以重蕃職也。王其勿辭。'"③此言諸侯歸蕃國，明帝派遣虎賁官騎以護送。故明帝報曰"今五國各官騎百人，稱娖前行，皆北軍胡騎"。李賢注："稱娖猶齊整也。"此事與"諸侯王法駕""遮迾出入"，别爲一事，不可相並比也。且《續漢志》稱"遮迾出入"，而《中山簡王傳》言"稱娖前行"，二者所言亦有不同。

《宋書》卷一八《禮志五》有載，曰："董巴、司馬彪云：'諸侯王遮迾出入，稱警設蹕。'"④此蓋即《續漢志》所載"諸侯王法駕"之事，其中"稱警設蹕"正可與《續漢志》"稱課促"相比等。據此，"課"殆爲"警"之訛，"警"或可寫作"譤"，如《墨子・明鬼下》："爲君者以教其臣，爲父者以譤其子。""譤"即"警"，或有殘脱，而被誤抄爲"課"；"促"當爲"設"之訛字，二者形近易訛；⑤後當又脱"蹕"字，致文意不明。《宋書・禮志五》又載："《漢儀》曰：'出稱

---

① 《後漢紀》，張烈點校《兩漢紀》，第184—185頁。
② 《漢書》，第2757頁。
③ 《後漢書》，第1449頁。
④ 《宋書》，第500頁。
⑤ "人"旁與"言"旁草書近；"足""殳"形體頗近，典籍常訛混。曾良曾論"捉""投"相訛例，即其證也。詳參曾良：《俗字及古籍文字通例研究》，第107—109頁。

警,入稱蹕。'説者云,車駕出則應稱警,入則應稱蹕也,而今俱唱之。史臣以爲警者,警戒也。蹕者,止行也。今從乘輿而出者,並警戒以備非常也。從外而入乘輿相干者,蹕而止之也。"①"遮迿出入,稱警設蹕",與此正相應也。據此,《續漢志》"稱課促"疑當正作"稱警設蹕"。

---

① 《宋書》,第 500 頁。

第二編 《後漢紀》叢考

1. 徐達

《後漢紀》卷一《光武帝紀》:"軼徐達通意,殊不以申屠臣爲恨,世祖不得已,乃許之往。"(4頁①)

"徐",中華本(2頁)、李本(2頁)皆同,均未校。《後漢書》卷一五《李通傳》李賢注引《續漢書》作"深"。② 按,字當作"深","徐達",典籍罕見其例。"深達",深表也,作"深達"意更長。《漢書》卷九三《佞幸傳·董賢》:"閎性有知略,聞咸言,心亦悟。乃還報恭,深達咸自謙薄之意。"③《後漢書》卷二三《竇融傳》:"以委質則易爲辭,以納忠則易爲力。書不足以深達至誠,故遣劉鈞口陳肝膽。"④"深達至誠",言深表至誠之意也。《宋書》卷八四《孔覬傳》:"朕方務德簡刑,使四罪不相及,助順同逆者,一以所從爲斷。卿等當深達此懷,勿以親戚爲慮也。"⑤"深達此懷",深達此意也。《太平廣記》卷一《神仙一》:"太子太傅疎廣父子,深達其意,知功成身退之義。"(出《神仙傳》)⑥"深",草書多寫作 ![字形] (王羲之《承足下帖》)、![字形] (王獻之《郗新婦帖》)、![字形] (王獻之《奉對帖》)等,與"徐"形近,字頗易訛。

2. 妄

《後漢紀》卷一《光武帝紀》:"二月辛巳,朱鮪等於濟水上設壇場,立聖公爲天子,議示諸將。伯昇曰:'諸公妄尊宗室,甚厚無益,然愚竊有所難。聞赤眉起青徐,衆數十萬,其中必有諸劉,若南陽有所立,此必將內争。'"(13—14頁)

---

① 本編引《後漢紀》頁碼均出自周天游校注本。
② 《後漢書》,第574頁。
③ 《漢書》,第3738頁。
④ 《後漢書》,第800頁。
⑤ 《宋書》,第2158頁。
⑥ 《太平廣記》,第4頁。

"妄尊",中華本(6頁)、李本(4頁)均同,未校。《後漢書》卷一四《宗室四王三侯列傳·齊武王縯》載曰:"諸將軍幸欲尊立宗室,其德甚厚,然鄙愚之見,竊有未同。"①《通鑑》卷三九《漢紀·更始元年》載作"幸欲尊立宗室";《通志》卷七九、《册府》卷二八九皆同。② 按,"諸公妄尊宗室,甚厚無益,然愚竊有所難",句意頗不協。"益"猶加也。"無益",猶言"無加"。"甚厚無益",猶"甚厚無加",言厚之極也。如此,則前不當言"妄尊宗室";且後有言"然愚竊又所難",句意甚相矛盾。"妄"當作"幸",全句言諸公幸尊宗室,欲立更始,則甚厚無加,但愚竊以爲有所欠妥,如此方文意貫通。疑後世傳抄者誤解"無益"爲"没有益處"之義,而擅改爲"妄"字。

3. 北　西擊

《後漢紀》卷一《光武帝紀》:"述使人詐稱漢使者自東方來,拜受印綬,因號曰'輔漢將軍'、兼益州牧。北至成都,衆數千人,遂攻宗成,大破之,盡有益州。"(23頁)

"北至成都",周本校曰:"按《范書》及《通鑑》均作'西擊成等'。胡三省曰:'按臨邛在成都西南,述兵自臨邛迎擊宗成等,非西向也。'《袁紀》作北向是。"

中華本(11頁)、李本(7頁)皆作"北至",並未校。

按,周校待商。《後漢書》卷一三《公孫述傳》作:"述于是使人詐稱漢使者自東方來,假述輔漢將軍、蜀郡太守兼益州牧印綬。乃選精兵千餘人,西擊成等。比至成都,衆數千人,遂攻成,大破之。"③"西擊成等"應不誤,"西擊"亦可謂從西面進擊或在西邊攻擊。《左傳·隱公九年》:"戎人之前遇覆者奔,祝聃逐之。衷戎師,前後擊之,盡殪。"④"前後擊之",謂從前後擊之。《後漢書》卷二一《邳彤傳》:"明公既西,即邯鄲城民不肯捐父母,背城主,而千里送公。""既西",《三國志》卷四二《蜀志·譙周傳》作"西還"。⑤《晋書》卷二五《輿服志》:"及秦皇并國,攬其餘軌,豐貂東至,獬豸南來,又有玄旗皂旒之制,旄頭罕車之飾。"⑥"南來""東至",皆此用法。

另,公孫述居於臨邛,在成都西面稍偏南。《後漢紀》言"北至成都"亦當

---

① 《後漢書》,第551頁。
② 《資治通鑑》,第1240頁;《通志》,第937頁下欄;《册府元龜》,第3266頁。
③ 《後漢書》,第534頁。
④ 《春秋左傳正義》,(清)阮元校刻《十三經注疏(清嘉慶刻本)》,第3766頁。
⑤ 《後漢書》,第758頁;《三國志》,第1031頁。
⑥ 《晋書》,第752頁。

有誤，"北"當從《後漢書》作"比"。"比"，及也。前言選兵千餘，及至於成都，而兵至數千之衆。作"比"，句意更勝。《通志》卷一〇四載此亦作"比至成都"。①

4. 短絶

《後漢紀》卷一《光武帝紀》："伯昇之起，以(朱)祐爲護軍。伯昇敗，祐常獨怨望，世祖每短絶之。"(27頁)

"短絶"，中華本(14頁)同，李校本(9頁)逕作"抑絶"，均未出校。② 查檢四庫本即作"抑絶"，而黄本、南監本、四庫薈要本③《後漢紀》作"短"，可知作"抑"當爲四庫館臣改易之字，不可據信。

今按，袁《紀》作"短"當不誤。"短"古書中常通"斷"，蔣禮鴻曰："《木皮嶺》：'高有廢閣道，摧折如短轅。'短一作斷。作斷者正字，短其通用字也。《張義潮變文》附録唱文二：'孤猿被禁歲年深，放出城南百尺林。渌水任君連臂飲，青山休作短長吟。'此五代曾庶幾《放猿》詩，見《全唐詩》三十八(《全唐詩》庶字誤作麻)，末句作'青山不用斷腸吟'。"④北魏楊衒之《洛陽伽藍記》卷二《城東·景寧寺》："短髮之君，無杼首之貌；文身之民，禀蕞陋之質。"周祖謨校釋："短髮者，即斷髮也，與文身爲對文。都管切，上聲，與短同音，故或作短。"⑤皆爲"短""斷"相通之例。"斷絶"，猶拒絶、阻止。《藝文類聚》卷五一引《東觀記》曰："上欲封諸舅，馬太后輒斷絶曰：'計之熟矣，[勿]有疑。'"⑥東漢王符《潛夫論》卷四《述赦》："又重饋部吏，吏興通姦，利入深重，幡黨盤牙，請至貴戚寵臣，説聽於上，謁行於下。是故雖嚴令、尹，終不能破攘斷絶。"⑦《後漢書》卷四一《第五倫傳》："自是洛中無復權戚，書記請託一皆斷絶。"又卷六四《史弼傳》："弼知多權貴請託，乃豫敕斷絶書屬。"⑧"斷絶"皆拒絶、阻止義。《後漢書》卷一七《馮異傳》載："自伯升之敗，光武不敢顯其悲戚，每獨居，輒不御酒肉，枕席有涕泣處。異獨叩頭寬

---

① 《通志》，第1490頁上欄。
② 李興和《袁宏〈後漢紀〉集注·前言》曰："這次校勘，我們選用《四庫全書》文淵閣本作底本，用黄本、蔣本、學海堂本精校。"
③ (漢)荀悦、(晉)袁宏撰：《兩漢紀》，《四庫全書薈要》，吉林人民出版社影印本，1997年，第31册，第313頁。
④ 蔣禮鴻：《杜詩釋詞》，收入吳文祺主編《中華文史論叢增刊·語言文字研究專輯》，上海古籍出版社，1982年，上册，第496頁；後又收入《蔣禮鴻集》卷四，浙江教育出版社，2001年，第80頁。
⑤ (魏)楊衒之撰，周祖謨校釋：《洛陽伽藍記校釋》，中華書局，1963年，第90頁。
⑥ 《藝文類聚》，第926頁。按，《類聚》"勿"字脱，當據《後漢書·皇后紀上》《後漢紀·章帝紀》補。
⑦ (東漢)王符撰，(清)汪繼培箋，彭鐸校正：《潛夫論校正》，第183頁，中華書局，1985年。
⑧ 《後漢書》，第1398、2111頁。

譬哀情。光武止之曰：'卿勿妄言。'"①"斷絕"與"止"義近，可證袁《紀》作"短"，當不誤。"短絕"，即"斷絕"也。

5. 成民

《後漢紀》卷二《光武帝紀》："明公西，則邯鄲、和成民不肯捐棄親戚，而千里送公。"（36頁）

周本校曰："《通鑑》曰：'則邯鄲勢成，民不肯捐父母、背成主而千里送公。'《考異》曰：'范《書》《邳彤傳》："邯鄲成民不肯背成主"，字皆作"城"。《袁紀》作"邯鄲和城，民不肯捐和城而千里送公"，《漢春秋》作"邯鄲之民不能捐父母、背成主"。按文意，"城"皆當作"成"。邯鄲成，謂邯鄲勢成也。成主，謂王郎爲已成之主也。'按《袁紀》'邯鄲和成'四字，必有誤奪，或'和'係'勢'之誤，或'邯鄲'下脱'勢成'二字。《通鑑》之文，明白條暢，最近乎原意。又陳璞據《考異》所引袁《紀》之文，謂蔣本改'和成'作'親戚'，非也。然蔣本乃從南監本，非妄改。《考異》所據與黃姬水本同。陳澧校，亦據南監本改黃本'和成'爲'親戚'。今從之。"

中華本（26頁）、李本（17頁）並同周本。《通鑑》胡注曰："謂光武西歸，則王郎之位號定，故曰成主。背，蒲妹翻。《考異》曰：范《書》《邳彤傳》：'邯鄲成，民不肯背成主'，字皆作'城'。袁《紀》作'邯鄲和城，民不肯捐和城而千里送公'，《漢春秋》作'邯鄲之民不能捐父母、背成主。'按文意，'城'皆當作'成'。邯鄲成，謂邯鄲勢成也。成主，謂王朗爲已成之主也。"②

按：《三國志》卷四二《蜀志·譙周傳》紀譙周上疏後主引此事曰："明公西還，則邯鄲城民不肯捐父母，背城主，而千里送公。"《後漢書》卷二一《邳彤傳》載亦作"邯鄲城民不肯捐父母，背城主，而千里送公"；③《通志》卷一〇六、一一八、《册府》卷四〇二載皆同。④ 而《資治通鑑》卷三九《漢紀·更始二年》："則邯鄲勢成，民不肯捐父母、背成主而千里送公。"⑤今本袁

---

① 《後漢書》，第640頁。
② 《資治通鑑》，第1261頁。
③ 《三國志》，第1031頁；《後漢書》，第758頁。按，陳壽早范曄百餘年，陳壽生卒年爲233至297年，范曄爲398至445年。
④ 《通志》，第1516頁下欄、1797上欄；《册府元龜》，第4563頁。
⑤ "成"爲"城"之古字，《後漢書》卷六六《陳蕃傳》"車駕幸廣成校獵"，點校本校記曰："《集解》引錢大昕説，謂'城'當作'成'，馬融上廣成頌，即此。今據改。注同。參《後漢書》，第2179頁。今按，字不煩改，"廣成""廣城"一也，《後漢紀》卷二二《桓帝紀下》載此亦作"廣城"。《戰國策·楚策四》"韓守成皋"（第641頁），《史記》卷六九《蘇秦列傳》作"城皋"（第2249頁）；《史記》卷一二〇《汲黯列傳》"然至其輔少主，守城深堅"（第3107頁），《漢書》卷五〇《汲黯傳》作"然至其輔少主守成"（第2317頁），並其例。

《紀》所載與《通鑑考異》所引頗有異，但二者皆不可通。綜合來看，當從《三國志》《後漢書》所載，其文辭明晰，頗可徵信。據此，《後漢紀》"和"爲衍文，當據刪。《通鑑》載此事不明"成"即"城"之古字，而妄補"勢"，以致文異，當據刪。

6. 扶

《後漢紀》卷二《光武帝紀》："萌嘗以私事扶侍中下斬之，侍中呼曰：'陛下救我！'更始言：'大司馬哀縱之。'萌曰：'臣不奉詔。'遂斬之。"（40頁）

中華本（23頁）、李本（18頁）按，《後漢書》卷一一《劉玄傳》："萌私忿侍中，引下斬之，更始救請，不從。"①《御覽》卷九〇引《東觀記》作："趙萌以私事捽侍中。"吳樹平輯此校曰："'捽'，聚珍本作'責'。"②

按，"扶"於意不協，當從《御覽》所引作"捽"。"捽"指抓住頭髮，亦泛指抓，揪。《説文·手部》："捽，持頭髮也。"③《戰國策·楚策一》："吾將深入吳軍，若扑一人，若捽一人，以與大心者也，社稷其爲庶幾乎！"東漢高誘注："捽，持髮也。"④《漢書》卷四八《賈誼傳》："上不使捽抑而刑之也。"唐顏師古注："捽，持頭髮也。"卷九六下《西域傳下·烏孫國》："車騎將軍長史張翁留驗公主與使者謀殺狂王狀，主不服，叩頭謝，張翁捽主頭罵詈。"唐顏師古注："捽，持其頭。"⑤《魏書》卷二八《古弼傳》："弼侍坐良久，不獲申聞。乃起，於世祖前捽樹頭，掣下床，以手搏其耳，以拳毆其背曰：'朝廷不治，實爾之罪！'"⑥可知《東觀記》載"捽侍中"，意正與《後漢書》"引下"相合。"捽""扶"形近而訛。"卒"草書多作"𠂇"（唐孫過庭《書譜》），其形與"支"頗似，而"扶"俗書多可寫作"𢩠"，《廣韻·虞韻》"扶"下："𢩠，古文。"⑦敦煌寫本文獻中有見"扶"寫作"𢩠""𢪍"。⑧ "捽"非常字，辨識不易，頗疑傳抄者誤錄爲"扶"，袁《紀》當據正。

7. 遺體子

《後漢紀》卷二《光武帝紀》："王郎使杜威持節詣軍。威曰：'實成帝遺體

---

① "救請"爲成詞，《漢語大詞典》未收，當補。
② 《東觀漢記校注》，第261頁。
③ 《説文解字》，第252頁下欄。
④ 《戰國策》，第516頁。
⑤ 《漢書》，第2257、3906頁。
⑥ 《魏書》，第691頁。
⑦ 余迺永校注：《新校互注宋本廣韻（定稿本）》，第78頁。
⑧ 黃征：《敦煌俗字典（第2版）》，上海教育出版社，2019年，第220頁。

子也。'公曰:'設使成帝復生,天下亦不可得也,況詐子輿者乎!'"(46頁)

"遺體子",中華本(27頁)、李本(20頁)並同,均未校。

按,《御覽》卷九〇、卷六八一引《東觀記》皆作"實成帝遺體子輿";①《後漢書》卷一二《王昌傳》曰"威雅稱郎實成帝遺體",《通鑑》卷三九《漢紀·更始二年》同。②"遺體"乃親生子之義,《漢書》卷六八《霍光傳》:"中孺趨入拜謁,將軍迎拜,因跪曰:'去病不早自知爲大人遺體也。'"③《晉書》卷三七《范陽康王司馬綏傳》:"成都王失道,爲姦邪所誤,論王之身,不宜深責。且先帝遺體,陛下群弟,自元康以來,罪戮相尋,實海內所爲匈匈,而臣等所以痛心。"④《太平廣記》卷三二一《鬼六·胡馥之》:"上郡胡馥之,娶婦李氏,十餘年無子而婦卒,哭之慟:'汝竟無遺體,怨酷何深!'"(出《幽明錄》)⑤"遺體"皆親生之子也,故《後漢紀》無復言"遺體子",典籍亦鮮見"遺體子"者,袁《紀》"子"後脱"輿"無疑。"子輿"乃成帝子之名,故曰"遺體子輿"。今當從《後漢書》《東觀記》補"輿"字,正可與後文"況詐子輿者"相應。

8. 告斬

《後漢紀》卷二《光武帝紀》:"王曰:'卿勿妄言,我告斬卿?'弇曰:'大王哀厚弇如父子,故敢披赤心。'"(47頁)

李本(21頁)同。中華本(33頁)作"我斬卿",校曰:"'我告斬卿','告'衍,逕删。"

按,《後漢書》卷一九《耿弇傳》載:"更始見光武威聲日盛,君臣疑慮,乃遣使立光武爲蕭王,令罷兵與諸將有功者還長安。"⑥更始見光武下邯鄲後,實力日盛,故而猜度之,乃立光武爲蕭王,令還長安。此時耿弇進言光武據地自立以爭天下,乃謀逆之言,故光武戲言"告斬"。"告",報請也。《爾雅·釋言》:"告、謁,請也。"晉郭璞注:"皆求請也。"⑦《廣韻·號韻》:"告,報也。"又《沃韻》:"告,告上曰告,發下曰誥。"⑧《玉篇·告部》:"告,請告也。"⑨"告

---

① 《太平御覽》,第431頁上欄、3038頁下欄。
② 《後漢書》,第493頁;《資治通鑑》,第1266頁。
③ 《漢書》,第2931頁。
④ 《晉書》,第1101頁。
⑤ 《太平廣記》,第2548頁。
⑥ 《後漢書》,第705頁。
⑦ (晉)郭璞注:《爾雅》,中華書局,2020年,第33頁。
⑧ 余迺永校注:《新校互注宋本廣韻(定稿本)》,第417、460頁。
⑨ 《大廣益會玉篇》,第310頁。

斬"，請斬也，袁《紀》文應不誤。《御覽》卷四六一引《東觀記》作："卿失言，我擊卿。"①頗疑"擊"乃"繫"之訛。《後漢書》卷二二《朱祐傳》："祐侍讌，從容曰：'長安政亂，公有日角之相，此天命也。'世祖曰：'召刺姦收護軍！'祐乃不敢復言。"②正可與此相比讀。

9. 公簿

《後漢紀》卷二《光武帝紀》："及漢至，上公簿，請所付，諸將各多請之。王曰：'屬者恐其不與人，今所請又何多也？'諸將由是服焉。"（47頁）

周本校曰："簿，兵簿，即軍士之名册也。范《書》《吳漢傳》作'上兵簿'。"

中華本（28頁）作"公簿"，校曰："《後漢書·吳漢列傳》作'上兵簿'。"

李本（24頁）校"公"爲"兵"，並校曰："范《書》《吳漢傳》、《通鑑》'淮陽王更始二年'並作'上兵簿'。李賢注云：'兵簿，軍士之名帳。'《紀》誤，今據改。"

按，《御覽》卷三〇七、《玉海》卷一三七引《後漢書》載並作"兵簿"；③《通志》卷一〇五、《册府》卷六五七載此亦同。④"公簿"乃公文簿書義，雖亦可通，但成詞尚晚，至遲明以後始見。如明曹履泰《靖海紀略》卷四："其給散之銀，亦即當衆登簿，以便查帳。如有未給，當再商畫。事平之日，將公簿結算，如有餘貯，看一兩用幾錢、一錢用幾分，扣算分還。"⑤"公簿"，《漢語大詞典》尚未收。

"兵簿"乃軍士記名載功之簿册，明方以智《通雅》卷二五《兵政》曰："尺籍，兵簿也。漢立尺籍五符，《小宰》'聽政役以比居，聽師田以簡稽'，注：'比居，謂伍籍也。簡稽士卒、兵器、簿書。'程不識治軍，簿長史急，李廣之莫府上簿。"⑥"五符"即"伍符"，可知"兵簿"即所謂"尺籍五符"，猶"伍籍"。《史記》卷一〇二《張釋之馮唐列傳》："夫士卒盡家人子，起田中從軍，安知尺籍伍符。終日力戰，斬首捕虜，上功莫府，一言不相應，文吏以法繩之。"南朝宋裴駰集解引如淳曰："漢軍法曰吏卒斬首，以尺籍書下縣移郡，令人故行，不行奪勞二歲。五符亦什伍之符，約節度也。'"唐司馬貞索隱曰："或曰

---

① 《太平御覽》，第2122頁上欄。《東觀漢記校注》卷一〇《耿弇傳》據以輯，出校曰："'擊'，聚珍本作'繫'。"（第356頁）
② 《後漢書》，第769頁。
③ 《太平御覽》，第1411頁下欄；(宋)王應麟撰，王厚孫校訂：《玉海》卷一三七，日本内閣文庫藏元刊本，第三七頁。
④ 《通志》，第1505頁上欄；《册府元龜》，第7581頁。
⑤ （明）曹履泰：《靖海紀略》卷四，清道光海昌蔣氏刻别下齋叢書本，第四頁。
⑥ （明）方以智：《通雅》，上海古籍出版社，1988年，第815頁。

以尺簡書,故曰尺籍也。索隱按:尺籍者,謂書其斬首之功於一尺之板。伍符者,命軍人伍伍相保,不容姦詐。"①《晉書》卷六二《劉琨傳》:"興密視天下兵簿及倉庫、牛馬、器械、水陸之形,皆默識之。"②《世說新語·賞譽》南朝梁劉孝標注引《晉陽秋》作:"興乃密視天下兵簿,諸屯戍及倉庫處所,人穀多少,牛馬器械,水陸地形,皆默識之。"③《晉書》卷六四《秦獻王司馬柬傳》:"武帝嘗幸宣武場,以三十六軍兵簿令柬料校之,柬一省便摘脫謬,帝異之,於諸子中尤見寵愛。"④出土漢簡亦多見"兵簿"一詞,如《居延漢簡釋文合校》簡58.24:"移兵簿府言壽到官日時報都尉府一事一封。"⑤《敦煌漢簡釋文》簡1388:"右朱爵隧兵簿。"⑥據此可知袁《紀》文當正作"兵簿"。

10. 上智處危以求安

《後漢紀》卷二《光武帝紀》:"漢說魏郡太守陳康曰:'上智處危以求安,中智因危以爲功,下愚安危以自亡。危亡之至,在人所由,不可不察。'"(50—51頁)

中華本(30頁)、李本(22頁)並同,均未校。今按,"上智處危以求安,中智因危以爲功",言上智處於危難中而求安,中智則憑藉危難而成就功業。如此,"上智"反不如"中智"者,頗不合事理。《後漢書》卷一八《吳漢傳》作"上智不處危以僥倖,中智能因危以爲功,下愚安於危以自亡",唐李賢注:"僥,求也。"⑦"僥倖"與袁《紀》"求安"義近,明乎袁《紀》"處危"前脱"不"字,當據補。

11. 俱共　不居城內

《後漢紀》卷二《光武帝紀》:"初,更始遣躬將馬武等六將軍,與世祖俱定河北。及王郎平,躬與世祖復俱(共)在邯鄲中,〔分〕(不)居城內。"(51頁)

"俱共",周本校曰:"據范《書》《吳漢傳》改。"李本(15頁)同;中華本(30頁)逕作"俱共",未校。

按,"共"似非衍。"俱共"乃成詞,典籍多用,如後漢支婁迦讖譯《佛說

---

① 《史記》,第2760頁。
② 《晉書》,第1692頁。
③ (南朝宋)劉義慶撰,(南朝梁)劉孝標注,徐震堮校箋:《世說新語校箋》,中華書局,1984年,第241頁。
④ 《晉書》,第1720頁。
⑤ 謝桂華、李均明、朱國炤:《居延漢簡釋文合校》,文物出版社,1987年,第103頁。
⑥ 李永良、吳乃驤、馬建華:《敦煌漢簡釋文》,甘肅人民出版社,1991年,第144頁。
⑦ 《後漢書》,第677—678頁。

無量清净平等覺經》卷二："各自翻飛等輩相追，俱共散飛則行即到八方上下無央數諸佛所。"①《晋書》卷四七《傅玄傳》："是以申陳其愚，司隸與中丞俱共糾皇太子以下，則從皇太子以下無所不糾也。"②《宋書》卷九九《二凶·劉劭傳》："潛率左右數十人，與南平王鑠於西明門出，俱共南奔。"③《類聚》卷二一引《漢雜事》："潁川郡上事曰：有陳太丘父子三人，俱共會社。"④"俱共"同義連文，共也。

另，"不居城內"，周校據《後漢書》卷一八《吳漢傳》改"不"爲"分"。今按，《後漢書》卷一八《吳漢傳》曰："雖俱在邯鄲，遂分城而處，然每有以慰安之。躬勤於職事，光武常稱曰'謝尚書真吏也'，故不自疑。躬既而率其兵數萬，還屯於鄴。"⑤邯鄲爲王郎之都城，郡縣多歸之。"不居城內"和范《書》"遂分城而處"正相對應。且范《書》後言"躬既而率其兵數萬，還屯於鄴"更可爲證，故不煩改字。

12. 爲賊所笑

《後漢紀》卷三《光武帝紀》："王自投馬下，值突騎王豐，豐以馬授王。王撫豐肩曰：'幾爲賊所突。'馬武在後，戰甚用力，故賊不得進。"（54 頁）

《後漢書》卷一上《光武帝紀上》作"幾爲虜嗤"。《集解》引惠棟引袁《紀》作"幾爲賊所笑"。⑥ 周壽昌引《後漢紀》"幾爲賊所突"，曰："然突字亦情實也。惠氏補注引袁《紀》作'幾爲賊所笑'，恐是誤本，不如突字義長。"⑦

按，"突"當作"笑"。"突"，突襲、突圍也。此雙方鏖戰，"突"恐難爲情實。另外，此爲光武對屬下之言，若言"爲賊所突"，恐亦自增其狼狽狀，終不如作"爲賊笑"稍自緩頰耳。《後漢書》作"嗤"，正與"笑"相應。後世亦有仿用光武帝之言者，如《新唐書》卷一〇七《陳子昂傳》載陳子昂諫議云："今迺欲建李處一爲上將，驅疲兵襲不可幸之吐蕃，舉爲賊笑，二驗也。"《舊五代史》卷二八《莊宗紀》："帝以百騎馳突奮擊，梁軍辟易，決圍而出，有頃援軍至，乃解。帝顧謂軍士曰：'幾爲賊所笑。'"⑧《通鑑》卷二六九《後梁紀》：

---

① （東漢）支婁迦讖譯：《佛說無量清净平等覺經》，《大正新修大藏經》，第 12 册，第 285 頁下欄。
② 《晋書》，第 1330 頁。
③ 《宋書》，第 2434 頁。
④ 《藝文類聚》，第 377 頁。
⑤ 《後漢書》，第 677 頁。
⑥ 《後漢書集解（外三種）》，第 1 册，第 217 頁上欄。
⑦ （清）周壽昌：《後漢書注補正》，《兩漢書訂補文獻彙編》，第 3 册，第 610 頁。
⑧ 《新唐書》，第 4073 頁；《舊五代史》，第 386 頁。

"裨將夏魯奇等操短兵力戰,自午至申乃得出,亡其七騎,魯奇手殺百餘人,傷夷遍體,會李存審救兵至,乃得免。王顧謂從騎曰:'幾爲虜噱。'皆曰:'適足使敵人見大王之英武耳。'"胡注云:"用漢光武之言。"①"笑""突"字形相近,典籍常混訛。② 因此,袁《紀》"突"殆爲"笑"之譌,似當據正。

13. 伏

《後漢紀》卷三《光武帝紀》:"大王初征昆陽,則王莽敗亡,後伏邯鄲則北州平定,此豈人力哉?"(59—60頁)

"後伏邯鄲",中華本(50頁)校曰:"《後漢書》卷一《光武帝紀》作'後拔邯鄲'。"李本(28頁)逕作"服邯鄲",未校。

按,"伏邯鄲"恐誤。古書鮮見"伏某地"或"服某地"者。《後漢書》卷一上《光武帝紀上》"後拔邯鄲",又曰:"四月,進圍邯鄲,連戰破之。五月甲辰,拔其城,誅王郎。"卷一九《耿弇傳》"弇等遂從拔邯鄲",卷二一《邳彤傳》:"及拔邯鄲,封武義侯。"又《劉植傳》:"因得進兵拔邯鄲,從平河北。"③卷一七《賈復傳》:"及拔邯鄲,遷都護將軍。"卷五一《劉植傳》:"因得進兵拔邯鄲,從平河北。"卷五二《王梁傳》:"既拔邯鄲,賜爵關內侯。"④《後漢書》載此事皆作"拔",益可證"伏"即爲"拔"之訛字,二者形近而訛。"拔"異體常寫作"𢫄""𢪛""𢪙""𢫎"等,"伏"常寫作"𠈇""伕"等,⑤二字形近,頗易訛混。⑥

----

① 《資治通鑑》,第8792頁。
② 宋王讜撰《唐語林校證》卷三《賞譽》"至德笑令授之",周勛初校曰:"笑,聚珍本作'突',今從齊之鸞本、歷代小史本改。原書亦作'笑'。"參(宋)王讜撰,周勛初校證:《唐語林校證》第286頁,中華書局,1987年。元王惲《榮歸亭》:"開卷賦詩還自笑。""笑",四庫薈要本即作"突"。參楊亮、鍾彥飛點校:《王惲全集彙校》,中華書局,2013年,第1715頁。
③ 《後漢書》,第20、14、705、759、760頁。
④ 《後漢書》,第665、760、774頁。
⑤ 《敦煌俗字典(第二版)》,第11、219頁。
⑥ "伏""拔",典籍常訛,如敦煌本《大佛頂經難字·大佛頂經音義》:"𢪙已　已音以。"校勘記曰:"𢪙,甲一作'抆',皆爲'拔'的俗字,經本即作'拔'(經文見[二二二]條引,'拔已'斯二七六二、伯二一五二、二三四九號敦煌寫本皆作'伏已',殆誤)。詳參《敦煌經部文獻合集》第11册《小學類佛經音義之屬(二)》,第5413頁。又元馬端臨《文獻通考》卷三四四《四裔考·僕骨》:"其酋婆匐、俟利發歌藍伏延詣闕内附。"點校本校勘記曰:"《資治通鑑》'藍'作'濫','伏'作'拔'。"(第9549頁)後漢支婁迦讖譯《道行般若經》卷八《摩訶般若波羅蜜道行經五品》:"若有菩薩若罵詈瞋恨,自念:'咄! 我所作無拔。''拔',聖、元、明本作'狀'。詳參《大正新修大藏經》第八册,第464頁中欄。此爲從"犮"與從"犬"易混之證也。

14. 鮮車

《後漢紀》卷三《光武帝紀》:"後祠景王於郭北,使盆子乘鮮車大馬,草中牧兒皆隨車觀曰……"(64頁)

中華本(41頁)校改"鮮車"爲"軒車",校曰:"從《後漢書·劉玄劉盆子列傳》改"。李本(30頁)同周本作"鮮車",無校。

按,"鮮車"不誤,《書鈔》卷一三九引《東觀記》作"使盆子乘軍中鮮車大火馬。"①"鮮車"乃成詞,義爲裝飾華麗的車子。《後漢紀》卷一〇《明帝紀下》:"蜀地肥饒,民多富實,掾吏官屬皆鮮車肥馬。"②《後漢書》卷四一《第五倫傳》:"掾史家貲多至千萬,皆鮮車怒馬,以財貨自達。"卷八一《獨行傳·向栩》:"而栩更乘鮮車,御良馬,世疑其始僞。"③《文選》卷二二南朝梁徐悱《古意酬到長史溉登琅邪城》:"金溝朝灞滻,甬道入駕鸞。鮮車鶩華轂,汗馬躍銀鞍。"④"鮮車"皆指裝飾精美華麗之車。"軒車",乃有屏障之車,《説文·車部》:"軒,曲輈藩車也。"清段玉裁注:"謂曲輈而有藩蔽之車也。"⑤因此,"鮮車""軒車"皆通,"鮮"不煩校改。

15. 親事

《後漢紀》卷三《光武帝紀》:"恂然其言,稱病不親事,自請從上征。"(67頁)

"親事",中華本(43頁)、李本(31頁)同,並未校。

按,《後漢書》卷一六《寇恂傳》作"視事"。"視事"多指就職任事,猶今之"上任"也,可與"稱疾"連言。《後漢書》卷二《孝明帝紀》:"令司隸校尉、部刺史歲上墨綬長吏視事三歲已上理狀尤異者各一人,與計偕上。"《後漢紀》卷一〇《孝明帝紀》作:"長吏居職三年尤異者,與計偕。"⑥可見,"視事"與"居職"同義。"事",職也。《國語·魯語上》:"卿大夫佐之,受事焉。"三國韋昭注:"事,職事也。"⑦《禮記·曲禮上》:"大夫七十而致事。"唐孔穎達疏:"致事,致職於君。"⑧《書·立政》:"任人、準夫、牧,作三事。"清王引之

---

① 《東觀漢記校注》輯此文,未校(第897頁)。今按,"火馬"無意,"火"字衍。
② 《後漢紀》,張烈點校《兩漢紀》,第198頁。
③ 《後漢書》,第1398、2694頁。
④ 《文選》,第321頁上欄。
⑤ 《説文解字注》,第720頁上欄。
⑥ 《後漢書》,第112頁;《後漢紀》,張烈點校《兩漢紀》,第184頁。
⑦ 徐元誥:《國語集解》,第146頁。
⑧ 《禮記正義》,清阮元校刊《十三經注疏(清嘉慶刊本)》,第2667頁。

《經義述聞·尚書上》:"三事,三職也。爲任人、準夫、牧夫之職。"①《荀子·大略》:"主道知人,臣道知事。"唐楊倞注:"事,謂職守。"《左傳·襄公二十五年》:"饗諸北郭,崔子稱疾,不視事。"②"不視事",猶不就職上班。《史記》卷一〇三《萬石張叔列傳》:"丞相慚不任職,乃上書曰:'慶幸得待罪丞相,罷駑無以輔治,城郭倉庫空虛,民多流亡,罪當伏斧質,上不忍致法。願歸丞相侯印,乞骸骨歸,避賢者路。'天子曰:'倉廩既空,民貧流亡,而君欲請徙之,搖蕩不安,動危之,而辭位,君欲安歸難乎?'以書讓慶,慶甚慚,遂復視事。"③前言"不任職",後曰"視事",可證"視事"即任職之義也。《後漢書》卷五《安帝紀》:"己亥,詔三公、中二千石,舉刺史、二千石、令、長、相,視事一歲以上至十歲,清白愛利,能敕身率下,防姦理煩,有益於人者,無拘官簿。""視事一歲以上至十歲"指任職一年以上至十年。同卷又曰:"八月庚午,初令三署郎通達經術任牧民者,視事三歲以上,皆得察舉。"卷二七《王丹傳》:"禹表丹領左馮翊,稱疾不視事,免歸。"卷三一《張堪傳》:"視事八年,匈奴不敢犯塞。""視事八年"即任職八年也。卷七一《鍾離意傳》:"意視事五年,以愛利爲化,人多殷富。"④唐元稹《故金紫光祿大夫檢校司徒兼太子少傅贈太保鄭國公食邑三千户嚴公行狀》:"疾告久之,有司上言:百日不視事,當絕俸。"⑤《舊唐書》卷一〇〇《尹思貞傳》:"懷貞怒,頻詰責思貞,思貞曰:'公職居端揆,任重弼諧,不能翼贊聖明,光宣大化,而乃盛興土木,害及黎元,豈不愧也!又受小人之譖,輕辱朝臣,今日之事,不能苟免,請從此辭。'拂衣而去,閤門累日,上聞而特令視事。"前言"從此辭",後叙"上聞而特令視事",可證"視事"乃任職當值之義。又卷一一三《苗晉卿傳》:"時晉卿年已衰暮,又患兩足,上特許肩輿至中書,入閣不趨,累日一視事。歷三朝,皆以謹密見稱。"卷一一八《楊炎傳》:"蒞事數月,屬崔祐甫疾病,多不視事,喬琳罷免,炎遂獨當國政。"⑥"視事"乃按時居職上班也。

另有"視職",猶"視事",亦爲按時居職上班之義。如《書鈔》卷五五引謝承《後漢書》:"辟汝南陳蕃爲別駕,蕃不肯就見,景題別駕輿曰:'陳仲舉座也。'不復更辟。蕃懼,起視職。"⑦《晉書》卷三九《荀勗傳》:"居職月餘,以母憂上還印綬,帝不許。遣常侍周恢喻旨,勗乃奉詔視職。""視職"猶"居

---

① (清)王引之:《經義述聞》,上海書店出版社,2012年,第102頁。
② 《春秋左傳正義》,清阮元校刊《十三經注疏(清嘉慶刊本)》,第4306頁。
③ 《史記》,第2768頁。
④ 《後漢書》,第236、237、931、1100、1410頁。
⑤ (唐)元稹撰,冀勤點校:《元稹集》,中華書局,2010年,第682頁。
⑥ 《舊唐書》,第3110、3352、3328頁。
⑦ 《北堂書鈔》,第1册,第544頁。

职",义同"视事"。又卷四三《山涛传》:"涛苦表请退,诏又不许。尚书令卫瓘奏:'涛以微苦,久不视职。手诏频烦,犹未顺旨。参议以爲无专节之尚,违在公之义。若实沈篤,亦不宜居位,可免涛官。'"①"久不视职"犹言久不上班,故後奏曰"若实沈篤,亦不宜居位,可免涛官"。

又有"在职",犹"居职",义同"视事",《後汉书》卷三一《郭伋传》:"伋整勒士马,设攻守之略,匈奴畏惮远迹,不敢复入塞,民得安业。在职五歲,户口增倍。"同卷《孔奋传》:"奋在职四年,财産无所增。事母孝谨,虽爲儉约,奉养极求珍膳。"②"在职"皆犹"视事"也,居职上班之义。《三国志》卷二四《魏志·韩暨传》:"在职七年,器用充实。制书褒歎,就加司金都尉,班亚九卿。"③

另有"在事",义同"视事",犹"在职"。《後汉书》卷七八《爰延传》:"在事二年,州府礼请,不就。"卷二六《冯勤传》:"以图议军粮,在事精勤,遂见亲识。"卷八八《臧洪传》:"在事二年,袁绍惮其能,徙爲东郡太守,都东武阳。"④

"亲事"与"视事"词义有别,《汉书》卷四九《晁错传》:"臣闻五帝神圣,其臣莫能及,故自亲事。"唐颜师古注:"亲事,亲理万机之务。"⑤《汉语大词典》据此释爲"亲自处理政事",⑥则待商。"亲"义当爲近,"亲事"义即近事,即操持具体事务。⑦《汉书》卷七四《魏相丙吉传》:"民斗相杀伤,长安令、京兆尹职所当禁备逐捕,歲竟丞相课其殿最,奏行赏罚而已。宰相不亲小事,非所当於道路问也。"⑧"宰相不亲小事",言宰相之职不必躬理小事也。《後汉书》卷七八《宦者传·孙程》:"时邓太后临朝,帝不亲政事。"此言邓太后当朝,安帝不得近政事也。同卷《蔡伦传》:"及太后崩,安帝始亲万机,敕使自致廷尉。"又卷四六《陈忠传》:"及邓太后崩,安帝始亲朝事。"《後汉纪》卷一七《安帝纪》亦作"天子始亲万机"。⑨"亲万机""亲政事"意同,均指处理具体政务。《後汉书》卷四三《乐恢传》:"後窦氏诛,帝始亲事,恢门生何融等上书陈恢忠节,除子己爲郎中。"⑩"亲"皆爲近义。"不亲事"者,谓不操持事务,而非关职守。《三国志》卷二一《魏志·吴质传》裴松之

---

① 《晋书》,第1157、1226页。
② 《後汉书》,第1091—1092、1098页。
③ 《三国志》,第677页。
④ 《後汉书》,第1618、910、1887页。
⑤ 《汉书》,第2293页。
⑥ 《汉语大词典》卷一〇,第343页。
⑦ 真大成教授惠示,"亲"中古多有近义,"亲事"当谓近事也。其说甚是。
⑧ 《汉书》,第3147页。
⑨ 《後汉书》,第2514、1561页;《後汉纪》,张烈点校《两汉纪》,第328页。
⑩ 《後汉书》,第1479页。

注引《吴質别傳》："陳群從容之士，非國相之才，處重任而不親事。'"①"處重任而不親事"，可知"親事"爲雖就職上任，卻不願意操持具體事務。《南史》卷七九《夷貊傳下》："嗣王立，三年不親國事。"《北齊書》卷八《幼主紀》："武平在御，彌見淪胥，罕接朝士，不親政事，一日萬機，委諸凶族。"《隋書》卷二五《刑法志》："大同中，皇太子在春宫視事，見而憨之，乃上疏曰：'臣以比時奉勅，權親京師雜事。切見南北郊壇、材官、車府、太官下省、左裝等處上啓，並請四五歲已下輕囚，助充使役。'"②前云"在春宫視事"言皇太子居職任事；後曰"親京師雜事"，言處理京師之內的具體事務，二者對比，其義自顯。

至唐，又有"親事"之官，爲佐吏之屬，多爲操辦具體事務者。《通典》卷三五《職官十七》："又有親事、賬內。"注文曰："六品七品子爲親事，八品、九品子爲賬內，限年十八以上舉諸州，共率萬人爲之。"③《通鑑》卷二四四《唐紀·文宗太和五年》："上命守澄捕豆盧著所告十六宅宫市品官晏敬則及申錫親事王師文等，於禁中鞠之。"元胡三省注："親事，常在左右者，今宰執侍從，猶有親事官。"④宋吴曾《能改齋漫録》卷二《事始》："省寺所用使令者，名親事官，自唐已有之。按，唐王守澄奏：'宰相宋申錫、親事官王師文等，同謀反逆。'"⑤

因此，"視事""親事"意義有別，各有側重："視事"主要指任職上班，而"親事"主要指操持具體事務。"不親事"謂不願操持具體事務，但仍然願上班任事，而"不視事"乃謂不肯任授其職、不上班受事，明其態度也。故據文意，袁《紀》作"視事"意更切。⑥

16. 守崇求本約

《後漢紀》卷三《光武帝紀》："乃捨更始，封爲畏威侯。式侯復守崇求本

---

① 《三國志》，第 610 頁。
② 《南史》，第 1976 頁；《北齊書》，第 115 頁；《隋書》，第 701 頁。
③ 《通典》，第 965 頁。
④ 《資治通鑑》，第 7875—7876 頁。
⑤ （宋）吴曾：《能改齋漫録》，叢書集成初編本，商務印書館，1935 年，第 32 頁。
⑥ "親"爲"視"之形訛字。二者古書常互訛。《續漢志》卷二二《郡國志四》："長吏初（親）〔視〕事。"點校本校"親"爲"視"，曰："據汲本、殿本改。"（12 冊，第 3500 頁）又《續漢志》卷四《禮儀志上》劉昭注引《漢舊儀》："春桑生而皇后視桑於菀中。"點校本校"視"爲"親"，曰："據汲本改。"（第 3115 頁）《墨子·小取》："獲之視，人也；獲事其親，非事人也。"清王念孫《讀書雜志》曰："'視'乃'親'字之譌。"（第 1545 頁）又《淮南子·兵略》："上視下如子，則必王四海；下視上如父，則必正天下。上親下如弟，則不難爲之死；下視上如兄，則不難爲之亡。"王念孫曰："'上親下如弟'，'親'亦當爲'視'，字之誤也。上文正作'上視下如弟'。"（第 2323 頁）

約,竟封更始爲長沙王。"(68—69頁)

周本校曰:"原作'守崇本求約',陳璞曰:'求疑當在守字上。'按,守即作求解,不當相叠,實'求''本'誤倒耳,今正之。"中華本(44頁)作"守崇本求約",李本(31頁)從四庫本作"守崇求本約",並未校。

按,周校言是。"守"即爲請求義。《漢書》卷九七上《外戚傳上·孝昭上官皇后》:"數守大將軍光,爲丁外人求侯,及桀欲妄官禄外人,光執正,皆不聽。"唐顔師古注:"守,求請之。"①此句"守大將軍光,爲丁外人求侯",正可與"式侯復守崇求本約"相比讀,二者句式完全相同,可證周校有理。《太平御覽》卷六八一引《俗説》:"殷伯弟爲何無忌參軍,在尋陽與何共樗蒲,得何百便住,何守請求贖決,不聽。"②"守請求",三字同義連文。但周本校言"守即作求解,不當相叠",則可商。"守求"是爲成詞。晋葛洪《抱朴子内篇·袪惑》:"彼之守求庸師而不去者,非知其無知而故不止也,誠以爲足事故也。"《太平廣記》卷三《神仙三》:"夫真形寶文,靈宮所貴,此子守求不已,誓以必得,故虧科禁,特以與之。"(出《漢武内傳》)③又可倒作"求守",時代稍遲。《敦煌變文校注》卷三《燕子賦(一)》:"雀兒被禁數日,求守獄子脱枷,獄子再三不肯。"④唐張鷟《游仙窟》:"千思千腸熱,一念一心焦;若爲求守得,暫借可憐腰。"是"守求"亦可相叠。但依周校作"守崇求本約",句意更連貫。所謂"本約",蓋指前赤眉下書言"聖公降者,封長沙王"云云。

17. 塞事

《後漢紀》卷三《光武帝紀》:"必欲殺盆子以塞事者,無所離死,誠冀諸君相哀之耳!"(70頁)

"塞事",中華本(44頁)、李本(32頁)均同。《後漢書》卷一一《劉盆子傳》作"塞責";《通鑑》卷四〇《漢紀·光武帝紀上之上》同。⑤ 按,當從《後漢書》作"塞責"。"塞事"多指邊塞之事,未見有"塞責"義也。而"塞責"多指補過,古書習見。《史記》卷一一二《平津侯主父列傳》:"今諸侯有畔逆之

---

① 《漢書》,第3959頁。
② 《太平御覽》,第3041頁下欄。
③ 《太平廣記》,第19頁。
④ 《敦煌變文校注》,第378頁。項楚曾考敦煌變文《燕子賦》中"求守"爲唐詩口語,其義爲請求,詳參項楚《敦煌變文語詞札記》,《四川大學學報》1981年第2期,又收入氏著《敦煌變文學叢考》,上海古籍出版社,1991年,第146頁。另江藍生亦有釋"守請",詳參江藍生:《魏晋南北朝小説詞語匯釋》,語文出版社,1988年,第180—181頁。
⑤ 《後漢書》,第483頁;《資治通鑑》,第1293頁。

計,此皆宰相奉職不稱,恐竊病死,無以塞責。"①《漢書》卷六五《東方朔傳》:"妾幸蒙陛下厚恩,先帝遺德,奉朝請之禮,備臣妾之儀,列爲公主,賞賜邑入,隆天重地,死無以塞責。"②《後漢書》卷五八上《馮衍傳》:"將軍受國重任,不捐身於中野,無以報恩塞責。"③《晉書》卷四〇《楊駿傳》:"煽茲哲婦,索彼惟家,雖及誅夷,曷云塞責。"④"塞責"均指以塞其責,言補其過。袁《紀》"事"當作"責"。

18. 庫鈞

《後漢紀》卷三《光武帝紀》:"是時酒泉太守梁統、金城太守庫鈞、張掖都尉史苞、酒泉都尉竺曾、敦煌都尉辛肜,皆州郡英俊,與融有舊。"(73 頁)

"庫",中華本(46 頁)同;李本(33 頁)逕作"厙",並未校。《後漢書》卷二三《竇融傳》亦作"厙",唐李賢注:"《前書音義》曰:'厙姓,則倉庫吏後也。'今羌中有姓厙,音舍,云承鈞之後也。"⑤《通鑑》卷四〇《漢紀·光武帝紀上之上》作"庫";《漢書》卷八六《王嘉傳》:"孝文時,吏者或長子孫,以官爲氏,倉氏、庫氏則倉庫吏之後也。"⑥《廣韻·暮韻》引《風俗通》曰:"庫氏,古守庫大夫之後,以官爲氏,漢文、景時有倉氏、庫氏,《後漢·竇融傳》有輔義侯庫鈞。"⑦

清王鳴盛曰:"舍,古音若'庶';西域則奢上聲,而其音開口呼之;唐以後佛書盛,故其音變;今松江府有厙公山。考《説文》卷九下广部:'庫,兵車藏也。'而厂部無'厙'字,此流俗妄造,正如角里別造'甪'字代之。鄭樵《通志·氏族略》載'厙氏音舍,天台括蒼有此姓'。此樵妄據委巷小人之姓,遂欲以爲典,實不足信。"⑧清錢大昕《十駕齋養新録》卷四亦曰:"《後漢書·竇融傳》有'金城太守庫鈞',注引《前書音義》云:'庫姓即倉庫吏後也。今羌中有姓庫,音舍,云承鈞之後也。'據此是'庫'有'舍'音。《廣韻》別出'厙'字,云'姓也',此亦流俗所傳無稽之字。"⑨清俞正燮《癸巳類稿》卷七

---

① 《史記》,第 2952 頁。
② 《漢書》,第 2854 頁。
③ 《後漢書》,第 962 頁。
④ 《晉書》,第 1182 頁。
⑤ 《後漢書》,第 797 頁。
⑥ 《資治通鑑》,第 1289 頁;《漢書》,第 3490 頁。
⑦ 余迺永校注:《新校互注宋本廣韻(定稿本)》,第 370 頁。
⑧ (清)王鳴盛:《十七史商榷》卷三五《後漢書七》,《嘉定王鳴盛全集》,中華書局,2010 年,第 381 頁。
⑨ (清)錢大昕:《十駕齋養新録(附餘録)》卷四,鳳凰出版社,2016 年,第 131 頁。

《百家姓書後》曰:"今其書通行,授者自爲一家言,如'師鞏厍聶',據《漢·竇融傳》有厍鈞,自以掌厍受氏,此讀曰舍者,《釋名·釋車》云'今聲近舍',《釋宮室》云:'庫,舍也。物所在之舍也,齊魯謂庫爲舍。'故庫狄氏亦音舍,皆沿漢時齊魯語音。今去'广'從'厂',當由姓庫者不能與俗爭音,甘去上筆以識之,唐參寥子《闕史》言進士單長鳴,言從兩方口者音'丹',從兩尖口者音'善',或笑之。引'呂''台''吳'〔俗下從天〕'矣'〔俗亦從天〕爲方口尖口分別之證,時謂之舉妖,其情蓋與厍氏同,而厍氏不言,遂立厍姓,單氏爭之,乃得舉妖之目。"①

今按,庫、厍古音相近,《廣雅·釋宮》:"庫,舍也。"《釋名·釋宮室》:"庫,舍也,物所在之舍也,故齊魯謂庫曰舍。"②"舍""庫"音近。而"庫"爲書母禡韻三等;"舍"爲昌母禡韻三等,二者古音極近。"庫""厍"讀音亦近,"庫"上古讀 kha∶s,"厍"上古讀 qhlja∶s,二者皆爲魚部,③是"庫""厍"爲姓可不別。南宋吳曾《能改齋漫錄》卷一二《紀事》:"曾子開知滁州,覽訟牒,誤呼厍爲庫。其人云:'某姓厍。'子開邊于厍字上增一點云:'厍豈有點乎。'然南北朝有厍狄者,周有少師厍狄峙,北齊有宣都郡王厍狄伏連,皆複姓也。後漢亦有輔義侯厍鈞,古又有獨姓厍者。厍音赦,《廣韻》音始夜切。又齊有厍狄回洛、厍狄盛、厍狄幹,又周有厍狄昌。蓋本無厍字,後人除一點,以爲庫別耳。"④至唐宋以後"庫""厍"讀音差異已較大。頗疑漢代皆作"庫",魏唐之際,"倉庫"之"庫"已讀爲苦故切,而姓氏之"庫"讀音不易改變,始去"庫"上之點,寫作"厍"以示區別。"厍"字唐代以前字書及出土文獻均未見及。⑤《後漢書》作"厍",恐爲後代所改。毛遠明編《漢魏六朝碑刻異體字典》收"庫"字,曰:"本作'厍',訛作'庫'。複姓用字。"并臚列三例所謂訛字者。⑥ 其實,作"庫"恐非訛字。殆六朝時"厍"即書作"庫",而"厍"乃"庫"之後起字也。⑦ 敦煌本《百家姓》始見"厍"姓,張涌泉曰:"'厍'蓋'庫'的後起分化字。"⑧

李賢所言"今羌中有厍姓,音舍,云承鈞之後",從地理位置看,漢代金城

---

① (清)俞正燮:《癸巳類稿》卷七,黃山書社,2005年,第350—360頁。
② 《釋名》,第82頁。
③ 鄭張尚芳:《上古音系》,上海教育出版社,2003年,第296頁。
④ (宋)吳曾:《能改齋漫錄》,上海古籍出版社,1979年,上冊,第361頁。
⑤ 《宋本玉篇·厂部》有"厍"字,應爲宋本增收之字。
⑥ 《漢魏六朝碑刻異體字典》,第482頁。
⑦ 古代俗書常广、厂不別,參毛遠明:《漢魏六朝碑刻異體字研究》,商務印書館,2012年,第304頁。
⑧ 《敦煌經部文獻合集》第8冊《小學類字書之屬·百家姓》,第4005頁。

乃今蘭州一帶,是屬羌地,與李賢注相合。《魏書》卷三〇《官氏志》:"北方庫褥官氏,後改爲庫氏。"①可知烏丸亦有庫姓者,源於北魏之庫褥官氏,與庫姓當無甚關聯。姚薇元曰:"'厙狄'本部落之名,其居地在太渾川,劉庫仁時已被徙於桑乾川,是魏有此族,不始於沓亦于之内附也。太渾川地理未詳。就《官氏志》'次南',及《庫仁傳》西征之語測之,知此川當在代郡(大同縣)之西南。"②

19. 辛彤

《後漢紀》卷三《光武帝紀》:"是時酒泉太守梁統、金城太守庫鈞、張掖都尉史苞、酒泉都尉竺曾、敦煌都尉辛彤皆州郡英俊,與融有舊。"(73頁)

又曰:"於是梁統爲武威太守,史苞爲張掖太守,竺曾爲酒泉太守,辛彤爲敦煌太守。融居屬國,領都尉如故,置從事監察,而太守各治其郡。"(74頁)

"辛彤",中華本(46頁)、李本(33頁)同,並未校。按,《後漢書》卷二三《竇融傳》、《資治通鑑》卷四〇、卷四二皆作"辛肜"。③《陶淵明集箋注·集聖賢群輔錄上》載"燉煌太守辛肜字大房"。④ "大房"乃古代祭祀時盛牲畜的用具,亦即俎。《詩經·魯頌·閟宮》:"毛炰胾羹,籩豆大房。"毛傳:"大房,半體之俎也。"鄭箋:"大房,玉飾俎也。其制足間有橫,下有柎,似乎堂後有房然。"⑤唐田敏《明德舞》:"黍稷惟馨,籩豆大房。工祝致告,受福無疆。"⑥ "肜"爲祭祀之名,與"大房"正合。《尚書·商書·高宗肜日》:"高宗肜日,越有雊雉。"孔傳云:"祭之明日又祭,殷曰肜,周曰繹。"孔疏引孫炎曰:"祭之明日尋繹復祭也。肜者,相尋不絕之意。"⑦《竹書紀年》卷七《商紀·武丁》:"二十九年,肜祭太廟,有雉來。"⑧據此,當以"辛肜"爲是,袁《紀》當據正。

20. 觀世變動

《後漢紀》卷三《光武帝紀》:"天下擾亂,未知所統。河西斗絶在羌、胡中,不同心並力,則不能自守;權均力齊,又不相率,當推一人爲將軍,共全五

---

① 《魏書》,第3014頁。
② 姚薇元:《北朝胡姓考(修訂本)》,中華書局,2007年,第200頁。
③ 《後漢書》,第797頁;《資治通鑑》,第1289—1290、1354、1357頁。
④ 《陶淵明集箋注》,第584頁。按,"肜"當校爲"肜"。
⑤ 《毛詩正義》,(清)阮元校刻《十三經注疏(清嘉慶刻本)》,第1328頁。
⑥ 陳尚君輯校:《全唐詩補編·外編第三編》,中華書局,1992年,第457頁。
⑦ 《尚書正義》,(清)阮元校刻《十三經注疏(清嘉慶刻本)》,第372頁。
⑧ (清)郝懿行撰,李念孔點校:《郝懿行集》第5册《竹書紀年校證》,齊魯書社,2010年,第3864頁。

郡,觀世變動。"(73頁)

"世",中華本(46頁)、李本(33頁)同,並未校。《後漢書》卷二三《竇融傳》作"時";《資治通鑑》卷四〇《漢紀·光武帝紀上》、《册府》卷六九一、《通志》卷一〇六載此均同。① 按,"觀世"爲觀察世事之義,終不若作"時"貼切。"觀時"乃古之常語,多指觀察時機變化。《史記》卷一二九《貨殖列傳》:"當魏文侯時,李克務盡地力,而白圭樂觀時變,故人棄我取,人取我與。"②《後漢書》卷七二《董卓傳》:"於是駐兵河東,以觀時變。"又卷一〇四下《劉表傳》:"諸守令聞表威名,多解印綬去。表遂理兵襄陽,以觀時變。"③《北史》卷一五《魏諸宗室傳·常山王遵》:"其二曰:安人寧邊,觀時而動。"又卷二三《于謹傳》:"今若據其要害,招集英雄,足觀時變。"又卷六三《蘇綽傳》:"今欲營南山險處,與公等固之,以觀時變,將如何?"又卷六六《席固傳》:"固欲自據一州,以觀時變。"④"以觀時變""觀時而動"等皆言觀察時機,待機而動也。據此,《紀》文作"觀時"更切合句意。"世"殆爲"時"之音訛。⑤

21. 下治

《後漢紀》卷三《光武帝紀》:"初,茂到官,吏民皆笑之,鄰縣及官府以爲下治。河南太守爲置守令,茂治自若。"(77頁)

"下治",中華本(48頁)、李本(34頁)皆同,並未校。按,"下治"不辭,當爲"不治"之誤。⑥ "不治",不能治理。《管子·國蓄》:"法令之不行,萬

---

① 《後漢書》,第797頁;《資治通鑑》,第1289頁;《册府元龜》,第7961頁;《通志》,第1521上欄。
② 《史記》,第3258頁。
③ 《後漢書》,第2322、2420頁。
④ 《北史》,第572、847、2244、2338頁。
⑤ 避唐諱,"時"可代"世"。但據文意,此作"時"爲勝,故不取。"時""世"典籍多混,如《尚書·周書·吕刑》:"刑罰世輕世重。"注曰:"世,一作時。"參清孫星衍撰,陳抗、盛冬鈴點校《尚書今古文注疏》卷二七,中華書局,2011年,第538頁。又唐韓愈《送靈師》:"開忠二州牧,詩賦世多傳。"校記曰:"'世',一作'時'。"參《五百家注韓昌黎集》卷二,第111頁。除卻音近相訛,避唐諱亦當爲"時""世"相混之又一因也。詳可參王彦坤編著:《歷代避諱字彙典》,中華書局,2009年,第245頁。
⑥ "下""不"形近,古書常訛。《續漢志》卷二六《百官志三》:"朝會不陛奏事。"點校本校勘記曰:"《集解》引惠棟説,謂以《漢官儀》《漢官典職》校之,乃下陛奏事,'下'訛'不',今據改。"(第3596頁)《續漢志》卷一《律曆志上》:"下生。南事窮,無傷、徵,不爲宫。"中華本校記曰:"《集解》引錢大昕説,謂十二律之變窮於南事,安得云下生乎?疑'下'爲'不'字之訛。又引盧文弨説,謂'下生'當作'不生'。今據改。"(第3009頁)《漢書》卷二七《五行志上》顏師古注引韋昭曰:"大亂之君,天下復告,故無象。"中華本校記曰:"景祐、殿本都作'不',朱一新説作'不'是。"(第1326頁)《三國志》卷二五《魏志·高堂隆傳》:"宗國爲墟,不夷於隸。"中華本即校"不"爲"下"。(第716頁)

民之不治,貧富之不齊也。"①《史記》卷九五《酈商傳》:"商事孝惠、高後時,商病,不治。"裴駰集解引文穎曰:"不能治官事。"卷一〇《孝文本紀》:"上曰:'朕聞之,天生蒸民,爲之置君以養治之。人主不德,布政不均,則天示之以菑,以誡不治。'"又卷四六《田敬仲完世家》:"威王初即位以來,不治,委政卿大夫,九年之間,諸侯并伐,國人不治。"②"國人不治",言國民不被治理。《漢書》卷八三《朱博傳》:"今末俗文弊,政事煩多,宰相之材不能及古,而丞相獨兼三公之事,所以久廢而不治也。"③《三國志》卷九《魏志·夏侯尚傳》:"司牧之主,欲一而專,一則官任定而上下安,專則職業脩而事不煩。夫事簡業脩,上下相安而不治者,未之有也。"卷一〇《魏志·荀彧傳》:"田豐剛而犯上,許攸貪而不治。審配專而無謀,逢紀果而自用。"④《魏書》卷二八《古弼傳》:"弼侍坐良久,不獲申聞。乃起,於世祖前捽樹頭,掣下床,以手搏其耳,以拳毆其背曰:'朝廷不治,實爾之罪!'"⑤"不治"皆不能治理之義。袁《紀》"下"當據改。

22. 不思小怨

《後漢紀》卷三《光武帝紀》:"夫建大事者,不思小怨。今降,官爵可保,況誅罰乎? 河水在此,吾不食言!"(78頁)

"思",中華本(49頁)、李本(35頁)並同,未校。《後漢書》卷一七《岑彭傳》、《資治通鑑》卷四〇《漢紀·光武帝紀上之上》載作"忌"⑥;《御覽》卷四六一引《東觀漢記》、《文選》卷四二阮瑀《爲曹公作書與孫權》李善注、卷四三丘遲《與陳伯之書》李善注引謝承《後漢書》並同。⑦ 另《册府》卷一二六、卷一六三、《通志》卷一〇五、《群書治要》卷二一載亦作"忌"。⑧

按,作"忌"義長,二者形近而訛。⑨ "忌"本有"怨"義,"忌小怨",忌恨

---

① 黎翔鳳校注:《管子校注》,中華書局,2004年,第1264頁。
② 《史記》,第2662、422、1888頁。
③ 《漢書》,第3404頁。
④ 《三國志》,第296、314頁。
⑤ 《魏書》,第691頁。
⑥ 《後漢書》,第655頁;《資治通鑑》,第1285頁。
⑦ 《太平御覽》,第2121頁下欄;《文選》,第589頁上欄、608頁下欄。另,周天游輯注《八家後漢書輯注(修訂本)》又據黃輯本輯此爲謝沈《後漢書》(第605頁)。按,《文選》注文兩引皆曰"謝承《後漢書》"。《輯注》輯入謝沈《書》,當爲誤輯。參後文謝沈《漢後書·岑彭傳》條。
⑧ 《册府元龜》,第1372、1811頁;《通志》,第1502頁下欄;《群書治要》卷二一,《四部叢刊初編》第449册,商務印書館,1928年,第一五頁。
⑨ 《世説新語·言語》下徐震堮注引《康僧淵傳》:"暢亦有才忌,善爲往復,著《人物始義論》。"徐震堮先生疑"忌"爲"思"。參徐震堮:《世説新語校箋》,中華書局,1984年,第62頁。《尚書·康誥·周書》"當惟念文王之所敬思而法之",清阮元校勘記曰:"毛本'思'作'忌'。詳參《尚書正義》,清阮元校刻《十三經注疏(清嘉慶刊本)》,第445頁。

小怨也。《詩經·大雅·蕩之什之·瞻卬》:"舍爾介狄,維予胥忌。"毛傳:"忌,怨也。"①《左傳·僖公十年》:"言于秦伯曰:'晋侯背大主而忌小怨,民弗與也,伐之必出。'"②《論語·憲問》:"克、伐、怨、欲不行焉。"梁皇侃注引馬融曰:"怨,忌小怨也。"③唐朱敬則《魏武帝論》:"其智安在?故知忌小怨而忘遠圖,料目前而忽身後,豈所謂旁求哲人,俾輔後嗣者哉?"④唐陸贄《奉天請數對群臣兼許令論事狀》:"能小事則處之以小官,立大勞則報之以大利,不忌怨,不避親,不抉瑕,不求備,不以人廢舉,不以己格人。"⑤綜上,袁《紀》"思"似當據改。

23. 疑

《後漢紀》卷四《光武帝紀》:"日者陽精,人君之象也。君道虧,故日爲之蝕。諸侯順從,則爲王者。諸侯專權,則疑在日。"(81頁)

"則疑在日",周本校曰:"鈕永建曰:按'則疑在日',語不可解。《續漢·五行志六》作'諸侯專權,則其應多在日所宿之國。'《紀》文有脱誤。陳璞以爲'疑'係'應'之誤,是。"

中華本(69頁)校曰:"則疑在日 《續漢書·五行志》作'則其應多在日所宿之國'。"李本(37頁)同,無校。

《續漢志》卷一八《五行志六》曰:"日蝕説曰:'日者,太陽之精,人君之象。君道有虧,爲陰所乘,故蝕。蝕者,陽不克也。'其候雜説,《漢書·五行志》著之必矣。儒説諸侯專權,則其應多在日所宿之國。諸象附從,則多爲王者事。人君改修其德,則咎害除。"⑥

按,作"疑"當不誤。"疑"可讀爲"礙"。《管子·兵法》:"進退若雷電而無所疑匱。"清戴望校正:"疑,當爲礙之省字。"⑦又曰:"一氣專定,則傍通而不疑。"俞樾《諸子平議》卷二《管子二》:"疑,當讀爲礙。《廣雅·釋言》曰:'礙,閡也。'旁通而不礙,言無隔礙也。"⑧《文苑英華》卷三二九昭明太子《詠新燕》:"入簾驚釧響,來窗疑舞衣。""疑"下宋人校曰:"《類聚》作'礙'。"⑨

---

① 《毛詩傳箋》,第445頁。
② 《春秋左傳正義》,(清)阮元校刻《十三經注疏(清嘉慶刻本)》,第3911頁。
③ (梁)皇侃撰,高尚榘點校:《論語義疏》,中華書局,2013年,第349頁。
④ 《全唐文》,第1737頁。
⑤ (唐)陸贄撰,王素點校:《陸贄集》,中華書局,2006年,第402頁。
⑥ 《後漢書》,第3357頁。
⑦ 黎翔鳳撰:《管子校注》,中華書局,2004年,第321頁。
⑧ (清)俞樾:《諸子平議(附補録)》,中華書局,1954年,第27頁。
⑨ 《文苑英華》,第1712頁上欄。

"疑",《玉台新詠》卷一〇收此詩亦作"礙"。① "礙"爲阻隔、遮蔽之義。唐岑參《與高適薛據登慈恩寺浮圖》:"四角礙白日,七層摩蒼穹。"唐方干《題報恩寺上方》:"巖溜噴空晴似雨,林蘿礙日夏多寒。"②"礙日",即蔽日也。

古人很早即知日食之理,唐瞿曇悉達《開元占經》卷九引劉向《五經通義》曰:"日蝕者,月往蔽之,君臣反不以道,故蝕。"又引《春秋感精符》曰:"日將蝕,必先青黃不卒,至漸消也。日光沉掩,皆月所掩毀傷。"③《續漢志》卷一〇《天文上》劉昭注引張衡《靈憲》曰:"夫日譬猶火,月譬猶水,火則外光,水則含景。月光生于日之所照,魄生于日之所蔽。當日則光盈,就日則光盡也。衆星被耀,因水轉光。當日之沖,光常不合者,蔽于地也,是謂暗虛。在星星微,月過則食。日之薄地,其明也。"④唐李淳風《乙巳占》卷一《日蝕占》:"夫日依常度,蝕者,月來掩之也,臣下蔽君之象。日行遲,一日行一度,一月行二十九度餘;月行疾,二十七日半一周天,二十九日餘而迫及日。及日之時,與日同道,而在于內映日,故蝕其象。大臣與君同道,逼迫其主,而掩其明。又爲臣下蔽上之象,人君當慎防權臣內戚左右擅威者。"⑤

古人常將日蝕與人禍相繫聯,人君爲日,臣下爲月,月蔽日而成蝕,則爲下凌上之象。唐瞿曇悉達《開元占經》卷九又引《春秋合誠圖》曰:"日之將蝕,陽微陰漸,其城君蔽,臣恣下壅塞,九引先出,日乃毀息。"注文曰:"陽,日也,君也。陰,月也。漸,猶入也。君微弱,故陰氣入日,是主闇蔽,臣下壅塞,君恩化使不施行也。"又引《京房易傳》曰:"蝕皆於晦朔,有不於晦朔者,名曰薄。此人君誅不以理,賊臣漸舉兵而起,雖非日月同宿,時陰氣盛,猶掩薄日光也。"又引劉向《洪範傳》曰:"人君失序,享國不明,臣下務亂,群陰蔽陽,則日月薄蝕,闇昧無光。"⑥《後漢書》卷三六《鄭興傳》:"夫日月交會,數應在朔,而頃年日食,每多在晦。先時而合,皆月行疾也。日君象而月臣象,君亢急則臣下促迫,故行疾也。"⑦

據此,"諸侯專權,則疑在日","疑在日"即"礙在日";在,於也,言"礙於日",意爲月遮蔽日,正應"諸侯專權"之象也。讀"疑"爲"礙",與文意正相合。

---

① （南朝宋）徐陵編,（清）吳兆宜注:《玉臺新詠箋注》,中華書局,1985年,第510頁。
② 《全唐詩》,第2037、7480頁。
③ （唐）瞿曇悉達:《開元占經》,《景印文淵閣四庫全書》,第807冊,第246頁上欄、245頁上欄。
④ 《後漢書》,第3217頁。
⑤ （唐）李淳風:《乙巳占》卷一,清光緒歸安陸氏刻十萬卷樓叢書本,第二七頁。
⑥ （唐）瞿曇悉達:《開元占經》,《景印文淵閣四庫全書》,第807冊,第244頁下欄、245頁下欄、248頁下欄。
⑦ 《後漢書》,第1222頁。

24. 迎問

《後漢紀》卷四《光武帝紀》："上知寵不說，以問幽州牧朱浮。浮曰：'前吳漢北發兵時，大王遺以所服劍，又手書慰納，用爲北面主人。寵望上至，當迎問握手，特異於衆也。今誠失望。'"（82頁）

"迎問"，中華本（53頁）、李本（37頁）同，並未校。《後漢書》卷一二《彭寵傳》作"迎閤"，《資治通鑑》卷四〇《漢紀·光武帝紀上之上》胡注引《後漢書》、《通志》卷一〇四載此亦同。① 宋李光《讀易詳說》卷六《下經》引此亦作"迎閤"；②宋葉廷珪《海錄碎事》卷一一下引亦同。③

按，"迎問"，當據《後漢書》正作"迎閤"。"迎問"中古雖見其例，但義皆爲迎而詢問，乃有事而問，非爲問候之義，於此意頗不協。如《後漢書》卷一一四《列女傳·董祀妻》："有客從外來，聞之常歡喜。迎問其消息，輒復非鄉里。"④《南齊書》卷一《高帝紀上》："蒼梧廢，秉出集議，於路逢弟韞，韞開車迎問秉曰：'今日之事，固當歸兄邪？'"⑤《梁書》卷四五《王僧辯傳》："及見世祖，世祖迎問曰：'卿已辦乎？何日當發？'"⑥《宋史》卷二四二《后妃傳上·英宗高皇后》："哲宗嗣位，尊爲太皇太后。驛召司馬光、呂公著，未至，迎問今日設施所宜先。"⑦《漢語大詞典》收"迎問"，首引明于慎行《穀山筆麈·相鑒》："有詔徵詣闕下，比至，數使迎問於道，寵眷倍昔。"釋爲迎勞，迎候。⑧ "迎問"的勞問義蓋後世新出，中古未見。⑨

"閤"，側門也。《說文·門部》："閤，門旁戶也。"段注曰："漢人所謂閤

---

① 《後漢書》，第503頁；《資治通鑑》，第1299頁；《通志》，第1488頁中欄。
② （宋）李光：《讀易詳說》卷六，國家圖書館藏清抄本，第一一頁。
③ （宋）葉廷珪撰，李之亮點校：《海錄碎事》，中華書局，2002年，第617頁。
④ 《後漢書》，第2801頁。
⑤ 《南齊書》，第13頁。
⑥ 《梁書》，第624頁。
⑦ 《宋史》，第8625頁。
⑧ 《漢語大詞典》卷一〇，第749頁。
⑨ 高明認爲，《後漢書》當作"迎問"，"迎問"有二義，一是相逢而詢問，一是表示相逢而問候。後一義項，高氏臚列中古兩例，《佛說三摩竭經》："佛以遙知之，即令摩訶目連以神足飛行迎問。"《賢愚經》卷八："即前迎問，作禮恭敬，請令就坐，作七寶床。種種美膳，以用供養。"詳參高明：《中古史書詞彙論稿》，天津古籍出版社，2008年，第290—291頁。今按，此兩例"迎問"，皆爲迎而詢問之義。高明先生引文未竟，而未達其義。《佛說三摩竭經》原作："即令摩訶目連以神足飛行迎問：'賓頭盧！汝復何等？'"《賢愚經》卷八作："城中有龍，坐七寶殿，遙見菩薩，驚起自念：'今我城外，七重塹中，皆有毒蛇、餘龍、夜叉，無敢妄越。斯是何人，能來至此？'即前迎問，作禮恭敬。"據文意，兩例"迎問"皆爲迎而詢問之義甚明，高先生所論待商。

者,皆門旁户也,皆正門之外爲之。"①《史記》卷一〇五《扁鵲倉公列傳》:"信謂左右閤都尉曰:'意以淳于司馬病爲何?'""左右閤都尉"或即守衛閤門的軍官。②《漢書》卷《公孫弘傳》:"數年至宰相封侯,於是起客館,開東閤以延賢人,與參謀議。""閤"用同"閣",唐顔師古注:"閣者,小門也,東向開之,避當庭門而引賓客,以別於掾史官屬也。"③因此,"迎閤"猶"迎門",即迎之於門也。《通典》卷一二六《禮·嘉禮五·皇太子加元服》:"乘輿以出,洗馬迎於閤門外。左庶子跪奏稱:'左庶子臣某言,請殿下降輿。'俛伏,興,還侍位。"④《詩經·小雅·蓼蕭》:"既見君子,鞗革忡忡。"東漢鄭玄箋:"諸侯燕見天子,天子必乘車迎於門。"⑤《史記》卷八《高祖本紀》:"後高祖朝,太公擁篲,迎門卻行。高祖大驚,下扶太公。"⑥《後漢書》卷五二《崔駰傳》:"駰由此候憲。憲屣履迎門,笑謂駰曰:'亭伯,吾受詔交公,公何得薄哉?'遂揖入爲上客。"⑦"迎門""迎閤"義同。據此,當以"迎閤"爲勝。袁《紀》當據正。

25. 恐

《後漢紀》卷四《光武帝紀》:"上遣游擊將軍鄧隆,軍於潞,浮軍雍奴,相去百餘里。遣吏奏狀曰:'旦暮破寵矣。'上大恐曰:'處營非也,軍必敗,比汝歸,可知也。'"(84頁)

周本校曰:"范《書》《彭寵傳》作'帝讀檄,怒謂使吏'。疑袁《紀》'恐'是'怒'之誤。"中華本(54頁)、李本(38頁)皆作"恐",並未校。

按,周本校是,作"怒"義長。《御覽》卷九〇引《東觀記》作"上讀檄未竟,怒曰"。⑧《通鑑》卷四〇《漢紀·光武帝紀上之上》亦作"怒";《通典》卷一五八、《通志》卷一〇四、《册府》卷一二五載此並作"怒"。⑨"恐""怒"二字形近易訛,如《管子·七臣七主》:"臣下振怒,不知所錯,則人反其故。"清

---

① 《説文解字注》,第587頁下欄。
② 《史記》,第2810頁。"閤都尉",唐司馬貞索隱云:"案,閤者,姓也,爲都尉。一云閤即宫閤,都尉掌之,故曰閤都尉也。"
③ 《漢書》,第2621頁。
④ 《通典》,第3231—3232頁。
⑤ 《毛詩傳箋》,第230—231頁。
⑥ 《史記》,第382頁。
⑦ 《後漢書》,第1719頁。
⑧ 《太平御覽》,第431頁下欄。
⑨ 《資治通鑑》,第1303頁;《通典》,第4064頁;《通志》,第1486頁中欄;《册府元龜》,第1363頁。另,點校本《册府》卷一二五作"帝讀,激怒"。按,"激"爲"檄"之誤字,文當作"帝讀檄,怒"。

王念孫曰："引之曰：'怒'當爲'恐'，此涉上文'喜怒'而誤也。'振恐'即'震恐'。"①

26. 長

《後漢紀》卷四《光武帝紀》："寵遣萬餘人〔出〕（長）潞西與〔隆〕（險）相距，而使精兵二千從潞南濟河，襲隆營，大敗之。"（84 頁）

周本校"長"爲"出"，曰："據果親王及陳璞校改。"中華本（54 頁）同。李本（38 頁）逕作"軍"，未出校。

按，作"長"無意。"長""出"音形相隔甚遠，不當致誤，且《紀》"某軍出某地"，一般指從某地而出，而非爲至臨、駐扎義。李校作"軍"，未知所據，四庫本、四庫薈要本《後漢紀》亦並作"長"。

從字形看，"長"殆爲"屯"字之誤，二者草書形近，頗易致訛。"長"草書作"𠃊"（王羲之《適者帖》）、"𠃊"（懷素《自序帖》）、"𠃊"（宋米芾《好事家帖》）等，與"屯"相近，故以致誤。② "屯"，駐扎義。《後漢書》卷一下《光武帝紀下》："二月，遣捕虜將軍馬武屯虖沱河以備匈奴。盧芳自五原亡入匈奴。"③《後漢紀》卷五《光武帝紀》："積二十餘日，吳漢到，乃進擊，大破之。萌、憲、茂復將數萬人屯昌慮，以兵拒新陽。"④其句式正可與"遣萬餘人屯潞西與〔隆〕（險）相距"相應。《後漢書》卷六《順帝紀》："庚寅，遣黎陽營兵出屯中山北界。"又曰："乃召公卿百僚，使虎賁、羽林士屯南、北宫諸門。"卷一七《馮異傳》："上今使諸將屯黽池要其東，而異擊其西，一舉取之，此萬成計也。"卷一九《耿國傳》："又上言宜置度遼將軍，左右校尉，屯五原以防逃亡。"卷八八《蓋勳傳》："勳固諫，昌怒，乃使勳別屯阿陽以拒賊鋒，欲因軍事罪之，而勳數有戰功。"卷一〇一《朱儁傳》："董卓聞之，使其將李傕、郭汜等數萬人屯河南拒儁。"⑤並可證"長潞西"當作"屯潞西"。據此，袁《紀》"長"當據正。

---

① 《讀書雜志》，第 1241 頁。
② 敦煌寫本北圖成字 96 號《目連變文》："共行幽逕没災迍。"末字即"迍"字。《敦煌變文集》誤録作從辶從長之字。參詳《敦煌變文校注》卷六《目連變文》，第 1075 頁；另參張涌泉：《漢語俗字研究》（增訂本），商務印書館，2010 年，第 91 頁。另唐張文成《遊仙窟》："嗟運命之迍邅。"校注曰："迍，醍醐寺鈔本'屯'旁作'長'，真福寺鈔本作'迍'，皆俗寫體。"（唐）張文成撰，李時人、詹緒左校注：《遊仙窟校注》，中華書局，2010 年，第 41 頁。
③ 《後漢書》，第 61 頁。
④ 《後漢紀》，張烈點校《兩漢紀》，第 78 頁。
⑤ 《後漢書》，第 253、250、646、716、1880、2312 頁。

27. 見

《後漢紀》卷四《光武帝紀》:"時楊弟林邑侯讓、從兄紺皆擁兵萬餘人,楊自見兵彊而純意安靜,即從官屬詣傳舍,兄弟將輕兵在門外。"(84頁)

"自見兵强",中華本(55頁)、李本(38頁)皆同,均未校。《後漢書》卷二一《耿純傳》作"自恃衆强"。① 按,據文意,"見"當爲"負"之訛字。"負"爲恃義,《左傳·襄公十八年》:"齊環怙恃其險,負其衆庶。"晋杜預注:"負,依也。"②《廣雅·釋詁三》:"依,恃也。"③《楚辭·九辯》:"負左右之耿介。"宋朱熹集注:"負,恃也。"④《戰國策·秦策一》:"趙固負其衆,故先使蘇秦以幣帛約乎諸侯。"東漢高誘注:"負,恃也。"又《秦策四》:"王若負人徒之衆。"東漢高誘注:"負,恃也。"⑤《漢書》卷五二《韓安國傳》:"今匈奴負戎馬足。"唐顔師古注:"負,恃也。"⑥《後漢書》卷一二《彭寵傳》:"寵上謁,自負其功,意望甚高。"唐李賢注:"負,恃也。"⑦是"自負"用同"自恃"。《後漢書》卷一一八《西域傳》:"是時賢自負兵强,欲并兼西域,攻擊益甚。"⑧《三國志》卷五六《吴志·朱桓傳》:"休知見欺,當引軍還,自負衆盛,邀於一戰。"⑨《魏書》卷九九《張寔傳》:"時天下喪亂,秦雍之民死者十八九,唯涼州獨全。寔自恃衆强,轉爲驕恣。"⑩《晋書》卷七〇《蘇峻傳》:"而峻頗懷驕溢,自負其衆,潛有異志,撫納亡命,得罪之家有逃死者,峻輒蔽匿之。"⑪ "負兵""負衆"皆爲"恃兵""恃衆"之義。據此,可明《紀》文"見"誤,當據正爲"負",⑫言自恃兵强也。

28. 願得耿君

《後漢紀》卷四《光武帝紀》:"嘗從上東征過東郡,百姓老小數千人隨車

---

① 《後漢書》,第746頁。
② 《春秋左傳正義》,(清)阮元校刻《十三經注疏(清嘉慶刻本)》,第4265頁。
③ (三國魏)張揖:《廣雅》卷三,清同治十二年粵東書局刻小學彙函本,第六頁。
④ (宋)朱熹集注,夏劍欽、吴廣平校點:《楚辭集注》,岳麓書社,2013年,第103頁。
⑤ 《戰國策》,第92、249頁。
⑥ 《漢書》,第2398頁。
⑦ 《後漢書》,第503頁。
⑧ 《後漢書》,第2924頁。
⑨ 《三國志》,第1313頁。
⑩ 《魏書》,第2194頁。
⑪ 《晋書》,第2629頁。
⑫ "見""負"形近,古籍中亦有相訛者。《後漢紀》卷一《光武帝紀》:"公孫鞅曰:'有高人之行,負非於世;有獨見之慮,見疑於人。'""負非於世",《新序》卷九《善謀》、《後漢書》卷二八《馮衍傳》亦同;《商君書·更法》、《史記》卷六八《商君列傳》、《通典》卷一六六《刑法典》並作"見非"。蔣禮鴻有考,詳參《商君書錐指》,中華書局,1986年,第2頁。

駕啼泣曰:'願得耿君。'"(85頁)

按,"願得耿君",中華本(55頁)、李本(38頁)同。《後漢書》卷二一《耿純傳》、《御覽》卷二六〇引《東觀記》皆作"願復得耿君"。按,補"復"字意更顯。耿純先爲東郡太守,《後漢紀》卷四《光武帝紀》云:"居東郡數年,抑彊扶弱,令行禁止。"後坐事免。故後過東郡而百姓有"願復得耿君"語。

29. 安陽

《後漢紀》卷四《光武帝紀》:"以況爲城門校尉、緜蔓侯。雖皇后弟,賓客輻湊,而小心謹慎,謙恭愈篤。追贈昌爲安陽思侯。上數幸況第,賞賜甚厚,京師號況〔家〕爲金穴。"(89頁)

"安陽",中華本(57頁)、李本(39頁)同,並未校。《後漢書》卷一〇上《皇后紀上》、《類聚》卷五一引《東觀記》皆作"陽安"。①《御覽》卷一三七、卷一四四引司馬彪《續漢書》作"安陽",②《八家後漢書輯注》據以輯,校曰:"范《書》《皇后紀》作'陽安思侯',此作'安陽',非。"③

按,《後漢書》卷一〇上《皇后紀上》:"徙封況大國,爲陽安侯。"唐李賢注曰:"陽安,縣,屬汝南郡,故城在今豫州朗山縣,故道國城是也。"又卷一〇下《皇后紀下》:"光坐與淮陽王延謀反誅。皇女禮劉,十七年封淯陽公主,適陽安侯長樂少府郭璜。"④郭況爲郭昌子,郭璜乃郭況子。郭況封陽安侯,後其父昌追贈陽安侯印綬,諡曰"思",況卒,子璜嗣父爵而稱"陽安侯",更可證袁《紀》當正作"陽安"。

30. 司馬

《後漢紀》卷四《光武帝紀》:"閏月己亥,上幸宜陽,令司馬在前,中〔軍〕(書)次之,驍騎元戎分陣左右。"(95頁)

"司馬在前",中華本(60頁)、李本(42頁)亦均未出校。《後漢書》卷一上《光武帝紀上》載:"大司馬吳漢精卒當前,中軍次之,驍騎、武衛分陳左右。"⑤明在前者爲"大司馬吳漢"也。東漢初年,光武帝設"大司馬"一職。據《後漢書》卷一《光武帝紀》載:建武元年秋七月壬午,以大將軍吳漢爲大司馬,建武二十年五月吳漢薨,六月以左中郎將劉隆爲驃騎將軍,行大司馬

---

① 《後漢書》,第403頁;《藝文類聚》,第930頁。
② 《太平御覽》,第665頁上欄、960頁下欄。
③ 《八家後漢書輯注(修訂本)》,第311頁。
④ 《後漢書》,第403、485頁。
⑤ 《後漢書》,第32頁。

事。建武二十七年又改大司馬爲太尉,太僕趙憙爲太尉。《續漢志》卷二四《百官志一》曰:"世祖即位,爲大司馬。建武二十七年,改爲太尉。"劉昭注引《漢官儀》曰:"元狩六年罷太尉,法周制置司馬。時議者以爲漢軍有官候、千人、司馬,故加'大'爲大司馬,所以別異大小司馬之號。"①而"司馬"乃東漢所置將軍之屬官,《續漢志》卷二四《百官志一》"將軍"下:"長史、司馬皆一人,千石。本注曰:司馬主兵,如太尉。"又卷二五《百官志二》:"宮掖門,每門司馬一人,比千石。"又卷二六《百官志四》各校尉下皆:"掌宿衛兵。司馬一人,千石。"②東漢大將軍、將軍、校尉皆可置司馬,爲千石之屬官,與"大司馬"判然有別。據此,《紀》文"司馬"前脱"大"字甚明,當據補。

31. 章句訓詁

《後漢紀》卷四《光武帝紀》:"譚字君山,有儁才,博覽無所不見,不爲章句訓詁,皆通其大義。"(103 頁)

周本校曰:"范《書》《桓譚傳》作'皆詁訓大義,不爲章句。'漢代習今文者重章句,習古文者重訓詁。桓譚非毀俗儒,不爲章句,尤好古學,志在訓詁通大義。袁《紀》紀文有誤,'訓詁'恐當移至'皆'字下。"

"不爲章句訓詁,皆通其大義",中華本③(103 頁)、李本(44 頁)皆同。

按,"章句""訓詁"之别,馬瑞辰析之甚明,《毛詩詁訓傳名義考》曰:"漢儒說經,莫不先通訓詁。《漢書·揚雄傳》言:'雄少而好學,不爲章句,訓故通而已。'《儒林傳》言:'丁寬作易說二萬言,訓故舉大義而已。'而《後漢書》卷二八上《桓譚傳》亦言:'譚遍通五經,皆訓詁大義,不爲章句。'則知訓詁與章句有辨:章句者,離章辨句,委曲支派,而語多傅會,繁而不殺,蔡邕所謂'前儒特爲章句者,皆用其意傅,非其本旨'。劉勰所謂'秦延君之注堯典十餘萬字,朱普之解《尚書》三十萬言,所以通人惡煩,羞學章句也'。訓詁則博習古文,通其轉注假借,不煩章解句釋,而奧義自闢,班固所謂'古文讀應《爾雅》,故解古今語而可知也'。"④

據此,原文當不誤。周校謂"訓詁"移"皆"下,似不必,於"章句"後點斷即可,"訓詁"當從後讀。原句可點作:"博覽無所不見,不爲章句,訓詁皆通其大義。"言研習訓詁之學,皆通其要旨。《漢書》卷八七上《揚雄傳上》:"雄

---

① 《後漢書》,第 2357—2358 頁。
② 《後漢書》,第 3564、3580、3216 頁。
③ "訓詁",中華本錄作"訓詁",校改爲"訓詁"。
④ 《毛詩傳箋通釋》卷一《雜考各說》下,第 4 頁。

少而好學,不爲章句,訓詁通而已,博覽無所不見。"顏注云:"詁謂指義也。"①《後漢書》卷四〇上《班固傳》:"所學無常師,不爲章句,舉大義而已。"②"舉大義"即言訓詁其大義也,與"訓詁皆通其大義"意近。

32. 徵書

《後漢紀》卷五《光武帝紀》:"初,彭寵徵書至潞縣,有火災城中飛出城外,燔千餘家,殺人甚多。"(113頁)

中華本(76頁)點作"彭寵徵書至潞縣,有火災,城中飛出城外";李本(51頁)點作"彭寵徵書至,潞縣有火自城中飛出城外"。按,李本所據乃四庫本,爲館臣所擅改,不足據信。"彭寵徵書至",頗不合文法。《後漢書》卷三三《朱浮傳》:"浮密奏寵,上徵之,寵妻勸寵無應徵。"③"徵",即謂徵書。《文選》卷四一朱叔元《爲幽州牧與彭寵書》李善注引《東觀記》曰:"浮密奏寵,上徵之。寵既自疑,其妻勸寵無應徵。"④《續漢志》卷一四《五行志二》:"建武中,漁陽太守彭寵被徵。書至,明日潞縣火,災起城中,飛出城外,燔千餘家,殺人。"⑤據此,句當據《續漢志》補"被"字,句意更顯,當作"彭寵被徵,書至。潞縣有火災城中,飛出城外",如此方文意貫通。

33. 襲蓋延 楚相

《後漢紀》卷五《光武帝紀》:"夏四月,平狄將軍龐萌反,襲蓋延,破楚相孫萌,自號東平王,引兵與董憲、蘇茂合。"(116頁)

周本校曰:"楚相,范《書》《光武帝紀》作'楚郡太守'。按《漢書》《楚元王傳》及《宣帝紀》,地節元年,楚王延壽謀反,自殺國除。又據范《書》,至建武十五年始復建楚國。在此期間,不當有'楚相'之稱。《通鑑》從范《書》,是。又《通鑑考異》曰:'《東觀記》《漢書》皆云:萌攻延,延與戰,破之。詔書勞延曰:"龐萌一夜反畔,相去不遠,營壁不堅,殆令人齒欲相擊,而將軍有不可動之節,吾甚美之。"《延傳》言"僅而得免",與彼不同,今從《延傳》。'按《考異》所引《東觀記》《漢書》之文,實出范《書》《延傳》注,且'漢書'上脱'續'字。袁《紀》顯然未採納此二書之説,而又不明言誰勝誰負,較爲謹慎。"

按,"楚相"誤,周説是。《後漢書》卷三九《劉平傳》又載:"建武初,平狄

---

① 《漢書》,第3514頁。
② 《後漢書》,第1330頁。
③ 《後漢書》,第1140頁。
④ 《文選》,第585頁上欄。
⑤ 《後漢書》,第3292頁。

將軍龐萌反於彭城,攻敗郡守孫萌。"亦作"郡守"而不言楚相。

另,周校引《通鑑考異》認爲龐萌襲蓋延,不知所敗,殆可商。按,《後漢書》卷一八《蓋延傳》曰:"及龐萌反,攻殺楚郡太守,引軍襲敗延,延走,北度泗水,破舟楫,壞津梁,僅而得免。"卷一二《劉永傳》曰:"時平狄將軍龐萌反叛,遂襲破蓋延,引兵與董憲連和,自號東平王,屯桃鄉之北。"①范《書》所記頗爲詳細,不當有誤。《東觀漢記》《續漢書》所言"萌攻延,延與戰,破之","破之"前當省略"龐萌"而非"蓋延"。後光武勞延,《御覽》卷四六九引《東觀漢記》光武帝詔曰:"龐萌一夜反叛,相去不遠,營壁不堅,殆令人齒相擊,而將軍聞之,夜告臨淮、楚國,有不可動之節,吾甚美之。夜聞急少能若是。"②從詔書內容看,並非譽其"破之",而美其夜聞急,堅營不出能告急也,有"不可動之節"。《三國志》卷一七《魏志·于禁傳》載:"禁既至,先立營壘,不時謁太祖。或謂禁:'青州兵已訴君矣,宜促詣公辨之。'禁曰:'今賊在後,追至無時,不先爲備,何以待敵?且公聰明,譖訴何緣!'鑿塹安營訖,乃入謁,具陳其狀。太祖悅,謂禁曰:'淯水之難,吾其急也,將軍在亂能整,討暴堅壘,有不可動之節,雖古名將,何以加之!'"③因此,"不可動之節"當指蓋延不爲強敵突襲而驚慌失措,能於亂中告急於臨淮、楚國。詔書之美其功,與戰之勝負無涉,據此而下"不知所敗"語,恐欠妥。另《後漢紀》載:"襲蓋延,破楚相孫萌",句式整飭,是爲互文,"襲"即襲破也。由此亦可見勝負顯矣。

34. 悉

《後漢紀》卷五《光武帝紀》:"上美其功,賜俊璽書曰:'將軍元勳大著,威振青、徐,兩州有警,實得征之。'俊撫貧弱,悉有義,令行郡中,百姓歌之。"(121頁)

周本校曰:"范《書》《陳俊傳》、《北堂書鈔》卷七④引《續漢書》均作'表有義',袁《紀》作'悉'恐誤。"中華本(81頁)作"俊撫貧弱悉有義",連讀無校。李本(62頁)據《後漢書》及《書鈔》引《續漢書》校"悉"爲"表"。

按,"悉"有知悉義,用爲使動,即有彰明義。"悉有義",即彰明有義之行,與"表有義"義同。漢趙曄《吳越春秋》卷三《王僚使公子光傳》:"伍子胥謂白

---

① 《後漢書》,第688、495頁。
② 《太平御覽》,第2157頁上欄。
③ 《三國志》,第522頁。
④ 按,"《北堂書鈔》卷七"誤,當爲"《北堂書鈔》卷七四"。參《北堂書鈔》,第1冊,第555頁上欄。另《書鈔》引《續漢書》作"撫卹貧弱,表有行義"。

公勝曰:'平王卒,吾志不悉矣。'"①"悉",申也,明也。漢王符《潛夫論》卷五《實邊》:"當職勤勞而不録,賢俊蓄積而不悉,衣冠無所覬望,農夫無所貪利,是以逐稼中災,莫肯就外。"②漢陸賈《新序·術事》曰:"道術蓄積而不舒。"③是"不悉"猶言"不舒",並不申之意。唐沈佺期《被彈》:"懷痛不見伸,抱冤竟難悉。"④"悉""伸"對文,皆彰明義。據此,"悉有義"意亦可通,似不煩改字。

35. 何遇

《後漢紀》卷五《光武帝紀》卷五:"丹常受人言,有所薦。及舉者有罪,丹坐免官,終不言,客甚慚,自絶於丹。丹俄爲太子太傅,使人呼客見之:'何遇丹之薄也?'客自安如故。"(124頁)

"何遇",中華本(82頁)、李本(55頁)並同,均未校。《後漢書》卷二七《王丹傳》、《御覽》卷六三一引《東觀記》皆作"何量";⑤《白孔六帖》卷四四,《册府》卷八五〇、九二九,《通志》卷一〇七上載亦同。⑥

按,作"何量"義更勝。"何量……之薄"乃中古常語,乃"爲何把……看輕""爲何小看……"義。如《宋書》卷六五《吉翰傳》:"嘗與文帝言及史籍,上曰:'金日磾忠孝淳深,漢朝莫及,恨今世無復此輩人。'翰曰:'日磾之美,誠如聖詔,假使出乎今世,養馬不暇,豈辦見知。'上變色曰:'卿何量朝廷之薄也。'"《南史》卷七〇《吉翰傳》載同。⑦《梁書》卷四七《吉翂傳》:"翂曰:'異哉王尹,何量翂之薄,夫父辱子死,斯道固然,若翂有靦面目,當其此舉,則是因父買名,一何甚辱。'拒之而止。"⑧"何量翂之薄",意謂爲何如此小看我吉翂呢?因此,"何量丹之薄也?"即謂爲何如此小看我王丹?"遇"爲對待義,作"何遇"頗不切文意,殆爲後人不明中古句式而擅改。

36. 生

《後漢紀》卷五《光武帝紀》:"二年秋,野穀旅生,野蠶成繭,民收其實,以爲衣糧。是歲,野穀生漸少,南畝益墾矣。"(129頁)

---

① (後漢)趙曄撰,周生春輯校彙考:《吴越春秋輯校彙考》,中華書局,2019年,第21頁。
② 《潛夫論箋校正》,第288頁。
③ (漢)陸賈撰,王利器校注:《新序校注》,中華書局,2012年,第44頁。
④ 《全唐詩》卷九五,第1025頁。
⑤ 《後漢書》,第934頁;《太平御覽》,第2827頁上欄。
⑥ (唐)白居易輯,(宋)孔傳續輯:《白孔六帖》卷四四,哈佛大學藏明嘉靖刊本,第一頁;《册府元龜》,第9896、10764頁;《通志》,第1538頁中欄。
⑦ 《宋書》,第1721頁;《南史》,第1699頁。
⑧ 《梁書》,第652頁。

"野穀生",中華本(85頁)、李本(56頁)同,並未校。按,"野穀生漸少"無意。《御覽》卷九〇引《東觀漢記》作"野穀生者稀少"。① 由此,《紀》文"者"字當據補,原文正作"野穀生者漸少"。

37. 令

《後漢紀》卷五《光武帝紀》:"每幸郡國,見父老掾吏,問數十年事,吏民皆驚喜令自以見識,各盡力命焉。"(130頁)

"令自以見識",中華本(86頁)、李本(57頁)同周本,均未校。

《御覽》卷九〇引《東觀漢記》作"人自以見識,家自以蒙恩。"②按,作"令自以見識"意殊不可解。疑"令"當作"人人","令"下之"ㄥ"形,應爲重文符號,與上"人"字誤抄作"令"。③ "以",認爲義。"見",被也,與"蒙"義近;"見識",即"被識",被認識、被了解。④《三國志》卷一五《魏志·張既傳》裴注引《魏略》曰:"自惟門寒,念無以自達,乃常畜好刀筆及版奏,伺諸大吏有乏者輒給與,以是見識焉。"卷二七《魏志·徐邈傳》:"然宿瘤以醜見傳,而臣以醉見識。'"⑤ "見識",被認識也。《北齊書》卷二六《楊愔傳》:"其聰記強識,半面不忘。每有所召問,或單稱姓,或單稱名,無有誤者。後有選人魯漫漢,自言猥賤,獨不見識。愔曰:'卿前在元子思坊,騎禿尾草驢,經見我不下,以方麴郼面,我何不識卿?'漫漢驚服。"⑥"見識"皆爲被認識義。⑦

---

① 《太平御覽》,第431頁下欄。
② 《太平御覽》,第432頁上欄。
③ 有關抄本中重文符號訛爲字者,學界討論頗多,如裘錫圭、張涌泉等,詳可參裘錫圭:《考古發現的秦漢文字資料對於校讀古籍的重要性》,載《中國社會科學》1980年第5期;《再談古書中與重文有關的誤文》,載《出土文獻與傳世典籍的詮釋——紀念譚樸森先生逝世兩週年國際學術研討會論文集》,上海古籍出版社,2010年,第441—446頁。後均收入《裘錫圭學術文集》卷四,復旦大學出版社,2012年,第375—376、496—501頁。另張涌泉曾詳論敦煌抄本中之重文符號,可參張涌泉:《敦煌寫本文獻學》,甘肅教育出版社,2013年,第376—406頁。
④ 《漢語大詞典》即引《後漢紀》例,釋"見識"爲"見解,知識",待商。參《漢語大詞典》卷一〇,第322頁。
⑤ 《三國志》,第473、439頁。
⑥ 《北齊書》,第456—457頁。
⑦ "見識"還有被賞識之義,如《隋書》卷五七《盧思道傳》:"余志學之歲,自鄉里遊京師,便見識知音,歷受群公之眷。"《魏書》卷四一《源懷傳》:"麗以扶負聖躬,親所見識,蒙授撫軍大將軍、司徒公、平原王。""見識"猶被賞識。另"見"可用爲稱代性副詞,表三稱皆可,則"見識",或可表認識我、認識你之義。如漢劉向《說苑·立節》:"莒穆公有臣曰朱厲附,事穆公,不見識焉,冬處於山林食杼栗,夏處於洲澤食菱藕。穆公以難死,朱厲附將往死之。其友曰:'子事君而不見識焉,今君難吾子死之,意者其不可乎!'朱厲附曰:'始我以爲君不吾知也,今君死而我不死,是果不知我也;吾將死之,以激天下不知其臣之'遂往(轉下頁)

因此，袁《紀》當作"人人自以見識"，言人人自以爲被光武帝所認識了解。

38. 受其利　其

《後漢紀》卷五《光武帝紀》："當秦之末，豪傑共推陳嬰而王之，其母止之曰：'自吾爲子家婦，而世貧賤，今卒富貴，不祥，不如以兵屬人，事成受其利，不成禍其所歸。'嬰從其言，而陳氏以寧。"（134—135頁）

"受其利"，中華本（88頁）、李本（58頁）皆作"少受其利"。《漢書》卷一〇〇上《叙傳上》、《漢紀》卷三〇《孝平皇帝紀》、《宋書》卷二七《符瑞志上》、《文選》卷五二《王命論》、《世說新語·賢媛》皆作"事成少受其利，不成禍有所歸"。①

按，"事成少受其利，不成禍其所歸"，韻律和諧，句意完足。袁《紀》"少"似當據補。另，中華本、李本"其"並作"有"。周本"其"亦當據各本校爲"有"。②

39. 嚮起　濯足

《後漢紀》卷五《光武帝紀》："加以信誠好謀，達於聽受，見善如不及，用人如由己，從諫如順流，趨時如嚮起；當食吐哺，納子房之策；濯足揮洗，揖酈生之說。"（135頁）

"嚮起"，周本校曰："'起'，《漢書·叙傳》作'赴'。"中華本無校，李校本逕作"響赴"。《漢書》卷一〇〇上《叙傳上》作"嚮赴"、《宋書》卷二七《符瑞志上》作"響赴"。③《漢紀》卷三〇《孝平皇帝紀》錄作"嚮起"，點校本校

（接上頁）死之。""不見識"，不認識你。《列女傳》卷八《辯通·齊宿瘤女》："於是王遣歸，使使者加金百鎰，往聘迎之，父母驚惶，欲洗沐，加衣裳，女曰：'如是見王，則變容更服，不見識也，請死不往。'""不見識"，不認識我。《宋書》卷五九《張暢傳》："暢於城上視之，虜使問：'是張長史邪？'暢曰：'君何得見識？'虜使答云：'君聲名遠聞，足使我知。'""見識"，認識我。

① 《漢書》，第4210頁；《漢紀》，張烈點校《兩漢紀》，第543頁；《宋書》，第773頁；《文選》，第718頁下欄；徐震堮校箋：《世說新語校箋》，第362頁。

② "其""有"古籍多訛。唐韓愈《故太學博士李君墓誌銘》："別一年而病，其家人至。"宋魏仲舉集注："其，一作有。"詳參魏仲舉集注《五百家注昌黎文集》卷三四，中華書局，2019年，第1240頁。《文苑英華》卷七九九歐陽詹《右街副使廳壁記》："遷蘄州別駕，副使如故，旌其勞，且藉能也。""其"下宋人校曰："一作有。"同上卷八二〇韋臯《西川鸚鵡舍利塔記》："於戲！生有辰乎？緣有盡乎？"宋人校曰："有，一作其。"參《文苑英華》，第4229、4330頁。王念孫《讀書雜志·漢書第七》"其剛柔緩急"條："'其'本作'有'，……今本'有'作'其'，字之誤耳。《管子·小匡篇》'則有制令'，《史記·律書》'費油聖心以乘聰明'，今本'有'並誤作'其'。"（第690頁）

③ 《漢書》，第4211頁；《宋書》，第773頁。

爲"赴",曰:"從《漢書·叙傳》改。"①中華本《後漢紀》(88頁)逕作"嚮起",未校。李本(59頁)逕作"嚮赴",無校。"嚮"皆讀曰"響"。

按,"嚮起"當作"嚮赴"。②"赴"有應和義。《文選》卷二張衡《西京賦》:"紛縱體而迅赴,若驚鶴之群罷。"唐李善注:"迅疾赴節相越也。"③晋陸機《擬東城一何高》:"閑夜撫鳴琴,惠音清且悲。長歌赴促節,哀響逐高徽。"又《文賦》:"譬猶舞者赴節以投袂,歌者應絃而遣聲。"④"赴促節""赴節"皆謂合上樂拍。《陳書》卷二四《周弘正傳》:"今宜赴百姓之心,從四海之望。"⑤"赴百姓之心"言合百姓之心也。

"嚮赴"即響應,如回聲般應和。該詞典籍習見,《抱朴子外篇·疾謬》:"是以高世之士,望塵而旋迹,輕薄之徒,響赴而影集。"⑥《宋書》卷九五《索虜傳》:"冀州已北,民人尚豐,兼麥已向熟,資因爲易。向義之徒,必應響赴,若中州震動,黃河以南,自當消潰。"⑦《隋書》卷六三《衛玄傳》:"乃下詔曰:'近者妖氛充斥,擾動關、河,文升率勵義勇,應機響赴,表裏奮擊,摧破凶醜,宜升榮命,式弘賞典。'"⑧"嚮赴"並其義。

"響起"則多指聲音突然嚮起,與"響應"無關,如司馬相如《長門賦》:"浮雲鬱而四塞兮,天窈窈而晝陰。雷殷殷而響起兮,聲象君之車音。"⑨"響起",聲響突起,於句意頗不切合。據此,作"嚮赴"意更勝,⑩袁《紀》當據正。

另,"濯足",李本(59頁)同,並未校。中華本(88頁)校"濯"爲"拔",曰:"從《漢書·叙傳》改。"

"濯足",《漢書》卷一〇〇上《叙傳上》、《宋書》卷二七《符瑞志》、《漢紀》卷三〇《平帝紀》並作"拔足";《文選》卷五二亦同,六臣注曰:"拔足揮洗,謂止洗足也。"⑪

---

① 《漢紀》,張烈點校《兩漢紀》,第554頁。
② 方一新教授惠示,《世説新語·德行》劉孝標注引謝承《後漢書》"所赴冢隧外",《後漢書》卷五三《徐稺傳》李賢注引謝承《書》作"所起冢外"。
③ 《文選》,第49頁下欄。
④ (晉)陸機撰,劉運好點校:《陸士衡文集校注》,鳳凰出版社,2007年,第470、46頁。
⑤ 《陳書》,第309頁。
⑥ (晉)葛洪撰,楊明照校箋:《抱朴子外篇校箋》,中華書局,1991年,第608頁。
⑦ 《宋書》,第2354頁。
⑧ 《隋書》,第1503頁。
⑨ 《文選》,第228頁上欄。
⑩ 《隋書》卷三七《李渾傳》:"吾與汝前發,襲取御營,子弟響起,各殺軍將。"參《隋書》,第1121頁。按,"響起",當作"響赴"。《北史》卷五九《李渾傳》即作"響赴",參《北史》,第2119頁。
⑪ 《漢書》,第4211頁;《宋書》,第773頁;《漢紀》,張烈點校《兩漢紀》,第554頁;《文選》,第49頁下欄。

按，此用高祖納策於酈食其之典。《漢書》卷四三《酈食其傳》："沛公至高陽傳舍，使人召食其。食其至，入謁，沛公方踞床令兩女子洗，而見食其。食其入，即長揖不拜，曰：'足下欲助秦攻諸侯乎？欲率諸侯（攻）〔破〕秦乎？'沛公罵曰：'豎儒！夫天下同苦秦久矣，故諸侯相率攻秦，何謂助秦？'食其曰：'必欲聚徒合義兵誅無道秦，不宜踞見長者。'於是沛公輟洗，起衣，延食其上坐，謝之。"又卷一《高祖本紀》："沛公西過高陽，酈食其為里監門，曰：'諸將過此者多，吾視沛公大度。'乃求見沛公。沛公方踞床，使兩女子洗。酈生不拜，長揖曰：'足下必欲誅無道秦，不宜踞見長者。'於是沛公起，攝衣謝之，延上坐。食其説沛公襲陳留。沛公以為廣野君。"①

此處言沛公罷洗而納酈食其之謀。故袁《紀》"濯足"當誤，但言"濯"為"拔"之誤字，則頗不可信，二者音形頗不相類，無由致訛。蕭旭言"濯"當讀作"擢"②，甚是。"擢"，拔也。"擢足"，提腳也，義同"拔足"。"揮洗"，義猶《酈食其傳》之"輟洗"，停洗也。《爾雅·釋詁下》："揮，盭，歇，涸，竭也。"③"揮"本為振去餘水，《左傳·僖公二十三年》："秦伯納女五人，懷嬴與焉，奉匜沃盥，既而揮之，怒曰：'秦晉匹也，何以卑我？'"晉杜預注曰："揮，湔也。"唐孔穎達疏："揮之使水湔污其衣，故云'揮，湔也'。"《禮記·曲禮上》："飲玉爵者弗揮。"釋文引何承天："振去餘酒曰揮。"④後又引申為停止義，《後漢書》卷八〇下《文苑傳·高彪》："昔周公旦父文兄武，九命作伯，以尹華夏，猶揮沐吐餐，垂接白屋，故周道以隆，天下歸德。"⑤《三國志》卷一九《魏志·陳思王植傳》："臣每念之，未嘗不輟食而揮餐，臨觴而搤腕矣。"⑥"揮餐"，即停餐也。"揮洗"正與"揮沐""揮餐"相比，"揮"即停輟也。西晉陸雲《登遐頌（有序）》："陵陽餌車，明視聰耳。壯子既淩，步晞千里。任化凱入，輕雲揮止。移形善變，載坐載起。""輕雲揮止"，言揮手止輕雲。"揮""止"義近。⑦

---

① 《漢書》，第 2106、18 頁。另《史記》卷九七《酈生陸賈列傳》亦載其事，文字略同；事又見《史記》卷八《高祖本紀》。
② 參蕭旭：《群書校補》，廣陵書局，2011 年，第 3 册，第 621 頁。
③ 《爾雅注疏》，（清）阮元校刻《十三經注疏（清嘉慶刻本）》，第 5603 頁。
④ 《春秋左傳正義》，（清）阮元校刻《十三經注疏（清嘉慶刻本）》，第 3941—3942 頁；《禮記正義》，（清）阮元校刻《十三經注疏（清嘉慶刻本）》，第 2694 頁。
⑤ 《後漢書》，第 2650 頁。
⑥ 《三國志》，第 572 頁。
⑦ 劉運好注曰："揮止，猶動静。《廣韻》：'揮，振也，動也。'此二句言任子得之自然造化而登仙境，隨輕雲而動止也。"參劉運好校注：《陸士龍文集校注》，鳳凰出版社，2010 年，第 825 頁。按，此釋"揮止"殆有誤。前言凌陽子、莊子事，言任心而變化，凱歌而返，揮手而止過輕雲也。

40. 建武九年

《後漢紀》卷六《光武帝紀》"建武九年"下："歙奏言非馬援莫能定,乃以援爲隴西太守。援至,擊先零,大破之,降者萬餘人。"(158 頁)

中華本(106 頁)、李本(70 頁)同,並未校。按,《後漢書》卷二四《馬援傳》："來歙奏言隴西侵殘,非馬援莫能定。十一年夏,璽書拜援隴西太守。"卷八七《西羌傳》載："十一年夏,先零種復寇臨洮,隴西太守馬援破降之。"卷一下《光武帝紀下》建武十一年十月下云："馬成平武都,因隴西太守馬援擊破先零羌,徙致天水、隴西、扶風。"①因此,《後漢紀》紀此事在建武九年,殆誤。

41. 北

《後漢紀》卷六《光武帝紀》："〔允〕(亢)吾以西,數十里一城,城皆完堅。舊制置塞,因山阻海,其蹊徑輒有候尉,故虜不得妄動。即棄允吾以西,北爲殖養虜根,内自迫促,宜及兵威,疾往除之。金城諸縣,皆田地肥美,溉灌流通,自有本民,易還充實,誠不宜有所斷棄。"(158 頁)

周本校曰："'北'恐是'外'之誤。"

中華本(106 頁)作："即棄允吾以西北,爲殖養虜根,内自迫促,宜及兵威,疾往除之。"李本(70 頁)作"今棄允吾以西,北爲殖養虜根,内自迫促,宜及兵威,疾往除之",皆未校。

按,《後漢書》卷二四《馬援傳》曰："是時,朝臣以金城破羌之西,塗遠多寇,議欲棄之。援上言,破羌以西城多完牢,易可依固;其田土肥壤,灌溉流通。如令羌在湟中,則爲害不休,不可棄也。"②是金城一帶,城多堅固,守衛充備,返流民以自養,虜不可輕寇。湟中乃今西寧一帶,據金城郡之北。羌虜若據爲殖養之本,則郡内迫促,故宜"急往除之"。可見,"北"即指湟中縣一帶,字應不誤。而全句當點爲"即③棄允吾以西,北爲殖養虜根,内自迫促。宜及兵威,疾往除之。"言若棄允吾以西,北面即可殖養虜根,則郡内形勢頗急。因此,宜乘兵威,疾往除之。

42. 建武九年

《後漢紀》卷六《光武帝紀》"建武九年"下："三月,封楚王子般爲菑丘

---

① 《後漢書》,第 835、2878、58 頁。
② 《後漢書》,第 835 頁。
③ 李本作"今",無據。"即",假使義,擅改作"今"則無意。

侯。頃之,徙封杼秋侯。上幸沛,詔問郡中諸侯有事行者。太守言般至行,爲諸侯師。天子嘉之,恩禮甚厚。"(159頁)

中華本(106頁)、李本(70頁)載此並未校。按,《後漢書》卷三九《劉般傳》:"建武八年,隗囂敗,河西始通,般即將家屬東至洛陽,脩經學於師門。明年,光武下詔,封般爲菑丘侯,奉孝王祀,使就國。後以國屬楚王,徙封杼秋侯。"同上又載:"十九年,行幸沛,詔問郡中諸侯行能。太守薦言般束脩至行,爲諸侯師。帝聞而嘉之,乃賜般綬,錢百萬,繒二百匹。"又卷一下《光武帝紀下》載建武十九年"秋九月,南巡狩。壬申,幸南陽,進幸汝南頓縣舍,置酒會,……進幸淮陽、梁、沛"。① 可知,光武幸沛郡,事在建武十九年,袁《紀》合叙九年事與十九年事而不別,似可商。

43. 建武十二年

《後漢紀》卷六《光武帝紀》"建武十二年"下:"梁統在朝,數言便宜。上書陳法令輕重,宜遵舊典,曰:'臣聞人君之道,仁義爲主,仁者愛人,義者治理,愛人故爲之除殘,治理則爲之去亂。是以五帝有流殛之誅,三王有大辟之刑,所以經世教民,除殘去亂也。'"(170頁)

周本校曰:"范《書》《梁統傳》未明言上疏年月,而《杜林傳》及《通鑑》均作'建武十四年',與此異。"

按,《後漢書》卷二七《杜林傳》未載梁統上言之事,曰"十四年,群臣上言",而後詔下公卿之後,杜林又上疏言事;②卷三四《梁統傳》雖未言上疏年月,但明記統兩次上言,故曰"數言便宜"。③ 首次乃建武十二年詣京師後,其辭與《後漢紀》所載之疏近同。後奏下三公、廷尉,議者以爲隆刑峻法,非明王急務,不宜開可。梁統復上疏議此事,杜林再疏陳"宜如舊制,不合翻移",光武納之。可見,建武十二年應爲前所諫,十四年當爲後上疏事,《後漢紀》所載合梁統、杜林事爲一年之中,誠有未妥,卻乃紀事之便。《通鑑》撮取梁統、杜林之文,統謂之十四年事,殆有未審也。

44. 軍没民疲

《後漢紀》卷六《光武帝紀》:"文帝寬柔,省去肉刑,他皆率由舊章,幾致刑措。武帝因資財富,多出兵,命將征伐遠方,軍没民疲,豪傑犯禁,故增其

---

① 《後漢書》,第1304、71頁。
② 《後漢書》,第937—938頁。
③ 《後漢書》,第1166—1168頁。

二科,懲不盡節。"(170 頁)

"軍没民疲",中華本(113 頁)、李本75(頁)均同,並未校。按,"軍没民疲",《後漢書》卷三四《梁統傳》作"軍役數興";《晋書》卷三〇《刑法志》作"軍役數興,百姓罷弊"。① 據此,"没"當爲"役"之誤字甚明。② 役,服役也。《説文·殳部》:"役,戍邊也。"③"軍役民疲"謂軍中徵役,百姓疲敝。

45. 終身不得列于三公

《後漢紀》卷七《光武帝紀》:"鄧生杖策,深陳天人之會,舉才任使,開拓帝王之略。當此之時,臣主歡然,以千載俄頃也。洎關中一敗,終身不得列于三公,俛首頓足,與夫列侯齊伍。"(177 頁)

按,袁宏所論謂鄧禹"終身不得列于三公",殆可商。據《後漢書》卷一六《鄧禹傳》,光武即位,拜禹爲大司徒,後兵敗赤眉,謝上大司徒印綬。"中元元年,復行司徒事。從東巡狩,封岱宗。"④"行司徒事",兼大司徒之職。

46. 況己

《後漢紀》卷七《光武帝紀》:"高皇帝令相國奏事不拜,入殿不趨,所以寵大臣也。及新室王莽,遭漢中衰,獨操國柄,以偷天下,況己自喻,不信群臣。奪公輔之任,損宰相之威。然不能禁天下之謀,身爲世戮。"(178 頁)

周本校曰:"'況',原作'足',據黄本及范《書》逕改之。"

中華本(120 頁)校"況"爲"足",曰:"據南監本、龍谿本改。"李(80 頁)本逕作"足",未校。

按,"況"有比義,"況己""自喻"義近,意自可通。然"足"亦不必改,"足己",謂自以爲是也。《史記》卷六《始皇本紀》引賈誼《過秦論》:"秦王足己不問,遂過而不變。二世受之,因而不改,暴虐以重禍。"《史記》卷五七《周勃世家·史論》:"亞夫之用兵,持威重,執堅刃,穰苴曷有加焉!足己而不學,終以窮困,悲夫!"唐司馬貞索隱云:"亞夫自以己之智謀足,而虛己學

---

① 《後漢書》,第1166 頁;《晋書》,第918 頁。
② "没""役"形近,古書常混,如《左傳·哀公二十二年》孔穎達正義引《國語》曰:"夫婦三百,唯王所安,以役王年。"清阮元校勘記曰:"宋本、閩本、監本、毛本'役'作'没',不誤。"詳參(清)阮元校刻《十三經注疏(清嘉慶刊本)》,第4746 頁。又《大唐西域記》卷一一《狼揭羅國》:"無大君長,據川自立,不相承命,役屬波剌斯國。"校勘記曰:"趙城本役作没,形近而訛。"參(唐)玄奘、辯機撰,季羨林等校注:《大唐西域記》,中華書局,2000 年,第937 頁。
③ 《説文解字》,第66 頁下欄。
④ 《後漢書》,第605 頁。

古人,所以不體權變,而動有違忤。”①《詩經·小雅·十月之交》:“皇父孔聖,作都于向。擇三有事,亶侯多藏。”鄭箋云:“專權足己,自比聖人,作都立三卿,皆取聚斂之臣,言不知厭也。”②《晋書》卷一一五《苻丕載記》:“既而足己夸世,愎諫違謀,輕敵怒鄰,窮兵黷武。”③“足己”皆爲自我滿足,自以爲是義。袁《紀》文“足己自喻”謂王莽自以爲是,自比聖人,與鄭箋所曰“專權足己,自比聖人”相應,其句意和洽,不煩改字。

47. 浸渥

《後漢紀》卷七《光武帝紀》:“夏,詔徵湛。既到,即入見,賞賜浸渥。將用之,暴病薨。賜秘器,上親吊祠。”(179 頁)

中華本(121 頁)同,均未校。李校(80 頁)逕作“優渥”,未出校。

按,“浸渥”無意,典籍鮮見,似當據李本作“優渥”④。“優”草書多作(王羲之《金剛經》)、(王羲之《懷仁集王羲之書聖教序》)等,字形與“侵”頗似,故可訛爲“侵”,又類化爲“浸”。“優渥”乃言賞賜之厚。《後漢書》卷四一《鍾離意傳》:“崇以叔父之尊,同之家人之禮,車入殿門,即席不拜,分甘損膳,賞賜優渥。”⑤《陳書》卷一八《沈衆傳》:“高祖以衆州里知名,甚敬重之,賞賜優渥,超于時輩。”⑥《北史》卷三四《李諧傳》:“梁使每入,鄴下爲之傾動,貴勝子弟盛飾聚觀,禮贈優渥,館門成市。”⑦可證袁《紀》當作“優渥”。

48. 正

《後漢紀》卷七《光武帝紀》:“湖陽令曰:‘樊重父子有禮行于鄉里,正有大罪,且當在後,何可殺邪?’”(194 頁)

周本注曰:“正,誠也,讀亦如誠。”

按,“正”非誠義。《後漢書》卷三二《樊宏傳》作“雖有罪,且當在後。”⑧可證“正”“雖”義同,即使之義。

“正(政)”有縱使、即使義,中古習見,如《漢書》卷九九中《王莽傳中》:“貉人犯法,不從騶起,正有他心,宜令州郡且尉安之。”唐顔師古注:“假令

---

① 《史記》,第 278、2080 頁。
② 《毛詩傳箋》,第 271 頁。
③ 《晋書》,第 2957 頁。
④ 按,檢四庫本作“優渥”,餘本均作“浸渥”,當爲館臣所校改,即李本所據。
⑤ 《後漢書》,第 1414 頁。
⑥ 《陳書》,第 244 頁。
⑦ 《北史》,第 1604 頁。
⑧ 《後漢書》,第 1120 頁。

驕有惡心,亦當且慰安。"《漢書》卷六四《終軍傳》:"且鹽鐵,郡有餘臧,正二國廢,國家不足以爲利害,而以安社稷存萬民爲辭,何也?"清王念孫曰:"正,猶即也。言即廢二國鹽鐵,亦無關於國家之利害也。"①蔣禮鴻、江藍生、蔡鏡浩、董志翹等前輩學者亦多有詳論②。但"正"爲何有"縱使""假使"之義,則語焉不詳。清劉淇《助字辨略》卷四曰:"假令猶縱使也。正得爲即,故亦得爲縱。"③"即""縱"意義相近,並無實質差別,唯語氣稍有別爾。楊樹達《詞詮》釋"正",即並二義爲一,曰:"推拓連詞,縱也,即也。"④劉淇所論並未説清楚"正"何由得有"縱"義。

以異文觀之,或可見"正"有"即使""縱使"義之所由也。《後漢紀》"正使得其城",《後漢書》卷一九《耿弇傳》作"縱能拔之",⑤"正"與"縱"正相對應。《後漢紀》卷一三《和帝紀》:"榮曰:'榮乃江淮孤生,蒙先帝大恩,備宰士,正爲竇氏所害,誠所甘心。'"⑥"正爲竇氏所害",《後漢書》卷四五《周榮傳》作"縱爲竇氏所害"。⑦《後漢紀》作"正",《後漢書》作"縱",可證"正"似當即"縱"之借字。

另有"正復",《宋書》卷七七《沈慶之傳》:"卿在左右久,偏解我意,正復違詔濟事,亦無嫌也。"⑧《法苑珠林》卷二三引南朝齊王琰《冥祥記》:"其後鄰比失火,長舒家悉草屋,又正下風,自計火已逼近,政復出物,所全無幾。"⑨"正復"疑即"縱復"也。《三國志》卷四八《吳書·三嗣主傳》:"縱復如此,亦何所損?"⑩《顏氏家訓》卷六《書證》:"唯王羲之小學章,獨皁傍作車,縱復俗行,不宜追改《六韜》《論語》《左傳》也。"⑪"政"即同"正","復"乃詞尾也。⑫

---

① 清王念孫詳論"正(政)"有"即"義,可參《讀書雜志》,第842—843頁。
② 參蔣禮鴻:《敦煌變文字義通釋(增補定本)》,上海古籍出版社,1997年,第419頁;江藍生:《魏晉南北朝小説詞語匯釋》,語文出版社,1988年;蔡鏡浩、董志翹:《中古漢語語法虛詞例釋》,吉林教育出版社,1994年,第645—647頁。
③ 《助字辨略》卷四,中華書局,1954年,第230頁。
④ 楊樹達:《詞詮》卷五,中華書局,1954年,第201頁。
⑤ 《後漢書》,第710頁。
⑥ 張烈點校《後漢紀》作"備宰士正,爲竇氏所害"(第258頁)。案,此標點有誤,"正"當從下句讀。另,周本標點確然(第375頁)。
⑦ 《後漢書》,第1537頁。
⑧ 《宋書》,第2000頁。
⑨ 《法苑珠林校注》,第745頁。
⑩ 《三國志》,第1160頁。
⑪ (北齊)顏之推撰,王利器集解:《顏氏家訓集解》,中華書局,1993年,第432頁。
⑫ "正復",徐震堮先生有釋,可參《〈世説新語〉詞語簡釋》,《中華文史論叢》,1979年第4輯;後又收入氏著《世説新語校箋·附錄》,中華書局,1984年,第537頁。

又有"正使"《三國志》卷四《魏志·三少帝紀》裴松之注引《漢晉春秋》:"帝乃出懷中版令投地,曰:'行之决矣。正使死,何所懼?況不必死邪!'""正使"猶"縱使"也。卷一四《魏志·董昭傳》"帝曰:'君論此事,何其審也!正使張、陳當之,何以復加。'"①"正使",並爲"縱使"也。《顏氏家訓》卷六《書證》:"縱使相如天才鄙拙,强爲此語;則下句當云'麟雙觡共抵之獸',不得云犧也。"②"縱"古精母東部,"正"章紐耕部,語音關係較近,可得通借。③

49. 父 虧君生身

《後漢紀》卷七《光武帝紀》:"惲即詣令自首,令應之遲,惲曰:'爲父報讎,吏之私也;奉法不阿,君之義也。虧君生身,非節也。'趨出詣獄。"(198頁)

中華本(132頁)、李本(87頁)皆作"爲交報讎"。按,《後漢書》卷二九《郅惲傳》:"爲友報讎,吏之私也。奉法不阿,君之義也。虧君以生,非臣節也。"④周本"父"當爲"交"字之誤,⑤"交",友也。郅惲乃爲友人報讎而殺人獲罪,非爲己父。周本殆爲排印未審所致。

另,"虧君生身,非節也",中華本、李本皆同。"生身",語意不明,且與上文句式頗不協。據范《書》脱"以"字。"身"用爲反身代詞,自己之義,應從後讀。全句當作"虧君以生,身非節也",言如果虧損您以保全我命,我自己也不合於節義。前言"吏""君",而後及於己身,意較允洽。

50. 不款塞

《後漢紀》卷七《光武帝紀》:"由是匈奴、鮮卑震服,不敢闚塞。彤乃思所以離間二寇,以分其勢,招呼鮮卑,示以財利。鮮卑後不款塞,彤之計也。"(203頁)

---

① 《三國志》,第143、442頁。
② (北齊)顏之推撰,王利器集解:《顏氏家訓集解》,第509頁。
③ "縱""正"並爲齒音,韻部分屬東部、耕部,可相旁轉。典籍亦有見東、耕二部相通之例,如《尚書·金縢》"乃并是吉","并"屬幫母耕部;《論衡·卜筮》引"并"作"逢","逢"即爲並母東部;《爾雅·釋詁》"關關、噰噰,聲之和也",《文選》卷四《南都賦》李善注引《爾雅》作"關關、嚶嚶,聲之和也"。"噰""嚶"分別爲影母東部與影母耕部,可得相通也。
④ 《後漢書》,第1027頁。
⑤ 《先秦漢魏晉南北朝詩·漢詩卷十·上留田行》:"里中有啼兒,似類親父子。"逯欽立校曰:"當是交字殘文。親交,漢人習語。"同上《晉詩卷九·隴上爲陳安歌》:"驄驄父馬鐵鍛鞍。"逯欽立校曰:"《詩紀》云:'一作交。'《萬花谷》作'交'。"參《先秦漢魏晉南北朝詩》,第288、781頁。

"不款塞",中華本(135頁)同,均未校。李本(89頁)逕作"後不犯塞",無校。

按,"後不款塞"無意。李本據四庫本作"不犯塞",殆爲館臣明其不協而改易之,但證據頗不足。"款""犯"相隔甚遠,無由致誤。"款塞"乃誠服之義,謂外族前來通好。《史記》卷一三〇《太史公自序》:"海外殊俗,重譯款塞。"集解引應劭曰:"款,叩也。皆叩塞門來服從也。"① 《漢書》卷八《宣帝紀》:"選明將,討不服,匈奴遠遁,平氏、羌、昆明、南越,百蠻鄉風,款塞來享。"顏師古注:"應劭曰:'款,叩也,皆叩塞門來服從也。'如淳曰:'款,寬也。請除守塞者,自保不爲寇害也,故曰款五原塞。'師古曰:'應説是也。此汎説夷狄來賓之事,非呼韓邪保塞意也。'"② "款塞"亦誠服、投誠義。《越絶書》卷一五《篇序外傳記》:"當明王天下太平,諸侯和親,四夷樂德,款塞貢珍,屈膝請臣,子胥何由乃困於楚?"③ 漢桓寬《鹽鐵論》卷三《憂邊》:"若陛下不棄,加之以德,施之以惠,北夷必内向,款塞自至,然後以爲胡制於外臣,即匈奴没齒不食其所用矣。"④ 漢應劭《風俗通義・正失》:"中宗之世,政教明,法令行,邊境安,四夷親,單于款塞,天下殷富,百姓康樂,其治過於太宗之時。亦以遭遇匈奴賓服,四夷和親也。"⑤ 《後漢書》卷三《章帝紀》:"夏六月,北匈奴大人率衆款塞降。"又卷四《和帝紀》:"四年春正月,北匈奴右谷蠡王於除鞬自立爲單于,款塞乞降。"⑥

上揭"款塞"皆爲投誠之義。《後漢紀》作"不款塞"明顯與文意不合。《後漢書》卷二〇《祭肜傳》載:"二十五年,乃使招呼鮮卑,示以財利。其大都護偏何遣使奉獻,願得歸化,肜慰納賞賜,稍復親附。"後祭肜卒,"烏桓、鮮卑追思肜無已,每朝賀京師,常過冢拜謁,仰天號泣乃去"。⑦ 據范《書》所紀,此後,鮮卑"願得歸化","稍復親附","朝賀京師"。因此,袁《紀》"款塞"當不誤,頗疑"不"乃"之"之訛文。⑧ 原文似當作"鮮卑後之款塞,肜之

---

① 《史記》,第3300頁。
② 《漢書》,第243頁。
③ (東漢)袁康撰,李步嘉校釋:《越絶書校釋》,中華書局,2013年,第383頁。
④ (漢)桓寬撰集,王利器校注:《鹽鐵論校注》,中華書局,1992年,第161—162頁。
⑤ (漢)應劭撰,王利器校注:《風俗通義校注》,中華書局,1981年,第98頁。
⑥ 《後漢書》,第145、173頁。
⑦ 《後漢書》,第745、746頁。
⑧ "不""之"古書常訛,如《漢書》卷九四下《匈奴傳下》:"奉天子詔條,(之)〔不〕當予匈奴税。"點校本校勘記曰:"錢大昭説'之'當作'不',按,景祐、殿、局本都作'不'。"(第3820頁)《淮南子》卷八《本經》:"而萬物不繁兆萌牙卵胎而不成者。"清王念孫引顧廣圻曰:"上'不'疑當作'之',與下文'草木之句萌銜華戴實而死者'一例。"詳參《讀書雜志》,第2501頁。

計也。"另,《紀》文"肜"當正作"肜",參前文。

51. 重

《後漢紀》卷七《光武帝紀》:"是以永享康寧之福,而無忧①惕之憂,繼嗣承業,恭己而治,蓋此之助也。今被災之民輕薄無重者,可徙於饒穀之郡,所以〔消〕(清)散其凶,全其性命也。"(204頁)

"輕薄無重者",中華本(135頁)同;李本(90頁)逕作"輕剽易動",無校。李本當據四庫本所擅改,頗不可信從。《續漢志》卷一五《天文志》劉昭注引《東觀記》作"輕薄無累重"。② 今按,"無重"意不可解,袁《紀》當脱"累"字,當據《東觀記》作"輕薄無累重"。"累重"乃家眷資產之義。《漢書》卷九四上《匈奴傳上》:"匈奴聞,悉遠其累重于余吾水北。"顏注云:"累重,謂妻子資產也。"又卷九六下《西域傳》:"田一歲,有積穀,募民壯健有累重敢徙者詣田所,就畜積爲本業。"顏注曰:"累重謂妻子家屬也。"③《三國志》卷二六《魏志‧郭淮傳》:"淮進軍趣西海,欲掩取其累重。"又卷三〇《魏志‧鮮卑傳》:"比能誘納步度根,使叛并州,與結和親,自勒萬騎迎其累重于陘北。"④"累重"皆言家屬或資產之義。

"輕薄",謂輕佻無行者,如《漢書》卷九〇《酷吏傳‧尹賞》:"雜舉長安中輕薄少年惡子,無市籍商販作務,而鮮衣凶服被鎧扞持刀兵者,悉籍記之。"⑤《後漢書》卷六八《符融傳》:"二人自是名論漸衰,賓徒稍省,旬日之間,慚歎逃去。後果爲輕薄子,並以罪廢棄。"⑥《後漢紀》卷八《光武帝紀》:"效杜季良而不成,陷爲天下輕薄子,所謂畫虎不就反類狗者也。"卷二二《桓帝紀下》:"外聚輕薄不逞之徒,内荒酒樂,出入無常,所與群居,皆家之棄子,朝之斥臣。"⑦"輕薄無累重者",即指平時輕佻無行而無家屬恒產者。袁《紀》當補"累"字。

52. 業徒

《後漢紀》卷七《光武帝紀》:"况草創豪帥,本無業徒,因攘擾之時,擅有山川之利,雖遇災,然其狙泰之意,徼幸之望,蔓延無足,不可不察也。"(240頁)

---

① 按,"忧"當作"怵",乃排印之誤。
② 《後漢書》,第3307頁。
③ 《漢書》,第3778、3912頁。
④ 《三國志》,第735、839頁。
⑤ 《漢書》,第3673頁。
⑥ 《後漢書》,第2233頁。
⑦ 《後漢紀》,張烈點校《兩漢紀》,第142、424頁。

"本無業徒",《續漢志》卷一四《五行志二》劉昭注引《東觀記》作"卒無德能,直以擾亂,乘時擅權"。① 按,"業徒"於句意不甚相合,句當脫"德"字,"徒"當從下讀。"業德"謂功業德行,《周易·繫辭上》:"盛德大業,至矣哉!"唐孔穎達正義:"於行謂之德,於事謂之業。"②"業德"義同"功德",如漢陸賈《新語·道基》:"功德參合,而道術生焉。"③"功德"即功業德化。"業德"又可倒文作"德業",《後漢書》卷四四《楊震傳》:"自震至彪,四世太尉,德業相繼。"④"徒",直也,僅也。"徒因"義同《續漢志》之"直以"。據此,原句當作"況草創豪帥,本無業德,徒因擾擾之時,擅有山川之利",言草創豪帥,本無功業德行,僅以擾亂之時,而占有山川之利。

另,《續漢志》"卒",當據《後漢紀》正作"本",於意更長。

53. 坦薄

《後漢紀》卷八《光武帝紀》:"援外坦薄而內備禮,事寡嫂,不衣冠不入閨。"(207 頁)

周本無校。中華本(158 頁)校曰:"陳璞校云'薄'疑'白'之誤。"李本(93 頁)逕作"坦蕩",未出校。

按,"坦薄"無意,此當從李校本,作"坦蕩"是。《書鈔》卷一二七引《東觀記》作"援外類倜儻簡易";《御覽》卷六八七引《東觀記》作"外類儻蕩簡易"。⑤ "儻蕩"即"坦蕩",疏闊之義,與"倜儻"義近。《漢書》卷八二《王丹傳》:"丹爲人足知,愷弟愛人,貌若儻蕩不備,然心甚謹密,故尤得信於上。"唐顏師古注:"儻蕩,疏誕無檢也。"⑥《晉書》卷四九《阮籍傳》:"籍不識其父兄,徑往哭之,盡哀而還。其外坦蕩而內淳至,皆此類也。"⑦《新唐書》卷二〇三《李華傳》:"華少曠達,外若坦蕩,內謹重,尚然許,每慕汲黯爲人。"⑧唐獨孤及《唐故尚書祠部員外郎贈陝州刺史裴公行狀》:"外坦蕩豪舉,朗然不羈,內敦敏純固,忠而能力。"⑨"坦蕩",疏放而不拘小節之意。袁《紀》"薄"即爲"蕩"之形誤也。

---

① 《後漢書》,第 3307 頁。
② 《周易正義》,(清)阮元校刻《十三經注疏(清嘉慶刻本)》,第 162 頁。
③ (漢)陸賈撰,王利器校注:《新語校注》,中華書局,2012 年,第 1 頁。
④ 《後漢書》,第 1790 頁。
⑤ 《北堂書鈔》,第 2 冊,第 313 頁;《太平御覽》,第 3064 頁上欄。
⑥ 《漢書》,第 3379 頁。
⑦ 《晉書》,第 1362 頁。
⑧ 《新唐書》,第 5575 頁。
⑨ 《全唐文》卷三九三,第 3996 頁。

54. 如

《後漢紀》卷八《光武帝紀》："吾欲汝曹聞人過失,如聞父母之名,耳可得聞,口不可得言也。如論議人長短是非,此吾所大惡也,寧死不願聞子孫有此行也。"(208頁)

"如論議人長短是非",中華本(141頁)、李本(93頁)均未校。按,"如",《後漢書》卷二四《馬援傳》作"好"。《類聚》卷二三引馬援《誡子書》、《御覽》卷四五八、卷五一二引《後漢書》、《册府》卷八一六載並作"好",①《通鑑》卷四四《漢紀·光武帝紀下》載亦並同。② 此句言好議人長短,乃馬援之大惡,望子孫聞人過而不可言。作"如論議人長短是非",則文意頗不暢。"如"蓋涉上文"如"字誤,袁《紀》當據正爲"好"。

55. 撫 段柳

《後漢紀》卷八《光武帝紀》："大司農耿國以爲:'今天下初定,尤宜受之。令東撫烏桓,北拒匈奴,邊陲永息干戈之役,萬世之策也。'上善而從之。使中郎將段柳使匈奴,於是單于拜伏受詔,遣弟左賢王將兵擊北單于,連破之。"(210頁)

"撫",中華本(143頁)、李本(94頁)同,並未校。《後漢書》卷一九《耿國傳》作"扞鮮卑";《通鑑》卷四四《漢紀·光武帝紀下》、《册府》卷九八九、《玉海》卷一五二載此並同。③ 按,"撫"當作"扞"。"扞",禦也。《漢書》卷五一《鄒陽傳》："此四分五裂之國,權不足以自守,勁不足以扞寇,又非有奇怪云以待難也。"唐顔師古注:"扞,禦也。"卷五六《董仲舒傳》:"其遺毒餘烈,至今未滅,使習俗薄惡,人民嚚頑,抵冒殊扞,孰爛如此之甚者也。"顔注:"扞,距也。"④據《後漢書》卷一九《耿國傳》後言:"由是烏桓、鮮卑保塞自守,"⑤與南匈奴"扞烏桓"正相應。若令南匈奴撫烏桓,難切合文意。"撫"俗寫常作"抚",⑥與"扞"形近,是以相訛,又轉寫爲"撫"。

另,"段柳",周本、中華本皆校言《後漢書·南匈奴傳》作"段郴"。李本

---

① 《藝文類聚》,第422頁;《册府元龜》,第9498頁;《太平御覽》,第2107頁下欄、2331頁上欄。
② 《資治通鑑》,第1409頁。
③ 《後漢書》,第716頁;《資治通鑑》,第1047頁;《册府元龜》,第11450頁;(宋)王應麟:《玉海》卷一五二,日本內閣文庫藏元王厚孫刊本,第廿頁。
④ 《漢書》,第2356、2504頁。
⑤ 《後漢書》,第716頁。
⑥ 曾良、陳敏編著:《明清小說俗字典》,廣陵書社,2018年,第179頁。

無校。

按,"段柳"當作"段郴"。《後漢書》卷一下《光武帝紀下》亦作"中郎將段郴",李賢注曰:"郴音丑林反。"又注曰:"中郎將即段郴也。"卷八九《南匈奴傳》亦作"中郎將段郴",李賢於"郴"下注曰:"丑吟反"。① 另《通典》卷一九五、《册府》卷九七七載皆作"段郴";②《書鈔》卷四〇、卷六三引《漢官儀》云:"建武二十四年遣中郎將段郴迎單于於五原塞。"③"柳"當據改。

56. 得

《後漢紀》卷八《光武帝紀》:"濟南徐兆始事衛宏,後皆更受林。以前所得一卷《古文尚書》示宏曰:'林危陋西州時,常以爲此道將絕也。何意東海衛宏、濟南徐生復得之邪? 是道不墜於地矣。'"(213 頁)

"復得之",中華本(144 頁)、李本(95 頁)皆同。按,"復得之",《後漢書》卷二七《杜林傳》作"復能傳之"。④《古文尚書》本杜林得之,此乃杜林傳經於衛宏、徐兆,故曰"道不墜於地"。據此,不當言"得之","得"乃"傳"之誤字,⑤當據正。

57. 陽

《後漢紀》卷八《光武帝紀》:"太子報曰:'陽以童蒙,承訓九載,不深達師意,而猥見褒獎,非其實也。夫五經之道廣大,非天下之至精,其孰能與於此! 自宰予之從親事孔門,閑邪以度,猶尚怠懈畫寢,況於不才者乎? 苟非其人,道不虛受。'"(223 頁)

"陽",中華本(150 頁)、李本(98 頁)同,均未校。《後漢書》卷三七《桓榮傳》作"莊",《册府》卷二六〇、《東漢會要》卷二、卷一一載並同。⑥ 按,字當作"莊"。《後漢書》卷一下《光武帝紀下》紀建武十九年六月戊申,詔曰:"春秋之義,立子以貴。東海王陽,皇后之子,宜承大統。皇太子彊,崇執謙退,願備藩國。父子之情,重久違之。其以彊爲東海王,立陽爲皇太子,改名

---

① 《後漢書》,第 78、2943 頁。
② 《通典》,第 5348 頁;《册府元龜》,第 11306 頁。
③ 《北堂書鈔》,第 1 册,第 319 頁下欄、480 頁下欄。清孔廣森校曰:"今案陳本、俞本'郴'皆作'柳',平津館輯本作'郴'。僅見《北堂書鈔》一引。"參第 480 頁下欄。
④ 《後漢書》,第 937 頁。
⑤ "得""傳"典籍多混,今具一例,《詩經·大雅·文王有聲》孔穎達正義曰:"言武王能得順天下。"清阮元校勘記曰:"閩本、明監本、毛本同。案'得'當作'傳'。"參(清)阮元校刻《十三經注疏(清嘉慶刊本)》,第 1136 頁。
⑥ 《後漢書》,第 1251 頁;《册府元龜》,第 2946 頁;《東漢會要》,第 13、110 頁。

莊。"①而桓榮上書請辭太子少傅位乃二十八年事。以太子所立時計,則正與太子報書所曰"承訓九載"相合。皇太子建武十九年已更名爲"莊",此時更不當自稱己名曰"陽"。此殆袁《紀》之疏失。

58. 飭躬自行

《後漢紀》卷八《光武帝紀》:"今幸遭清明之世,飭躬自行之秋,而怨讎蕪雜,譏議橫世。蓋富貴易爲善,貧賤難爲工也。"(224—225頁)

"飭躬自行之秋",李本(99頁)同,未校。中華本(161頁)校曰:"'飭躬自行之秋',《後漢書·馮衍傳》作'飭躬力行之秋'。李賢注'力行謂盡力行善道也'。"按,"飭躬自行"句意不明,當作"飭躬力行"。李賢注云:"力行謂盡力行善道也。《禮記》曰'好問近于智,力行近乎仁'也。"②"飭躬"謂謹飭己身,"力行"言勉力於行,二者結構相同。《類聚》卷三七引魏劉楨《處士國文甫碑》:"漢之江都董相,其飭躬力行,無以尚之。"③頗疑"躬自"乃常詞,傳抄誤衍入"自",而又脱"力"字,致文句不明。袁《紀》當據正。

59. 左翊公

《後漢紀》卷八《光武帝紀》:"夏四月,徙左(馮)翊公焉爲中山王。"(226頁)

"左翊公",李本(100頁)同,並未校;中華本(152頁)校"公"爲"王",曰"從《後漢書·光武帝紀》改。"按,《紀》文有誤,當作"左翊王"。《後漢書》卷一下《光武帝紀下》載建武十五年夏四月曰:"丁巳,使大司空融告廟,封皇子輔爲右翊公,英爲楚公,陽爲東海公,康爲濟南公,蒼爲東平公,延爲淮陽公,荆爲山陽公,衡爲臨淮公,焉爲左翊公,京爲琅邪公。"建武十七年又載:"冬十月辛巳,廢皇后郭氏爲中山太后,立貴人陰氏爲皇后。進右翊公輔爲中山王,食常山郡。其餘九國公,皆即舊封進爵爲王。"④"其餘九國公",即建武十五年所封之皇子,其中左翊公劉焉進爲左翊王。劉焉徙爲中山王乃建武三十年事,故而不可仍稱劉焉爲"公",當稱其爲"王"。

60. 旱

《後漢紀》卷八《光武帝紀》:"五月,旱。賜天下男子爵,人二級;鰥寡孤

---

① 《後漢書》,第71頁。
② 《後漢書》,第985頁。
③ 《藝文類聚》,第658頁。
④ 《後漢書》,第66、68頁。

獨貧不能自存者粟,人五斛。"(226頁)

周本校曰:"范《書》《光武帝紀》'旱'作'大水'。"

中華本(152頁)、李本(100頁)同,未校。按,此爲建武三十年事,當從范《書》《光武帝紀》所載。①《續漢志》卷一一《天文志上》詳載建武三十年水災事:"三十年閏月甲午,水在東井二十度,生白氣,東南指,炎長五尺,爲彗,東北行,至紫宮西藩止,五月甲子不見,凡見三十一日。水常以夏至放於東井,閏月在四月,尚未當見而見,是嬴而進也。東井爲水衡,水出之爲大水。是歲五月及明年,郡國大水,壞城郭,傷禾稼,殺人民。白氣爲喪,有炎作彗,彗所以除穢。紫宮,天子之宮,彗加其藩,除宮之象。後三年,光武帝崩。"②

61. 冬十月

《後漢紀》卷八《光武帝紀》:"冬十月丁酉,上幸魯國。"(227頁)

周本校曰:"范《書》《光武帝紀》作'秋七月丁酉'。按七月己酉朔,無丁酉日。十月丁丑朔,丁酉乃第二十一日,袁《紀》不誤。《通鑑》依范《書》作'秋七月丁酉,上行幸魯;冬十一月丁酉,還宫',誤也。"中華本(152頁)未校。李本(100頁)改"冬十月"爲"秋七月",出校曰:"范《書》《光武紀》及《通鑑》載上幸魯并爲'秋七月丁酉'。按,是年十月無丁酉日,《紀》誤'秋七月'爲'冬十月'。今據改。"

按,周校是,李本所論未知所據。查檢陳垣《二十史朔閏表》,建武三十年七月朔乃己酉日,十月朔爲丁丑。③周氏言之確然,范《書》所載殆誤耳。

62. 三十一年

《後漢紀》卷八《光武帝紀》"三十一年"下:"鮮卑大人於仇賁率其種人④貢獻。封賁爲王。"(228頁)

按,鮮卑大人貢獻事,《後漢書》卷九〇《鮮卑傳》載爲建武三十年事,曰:"三十年,鮮卑大人於仇賁、滿頭等率種人詣闕朝賀,慕義内屬。帝封於仇賁爲王,滿頭爲侯。"卷一下《光武帝紀下》亦曰:"三十年春正月,鮮卑大

---

① 《後漢書》,第81頁。
② 《後漢書》,第3223頁。
③ 參陳垣:《二十史朔閏表》,《陳垣全集》,安徽大學出版社,2009年,第6册,第27頁。
④ 中華本據黃本錄作"率禮種人",參第153頁。按,"率禮種人"無意,他本皆作"率其種人",《後漢書》卷九〇《鮮卑傳》、《三國志》卷三〇《魏志·鮮卑傳》載此皆作"率種人"。蓋袁《紀》"禮"字衍。他本作"其",殆爲明"禮"字不協,而校改之,似不可據信。

人内屬,朝賀。"①《三國志》卷三〇《魏志·鮮卑傳》裴注引《魏書》亦曰:"建武三十年,鮮卑大人於仇賁率種人詣闕朝貢,封於仇賁爲王。"②另,《通典》卷一九八、《冊府》卷九六三、《太平寰宇記》卷一九三等載此皆爲建武三十年事。③ 據此,事在建武三十年甚明,袁《紀》記此事爲建武三十一年事,蓋誤耳。

63. 家丞

《後漢紀》卷八《光武帝紀》:"純臨薨,敕家丞曰:'司空無功勞於國,猥蒙大恩,爵不當及子孫,其勿紹嗣。'純長子根常被病,大行問嗣,家上小子奮。奮辭讓曰:'先臣遺令,臣兄弟不得襲爵,故臣不即是正。猥聞詔書,驚愕惶怖。臣兄哀臣幼小,故託稱疾病。'不聽。"(231頁)

周本校曰:"聚珍版《東觀記》'家丞'下有'翕'字。按'翕'乃家臣之名,而姚之駰所輯《東觀記》及《類聚》《書鈔》所引衡無'翕'字,此恐是四庫館臣據張奮所上書之文而補。"

中華本(154頁)、李本(101頁)並作"敕家丞曰",無校。按,周校疑"翕"爲四庫館臣所補,恐待商。《後漢書》卷三五《張純傳》:"父純,臨終敕家丞曰。"李賢注:"《東觀記》曰家丞名歙。"④《文選》卷三八李善注引《東觀記》曰:"純病困,敕家丞翕:'司空無功,爵不當傳嗣。'"⑤《御覽》卷五一五引《東觀記》作"及純病,敕家丞翕曰"。⑥ 則《東觀記》文本當有"翕"字,而非館臣所補。

"歙""翕"古可通用,《漢書》卷六九《辛慶忌傳》:"辛慶忌字子真,少以父任爲右校丞,隨長羅侯常惠屯田烏孫赤谷城,與歙侯戰,陷陳卻敵。"唐顔師古注:"歙,即翕字。歙侯,烏孫官名。"⑦《資治通鑑》卷二六《漢紀·宣帝紀》:"郡中歙然,莫不傳相敕厲,不敢犯。"元胡三省注云:"歙,與翕同。"⑧清桂馥《説文解字義證·欠部》:"歙,又通作翕。"⑨

---

① 《後漢書》,第2985、80頁。
② 《三國志》,第836—837頁。
③ 《通典》,第5368頁;《冊府元龜》,第11157頁;(宋)樂史撰,王文楚等點校:《太平寰宇記》,中華書局,2007年,第3691頁。
④ 《後漢書》,第1198頁。
⑤ 《文選》,第541頁下欄。
⑥ 《太平御覽》,第2343頁下欄。
⑦ 《漢書》,第2996頁。
⑧ 《資治通鑑》,第836頁。
⑨ (清)桂馥:《説文解字義證》,上海古籍出版社影印本,1987年,第751頁上欄。

另，"家上小子奮"，句意不明，殆有脱誤。《文選》卷三八李善注引《東觀記》曰："純薨，大行移書問嗣。翕上書奪，詔封奮。奮上書曰：'根不病。哀臣小，稱病。令翕移臣。'"①吴樹平輯此，校"'奪'字乃'奮'字之誤"，②甚是。《御覽》卷五一五引《東觀記》："純薨，大行移書問嗣，〔翕上〕奮。中元二年，詔書封奮。奮上書曰：'不病，哀臣小，稱疾，令翕立後。'"③據此，袁《紀》"家上小子奮"，"家"下當脱"臣"字，當作"家臣上小子奮"，句意乃足。

64. 讖之非

《後漢紀》卷八《光武帝紀》："初議靈臺位，上問議郎桓譚曰：'吾欲以讖決之，何如！'譚默然良久曰：'臣不讀讖。'上問其故，譚復言讖之非。上大怒曰：'桓譚非聖人無法，將下，斬之！'"（233頁）

"讖之非"，中華本（155頁）、李本（102頁）並同。按，"讖之非"，《後漢書》卷二八上《桓譚傳》、《御覽》卷四八三引《東觀漢記》皆作"讖之非經"。④《紀》文脱"經"字甚明，補"經"字意亦更顯。

65. 近語以字取

《後漢紀》卷八《光武帝紀》："南陽人尹敏，字幼季。才學深通，能論議，以司空掾拵校圖讖。敏言於上曰：'讖書聖人所作，然其中多近語〔別〕（以）字，〔頗〕（取）類俗人之辭，虚實難識，恐誤後生。'帝不然其言。"（233頁）

周本校曰："皆據《東觀記》及范《書》改。"中華本（156頁）作："然其中多近語，以字取，類俗人之辭。"校曰："《後漢書·儒林列傳》作'其中多近鄙別字'。"李本（102頁）逕作"其中多近鄙别字，頗類俗人之辭"，未校。

按，《東觀記》今輯本無此文，⑤《後漢書》卷七九上《儒林傳上·尹敏》作"敏對曰：'讖書非聖人所作，其中多近鄙別字，頗類世俗之辭，恐疑誤後生。'帝不納。"⑥

全句不煩改字，當點爲："然其中多近語，以字取類俗人之辭。""近語"，近人之語。劉徽《九章算術注序》："蒼等因舊文之遺殘，各稱刪補。故校其目則與古或異，而所論者多近語也。""取類"，相比附也。《晋書》

---

① 《文選》，第541頁下欄。
② 《東觀漢記校注》，第621頁。
③ 《太平御覽》，第2343頁下欄。
④ 《後漢書》，第961頁；《太平御覽》，第2211頁下欄。
⑤ 姚本輯有此章，但吴樹平已明辨之，其爲據他書而增補，非爲原文。參《東觀漢記校注》，第831—832頁。
⑥ 《後漢書》，第2558頁。

卷三五《陳騫傳》："周稱多士，漢曰得人，取類星象，頡頏符契。""取類星象"謂比附於星象也。《世説新語·巧藝》："至獻帝建安中，曹公執政，禁闌幽密，至於博弈之具，皆不得妄寘宫中，宫人因以金釵玉梳戲於粧奩之上，即取類於彈棋也。"全句言讖書多有近俗之語，且以拆字爲讖以比附世俗之辭。①

另，《後漢書》卷七九上《儒林上·尹敏傳》作"讖書非聖人所作"。按，據袁《紀》，"非"字殆衍。從《紀》看，前言"讖書聖人所作"，後承"然其中多近語"，故其中"虛實難識"，其句意連貫，不似有誤。如增"非"字，則反爲不暢。且光武耽於讖書，不容有疑。據《桓譚傳》，桓譚曾言"讖之非經"，而致光武大怒，幾受戮刑。② 如尹氏面陳讖非聖人作，光武帝恐不衹"不然其言"而已。故"非"似衍。

66. 數進御

《後漢紀》卷九《明帝紀》："臣内省視，氣力羸劣，日夜寢劇，終不望復見闕庭，奉承惟幄，辜負重恩，銜恨黄泉，言之絶腸。惟皇太后，陛下加供養，數進御，食避風氣，終始天道。"(240頁)

中華本(165頁)作"數進御食"絶句；李本(107頁)校"食"爲"餐"，曰："'食'，范《書》《東海恭王彊傳》、《通鑑》明帝永平元年、《全後漢文》皆作'餐'，《紀》文誤，今據改。"

按，《後漢書》卷四二《東海恭王彊傳》載"惟陛下加供養皇太后，數進御餐"。③ 據此，周本《紀》文當點爲"陛下加供養，數進御食，避風氣，終始天道"。"御食"乃成詞，即御膳，帝王之物稱"御"，故謂之"御食"。《後漢書》卷八《靈帝紀》："詔減太官珍羞，御食一肉。"卷七七《酷吏傳·樊曄》："初，光武微時，嘗以事拘於新野，曄爲市吏，餽餌一笥，帝德之不忘，仍賜曄御食，及乘輿服物。"④《魏書》卷九四《宦官傳·成軌》："高祖意有所欲，軌瞻候容色，時有奏發，輒合帝心。從駕南征，專進御食。"⑤"進御食"，與"進御餐"義同，進呈御膳也，"御食"不當點斷。

另，李本據《後漢書》校"食"爲"餐"，非是。"餐""食"義同，不必改。

---

① "拆字爲讖"，即所謂"别字"也。詳參束景南：《〈别字〉即〈方言〉考》，《文史》第39輯，中華書局，1994年，第205—209頁。
② 《後漢書》，第961頁。
③ 《後漢書》，第1424頁。
④ 《後漢書》，第350、2491頁。
⑤ 《魏書》，第2030頁。

67. 盛德之舞

《後漢紀》卷九《明帝紀》："高帝受命龍興,誅暴秦,天下各得其所,作武德之舞。孝文皇帝躬行節儉,澤施四海,制盛德之舞。"(252頁)

中華本(171頁)同,李本(119頁)據《漢書·禮樂志》校"盛德"爲"昭德"。按,《續漢志》卷九《祭祀志下》劉昭注引《東觀記》曰:"孝文皇帝躬行節儉,除誹謗,去肉刑,澤施四海,孝景皇帝制昭德之舞。孝武皇帝功德茂盛,威震海外,開地置郡,傳之無窮,孝宣皇帝制盛德之舞。"①《漢書》卷二二《禮樂志二》:"至孝宣,采昭德舞爲盛德,以尊世宗廟。"②《宋書》卷一九《樂志一》載:"孝景采武德舞作昭德舞,薦之太宗之廟。孝宣采昭德舞爲盛德舞,薦之世宗之廟。"③可知"盛德之舞"乃宣帝所制,袁《紀》載東平王蒼奏文,頗有減省,而致文意不達。"盛"當仍其舊,不煩改字。"制盛德之舞"前可據《後漢書》補"孝宣皇帝",如此,句意方足。

68. 闕略

《後漢紀》卷九《孝明皇帝紀》:"《詩》曰:'刑于寡妻,至于兄弟,以御于家邦。'明政化之本,由近及遠。今宜明府內以及諸外,且闕略遠縣細微事。"(255頁)

"闕略",中華本(172頁)、李本(113頁),並同,無校。《後漢書》卷四一《鍾離意傳》作"闊略遠縣細微之愆";④《全後漢文》輯此亦作"闊略"。⑤按,《紀》文當作"闕略"。"闕略"乃缺漏遺失之義,如《三國志》卷三二《蜀志·先主傳》裴注云:"宗廟制度必有憲章,而載記闕略,良可恨哉!"⑥晉皇甫謐《〈高士傳〉序》:"史班之載,多所闕略。"⑦《魏書》卷六七《崔光傳》:"光撰魏史,徒有卷目,初未考正,闕略尤多。"⑧《宋書》卷一六《禮志三》:"夫禮記殘缺之書,本無備體,折簡敗字,多所闕略。"⑨《隋書》卷六八《何稠

---

① 《後漢書》,第3196頁。
② 《漢書》,第1044頁。
③ 《宋書》,第534頁。另《書鈔》卷一〇七載:"劉蒼《世祖登歌議》云:'孝武功德□茂,制盛德之舞'。"其文字當有脱誤。參《北堂書鈔》,第2册,第181頁上欄。
④ 《後漢書》,第1406頁。
⑤ 《全上古三代秦漢三國六朝文》,第621頁中欄。
⑥ 《三國志》,第890頁。
⑦ 《全上古三代秦漢三國六朝文》,第1873頁下欄。
⑧ 《魏書》,第1502頁。
⑨ 《宋書》,第427頁。

傳》:"今天下大定,朕承洪業,服章文物,闕略猶多。'"①"闕略"皆爲文章制度有所缺漏之義。故此,作"闊略",頗不切文意。

"闊略"有寬恕、原諒之義。《漢書》卷八六《王嘉傳》:"人情不能不有過差,宜可闊略,令盡力者有所勸。"唐顔師古注:"當寬恕其小罪也。"又卷六〇《杜周傳》:"業以前罷黜,故見闊略,憂恐,發病死。"唐顔師古注:"闊略,謂寬縱不問也。"②《後漢書》卷二八《馮衍傳》:"常務道德之實,而不求當世之名,闊略杪小之禮,蕩佚人閒之事。"③《三國志》卷六九《吳志·諸葛恪傳》:"若於小小宜適,私行不足,皆宜闊略,不足纏責。"④《宋書》卷五三《謝方明傳》:"方明深達治體,不拘文法,闊略苛細,務存綱領。"⑤袁《紀》"闊略遠縣細微事",正與"闊略苛細""闊略杪小之禮"相比讀,言當寬恕遠縣微小的過錯違失。"闊""闕"形近易訛。⑥ 袁《紀》作"闕略"頗不合文意,當據改。

69. 隱視

《後漢紀》卷九《孝明皇帝紀》:"太守甚賢之,遂任以屬縣事。會稽大疾疫,死者以萬數,獨身自隱視,經給醫藥,全濟者甚多。"(255頁)

《後漢書》卷四一《鍾離意傳》作"隱親",點校本校勘記曰:"按:《校補》引柳從辰說,謂袁《紀》'隱親'作'隱視','親''視'形近而譌。黃山謂柳說是,古隱與穩同,隱視猶言審視也。"(1421頁)

"隱視",中華本(172頁)、李本(113頁)同,無校。按,"隱視"典籍罕見可靠用例,此當作"隱親"。校記從《校補》說,殆誤。

"隱親"乃中古習語,其義前人多有釋。《後漢書》卷四一《鍾離意傳》李賢注:"隱親,謂親自隱恤之。"清王先謙曰:"隱親,猶恤愛,謂撫恤而慰愛之也。"⑦《後漢書》卷五《安帝紀》:"刺史舉所部,郡國太守相舉墨綬,隱親悉心,勿取浮華。"唐李賢注:"隱親,猶親自隱也。悉,盡也。言令三公以下各

---

① 《隋書》,第1597頁。
② 《漢書》,第3491、2682—2683頁。
③ 《後漢書》,第985頁。
④ 《三國志》,第1433頁。
⑤ 《宋書》,第1524頁。
⑥ 《論衡·雷虛》:"聖王有天下,制刑不備此法,聖王闕略,有遺失也。"黃暉校釋曰:"'闕',宋本作'闊',疑是。《書解》篇:'周法闊疏,而不可因也。'與此'闊略'同。"參黃暉校釋:《論衡校釋》,中華書局,1990年,第302頁。
⑦ 《後漢書集解(外三種)》,第1册,第666頁。

舉所知,皆隱審盡心,勿取浮華不實者。"①

按,"身自隱親"。"身自"已有親自之義,則"隱親"之"親"定無親自義,且從構詞看,作狀語之"親"亦不可置於"隱"後,故"隱親"應與"親自"無關。王先謙集解引蘇輿曰:"既云'身自',不必在言親恤矣。'隱親'猶恤愛,謂撫恤而慰愛之。"②

"隱親"實同"隱襯",《釋名·釋親屬》:"親,襯也。言相隱襯也。"清王先謙《釋名疏證補》引蘇輿曰:"襯,疑當作儭。《釋親》《釋文》引《説文》云:'親,至也。'《蒼頡篇》云:'親,愛也。近也。'《一切經音義》四:'儭,且吝反,又義觀反,儭,至也,近也。'又作'竅',《説文》:'竅,至也,從宀親聲。'是儭與親聲義竝近,隱痛也。相隱儭,猶言相痛愛。《白虎通·九族篇》云:'一家有吉,百家聚之,合而爲親,生相親愛,死相哀痛。'即此'隱儭'之義。襯、儭形近易訛。《廣雅·釋詁》:'儭,刃也。'影宋本作'儭',各本皆作'襯',其誤正與此同。"③

蘇輿認爲"親"又可寫作"儭",二者可爲異體。蘇氏引《一切經音義》"儭,至也,近也",亦乃"親"之常義,其說殆可疑。《釋名》其旨乃探求語源也,以其釋義體例觀之,"親"不應以"儭(親)"釋之,作"襯"當不誤。古者"襯"多寫作"儭",二者可相混用。唐咸通十五年《應從重真寺隨真身供養道具及恩賜金銀器物寶函等並新恩賜到金銀寶器衣物賬》:"真金小塔子一枚,并底儭共三段。""底儭"即"底襯"。④ 慧琳《一切經音義》卷八三"儭服"下引《考聲》:"儭,藉也。"《玉篇·人部》:"儭,裏也。"《廣韻·震韻》:"儭,裏也。"《集韻·稕韻》:"儭,藉也。"《正字通·人部》:"儭,與襯通。""儭"皆用爲"襯"。南朝宋求那跋陀羅《雜阿含經》卷一〇:"灌頂王法有八萬四千四種寶車,所謂金車、銀車、琉璃車、頗梨車、師子、虎、豹皮、雜色欽婆羅以爲覆襯。""襯",宋、元、明本作"儭"。⑤《敦煌變文集校注》卷五《維摩詰經講

---

① "隱親"有親自審核義,李賢此注甚確。《晉書》卷四八《閻纘傳》:"又漢初廢趙王張敖,其臣貫高謀弒高祖,高祖不誅,以明臣道。田叔、孟舒十人爲奴,髠鉗隨王,隱親侍養,故令平安。向使晉法得容爲義,東宮之臣得如周昌,固護太子得如邴吉,距詔不坐,伏死諫爭,則聖意必變,太子以安。如田叔、孟舒侍從不罪者,則隱親左右,姦凶毒藥無緣得設,太子不夭也。""隱親侍養,故令平安",則"隱親"亦似當解爲"親自審查"義,言審查其飲食起居,令不得加害,保其平安也。後之"隱親"義亦同。
② 《後漢書集解(外三種)》,第1册,第666頁。
③ 參(清)畢沅疏證,(清)王先謙補,祝敏徹、孫玉文點校:《釋名疏證補》,中華書局,2008年,第96頁。另可參任繼昉:《釋名匯校》,齊魯書社,2006年,第153頁。
④ 詳參韓偉:《法門寺地宮唐代隨真身衣物帳考》,載《文物》1991年第5期。
⑤ (南朝宋)求那跋陀羅:《雜阿含經》,《大正新修大藏經》,第2册,第68頁上欄。

經文(二)》:"祥雲儭足堪瞻仰,瑞氣攢身好詠誇。"①"儭足"即"襯足",襯墊於足下之義。《南海寄歸内法傳》卷三《坐具儭身》"坐具儭身"下,王邦維校:"麗本、大本'儭'作'襯'。"②敦煌北 6598 號有"以兜羅綿遍體襯身"句,其中"襯",斯 2311 號、北 6597 號(奈 85)、《金藏》廣勝寺本等皆作"儭","儭""襯"並用同"襯"。③ 敦煌本《雜集時用要字(一)》"儭汗"下,張涌泉等校曰:"《匯考》謂當從衣,引《廣韻・震韻》初覲切:'襯,近身衣。'按:此一用法的'儭'蓋即'襯'的換旁俗字……這類意義的'儭'實皆用同'襯'。"④因此,蘇興所謂影宋本《廣雅》作"儭"而各本皆作"襯",正合中古用字之法,不可謂誤也。

"隱"有依、據義。《莊子・齊物論》:"隱几而坐,仰天而噓。"唐陸德明《釋文》:"隱,憑也。"⑤《禮記・檀弓下》:"既葬而封,廣輪揜坎,其高可隱也。"東漢鄭玄注:"隱,據也。"⑥"襯"有襯墊之義。唐慧琳《一切經音義》卷六二"襯卧"下注引《考聲》曰:"襯,藉也。親身衣也。"又卷八二"襯身"下注曰"襯,最近身之白氎也。"⑦"隱""襯"當爲同義連文,皆爲依據、憑藉義,故可引申爲襄助、照顧之義,猶後世之"幫襯",進而引申爲存恤義。⑧

《後漢紀》卷七《光武帝紀》:"(樊)重居家有法,子孫進見如吏。其治家,僮僕無遊手,身自隱親,故能殖其財,田至三百頃,資至巨萬。""隱親",隱襯,襄助、接濟之義也。"僮僕無遊手,身自隱親"言僮僕無論游手者,皆能親自接濟襄助。⑨

《三國志》卷五六《吳志・朱桓傳》:"往遇疫癘,穀食荒貴,桓分部良吏,隱親醫藥,飧粥相繼,士民感戴之。"⑩"醫藥",醫治、治療也。"隱親"亦當讀爲"隱襯"。"隱親醫藥"言接濟襄助醫藥,而飧粥相繼,士民感戴。

---

① 《敦煌變文校注》卷五,第 808 頁。
② (唐)義净著,王邦維校注:《南海寄歸内法傳校注》,中華書局,1995 年,第 135 頁。
③ 《敦煌經部文獻合集・小學類佛經音義之屬(一)》,第 5200 頁。
④ 《敦煌經部文獻合集・小學類字書之屬》,第 4145—4146 頁。
⑤ (唐)陸德明:《經典釋文》,上海古籍出版社影印本,1985 年,第 1416 頁。
⑥ 《禮記正義》,(清)阮元校刻《十三經注疏(清嘉慶刻本)》,第 2843 頁。
⑦ 《一切經音義三種校本合刊(修訂版)》,第 1606、1958 頁。
⑧ 真大成亦論"隱親",謂"隱""親"同義連文,憐恤、憐愛義,今不取其説。詳參氏著《中古史書校證》,第 7—8 頁。
⑨ 按,本例《光武帝紀》"身自隱親",若依親自審核解,文亦可通,但未若作"襄助、存恤"解,更合文意。且前已言"身自",後亦不當再言"親"。《樊重傳》言其"資至巨萬,而賑贍宗族,恩加鄉閭","池魚牧畜,有求必給",又曰"其素所假貸人間數百萬,遺令焚削文契",長吏多論之曰:"樊重子父,禮義恩德行于鄉里。"故"隱親"作襄助、接濟義解似更勝。
⑩ 《三國志》,第 1312 頁。

《後漢書》卷八《靈帝紀》："大疫,使中謁者巡行致醫藥。"①"致醫藥"送致醫藥,猶云"隱親醫藥"。《晋書》卷三三《何曾傳》:"臣愚以爲可密詔主者,使隱核參訪郡守,其有老病不隱親人物,及宰牧少恩,好修人事,煩撓百姓者,皆可徵還,爲更選代。"②"有老病不隱親人物""人物",指他人,言郡守有老病者卻不存恤接濟,可徵還也。唐張説《節愍太子妃楊氏墓誌銘》:"妃之視忠王也,隱儭之,訓誨之,竭從母之仁慈,倍猶子之珍愛。"唐顔真卿《和政公主神道碑》:"出入存恤,過于己子,雖其密親,罔或能辨。柳之親昵,伯仲姑姊,隱儭將迎,唯恐不至。撫循熒嫠,鯀内及外,終始如一。"③"隱儭"亦即"隱襯",言伯仲姑姊多存恤照顧之,而相迎於家中也。

據此,袁《紀》"隱視"當作"隱親"。"隱親"當分爲二詞,一指親自隱覈;二爲"幫襯、接濟、存恤"之義也。其義來源有别,爲同形詞。

70. 與

《後漢紀》卷九《孝明皇帝紀》:"延立朝正色,多所匡弼。陰氏憾延,欲毁傷之,使人告延與楚王英謀反,延以英帝親,以爲不然,不受其言。後英事發覺,上切讓之。"(265頁)

周本校曰:"《范書》作'使人私以楚謀告延'。疑此'與'字爲衍文。"

中華本(178頁)校"與"爲"以",曰:"從學海堂本改。"李本(116頁)逕作"以",無校。

按,"與"不煩删改,"與"本有"以"義。《論語·子罕》:"可與共學,未可與適道。"清劉寶楠正義:"與者,以也。《淮南子·氾論訓》:'孔子曰:"可以共學也,而未可以適道。"'"④《詩經·王風·揚之水》:"不與我戍申。"清陳奂疏:"與,猶用也,以也。"⑤清王引之《經義述聞》卷一四《禮記上》"生與來日,死與往日"下云:"與,猶以也。'與''以'一聲之轉,故'以'可訓與,'與'亦可訓以。"⑥《史記》卷一二九《貨殖列傳》:"是故其智不足與權變,勇不足以決斷。"⑦"與""以"互文,其義一也。

---

① 《後漢書》,第332頁。
② 《晋書》,第994頁。
③ 《全唐文》卷二三二,第2351頁;卷三四四,第3490頁。
④ 《論語正義》,第258頁。
⑤ (清)陳奂:《詩毛氏傳疏》卷六,中國書店影印本,1984年,第八頁。
⑥ (清)王引之:《經義述聞》,上海古籍出版社,2016年,第774頁。
⑦ 《史記》,第3259頁。

71. 先登士

《後漢紀》卷一〇《明帝紀》："匈奴復來攻恭,恭募先登士四十人出城奔,斬首數十級。"(292—293頁)

"先登士",中華本(196頁)、李校本(128頁)並同,均未校。

按,"先登士"當作"先登","士"字衍。《後漢書》卷一九《耿恭傳》即作"先登"。①"先登"本指先赴敵,《後漢書》卷四七《賈復傳》:"於是被羽先登,所向皆靡,賊乃敗走。"李賢注:"先登,先赴敵也。"②後可轉用爲名詞,即指先鋒、敢死之士。中古鮮見有稱"先登士"者,多曰"先登",如《後漢書》卷六五《段熲傳》:"追討南度河,使軍吏田晏、夏育募先登。"③《三國志》卷四《魏志·三少帝紀·齊王曹芳》裴注引干寶《晉紀》:"于是乃令諸軍休息洗沐,簡精銳,募先登,申號令,示必攻之勢。"卷六《魏志·袁紹傳》裴注引《英雄記》曰:"紹令麴義以八百兵爲先登,彊弩千張夾承之,紹自以步兵數萬結陳于後。"卷五五《吳志·丁奉傳》:"奉爲先登,屯于黎漿,力戰有功,拜左將軍。"④《魏書》卷三〇《周觀傳》:"周觀,代人也。驍勇有膂力,每在軍陳,必應募先登。"⑤"應募先登"言應徵募先登。《文選》卷五七潘岳《馬汧督誄》李善注引《東觀漢記》:"使先登偵之,言虜欲去。"⑥皆言"先登",而不言"先登士"。

"先登士"所見頗晚,至遲明代始見,如明鄒守益《賀伍郡守時泰平賊序》:"乃遣先登士,取間道刊其灌櫪,魚貫以上,遂披其阻,撇波而食。"⑦因此,《後漢紀》作"先登士",殊不可信,疑爲後世傳抄所妄加,當據删。

72. 簞

《後漢紀》卷一〇《明帝紀》:"世祖曰:'爲市掾,人有遺卿母一簞餅者,卿從外來見之,奪母探口中餅,信有之乎?'"(295—296頁)

"簞",周本未校;李本(130頁)逕作"筥",未出校。中華本(197頁)校曰:"簞,《後漢書·第五倫傳》李賢注引華嶠《書》作'筥'。"

---

① 《後漢書》,第721頁。
② 《後漢書》,第665頁。
③ 《後漢書》,第2146頁。
④ 《三國志》,第120、193、1301頁。
⑤ 《魏書》,第727頁。
⑥ 《文選》,第786頁上欄。
⑦ (明)鄒守益:《東廓鄒先生文集》卷之一,《明別集叢刊》第2輯第36冊,黃山書社影清刻本,2016年,第454頁上欄。

按,此當作"笥"。《後漢書》卷四一《第五倫傳》李賢注引華嶠《後漢書》作:"聞卿爲市掾,人有遺母一笥餅者。卿從外來見之,奪母笥,探口中餅,信乎?"①《初學記》卷二六、《書鈔》卷一三五、一四四、《御覽》卷八六〇引《東觀記》均作"一笥餅"。②

量詞"箇(個)"在魏晉南北朝已有一定的發展,可稱普通事物,亦適用於人。③ 據李建平、張顯成研究,唐代以後量詞"箇(個)"有了大發展,使用頻率大大提高,並在口語中逐步取代了量詞"枚"。④ 漢魏六朝時言"餅"者,似均言"幾餅"或"幾枚餅",亦可言"幾番餅"等,似尚未見有言"幾個(箇)餅"者。如劉宋求那跋陀羅譯《雜阿含經》卷一九:"持石蜜䴵供養衆僧,盜取二䴵著於袨下。"⑤姚秦佛陀耶舍共竺佛念譯《四分律》卷一五:"此女人即問傍人言:'汝得幾餅?'時彼報言:'我得一餅。'彼即復還問:'汝得幾餅?'報言:'我得二餅。'時彼婦女即語此女言:'彼與汝私通,何得不與汝二餅?'"⑥蕭齊求那毘地譯《百喻經》卷三:"譬如有人,因其飢故食七枚煎餅,食六枚半已便得飽滿,其人患悔,以手自打而作是言:'我今飽足由此半餅,然前六餅唐自捐棄,設知半餅能充足者,應先食之。'"⑦梁寶唱等《經律異相》卷四四:"昔有夫婦,共食三䴵,人各一枚。"⑧唐宋以後仍多用"枚"表示"餅"者,或用"顆"。如唐不空《恩賜文殊閣上梁釋餅見錢等物謝表一首》:"上梁赤錢二百貫,饊餅二千顆,胡餅二千枚。"⑨宋贊寧《宋高僧傳》卷二五《誦讀篇·唐陝府法照傳》:"乃咄遣童子買彘肉,煮夾胡餅數枚,麁食略盡。"⑩

"餅"言"個(箇)",至遲見於唐代,《太平御覽》卷八四五引唐劉恂《嶺表録異》卷中:"既而以藤蔑貫之,懸於煙火之上,每醞一年用幾箇餅子,固有恒準矣。"至宋元以後始漸多見。據此,《後漢紀》言"一箇餅"者頗可疑,

---

① 《後漢書》,第1397頁。
② 《初學記》,第643頁;《北堂書鈔》,第2册,第387頁下欄、470頁上欄;《太平御覽》,第3818頁上欄。
③ 劉世儒:《魏晋南北朝量詞研究》,中華書局,1965年,第82—84頁。
④ 李建平、張顯成:《泛指性量詞"枚/個"的興替及其動因——以出土文獻爲新材料》,載《古漢語研究》2009年第4期;又可參洪誠:《略論量詞"个"的語源及在唐以前的發展情況》,載《南京大學學報(人文科學版)》1963年第2期,後收入《洪誠文集》,江蘇古籍出版社,2000年,第139—149頁。
⑤ (劉宋)求那跋陀羅譯:《雜阿含經》,《大正新修大藏經》,第2册,第138頁中欄。
⑥ (姚秦)佛陀耶舍、竺佛念譯:《四分律》,《大正新修大藏經》,第22册,第664頁中欄。
⑦ (蕭齊)求那毘地譯:《百喻經》,《大正新修大藏經》,第4册,第549頁下欄。
⑧ (梁)寶唱等:《經律異相》,《大正新修大藏經》,第53册,第231頁上欄。
⑨ 陳尚君輯校:《全唐文補編》,中華書局,2005年,第545頁。
⑩ (宋)贊寧撰,范祥雍點校:《宋高僧傳》,中華書局,1986年,第636頁。

"笥"當正作"笥"。

另,"奪母探口中餅出",《後漢書》卷四一《第五倫傳》李賢注引華嶠《後漢書》作"奪母笥,探口中餅"。《御覽》卷八六〇引《東觀記》作"奪母飼,探口中餅出之"。吳樹平輯校曰:"'探口中餅出之',原脱'之'字,《書鈔》卷一三五、《初學記》卷二六、《御覽》卷七一一引皆有此字,今據增補。光武帝諸語姚本作'聞卿爲市掾,有人遺卿母一笥餅,知從外來,奪之,母遂探口餅出之,有諸'。聚珍本惟'知從'上有'卿'字,餘與姚本同。"①

按,姚本據《書鈔》一四四卷輯録,文字似有脱誤。對比可知,《御覽》引《東觀記》之"飼",《書鈔》卷一三五引作"笥"。"飼"當作"笥"。《後漢紀》"奪母探口中餅出",疑脱"笥"字,原文當作"奪母笥,探口中餅出",如此,句意方足。

73. 同

《後漢紀》卷一〇《明帝紀下》:"匈奴聞中國有喪,遂復圍之。糧盡,乃煮弩筋食之,恭與士卒同,屬以恩義,皆無二心。"(297頁)

"恭與士卒同",中華本(189頁)、李本(130頁)皆點爲"恭與士卒同屬以恩義,皆無二心",並未校。按,"恭與士卒同"句意未足,《後漢書》卷一七《耿恭傳》作"恭與士推誠同死生";②《書鈔》卷一一九引《東觀記》作"恭與士衆推誠,共同死生"。③ 按,文相對比,即明袁《紀》"同"下脱"死生"二字。原文當正作"恭與士卒同死生"。

74. 吉凶之教

《後漢紀》卷一一《章帝紀》:"上違先帝之心,下造無益之功,虛費國用,動搖百姓,非所以致和氣,祈豐年也。又以吉凶之教言之,俗不欲無故繕修丘墓,有所興起。"(312頁)

"吉凶之教",中華本(212頁)、李校本(139頁)並同,均未出校。今按,"吉凶之教"文意不明,《後漢書》卷四二《東平憲王劉蒼傳》作"吉凶俗數"。④ "數",命數也。"吉凶之數"謂吉凶之命數。《京房易傳》卷上:"分

---

① 《東觀漢記校注》,第687—688頁。
② 《後漢書》,第721頁。
③ 《北堂書鈔》,第2冊,第253頁下欄。
④ "數""教"形近常訛。唐韓愈《省試學生代齋郎議》:"若知此不可,將令學生恒掌其事而隳壞其本業,則是學生之數加少。"宋人校曰:"數一作教。"參《文苑英華》卷七六五,第4027頁;唐韓愈《袁氏先廟碑》:"是生孝子,天子之宰,出把將符,群州承楷,數以立廟,禄以備器。"宋魏仲舉校曰:"數一作教。"參《五百家注韓昌黎集》卷二七,第1199頁。

氣候三十六。"注文曰:"定吉凶之數。"①《魏書》卷一〇二《西域傳》:"婆羅門多解天文吉凶之數,其王動則訪決焉。"②《北史》卷九七《西域傳》同。③《舊唐書》卷五九《姜晦傳》:"觀夫先後之迹,吉凶之數,較然可知,良有以也。"卷一五八《武元衡傳》:"吉甫先一年以元衡生月卒,元衡後一年以吉甫生月卒。吉凶之數,若符會焉。"④唐神清《北山錄》卷七《報應驗》:"情慮生於篤薄,損益差於輕重,而吉凶之數,屬若影響。"⑤據此,袁《紀》"教"當作"數"。

75. 以是效臣之能

《後漢紀》卷一一《章帝紀》:"臣初與官屬三十六人在疏勒,更遭厄難,今已五歲矣,大小皆言依漢與天等。以是效臣之能,通葱領,葱領通則龜兹可伐。"(315頁)

"以是效臣之能,通葱領",中華本(214頁)據《後漢書》卷四七《班超傳》删"臣"字,作"以是效(臣)之,能通葱領"。李校本(140頁)逕作"以是效臣之能通葱領",未校。

按,"以是效臣之能,通葱領",《後漢書》卷四七《班超傳》作:"以是效之,則葱領可通。"李賢注:"效猶驗也。"⑥對比可知,袁《紀》似不煩改字,原句可點爲:"以是效,臣之能通葱領,葱領通則龜兹可伐。""之"可用於主謂間,表假設,猶若。⑦全句言如若臣能通葱領,葱領通則龜兹可伐。如此,則文亦可通。

76. 照於上下

《後漢紀》卷一一《章帝紀》:"方今聖德充塞,照于上下,宜因此時,隆先聖之務,蕩滌煩苛,輕薄捶楚,以祐蒼生,廣至德也。"(321頁)

"照於上下",中華本(217頁)、李校本(142頁)皆同,均未出校。《後漢書》卷四六《陳寵傳》作"假于上下",李賢注:"假,至也,音格。上下,天地也。"⑧

---

① (漢)京房撰,(三國吳)陸績注:《京房易傳》卷上,清嘉慶十年刻學津討原本,第一三頁。
② 《魏書》,第2280頁。
③ 《北史》,第3233頁。
④ 《舊唐書》,第3336、4161頁。
⑤ (唐)神清撰,(宋)慧寶、德珪注,富世平校注:《北山錄》,中華書局,2014年,第612頁。
⑥ 《後漢書》,第1576頁。
⑦ 參(清)王引之:《經傳釋詞》,中華書局,1956年,第199—200頁;又可參裴學海:《古書虛字集釋》,中華書局,2004年,第741—742頁。
⑧ 《後漢書》,第1549—1550頁。

按,"照"義雖亦可通,但作"假"更勝。"假于上下"典出《尚書·堯典》:"允恭克讓,光被四表,格于上下。"唐孔穎達正義:"格,至也。既有四德,又信恭能讓,故其名聞充溢四外,至于天地。"①漢班固《白虎通》卷三《禮樂》:"夫歌者,口言之也。中心喜樂,口欲歌之,手欲舞之,足欲蹈之。故《尚書》曰:'前歌後舞,假于上下。'"②《後漢書》卷二《明帝紀》:"夏四月丙辰,詔曰:'予末小子,奉承聖業,夙夜震畏,不敢荒寧。先帝受命中興,德侔帝王,協和萬邦,假于上下,懷柔百神,惠於鰥寡。'"卷六《順帝紀》:"五月戊戌,制詔曰:'昔我太宗,丕顯之德,假于上下,儉以恤民,政致康乂。'"③"假"皆讀爲"格",至也。《爾雅·釋詁下》:"假、輅,已也。"清郝懿行義疏:"假與格古通用。"④漢揚雄《方言》卷一:"假、佫……至也,邠、唐、冀、兗之間曰假,或曰佫。"清戴震疏證云:"假、格古亦通。"⑤《詩經·商頌·玄鳥》:"四海來假,來假祁祁。"鄭箋:"假,至也。"宋朱熹集傳:"假與格同。"⑥《詩經·商頌·那》:"湯孫奏假,綏我思成。"清馬瑞辰通釋:"假與格一聲之轉,故通用。"⑦

此乃陳寵乃上疏之文,其用詞雅正,故原文疑當作"假"。"假"又多可寫作"叚",與"照"形近,疑後世傭書不明"假"義而誤抄録爲"照"。袁《紀》似當據正。

77. 真定張林

《後漢紀》卷一一《章帝紀》:"皇后弟竇憲,侍中貴幸,憲薦真定張林爲尚書,上以問寵,對曰:'林雖有才能,而行貪穢。'"(322頁)

按,"真定張林",中華本(217頁)、李本(143頁)均未校。《後漢書》卷四六《陳寵傳》作"真定令張林"。⑧ 是袁《紀》脫"令"字,當據補。

78. 非

《後漢紀》卷一一《章帝紀》:"是時承平久,宮室臺榭漸爲壯麗,扶風梁

---

① 《尚書正義》,(清)阮元校刻《十三經注疏(清嘉慶刻本)》,第249頁。
② (漢)班固撰集,(清)陳立疏證:《白虎通疏證》,中華書局,1994年,第95—96頁。
③ 《後漢書》,第95、264頁。
④ (清)郝懿行撰,吳慶峰等點校:《爾雅義疏》,《郝懿行集》第4册,齊魯書社,2010年,第2965頁。
⑤ (清)戴震:《方言疏證》,張岱年主編《戴震全書》第3册,黃山書社,1997年,第16頁。
⑥ 《毛詩傳箋》,第495頁;(宋)朱熹集撰:《詩集傳》,中華書局,2017年,第371頁。
⑦ 《毛詩傳箋通釋》,第1158頁。
⑧ 《後漢書》,第1553頁。

鴻作《五噫歌》曰：'陟彼北邙兮，噫！覽觀帝京兮，噫！宮室崔嵬兮，噫！民之劬勞兮，噫！遼遼未央兮，噫！'上聞而非之，求索不得。鴻乃逃會稽。"（322頁）

"上聞而非之"，中華本（219頁）、李本（143頁）皆同，未校。

《後漢書》卷八三《逸民傳·梁鴻》載作："肅宗聞而非之，求鴻不得。乃易姓運期，名燿，字侯光，與妻子居齊魯之間。"①

《集解》引惠棟説曰："《御覽》、郭茂倩《樂府》引《三輔决録》皆云'肅宗聞而悲之'，今作'非'，乃傳寫之誤。'"又引柳從辰説，以"聞而非之"爲是。②

按，惠棟説殆誤，《東漢會要》卷三八引袁《紀》亦作"非"。③《文選》卷四三李善注引《後漢書》、《通志》卷一七七、《蒙求集注》卷下載皆作"聞而非之"；《王荆公詩箋注》卷三四《示四妹》宋李壁箋注、《山谷詩注》外集卷四《世弼惠詩求舜泉輒欲以長安酥共泛一盃次韻戲答》宋任淵、史容、史季温注載此並同。④ 另，《東坡詩集注》卷二一宋王十朋集注引《後漢書》作"聞而惡之"，"惡"殆爲"非"之换讀，二者義一也。《御覽》、郭茂倩《樂府》引《三輔决録》作"聞而悲之"，⑤於辭意亦有所扞格。以文法審之，"聞而悲之"，"之"顯然指代梁鴻所作《五噫歌》。從詩歌內容看，《五噫歌》乃刺世之作，言肅宗聞而悲之，頗不合情理，原文作"非"應不誤。《集解》引柳從辰曰："今案《五噫歌》，意存諷刺。雖太息而道，聞之朝廷，實未見有客悲者也。……至東京宮室，皆光武以來所建。肅宗雖顧長者，而鴻追毁先帝，亦將有所不安，欲竟鴻説，而求其人，事所宜有也。且鴻苟無累於心，何必易姓名？以此言之，作'非'爲是。"⑥柳氏所言頗有理。

79. 簡斥

《後漢紀》卷一一《章帝紀上》："入門積七日，鴻不答，婦跪床下曰：'竊聞夫子高義，曾逐數婦，而妾亦偃蹇數夫，故來歸夫子，而不見采擇。'"（323頁）

---

① 《後漢書》，第2767頁。
② 《後漢書集解（外三種）》，第2册，第382頁上欄、386頁上欄。
③ 《東漢會要》，第410頁。
④ （宋）王安石撰，（宋）李壁箋注：《王荆公詩箋注》卷三四，清乾隆張宗松清綺齋刻本，第三頁；（宋）黄庭堅撰，（宋）任淵、史容、史季温注：《黄庭堅詩集注》，中華書局，2003年，第883頁。
⑤ 《太平御覽》，第2584頁；（宋）郭茂倩：《樂府詩集》，中華書局，1979年，第1193頁。按，《御覽》、郭茂倩《樂府》引《三輔决録》皆作"悲"，恐皆爲宋人改易之字，以彰和帝之德。
⑥ 《後漢書集解（外三種）》，第2册，第386頁上欄。

中華本(219頁)、李本(143頁)同,均未校。《後漢書》卷八三《逸民·梁鴻傳》:"妻乃跪床下請曰:'竊聞夫子高義,簡斥數婦,妾亦偃蹇數夫矣。今而見擇,敢不請罪。'"李賢注:"斥,遠也。"①

按,頗疑《後漢紀》"曾"乃"簡"之訛字。"簡"草書作"𥳑"(隋智永《真草千字文》)、𥳑(唐懷素《自叙帖》),與"曾"形體極近,致於傳抄中誤認"簡"爲"曾"。"簡"有棄義,與"斥"意近。《戰國策》卷三一《燕策三》:"議不累物,仁不輕絶,智不簡功,簡棄大功者,輟也。"宋鮑彪注:"簡與附反,猶棄也。"②"簡功",猶棄功;"簡棄",亦棄也。《韓非子》卷二《有度》:"此數物者,險世之說也,而先王之法所簡也。"清王先慎集解引盧文弨曰:"簡,棄也。"③唐王梵志詩《貧人莫簡棄》:"貧人莫簡棄,有食最相呼。"④"簡棄"乃複語,猶棄也,義同"簡棄",疏遠排斥義。唐湛然述《法華玄義釋籤》卷一七:"初總明不安,次'爲脩'下略明治法,三'又定'下依德立名,四'行者'下正明用治,五'是名'下結功能,六'不同'下簡斥邪僞。"⑤《全唐文》卷七一五韋處厚《上宰相薦皇甫湜書》:"竊見前進士皇甫湜,年三十二,學窮古訓,詞秀人文,脱落章句,簡斥枝葉。"⑥袁《紀》"簡逐",義同"簡斥"。"簡逐數婦"與"偃蹇數夫"正相對文,其結構當同,可證字當作"簡"。

80. 將

《後漢紀》卷一一《章帝紀上》:"歲餘,大鴻臚奏遣諸王歸國,上〔持〕(將)留蒼,封女三人皆爲公主,賜以秘列圖。"(326頁)

周本校"將"爲"持",曰:"據陳澧校改。"中華本(220頁)、李校本(144頁)逕作"將",未校。

按,《後漢書》卷四二《光武十王列傳》作"帝特留蒼"。⑦《書鈔》卷七〇、《類聚》卷四五、《御覽》卷一五〇引《東觀記》亦同;⑧《册府》卷二六八、卷二七五、《通鑑》卷四六《漢紀·章帝紀上》載均作"特留"。⑨ 據此,《紀》

---

① 《後漢書》,第2766頁。
② 《戰國策》,第1121頁。
③ 《韓非子集解》,第35頁。
④ 項楚校注:《王梵志詩校注(增訂本)》,上海古籍出版社,2010年,第447頁。案,《校注》言"簡"爲選擇、區別義,似有未安。"簡"亦棄也,"簡""棄"同義連文。
⑤ (唐)湛然述:《法華玄義釋籤》,《大正新修大藏經》,第33册,第938頁中欄。
⑥ 《全唐文》,第7351頁。
⑦ 《後漢書》,第1440頁。
⑧ 《北堂書鈔》,第1册,第530頁上欄;《藝文類聚》,第803頁;《太平御覽》,第734頁下欄。
⑨ 《册府元龜》,第3043、3121頁;《資治通鑑》,第1489頁。

文"將"當作"特"。①

81. 濯龍

《後漢紀》卷一一《章帝紀》:"竇后誣言欲咒詛,上信之,出貴人姊妹於丙舍,使小黃門蔡倫考之。竇后諷屬考者,皆致以巫蠱事,送暴室,二貴人同時飲藥死,并葬於濯龍中。"(327—328頁)

"濯龍",中華本(220頁)、李本(145頁)同,並未校。《後漢書》卷五五《清河王劉慶傳》作"樊濯聚"。② 按,當從范《書》,袁《紀》恐誤。"濯龍"爲園名,《後漢書》卷一〇上《皇后紀上·明德馬皇后》李賢注:"《續漢志》曰:濯龍,園名也,近北宫。"《續漢志》卷二六《百官志三》:"濯龍監、直里監各一人,四百石。本注曰:濯龍亦園名,近北宫。"③《初學記》卷二四、《御覽》卷一九七引司馬彪《續漢書》作"濯龍園在洛陽西北角"。④濯龍園皇家多近之。《續漢書》卷八《祭祀志中》:"桓帝即位十八年,好神僊事。延熹八年,初使中常侍之陳國苦縣祠老子。九年,親祠老子於濯龍。"⑤《後漢書》卷七《桓帝紀》載延熹五年:"辛丑,以太常馮緄爲車騎將軍,討之。假公卿以下奉。又换王侯租以助軍糧,出濯龍中藏錢還之。"卷一〇上《皇后紀上·明德馬皇后》又載"明德馬后置織室,蠶於濯龍中,數往來觀視,内以爲娱樂,外以先女功。"⑥明濯龍園爲後宫重要活動場所,至桓帝時依然,不太可能葬二僭死貴人於此地。《後漢書》卷五五《清河王劉慶傳》又曰:"(清河王)常以貴人葬禮有闕,每竊感恨,至四節伏臘,輒祭於私室。竇氏誅後,始使乳母於城北遥祠。及竇太后崩,慶求上冢致哀,帝許之,詔太官四時給祭具。"⑦《資治通鑑》卷四八《漢紀·和帝紀下》胡三省注曰:"宋貴人冢,在雒陽城北樊濯

---

① 古書"特""將"常訛混,如唐張籍《寄和州劉使君》:"送客將過沙口堰,看花多上水心亭。"校曰:"'將':宋本、全詩、庫本作'特',席本作'時'。"參徐禮節、余恕誠校注:《張籍集繫年校注》卷四,中華書局,2011年,第519頁。宋郭茂倩編《樂府詩集》卷七四蕭繹《半路溪》:"先動舊情,恐君疑妾妒。""將"下校曰:"一作持。"參《樂府詩集》,中華書局,1979年,第1049頁。宋李昉等編《文苑英華》卷一一二王子先《笏賦》:"郭璞辨其微旨,請原爲用之本,特申建造之始,採文竹,拔象齒,爰謀爰相,載考載擬。""特"下校:"一作將。"參《文苑英華》,第511頁。又卷五四六《織素判》:"訴州特判合,仍笞貴六十。""特"下校曰:"一作將。"參《文苑英華》,第2787頁。
② 《後漢書》,第1800、3596頁。
③ 《後漢書》,第410頁。
④ 《初學記》,第587頁;《太平御覽》,第949頁下欄。
⑤ "濯龍園",陳鎮蘇亦有討論,可參陳鎮蘇:《東漢的南宫和北宫》,載《文史》2018年第1期。
⑥ 《後漢書》,第311、413頁。
⑦ 《後漢書》,第1801頁。

聚。"①樊濯聚在洛陽城北,正與清河王劉慶吊其母於城北相合;而濯龍園位於洛陽城西北處,方位亦不相合。《後漢紀》卷一五《殤帝紀》亦載清河王病困時:"乃上書求葬於樊濯中貴人冢旁。"②此均可證葬二貴人所葬當爲樊濯聚也。③

82. 謂

《後漢紀》卷一二《章帝紀》:"竇憲之姦惡,貫天達地,毒流八荒,虐聞四極。海内疑惑,賢愚疾惡,'憲何術以迷主上'？流言噂㗃,深可歎息。昔田氏篡齊,六卿分晉,漢事不遠,炳然可見。"(348 頁)

"憲何術以迷主上",周本校曰:"疑此句上脱'謂'字。"

中華本(236 頁)、李本(155 頁)同。

按,周本所校甚確,《資治通鑑》卷四七即載作"謂'憲何術以迷主上！近日王氏之禍,昞然可見。'"④另,對比可知,《通鑑》文當點作:"謂'憲何術以迷主上！'近日王氏之禍,昞然可見。"

83. 素厭

《後漢紀》卷一二《章帝紀》:"願陛下爲堯舜之君,誅四凶之罪,以素厭人鬼憤結之望。"(348 頁)

中華本(236 頁)、李本(155 頁)並同。按,"素厭"難以索解。《資治通鑑》卷四七《章帝元和三年》作"以厭人鬼憤結之望";宋真德秀《大學衍義》卷四三《齊家之要》引亦同,似可從。疑"素"當置於"望"前,"素望",平素之願望也。⑤"厭",滿足也。因此,句疑當作"以厭人鬼憤結之素望"。《後漢書》卷六九《竇武傳》:"惟陛下留神澄省,時見理出,以厭人鬼喁喁之心。"卷五八《虞詡傳》:"宜令均平,以厭天下之望。"卷六一《周舉傳》:"宜密表朝廷,令奉太后,率屬群臣,朝覲如舊,以厭天心,以荅人望。"⑥並可證。

---

① 《資治通鑑》,第 1547 頁。
② 《後漢紀》,張烈點校《兩漢紀》,第 303 頁。
③ 另順帝母李氏見妒於閻后,《後漢紀》卷一八《順帝紀上》載其"賜鴆死,葬於城北。"《後漢書》卷一〇《皇后紀下》又曰:"帝母李氏瘞在洛陽城北,帝初不知,莫敢以聞。""城北"當即樊濯聚,可證雒陽城北乃瘞後宮憂死之地也。
④ 《資治通鑑》,第 1505—1506 頁。
⑤ "素"亦有"望"義,《後漢書》卷五九《張衡傳》:"故伊尹思使君爲堯舜,而民處唐虞,彼豈虛言而已哉,必旌厥素爾。"李賢注:"素,猶志也。""素望"解作"願望",亦可通。
⑥ 《後漢書》,第 2240、1872、2023 頁。

84. 遥和

《後漢紀》卷一二《章帝紀》："鄭房生梁郁遥和之曰：'如武帝亦爲畫龍不成復是狗邪？'僖、駰默然不答。郁怒恨之，陰上書告駰、僖誹謗先帝，譏刺世事。"（349—350頁）

"遥"，中華本（237頁）、李校本（155頁）同，並未校。按，《後漢書》卷七九上《儒林上·孔僖傳》作"儳和"，李賢注："儳謂不與之言而傍對也。《禮記》曰：'無儳言。'儳音仕鑒反。"①"遥和"恐非，從句意看，作"儳和"義更勝。梁郁處鄰房而從旁側答"武帝亦是狗耶"，謂"儳和"更得其意。唐玄應《一切經音義》卷二二"儳速"下言"儳"："非次而言也。"②《禮記·曲禮上》："長者不及，毋儳言。"漢鄭玄注："儳猶暫也，非類雜也。"唐孔穎達疏："長者正論甲事未及乙事，少者不得輒以乙事雜甲事，暫然雜錯師長之説。"③清段玉裁《説文解字注》卷八"儳"下曰："今人作攙和字當用此。"④蓋"攙"先訛爲"摇"，又轉寫爲"遥"。

85. 無事於外

《後漢紀》卷一二《章帝紀下》："逮讓曰：'逮母病甚，子貧無事於外，屢空，且從孤竹於首陽矣。'"（337頁）

周本校曰："范《書》'無事'作'無人事'。李賢曰：'謂不廣交通也。'"李本（151頁）作"此子貧，無事於外"。中華本（230頁）遂作"無人事"，未校。

按，"無事"當據《後漢書》作"無人事"。《通志》卷一〇八、《册府》卷六〇一載此均作"無人事於外"。"人事"有交際應酬之義，《後漢紀》卷一五《殤帝紀》："儒生寡少，其在京師不務經學，競于人事，爭于貨賄。"⑤《晋書》卷九四《隱逸列傳·范喬》："喬與二弟，並棄學業，絕人事，侍疾家庭，至粲沒，足不出邑里。"⑥《宋書》卷五三《張茂度傳》："茂度内足于財，自絕人事，經始本縣之華山以爲居止，優游野澤。"卷九四《戴法興傳》："而法興、明寶大通人事，多納貨賄，凡所薦達，言無不行。"⑦"人事"皆交際之事。另，袁

---

① 《後漢書》，第2562頁。
② 《一切經音義三種校注（修訂版）》，第452頁。
③ 《禮記正義》，（清）阮元校刻《十三經注疏（清嘉慶刻本）》，第2684頁。
④ 《説文解字注》，第380頁上欄。
⑤ 《後漢紀》，張烈點校《兩漢紀》，第298頁。
⑥ 《晋書》，第2432頁。
⑦ 《宋書》，第1510、2303頁。

《紀》黄本、國子監本、四庫薈要本均無"此"字,李本據四庫本補"此"字,殆不可信。無"此"字文亦通。

86. 是非之倫

《後漢紀》卷一二《章帝紀》:"而漢初諸儒,多案《春秋》之中,復有同異。其後殷書禮傳,往往間出,是非之倫,不可勝言。六經之道可得詳,而治體云爲遷易無度矣。"(338頁)

"是非之倫",中華本(231頁)、李本(152頁)亦均未校。按,"倫",輩也。"是非之倫"非洽於文意。"倫"當讀作"論"。①

87. 竟故　辯加位　此明

《後漢紀》卷一二《章帝紀》:"患萬物之多惑,故推四時以順,此明陰陽家之所生也。懼天下擾擾,竟故辯加位以歸真,此名家之所起。畏衆寡之相犯,故立法制以止殺,此法家之所興也。慮有國之奢弊,故明節儉以示人,此墨家之所因也。"(339頁)

周本校曰:"'竟故'二字據黄本補。"中華本(232頁)同,未校。李本(152頁)作"故辯名正位",無校。

按,"竟故"無意。"故推四時以順","故立法制以止殺","故明節儉以示人",其文句皆當相對應,"竟"字當衍。

另,"故推四時以順,此明陰陽家之所生"。據句例,"此""明"誤倒,本當作"故推四時以順明,此陰陽家之所生"。《漢書》卷三〇《藝文志》:"陰陽家者流,蓋出於羲和之官,敬順昊天,歷象日月星辰,敬授民時,此其所長也。"②"順明",猶《藝文志》之"順昊天"也。《大戴禮記·虞戴德》:"天事曰明,地事曰昌,人事曰比,兩以慶。"③《淮南子·天文》:"方者主幽,圓者主明,明者,吐氣者也。"④"順明",言順天事也。《史記》卷四三《趙世家》:"爲人臣者,寵有孝弟長幼順明之節,通有補民益主之業,此兩者臣之分也。"卷二七《天官書》:"柳爲鳥注,主木草。"唐司馬貞索隱:"占以順明爲吉;金火守之,國兵大起。"⑤"順明"義皆爲順天之義也。據此,"此明"二字當乙正。

另,"加位"亦誤,"加"當爲"名"之訛字。"名"書寫稍分離,即與"加"

---

① "論""倫"亦有可能訛混,典籍"言"旁與"人"旁草寫形似,多相訛混。
② 《漢書》,第1734頁。
③ 方向東校注:《大戴禮記彙校集解》,中華書局,2008年,第963頁。
④ 何寧:《淮南子集釋》,第169頁。
⑤ 《史記》,第1806、1303頁。

形似而易訛。"名位",《左傳·莊公十八年》:"王命諸侯,名位不同,禮亦異數,不以禮假人。"①《漢書》卷三〇《藝文志》:"名家者流,蓋出於禮官。古者名位不同,禮亦異數。"②故原文當作"懼天下擾擾,故辯名位以歸真,此名家之所起。""退四時""辨名位""立法制""明節儉",句式整飭,亦可證"加"乃"名"之訛。

88. 言

《後漢紀》卷一二《章帝紀下》:"後爲郡吏,太守阮況嘗以事干暉,暉不從;及卒,暉厚送其家。左右咸怪之,暉曰:'前阮君有求於我,恐以貨污君,故不與言。今重送者,欲以明吾心。'"(341 頁)

"不與言",中華本(233)、李本(153 頁)並未校。按,"不與言"意似不可解。《類聚》卷三五引《東觀記》曰:"暉曰:'前不與婢者,以財汙府君,金③重送,欲明使君。'"④《御覽》卷五〇〇引《東觀記》:"前不與婢者,恐以財貨污府君耳,今重送者,以明己心也。"⑤《後漢書》卷四三《朱暉傳》曰:"前阮府君有求於我,所以不敢聞命,誠恐以財貨污君。"李注引《東觀記》曰:"暉爲(掾)督郵,況當歸女,欲買暉婢,暉不敢與。後況卒,暉送其家金三斤。"⑥可見,"故不與言"不合事理。據《御覽》引《東觀記》"前不與婢",可知袁《紀》"不與言"當作"不與之","言"殆爲"之"之形訛。"言"草書多作 ⿱(晋王羲之《十七帖》)、⿱(唐懷素《自叙帖》)、⿱(唐孫過庭《書譜》)等,二者形近常訛。⑦

89. 俯順人意

《後漢紀》卷一二《章帝紀》:"捕得他郡盜徒五人,守馬嚴風縣殺之,褒曰:'夫絶人命者,天亦絶之。皋陶不爲盜制死刑,昔管仲遇盜而升諸公。今

---

① 《春秋左傳正義》,(清)阮元校刻《十三經注疏(清嘉慶刻本)》,第 3848 頁。
② 《漢書》,第 1736 頁。
③ 據《後漢紀》及《御覽》引《東觀記》文,"金"當作"今"。
④ 《藝文類聚》,第 634 頁。
⑤ 《太平御覽》,第 2286 頁下欄。
⑥ 《後漢書》,第 1458 頁。
⑦ "之""言"典籍常訛混,《墨子·尚賢下》:"天下言士君子皆欲富貴而惡貧賤。"清王念孫曰:"'言'當爲'之',今天下之士君子皆欲富貴而惡貧賤,又見下文。草書'言'與'之'相似,故'之'譌爲'言'。"參《讀書雜志·墨子第一》,第 1454 頁。又唐韓愈《讀東方朔雜事》:"欲不布露言,外口實誼譁。"錢仲聯集釋引《考異》曰:"或作'欲不布露之'。"參錢仲聯集釋:《韓昌黎詩繫年集釋》卷八,上海古籍出版社,1984 年,第 910 頁。又明王夫之《周易考異》:"'田有禽利執言'。郭京曰:'定本"利執之"。'"之"行書向下引脚,類行書"言"字,故誤。言,當作"之"。'"詳參(明)王夫之:《周易稗疏 附考異》,中華書局,2011 年,第 800 頁。

承旨而殺之，是逆天心，俯順人意，其罰重矣。如得全此，而身坐之，願也。'遂不爲殺。"（351 頁）

"俯順人意"，中華本（238 頁）、李本（156 頁）亦均未校。按，以句意觀之，既逆天心，又如何"順人意"？明"俯順人意"與文意有舛，殆有誤。《後漢書》卷三五《曹褒傳》作"是逆天心，順府意也"，①當從。"順府意"當謂承陳留郡守馬嚴旨而順其意也。"府"，謂郡守馬嚴也。《漢書》卷九〇《酷吏傳·咸宣》："其後小吏畏誅，雖有盜弗敢發，恐不能得，坐課累府，府亦使不言。"唐顔師古注："府，郡府也。"②《後漢書》卷二七《張湛傳》："主簿進曰：'明府位尊德重，不宜自輕。'"李賢注："郡守所居曰府；明府者，尊高之稱。"③"明府"謂郡君也。因此，袁《紀》"順府"誤倒，致文意不明，傳抄即增人旁作"俯"，又誤衍"人"字，當據正。

90. 天下心

《後漢紀》卷一二《章帝紀》："夫人〔道〕（遂）得於下，則陰陽和於上，然後祥風時雨，覆被遠方，則夷狄慕德，重譯而至矣。惟陛下留聖恩，徵還二將，休罷士卒，以順天下心。"（361 頁）

"以順天下心"，中華本（243 頁）、李本（159 頁）均爲出校。《後漢書》卷二三《魯恭傳》作"以順天心"。④ 今按，此當據《後漢書》作"以順天心"，"下"殆爲衍文。據《後漢書》，魯恭奏疏曰："三輔、并、涼少雨，麥根枯焦，牛死日甚，此其不合天心之效也。群僚百姓，咸曰不可，陛下獨奈何以一人之計，棄萬人之命，不卹其言乎？上觀天心，下察人志，足以知事之得失。"⑤前文多言天命之不可違，故疏後言"順天心"。且典籍鮮有言"順天下心"者，多曰"順天心"，如《漢書》卷二九《溝洫志》："今因其自決，可且勿塞，以觀水勢。河欲居之，當稍自成川，跳出沙土，然後順天心而圖之，必有成功，而用財力寡。"卷六〇《杜周傳》："見國家承武帝奢侈師旅之後，數爲大將軍光言：'年歲比不登，流民未盡還，宜修孝文時政，示以儉約寬和，順天心，說民意，年歲宜應。'"⑥《後漢書》卷七二《董卓傳》："太尉楊彪謂遑曰：'古今帝王，無在人臣家者。諸君舉事，當上順天心，奈何如是！'"⑦《後漢紀》卷八

---

① 《後漢書》，第 1021 頁。
② 《漢書》，第 3663 頁。
③ 《後漢書》，第 929 頁。
④ 《後漢書》，第 877 頁。
⑤ 《後漢書》，第 877 頁。
⑥ 《漢書》，第 1691、2664 頁。
⑦ 《後漢書》，第 2336 頁。

《光武帝紀》:"尉喜、司空純上書曰:'自古帝王治道之隆,未嘗不登封太山,以告成功。……誠宜封禪告成,以順天心。'"①"順天心",言順遂天意。袁《紀》"下"字衍,當據正。

91. 以言取怒

《後漢紀》卷一三《和帝紀上》:"尚書僕射樂恢奏免蔡等,外以清京都,內欲繩外戚,由是爲憲等所忌。瓌常欲往候恢,使人先言恢,恢謝而絕之。憲兄弟怒其異己,常欲陷害之。恢妻諫恢曰:'古有容身之道,何必以言取怒?'"(365頁)

"以言取怒",中華本(253頁)、李校本(163頁)均同,未校。《後漢書》卷四三《樂恢傳》作"以言取怨"②。《御覽》卷五二〇引《後漢書》、《册府》卷四五九、《通志》卷一〇九上載皆作"怨"。③

按,"怒"當作"怨"。前言樂恢奏免蔡等,爲竇憲等所忌。"忌",怨忌也。《後漢書》卷四三《樂恢傳》亦載曰:"恢劾奏調、阜,并及司隸校尉。諸所刺舉,無所回避,貴戚惡之。"④"惡",亦爲怨忌義。《後漢紀》卷一一《章帝紀》:"初,宋貴人有寵,生太子慶。會竇后寵盛,心惡貴人。"卷一四《和帝紀下》:"初,馬太后〔選〕良家女,貴人與姊以選入宫,得幸於帝,生和帝。竦不勝喜,與舞陰長公主〔私〕相〔慶〕,語泄,聞於竇氏。〔竇氏〕欲專名太子外家,心惡梁氏,欲毁〔貶〕之。"⑤《後漢書》卷一〇《皇后紀》作"忌梁氏";《通鑑》卷四六《漢紀·章帝紀上》作"忌梁貴人姊妹"。⑥《後漢書》卷一〇上《皇后紀》載:"初,宋貴人生皇太子慶,梁貴人生和帝。后既無子,並疾忌之。"⑦可見,"所忌""所惡"義同。"貴戚惡之"正與恢妻言"以言取怨"相合。據此,當以"怨"義長。

92. 臣

《後漢紀》卷一三《和帝紀上》:"秋七月,會稽山崩。本志稱:劉向曰:'山,陽君也;水,臣也。'君道崩壞,百姓失所,竇太后攝政,竇憲專權之應

---

① 《後漢紀》,張烈點校《兩漢紀》,第152頁。
② 《後漢書》,第1478頁。
③ 《太平御覽》,第2366頁上欄;《册府元龜》,中華書局影印本,1960年,第5442頁下欄;《通志》,第1589頁下欄。
④ 《後漢書》,第1478頁。
⑤ 《後漢紀》,張烈點校《兩漢紀》,第220、276頁。
⑥ 《後漢書》,第416頁;《資治通鑑》,第1491頁。
⑦ 《後漢書》,第415頁。

也。"(366—367 頁)

"水,臣也",中華本(254 頁)同;李校本(164 頁)據《漢書·五行志》《續漢書·五行志》補"陰"字,作"水陰,臣也"。

按,李校補"陰"字是。另《漢書》卷二七《五行志》、《續漢志》卷一六《五行志四》、《晋書》卷二九《五行下》、《宋書》卷三四《五行志五》引劉向皆作:"山,陽,君也;水,陰,民也。"①另,《魏書》卷一一二《靈徵志八》引《洪範論》亦同。②《洪範論》當即劉向所撰《洪範五行傳論》。且後文又言"君道崩壞,百姓失所","君"與"百姓"正相對文,亦可證袁《紀》文"臣"字誤。據此,袁《紀》文"臣"當正作"民"。"臣"字俗寫可作"叵"③"㠯"④等,與"民"避唐諱闕末筆作"𠃓"形近,二字易致訛。⑤

93. 耿秉出塞

《後漢紀》卷一三《和帝紀上》:"夏,耿秉出塞,至涿邪山,與北單于相遇,大戰破之。"(367 頁)

按,袁《紀》載有誤。此乃永元二年事,據《後漢書》卷八九《南單于傳》載:"二年春,鄧鴻遷大鴻臚,以定襄太守皇甫棱行度遼將軍。南單于復上求滅北庭,於是遣左谷蠡王師子等將左右部八千騎出雞鹿塞,中郎將耿譚遣從事將護之。至涿邪山,乃留輜重,分爲二部,各引輕兵兩道襲之。左部北過西海至河雲北,右部從匈奴河水西繞天山,南度甘微河,二軍俱會,夜圍北單于。〔單于〕大驚,率精兵千餘人合戰。單于被創,墮馬復上,將輕騎數十遁走,僅而免脫。得其玉璽,獲閼氏及男女五人,斬首八千級,生虜數千口而還。是時南部連剋獲納降,黨衆最盛,領户三萬四千,口二十三萬七千三百,勝兵五萬一百七十。故(從)事中郎將置從事二人,耿譚以新降者多,上增從事十二人。三年,北單于復爲右校尉耿夔所破,逃亡不知所在。"⑥因此,永元二年出塞至涿邪山,與北單于戰者,當爲耿譚,而非耿秉。《後漢書》卷一九《耿秉傳》亦未見載耿秉破北匈奴於涿邪山事,僅紀:"永元二年,代桓虞

---

① 《漢書》,第 1456 頁;《後漢書》,第 3332 頁;《晋書》,第 898 頁;《宋書》,第 997 頁。
② 《魏書》,第 2898 頁。
③ 《碑別字新編(修訂本)》,第 47 頁。
④ 潘重規主編:《敦煌俗字譜》,石門圖書公司,1979 年,第 266 頁。
⑤ 《敦煌俗字典(第 2 版)》,第 543 頁。"民""臣"典籍亦多相混例,如《管子·國蓄》:"則臣不盡其忠。"王叔岷《管子斠正》曰:"戴望云:'元本臣作民。'案盡忠當指臣言,趙本、朱本及《通典》引此'臣'字皆同。元本作'民',民即臣之形誤。《韓非子·揚權篇》:'毋使臣比周,同欺其上。'《亡徵篇》:'公壻公孫,與臣同門。'今本'臣'並誤'民',(詳《韓非子斠證·揚權第八》)與此同例。"參王叔岷:《諸子斠證》,中華書局,2007 年,第 43 頁。
⑥ 《後漢書》,第 2953—2954 頁。

爲光禄勳。明年夏卒,時年五十餘。"又《後漢書》卷二三《竇憲傳》:"憲分遣副校尉閻盤、司馬耿夔、耿譚將左谷蠡王師子、右呼衍王須訾等,精騎萬餘,與北單于戰於稽落山,大破之,虜衆崩潰,單于遁走,追擊諸部,遂臨私渠比鞮海。"①與《南單于傳》所載正相應。可見,出塞戰北單于者當爲耿譚。另《通鑑》卷四七《漢紀·和帝紀》載此事在冬十月,曰:"冬十月,竇憲遣班固、梁諷迎之。會南單于復上書求滅北庭,於是遣左谷蠡王師子等將左右部八千騎出雞鹿塞,中郎將耿譚遣從事將護之,襲擊北單于。夜至,圍之,北單于被創,僅而得免,獲閼氏及男女五人,斬首八千級,生虜數千口。"②並可爲證。

94. 北廬

《後漢紀》卷一三《和帝紀》:"且漢故事,供給南單于費直歲一億九千餘萬。今北廬彌遠,其費過倍,是所以空盡天下也。"(371頁)

"廬",中華本(265頁)、李校本(165頁)皆同,均未校。

按,"廬",舍也。作"北廬"無意,"廬"當作"庭"。③《後漢書》卷四五《袁安傳》即作"北庭彌遠"。④"庭"可爲外族所居地之稱,《史記》卷一一〇《匈奴列傳》:"而單于之庭直代、雲中。"唐司馬貞索隱:"謂匈奴所都處爲庭。"⑤《後漢書》卷八九《南匈奴傳》:"夏,南單于所獲北虜奧鞬左賢王將其衆及南部五骨都侯合三萬餘人畔歸,去北庭三百餘里,共立奧鞬左賢王爲單于。"又曰:"自以呼韓嫡長,次第當立,而侵奪失職,猜疑相背,數請兵將,歸埽北庭,策謀紛紜,無所不至。"卷四一《宋均傳》:"鮮卑擊破北匈奴,而南單于乘此請兵北伐,因欲還歸舊庭。"⑥"庭"皆指外族所居之地。"庭"又可作"廷",如《後漢書》卷二〇《銚期王霸祭遵列傳·史贊》:"期啓燕門,霸冰虖河。祭遵好禮,臨戎雅歌。肜抗遼左,邊廷懷和。"⑦是袁《紀》"北廬"當正作"北庭"。

---

① 《後漢書》,第717、814頁。
② 《資治通鑑》,第1526頁。
③ "廬""庭"形近,頗多訛混。(北周)庾信《思舊銘》:"嵇叔夜之山庭,尚多楊柳。""庭",《類聚》作"廬",《文苑英華》"庭"下校:"一作廬。"參(清)倪璠注,許逸民點校:《庾子山集注》卷一二,中華書局,1980年,第694頁;再如(宋)歐陽修《醴泉觀真君殿開啓年交道場青詞》:"爰敞福庭,恭陳净醮。"校記曰:"'庭',周本、叢刊本校:'一作廬'。"參李逸安校點:《歐陽修全集》卷八二,中華書局,2001,第1201頁。
④ 《後漢書》,第1521頁。
⑤ 《史記》,第2892頁。
⑥ 《後漢書》,第2943、2946—2947、1415頁。
⑦ 《後漢書》,第748頁。

95. 削誅

《後漢紀》卷一三《和帝紀》:"擢曹襃爲射聲校尉。尚書張敏奏襃擅制禮儀,破亂聖術,宜加削誅。上寢其奏。是後衆人不能信襃所制,又會禮儀轉造,遂寢而不行。"(372頁)

"宜加削誅",中華本(256頁)、李本(165頁)同,均未校。《後漢書》卷三五《曹襃傳》作"宜加刑誅";①《文選》卷四六任昉《王文憲集序》李善注引《東觀漢記》曰:"襃不被刑誅,無以絶毁實亂道之路。"②

按,"削誅"成詞尚晚,至遲宋以後可見,如宋賀鑄《懷寄周元翁十首》之一:"周郎有史才,班馬可並驅。紛紛讒諂人,畏君筆削誅。"③因此,當據《後漢書》正作"刑誅"。"刑誅"有誅罰、誅殺之義,④典籍習見。《春秋繁露·自叙》:"其後眭孟以再傳弟子誤會師説,上書昭帝,卒被刑誅。"⑤《後漢書》卷一四《城陽恭王劉祉傳》:"敞因上書謝罪,願率子弟宗族爲士卒先。莽新居攝,欲慰安宗室,故不被刑誅。"又卷六〇下《蔡邕傳下》:"臣聞天降災異,緣象而至。辟歷數發,殆刑誅繁多之所生也。"《續漢志》卷一五《五行志三》:"是時和帝用酷吏周紆爲司隸校尉,刑誅深刻。"⑥《宋書》卷八三《宗越傳》:"及沈攸之代殷孝祖爲南討前鋒,時孝祖新死,衆並懼,攸之歎曰:'宗公可惜,故有勝人處。'而御衆嚴酷,好行刑誅,睚眥之間,動用軍法。"⑦"刑誅"義皆刑罰誅殺之義也。袁《紀》當據改。

96. 教行文質

《後漢紀》卷一三《和帝紀》袁宏論曰:"此蓋先王制禮之本也。中古損益,教行文質,范金合土,而棟宇之制麗矣;繪采集色,而衣裳之度彰矣。"(372—373頁)

"中古損益"句,中華本(275頁)同,未校。李校本(166頁)作"中古損益相承,文質遞嬗。"

---

① 《後漢書》,第1203頁。
② 《文選》,第657頁上欄。
③ (宋)賀鑄:《慶湖遺老詩集》卷四《古體詩下》,宜秋館刻宋人集本,1920年,第一三頁。
④ "刑"有刑罰、刑殺之義,與"誅"義同。"刑誅",誅殺,誅罰也。《玉篇·刀部》:"刑,罰總名也。"《書·康誥》:"非汝封刑人殺人,無或刑人殺人。"孔傳:"言得刑殺罪人。"《韓非子·二柄》:"何謂刑、德?曰:殺戮之謂刑;慶賞之謂德。"漢桓寬《鹽鐵論·疾貧》:"刑一而正百,殺一而慎萬。""刑"皆誅殺義。
⑤ 蘇輿:《春秋繁露義證》,中華書局,1992年,第1頁。
⑥ 《後漢書》,第561、1992、3313頁。
⑦ 《宋書》,第2111頁。

按，李本乃據四庫館臣擅改，不足採信。"中古損益，教行文質"當不誤。《說文·七部》："化，教行也。"宋徐鍇繫傳："教化也。"①是"教行""教化"義一也。"教"，政教也。"教行"即政化也。《韓詩外傳》卷七："列國諸侯莫不從義嚮風，壯者趨而進，老者扶而至，教行乎百姓，德施乎四蠻，莫不釋兵，輻輳乎四門。"②《魏書》卷五〇《李彪傳》："然則儉約易以教行，華靡難以財滿，是以聖人留意焉，賢人希准焉。"③

"文質"，言禮制之繁簡也。《漢書》卷六四下《嚴安傳》："臣聞鄒子曰：'政教文質者，所以云救也，當時則用，過則舍之，有易則易之，故守一而不變者，未睹治之至也。'"④《晋書》卷五二《郤詵傳》："詔曰：'蓋太上以德撫時，易簡無文。至于三代，禮樂大備，制度彌繁。文質之變，其理何由？'"⑤"文質"蓋即政教禮制之繁簡也。又作"質文"，《漢書》卷三〇《藝文志》曰："而帝王質文世有損益，至周曲爲之防，事爲之制。"⑥《後漢書》卷一三《隗囂傳》："宜急立高廟，稱臣奉祠，所謂'神道設教'，求助人神者也。且禮有損益，質文無常。削地開兆，茅茨土階，以致其肅敬。"⑦《通典》卷一〇四《禮·沿革·凶禮》引三國魏王肅《已遷主諱議》："所謂魏國于漢，禮有損益，質文隨時，亦合尊之大義也。"⑧"質文隨時"，言禮制之損益，隨時而變。

據此，"教行文質"當不誤，不必改字，言中古禮制於時損益，而政化亦行以繁簡。

97. 采撰

《後漢紀》卷一三《和帝紀》："太初以後，闕而不錄，故采撰前記，綴集所聞，以爲《漢書》。"（382 頁）

"采撰"，中華本（261 頁）、李本（169 頁）均未校。

按，《漢書》卷一〇〇下《叙傳下》作"探篹"、《後漢書》卷四〇上《班固傳》作"探撰"；⑨宋洪邁《容齋隨筆·四筆》卷八《歷代史本末》載作"探纂"；⑩宋

---

① （漢）許慎撰，（宋）徐鍇傳：《説文解字繫傳》，中華書局影印本，1987 年，第 166 頁下欄。
② 許維遹：《韓詩外傳集釋》，中華書局，1980 年，第 268 頁。
③ 《魏書》，第 1383 頁。
④ 《漢書》，第 2809 頁。
⑤ 《晋書》，第 1439 頁。
⑥ 《漢書》，第 1710 頁。
⑦ 《後漢書》，第 514 頁。
⑧ 《通典》，第 2630 頁。
⑨ 《漢書》，第 4235 頁；《後漢書》，第 1334 頁。
⑩ （宋）洪邁撰，孔凡禮點校：《容齋隨筆》，中華書局，2005 年，第 729 頁。

高似孫《史略》卷二引《班彪傳論》亦作"探撰"。① "纂""簒""撰"典籍常相通用,"探簒""探纂"亦即"探撰"。據此,袁《紀》文當作"探撰"。"探",尋繹也。因史臣"太初以後,闕而不録",因此尋繹而編次之。"采"雖亦可通,終不及"探"更切合文意,且兩《漢書》均作"探",袁《紀》似當據正。典籍"采"常作"採",與"探"形近易訛。②

98. 守土

《後漢紀》卷一三《和帝紀》:"鴻貪經書,不顧恩義,生不供養,死不飯唅,皇天先祖,並所不祐,身被大病,上不任爲蕃輔,下不能守土。先上病狀,辭爵封於仲公,章寢不報。謹身放棄,求良醫,如遂不瘳,永歸溝壑。"(385頁)

"守土",中華本(263頁)、李本(170頁)均同。《後漢書》卷三七《丁鴻傳》作"皇天先祖,並不祐助,身被大病,不任茅土",李賢注:"任,堪也。"③《御覽》卷五一五引《東觀記》曰:"皇天祖禰,並不祐助,身被大病,不任茅土。"④

按,"守土"當作"守茅土"。丁鴻以病名讓國與弟,故曰"不能守茅土"。"能",堪也,與"任"義同。"茅土",乃封國之謂也。《文選》卷四一李陵《答蘇武書》:"陵謂足下當享茅土之薦,受千乘之賞。"李善注:"《尚書緯》曰:'天子社,東方青,南方赤,西方白,北方黑,上冒以黄土,將封諸侯,各取方土,苴以白茅,以爲社。'"⑤漢蔡邕《獨斷》卷下:"天下大社以五色土爲壇,皇子封爲王者受天子之社土,以所封之方色,東方受青,南方受赤,他如其方色,歸國以立社,故謂之受茅土。"⑥《漢書》卷七二《龔勝傳》:"朝廷虚心待君以茅土之封,雖疾病,宜動移至傳舍,示有行意,必爲子孫遺大業。""茅土之封",即封侯國也。卷九九上《王莽傳上》:"成王廣封周公庶子六人,皆有

---

① (宋)高似孫撰,王群栗點校:《史略》,浙江古籍出版社,2015年,第257頁。
② "探""採"形近,典籍頗多訛混,如《後漢書》卷六〇下《蔡邕傳下》:"(探)〔採〕浮磬不爲之索。"点校本改"探"爲"採",曰:"據汲本、殿本改。"(第2009頁)《文苑英華》卷八九張説《進白烏賦》:"採朝噪之聲樂。""采"下校曰:"一作探。"又卷二八七王昌齡《留别岑參兄弟》:"追隨探靈怪。""探"下校曰:"一作採。"參《文苑英華》,第403、1409頁。《全唐詩》卷五八二題温庭筠《春盡與友人入裴氏林探漁竿》詩,題名校曰:"探,一作采。"又卷八二一皎然《顧渚行寄裴方舟》:"日暮採之長歎息。""採"校曰:"一作探。"參《全唐詩》,第6751、9266頁。
③ 《後漢書》,第1263頁。
④ 《太平御覽》,第2342頁下欄。
⑤ 《文選》,第575頁下欄。
⑥ (漢)蔡邕:《獨斷》卷下,清嘉慶嘉善謝氏刻抱經堂叢書本,第八頁。

茅土。及漢家名相大將蕭、霍之屬，咸及支庶。"①"皆有茅土"，言皆有封國也。《宋書》卷一七《禮志四》："南豐王嗣爵封已絶，聖恩垂矜，特詔繼茅土，複申義同始封，爲之告廟臨軒。"②

上揭"茅土"，皆爲封國之稱，與袁《紀》文意正相，密合。"守土"雖有守衛疆土之義，但終不及作"守茅土"，更密合文意。"下不能守茅土"與"上不任爲藩輔"，句式整飭，正相對仗，更可爲證。"茅"當據補。

99. 駭異

《後漢紀》卷一四《和帝紀下》："漢既受命，禮樂宜作，圖讖明文若是，以先帝聖德遠監，每存禮樂，衆儒不達，多生駭異。臣累世輔位，而漢禮樂未定，誠切以爲憂。"（400 頁）

"多生駭異"，中華本（278 頁）、李校本（178 頁）並同，均未校。

按，《後漢書》卷三五《張奮傳》作"議多駁異"，對比可知，袁《紀》"駭"爲"駁"之形誤字甚明。"駭異"，驚異也，於此文意頗不達，當據正爲"駁異"。"駁"或作"駮"，《說文·馬部》"駮"下，清朱駿聲《通訓定聲》曰："駮，假借爲駁。"清朱珔《說文叚借義證·馬部》曰："駮、駁聲同，形尤近，故駮可爲駁之叚借。"《詩經·豳風·東山》："皇駁其馬。"清馬瑞辰傳箋通釋曰："《廣雅·釋畜》馬畜有朱駮，則駮、駁古通用。"③因此，"駁異"即爲"駮異"，謂意見雜而多歧。《後漢書》卷二五《魯恭傳》："初，肅宗時，斷獄皆以冬至之前，自後論者互多駁異，鄧太后詔公卿以下會議。"④《晉書》卷三〇《刑法志》："漢興以來，三百二年，憲令稍增，科條無限。又律有三家，說各駁異。""說各駁異"，《後漢書》卷四六《陳寵傳》作"其說各異"。⑤《宋書》卷一四《禮志一》："明帝即位，便有改正朔之意，朝議多異同，故持疑不決。久乃下詔曰：'黄初以來，諸儒共論正朔，或以改之爲宜，或以不改爲是，意取駁異，于今未決。'"⑥因此，"多生駁異"，言衆儒生意見駁雜，頗不一致。《紀》文"駭"當據正。

100. 易動

《後漢紀》卷一四《和帝紀下》："必不得已，願進愚言。塞外吏士，本非

---

① 《漢書》，第 3085、4090 頁。
② 《宋書》，第 465 頁。
③ 《毛詩傳箋通釋》卷一六，第 482 頁。
④ 《後漢書》，第 881 頁。
⑤ 《晉書》，第 920 頁；《後漢書》，第 1554 頁。
⑥ 《宋書》，第 328 頁。

孝子順孫,皆以過補屯部。蠻夷獸心,難養易動。今君性嚴急,清水無大魚,將軍宜寬小過,總大綱而已。"(406頁)

"難養易動",中華本(281頁)、李本(180頁)均未校。《後漢書》卷四七《班超傳》作"難養易敗";《通典》卷一九一、《通鑑》卷四〇《漢紀·和帝紀下》載並同。①《類聚》卷二三引《東觀記》作"難禁易敗"。②

按,據文意,作"敗"更勝。"敗",敗散,言養而不成也。《戰國策·秦策五》:"樓䚟約秦、魏,魏太子爲質。紛强欲敗之,謂太后曰:'國與還者也。'"東漢高誘注:"敗,害也。"③《文子·微明》:"事者,難成易敗,名者,難立易廢。凡人皆輕小害,易微事,以至於患。"④《史記》卷九二《淮陰侯列傳》:"夫功者難成而易敗,時者難得而易失也。"⑤漢桓寬《鹽鐵論》卷五《國疾》:"女工難成而易弊,車器難就而易敗,車不累㫃,器不終歲,一車千石,一衣十鍾。"⑥且袁宏《紀》後文又載曰:"尚後竟遭邊禍,如超所言。""敗"正與"邊禍"相應。據此,"動"當正作"敗"。⑦

101. 雛雊

《後漢紀》卷一四《和帝紀》:"旁有小兒,親曰:'兒,何不擊雊?'小兒曰:'雊方將雛雊。'"(408頁)

"雛雊",中華本(282頁)同,並未校。李本(181頁)作"雛",無校。今檢袁《紀》黄本、四庫薈要本均有"雛"字,四庫本無,當爲館臣所校改也。今按,當從四庫本校。《後漢書》卷二五《魯恭傳》僅作"雊方將雛",⑧《類聚》卷一〇〇、《文選》卷三六《文選》卷五九李善注引《東觀記》、《書鈔》卷七八、《御覽》卷二六七引《續漢書》並同,皆無"雛"字。⑨從文意看,"雛"乃鳥鳴之義,於此文意不協,殆爲衍文無疑。

102. 温邃

《後漢紀》卷一五《殤帝紀》:"寵雖傳文法,然兼通經籍,奏議温邃,號爲

---

① 《後漢書》,第1586頁;《通典》,第5195頁;《資治通鑑》,第1555頁。
② 《藝文類聚》,第416頁。
③ 《戰國策》,第273頁。
④ 王利器校注:《文子疏義》,中華書局,2009年,第316頁。
⑤ 《史記》,第2625頁。
⑥ 王利器校注:《鹽鐵論校注》,中華書局,1992年,第334頁。
⑦ 嚴可均輯《全後漢文》據袁《紀》輯此作"難養易動"。按,字亦當據《後漢書》正作"敗"。
⑧ 《後漢書》,第874頁。
⑨ 《藝文類聚》,第1732頁;《文選》,第511頁下欄、821頁下欄;《北堂書鈔》,上册,第580頁上欄;《太平御覽》,第1250頁上欄。

名相。"(423頁)

"溫邃",中華本(297頁)同;李本(189頁)邃作"粹",無校。袁《紀》四庫本作"粹",他本皆作"邃"。《後漢書》卷四六《陳寵傳》、《書鈔》卷五二引華嶠《漢後書》皆作"溫粹"。①

按,"邃"當爲"粹",四庫本改是。"粹""邃"《廣韻·至韻》下皆"雖遂切",二者中古音同,"邃"疑爲"粹"之音訛。② "溫邃"典籍罕見,而"溫粹"乃常詞,溫和純正之義,如《子華子》卷下:"猶之售玉者然,不論其廉貞溫粹而無瑕者,而以大小徑廣爲儀,則篋無連城矣。"③《三國志》卷二三《魏志·和常楊杜趙裴傳論》:"評曰:和洽清和幹理,常林素業純固,楊俊人倫行義,杜襲溫粹識統,趙儼剛毅有度,裴潛平恒貞幹,皆一世之美士也。"④隋《田德元墓誌》:"故以德冠前脩,慶流後裔。君禀靈溫粹,天姿孝友。"⑤宋范仲淹《與韓魏公書》:"今有進士潘起,才筆俊健,言行溫粹。"⑥袁《紀》"邃"當據正。

103. 擯服

《後漢紀》卷一五《殤帝紀》:"詔曰:'自夏以來,陰雨過節,思惟愆失,深自克責。新遭大憂,接以未和,徹膳擯服,庶有益焉。其減太官、上方諸服御靡麗難成之物。'"(424頁)

"擯服",中華本(297頁)、李本(189頁)並同,均未校。《後漢書》卷四《殤帝紀》作"損服";清嚴可均《全後漢文》卷九輯此亦同。⑦

按,"擯服"當有誤。"擯服"典籍鮮見其例;且"擯"乃棄斥之義,"擯服"簡斥服飾也,于此無意。"損服",減損服飾車御之屬。袁《紀》後文又曰:"減太官、上方諸服御靡麗難成之物","減",損也。其中所減損者,正有"服御"之類。《後漢紀》卷一二《章帝紀》:"禮,一穀不登,則損服徹膳;五穀不登,則廢祭祀,乘馬就牧,天下有饑寒者,若己使然。"《後漢書》載文字略同,李賢注曰:"損服,減損服御。"⑧《漢書》卷八五《谷永傳》:"古者穀不登

---

① 《後漢書》,第1555頁。
② "邃""粹"典籍鮮見通借之例。
③ 《子華子》卷下,明萬曆刻子彙本,第二頁。
④ 《三國志》,第676頁。
⑤ 羅新、葉煒輯注:《新出魏晉南北朝墓誌疏證》,中華書局,2016年,第544頁。
⑥ (宋)范仲淹撰,李勇先等點校:《范仲淹全集》,中華書局,2020年,第2冊,第589頁。
⑦ 《後漢書》,第197頁;《全上古三代秦漢三國六朝文》,第518頁中欄。
⑧ 《後漢紀》,張烈點校《兩漢紀》,第236—237頁;《後漢書》,第1481—1482頁。

虧膳,災婁至損服,凶年不墊塗,明王之制也。"①

又有"損膳""損省""損徹膳服""損膳減服"等,其義皆近。《後漢書》卷一〇上《皇后紀上》:"垂恩元元,冠蓋交路,菲薄衣食,躬率群下,損膳解驂,以贍黎苗。惻隱之恩,猶視赤子。"又卷七《桓帝紀》:"其輿服制度有踰侈長飾者,皆宜損省。"卷五《安帝紀》:"論曰:孝安雖稱尊享御,而權歸鄧氏,至乃損徹膳服,克念政道。"《續漢志》卷一三《五行志一》劉昭注引《孔叢》曰:"昔成湯遭旱,因自責,省畋散積,減御損食,而大有年。"②《後漢紀》卷九《明帝紀上》:"陛下以天旱不雨,每自刻責,避正殿,損常膳,而天猶不雨,豈舉動失所,而政違天心者邪?"③《三國志》卷二五《魏志·楊阜傳》:"今年凶民饑,宜發明詔損膳減服,技巧珍玩之物,皆可罷之。"④皆其例。據此,袁《紀》"擯"當爲"損"之訛字,二者形近易訛。⑤

104. 屄守

《後漢紀》卷一五《殤帝紀》:"及内屬之後,漢之姦猾與無行好利者屄守其中,至東京時,〔詐〕(作)謀兹生,轉相吞滅,習俗不可不慎所以動之哉。"(431頁)

"屄",中華本(301頁)同,均未校。李本逕作"據"。檢覈四庫本作"據",當爲李本所依。

今按,"據"當爲館臣所擅改,黄本、哈佛大學藏廣寧郎氏振鷺堂本(康熙五十年刊)、四庫薈要本皆作"屄"。⑥"屄",字書皆不見,頗疑爲"斥"之訛字。"斥",《説文》小篆作𢇍,俗體常寫作"庍"(見《字彙·厂部》)、"庠"(見《龍龕手鏡·广部》)、"屄"⑦等。亦可寫作"屄",如"訴"字,俗寫可作"𧧺"(唐《朱陽縣開國男代郡和智全墓誌》)⑧等。據此,"屄"當即"斥"字也。"斥",擯斥也。《荀子·成相》:"世之愚,惡大儒,逆斥不通孔子拘。"唐楊倞注:"逆拒、斥逐大儒不使通也。"⑨《史記》卷二七《天官書五》:"柄輔星

---

① 《漢書》,第3471頁。
② 《後漢書》,第426、299、243、3278頁。
③ 《後漢紀》,第170頁。
④ 《三國志》,第706頁。
⑤ 《逸周書·大武解》:"三哀:一要不嬴,二喪人,三擯厥親。"晋孔晁注:"要當爲惡,擯一作損。"詳參黄懷信、張懋鎔、田旭東:《逸周書彙校集注》,第115頁。
⑥ 參《前漢紀·後漢紀》,《四庫全書薈要》,吉林人民出版社影印本,1997年,史部第6册,第476頁。
⑦ 黄征:《敦煌俗字典》,上海教育出版社,2005年,第54頁。
⑧ 秦公、劉大新:《廣碑别字》,國際文化出版公司,1995年,第366頁。
⑨ 《荀子簡釋》,第344頁。

明近,輔臣親彊;斥小,疏弱。"南朝宋裴駰集解引蘇林曰:"斥,遠也。"①前言"漢之姦猾"者多爲有罪之人,"斥守",擯斥而使居守之義。東漢兵制有謫守制與刑徒兵制,②多充罪人戍邊,故曰"斥守"。

105. 驚　三十里一署

《後漢紀》卷一五《殤帝紀》:"又云從安息陸道繞海北行,出西至大海,人相連屬,十里一亭,三十里一署,終無盜賊驚,而有猛虎師子遮食行者。"(435 頁)

李本(192 頁)同,並未校。中華本(302 頁)校曰:"驚,疑作'警'。《後漢書·西域傳》作'終無賊寇警'。"

按,此不煩改字,典籍"警"常寫作"驚","驚"可通"警"。《詩·小雅·車攻》:"徒御不驚,大庖不盈。"唐孔穎達疏:"言以相警戒也。"③《墨子·襟守》:"即有驚,舉孔表。"清孫詒讓間詁:"驚、警同。"④《史記》卷一一二《平津侯主父列傳》:"今中國無狗吠之驚,而外累於遠方之備,靡敝國家,非所以子民也。""驚",《漢書》卷六四下《嚴安傳》作"警"。⑤《史記》卷一一七《司馬相如列傳》:"祝融驚而蹕御兮,清雰氣而後行。""驚",《漢書》卷五七下《司馬相如傳》作"警"。⑥《藝文類聚》卷四一引南朝梁劉孝威《結客少年場行》:"邊城多驚急,節使滿郊衢。"《樂府詩集》卷六六、《文苑英華》卷一九五載均作"邊城多警急。"⑦南朝梁江淹《江文通集》卷八《北伐詔》:"今淮泗告驚,羽書馳聞。"⑧"告驚",即"告警"也,均可證"驚""警"典籍常通借。

另,"三十里一署"。"署",諸本均未校。

---

① 《史記》,第 1275 頁。
② 秦漢時兵制有謫戍制和刑徒兵制,多爲有罪之人謫貶流放而充兵役。有關此兵制問題,詳參李玉福:《論秦漢時代的謫發兵制和刑徒兵制》,《政法論叢》,2002 年第 1 期;孫志敏:《秦漢刑徒兵制與謫戍制考辨》,《古代文明》2017 年第 4 期。"斥守"非成詞,唐宋以後文獻亦見,其義已有別,多爲貶斥而任某地太守或刺史等義。如唐韓愈《新修滕王閣記》:"十四年,以言事斥守揭陽,便道取疾以至海上,又不得過南昌而觀所謂滕王閣者。"
③ 《毛詩正義》,(清)阮元校刻《十三經注疏(清嘉慶刻本)》,第 918 頁。
④ (清)孫詒讓撰,孫啟治點校:《墨子間詁》,中華書局,2001 年,第 627 頁。
⑤ 《史記》,第 2959 頁;《漢書》,第 2813 頁。
⑥ 《史記》,第 3059 頁;《漢書》,第 2595 頁。
⑦ 《藝文類聚》,第 739 頁;《文苑英華》,第 959 頁下欄;(宋)郭茂倩編:《樂府詩集》,中華書局,1979 年,第 949 頁。
⑧ (南朝)江淹撰,(明)胡之驥注,李長路、趙威點校:《江文通集彙注》,中華書局,2006 年,第 314 頁。

按,"署"蓋爲"置"之誤字,"置"即驛也。《後漢書》卷一一八《西域傳》作"三十里一置",李注云:"置,驛也。"①《三國志》卷三〇《魏志·烏丸鮮卑東夷傳》裴松之注引《魏略·西戎傳》曰:"從安息繞海北到其國,人民相屬,十里一亭,三十里一置,終無盜賊。"②《史記》卷一〇《孝文本紀》:"餘皆以給傳置。"唐司馬貞索隱:"《廣雅》云'置,驛也'。《續漢書》云'驛馬三十里一置'。故樂産亦云:'傳、置一也。言乘傳者以傳次受名,乘置者以馬取匹。'傳音丁戀反。如淳云'律,四馬高足爲傳置,四馬中足爲馳置,下足爲乘置,一馬二馬爲軺置,如置急者乘一馬曰乘也'。"③《後漢書》卷九八《郭太傳》:"又識張孝仲芻牧之中,知范特祖郵置之役。"李賢注云:"《説文》曰:'郵,境上傳書舍也。'《廣雅》曰:'郵,驛也。'置亦驛也。《風俗通》曰:'漢改郵爲置。置者,度其遠近之間置之也。'"《續漢志》卷二九《輿服志上》:"驛馬三十里一置,卒皆赤幘絳韝云。"劉昭注曰:"'東晉猶有郵驛共置,承受傍郡縣文書。有郵有驛,行傳以相付。縣置屋二區。有承驛吏,皆條所受書,每月言上州郡。《風俗通》曰:'今吏郵書掾、府督郵,職掌此。'"④清顧炎武《日知録》卷一〇《驛傳》:"古人以三十里爲一舍。《左傳》'楚子入鄭,退三十里而許之平。'注以爲退一舍。而《詩》言'我服既成。於三十里。'《周禮·遺人》'三十里有宿。宿有路室。'然其漢人之驛馬,三十里一置,有自來矣。《史記·晉世家》注引賈逵曰'司馬法從遯不過三舍,三舍九十里也。'"⑤

因此,"置"古作"驛舍"之名,而"署"乃官舍之稱,與驛舍尚有別。袁《紀》"署"當據正作"置"。

106. 二年春

《後漢紀》卷一六《安帝紀》:"春,京師旱,太后親幸洛陽獄省罪囚繫。"(440頁)

周本校曰:"范《書》《安帝紀》作五月之事。"

中華本(310頁)、李本(196頁)均未校。

按,此當從范《書》所載,乃永初二年五月事也。《後漢書》卷五《安帝紀》載此曰:"五月,旱。丙寅,皇太后幸洛陽寺及若盧獄,録囚徒,賜河南尹、

---

① 《後漢書》,第2920頁。
② 《三國志》,第861頁。
③ 《史記》,第423頁。
④ 《後漢書》,第2231、3651—3652頁。
⑤ (清)顧炎武撰,陳垣校注:《日知録校注》,安徽大學出版社,2007年,第601頁。

廷尉、卿及官屬以下各有差,即日降雨。"又卷一〇上《皇后紀上》亦紀此事在"二年夏",曰:"二年夏,京師旱,親幸洛陽寺錄冤獄。有囚實不殺人而被考自誣,羸困輿見,畏吏不敢言,將去,舉頭若欲自訴。太后察視覺之。即呼還問狀,具得枉實,即時收洛陽令下獄抵罪。行未還宫,澍雨大降。"卷八一《獨行傳·周嘉》載曰:"永初二年,夏旱,久禱無應,暢因收葬洛城傍客死骸骨凡萬餘人,應時澍雨,歲乃豐稔。"①《御覽》卷五五三引司馬彪《續漢書》亦同。②《續漢志》卷一五《五行志三》:"二年,大水。"劉昭注:"《本紀》京師及郡國四十〔有〕〔大〕水。《周嘉傳》是夏旱,嘉收葬客死骸骨,應時澍雨,歲乃豐稔,則水不爲災也。"又卷一三《五行志一》劉昭注:"案《本紀》二年五月,旱,皇太后幸雒陽寺,錄囚徒,即日降雨。六月,京都及郡國四十大水。雖去旱得水,無救爲災。"③各書記事雖稍有別,但均言永初二年旱在夏,而非在春。袁《紀》殆誤。

107. 陰共

《後漢紀》卷一六《安帝紀上》:"諫者皆以被撲死,根先知〔名〕(召),司撲者陰共爲意,乃使執撲者不加力。"(441頁)

"陰共",中華本(311頁)同;李本(196頁)作"陰示以意"。

按,"陰共"不誤,李本所據四庫本不可據信,此殆館臣所臆改。黄本、國子監本、薈要本均作"陰共爲意",言暗中共同謀劃爲意。《三國志》卷二八《魏志·毌丘儉傳》裴松之注引文欽曰:"自曹爽之誅,欽常内懼,與諸葛誕相惡,無所與謀。會誕去兵,毌丘儉往,乃陰共結謀。"卷五九《吴志·孫霸傳》:"時全寄、吴安、孫奇、楊竺等陰共附霸,圖危太子。"④《北史》卷六二《郭衍傳》:"王因召衍,陰共計議。又恐人疑無故來往,託以妻患瘦,王妃蕭氏有術能療之。"⑤"陰共",並其義也。

108. 望

《後漢紀》卷一六《安帝紀》:"恭再爲宰相,掾屬至卿大夫者數十人。恭門下耆生或望恭爲之論議,恭曰:'學之不講,是吾憂也。不有鄉舉乎?'"(441頁)

---

① 《後漢書》,第201、424、2676頁。
② 《太平御覽》,第2505頁下欄。
③ 《後漢書》,第3310、3278頁。
④ 《三國志》,第768、1373頁。
⑤ 《北史》,第2547頁。

"恭門下耆生或望恭爲之論議"，中華本（311頁）同。李本（196頁）作"恭門下耆生或望恭爲之薦達"。按，《後漢書》卷二五《魯恭傳》作"而其耆舊大姓，或不蒙薦舉，至有怨望者"①。如此，則《紀》文"望"乃怨望之義，而非冀望義。《戰國策·燕策二》："臣賤，將輕臣；臣用，將多望於臣。"宋鮑彪注："望，猶責也。"②《史記》卷一〇一《袁盎晁錯列傳》："已而絳侯望袁盎曰：'吾與而兄善，今兒廷毀我！'"唐張守節正義："望，怨也。"③《漢書》卷三二《陳餘傳》："陳餘怒曰：'不意君之望臣深也！豈以臣爲重去將哉？'"唐顏師古注："望，怨望也。"④因此，《紀》文"恭門下耆生或望恭爲之論議"，當點作"恭門下耆生或望恭，爲之論議"，謂魯恭門下耆生或責怨魯恭，并爲之論議。李本作"或望恭爲之薦達"，則爲四庫館臣所臆改，實不可據信。

109. 妨塞

《後漢紀》卷一六《安帝紀》："丕上言曰：'禮，諸侯薨於路寢，大夫卒于適室，死生有命，本無偏旁可避者。學宫⑤傳先王之禮樂，教化之處，不宜妨塞之。'"（445頁）

"妨塞"，中華本（312頁）同；李校本（197頁）逕作"妨害"，無校。《後漢書》卷二五《魯丕傳》作"王欲廢塞以廣游讌，事不可聽"。⑥按，李本作"妨害"，乃據四庫本所改，頗無據。黃本、國子監本、四庫薈要本均作"妨塞"。"妨塞"乃妨礙堵塞之義，與"廢塞"義近，於文意甚密合，不煩改字。《白虎通·封公侯》："股肱之臣，任事者也，爲其專權擅勢，傾覆國家。又曰孫苟中，庸不任輔政，妨塞賢，故不世世。"⑦唐元稹《爲蕭相公讓官表》："外致匈奴之哂，內失蒼生之心，推换炎涼，因循聖澤，妨塞賢路，塵忝臺階，自顧疲駑，方求息駕。"⑧宋夏竦《崇政殿御試賢良方正能直言極諫科制策》："古者帝王慮臣下妨塞賢路，乃爲之制，在陛下裁之而已。"⑨"妨塞"均其意，字不煩改。

---

① 《後漢書》，第882頁。
② 《戰國策》，第1095—1096頁。
③ 《史記》，第2737—2738頁。
④ 《漢書》，第1837頁。
⑤ "學宫"當作"學官"，周本已辨之，參第445頁。
⑥ 《後漢書》，第884頁。
⑦ 吴則虞引劉師培斠補曰："下'世'字係衍文，盧本改爲'世位'，失之。"參（清）陳立疏證，吴則虞校點：《白虎通疏證》，中華書局，1994年，第639頁。
⑧ 《全唐文》卷六五〇，第6599頁。
⑨ 曾棗莊、劉琳主編：《全宋文》，上海辭書出版社、安徽教育出版社，2006年，第17册，第39頁。

110. 太尉司馬苞薨

《後漢紀》卷一六《安帝紀》："太尉司馬苞薨。"(454 頁)

中華本(317 頁)、李本(200 頁)均同，皆未校。

此事袁《紀》未紀其時。據《後漢書》卷五《安帝紀》："六月丙戌，太尉司馬苞薨。"《通鑑》卷四九《漢紀·安帝紀》亦同。① 按，袁《紀》前文載四月丙午日立閻貴人爲后事，後即承敘司馬苞薨之事。但司馬苞薨乃爲六月事，二事非爲一月，更非一日，無由得并。據書例，"太尉司馬苞薨"前脱"六月丙戌"四字，當據補。

111. 秋七月

《後漢紀》卷一六《安帝紀》："秋七月，西羌犯境，右扶風太守种暠，南安太守杜佐擊之，皆被害。"(454 頁)

周本校曰："范《書》《西羌傳》曰：'詔遣左馮翊司馬鈞行征西將軍，督右扶風仲光、安定太守杜恢、北地太守盛包、京兆虎牙都尉耿溥、右扶風都尉皇甫旗等，合八千餘人，遂并北擊之。光等違鈞節度，中伏并没。'又按《种暠傳》，暠順帝時始任涼州刺史治羌事，不當及此難。《東觀記》作'种光'，恐與范《書》之'仲光'爲一人。又兩漢無南安郡，恐係安定之誤，'杜佐'即范《書》之'杜恢'，《東觀記》亦作'杜恢'。袁《紀》皆誤。"

中華本(323 頁)亦校"种暠"爲"仲光"、"南"與爲"安"，校記曰："從《後漢書·西羌傳》改。鈕永建校云：种暠歷仕順、沖、質、桓四朝，安帝時未嘗爲右扶風，涼州亦無南安郡。蓋袁《紀》誤。"李本(200 頁)未校。

按，諸校是。另，《後漢書》卷五《安帝紀》亦載此事，言元初二年冬十月"乙未，右扶風仲光、安定太守杜恢、京兆虎牙都尉耿溥與先零羌戰於丁奚城，光等大敗，並没。左馮翊司馬鈞下獄，自殺"。李賢注引《東觀漢記》曰："安定太守杜恢與鈞等并威擊羌，恢乘勝深入，爲虜所害，鈞擁兵不救，收鈞下獄。"②據《後漢書》，仲光、杜恢遇害事在十月乙未，《紀》文合西羌犯境與二太守遇害事爲一，失之粗疏。

112. 宰設服

《後漢紀》卷一六《安帝紀上》："袁宏曰：昔王侯身能衣而宰設服，足能

---

① 《後漢書》，第 223 頁；《資治通鑑》，第 1592 頁。
② 《後漢書》，第 224 頁。

行而相者導進,口能言而行人稱辭,閑之有禮,輔之有物。"(460頁)

"宰設服",中華本(320頁)、李本(202頁)均未校。

按,《御覽》卷七六引《慎子》:"昔者天子手能依而宰夫設服,足能行而相者導進,口能言而行人稱辭。"①宋王應麟《困學紀聞》卷五《儀禮》引《慎子》亦同。②"宰"乃王室總管,掌王家内外事務,傳達君王王后之命,不太可能爲天子"設服"之瑣事。《儀禮·公食大夫禮》:"宰右執鐙,左執蓋。"東漢鄭玄注:"宰謂太宰,宰夫之長也。"③"宰夫"乃"宰"之屬官,掌治朝之法及禮喪諸事。《周禮·天官·宰夫》:"宰夫之職,掌治朝之法,以正王及三公六卿大夫群吏之位,掌其禁令。叙群吏之治,以待賓客之令,諸臣之復,萬民之逆。"④而服乃儀禮之表,故得以宰夫置設之。《國語·魯語下》:"今大夫而設諸侯之服,有其心矣。若無其心,而敢設服以見諸侯之大夫乎?將不入矣。夫服,心之文也。如龜焉,灼其中,必文于外。"⑤另從行文看,"宰夫""相者""行人"皆相對仗,據此,袁《紀》"宰"下脱"夫"字,當據補。

113. 中常侍黃門郎

《後漢紀》卷一七《安帝紀下》:"上乳母王聖知之,見太后久不歸政,恐有廢置意。中常侍、黃門郎李閏爲上伺候,及后崩,因言鄧悝兄弟嘗從尚書鄧防取廢帝故事,謀欲立平原王爲帝。"(461頁)

"中常侍黃門郎",中華本(326頁)、李本(206頁)並未校。

按,"中常侍、黃門郎"頗可疑。《後漢書》卷一六《鄧騭傳》:"而乳母王聖見太后久不歸政,慮有廢置,常與中黃門李閏候伺左右。"卷五《安帝紀》李賢注云:"乳母王聖與中黃門李閏等誣告尚書鄧訪等謀廢立。"卷七八《宦者列傳》載:"時鄧太后臨朝,帝不親政事。小黃門李閏與帝乳母王聖常共譖太后兄執金吾悝等,言欲廢帝,立平原王(德)〔翼〕,帝每忿懼。及太后崩,遂誅鄧氏而廢平原王,封閏雍鄉侯;又小黃門江京以讒諂進,初迎帝於邸,以功封都鄉侯,食邑各三百户。閏、京並遷中常侍,江京兼大長秋,與中常侍樊豐、黃門令劉安、鈎盾令陳達及王聖、聖女伯榮扇動内外,競爲侈虐。"⑥由此可知,李閏其時當爲中黃門,後遷小黃門,誅鄧氏後,始進爲中常侍。且"中

---

① 《太平御覽》,第358頁上欄。
② (宋)王應麟撰,翁元圻輯注,孫通海點校:《困學紀聞注》,2016年,第684頁。
③ 《儀禮注疏》,(清)阮元校刻《十三經注疏(清嘉慶刻本)》,第2338頁。
④ 《周禮注疏》,(清)阮元校刻《十三經注疏(清嘉慶刻本)》,第1410頁。
⑤ 徐元誥:《國語集解》,第187頁。
⑥ 《後漢書》,第616、233、2514頁。

常侍""黃門郎"並提者,後漢諸史皆未有見。據《續漢志》卷二六《百官志三》:"中常侍,千石。本注曰:宦者,無員。後增秩比二千石。掌侍左右,從入內宮,贊導內衆事,顧問應對給事。"又載:"黃門侍郎,六百石。掌侍從左右,給事中,關通中外,及諸王朝見於殿上,引王就坐。"又載:"中黃門,比百石。本注曰:宦者,無員。後增比三百石。掌給事禁中。"①可知,中常侍、黃門郎、中黃門官秩差異頗大。"中常侍""黃門郎"相並提,於情理頗不合。疑袁《紀》"中常侍黃門郎"當據《鄧騭傳》作"中黃門"。

114. 著其節制

《後漢紀》卷一七《安帝紀下》:"夫人生三年,乃免父母之懷,先聖緣情著其節制,故曰'臣有大喪,君三年不呼其門'。"(468 頁)

"著其節制",中華本(329 頁)、李本(208 頁)皆同,並未校。

按,《後漢書》卷四六《陳忠傳》作:"先聖緣人情而著其節,制服二十五月,②是以春秋臣有大喪,君三年不呼其門。""制服",行喪服禮也。《後漢書》卷三五《袁閎傳》:"及母歿,不爲制服設位,時莫能名,或以爲狂生。"又卷五三《馮良傳》:"妻子求索,蹤迹斷絕。後乃見草中有敗車死馬,衣裳腐朽,謂爲虎狼盜賊所害,發喪制服。"③《三國志》卷六四《吳志·諸葛恪傳》:"峻以告恪,恪請弘咨事,於坐中誅之,乃發喪制服。"④《宋書》卷四六《張暢傳》:"起家爲太守徐佩之主簿,佩之被誅,暢馳出奔赴,制服盡哀,時論美之。"⑤

"節制"雖有禮制之義,文意亦粗可通,但終不若《後漢書》作"著其節,制服二十五月"意更彰,"制服二十五月"即其"節"也。據此,袁《紀》"節制"似不當連讀,"節"爲禮節之義,"制"後疑脫"服二十五月"四字,當據

---

① 《後漢書》,第 3593—3594 頁。
② "制服二十五月",清顧炎武《日知錄》卷五《三年之喪》論曰:"《春秋·閔公二年》公羊傳曰:'三年之喪,實以二十五月。'本注:《白虎通》'三年之喪再期二十五月。'《後漢書》陳忠疏言:'先聖緣人情而著其節,制服二十五月。'《淮南子》'飾喪紀',高誘注:'紀,數也。二十五月之數也。'孔安國《書傳·太甲篇》云:'湯以元年十一月崩,至此二十六月,三年服闋。'鄭玄謂:'二十四月再期,其月餘日不數,爲二十五月。中月而禫則空月爲二十六月。出月禫祭,爲二十七月。'與王肅異。按《三年問》曰:'至親以期斷,是何也? 曰:天地則已易矣,四時則已變矣,其在天地之中者莫不更始焉,以是象之也。然則何以三年也? 曰:加隆焉爾也,焉使倍之,故再期也。'今從鄭氏之說,三年之喪必二十七月。"詳參(清)顧炎武撰,陳垣校注:《日知錄校注》,第 282 頁。
③ 《後漢書》,第 1526、1743 頁。
④ 《三國志》,第 1434 頁。
⑤ 《宋書》,第 1397 頁。

《後漢書》補。句讀爲"先聖緣情著其節,制服二十五月",如此文意更顯。

115. 在輿爲軾　所請

《後漢紀》卷一七《安帝紀下》:"然王者虛己,待以殊禮,在輿爲軾,在坐爲起。漢典舊事,丞相所總,靡有不聽。"(471 頁)

"在輿爲軾",李本同,未校。中華本(330 頁)校曰:"《後漢書》《陳寵列傳》作'在輿爲下'。"

按,"在輿爲軾",當從《後漢書》卷四六《陳忠傳》作"在輿爲下"。《漢書》卷八四《翟方進傳》:"春秋之義,尊上公謂之宰,海內無不統焉。丞相進見聖主,御坐爲起,在輿爲下。群臣宜皆承順聖化,以視四方。"唐顏師古注引《漢官儀》曰:"皇帝見丞相起,謁者贊稱曰:'皇帝爲丞相起。'起立乃坐。皇帝在道,丞相迎謁,謁者贊稱曰:'皇帝爲丞相下輿。'立乃升車。"又卷八六《王嘉傳》:"永信少府猛等十人以爲:'……嘉罪名雖應法,聖王之於大臣,在輿爲下,御坐則起,疾病視之無數,死則臨弔之,廢宗廟之祭,進之以禮,退之以義,誄之以行。'"①《晉書》卷二一《禮志下》:"公侯大臣,人君所重,故御坐爲起,在輿爲下,言稱伯舅。傳曰'國卿,君之貳也',是以命使之日,御親臨軒,百僚陪列,此即敬事之意也。"②《通典》卷二二《職官四》引《漢儀》曰:"丞相進,天子御座爲起,在輿爲下;有疾,灋駕至第問。"③

據上引可知,"在輿爲下",乃"皇帝爲丞相下輿之"之意,而非行軾禮也。"軾"當爲"下"之誤字,殆爲傳抄中所妄改也。

另,"丞相所總",《後漢書》卷四六《陳忠傳》作"丞相所請";④《東漢會要》卷一九、《通鑑》卷五〇載亦均從《後漢書》作"丞相所請"。⑤

按,"總",統也。《通典》卷一九《職官》:"暨秦兼天下,建皇帝之號,立百官之職,不師古。始罷侯置守,太尉主五兵,丞相總百揆。"⑥《史記》卷《陳丞相世家》:"宰相者,上佐天子理陰陽,順四時,下育萬物之宜,外鎮撫四夷諸侯,內親附百姓,使卿大夫各得任其職焉。"《漢書》卷八四《翟方進傳》:"春秋之義,尊上公謂之宰,海內無不統焉。"卷八三《薛宣傳》:"御史大夫內承本朝之風化,外佐丞相統理天下,任重職大,非庸材所能堪。""統"即總

---

① 《漢書》,第 3414—3415、3501 頁。
② 《晉書》,第 660 頁。
③ 《通典》,第 597 頁。
④ 《後漢書》,第 1565 頁。
⑤ 《東漢會要》,第 194 頁;《資治通鑑》,第 1621 頁。
⑥ 《通典》,第 467 頁。

也。卷八九《循吏傳·黄霸》："霸材長於治民,及爲丞相,總綱紀號令,風采不及丙、魏、于定國。"①《晉書》卷一二一《李雄載記》："秦置丞相,總領萬機。"②

據此,"丞相所總,靡有不聽",謂丞相所統海內,無不聽之;而非謂丞相所請托,無所不從,故作"總"意更勝。

116. 來曆

《後漢紀》卷一七《安帝紀下》："太子之廢,諸名臣來曆等守闕固爭,忠又劾奏,當世以此爲譏。"(472頁)

"來曆",中華本(330頁)校爲"來歷",云"從龍谿本、學海堂本改";李本(472頁)作"來历",並未校。

按,當作"來歷"。《後漢書》卷一五《來歷傳》:"歷字伯珍,少襲爵,以公主子,永元中,爲侍中,監羽林右騎。"③卷四六《陳忠傳》作"諸名臣來歷、祝諷等守闕固爭";④又卷六《順帝紀》、卷四一《第五倫傳》、卷三七《桓榮傳》、卷三六《鄭興傳》、卷五六《陳皓傳》等均作"來歷"。《三國志》卷四三《蜀志·張翼傳》裴注引《益部耆舊傳》曰:"延光三年,安帝議廢太子,唯浩與太常桓焉、太僕來歷議以爲不可。"⑤《華陽國志》卷一〇中《廣漢士女》載此事亦作"來歷",⑥可知"曆"當正作"歷"。

117. 天子

《後漢紀》卷一七《安帝紀下》:"戊子,陽陵寢殿火。本志曰:棄法律;逐大臣,殺太子,以妾爲妻,則火不炎上,謂火失其性而爲災也。今發於先陵,此天子將變象也。若曰:'不當廢太子以自翦,如火不當害先陵之寢也。'"(473頁)

"天子將變象",中華本(330頁)同周本,均未校。李本校"天"爲"太",校曰:"《續漢書·五行志》作:'凡災發于先陵,此太子將廢之象也。'袁《紀》前後文亦云'殺太子''不當廢太子'等等。據此知《紀》文'天子'乃'太子'之訛。今據改。"(215頁)

---

① 《漢書》,第3414、3391、3632頁。
② 《晉書》,第3036頁。
③ 《後漢書》,第590頁。
④ 《後漢書》,第1566頁。
⑤ 《三國志》,第1073頁。
⑥ (晉)常璩撰,任乃强校注:《華陽國志校補圖注》,上海古籍出版社,1987年,第582頁。

按,李本據《續漢志》改"天子"爲"太子",甚是。先帝陵災火,古多以爲廢太子之徵。《宋書》卷三二《五行志二》亦載:"元康八年十一月,高原陵火。是時賈后凶恣,賈謐擅朝,惡積罪稔,宜見誅絕。天戒若曰,臣妾之不可者,雖親貴莫比,猶宜忍而誅之,如吾燔高原陵也。帝既眊弱,而張華又不納裴頠、劉卞之謀,故后遂與謐誣殺太子也。干寶云:'高原陵火,太子廢,其應也。漢武帝世,高園便殿火,董仲舒對與此占同。'"①《晉書》卷二七《五行志》所載亦同,②並可證。

118. 濟陽

《後漢紀》卷一七《安帝紀》:"戊子,鳳皇集濟陽,賜見者帛二十四,鳳皇所過亭部,無出今年租。"(477頁)

"濟陽",中華本(333頁)、李本(210頁)並未校。《後漢書》卷五《安帝紀》紀此事曰:"戊子,濟南上言,鳳皇集臺縣丞霍收舍樹上。賜臺長帛五十匹,丞二十匹,尉半之,吏卒人三匹。"李賢注云:"臺縣屬濟南郡,故城在濟州平陵縣北。"《續漢志》卷一四《五行志二》亦載:"安帝延光三年二月戊子,有五色大鳥集濟南臺;十月,又集新豐,時以爲鳳皇。"③《宋書》卷二八《符瑞志二》紀此事亦作"集濟南臺縣丞霍收舍樹上"。④ 另據《續漢志》卷二一《郡國志三》,"濟陽"乃縣名,屬陳留郡;卷二二《郡國志四》載臺縣屬濟南郡。⑤ 如此,《紀》文作"濟陽"當作"濟南"。"陽"蓋涉上文"復濟陽今年田租"而誤。另,《續漢志》"臺"後脱"縣"字,當據《後漢書》《宋書》補。

119. 稱譖

《後漢紀》卷一七《安帝紀下》:"騰竟死於都市。中常侍樊豐等由是共稱讚震,騰死之後深用怨懟。"(478頁)

"稱讚",中華本(333頁)、李校本(210頁)並作"稱譖"。按,周本作"讚"當爲排印之誤,但作"譖"亦當有誤。"稱"乃稱舉之義,而"譖"爲誣告義,乃貶詞,《玉篇·言部》:"譖,讒也。"⑥《論語·顏淵》:"子曰:'浸潤之譖,膚受之愬,不行焉。'"梁皇侃疏:"譖,讒謗也。"⑦《後漢書》卷一四《齊武

---

① 《宋書》,第934頁。
② 《晉書》,第805頁。
③ 《後漢書》,第238、3300頁。
④ 《宋書》,第974頁。
⑤ 《後漢書》,第3447、3471頁。
⑥ 《大廣益會玉篇》,第293頁。
⑦ 《論語注疏》,(清)阮元校刻《十三經注疏(清嘉慶刻本)》,第5437頁。

王縝傳》：“殆不至如譖者之言。”唐李賢注引何休注《公羊傳》曰：“加誣焉曰譖。”①因此，“稱”“譖”其義相反，既稱又譖，甚相矛盾。

《後漢書》卷五四《楊震傳》載此曰"遂共譖震云：'自趙騰死後，深用怨懟'"。②《書鈔》卷五一、《初學記》卷一一引《東觀記》皆作"中常侍樊豐等譖之"。③《御覽》卷五五四引華嶠《後漢書》作"共構譖震"。④《隸釋》卷一二《漢太尉楊震碑》紀此即作："而青蠅嫉正，醜直實繁，橫共構譖，慷慨暴斃。"⑤明"稱"當即"構"之訛字。⑥ "構譖"，構陷誣告也。《續漢志》卷一一《天文志中》："是時大將軍耿寶、中常侍江京、樊豐、小黃門劉安與阿母王聖、聖子女永等并構譖太子保，并惡太子乳母男、廚監邴吉。"⑦《舊唐書》卷一〇四《高仙芝傳》："大將軍畢思琛爲靈詧押衙，并行官王滔、康懷順、陳奉忠等，嘗構譖仙芝於靈詧。"⑧《新唐書》卷一三九《李泌傳》："初，帝在東宮，李林甫數構譖，勢危甚，及即位，怨之，欲掘冢焚骨。"⑨據此，袁《紀》"稱譖"當據正爲"構譖"。

120. 疾姦

《後漢紀》卷一七下《安帝紀下》："及爲公卿，敦古守樸，推其誠心，每言事不爲文辭，意在匡主〔疾〕（絕）姦而已。"（479頁）

周本改"絕"爲"疾"，校曰："據黃本、南監本改。"

中華本（334頁）作"絕姦"，校曰"從南監本、龍谿本改。"李校本（221頁）逕作"絕姦"，未校。

---

① 《後漢書》，第553—554頁。
② 《後漢書》，第1766頁。
③ 《北堂書鈔》，第1册，第380頁下欄；《初學記》，第254頁。
④ 《太平御覽》，第2506頁上欄。
⑤ 《隸釋 隸續》，第136頁。
⑥ "稱""構"二字形近，典籍多訛混者，如唐韓愈《唐故河南府王屋縣尉畢君墓誌銘》："貝邢盧許州刺史者曰憬，憬之子構。"校注曰："構，一作稱。非是，構字隆擇。"詳參馬其昶校注、馬茂元整理：《韓昌黎文集校注》卷六，上海古籍出版社，1986年，第379頁。又明梅鼎祚《釋文紀》卷二二《法義》："令旨答曰：'凡夫人於無稱有，聖人即有辨無。'"四庫本校曰："稱一作構。"又魏孝文帝《詔太傅元丕（太和十八年十月）》："中原始稱，須朕營視。在代之事，一委太傅。"校曰："稱當作構。"參《全上古三代秦漢三國六朝文》，第3541頁上欄。《魏書》卷一四《東陽王丕傳》即作"構"。參《魏書》，第360頁。又明梅鼎祚輯《釋文紀》卷二二《令旨解二諦義》："令旨答曰：'凡夫於無稱有，聖人即有辨無，有無相即，此談一體。'"校曰："稱，一作構。"參（明）梅鼎祚輯：《釋文紀》（二），《景印文淵閣四庫全書》，第1401册，第227頁。
⑦ 《後漢書》，第3242頁。
⑧ 《舊唐書》，第3205頁。
⑨ 《新唐書》，第4633頁。

經檢覈,黃本、明嘉靖本、四庫薈要本均作"疾姦";蔣氏重校本、振鷺堂本(1711年)、四庫本作"絶姦"。按,據文意,當以"絶姦"爲勝。"意"者,志也;"疾"者,非也,惡也。"疾姦"乃行爲之實,而非志意之所嚮。句言事之心志當在匡主絶姦也。"絶姦",塞絶姦原,《韓非子·外儲説右上》:"故子夏曰:'善持勢者,蚤絶姦之萌。'"①《漢書》卷八四《翟方進傳》:"君其孰念詳計,塞絶姦原,憂國如家,務便百姓以輔朕。"②《後漢紀》卷一七《安帝紀下》:"故經制父死子繼,兄亡弟及,所以别親疏,殊適庶,尊國體,重繼嗣,防淫篡,絶姦謀,百王不易之道。"③《晋書》卷八〇《王羲之傳》:"今除罪而充雜役,盡移其家,小人愚迷,或以爲重於殺戮,可以絶姦。"④故以"絶姦"更勝。疑各本涉上文"疾姦臣樊豐"而沿誤。

121. 權貴

《後漢紀》卷一八《順帝紀上》:"辛巳,太傅馮石、太尉劉喜以阿黨權〔貴〕(臣)免,司徒李郃以疾疫策罷。"(489頁)

周本校曰:"黃本無'臣'字,'臣'係蔣氏所加。按范《書》《順帝紀》注引《東觀記》作'以阿黨權貴',故據以補'貴'字。"

中華本(344頁)補"臣"字,校曰:"從南監本、龍谿本補。"李本(217頁)逕作"權臣",無校。

按,黃本、四庫薈要本作"以阿黨權免",明萬曆刊本(臺北圖書館藏)、蔣校本、振鷺堂本、龍谿本、四庫本皆作"以阿黨權臣免",可見"臣"乃明南監本所固有,非蔣氏所後加,周説待商。《後漢書》卷三三《馮石傳》:"順帝既立,石與喜皆以阿黨閻顯、江京等策免,復爲衛尉。"⑤作"權臣"當不誤。

122. 定頴侯

《後漢紀》卷一八《章帝紀》:"丙戌,太常桓焉爲太傅,大鴻臚朱寵爲太尉,長樂少府朱倀爲司徒。凡三公居位或不書,史失之也。封尚書郭鎮爲定頴侯。"(489頁)

"定頴侯",中華本(344頁)同。李本(229頁)校曰:"'定頴侯',范書

---

① (清)王先慎集釋,鍾哲點校:《韓非子集釋》,中華書局,1998年,第314頁。
② 《漢書》,第3423頁。
③ 《後漢紀》,張烈點校《兩漢紀》,第332頁。
④ 《晋書》,第2098頁。
⑤ 《後漢書》,第1150頁。

《郭躬傳》、《通鑑》順帝永建元年并作'定潁侯',胡三省注云:'定潁,侯國,屬汝南郡。'今考《兩漢志》,'定顛'無考,《紀》文誤,今據改。"

曹金華《稽疑》云:"以其'手劍賊臣,奸黨殄滅,宗廟以寧,功比劉章'揣之,似作'定顛'爲是;以汝南有'定潁侯國'揣之,似作'定潁'爲是。"①

按,《後漢書》卷四六《郭鎮傳》作"定潁侯"。②《御覽》卷五一五引謝承《後漢書》亦同,周天游輯此校曰:"'潁'原誤作'穎',汪輯誤作'疑',今據范《書》逕改。"③《水經注》卷三一《潕水》:"又東過定潁縣北,東入于汝。"注曰:"漢安帝永初二年,分汝南郡之上蔡縣,置定潁縣。順帝永建元年,以陽翟郭鎮爲尚書令,封定潁侯,即此邑也。"清楊守敬疏曰:"《續漢志》定潁縣不注置立,賴此知之。後漢屬汝南郡,魏、晋因,宋廢,在今西平縣東。"并引趙一清校曰:"郭鎮,《後漢書》有傳,鎮以誅閻景,擁順帝封,是永建元年,不在延光年也。延光乃安帝年號。"④另,《通鑑》卷五一《漢紀·順帝紀上》亦作"定潁侯",胡注云:"以禽閻景功也。定潁侯國,屬汝南郡。"⑤宋樂史《廣卓異記》卷一五引《後漢書》亦曰:"躬弟子鎮,再遷尚書令,封定潁侯。"⑥皆可證袁《紀》當作"定潁"。

123. 都梁侯

《後漢紀》卷一八《順帝紀》載此事:"詔免程等,徙爲都梁侯。程怨恨,封還印綬,更封爲宜城侯。"(490頁)

中華本(345頁)、李本(217頁)皆同,並未校。

按,此事與范《書》所載有異。《後漢書》卷七八《宦者傳·孫程》:"永建元年,程與張賢、孟叔、馬國等爲司隸校尉虞詡訟罪,懷表上殿,呵叱左右。帝怒,遂免程官,因悉遣十九侯就國,後徙封程爲宜城侯。程既到國,怨恨恚懟,封還印綬、符策,亡歸京師,往來山中。詔書追求,復故爵土,賜車馬衣物,遣還國。"唐李賢注引《續漢書》曰:"程到宜城,怨恨恚懟,刻瓦爲印,封還印綬。"⑦據此,當先徙孫程爲宜城侯,後復其故國,即爲浮陽侯。同卷又載:"程臨終,遺言上書,以國傳弟美。帝許之,而分程半,封程養子壽爲浮陽

---

① 曹金華:《後漢書稽疑》,第609頁。
② 《後漢書》,第1545頁。
③ 《八家後漢書輯注(修訂本)》,第19頁。
④ (北魏)酈道元撰,楊守敬、熊會貞疏:《水經注疏》,江蘇古籍出版社,1989年,第2636頁。
⑤ 《資治通鑑》,第1642頁。
⑥ (宋)樂史:《廣卓異記》,《全宋筆記》,大象出版社,2019年,第3册,第108頁。
⑦ 《後漢書》,第2517頁。

侯。"①可證當以《程傳》所載爲是。

124. 以光禄大夫　居在所縣

《後漢紀》卷一八《順帝紀上》："英既至，天子爲設壇席，延問得失，拜五官中郎將。遂稱疾篤，賜告歸，復追下詔以光禄大夫，居在所縣賜穀千斛，常以八月存問高年，時致羊酒如前世故事。"（491頁）

"復追下詔以光禄大夫，居在所縣賜穀千斛"，中華本（345頁）點作："復追下詔，以光禄大夫居在所縣，賜穀千斛。"李本（218頁）補"家"字，作"復追下詔，以光禄大夫家居，在所縣賜穀千斛"。

按，此句"居在所縣"難以索解。中華本以"下詔以光禄大夫居在所縣"絶句，似有不妥，前文已言"賜告歸"，後不當再詔曰"居所在縣"；且"居在所縣"亦不合文辭，難以卒讀。李校本所點斷頗有理，《御覽》卷二四三《職官部》引《樊英別傳》曰："詔書告南陽太守、五官中郎將樊英委榮辭禄，不降其節，志不可奪。今以英爲光禄，賜還家，在所縣給穀千斛，常以八月存高年，給羊一頭，酒三斛。"②《後漢書》卷八二上《方術傳·樊英》載此作"數月，英稱疾篤，詔以爲光禄大夫，賜告歸。令在所送穀千斛"。③"在所"，即所在地；"在所縣"，猶今言"所在縣"，可知當在"居"下絶句。但李本據四庫本補"家"字，亦不可信從。"居"本有住義，如《後漢書》卷一〇下《皇后紀下》："后少孤，隨母爲居，因冒姓梁氏。"卷一一《劉玄傳》："更始常依謝禄居，劉恭亦擁護之。"卷五四《楊賜傳》："賜字伯獻。少傳家學，篤志博聞。常退居隱約，教授門徒，不荅州郡禮命。"④"以光禄大夫居"，言以光禄大夫之職居家也。據此，袁《紀》當作"復追下詔，以光禄大夫居，在所縣賜穀千斛"。

125. 拜侍中

《後漢紀》卷一八《順帝紀上》："有司劾以不敬，詔下縣次引致，瓊不得已前就徵，拜侍中。"（492頁）

"拜侍中"，各本均未校。據《後漢書》卷六一《黄瓊傳》載"瓊至，即拜議郎，稍遷尚書僕射"，⑤檢《瓊傳》亦未見載黄瓊有任職侍中者。據《黄瓊傳》，瓊後歷任尚書令、魏郡太守、太常，元嘉元年任司空，策免後任太僕。永

---

① 《後漢書》，第2517頁。
② 《太平御覽》，第1152頁下欄。
③ 《後漢書》，第2724頁。
④ 《後漢書》，第444、475、1775頁。
⑤ 《後漢書》，第2032頁。

興元年,遷司徒,轉太尉,其間,均未有及任職侍中者。侍中屬少府,秩比二千石。① 《紀》文言初見即徵拜侍中,後漢鮮有舊例。另據《李固傳》,李固曾上疏言事,曰:"瓊久處議郎,已且十年,衆人皆怪始隆崇,今更滯也。"② 《後漢紀》載此作"瓊等久處郎署,已且十年"。③ 據此,袁《紀》言"瓊不得已前就徵,拜侍中",則頗不可信。疑"侍中"爲"議郎"之訛。後漢徵召官員,一般初拜郎官。

126. 殉準的

《後漢紀》卷一八《順帝紀上》:"夫萬物之性,非能自止者也。上之所爲,民之準的也。今以不止之性,而殉準的於上,是彌而開之,使其侈競也。"(494 頁)

"殉準的",中華本(347 頁)皆同,無校。李本(219 頁)作"徇準的",未出校。

按,李本從四庫本校"殉"爲"徇",似欠妥。典籍"殉""徇"多通用,《玉篇·歹部》:"殉,亦求也,營也。"④《廣雅·釋言》:"徇,營也。"清王念孫疏證云:"《衆經音義》卷十七引《倉頡篇》云:'殉,求也。'《莊子·駢拇》篇'小人則以身殉利',司馬彪注云:'殉,營也。'殉,與'徇'通。"⑤《尚書·伊訓》:"敢有殉於貨色,恒于遊畋,時謂淫風。"漢孔安國傳:"殉,求也。"⑥《史記》卷七《項羽本紀》:"今不恤士卒而徇其私,非社稷之臣。"唐司馬貞索隱引崔浩云:"徇,營也。"⑦《漢書》卷一〇〇上《叙傳上》:"豈余身之足殉兮,悼世業之可懷。"唐顏師古注:"殉,營也。"⑧ 三國魏曹植《九愁賦》:"匪徇榮而愉樂,信舊都之可懷。""徇"亦求也。《晉書》卷五四《陸機傳》:"游子殉高位于生前,志士思垂名于身後。"⑨"殉高位",營求高位也。又作"狥",《篇海》卷一《犬部第五十二》:"狥,俗徇字。"⑩ 漢賈誼《鵩鳥賦》:"貪夫徇財兮,烈

---

① 《續漢志》卷二六《百官志三》載:"侍中,比二千石。本注曰:無員。掌侍左右,贊導衆事,顧問應對。"劉昭注曰:"《漢官秩》云千石。《周禮》'太僕'干寶注曰:'若漢侍中'。"參《後漢書》,第 3593 頁。
② 《後漢書》,第 2081 頁。
③ 《後漢紀》,張烈點校《兩漢紀》,第 375 頁。
④ 《大廣益會玉篇》,第 395 頁。
⑤ 《廣雅疏證》,第 386 頁。
⑥ 《尚書正義》,(清)阮元校刻《十三經注疏(清嘉慶刻本)》,第 45 頁。
⑦ 《史記》,第 305 頁。
⑧ 《漢書》,第 4213—4214 頁。
⑨ 《晋書》,第 1475 頁。
⑩ (明)趙年伯輯:《篇海》卷一,明萬曆三十六年刻本,第七二頁。

士徇名。夸者死權兮,品庶每生。""徇",一作"狥"。①

據此,"殉準的",即"徇準的",追求目標之義,"殉"不煩改。

127. 普達

《後漢紀》卷一八《順帝紀下》:"陽以博施爲德,陰以不專爲義。蓋螽斯之福,則百祚之興也。願陛下思天行之普〔逮〕(達),均貫魚之次序,使小妾得免罪謗之累。"(498頁)

周本校曰:"據《續漢志》及鈕永建説改。《説文》曰:'逮,及也。'"

中華本(349頁)校曰:"'達',《太平御覽》一三七引《續漢書》作'逮'。"李本(220頁)未校。

按,作"達"亦通,"達"亦有及義。如漢董仲舒《春秋繁露·十指》:"親近來遠,同民所欲,則仁恩達矣。"②《三國志》卷七《魏志·臧洪傳》:"超遣洪詣大司馬劉虞謀,值公孫瓚之難,至河間,遇幽、冀二州交兵,使命不達。""不達"猶"不至"。又卷八《魏志·張魯傳》:"左右欲悉燒寶貨倉庫,魯曰:'本欲歸命國家,而意未達。今之走,避鋭鋒,非有惡意。'"③"意未達",言志未及也。因此,袁《紀》"普達"謂普至、遍及,正與"天行"相合。"達"或不誤。

128. 尚書

《後漢紀》卷一八《順帝紀上》:"是時長吏數易,去就煩費。尚書左雄上疏曰:'臣聞柔遠能邇,莫大寧民,寧民之務,莫重用賢。'"(500頁)

"尚書",中華本(350頁)、李本(221頁)並未校。按,據《後漢書》卷六一《左雄傳》載,左雄以虞詡薦,先擢爲尚書,再拜尚書令,後上疏言長吏廢易之事。據《續漢志》卷二六《百官志三》"尚書令一人,千石","尚書六人,六百石",④二者不可混同。可知《紀》文"尚書"後當補"令"字。

129. 安而無愁

《後漢紀》卷一八《順帝紀上》:"常歎曰:'民所以安而無愁者,政平吏良也。與我共此者,其唯良二千石乎?'"(500頁)

"安而無愁",中華本(350頁)、李本(221頁)並無校。《後漢書》卷六一

---

① 吴雲等校注:《賈誼集校注》,天津古籍出版社,2010年,第339頁。
② 蘇輿:《春秋繁露義證》,第146頁。
③ 《三國志》,第232、265頁。
④ 《後漢書》,第3596、3597頁。

《左雄傳》作"安而無怨",①《通志》卷一一一、《册府》卷四七〇、《東漢文鑒》卷一〇載此均同。② 按,"愁"當爲"怨"之誤文,作"怨"意更勝。③ 唐白居易《楊子留後殷彪授金州刺史兼侍御史河陰令韋同憲授南鄭令韋弁授絳州長史三人同制》:"凡此之官,與吾共理,使吾人安而無怨者,其外在吏良而致平乎?"④宋蘇轍《再論分別邪正劄子》:"君子既得其位,可以有爲;小人莫居於外,安而無怨。"⑤可知"安而無怨"後世頗有沿用。袁《紀》"愁"當據正。

130. 耳目

《後漢紀》卷一八《順帝紀上》:"監司相望,見非不舉,觀政於亭傳,責成於耳目,言善不稱德,論功不核實。虚誕者獲祐,束修者見黜;或因罪而致高,或處危以成名。"(501頁)

"耳目",中華本同,出校曰(363頁):"耳目,《後漢書·左雄列傳》作'朞月'。"李本(221頁)亦作"耳目",未校。

按,《後漢書》卷六一《左雄傳》作"朞月",唐李賢注:"朞,匝也。謂一歲。"⑥《治要》卷二三、《册府》卷四七〇、《通志》卷一一一下、《東漢會要》卷二一載此亦同;⑦《通鑑》卷五一《漢紀·順帝紀上》載此文亦作"朞月"。⑧據文意,此蓋謂監司觀政僅一過其亭傳,未詳覈其績,而責成其政在一歲之間,言要求下屬當速成其政,蓋謂守相之轉動之速也。清顧炎武《菰中隨筆·官人久于其職》引左雄疏曰:"漢初至今三百餘載,俗浸彫敝,巧偽滋萌,典城百里,轉動無常。各懷一切,莫慮長久。觀政於亭傳,責成於期月。拜除如流,動缺百數。送迎煩費,損政傷民。"⑨是時令長郡守遷官頻仍,故左

---

① 《後漢書》,第2016頁。
② 《通志》,第1647頁上欄;《册府元龜》,第5307頁;(宋)陳鑒輯:《東漢文鑒》卷一〇,國家圖書館藏明慎獨齋嘉靖二年刊本,第一一頁。
③ "愁""怨"形近,古書多互訛,如唐駱賓王《望月有所思》:"離居分照耀,愁緒共徘徊。"校曰:"愁,一作怨。"參(清)陳熙晋箋:《駱賓王集》卷二,浙江古籍出版社,2015年,第49頁;又《全唐詩》卷三〇一王建《路中上田尚書》:"可憐池閣秋風夜。愁緑嬌紅一遍新。""愁"下校曰:"一作怨。"參《全唐詩》,第3434頁。在如杜甫《詠懷古迹五首》其三:"千載琵琶作胡語,分明怨恨曲中論平聲。""怨"下校曰:"一作愁。"參(清)仇兆鰲注:《杜詩詳注》卷一七,中華書局,1979年,第1502頁。
④ 《全唐文》卷六六一,第6724頁。
⑤ (宋)蘇轍撰,陳宏天、高秀芳點校:《蘇轍集》,中華書局,1990年,第761頁。
⑥ 《後漢書》,第2017—2018頁。
⑦ 《群書治要》,第272頁;《册府元龜》,第5307頁;《通志》,第1647頁上欄;《東漢會要》,第229頁。
⑧ 《資治通鑑》,第1658頁。
⑨ (清)顧炎武:《菰中隨筆》一卷本,《顧炎武全集》,上海古籍出版社,2011年,第20册,第175頁。

雄疏言："守相長吏有顯效者可就增秩,勿使移徙,非父母喪不得去。"據此,《後漢紀》作"耳目",當爲"朞月"之訛文,言官吏變易頻繁,下多不安。"朞月"即"期月","期"脫"月"爲"其月",與"耳目"形似,又輾轉而訛爲"耳目"。

131. 作制令　民表

《後漢紀》卷一八《順帝紀》："袁宏曰:夫謀事作制令,以經世訓物,使必可爲也。古者四十而仕,非謂彈冠之會,必將是年也。以爲可仕之時,在於彊盛,故舉大限,以爲民表。"(507 頁)

"謀事作制令"句,李本(223 頁)點作"謀事作制,令以經世訓物";中華本(303 頁)逕作"夫謀事作制令以經世訓物"。

按,"制令"乃成詞,制度法令也,不可點斷。《左傳·昭公元年》："舉之表旗,而著之制令。"晉杜預注："爲諸侯作制度法令,使不得相侵犯。"①《資治通鑑》卷五一《漢紀·順帝紀上》引作"謀事作制,以經世訓物"。②"制""制令",其義一,皆可通。③

另,"民表",《通鑑》卷五一《漢紀·順帝紀上》引此作"民衷"。④ 按,"民衷",民心也,《南齊書》卷二《高帝紀下》："敬簡元辰,虔奉皇符,升壇受禪,告類上帝,以永答民衷,式敷萬國。"⑤《通鑑》作"民衷",於此無意,當據袁《紀》作"民表"。"民表",民之表率。《册府元龜》卷五九《帝王部·興教化》："故舉孝以爲民極,察廉以爲民表。"⑥袁《紀》載此詔云："郡國孝廉年四十已上,考德行,試其經。奏其茂才異行如顔淵、子奇,不拘年齒。"⑦故袁宏論曰"舉大限,以爲民表"。"大限",期限、年限也。袁《紀》又論："顔淵、子奇,曠代一有,而欲以斯爲格,豈不偏乎?""格",標準也,與"表"義近,可證作"表"是。

132. 體具山川

《後漢紀》卷一八《順帝紀》："政之治亂,主之得失,皆上帝所伺,而應以災祥者也。王者父天母地,體〔具〕(其)山川。今日蝕地動,山崩晝晦,主將

---

① 《春秋左傳正義》,(清)阮元校刻《十三經注疏(清嘉慶刻本)》,第 4388 頁。
② 《資治通鑑》,第 1661 頁。
③ 古者"制""製"多通,"制"或在傳抄中寫作"製",下部"衣"又受"制令"一詞之影響而訛作"令"字。果如此,袁《紀》之"令"字,或爲衍文也。
④ 《資治通鑑》,第 1661 頁。
⑤ 《南齊書》,第 32 頁。
⑥ 《册府元龜》,第 624 頁。
⑦ 《後漢紀》,張烈點校《兩漢紀》,第 353 頁。

安立？物將安寄？"(508頁)

校勘記曰："據嚴可均《全後漢文》改。范《書》《李固傳》作'寶有山川'。"

中華本(345頁)、李本(223頁)作"其",未校。按,"其"當不誤,《册府元龜》卷六四七載此即作"其"。① "體",疑讀爲"禮",②《左傳·成公五年》："國主山川,故山崩川竭,君爲之不舉、降服、乘縵、徹樂、出次、祝幣、史辭、以禮焉。"晋杜預注："禮山川。"③故後文曰："今日蝕地動,山崩晝晦,主將安立？物將安寄？"

133. 正身以先之,嚴以涖之

《後漢紀》卷一八《順帝紀上》："好惡既明,則宰官之吏,知所避就。又正身以先之,嚴以涖之,不變則刑罰之。夫知爲善之必利,爲惡之必害,孰能不化？則官良矣。"(511頁)

"正身以先之,嚴以涖之",中華本、李本皆删"不"字,作"正身以先之,嚴以涖之"。中華本(364頁)校曰："從南監本、龍谿本删。"李本(230頁)校曰："《校記》云'不'疑衍。今按,龍谿本及《全後漢文》輯袁《紀》此文'嚴'上皆無'不'字,底本衍無疑。今據删。"

按,《册府》卷六四七作"身以先之,不嚴以涖之"。④ "不嚴以涖之"出自《論語·衛靈公》："知及之,仁不能守之,雖得之,必失之；知及之,仁能守之,不莊⑤以涖之,則民不敬；知及之,仁能守之,莊以涖之,動之不以禮,未善也。"⑥但據文意,《紀》文當無"不"字,諸本所校是。

另"正身以先之",各本均未校。《册府》卷六四七引即無"正",袁《紀》"正"蓋亦爲衍文。《史記》卷五《秦本紀》："夫自上聖黃帝作爲禮樂法度,身以先之,僅以小治。"⑦漢仲長統《昌言·闕題一》載："教有道,禁不義,而身

---

① 《册府元龜》,第7466頁。
② "體""禮"典籍常通,參高亨：《古字通假會典》,第543頁；王海根編：《古代漢語通假字大字典》,第986頁。
③ 《春秋左傳正義》,(清)阮元校刻《十三經注疏(清嘉慶刻本)》,第4129頁。
④ 《册府元龜》,第7468頁。
⑤ 袁《紀》引作"嚴"乃避漢明帝諱"莊"而改易之字。許慎《説文·艸部》"莊,上諱",徐鍇繫傳云："後漢明帝諱,故許慎不解説而最在前也。"《漢書》卷五七上《司馬相如傳上》："吳嚴忌夫子之徒。"唐顔師古注："嚴忌本姓莊,當時尊尚,號曰夫子。史家避漢明帝諱,故遂爲嚴耳。"
⑥ (梁)皇侃撰,高尚榘點校：《論語義疏》,中華書局,2013年,第412頁。
⑦ 《史記》,第132頁。

以先之,令德者也;身不能先,而聰略能行之。"①《後漢書》卷三九《劉愷傳》:"今刺史一州之表,二千石千里之師,職在辯章百姓,宣美風俗,尤宜尊重典禮,以身先之。"②"以身先之",猶"身以先之"。"身",己稱也。上揭諸文例並無"正"字,均可證。且"身以先之,嚴以涖之",句式整飭,音律和諧。袁《紀》"正"殆爲衍文,當據删。

134. 誣引

《後漢紀》卷一八《順帝紀上》:"時魏郡霍諝舅宋光,爲人所誣,引〔以〕刊定詔書繫洛陽獄,考訊楚毒。"(516頁)

周本補"以"字,校曰:"據范書補。"中華本(358頁)、李校本(227頁)點作"時魏郡霍諝舅宋光爲人所誣引刊定詔書,繫洛陽獄"。

按,《後漢書》卷四八《霍諝傳》作"有人誣諝舅宋光於大將軍梁商者,以爲妄刊章文",與袁《紀》所載文字有别,似不宜據以補字,周校補"以"字無據。另,"誣引"乃成詞,誣告攀供之義,不可點斷。③《魏書》卷一一一《刑法志七》:"理官鞫囚,杖限五十,而有司欲免之則以細捶,欲陷之則先大杖。民多不勝而誣引,或絶命於杖下。"④《晉書》卷一一四《苻融載紀》:"是夜妻爲賊所殺,妻兄疑豐殺之,送豐有司。豐不堪楚掠,誣引殺妻。"⑤《宋書》卷六九《范曄傳》:"曄辭窮,乃曰:'熙先苟誣引臣,臣當如何。'"⑥"誣引"皆其例。

135. 以道理求便

《後漢紀》卷一八《順帝紀上》:"光衣冠子孫,徑路平易,位極州郡,日望徵辟,亦無瑕穢纖介之累,無故刊定詔書,欲何救解?就有所疑,當以道理求便,安能觸冒死禍,以解微細?譬諸附子療饑,鴆毒止渴,未入腹胃,咽喉已絶,豈可爲哉!"(516頁)

---

① (漢)仲長統撰,孫啓治校注:《政論校注 昌言校注》,中華書局,2012年,第327頁。
② 《後漢書》,第1307頁。
③ 《三國志》卷四三《蜀志·李恢傳》:"成都既定,先主領益州牧,以恢爲功曹書佐主簿。後爲亡虜所誣,引恢謀反,有司執送,先主明其不然,更遷恢爲别駕從事。"(參《三國志》,第1045頁)今按,"後爲亡虜所誣引恢謀反"當絶句,"誣引"不當點斷。另,"引"有攀供、揭舉義,真大成有考,參氏著《中古文獻異文的語言學考察——以文字、詞語爲中心》,上海教育出版社,2020年,第282—283頁。
④ 《魏書》,第2876頁。
⑤ 《晉書》,第2934頁。
⑥ 《宋書》,第1826頁。

"當以道理求便,安能觸冒死禍",中華本(358頁)同周本,均未校。李本(227頁)逕作"當以道理質正,安能觸冒死禍",無校。

按,李本所據當爲四庫館臣所擅改,不足爲據。《後漢書》卷四八《霍諝傳》作"當求其便安,豈有觸冒死禍"。① 對比即知,袁《紀》當脱"豈"字;又"安"當屬上讀。"便安"乃成詞,安穩、安寧之義。② 頗疑傳抄誤將"安"當作疑問詞,屬下讀,又以爲"豈"爲衍文而誤删之。其原文當作:"當以道理求便安,〔豈〕能觸冒死禍,以解微細?""便安",典籍習見。如《漢書》卷八三《薛宣傳》:"宣爲人好威儀,進止雍容,甚可觀也。性密静有思,思省吏職,求其便安。"卷一〇《成帝紀》:"公卿申敕百寮,深思天誡,有可省減便安百姓者,條奏。"③《後漢書》卷二六《韋彪傳》:"其二千石視事雖久,而爲吏民所便安者,宜增秩重賞,勿妄遷徙。"《續漢志》卷一七《五行志五》劉昭注引干寶《搜神記》曰:"又女弱獨行,豈當有伴邪?是吾外妹,幸爲便安之。"④ "便安"皆安寧、安隱義。袁《紀》當補"豈",句意方足。

136. 表素

《後漢紀》卷一九《順帝紀下》:"二君皆表素疾惡,欲分明黑白。"(525頁)

"表素",中華本(368頁)、李本(232頁)並未校。

按,"表素"字面生僻,古書罕見其例,難以索解。《後漢書》卷八七《西羌傳》作"素性疾惡"。據此,"表"當爲"性"之誤字。"性"俗字可寫作"恈",《正字通·心部》:"性,《同文舉要》《孝經》'性'作'恈'。"⑤頗疑寫本作"恈素"而誤爲"表素",此當據正爲"性素"。⑥ "素",平素也。《三國志》卷三九《蜀志·董允傳》:"亮尋請禕爲參軍,允遷爲侍中,領虎賁中郎將,統宿衛親兵。攸之性素和順,備員而已。"⑦《世説新語·規箴》:"元帝過江猶好酒。"南朝梁劉孝標注引鄧粲《晋紀》云:"性素好酒,將渡江,王導深以諫。"⑧

---

① 《後漢書》,第1616頁。
② 從文意看,"便"有安義,《説文·人部》:"便,安也。"《楚辭·大招》:"魂乎歸徠,恣所便只。"漢王逸注:"便,猶安也。"是"便安"同義連文。
③ 《漢書》,第3391、321頁。
④ 《後漢書》,第919、3349頁。
⑤ (明)張自烈:《正字通》,中國工人出版社影康熙弘文書院刊本,1996年,第362頁。
⑥ "二君皆性素疾惡"與"二君皆素性疾惡"均合乎語法,皆可通,故不必據《後漢書》作"素性"也。
⑦ 《三國志》,第985頁。
⑧ 《世説新語箋疏》,第661頁。

137. 神聖

《後漢紀》卷一九《順帝紀》:"懲忿窒欲,事依禮制,禮制修〔則〕奢僭息,事合宜則無凶咎。然後神聖允塞,災沴不至矣。"(529頁)

"神聖",中華本(371頁)、李本(234頁)皆未校。《後漢書》卷五九《張衡傳》作"神望";《通鑑》卷五二《漢紀·順帝紀下》、《册府元龜》卷五二五載亦同。①

按,據文意,當作"神望"。"塞神聖"則未聞。"神望",神靈之望。"神望允塞,災沴不至",言神靈之企望得以滿足,則災害不至也。《全三國文》卷三五傅嘏《皇初頌》:"歌九功,舞八佾。鴻澤普,皇恩洽。民欲得,神望塞。"(出《藝文類聚》卷一〇)②唐道宣《續高僧傳》卷一三《義解九·唐安州方等寺釋慧暠傳》:"既達故鄉,亟仍前業,重張領牒,更叙關鍵,神望彌高,衆聚彌結。"③"神望",皆神靈之企望義。袁《紀》"聖"即"望"之譌,當據正。

138. 畏惡

《後漢紀》卷一九《順帝紀下》:"恭儉畏惡,必蒙福祉,奢淫謟慢,鮮不夷戮,前事不忘,後事之師也。"(529頁)

"畏惡",中華本(370頁)、李校本(234頁)皆作"畏忌"。《後漢書》卷五九《張衡傳》亦作"畏忌"。"畏惡""畏忌"似均可通,但詳審之,可明"畏惡"殆誤。

"畏惡"有懼恨之義,④多用於貶義,於袁《紀》文意頗不切合,如《漢書》卷九九《王莽傳》:"莽畏惡況,陰爲發代,遣使者賜況璽書。使者至,見況,因令代監其兵。"⑤《後漢書》卷一四《城陽恭王劉祉傳》:"歲餘,會族兄安衆侯劉崇起兵,王莽畏惡劉氏,徵敞至長安,免歸國。"卷四八《翟酺傳》:"書奏不省,而外戚寵臣咸畏惡之。"⑥《三國志》卷一一《魏志·邴原傳》:"遼東太守公孫度畏惡欲殺之,盡收捕其家,政得脱。"⑦

---

① 《後漢書》,第1910頁;《資治通鑑》,第1674頁;《册府元龜》,第5970頁。
② 《全上古三代秦漢三國六朝文》,第1249頁上欄。
③ (唐)道宣撰,郭紹林點校:《續高僧傳》,中華書局,2014年,第434頁。
④ "惡"有懼義,故"畏惡"亦有懼怕義,亦多用爲貶義,如《論衡·是應》:"河中有此異物,時出浮揚,一身九頭,人畏惡之,未必覆人之舟也。"參(漢)王充撰,黄暉校釋:《論衡校釋》,第763頁。《三國志》卷七《魏志·吕布傳》:"布自殺卓後,畏惡涼州人,涼州人皆怨。由是李傕等遂相結還攻長安城。"參《三國志》,第220頁。
⑤ 《漢書》,第7143頁。
⑥ 《後漢書》,第560、1605頁。
⑦ 《三國志》,第350頁。

"畏忌"有畏懼顧忌義,但亦可指敬憚謹慎,可表褒意,與文意正合。《儀禮·士虞禮》:"孝子某,孝顯相,夙興夜處,小心畏忌,不惰其身,不寧。"①《漢書》卷五九《張湯傳》:"後歲餘,禹謀反,夷宗族,安世素小心畏忌,已内憂矣。"卷八五《谷永傳》:"百官盤互,親疏相錯,骨肉大臣有申伯之忠,洞洞屬屬,小心畏忌,無重合、安陽、博陸之亂。"②《續漢志》卷九《祭祀志下》劉昭注引丁孚《漢儀》載《桓帝祠恭懷皇后祝文》曰:"孝曾孫皇帝志,使有司臣太常撫,夙興夜處,小心畏忌,不墮其身,一不寧。"③漢蔡邕《獨斷》卷下:"小心畏忌曰僖。"④《左傳·隱公五年》唐孔穎達正義引《謚法》:"小心畏忌曰僖。"⑤《唐會要》卷八〇亦引《謚法》曰:"小心畏忌曰僖;小心恭慎曰僖。"⑥"畏忌"皆恭慎之義。故袁《紀》"畏惡"非是,當作"畏忌"。檢覈袁《紀》黄本、南監本等均作"忌",曹金華《後漢書稽疑》引周本"畏惡"謂異文,⑦似未詳審。

139. 殯已便關,關畢便葬

《後漢紀》卷一九《順帝紀下》:"方今邊境未寧,盜賊未息,朝廷用度,常〔苦〕(若)不足。氣絶之後,便斂以時服,殯已便關,關畢便葬。上無損於國,下從我本意。"(533頁)

"關",中華本(373頁)、李校本(236頁)皆未校。《後漢書》卷三四《梁商傳》作"殯已開冢,冢開即葬"。⑧《東觀漢記校注》卷一五《梁商》亦同(出聚珍本)。⑨準此,袁《紀》"關"即爲"開"之訛,作"關"於意有礙。"殯"即謂停柩待葬,殯已便關,關又如何得下葬?《説文·歹部》:"死在棺,將遷葬柩,賓遇之。"清段玉裁注:"當云屍在棺。"⑩按古喪制,人死入殮而殯,殯時一般較長,《左傳·隱公元年》:"天子七月而葬,同軌畢至;諸侯五月,同盟

---

① 《儀禮注疏》,(清)阮元校刻《十三經注疏(清嘉慶刻本)》,第2547—2548頁。
② 《漢書》,第2649、3451頁。
③ 《後漢書》,第3195頁。
④ (漢)蔡邕:《獨斷》卷下,《四部叢刊三編》第223册,商務印書館影印本,1936年,第一五頁。
⑤ 《春秋左傳正義》,(清)阮元校刻《十三經注疏(清嘉慶刻本)》,第3748頁。
⑥ (宋)王溥:《唐會要》,第1468頁。
⑦ 曹金華:《後漢書稽疑》,第756頁。
⑧ 《後漢書》,第1177頁。
⑨ 《東觀漢記校注》此條下校勘記曰"此條不知聚珍本從何書輯録"。參《東觀漢記校注》,第615頁。
⑩ 《春秋左傳正義》,(清)阮元校刻《十三經注疏(清嘉慶刻本)》,第3727頁。

至;大夫三月,同位至;士踰月,外姻至。"①《漢書》卷六《武帝紀》:"丁卯,帝崩於五柞宮,入殯於未央宮前殿。三月甲申,葬茂陵。"②因此,袁《紀》"關"當作"開",開冢之意也。"殯已開冢,冢開即葬",謂後殯已則開冢下葬,冢開,即時下葬也。言喪事從速,一切從簡。

140. 漢安元年六月

《後漢紀》卷一九《順帝紀下》:"夏六月,以匈奴立義王兜樓儲爲南單于,立於京師。"(534頁)

中華本(373頁)、李本(236頁)同,並未出校。

按,《後漢書》卷六《順帝紀》載此事在"漢安二年六月";卷八九《南匈奴傳》載亦同,云:"呼蘭若尸逐就單于兜樓儲先在京師,漢安二年立之。天子臨軒,大鴻臚持節拜授璽綬,引上殿。賜青蓋駕駟、鼓車、安車、駙馬騎、玉具刀劍、什物,給綵布二千匹。賜單于閼氏以下金錦錯雜具,軿車馬二乘。遣行中郎將持節護送單于歸南庭。詔太常、大鴻臚與諸國侍子於廣陽城門外祖會,饗賜作樂,角抵百戲。順帝幸胡桃宮臨觀之。"③另,《通典》卷一九五載此事亦作"漢安二年立之";《通鑑》卷五二《漢紀·順帝紀下》亦從《後漢書》。④ 此事袁《紀》誤入漢安元年。

另,"立義王"當據《後漢書·順帝紀》作"守義王"。《册府》卷一〇九亦載:"漢安二年六月,遣行中郎將持節護送南單于守義王兜樓儲歸南庭。"⑤"守"草書常作""(王羲之《阮公帖》)、""(文徵明《千字文》)等;"立"草書可作""(懷素《大草千字文》)、""(趙佶《草書千字文》)等,形體近似,或得相訛。

141. 濟北太守

《後漢紀》卷一九《順帝紀下》:"侍中杜喬奏免陳留太守梁讓、濟陽太守汜宮、濟北太守崔瑗,贓罪狼籍,梁氏親黨也。"(535頁)

"濟北太守",中華本(374頁)、李本(236頁)均未校。《後漢書》卷六三《杜喬傳》作"濟北相"。

按,袁《紀》誤,此當作"濟北相"。《後漢書》卷五二《崔瑗傳》載:"漢

---

① 《漢書》,第212頁。
② 《漢書》,第211—212頁。
③ 《後漢書》,第273頁;2962—2963頁。
④ 《通典》,第5353頁;《資治通鑑》,第1696頁。
⑤ 《册府元龜》,第1186頁。

安初,大司農胡廣、少府竇章共薦瑗宿德大儒,從政有迹,不宜久在下位,由此遷濟北相。時李固爲太山太守,美瑗文雅,奉書禮致殷勤。歲餘,光禄大夫杜喬爲八使,徇行郡國,以臧罪奏瑗,徵詣廷尉。"又卷八〇上《文苑傳上·崔琦》載:"崔琦字子瑋,涿郡安平人,濟北相瑗之宗也。"①"濟北"乃濟北王劉壽屬國,《後漢書》卷四《和帝紀》載永元二年"夏五月庚戌,分太山爲濟北國,分樂成、涿郡、勃海爲河間國。丙辰,封皇弟壽爲濟北王",卷六《順帝紀》永和三年"秋七月丙戌,濟北王多薨",四年"五月戊辰,封故濟北惠王壽子安爲濟北王"。② 由此,"濟北"當無"太守"職,而應爲"濟北相"。

另,"濟陽太守",周本、中華本同;李本作"濟陰太守"。按,李本是。據《續漢志·郡國三》,濟陽乃縣名,屬陳留郡,置濟陽令,無太守職;卷六七《何進傳》又載,中平四年封何進弟何苗爲濟陽侯。③《後漢書》卷六三《杜喬傳》載此作"濟陰太守",④當是。

142. 還嬰

《後漢紀》卷一九《順帝紀》:"綱又於門外罷遣吏兵,獨留所親者十餘人,以書喻其長老素爲嬰所信者,請與相見,問以本變,因示以詔恩,使還嬰。嬰見綱推誠,即出見綱。"(537 頁)

"使還嬰",中華本(375 頁)同,李校本(237 頁)逕作"使還告嬰",均未校。

按,南監本、龍谿本、學海堂本均作"使還嬰",李校作"使還告嬰",當爲四庫本擅改易也。"使還嬰",句意未足。《三國志》卷四五《蜀志·張翼傳》裴注引《續漢書》文字與袁《紀》亦大略相同,其中"使還嬰"作"使還請嬰"。《册府》卷六八〇載亦同。⑤ 據此,袁《紀》脱"請"字,當據補。

143. 無嗣

《後漢紀》卷一九《順帝紀》:"今不料彊弱,非明也;棄福取禍,非智也;去順效逆,非忠也;身絶無嗣,非孝也;背正從邪,非直也;見義不爲,非勇也。"(537 頁)

---

① 《後漢書》,第 1724、2619 頁。
② 《後漢書》,第 170、268、269 頁。
③ 《後漢書》,第 3347、2246 頁。
④ 《後漢書》,第 2091 頁。
⑤ 《三國志》,第 1074 頁;《册府元龜》,第 7841 頁。

"無嗣",中華本(375 頁)、李本(237 頁)皆同,並未校。《後漢書》卷五六《張綱傳》即作"身絕血嗣,非孝也";①《治要》卷二三引《後漢書》、《册府》卷六九三載亦作"血嗣"。②

按,"無"當作"血",二者形近而訛。"無嗣",没有繼承也。言"無嗣",難合情理,其身死,其子嗣當尚得存,故不當言"無嗣"。"血嗣",即"血祀",李賢注曰:"凡祭皆用牲,故曰血嗣。"③《通鑑》卷五二《漢紀·順帝紀下》:"若聞義不服,天子赫然震怒,荆、揚、充、豫大兵雲合,身首橫分,血嗣俱絶。"元胡三省注:"賢曰:'凡祭皆用牲,故曰血嗣。'或曰:'父子氣血相傳,故曰血。'"④《後漢書·張綱傳》校勘記曰:"《集解》引惠棟説,謂據注則正文注文之'嗣'字皆當作'祀'。"⑤今按,惠棟言是,"祀"即爲本字也。⑥《後漢書》卷一六《鄧騭傳》:"宜收還冢次,寵樹遺孤,奉承血祀,以謝亡靈。"⑦《魏書》卷九二《列女傳·鉅鹿魏溥妻》:"良痛母老家貧,供奉無寄;赤子矇眇,血祀孤危。"⑧"身絶血嗣",言自己斷絶血祀祖宗,自我殄滅,故謂之"不孝"。據此,"無"當據正作"血"。

144. 十二月辛丑 居

《後漢紀》卷一九《順帝紀下》:"冬十月辛丑,令郡國中都官死罪繫囚犯大逆以下出縑贖罪,禁吏民無沽酒。十二月辛丑,死罪不能入贖者遣詣臨羌居二歲。匈奴中郎將馬寔有功於邊,詔書褒獎,賜錢十萬。"(539 頁)

周本校曰:"范《書》作'十月辛丑'詔之文。鈕永建曰:'按"十二月辛丑"五字衍文。'疑此條恐係補下之詔文,未必是袁紀之衍文。"

"十二月辛丑",中華本(376 頁)、李本(238 頁)均無校。周校謂"恐係補下之詔文",恐非。《後漢書》雖多載"又詔",但多爲二事,同一事而如此補詔,《後漢書》鮮見。且"死罪不能入贖者遣詣臨羌居二歲"前又無"詔曰"之言,於例不合。《後漢書》卷六《順帝紀》載:"冬十月辛丑,令郡

---

① 《後漢書》,第 1818 頁。
② 《群書治要》,第 266 頁;《册府元龜》,第 7991 頁。
③ 《後漢書》,第 1819 頁。
④ 《資治通鑑》,第 1694 頁。
⑤ 《後漢書》,第 1836 頁。
⑥ "祀""嗣"典籍或可通,《清華大學藏戰國竹簡(壹)·皇門》"少民用祷亡用祀",今本《逸周書·皇門》"祀"作"嗣"。參白於藍編:《簡帛古書通假字大系》,福建人民出版社,2017 年,第 62 頁。唐柳宗元《與楊京兆憑書》:"天若不棄先君之德,使有世嗣。""嗣",一作"祀"。參《柳宗元集》卷三〇,第 791 頁。
⑦ 《後漢書》,第 617 頁。
⑧ 《魏書》,第 1979 頁。

國中都官繫囚殊死以下出縑贖，各有差；其不能入贖者，遣詣臨羌縣居作二歲。"①因此，"死罪不能入贖者遣詣臨羌居二歲"當繫前文"十月辛丑"之詔文。

《後漢書》卷六《順帝紀》載漢安二年"十一月，使匈奴中郎將馬寔遣人刺殺句龍吾斯"。卷八九《南匈奴傳》載漢安二年"冬，中郎將馬寔募刺殺句龍吾斯，送首洛陽"。②據此，"十二月辛丑"殆爲馬寔"送首洛陽"事後，詔書褒獎之時日。袁《紀》"十二月辛丑"誤舛入前文，當置於"匈奴中郎將馬寔有功於邊"之前。

另，"居二歲"，周本、李本亦均未校，中華本據《後漢書》補"作"字。按，中華本所校是。"居作"，以勞作代償，《後漢書》："曾誤遺火延及它舍，鴻乃尋訪燒者，問所去失，悉以豕償之。其主猶以爲少。鴻曰：'無它財，願以身居作。'主人許之。因爲執勤，不懈朝夕。"③《隋書》卷二五《刑法志》："五歲四歲刑，若有官，准當二年，餘並居作。"④《舊唐書》卷五〇《刑法志》："於是又除斷趾法，改爲加役流三千里，居作二年。"⑤"居作"並傭作、以勞役代償之義。袁《紀》"居"後當補"作"。

據此，原文當作"冬十月辛丑，令郡國中都官死罪繫囚犯大逆以下出縑贖罪。死罪不能入贖者遣詣臨羌居作二歲。禁吏民無沽酒。十二月辛丑，匈奴中郎將馬寔有功於邊，詔書褒獎，賜錢十萬。"如此方文意貫通。

145. 卒志畢力

《後漢紀》卷一九《順帝紀下》："夫〔君〕（朝）者，舟也；民者，水也；朝之群臣，乘舟人也。大將軍兄弟，操楫者也。雖曰衆也，在所欲之。苟能卒志畢力，守遵常軌，以度元元，所謂福也；或乃怠弛中流，而捐楫放棹，將淪波濤，歸咎受怨，可不慎乎！"（542—543頁）

"卒志畢力"，中華本（378頁）、李校本（239頁）同，均未校。《後漢書》卷六五《皇甫規傳》作"平志畢力"。⑥另，《通志》卷一一二、《册府》卷六四七載皆作"平志"；⑦《容齋五筆》卷九《西漢用人人元元字》引此亦作"平志

---

① 《後漢書》，第273頁。
② 《後漢書》，第273、2963頁。
③ 《後漢書》，第2766頁。
④ 《隋書》，第703頁。
⑤ 《舊唐書》，第2136頁。
⑥ 《後漢書》，第2131頁。
⑦ 《通志》，第1660頁下欄；《册府元龜》，第7470頁。

畢力";①《通鑑》卷五二《漢紀·順帝紀下》載亦同。②《後漢書稽疑》校《皇甫規傳》,據《後漢紀》曰:"'平志'疑作'卒志'。"③

按,當以"平"爲是。"卒志",乃終其志、成其志之義,於此頗不切文意;且中古典籍鮮見,成詞時代亦頗晚,元郝經《漢義士田疇碑》:"君欲誅公孫瓚而未卒志,此瓚死所也,君之靈豈不烈烈于是乎?"④"卒志",成其志也。"平志",謂平和心志。漢荀悦《申鑒·雜言上》:"君子食和羹以平其氣,聽和聲以平其志。"⑤"平其志",言平和其志。漢徐幹《中論·藝紀》:"射以平志,御以和心。書以綴事,數以理煩。"⑥"平志""和心"互文見義。《舊唐書》卷三〇《音樂志三》:"穆穆天子,告成岱宗。大裘如濡,執珽有顒。樂以平志,禮以和容。"⑦袁《紀》"平志畢力",言平和心志,竭盡全力。據此,當以"平志"爲是,《紀》文當據正。

146. 上將軍

《後漢紀》卷一九《順帝紀下》:"冬十一月,九江盜賊徐鳳稱上將軍,殺掠吏民。"(543頁)

周本校曰:"范《書》《沖帝紀》作'無上將軍'。"

中華本(379頁)同周校。李本(239頁)亦作"上將軍",未出校。

按,《後漢書》卷六《沖帝紀》:"十一月,九江盜賊徐鳳、馬勉等稱'無上將軍',攻燒城邑。"卷三八《滕撫傳》亦載:"陰陵人徐鳳、馬勉等復寇郡縣,殺略吏人。鳳衣絳衣,帶黑綬,稱'無上將軍',勉皮冠黃衣,帶玉印,稱'黃帝',築營於當塗山中。"⑧"無上",至上也。作"上",則無意也。東漢"大將軍"名號衆多。至東漢後期,"大將軍"居三公之上。"無上"乃至高無上之義,東漢時以"無上將軍"自稱者頗有之。《後漢書》卷二〇《祭遵傳》:"時涿郡太守張豐執使者舉兵反,自稱'無上大將軍',與

---

① 宋洪邁《容齋五筆》卷九引作:"平志畢力,以庋元元。"參(宋)洪邁:《容齋隨筆》,中華書局,2005年,第939頁。按,"庋"當爲"度"。"度",渡也。"度元元",使元元度也。百姓爲水,君臣爲舟楫,故使水渡之。言若遵守常軌,平心盡力,則百姓可安然載之。故作"度"爲是。
② 《資治通鑑》,第1699頁。
③ 曹金華:《後漢書稽疑》,第850頁。
④ (元)郝經撰,田同旭校注:《郝經集校勘箋注》,三晋出版社,2018年,第2717頁。
⑤ (漢)荀悦撰,(明)黄省曾注,孫啓治校補:《申鑒注校補》,中華書局,2012年,第177頁。
⑥ (魏)徐幹撰,孫啓治解詁:《中論解詁》,中華書局,2014年,第127頁。
⑦ 《舊唐書》,第1118頁。
⑧ 《後漢書》,第276、1279頁。

彭寵連兵。'"①《三國志》卷六〇《吳志·賀齊傳》："賊帥張雅、詹彊等不願升降，反共殺升，雅稱無上將軍，彊稱會稽太守。"②《後漢書》卷八《靈帝紀》載，漢靈帝也曾"自稱'無上將軍'，燿兵於平樂觀。"卷六九《何進傳》詳載其事，曰："大將軍司馬許涼、假司馬伍宕說進曰：'太公《六韜》有天子將兵事，可以威厭四方。'進以爲然，入言之於帝。於是乃詔進大發四方兵，講武於平樂觀下。……禮畢，帝躬擐甲介馬，稱'無上將軍'，行陳三匝而還。"③據此，文當補"無"字。

147. 不絶遊戲

《後漢紀》卷二〇《質帝紀》："冀以問掾朱穆，穆對曰：'《易》稱："利涉大川，乘木舟虛。"《災異記》曰："利涉大川，濟渡萬民也。"舟船所濟渡萬民，不絶遊戲。船覆者，天誠將軍，以爲有德宰相，當濟渡萬民於難，不可長念樂身務遊戲而已。'"（551—552頁）

"不絶遊戲"句，中華本（387頁）同。李本（245頁）點作"舟船所以濟渡，萬民不絶，遊戲船覆者，天誠將軍"。

按，"不絶遊戲"無意。李本所點斷，文意亦頗有礙。《書鈔》卷一三七兩引張璠《漢後紀》曰："舟所以濟渡萬物，不施遊戲也。而今覆者，天戒將軍，當濟渡萬民，不可長念遊戲而已。"④《類聚》卷七一、《御覽》卷七六九引張璠《漢紀》均作"不施遊戲"。⑤ "施"，用也；"不施"，不施用。《史記》卷一〇《孝文本紀》："絰帶無過三寸，毋布車及兵器。"裴駰集解云："應劭曰：'無以布衣車及兵器也。'服虔曰：'不施輕車介士也。'"⑥《後漢書》卷八七《西羌傳》李賢注引《帝王紀》云："紂作象箸，箕子爲父師，歎曰：'象箸不施於土簋，不盛於菽藿，必須犀玉之杯，食熊蹯豹胎。'"⑦《南齊書》卷五七《魏虜傳》："虜主及后妃常行，乘銀鏤羊車，不施帷幔，皆偏坐垂腳轅中；在殿上，亦跂據。"⑧"不施"皆不施用之義。"不施遊戲"，言舟船不施用於遊戲。袁《紀》"絶"顯爲"施"之誤文，當據正。"施"俗寫與"絶"相近，或可寫作 施（《集成》清鈔本《繡屏緣》第一回）、施（《集成》清刊本《人間樂》第九回）、

---

① 《後漢書》，第739頁。
② 《三國志》，第1377頁。
③ 《後漢書》，第536、2246—2247頁。
④ 《北堂書鈔》，第2冊，第406、411頁下欄。第411頁下欄引"萬民"作"萬人"。
⑤ 《藝文類聚》，第1232頁；《太平御覽》，第3409頁下欄。
⑥ 《史記》，第434頁。
⑦ 《後漢書》，第2901頁。
⑧ 《南齊書》，第995—996頁。

㢮(《集成》本《珍珠舶》卷六)等，①右旁或作"色"，易與"絶"相混訛。②

148. 治掠

《後漢紀》卷二〇《質帝紀》："冀妻孫壽伺冀出，即多從倉頭，篡通期歸，治掠之，因言當上書告之。"(555頁)

"治掠"，中華本(389頁)同。李本逕作"掠治"，未出校。

按，李本作"掠治"，乃從四庫本，當爲館臣改易，不足爲據。"治掠"當不誤，《後漢書》卷三四《梁冀傳》作"笞掠"。③"笞掠"，拷打也。《史記》卷一二二《酷吏列傳》："章大者連逮證案數百，小者數十人；遠者數千，近者數百里。會獄，吏因責如章告劾，不服，以笞掠定之。"④《漢書》卷五三《景十三王傳》："吏求捕，勃使人致擊笞掠，擅出漢所疑囚。"⑤《後漢書》卷五一《陳禪傳》："及至，笞掠無筭，五毒畢加，禪神意自若，辭對無變，事遂散釋。"⑥"笞掠"皆爲拷打之義。"笞"又可作"治"，秦簡中"治""笞"多通，如《睡虎地秦墓竹簡·秦律十八種·廄苑律》："其以牛田，牛減絜，治主者，寸十。有里課之，最者，賜田典日旬；殿，治卅。"又《司空》簡一四八："爲大車折輮，輒治之，直一錢，治十；直廿錢以上，執治之，出其器。弗輒治。"又《秦律雜抄》簡二〇："城旦爲工殿者，治人百。大車殿，貨司空嗇夫一盾，徒治五十。"⑦"治"皆讀爲"笞"。傳世典籍中亦多見二字相通者，如《漢書》卷三九《曹參傳》："至朝時，帝讓參曰：'與窋胡治乎？乃者我使諫君也。'"清王先謙補注："陳景雲曰：'漢人以笞掠爲治，治即笞耳。'錢大昕曰：'與窋胡治'，猶言'與窋胡笞'。"⑧西秦法堅譯《佛説阿難分別經》："現世罪人，非佛弟子，死當入泥犁中，被考治掠。由其罪故，現自衰耗，後復受殃，死魂神痛，酷不可言。"⑨後晉可洪《新集藏經音義隨函録》卷一三《阿難分別經音義》："治掠，

---

① 詳參曾良：《明清小説俗字典》，廣陵書社，2018年，第549—550頁。
② "施""絶"相訛混，典籍亦多見，如宋真德秀編《文章正宗》卷二二下陶淵明《詠貧士》："傾壺絶餘瀝，窺竈不見煙。""絶"下校曰："一作施。"參《景印文淵閣四庫全書》，第1355册，第679頁。《通典·附録四·通典考證覈實》"施音以豉反"下，王文錦校曰："殿本訛作'絶'，北宋本、局本作'施'，是。"參《通典》，第5608頁。
③ 《後漢書》，第1180頁。
④ 《史記》，第3153頁。
⑤ 《漢書》，第2435頁。
⑥ 《後漢書》，第1684頁。
⑦ 睡虎地秦墓竹簡整理小組：《睡虎地秦墓竹簡》，文物出版社，1978年，第30—31、90、137頁。
⑧ (清)王先謙補注，上海師範大學古籍整理研究所整理：《漢書補注》，上海古籍出版社，2008年，第3367頁。
⑨ (西秦)法堅譯：《佛説阿難分別經》，《大正新修大藏經》，第14册，第758頁中欄。

上音持,下音亮。"①"治"讀平聲,即爲"答"也。

149. 中郎

《後漢紀》卷二〇《質帝紀》:"冀用壽言,多斥奪諸梁在位者,外以爲謙讓。唯孫氏宗親,相冒名爲侍中、中郎、校尉、〔郡〕守、長吏者十餘人,皆貪叨凶淫。"(555頁)

"中郎",中華本(390頁)、李本(246頁)均未校。按,《後漢書》卷一《光武帝紀》李賢注引《漢書》曰:"郎官掌守門户,出充車騎。有議郎、中郎、侍郎、郎中,秩六百石已下。"②《續漢志》卷二五《百官志二》亦明載"中郎",秩比六百石。③ "中郎"乃六百石以下之郎官,品階較低,不當置於侍中、校尉、郡守等二千石官之間。《後漢書》卷三四《梁冀傳》作"冒名而爲侍中、卿、校尉、郡守、長吏者十餘人"。④ 是"中郎"當爲"卿"之誤。蓋"中"涉上文"侍中"而衍,"郎""卿"蓋形近而訛。⑤

150. 死者

《後漢紀》卷二〇《質帝紀》:"西域嘗有賈客來,不知禁,誤殺一兔,轉相告言,死者十餘人。"(556頁)

"死者",中華本(391頁)、李本(247頁)皆同,均未校。《後漢書》卷三四《梁冀傳》作"坐死者";⑥《御覽》卷九〇七、《事類賦注》卷二三引張璠《後漢紀》同;⑦《通鑑》卷五三《漢紀·桓帝紀上之上》載此亦有"坐"字。⑧ 按,作"坐死者",語意更顯。袁《紀》"坐"當據補。

151. 實言

《後漢紀》卷二一《桓帝紀上》:"固女文姬涕泣曰:'李氏滅矣!自太公以來,積德累仁,何故遇此?'密與二公謀共逃變,實言還京師矣,鄉人信之。"

---

① (後晉)可洪:《新集藏經音義隨函録》,《高麗大藏經》,新文豐出版公司,1982年,第35册,第35頁上欄。
② 《後漢書》,第30頁。
③ 《後漢書》,第3575頁。
④ 《後漢書》,第1181頁。
⑤ 《南史》卷三四《周確傳》"郎可自板",校云:"'郎'各本作'卿',據《宋書》改。"參《南史》,第904頁。
⑥ 《後漢書》,第1183頁。
⑦ 《太平御覽》,第4022頁上欄;《事類賦注》,第466頁。
⑧ 《資治通鑑》,第1718頁。

(562頁)

周本校曰:"'實',黃本作'室',皆誤。疑當作'宣'。范《書》作'託'。"

中華本(413頁)改"室"爲"託",校曰:"從《後漢書·李固列傳》改。"李本(250頁)逕作"托",無校。

按,周校疑"室"爲"宣"之譌字,頗可信。唐陸龜蒙《小名録》卷上載此即作"宣言還京師",①可證"室"當正作"宣"。"宣言",揚言也,故意散布某種言論。《左傳·桓公二年》:"孔父嘉爲司馬,督爲大宰,故因民之不堪命,先宣言曰:'司馬則然。'"②《史記》卷五六《陳平世家》:"陳平既多以金縱反間於楚軍,宣言諸將鍾離眛等爲項王將,功多矣,然而終不得裂地而王,欲與漢爲一,以滅項氏而分王其地。"③《後漢書》卷一二《王昌傳》:"會人閒傳赤眉將度河,林等因此宣言赤眉當至,立劉子輿以觀衆心,百姓多信之。"④因此,作"宣言"正切文意,袁《紀》當據改。

152. 招

《後漢紀》卷二一《桓帝紀》:"國武子好招人過,以爲怨本。豈其得保身全家?"(576頁)

周本校引《國語·周語》國武子事,曰:"范《書》作'昭。'"

中華本(401頁)未校。李本作"昭",校爲"招",校曰(263頁):"'昭',諸本及《通鑑》桓帝建和三年作'招',胡三省注引《國語》曰:'齊國佐見單襄公,其語盡。單子曰:"立于淫亂之國而好盡言以招人過,怨之本也。"其後齊殺國武子。'范《書》《鍾皓傳》作'昭',《刊誤》曰:'昭當作招。'《集解》蘇林曰:'招,音翹;招,舉也。'據此,底本作'昭',誤。"

按,《國語·周語》"立于淫亂之國而好盡言以招人過,怨之本也",王引之《經義述聞·國語上》曰:"《後漢書·鍾皓傳》云:'昔國武子好昭人過,以致怨本。'《魏志·鍾繇傳》注引《先賢行狀》同。其字皆作'昭',然則'昭'者,明著之詞,言好盡己之言以明著人之過也。《賈子·禮容語》篇作'好盡言以暴人過','暴'亦明著之詞,則其字之本作'昭'甚明。韋本作'招'者,借字耳。昭十二年《左傳》:'祭公謀父作《祈招》之詩,張衡《東京賦》'招有

---

① 唐陸龜蒙《小名録》卷上明刻稗海本(五頁)、四庫本(五頁)、叢書集成本(三頁,商務印書館1937年)於此均作"宣言"。"宣""室"疑當爲形近而譌;後世傳抄不明"室言",又擅改爲"實言"。
② 《春秋左傳正義》,(清)阮元校刻《十三經注疏(清嘉慶刻本)》,第3779頁。
③ 《史記》,第2055頁。
④ 《後漢書》,第491頁。

道於側陋',賈逵、薛綜注并云:'招,明也。'漢《校官碑》'宗懿招德','招德'即'昭德',是'昭'字古通作'招','招人禍'即'昭人禍'不當訓爲'舉',亦不當讀爲'翹'也。"①王氏所論甚確,"招""昭"二字古通,不煩校改。

153. 襲常存之爵,修不易之制

《後漢紀》卷二一《桓帝紀》:"伏惟陛下,年隆德茂,中天稱號,襲常存之爵,修不易之制。目不視鳴條之事,耳不聞檀車之聲,天災不卒有痛於肌膚,震蝕不卒有損於已身。"(578頁)

"襲常存之爵,修不易之制",中華本(403頁)、李本(255頁)皆同,並未校。《後漢書》卷五七《劉陶傳》作"襲常存之慶,循不易之制"②。

按,"慶""爵"皆有賜義,意皆可通,此蓋義同換讀。《詩經·小雅·楚茨》:"孝孫有慶,報以介福,萬壽無疆。"漢鄭玄箋:"慶,賜也。"③《儀禮·士冠禮》:"黃耇無疆,受天之慶。"清胡培翬正義:"慶,賜也。"④《尚書·説命中》:"爵不及惡。"唐孔穎達正義:"受其位謂之爵。"⑤《廣韻·藥韻》:"爵,封也。"據文意,"修"當正作"循"。"循""襲"互文,作"循"意更勝。《漢書》卷二五下《郊祀志下》:"違俗復古,循聖制,定天位,如禮便。"卷六七《梅福傳》:"孝文皇帝起於代谷,非有周召之師,伊呂之佐也,循高祖之法,加以恭儉。當此之時,天下幾平。繇是言之,循高祖之法則治,不循則亂。"⑥《後漢書》卷一下《光武帝紀下》李賢注曰:"漢自文帝以後皆預作陵,今循舊制也。"⑦《魏書》卷七四《尒朱榮傳》:"然禮數弗窮,文物有闕,遠近之望,猶或未盡。宜循舊典,更加殊錫。"⑧"循舊制""循舊典"其義近。既爲"不易之制",自不可修也。《後漢紀》同卷袁宏論曰:"夫欲之則至,仁心獨行,人君之所易,人臣之所難也。動而有悔,希意(恂)〔循〕制,人臣之所易,人君之所難也。"⑨皆可證"修"當正作"循"。⑩《群書治要》卷二三、《册府》卷五三七載此並作"循"。

---

① 詳參(清)王引之:《經義述聞》,上海古籍出版社,2016年,第1180—1181頁。
② 《後漢書》,第1843頁。
③ 《毛詩傳箋》,第315頁。
④ (清)胡培翬撰,段熙仲點校:《儀禮正義》,江蘇古籍出版社,1993年,第124頁。
⑤ 《尚書正義》,(清)阮元校刻《十三經注疏(清嘉慶刻本)》,第371頁。
⑥ 《漢書》,第1254、2918頁。
⑦ 《後漢書》,第78頁。
⑧ 《魏書》,第1655頁。
⑨ 《後漢紀》,張烈點校《兩漢紀》,第411頁。
⑩ "脩(修)""循"二字古籍常互訛,參前文《後漢書》叢考下"循道"條。

154. 公孫之衣

《後漢紀》卷二一《桓帝紀上》："竊見比年以來，良苗盡於蝗螟之口，杼軸空於公孫之衣，野無青草，室如懸磬，所急朝夕之餐，所患靡監之事，豈謂錢之鍥薄、銖兩輕重哉？"（581頁）

"公孫之衣"，李本（256頁）亦同，並無校。中華本（415頁）校曰："《後漢書·劉陶列傳》作'公私之求'。"

按，《晋書》卷二六《食貨志》引劉陶文亦作"公私之求"。①《類聚》卷六六、《東漢會要》卷三一、《册府》卷四九九、《通鑑》卷五四《漢紀·桓帝紀》載均同。②"公私之求"言機杼所織不能滿足公私之用。而"公孫"乃諸侯王之孫。《漢書》卷二《惠帝紀》："上造以上及内外公孫耳孫有罪當刑及當爲城旦舂者，皆耐爲鬼薪白粲。"唐顏師古注引漢應劭曰："内外公孫謂王侯内外孫也。"又引張晏曰："公孫，宗室侯王之孫也。"顏注又曰："内外公孫，國家宗室及外戚之孫也。"③《左傳·隱公三年》唐孔穎達疏："諸侯之子稱公子，公子之子稱公孫，公孫之子不得祖諸侯，乃以王父之字爲氏。"是"公孫"爲王公之孫之義。④ 如此，袁《紀》作"公孫"則無意也。疑"公孫"乃"公私"之誤。"孫"俗寫常作"孙""乒"，⑤與"私"草寫形近，或相訛混。

155. 造鑄錢

《後漢紀》卷二一《桓帝紀上》："國利將近，取者爭競，故造鑄錢之端，於是乎生。"（581頁）

"造鑄錢之端"，中華本（405頁）、李本（256頁）均同，皆未校。《後漢書》卷五七《劉陶傳》、《晋書》卷二六《食貨志》、《通典》卷八《食貨志》載並作"造鑄之端"。⑥ 今按，"造鑄錢之端"於韻律頗不協，袁《紀》"錢"字當衍。

---

① 《晋書》，第794頁。
② 《藝文類聚》，第1181頁；《東漢會要》，第337頁；《册府元龜》，第5672頁；《資治通鑑》，第1737頁。
③ 《漢書》，第87頁。
④ 《春秋左傳正義》，（清）阮元校刻《十三經注疏（清嘉慶刻本）》，第3748頁。另，《漢語大詞典》釋"公孫"有"对貴族官僚子孫的尊稱"義。按"公孫"此義中古典籍鮮有見。《漢語大詞典》首例即舉《儒林外史》第一〇回："蓬公孫呈上乃祖的書劄並帶了來的禮物。"參《漢語大詞典》卷二，第70頁。可知"公孫"表王孫貴族之義，時代頗晚。
⑤ （明）張自烈：《正字通·寅集上·子部》，哈佛大學燕京圖書館藏康熙秀水吳源起清畏堂刊本，第四頁。
⑥ 《後漢書》，第1846頁；《晋書》，第794頁；《通典》，第178頁。

156. 聖朝

《後漢紀》卷二一《桓帝紀》："殘酷之吏，不顧無辜之害，欲使聖朝必加罰於臣榮，是以不敢觸突天威，而自竄山林，以陛下發神聖之聽，啓獨見之明，距讒慝之謗。"（584頁）

"聖朝"，中華本（401頁），李本（257頁）皆同，並未校。《後漢書》卷一六《寇榮傳》作"嚴朝"，《通鑑》卷五五《漢紀·桓帝紀》亦同。① 《後漢書稽疑》曰："'聖朝'疑是。"②

按，作"欲使聖朝"意不可解，此當作"嚴朝"。"嚴"用爲動詞，肅嚴而使畏憚也。《玉篇·叩部》："嚴，威也，畏也，敬也。"③ 《後漢書》卷七〇《荀彧傳》："臣聞古之遣將，上設監督之重，下建副二之任，所以尊嚴國命，謀而鮮過者也。"④ "尊嚴"，近義複詞，敬憚也。"欲使嚴朝必加罰"，言酷吏不顧惜無辜，欲令使敬憚朝堂，則必益加處罰於我也。袁《紀》"聖"當據正。

157. 資因

《後漢紀》卷二一《桓帝紀上》："夫以六合之大，萬物之衆，一體之所棲宅，猶秋毫之在馬背也。其所資因，小許處耳。而賢者順之以通，不肖者逆之以塞，彼之所乘，豈異塗轍哉？"（586頁）

"資因"，中華本（407頁）亦未校；李校本（256頁）改"因"爲"固"，逕點爲"其所資固小許處耳"，未出校，殆以"固"屬下讀也。

按，"資因"無意，典籍亦罕見。李本改"因"爲"固"，於文意亦不甚通暢。"資因"當爲"因資"之倒文，"因資"，即依憑也，"資"亦有因意。《史記》卷一一二《平津侯主父列傳》："由民困而主不恤，下怨而上不知（也），俗已亂而政不修，此三者陳涉之所以爲資也。"⑤ "資"，依憑也。《後漢紀》卷二七《獻帝紀》："董卓無道，甚於桀、紂，天下怨之，雖資彊兵，實一匹夫耳。"⑥ 《文選》卷二〇顏延年《皇太子釋奠會作詩》："思皇世哲，體元作嗣。資此凤知，降從經志。"唐李善注："資，藉也。"⑦ "資"皆依憑也。

"因資"，同義複詞。"因"亦猶資，依憑也。《韓非子·外儲說右下》：

---

① 《後漢書》，第629頁；《資治通鑑》，第1775頁。
② 曹金華：《後漢書稽疑》，第275頁。
③ 《大廣益會玉篇》，第311頁。
④ 《後漢書》，第2290頁。
⑤ 《史記》，第2956頁。
⑥ 《後漢紀》，張烈點校《兩漢紀》，第518頁。
⑦ 《文選》，第290頁下欄。

"故俖憎俖愛之徵見,則諛者因資而毀譽之,雖有明主不能復收,而況於以誠借人也!"①《三國志》卷四《魏志·高貴鄉公髦紀》裴注引《魏氏春秋》曰:"諸卿論少康因資,高祖創造,誠有之矣,然未知三代之世,任德濟勳如彼之難,秦、項之際,任力成功如此之易。"②《晉書》卷九二《文苑傳·王沉傳》:"談名位者以諂媚附勢,舉高譽者因資而隨形。"卷六七《郗鑒傳》:"清水入河,無通運理。若寇不戰,運道又難,因資無所,實爲深慮也。"③"因資無所",言無所依憑也。據此,"資因"當作"因資"。袁《紀》"其所因資,小許處耳","小許",微小之義,言一人所能依憑取用,甚爲微小,猶"秋毫之在馬背"。

158. 禍福無門之殊應

《後漢紀》卷二一《桓帝紀上》:"而賢者順之以通,不肖者逆之以塞,彼之所乘,豈異塗轍哉?致之在己,故禍福無門之殊應也。"(586頁)

中華本(407頁)同,並無校,李本(258頁)校改"故禍福無門之殊應"爲"故禍福無門,順逆之殊應也",無校。

按,李校本據四庫本所改,無據,且改後句意更爲不暢。《左傳·襄公二十三年》:"閔子馬見之,曰:'子無然。禍福無門,唯人所召。'"④袁《紀》句不煩增字,當點爲"致之在己,故禍福,無門之殊應也","殊應",不同的應驗。此句言禍福招之在於己身,與上天無關,因此,禍福即爲無門之殊應。

159. 夜盜其家

《後漢紀》卷二一《桓帝紀上》:"於時亳貴人見幸,冀嫉其寵,遣客夜盜其家,欲刺貴人母,母入宮求哀,因言冀之罪。"(587頁)

"夜盜其家",中華本(408頁)、李本(258頁)均未校。

按,"夜盜其家"不合文意,句脱"入"字,當作"遣客夜盜入其家"。《後漢書》卷三四《梁冀傳》紀此云:"宣家在延熹里,與中常侍袁赦相比。冀使刺客登赦屋,欲入宣家。赦覺之,鳴鼓會衆以告宣。""盜",暗中之義,《史記》卷一二五《佞幸列傳》:"居無何,人有告鄧通盜出徼外鑄錢。""盜出",猶潛出。《史記》卷三〇《平准書》:"從建元以來,用少,縣官往往即多銅山而鑄錢,民亦閒盜鑄錢,不可勝數。"⑤《太平廣記》卷三一六《鬼一》:"夜,伺其

---

① (清)王先慎撰,鍾哲點校:《韓非子集釋》,中華書局,1998年,第341頁。
② 《三國志》,第135頁。
③ 《晉書》,第2382、1803頁。
④ 《春秋左傳正義》,(清)阮元校刻《十三經注疏(清嘉慶刻本)》,第4293頁。
⑤ 《史記》,第3193、1425頁。

寢後,盜照視之。"(出《列異傳》)①袁《紀》"盜入其家",潛入其家也。據此,"入"當補。

160. 陳霸

《後漢紀》卷二一《桓帝紀上》:"初,冀之盛也,尚書陳霸上疏言其罪,請誅之。上不省。霸知為冀所害,七日不食而死。"(590頁)

"陳霸",中華本(409頁)、李本(259頁)並未校。

"陳霸",後漢諸史均不見載,袁《紀》僅此一見,頗可疑。按,"陳霸"當作"陳龜","霸"即為"龜"之形訛。《後漢書》卷五一《陳龜傳》載曰:"冀暴虐日甚,龜上疏言其罪狀,請誅之。帝不省。自知必為冀所害,不食七日而死。"②事與《紀》正相合,據此,袁《紀》"霸"當據正作"龜"。

161. 間

《後漢紀》卷二一《桓帝紀上》:"壬午,立皇后亳氏,實鄧后也。后即鄧香之女,香則禹之孫。初后母宣起於微賤,間香生后。後適梁紀,故后冒姓梁氏。"(590頁)

"間香生后",不可索解。中華本(410頁)、李校本(259頁)皆以為"間"屬上讀,作"初后母宣起於微賤間"絕句。

按,"鄧香"乃鄧后父名,不得逕言"香生后";且言"起於微賤間",亦較扞格難通。《後漢書》卷一〇《皇后紀下》:"母宣,初適香,生后。改嫁梁紀。"卷三四《梁冀傳》:"初,掖庭人鄧香妻宣生女猛,香卒,宣更適梁紀。"李賢注:"香蓋掖庭署人之名。"卷一六《鄧騭傳》:"禹曾孫香(子)〔之〕女為桓帝后。"③《御覽》卷一三七引司馬彪《續漢書》:"母宣本微賤,初適郎中鄧香,生后。後適梁紀,故后冒姓梁氏。"④顯然,"間"應為"適"之誤文,當據正。

162. 補其虛

《後漢紀》卷二二《桓帝紀》:"臣以為可皆遣罷,率由舊章,博選天下清純之士,達國體者,以補其虛。即陛下可為堯舜之君,眾僚皆為稷卨之臣矣。"(602—603頁)

---

① 《太平廣記》,第2501頁。
② 《後漢書》,第1694頁。
③ 《後漢書》,第444、1186、618頁。
④ 《太平御覽》,第668頁下欄。

"虛",中華本(421頁)、李校本(267頁)同,均未校。《後漢書》卷四三《朱穆傳》、《資治通鑑》卷五四《漢紀·桓帝紀上之下》並作"處";①《通志》卷一〇九上、《東漢會要》卷二四載亦同。②

按,"補其虛"多言補身體之虛,於此不切文意,"虛"當爲"處"之形訛。"補其處"言補其任處。處,任也,位也。《戰國策·齊策四》:"天下之士仁義皆來役處。"宋鮑彪注:"處,在其位也。"③《漢書》卷三九《蕭何傳》:"夫上與楚相距五歲,失軍亡衆,跳身遯者數矣,然蕭何常從關中遣軍補其處。"④《後漢紀》卷二五《靈帝紀下》:"戊辰,大將軍何進白太后,將決其事,謀欲盡誅諸常侍,選三署郎補其處。"⑤《三國志》卷五五《吳志·陳武傳》:"皆輒料取以充部伍。所在以聞,權甚嘉之。下郡縣,料正戶羸民以補其處。"⑥"補其處"皆補其任之意,袁《紀》"虛"當作"處"。

163. 外甥

《後漢紀》卷二二《桓帝紀下》:"時河南尹田歆外〔甥〕(生)王諶名知人,歆謂之曰:'河南當舉六孝廉,皆得貴人書命,不宜相違,欲以五副之。自舉一清名堪成就者,上以報國,下以託子孫,汝助我索之。'"(604頁)

周本改"生"爲"甥",周本校曰:"據陳澧校而改。"李本(267頁)逕作"甥",無校。中華本(438頁)亦改"生"爲"甥",校曰:"據學海堂本改。"

按,作"生"不誤,"外甥"古可寫作"外生",如《後漢書》卷七二《董卓傳》李賢注引《獻帝紀》曰:"催見稠果勇而得衆心,疾害之,醉酒,潛使外生騎都尉胡封於坐中拉殺稠。"⑦《三國志》卷五八《吳志·陸遜傳》:"既不聽許,而遜外生顧譚、顧承、姚信,並以親附太子,枉見流徙。"⑧《魏書》卷四七《盧道虔傳》:"道虔外生李彧尚莊帝姊豐亭公主,因相藉託。"⑨清嚴可均輯《全三國文》卷五九輯有諸葛亮《誡外生》⑩一文,"外生"皆爲外甥之義。是"外生"不當改字。

---
① 《後漢書》,第1472頁;《資治通鑑》,第1767頁。
② 《通志》,第1589頁中欄;《東漢會要》,第256頁。
③ 《戰國策》,第409頁。
④ 《漢書》,第2009頁。
⑤ 《後漢紀》,張烈點校《兩漢紀》,第496頁。
⑥ 《三國志》,第1290頁。
⑦ 《後漢書》,第2337頁。
⑧ 《三國志》,第1354頁。
⑨ 《魏書》,第1052頁。
⑩ 清嚴可均注曰:"一本題如此,一本題作'誡子書'。"參《全上古三代秦漢三國六朝文》,第2748頁。另《御覽》卷四五九有引《諸葛亮誡外生》,參第2112頁下欄。

164. 實少

《後漢紀》卷二二《桓帝紀下》:"尚宣言曰:'今兵實少,未可進,當復須諸郡兵至。且各休息,聽其射獵。'"(607頁)

"實少",中華本(423頁)、李本(268頁)均未校。《後漢書》卷三八《度尚傳》作"寡少"。①《御覽》卷二八三引《後漢書》、《通典》卷一五九、《冊府》卷三六一、《會要》卷三四載此均作"寡少";②《通鑑》卷五五載亦同。③按,字當作"寡","實""寡"形近而訛。④"寡少"乃成詞,古書習見,如《後漢紀》卷一五《殤帝紀》:"是俗吏繁熾,儒生寡少。其在京師,不務經學,競於人事,爭於貨賄。"⑤《魏書》卷五六《鄭道昭傳》:"頻爲蕭衍遣將攻圍,兵糧寡少,外援不接,季明孤城自守,卒得保全。"《晉書》卷九八《桓溫傳》:"朝廷以蜀險遠,而溫兵寡少,深入敵場,甚以爲憂。"⑥"寡少",皆少義。袁《紀》"實"當據正。

165. 使人

《後漢紀》卷二二《桓帝紀下》:"尚密呼所親燔其積聚,獵者還,莫不涕泣。尚使人慰勞曰:'蠻人多寶,足富數世,諸卿但不并力耳,所亡何足介意!'"(607頁)

"使人",李本(268頁)、中華本(423頁)同。《後漢書》卷三八《度尚傳》作"人人慰勞";⑦《御覽》卷二八三引《後漢書》、《東漢會要》卷三四、《通典》卷一五九、《通鑑》卷五五《漢紀·桓帝紀中》載亦同。⑧ 按,度尚燒焚士卒積財,故得"人人慰勞"。"人人",每人;"人人慰勞",言每人皆得慰勞之。《漢書》卷九九上《王莽傳上》:"於是莽人人延問,致密恩意,厚加贈送,其不

---

① 《後漢書》,第1285頁。
② 《太平御覽》,第1314頁下欄;《通典》,第4095頁;《册府元龜》,第4082頁;《東漢會要》,第365頁。
③ 《資治通鑑》,第1774頁。
④ 《論衡》卷二〇《佚文》:"張霸推精思至於百篇,漢世實類,成帝赦之,不亦宜乎?"黃暉校曰:"孫曰:'實'當作'寡',字之誤也。此言張霸百兩篇雖姦非實,然依倚事類多至百篇,漢世諸儒,無可比也。成帝赦其辜而不滅其經,不亦宜乎?''寡類'猶言少比也。若作'實類',不可通矣。"詳參(漢)王充撰,黃暉校釋:《論衡校釋》,第863頁。
⑤ 《後漢紀》,張烈點校《兩漢紀》,第298頁。按,中華本"是"前脫"由"字。
⑥ 《魏書》,第1250頁;《晉書》,第2569頁。
⑦ 《後漢書》,第1287頁。
⑧ 《太平御覽》,第1314頁下欄;《通典》,第4095頁;《東漢會要》,第365頁;《資治通鑑》,第1774頁。

合指,顯奏免之,權與人主侔矣。""人人延問",言親自一一延問。《後漢書》卷二二《景丹傳》李賢注引《東觀記》曰:"上問:'何等兵?'丹等對言:'上谷、漁陽兵。'上曰:'爲誰來乎?'對曰:'爲劉公。'即請丹入,人人勞勉,恩意甚備。"①《三國志》卷二三《魏志·趙儼傳》:"署發後一日,儼慮其有變,乃自追至斜谷口,人人慰勞,又深戒署。"②因此,作"人人"於意更勝。

166. 愈以疾蕃

《後漢紀》卷二二《桓帝紀》:"蕃又上書曰:'臣聞昔齊桓公任管仲……人主有自勉彊。'上不悦,愈以疾蕃。"(613—614 頁)

"上不悦,愈以疾蕃",周本、中華本(427 頁)、李本(270 頁)並未校。袁《紀》言桓帝"愈以疾蕃",顯與事實不符。"疾",痛恨也。據《後漢紀》卷二二《桓帝紀》載,陳蕃前爲太中大夫,延熹八年冬十月即擢爲太尉。陳蕃固辭,而桓帝不許。到官後陳蕃即上此疏,可知桓帝不可能"愈以疾蕃"。《後漢書》卷六六《陳蕃傳》載此云"帝得奏愈怒,竟無所納。朝廷衆庶莫不怨之。宦官由此疾蕃彌甚"。③ 因此,袁《紀》作"上不悦,愈以疾蕃",殆有誤。對比范《書》,知袁《紀》脱"宦官"二字,當據正爲"上不悦,宦官愈以疾蕃"。

167. 轉相

《後漢紀》卷二二《桓帝紀下》:"三月辛巳④,京師夜有火光,轉相驚譟。"(615 頁)

"轉相驚譟",周本、中華本(427 頁)、李本(271 頁)均未校。按,"夜有火光,轉相驚譟",難以索解。《後漢書》卷七《桓帝紀》載此作"京師有火光轉行,人相驚譟";《續漢志》卷一四《五行志二》作"京都夜有火光轉行,民相驚譟"。⑤《後漢書》卷三〇下《襄楷傳》又載:"今洛陽城中人夜無故叫呼,云有火光,人聲正讙。"李賢注引《續漢志》曰:"桓帝延熹九年三月,京師有火光轉行,人相驚譟。"⑥據此,袁《紀》疑脱"行民",⑦本當作"京師夜有火光轉行,民相驚譟",如此句意方足。"行民"二字當據補。

---

① 《漢書》,第 4049 頁;《後漢書》,第 772 頁。
② 《三國志》,第 669 頁。
③ 《後漢書》,第 2165 頁。
④ "辛巳"誤,當作"癸巳"。參各本校勘記。
⑤ 《後漢書》,第 317、3296 頁。
⑥ 《後漢書》,第 1076—1077 頁。
⑦ 《後漢書》作"人"當爲避唐諱改,《續漢志》作"民",殆爲原文。

168. 百姓

《後漢紀》卷二二《桓帝紀》："後爲太尉黃瓊所辟,登車攬轡,有澄清天下之志。受詔使冀州,百姓聞滂名,其有贓汙未發者,皆解印綬去。滂舉刺史、二千石二十餘人,罪惡者皆權豪之黨也。"(618頁)

"百姓",周本未校。中華本(440頁)校"百姓"爲"守令",曰:"從學海堂本改。"李本(272頁)逕作"守令",未出校。

按,"百姓聞滂名"確於文意不協。《後漢書》卷六七《黨錮傳·范滂》作:"及至州境,守令自知臧汙,望風解印綬去。"①對比可知,學海堂本作"守令",乃陳璞據《後漢書》所作校改。袁《紀》黃本、南監本、四庫薈要本均作"百姓",字形、意義與"守令"相去甚遠,作"守令"似不可據信。《世說新語·賞譽》劉孝標注引張璠《後漢紀》曰:"百城聞滂高名,皆解印綬去。"②據此,"百姓"當"百城"之誤,原文當作"百城聞滂名,其有贓汙未發者,皆解印綬去",如此文意方暢。《後漢書》卷六一《賈琮傳》:"百城聞風,自然竦震,其諸臧過者,望風解印綬去。"③《文選》卷二五陸士龍《答張士然詩》李善注引謝承《後漢書》曰:"黃琬拜豫州刺史,威邁百城。"④《書鈔》卷一三九引《續漢書》:"賈琮爲冀州刺史……百城聞之,自然震悚。"⑤均可與袁《紀》相比。

169. 薄埋　乃陷

《後漢紀》卷二二《桓帝紀下》："滂乃仰天曰:'古之修善,自求多福。今之修善,乃陷大戮。死之日,願賜一畚,薄埋滂於首陽山側,上不負於皇天,下不媿於伯夷、叔齊。'"(622頁)

"薄",李校本(273頁)同,均無校。中華本(431頁)錄作"簿",標點亦同,亦未校。黃本、國子監本、四庫薈要本、龍谿精舍本《後漢紀》皆作"簿"。《太平御覽》卷七〇〇引《汝南先賢傳》:"願得一幡一薄,埋於首陽山上。"又卷四二七引袁山松《後漢書》:"願賜一幡,埋於首陽山側。"⑥"薄"用同"簿",亦即幡也。《呂氏春秋·觀表》："聖人上知千歲,下知千歲,非意之

---

① 《後漢書》,第2203頁。
② 《世說新語箋疏》,第492頁。
③ 《後漢書》,第1112頁。
④ 《文選》,第355頁上欄。
⑤ 《北堂書鈔》,第2冊,第451頁下欄。
⑥ 《太平御覽》,第3211頁下欄、1967頁上欄。

也，蓋有自云也。緑圖幡薄，從此生矣。"東漢高誘注："幡亦薄也。"①乃巾簾幔職之屬。《禮記·曲禮上》："帷薄之外不趨。"唐孔穎達疏："帷，幔也。薄，簾也。"②《莊子·達生》："高門懸薄無不走也。"唐陸德明釋文引司馬云："薄，簾也。"③

另，據上引諸書，"畚"疑爲"幡"之誤字，"幡"脱"巾"旁作"番"，又誤爲"畚"。④ 袁《紀》本當作"願賜一幡薄，埋滂於首陽山側"。

另，"乃陷大戮"，《後漢書》卷六七《黨錮列傳·范滂傳》作"身陷大戮"。按，從句式看，"自求多福""身陷大戮"相儷偶。"身"，己也，與"自"對文。"乃"疑爲"身"之訛。⑤

170. 永康元年

《後漢紀》卷二二《桓帝紀下》："夏四月，中郎將張奂以南單于車兒不能治國事，上言更立左鹿蠡王都紺爲單于。詔曰：'春秋大居正，車兒一心同⑥向化，何罪而黜？其遣還廷攝部落。'"（628頁）

中華本（435頁）、李本（276頁）亦均未校。

《後漢書》卷八九《南匈奴傳》載此事云："延熹元年，南單于諸部並畔，遂與烏桓、鮮卑寇緣邊九郡，以張奂爲北中郎將討之，單于諸部悉降。奂以單于不能統理國事，乃拘之，上立左谷蠡王。桓帝詔曰：'春秋大居正，居車兒一心向化，何罪而黜！其遣還庭。'"⑦《通鑑》卷五四《漢紀·桓帝紀》載此事亦在延熹元年，《考異》曰："袁《紀》：'元康元年，四月，中郎將張奂以車兒不能治國事，上言更立左鹿蠡王都紺爲單于；詔不許。'范《書》《匈奴傳》在延熹元年，今從之。"⑧

另《後漢書》卷七《桓帝傳》載延熹元年"十二月，鮮卑寇邊，使匈奴中郎

---

① 許維遹：《吕氏春秋集釋》，第580頁。
② 《禮記正義》，（清）阮元校刻《十三經注疏（清嘉慶刻本）》，第2682頁。
③ （清）郭慶藩撰，王孝魚點校：《莊子集釋》，中華書局，1961年，第646頁。
④ 亦或本即作"番"誤爲"畚"。"番"可用爲"幡"，《詩經·小雅·瓠葉》"幡幡瓠葉"，《詩經·周南·關雎》唐孔穎達正義曰"瓠葉捨番番之狀"。參《毛詩正義》，（清）阮元校刻《十三經注疏（清嘉慶刻本）》，第561頁。
⑤ "身"草書常寫作"⺈"（唐孫過庭《書譜》）、"⺈"（明沈粲《千字文》）、"⺈"（明王寵《古詩十九首》），是с二者形近易訛。《戰國策·齊策一·楚將伐齊》："魯君以爲然，身退師。"校曰："鮑本'身'作'乃'。《札記》今本'身'作'乃'。"（第332頁）
⑥ "同"，高明據《後漢書》校爲衍文，殆是。參高明：《後漢紀校讀續記》，載《古籍整理研究學刊》2006年第5期。
⑦ 《後漢書》，第2463—2464頁。
⑧ 《資治通鑑》，第1740—1741頁。

將張奐率南單于擊破之"。① 延熹九年"六月南匈奴及烏桓、鮮卑寇緣邊九郡",七月遣中郎將張奐討之;卷九〇《烏桓傳》《鮮卑傳》載"南匈奴及烏桓、鮮卑寇緣邊九郡"亦在延熹九年夏。②《通典》卷一九五、《太平寰宇記》卷一九二載此事亦同。③ 曹金華曰:"應作延熹九年。"④甚是。據《桓帝傳》,鮮卑寇邊與"南匈奴及烏桓、鮮卑寇緣邊九郡"爲二事,《南匈奴傳》與《通鑑》皆混作延熹元年,殆誤。據此,袁《紀》作"永康元年",非是。南匈奴及烏桓、鮮卑寇邊事當係於"延熹九年"下。

171. 乃許

《後漢紀》卷二三《靈帝紀上》:"以太尉陳蕃爲太傅,〔與〕(以)將軍竇武〔及〕(爲)司徒胡廣錄尚書事。詔曰:'太傅陳蕃輔弼先帝,出納爲允,謇諤之節,宣于本朝。朕初踐阼,親授策命,忠篤之性,老而彌純。其封蕃爲高陽侯。'固讓不受,章十餘上乃許。"(633頁)

按,中華本(442頁)、李本(281頁)《後漢書》卷六六《陳蕃傳》載此事作"竇太后不許,蕃復固讓,章前後十上,竟不受封。"⑤《通鑑》卷五六《漢紀·靈帝紀上之上》亦從《後漢書》所載。⑥ 另《冊府》卷三三〇、《翰苑新書後集》下卷二八皆曰蕃"竟不受封";⑦宋孔平仲《珩璜新論》卷一亦曰"蕃不受封",⑧此皆與袁《紀》所載有異,袁《紀》恐誤。

172. 其中

《後漢紀》卷二三《靈帝紀上》:"蕃、武得書,將發。於是以朱宇爲司隸校尉,劉祐爲河南尹。武奏收中常侍曹節、長樂食監王甫等,使侍中劉瑜内其奏。謀頗泄漏,節等及竊發瑜奏,且知其事……中黃門朱瑀曰:'其中放縱者罪當誅耳,我曹何罪!'"(636—637頁)

"其中放縱者",中華本(444頁)、李本(282頁)均未校。按,"其中放縱

---

① 《後漢書》,第304頁。
② 《後漢書》,第317、2983、2989頁。
③ 《通典》,第5353頁;(宋)樂史撰,王文楚等點校:《太平寰宇記》,中華書局,2007年,第3678頁。
④ 曹金華:《後漢書稽疑》,第1266頁。
⑤ 《後漢書》,第2169頁。
⑥ 《資治通鑑》,第1806頁。
⑦ 《冊府元龜》,第3722頁;(宋)佚名:《新編翰苑新書·後集》卷二八,國家圖書館藏明鈔本,第六頁。
⑧ (宋)孔平仲撰,池潔整理:《珩璜新論》,《全宋筆記》,第19冊,第246頁。

者",意頗不彰,《後漢書》卷六九《竇武傳》載此作"中官放縱者,自可誅耳"。①《後漢書》卷七八《宦者列傳·曹節》曰:"后父大將軍武與太傅陳蕃謀誅中官。"又卷六二《荀淑傳》:"昱後共大將軍竇武謀誅中官。"卷六六《陳蕃傳》曰:"蕃常疾之,志誅中官,會竇武亦有謀。"《續漢志》卷一三《五行志一》亦曰:"是時大將軍竇武謀變廢中官。"②另《群書治要》卷二四、《東漢會要》卷二四、《通志》卷一一三載此事皆作"中官放縱者",③並可證。據此,《後漢紀》"其中"後脱"官"字,當據補。

173. 選其家屬

《後漢紀》卷二三《靈帝紀上》:"今宜改葬蕃、武,選其家屬,諸被禁錮,一宜蠲除,則災變可消,昇平可致也。"(642頁)

"選其家屬",中華本(460頁)改"選"爲"還",校曰:"從《後漢書·張奐列傳》改。"李本(284頁)作"選",未校。

按,今當從中華本,"選其家屬"無意。另,《後漢書》卷五七《謝弼傳》載謝弼上封竇、陳事,亦曰:"蕃身已往,人百何贖!宜還其家屬,解除禁網。"《通鑑》卷五六《漢紀·靈帝紀上之上》載謝弼書並作"還"。④另嚴可均輯《全後漢文》卷六四亦載袁《紀》張奐書,即作"還其家屬"。⑤

174. 尚書

《後漢紀》卷二三《靈帝紀上》:"於是故司空王暢、太常趙典、大司〔農〕(空)劉祐、長樂少府李膺、太僕杜密、尚書荀緄、朱㝢、魏朗、侍中劉淑、劉瑜、左中郎將丁栩、潁川太守巴肅、沛相荀昱、議郎劉儒、故掾范滂,皆下獄誅,皆民望也。"(644頁)

中華本(448頁)、李本(284頁)均未校。

按,《後漢書》卷六七《黨錮列傳》作"司隸校尉朱㝢"。⑥《後漢書》卷六九《竇武傳》載朱㝢前爲尚書,後轉廬江太守,再遷司隸校尉。《真誥》卷一二《稽神樞》載:"張桃枝者,漢司隸校尉朱㝢季陵母也。"⑦因此,當從《後漢書》所紀,作"司隸校尉朱㝢"。

---

① 《後漢書》,第2243頁。
② 《後漢書》,第2524、2050、2169、3270頁。
③ 《群書治要》,第278頁;《東漢會要》,第260頁;《通志》,第1675頁中欄。
④ 《後漢書》,第1860頁;《資治通鑑》,第1815頁。
⑤ 《全上古三代秦漢三國六朝文》,第905頁中欄。
⑥ 《後漢書》,第2188頁。
⑦ 《真誥》,第219頁。

175. 汎濫

《後漢紀》卷二三《靈帝紀上》:"林宗答曰:'奉高之器,譬諸汎濫,雖清易挹。叔度汪汪如萬頃之波,澄之而不清,撓之而不濁,其器深廣,難測量也。雖住稽留,不亦可乎?'"(649頁)

"汎濫",中華本(451頁)、李本(286頁)均未校。

按,《後漢書》卷五三《黄憲傳》作"汎濫",中華本校記改"汎"爲"氿",曰:"譬諸(汎)〔氿〕濫　據殿本改。注同。"唐李賢注:"《爾雅》曰:'側出(汎)〔氿〕泉,正出濫泉。'(汎)〔氿〕音軌。濫音檻。"①《文選》卷四五漢班固《答賓戲》:"欲從壑敦而度高乎泰山,懷氿濫而測深乎重淵,亦未至也。"唐李周翰注:"氿濫,小泉也。"②《爾雅·釋水》:"氿泉,穴出。穴出,仄出也。"晋郭璞注:"從旁出也。"③《釋名·釋水》:"側出曰氿泉。氿,軌也,流狹而長如車軌也。"④字當作"氿"。

176. 元艾

《後漢紀》卷二三《靈帝紀上》:"泰謂濟陰黄元艾曰:'卿高才絶人,足爲偉器。然年過四十,名聲著矣。於此際當自匡持,不然將失之矣。'元艾笑曰:'但恐才力不然至此年矣!若如所敕,敢自克保,庶不有累也。'"(650頁)

周校曰:"范《書》《郭泰傳》作'黄允字子艾。'"中華本(451頁)、李校本(286頁)均作"元艾",並未校。

按,《郭泰傳》又載:"時漢中晋文經、梁國黄子艾,並恃其才智,炫曜上京,卧託養疾,無所通接。"李賢注引謝承《後漢書》:"文經、子艾,曜名遠近,聲價已定,徵辟不就,療病京師,不通賓客。"⑤濟陰乃梁國之屬縣,梁國黄子艾當即黄允無疑。《集解》引何焯曰:"濟陰,故梁國,即黄允也。"⑥《白孔六帖事類集》卷一二載作"黄子艾"。⑦ 另,《通志》卷一一三上、《錦繡萬花谷別集》卷一三均作"黄允字子艾"。⑧ 明"元艾"當作"子艾"。

---

① 《後漢書》,第1745頁。
② 《六臣注文選》,第849頁下欄。
③ (晋)郭璞注,周遠富、愚若點校:《爾雅》,中華書局,2020年,第143頁。
④ 《釋名》,第13頁。
⑤ 《後漢書》,第2233頁。
⑥ (清)王先謙:《後漢書集解》,商務印書館,1959年,第2245頁。
⑦ (唐)白居易:《白孔六帖事類集》卷一二,日本静嘉堂文庫藏北宋刻本,第四四頁。
⑧ 《通志》,第1673頁下欄。(宋)佚名輯:《錦繡萬花谷別集》卷一三,日本宫内廳書陵部藏宋刻本,第四頁。

177. 子序

《後漢紀》卷二三《靈帝紀上》："鉅鹿孫咸直來弔,既而介休賈子序亦來弔,林宗受之。咸直不辭而去……林宗曰:'宜先相問,何以便去邪?鄉里賈子序者,實有匈險之行,爲國人所棄。'"(651頁)

周本校曰:"范《書》作'賈子厚',名'淑'。李賢注引謝承《書》曰:'淑爲舅宋瑗報仇於縣中,爲吏所捕,繫獄當死。泰與語,淑慇惻流涕。泰詣縣令應操,陳其報怨蹈義之士。被赦,縣不宥之。之郡上言,乃得原。'"

中華本(452頁)、李本(287頁)均作"賈子序",並未校。

按,《後漢書》卷六八《郭太傳》作"子厚",①《御覽》卷五六一引《郭太別傳》亦作"賈淑字子厚"。② 另《白孔六帖事類集》卷一三、《册府》卷八九七、《通志》卷一一三載均作"子厚"。③《爾雅·釋詁》:"淑,善也。"唐孔穎達正義:"淑,有德之善也。"④"厚",德厚也,與"淑"意正合。袁《紀》恐誤。

178. 宋子俊

《後漢紀》卷二三《靈帝紀上》："石雲考從容謂宋子俊曰:'吾與子不及郭生,譬諸由、賜不敢望回也。今卿言稱宋郭,此河西之人疑卜商於夫子者也,若遇曾參之詰,何辭以對乎?'子俊曰:'魯人謂仲尼東家丘,蕩蕩體大,民不能名,子所明也。'"(652頁)

"宋子俊",中華本(452頁)、李本(287頁)均未校。

按,《世説新語·贊譽》:"郭泰友人宋子俊稱泰:'自漢元以來,未有林宗之匹。'"余嘉錫箋疏:"《水經注》卷六《汾水》注云:'汾水又西南逕介休縣故城西,城東有徵士郭林宗、宋子浚二碑。宋沖以有道司徒徵。'據此,則宋沖字子浚,今本《後漢紀》作'宋仲字雋或子俊'者,皆誤。《水經注》又言:'林宗之卒,心喪期年者:韓子助、宋子浚等二十四人。'則其傾服林宗,可謂至矣。"⑤

《後漢紀》同卷又載:"同邑宋仲,字〔子〕雋,有高才,諷書日萬言,與相友善,閒居消遥。"周本校曰:"據陳澧校補。又《水經·汾水注》載有'宋子浚

---

① 《後漢書》,第2229、2230頁。點校本校勘記曰:"賈淑字子厚。按:集解引惠棟説,謂袁《紀》'子厚'作'子序'。"(第2237頁)
② 《太平御覽》,第2537頁上欄。
③ (唐)白居易:《白孔六帖事類集》卷一三,日本静嘉堂文庫藏北宋刻本,第二四頁;《册府元龜》,第10417頁;《通志》,第1673頁下欄。
④ 《爾雅注疏》,(清)阮元校刻《十三經注疏(清嘉慶刻本)》,第5585頁。
⑤ 《世説新語箋疏》,第505頁。

碑',然'仲'作'沖',《通鑑》亦然。"①宋潘自牧《記纂淵海》卷八四引《通鑑》載"宋沖常勸郭泰"。② 按,今當從余嘉錫先生所校,袁《紀》當正作"宋沖字子浚"。

179. 光武世

《後漢紀》卷二三《靈帝紀上》:"西京之時,其禮不可得而聞也。光武〔即〕世始葬于此,明帝嗣位逾年,群臣朝正,感先帝不復見此禮,乃率公卿百僚就陵而朝焉,蓋事亡如事存之意也。"(659頁)

"光武即世",周校曰:"據《續漢禮儀志》注引謝承書補。"中華本(456頁)、李本(289頁)仍作"光武世",均未校。《續漢志》卷一四《禮儀志四》劉昭注引謝承《書》作:"光武即世,始葬于此。"③《通典》卷五二載亦同。④ 按,"光武世始葬於此",文意不明,此當據謝承《書》作"光武即世"。"即世",去世也。《左傳·昭公二十六年》:"穆后及大子壽,早夭即世,單劉贊私立少,以間先王,亦唯伯仲叔季圖之。"⑤《韓非子·亡徵》:"輕其適正,庶子稱衡,太子未定而主即世者,可亡也。"⑥東漢蔡邕《太尉喬玄碑陰》:"初公爲舍于舊里,弟卒,推與其孤,至于即世,柩殯無所,清儉仁與之效,于斯爲著。"⑦"即世"皆去世義。因此,周本補"即"字,甚是。

180. 非其時人

《後漢紀》卷二三《靈帝紀上》:"今者,日月久遠,非其時人,但見其禮,不知其哀。"(659頁)

中華本(456頁)、李校本(289頁)皆同。

按,"人"當屬下讀,作"日月久遠,非其時,人但見其禮,不知其哀"。《續漢志》卷四《禮儀志上》劉昭注引謝承《後漢書》載:"今者日月久遠,後生非時,人但見其禮,不知其哀。"⑧可與袁《紀》相比讀。

181. 殯泣

《後漢紀》卷二三《靈帝紀上》:"然年逾八十,繼母在堂,朝夕定省,子道

---

① 《後漢紀校注》,第646頁。
② (宋)潘自牧:《記纂淵海》卷八四,國家圖書館藏宋刻本,第三頁。
③ 《後漢書》,第3104頁。
④ 《通典》,第1447頁。
⑤ 《春秋左傳正義》,(清)阮元校刻《十三經注疏(清嘉慶刻本)》,第4593頁。
⑥ 《韓非子集解》,第110頁。
⑦ 《全上古三代秦漢三國六朝文》,第890頁上欄。
⑧ 《後漢書》,第3104頁。

不虧,旁無几杖,言不稱老,居喪盡禮。及廣薨,故吏自公卿大夫數百人,皆衰絰殯〔位〕(泣),自漢興以來未嘗有也。"(660頁)

"殯泣",周本據《後漢書》校改爲"殯位"。

中華本(456頁)、李校本(290頁)仍作"泣",未校。《御覽》卷五四七、宋樂史《廣卓異記》卷四引《後漢書》均作"位"。① 按,字當作"殯位"。"殯"者,賓也。"殯位",喪禮中賓客所在之位。《禮記·曾子問》唐孔穎達疏曰:"是朝夕内外哭位,皆在東方也。今乃從攝主北面于西階南,故云'變於朝夕哭位也'。必于西階南者,以將告殯,近殯位故也。"②袁《紀》"泣"當作"位",形近而訛。

182. 五十萬

《後漢紀》卷二三《靈帝紀上》:"初,悝有罪,貶爲癭陶王。悝因黄門王甫求復其國,略以租錢五十萬。桓帝不豫,詔復悝爲勃海王。甫以爲己功,趣責於悝。悝知帝意也,不與甫錢。"(665頁)

"錢五十萬",中華本(459頁)、李本(291頁)同,未校。《後漢書》卷五五《章帝八王傳》載爲"謝錢五千萬";③《册府》卷二九五、卷六六九、卷六七五、《通鑑》卷五七《漢紀·靈帝紀上之下》載此均同。④

按,當從《後漢書》所紀。《後漢書》卷五〇《孝明八王傳》載:"肅宗性篤愛,不忍與諸王乖離,遂皆留京師。明年,案輿地圖,令諸國户口皆等,租入歲各八千萬。"又論曰:"明帝封諸子,租歲不過二千萬,馬后爲言而不得也。"唐李賢注:"《東觀·明紀》曰:'皇子之封,皆減舊制。嘗案輿地圖,皇后在傍,言鉅鹿、樂成、廣平各數縣,租穀百萬,帝令滿二千萬止。諸小王皆當略與楚、淮陽相比,什減三四。'"可知東漢諸王侯國租錢年當在數千萬以上。以租錢五十萬錢求復國,不合情理。《後漢書》卷八《靈帝紀》載其時賣官價,曰:"初開西邸賣官,自關内侯、虎賁、羽林,入錢各有差。私令左右賣公卿,公千萬,卿五百萬。"李賢注引《山陽公載記》曰:"時賣官,二千石二千萬,四百石四百萬,其以德次應選者半之,或三分之一,於西園立庫以貯之。"⑤可見,"錢五十萬求復國"頗不可信,當以"五千萬"是。袁《紀》"十"當正爲"千"。

---

① 《太平御覽》,第2478頁上欄;(宋)樂史撰,張劍光整理:《廣卓異記》,《全宋筆記》,第3册,第37頁。
② 《禮記正義》,(清)阮元校刻《十三經注疏(清嘉慶刻本)》,第3007頁。
③ 《後漢書》,第1798頁。
④ 《册府元龜》,第3327、7710、7716頁;《資治通鑑》,第1831頁。
⑤ 《後漢書》,第1679、342頁。

183. 鮮卑中郎將

《後漢紀》卷二四《靈帝紀中》："時故護羌校尉田晏以他事論刑，因中常侍王甫求爲將。甫建議當出軍與育并力，詔書遂用晏爲鮮卑中郎將，與匈奴中郎將臧旻、南單于，三道並出。"（671 頁）

又載："八月，鮮卑中郎將田晏、匈奴中郎將臧旻、獲烏丸校尉夏育各將步卒萬餘人擊鮮卑，三軍敗績，士馬死者萬數。"（673 頁）

"鮮卑中郎將"，中華本（465—466 頁）、李本（297 頁）均未校。按，"鮮卑中郎將"當作"破鮮卑中郎將"。《後漢書》卷八《靈帝紀》、卷九一《烏桓鮮卑傳》、《續漢志》卷一五《五行志三》、《三國志》卷三〇《魏志·烏丸鮮卑東夷傳》裴松之注引《魏書》載此均作"破鮮卑中郎將"，①皆可證。袁《紀》當補"破"字。

184. 所由於外

《後漢紀》卷二四《靈帝紀中》："護軍〔司馬〕（將軍）傅燮討賊形勢，燮上書諫曰：'臣聞天下之禍，所由於外，皆興於內。是故虞舜昇朝，先誅四凶，然後用十六相。'"（692 頁）

按，"所由於外"，中華本（475 頁）同，李本（304 頁）逕作"不由於外"，無校，四庫本《後漢紀》作"不由於外"，當李本所本。《後漢書》卷五八《傅燮傳》作"不由於外"，曹金華《稽疑》云："《後漢紀》卷二四引'不'作'所'，亦通。"②另，《群書治要》卷二三引《後漢書》、《册府》卷四七皆作"不由於外"；《資治通鑑》卷五八亦同。③ 詳勘文意，"所"當正作"不"。"由於"本即推尋因由之義，"所由於外"，是明乎禍患之由起自於外，後不當再言"皆興於內"，故當作"不由於外"甚明。《宋書》卷七三《顏延之傳》曰："中散云，所足在內，不由於外。"④據此，四庫本所改甚是。"所""不"草書字形頗近，易訛。⑤

---

① 《後漢書》，第 339、2290、3319 頁；《三國志》，第 838 頁。
② 曹金華：《後漢書稽疑》，第 742 頁。
③ 《群書治要》，第 269 頁；《册府元龜》，第 4612 頁；《資治通鑑》，第 1870 頁。
④ 《宋書》，第 1901 頁。中華本校記曰："'所足在內不由於外'，各本並作'所足與不由外'，據《元龜》八一六改正。"
⑤ "所"草書常作"𠩄"（隋人《出師頌》）"𠩄"（元趙孟頫《俗塵帖》）等，與"不"形近。《文苑英華》卷九四謝觀《得意忘言賦》："昔者先王玄通默想，以深指難，可擬議嗟，後世無不瞻仰。"宋人校曰："不，一作所。"同上卷七五八杜弼《與邢邵議生滅論》："神之在形，亦非目矚，離朱之明所能覩，雖蔣濟觀眸，賢愚可察。"宋人校曰："所，一作不。"均其相訛混之例。參《文苑英華》，第 429 頁下欄、3968 頁上欄。

185. 勸

《後漢紀》卷二四《靈帝紀中》："雋曰：'……今海內一統，惟黃巾造寇，降之無可勸，罰之足以懲惡。今若受之，更開逆意，利則進戰，鈍則降服，縱敵長寇，非良計也。'"（695頁）

"勸"，中華本（476頁）亦同，李本（305頁）逕作"勸善"，無校。按，四庫本即作"勸善"。作"勸善"是，其與"懲惡"對文。《後漢書》卷七一《朱雋傳》即作"勸善"。① 另《通典》卷一六〇、《長短經》卷九、《御覽》卷二八四、卷三一七等載朱雋言均作"勸善"。②

186. 勒

《後漢紀》卷二四《靈帝紀中》："赫然奮發，因危抵頹，崇恩以綏前附，振武以臨後伏，徵冀方之士，勒七州之眾，羽檄先馳於前，大軍嚮振於後，蹈流漳河，飲馬盟津，誅中官之罪，除群怨之積。"（697頁）

"勒七州之眾"，中華本（478頁）、李本（306頁）均同。《後漢書》卷七一《皇甫嵩傳》作"動七州之眾"。③ 另《三國志》卷一〇《魏志·賈詡傳》裴松之注引《九州春秋》、唐趙蕤《長短經》卷七載閻忠言均同。④

按，"勒"，統帥也，時皇甫嵩為冀州牧，故前言"徵冀方之士"。"冀方"，即指冀州。言"勒七州之眾"，與事實不符。"動"，發動，引動也，言以徵冀州之士而引發七州之眾。是"徵""動"互文見義。據此，袁《紀》"勒"當正作"動"，二者形近而訛。⑤

187. 放羹衣上

《後漢紀》卷二五《靈帝紀下》："夫人欲試寬一恚，伺當朝會，裝嚴已訖，使婢奉肉羹一盂，寬手未得持，放羹衣上。婢急收羹，寬言：'徐，徐！羹爛汝手！'"（699頁）

---

① 《後漢書》，第2309頁。
② 《通典》，第4107頁；《長短經》，第531頁；《太平御覽》，第1316頁上欄、1461頁上欄。
③ 《後漢書》，第2303頁。
④ 《三國志》，第326頁；《長短經》，第392頁。
⑤ "動""勒"典籍多亂，如《左傳·昭公六年》："動鼎以示之。"清阮元校勘記曰："宋本、監本、毛本'動'作'勒'，是也。"參（清）阮元校刻《十三經注疏（清嘉慶刊本）》，第4444頁。《全唐詩》卷五三李百藥《少年行》："少年飛翠蓋。上路勒一作動金鑣。""勒"下校曰："一作動。"參《全唐詩》，第533頁。又卷四四〇白居易《別草堂三絕句》："身出草堂心不出。廬山未要勒移文。""勒"下校："一作動。"參《全唐詩》，第4911頁。

"放羹衣上",中華本(483頁)、李本(310頁)同。《後漢書》卷二五《劉寬傳》作"翻汙朝衣"。①《初學記》卷一九、《書鈔》卷一二九、《白孔六帖事類集》卷六、《御覽》卷五〇〇引《東觀記》並作"翻汙朝衣",《類聚》卷三五引《東觀記》作"翻污衣"。②《書鈔》卷一四四引《續漢書》作"翻羹污朝衣"。③ 比而觀之,作"翻"義更勝。袁《紀》原文當作"翻羹衣上","放"或爲"翻"之音訛。

188. 緝

《後漢紀》卷二五《靈帝紀下》:"今牧御者失理,使一州叛逆,天下騷動,陛下不安寢食。烈爲宰相,不念思所以緝之之策,乃欲棄一方萬里之〔土〕(士),臣竊惑之。"(701頁)

"緝之",中華本(484頁)、李本(311頁)並同。《後漢書》卷五八《傅燮傳》作"弭之"。④

按,據文意,作"弭"更勝。"弭"有消除、平定義。《玉篇·弓部》:"弭,息也,忘也,止也,安也,滅也。"⑤《左傳·襄公二十五年》:"自今以往,兵其少弭矣。"晋杜預注:"弭,止也。"⑥《周禮·春官·大祝》:"四曰化祝。"漢鄭玄引鄭司農曰"化祝,弭災兵也",唐賈公彦疏:"弭,安也。"⑦《説苑·指武》:"堯誅四凶以懲惡,周公殺管蔡以弭亂,孔子誅少正卯亦變衆。"⑧《後漢書》卷五六《段熲傳》:"熲復追擊於鸞鳥,大破之,殺其渠帥,斬首三千餘級,西羌於此弭定。"《三國志》卷三二《蜀志·先主傳》:"臣等以備肺腑枝葉,宗子藩翰,心存國家,念在弭亂。"⑨"弭亂",止亂也。

"緝",和也。《國語·晉語八》:"端刑法,緝順典。"三國韋昭注:"緝,和也。""一州叛逆"似不可"和之",故作"弭"更切合文意。《紀》文"緝"當據正。

---

① 《後漢書》,第888頁。
② 《初學記》,第464頁;《北堂書鈔》,第2册,第329頁上欄;唐白居易輯《白孔六帖事類集》卷六,日本静嘉堂文庫藏宋刻本,第三八頁;《太平御覽》,第2286頁上欄;"污"下當脱"朝"字。
③ 《藝文類聚》,第634頁。
④ 《後漢書》,第1876頁。
⑤ 《大廣益會玉篇》,第575頁。
⑥ 《春秋左傳正義》,(清)阮元校刻《十三經注疏(清嘉慶刻本)》,第4309頁。
⑦ 《周禮注疏》,(清)阮元校刻《十三經注疏(清嘉慶刻本)》,第1746頁。
⑧ 《説苑校證》,第380頁。
⑨ 《後漢書》,第2148頁;《三國志》,第885頁。

189. 閉 擬則

《後漢紀》卷二五《靈帝紀下》："是歲於後園造黃①金堂，以爲私藏，閉司農金錢繒帛，積之於中。又還河間置田業，起第觀。上本侯家，居貧。即位常曰：'桓帝不能作家，曾無私錢。'故爲私藏，復寄小黃門、常侍家錢至數千萬。由是中官專朝，奢僭無度，各起第宅，擬制宮室。"（705頁）

"閉"，李本（312頁）同。中華本（486頁）作"門"，承前讀，點作"以爲私藏門"。檢明黃本作"門"，蔣本作"閉"，當爲蔣氏校國子監本所改易。《後漢書》卷七八《宦者列傳·張讓傳》作"引司農金錢繒帛"，《通鑑》卷五八《漢紀·靈帝紀中》、《東漢會要》卷三一載亦同。② 按，作"門""閉"均無意，字當作"引"，《後漢書》卷一一七《西羌傳》："至於假人增賦，借奉侯王，引金錢縑綵之珍，徵糧粟鹽鐵之積。"③"引"即徵引也。"引"草字常作""（唐懷素《大草千字文》）、""（宋黃庭堅《廉頗藺相如列傳》）等，與"門"草寫相近，故易致訛。

"擬制"，周本未校。中華本（500頁）作"則"，校改爲"制"，曰："從南監本、龍谿本、學海堂本改。"李本（322頁）改"制"爲"則"，曰："'制'，黃本原作'則'，《太平御覽》卷九二引《續漢書》、范《書》《宦者傳》及《通鑑·靈帝中平元年》同。底本誤，今據改。"

按，李校是。檢黃本作"則"，當爲原文，他本皆妄改爲"制"而沿誤也。《續漢書》、《宦者傳》均作"則"，即可爲證。"擬則"，效法也，典籍習見，如《後漢書》卷七八《宦者列傳·單超》："多取良人美女以爲姬妾，皆珍飾華侈，擬則宮人。"④《三國志》卷一《魏志·武帝紀》裴注引《魏書》："周公八子，並爲侯伯，白牡騂剛，郊祀天地，典策備物，擬則王室，榮章寵盛如此之弘也。"⑤《晉書》卷一一三《符堅載記上》："時商人趙掇、丁妃、鄒瓮等皆家累千金，車服之盛，擬則王侯，堅之諸公競引之爲國二卿。"⑥袁《紀》"擬則宮室"，言中御者所起宅第，效法皇帝所居之宮室。"擬制"，擬其制度，《宋書》卷六一《武三王傳·江夏文獻王義恭》："又以本官領南兗州刺史，增督南兗、豫、徐、兗、青、冀、司、雍、秦、幽、并十一州諸軍事，并前十三州，移鎮盱

---

① "黃"，黃本作"萬"，是也。參李校本所校，第321頁。另，《八家後漢書輯注》司馬彪《續漢書》卷一《靈帝紀》據《御覽》卷九二引輯作"黃金堂"（第309頁），亦當正作"萬金堂"。
② 《後漢書》，第2536頁；《資治通鑑》，第1882頁。
③ 《後漢書》，第2900頁。
④ 《後漢書》，第2521頁。
⑤ 《三國志》，第41頁。
⑥ 《晉書》，第2888頁。

眙。修治館宇,擬制東城。"①"擬制東城",言擬東城建城之制。袁《紀》載中官起府第,似不可全然擬皇宮之制,故以"擬則"更洽文意。周本、中華本當從黃本改。

190. 狄道

《後漢紀》卷二五《靈帝紀下》:"夏,狄道人王國反。自黃巾之後,盜賊群起,殺刺史、二千石者,往往而是。"(706頁)

"狄道",中華本(486頁)、李本(321頁)同,並未校。按,《後漢書》卷八《靈帝紀》載此作"漢陽人王國";卷七二《董卓傳》又載:"漢陽王國,自號'合衆將軍',皆與韓遂合";又卷五八《蓋勳傳》李賢注引《續漢書》曰:"是時,漢陽叛人王國,衆十餘萬,攻陳倉,三輔震動。"②而《通鑑》卷五八《漢紀·靈帝紀中》又作:"狄道人王國使故酒泉太守黃衍説爕。"③《後漢書》卷五八《傅爕傳》、《後漢紀》卷二五《靈帝紀下》載此均作"王國使故酒泉太守黃衍説爕",④而無"狄道人"三字。疑《通鑑》言"狄道人王國",乃據袁《紀》。另,《後漢書》卷二四《馬援傳》"狄道長詣門,請閉城發兵",李賢注:"狄道,縣,屬隴西郡,今蘭州縣也。"⑤明"狄道"亦非漢陽屬縣。疑袁《紀》"狄道人王國"有誤,似以《後漢書》載爲是。

191. 感悼之情

《後漢紀》卷二五《靈帝紀下》:"蟠年十五,自精舍詣縣奏記曰:'伏聞大女侯玉爲父報讎,獄鞫以法,不勝感悼〔之〕(已)情,敢陳所聞。'"(713頁)

"感悼之情",周本録爲"已",改"已"爲"之",校曰:"據文意改。"

中華本(490頁)、李本(315頁)皆録爲"感悼己情",均無校。按,"已",黃本、廣寧郎氏振鷺堂本(美哈佛大學圖書館藏)、四部叢刊本、龍谿精舍本均録作"己"。明梅文鼎《東漢文紀》卷一七、明賀復徵《文章辨體彙選》卷二七三均載有此文,字作"巳"。⑥另,《御覽》卷四四一引杜預《女記》作"感悼之情",清嚴可均《全後漢文》卷六一輯亦同。⑦今按,此亦當作"感悼己

---

① 《宋書》,第1645頁。
② 《後漢書》,第354、2321、1883頁。
③ 《資治通鑑》,第1885頁。
④ 《後漢書》,第1878頁;《後漢紀》,張烈點校《兩漢紀》,第488頁。
⑤ 《後漢書》,第837頁。
⑥ (明)梅文鼎:《東漢文紀》,《景印文淵閣四庫全書》,第1397册,第371頁上欄;(明)賀復徵:《文章辨體彙選》,《景印文淵閣四庫全書》,第1405册,第388頁上欄。
⑦ 《太平御覽》,第2031頁下欄;《全上古三代秦漢三國六朝文》,第806頁上欄。

情”，言使自己受感動而哀傷。《御覽》作"不勝感悼之情"，反而辭意不達。"之""巳"當爲"己"之誤字。

192. 忠恪

《後漢紀》卷二五《靈帝紀下》："壬戌，詔曰：'朕以眇身，君主海内，夙夜憂懼，靡知所濟。夫天地人道，其用在三，必須輔佐，以昭其功。後將軍袁隗德量寬重，奕世忠恪。今以隗爲太傅録尚書事。'"（719—720 頁）

周本校曰："'恪'原作'格'，據南監本、黄本逕改。"中華本（494 頁）、李校本（317 頁）逕作"恪"，無校。

按，"格"不煩改字，古籍"格""恪"常通假。《論語·爲政》："道之以德，齊之以禮，有恥且格。"《隸釋》卷七《山陽太守祝睦碑》作"有恥且恪"。①《禮記·緇衣》："夫民，教之以德，齊之以禮，則民有格心。"②"格"即讀爲"恪"，敬肅義。《後漢書》卷四〇下《班固傳》："乘其命，賜彤弧黄戚之威，用討韋顧黎崇之不格。"點校本校記曰："《校補》謂《文選》'戚'作'鉞'，'格'作'恪'。"③清朱駿聲《説文通訓定聲·木部》"格"下曰："假借爲愙。"④"愙"即"恪"之或體，《正字通·心部》："愙，同恪。《説文》：'敬也。'引《左傳》'三恪'作'三愙'"⑤據此，"格"不必改。

193. 害於天下

《後漢紀》卷二五《靈帝紀下》："紹曰：'今上未有不善害於天下，若明公違禮，任意廢嫡立庶，四海恐不從明公議也。'"（725 頁）

"害於天下"，中華本（497 頁）、李校本（319 頁）均未校。《後漢書》卷七四《袁紹傳》作："今上富於春秋，未有不善宣於天下。若公違禮任情，廢嫡立庶，恐衆議未安。"點校本校曰："未有不善宣於天下　按：《校補》引柳從辰説，謂袁《紀》'宣'作'害'。"⑥

曹金華《稽疑》曰："余按：據文義當作'宣'，《魏志·袁紹傳》注引《獻帝春秋》作'未有不善宣聞天下'。"⑦

---

① （梁）皇侃撰，高尚榘點校：《論語義疏》，第 25 頁；《隸釋　隸續》，第 81 頁。
② 《禮記正義》，（清）阮元校刻《十三經注疏（清嘉慶刊本）》，第 3575 頁。
③ 《後漢書》，第 1397 頁。
④ （清）朱駿聲：《説文通訓定聲》，中華書局影印本，1984 年，第 454 頁上欄。
⑤ （明）張自烈：《正字通》卷四《卯集上·心部》，哈佛大學圖書館藏清秀水吳源起清畏堂刊本，第四〇頁。
⑥ 《後漢書》，第 2404 頁。
⑦ 曹金華：《後漢書稽疑》，第 975 頁。

按，《御覽》卷五四三引《後漢書》、《册府》卷五一四載均作"宣於天下"；《通鑑》卷五九《漢紀·靈帝紀下》載亦同。①《稽疑》持論甚是，據文意，此當作"宣於天下"。袁《紀》"害"當爲"宣"之形訛字。

194. 脱文　韓馥

《後漢紀》卷二六《獻帝紀》："是時袁紹屯河內，陳留太守張邈、兗州刺史劉岱、東郡太守喬瑁、山陽太守袁遺屯酸棗，後將軍袁術屯南陽，豫州刺史〔孔伷〕（韓馥）〔屯潁川〕。大會酸棗，將盟諸州郡更相推讓，莫有肯先者。"（735頁）

周本校曰："按韓馥爲冀州牧，時在鄴，未曾與盟，閱洪盟辭可知，范《書》亦然。'韓馥'明係'孔伷'之誤，盟辭可證，故改。并據范《書》《袁紹傳》補'屯潁川'三字。"

中華本（504頁）改"豫州"爲"冀州"。李校（333頁）同，引陳璞《校記》曰："《魏志》作'冀州'，若'豫州刺史'，則孔伷也。"並校曰："范《書》《董卓傳》及《通鑑》獻帝初平元年亦作'豫州刺史韓馥'，袁《紀》上文春正月亦同。《紀》文此訛，今據改。"

按，《三國志》卷一《武帝紀》曰："是時紹屯河內，邈、岱、瑁、遺屯酸棗，術屯南陽，伷屯潁川，馥在鄴。卓兵彊，紹等莫敢先進。"②對比可知，袁《紀》有訛脱，當正作"豫州刺史孔伷屯潁川，冀州牧（刺史）③韓馥屯鄴"。《後漢書》卷七四上《袁紹傳》初平元年、《三國志》卷一《武帝紀》、卷六《袁紹傳》均載"冀州牧韓馥"；《武帝紀》裴松之注引《英雄記》曰："馥字文節，潁川人。爲御史中丞，董卓舉爲冀州牧。"④

另，周校謂"韓馥爲冀州牧，時在鄴，未曾與盟"。按，周說待商，《三國志》卷一《武帝紀》載："初平元年春正月，後將軍袁術、冀州牧韓馥、豫州刺史孔伷、兗州刺史劉岱、河內太守王匡、勃海太守袁紹、陳留太守張邈、東郡太守橋瑁、山陽太守袁遺、濟北相鮑信同時俱起兵，衆各數萬，推紹爲盟主。"卷六《魏志·袁紹傳》曰："紹自號車騎將軍，主盟，與冀州牧韓馥立幽州牧劉虞爲帝。"⑤《後漢書》卷七四《袁紹傳》亦明載此事："紹與王匡屯河內，伷

---

① 《太平御覽》，第2461頁下欄；《册府元龜》，第5839頁；《資治通鑑》，第1903頁。
② 《三國志》，第7頁。
③ "刺史""牧"二者一也，《後漢書·靈帝紀》載中平五年"改刺史，新置牧"；卷七三《劉虞傳》、《後漢紀》卷二六《獻帝紀》載"冀州刺史韓馥"。此爲初平元年事，但史書所載，情況複雜。因此，文作"冀州刺史"抑或"冀州牧"，尚不可辨明。
④ 《後漢書》，第2375頁；《三國志》，第6、190頁。
⑤ 《三國志》，第6、190頁。

屯潁川,馥屯鄴,餘軍咸屯酸棗,約盟,遙推紹爲盟主。紹自號車騎將軍,領司隷校尉。"卷七二《董卓傳》載曰:"初平元年,馥等到官,與袁紹之徒十餘人,各興義兵,同盟討卓,而伍瓊、周毖陰爲内主。"①可知,其時歃血盟誓者五人,②韓馥等雖屯兵在外,未親至會盟,但時亦共約爲盟,當無疑議。

195. 去入

《後漢紀》卷二六《獻帝紀》:"帝乃從之。常以良日,王允與王立入,爲帝誦《孝經》一章,以丈二竹算畫九宫其上,隨日時而去入焉。及允被害,乃不復行也。"(737頁)

"去入"非詞,古文中常作離開而進入之義,於文意亦不協。此言隨日出日落而進出宫殿也,是原文當作"出入"。黄本、國子監本皆作"出入",中華本(506頁)、李本(327頁)即録作"出入"。《御覽》卷七〇八引《東觀記》作"隨日時入焉";③《類聚》卷六九引《漢獻帝傳》作"隨日時出入"。④"出""去"形近,古文頗多訛混。《三國志》卷一八《魏志·典韋傳》:"懷匕首入殺永,並殺其妻,取車上刀戟,步出。"點校本校"出"爲"去"。⑤《全唐詩》卷二一〇皇甫曾《送李中丞歸本道》:"上將還專席,雙旌復出秦。""出"下校曰:"一作去。"⑥宋歐陽修《憎蚊》:"汝寧無他時,忍此見迫促。翾翾伺昏黑,稍稍出壁屋。""出",校記曰:"周本、叢刊本校:'一作去。'"⑦周本"去"當據正。

196. 鑄

《後漢紀》卷二六《獻帝紀》:"壞洛陽城中鐘虡,鑄以爲錢,皆不成文;更鑄五銖錢,文章輪郭,不可把持。於是貨輕而物貴,穀一斛至數百萬。"(738頁)

按,"鑄",中華本(506頁)、李本(328頁)同,均未校。《後漢書》卷九《獻帝紀》曰:"董卓壞五銖錢,更鑄小錢。"又卷七二《董卓傳》:"又壞五銖錢,更鑄小錢。"⑧《三國志》卷六《魏志·董卓傳》亦曰:"及壞五銖錢,更鑄

---

① 《後漢書》,第2375、2326頁。
② 《三國志》卷七《魏志·洪臧傳》裴松之注:"臣松之案:于時此盟止有劉岱等五人而已。《魏氏春秋》横内劉表等數人,皆非事實。表保據江、漢,身未嘗出境,何由得與洪同壇而盟乎?"
③ 《太平御覽》,第3154頁上欄。
④ 《藝文類聚》,第1204頁。
⑤ 《三國志》,第544頁。
⑥ 《全唐詩》,第2180頁。
⑦ 李易安點校:《歐陽修全集》,中華書局,2001年,第1册,第46頁。
⑧ 《後漢書》,第370、2325頁。

爲小錢。"①《晋書》卷二六《食貨志》："及董卓尋戈,火焚宫室,乃劫鸞駕,西幸長安,悉壞五銖錢,更鑄小錢。"②"五銖錢"乃兩漢所行之錢幣,是時,董卓收集五銖錢,而更熔鑄爲小錢,以中牟其私。因此,"鑄五銖錢"當正作"壞五銖錢"。

另,"文章輪郭"各本亦未校。《三國志》卷六《魏志·董卓傳》作："無文章,肉好無輪郭,不磨鑢。"《後漢書》卷七二《董卓傳》引《魏志》同;又《後漢書》卷七二《董卓傳》曰："又錢無輪郭文章,不便人用。"③《晋書》卷二六《食貨志》曰："又錢無輪郭,文章不便。"④可證"文章輪郭"前奪"無"字,言所鑄小錢無花紋,其内外邊緣亦不成形,不便持用。袁《紀》"無"當據補。

197. 披其舌

《後漢紀》卷二六《獻帝紀》："嘗行郿塢,公卿已下祖道於横門外,誘北〔地〕降者三百餘人,於坐中先披其舌,或斬其手,或鑿其眼,未死,偃轉杯案之間,會者戰慄失匕箸,卓飲食自若。"(740頁)

"披其舌",中華本(507頁)、李本(328頁)同,均未校。《後漢書》卷七二《董卓傳》、《三國志》卷六《魏志·董卓傳》皆作"先斷其舌"。⑤ 按,"披"雖有裂開、分開義,但典籍中鮮見言"披舌"者,疑"披"爲"拔"之訛字,二字形近易訛。⑥ "拔舌",古籍習見,如三國吴康僧會譯《六度集經》卷五："愚夫重闇不明去就,以惡心向佛、沙門、梵志,截手拔舌者,斯一世之苦。"⑦《晋書》卷一一四《苻堅載紀》："堅大悦,恐石等遁也,捨大軍於項城,以輕騎八千兼道赴之,令軍人曰:'敢言吾至壽春者拔舌。'"卷六七《温嶠傳》："募生得嶠者,當自拔其舌。"⑧《北齊書》卷三四《楊愔傳》："長廣王以子默昔讒己,作詔書,故先拔其舌,截其手。"⑨袁《紀》"披"似當正爲"拔"。

---

① 《三國志》,第177頁。
② 《晋書》,第781頁。
③ 《三國志》,第177頁;《後漢書》,第2326頁;
④ 《晋書》,第781頁。按,此當點爲"又錢無輪郭文章,不便"。
⑤ 《後漢書》,第2330頁;《三國志》,第176頁。
⑥ 姚秦竺佛念譯《出曜經》卷第二五《惡行品》："有災吐毒欲怒癡生,拔三根栽種其三業。""拔",宋元本皆作"披",參《大正新修大藏經》,第4册,第742頁中欄;唐韓愈《元和聖德詩》："四軍齊作殷其阜,或拔其角,或脱其距,長驅洋洋無有齟齬。"宋人校曰:"拔或作披。"參(宋)魏仲舉集注:《五百家注昌黎文集》,中華書局,2019年,第21頁。
⑦ (三國吴)康僧會譯:《六度集經》,《大正新修大藏經》,第3册,第30頁中欄。
⑧ 《晋書》,第2917、1788頁。
⑨ 《北齊書》,第459頁。

198. 執正

《後漢紀》卷二六《獻帝紀》："自此已下，政事多釁，權稱臣下，嗣帝殷勤，各欲尊崇至親，而臣下懦弱，莫敢執正夏侯之議，故遂僭濫，無有防限。今聖朝遵復古禮，以求厥中，誠合事。宜孝元皇帝世在第八，光武皇帝世在第九，故元帝爲考廟，尊而奉之。"（742 頁）

"莫敢執正夏侯之議"，中華本（509 頁）、李校本（329 頁）均未校。《續漢書》卷一九《祭祀志下》劉昭注載此議文作"莫能執夏侯之直"，點校本校記曰："王先謙謂《邕集》作'莫能執正夏侯之義，故遂僭濫，無有防限'。按：海原閣本《蔡中郎集》作'莫能執夏侯之直，故遂衍溢，無有方限'。"① 檢四庫備要影海源閣《蔡中郎集》卷九《宗廟迭毀議》即作"莫能執夏侯之直"；四部叢刊本印明蘭雪堂本、十萬卷樓叢書本均同；②《通典》卷四七載亦同。③ 按，"正"當衍。宣帝尊崇武帝，詔立廟號爲世宗，夏侯勝非之，而遭刑獄。因此，"嗣帝殷勤，各欲尊崇至親"已成其風。蔡邕自言"懦弱，莫敢執夏侯之直"，而至其風滋蔓，無所限制。"執正"，糾正也，④ "執正夏侯之議"，言糾正夏侯勝之所議，與文意頗有舛。據此，"正"殆爲衍文，原文當作"莫敢執夏侯之議"，言莫敢堅守夏侯勝之議也。

199. 令

《後漢紀》卷二六《獻帝紀》："見天下將亂，棄官歸家，謂父老曰：'潁川四戰之地，天下令有變，常爲兵衝，密雖有固，適可避小寇，不足以扞大難，宜亟去。'"（749 頁）

"天下令有變"，李本（322 頁）同，未校；中華本（513 頁）錄作"今"，並未校。按，黃本、四庫薈要本皆作"今"，哈佛藏康熙廣寧振鷺堂刻本作"令"。《後漢書》卷七〇《荀彧傳》、《三國志》卷一〇《魏志·荀彧傳》載此皆作"天下有變"。⑤ 按，若言"天下今有變"，則後不當言"常爲兵衝"。據文意，"今"當作"令"。"令"有假使義，《戰國策·趙策三》："誠知秦力之不至，此

---

① 《後漢書》，第 3199、3209 頁。
② 《蔡中郎集》，四部備要本，1936 年，第 92 頁；《蔡中郎集》卷八，四部叢刊本，第一五頁；（清）陸心源校刻：《蔡中郎集》卷八，十萬卷樓叢書本，第五頁。
③ 《通典》，第 1304 頁。又"能"下校曰："'能'，原作'敢'，據《後漢書·祭祀志下》劉昭注引（3199 頁）及北宋本、傅校本、遞修本、明抄本改。"（第 1327 頁）
④ "執正"另有主持公道，秉公處置之義（參《漢語大詞典》卷二，第 1132 頁），亦均與文意不甚相屬。另，《漢語大詞典》"執正"之"糾正"義下具袁《紀》例，殆誤。
⑤ 《後漢書》，第 2280 頁；《三國志》，第 308 頁。

彈丸之地,猶不予也,令秦來年復攻王,得無割其內而媾乎?"①《史記》卷一〇六《吳王濞列傳》:"今大王與吳西鄉,弟令事成,兩主分爭,患乃始結。"②"令",均爲假使義。"天下令有變",言天下如有變,則潁川常爲兵家之要地。"今"雖亦有"假使"義,但常作連詞用於句首,而不當言"天下今有變"。

200. 捷避之

《後漢紀》卷二七《獻帝紀》:"卓自以遇人無禮,恐人謀己,行止常以布自衛。卓性剛褊,忿不思難,嘗以小失意,拔手戟擲布。布捷避之,爲卓致謝,卓意亦解。"(752頁)

"捷避之",中華本(516頁)、李本(336頁)均未校。按,《後漢書》卷七五《呂布傳》載作"拳捷得免";《三國志》卷七《魏志·呂布傳》作"拳捷避之",裴松之注曰:"《詩》曰:'無拳無勇,職爲亂階。'注:'拳,力也。'"③《通鑑》卷六〇亦作"拳捷避之",胡三省注:"勇力爲拳,迅疾爲捷。"④"拳捷"義爲有勇力而敏捷。《宋書》卷八三《黃回傳》:"回拳捷果勁,勇力兼人,在江西與諸楚子相結,屢爲劫盜。"《南齊書》卷三〇《桓康傳》:"宜與拳捷,善舞刀楯,回嘗使十餘人以水交灑,不能著。"⑤唐許嵩《建康實錄》卷一一《高祖武皇帝》:"盧循有大志,所經必不傷人,其三吳舊賊,百戰餘勇;始興溪子,拳捷善鬬,未易輕也。"⑥"拳捷"均其義。據此,作"布拳捷,避之"義更勝。袁《紀》脫"拳"字,當據補。

201. 之

《後漢紀》卷二七《獻帝紀》:"諸豪帥感其意,歸相斂,得雜畜千餘頭以贈之。卓桓帝末以六郡良家子爲羽林郎,有才武膂力。"(753頁)

"卓桓帝末",不合句法。中華本(517頁)"卓"屬上讀,點作"得雜畜千餘頭以贈之卓"。李校本(336頁)逕刪"卓"字,作"得雜畜千餘頭以贈之",無校。今按,《後漢書》卷七二《董卓傳》"得雜畜千餘頭以遺之",《三國志》卷六《魏志·董卓傳》作"得雜畜千餘頭以贈卓",⑦明袁《紀》"之""卓"或有一衍。據《三國志》,疑"之"字衍。

---

① 《戰國策》,第694頁。
② 《史記》,第2827頁。
③ 《後漢書》,第2445頁;《三國志》,第219—220頁。
④ 《資治通鑑》,第1933頁。
⑤ 《宋書》,第2122頁;《南齊書》,第558頁。
⑥ (唐)許嵩撰,張忱石點校:《建康實錄》,中華書局,1987年,第372頁。
⑦ 《後漢書》,第2319頁;《三國志》,第171頁。

202. 口所常説

《後漢紀》卷二七《獻帝紀》："邕謝允曰：'雖不忠，猶識大義。古今安危，耳所厭聞，口所常説，豈當以背國而向卓也。狂瞽之言，謬出患入，正謂邕也。願黥首爲刑，以繼漢史。'"（753 頁）

"口所常説"，各本均未校。《三國志》卷六《魏志·董卓傳》裴松之引謝承《後漢書》作"口所常玩"，《通鑑》卷六〇《漢紀·獻帝紀》亦同。① 按，"玩"，玩味、玩詠也。《三國志》卷二一《魏志·嵇康傳》裴松之注引《魏氏春秋》："康所著諸文論六七萬言，皆爲世所玩詠。"②《抱朴子外篇·擢才》："華章藻蔚，非矇瞍所玩；英逸之才，非淺短所識。夫瞻視不能接物，則兗龍與素褐同價矣；聰鋻不足相涉，則俊民與庸夫一概矣。"③"口所常説"義亦可通，終不如"口所常玩"更密合文意。"説"草書常作"况"（唐李懷琳《與山巨源絕交書》）、"之"（明張弼《千草文》），字形與"玩"頗近。袁《紀》作"説"當爲形近而訛，似當據正。

203. 王順

《後漢紀》卷二七《獻帝紀》："六月戊午，長安城陷，吕布與戰不勝，將數百騎奔冀州。催等入城內，殺太常种弗、太僕魯馘、大鴻臚周奐、城門校尉崔烈、越騎校尉王順，死者數十人。"（756 頁）

周本校曰："《三國志·董卓傳》注引張璠《漢紀》，'魯馘'作'魯馗'，'王順'作'王頎'。范《書》《董卓傳》种弗爲'衛尉'，《獻帝紀》作'太常'，與袁《紀》同。又'順'亦作'頎'，而'馘'作'旭'。趙一清曰：'旭即馗也，字異耳。'旭乃魯恭之孫。"

"王順"，中華本（519 頁）、李校本（337 頁）均未校。按，《後漢書》卷九《獻帝紀》作"王頎"，李賢注："頎音祈。"④《三國志》卷六《董卓傳》裴松之注引張璠《漢紀》、《通鑑》卷六〇《漢紀·獻帝紀》均作"王頎"。⑤ "順"當爲"頎"之誤字。

204. 我昔

《後漢紀》卷二七《獻帝紀》："弗子邵爲使者，嘗忤於卓，左遷叙州刺史。

---

① 《三國志》，第 180 頁；《資治通鑑》，第 1934 頁。
② 《三國志》，第 606 頁。
③ （晋）葛洪撰，楊明照校箋：《抱朴子外篇校箋》，中華書局，1991 年，第 456 頁。
④ 《後漢書》，第 373 頁。
⑤ 《三國志》，第 192 頁；《資治通鑑》，第 1938 頁。

徵爲九卿,辭曰:'我昔盡忠於國,爲邪臣所妒。父以身徇國,爲賊所害。夫爲臣子不能除殘去逆,何面目復見明主哉!'"(759頁)

"我昔盡忠於國",中華本(521頁)、李本(339頁)皆同,均未校。《後漢書》卷五六《种邵傳》作"昔我先父以身殉國";①《御覽》卷二三六引張璠《後漢紀》作"我父盡忠於朝,而爲時所妬。父以身殉國,爲賊臣所害";②《職官分紀》卷二二引張璠《紀》亦同。③ 按,"我昔盡忠於國,爲邪臣所妒"於文意頗不切合,《紀》文脱"父"字,當作"我父昔盡忠於國"。

205. 欲術爲援

《後漢紀》卷二七《獻帝紀》:"術將餘衆奔九江,殺揚州刺史陳溫,領其州。李傕等欲術爲援,因令日磾即拜術爲左將軍,封陽翟侯,假節。"(760—761頁)

"欲術爲援",中華本(522頁)、李校本(340頁)皆同,均未校。按,《三國志》卷六《魏志·袁術傳》、《後漢書》卷七五《袁術傳》載此皆作"欲結術爲援",④文意較顯豁。袁《紀》當據以補"結"字。

206. 驃騎將軍

《後漢紀》卷二七《獻帝紀》:"九月,揚武將軍李傕爲車騎將軍,封池陽侯,領司隸校尉,假節。郭汜爲後將軍,封郿陽侯。樊稠爲右將軍,封萬年侯。傕、汜、稠擅朝政。張濟爲驃騎將軍、平陽侯,屯弘農。"(761頁)

周本校曰:"范《書》《獻帝紀》作'鎮東將軍',《三國志·董卓傳》與袁《紀》同。"中華本(522頁)、李本(340頁)同,未出校。

按,袁《紀》載似有誤。《後漢書》卷九《獻帝紀》載初平三年"九月,李傕自爲車騎將軍,郭汜後將軍,樊稠右將軍,張濟鎮東將軍。濟出屯弘農。"至興平二年"秋七月甲子,秋七月甲子,車駕東歸。郭汜自爲車騎將軍,楊定爲後將軍,楊奉爲興義將軍,董承爲安集將軍,並侍送乘輿。張濟爲驃騎將軍,還屯陝"。⑤ 又卷七二《董卓傳》亦載:"傕又遷車騎將軍,開府,領司隸校尉,假節。汜後將軍,稠右將軍,張濟爲鎮東將軍,並封列侯。"興平二年,"帝亦思舊京,因遣使敦請傕求東歸,十反乃許。車駕即日發邁。李傕出屯曹陽。

---

① 《後漢書》,第1830頁。
② 《太平御覽》,第1119頁上欄。
③ 《職官分紀》卷二二,《景印文淵閣四庫全書》,第923册,第505頁上欄。
④ 《後漢書》,第2439頁;《三國志》,第208頁。
⑤ 《後漢書》,第373、378頁。

以張濟爲驃騎將軍,復還屯陝"。① 據此可知,張濟爲驃騎將軍,乃興平二年事,爲獻帝東歸洛陽時所封之職。袁《紀》、《三國志·董卓傳》所載均有誤。

207. 比

《後漢紀》卷二七《獻帝紀》:"於是太尉朱儁、司徒淳于嘉、司空張喜奏曰:'春秋之義,母以子貴,宜改葬皇妣,追上尊號,比穆宗、〔敬〕(恭)宗故事。'"(772 頁)

周本校曰:"'比'字蔣本闕,黃本作'曰',《全後漢文》作'如',而范《書》《皇后紀》作'比'。比、日形近而訛,故據范《書》補。"中華本(532 頁)録作"曰",改爲"比",曰:"從學海堂本改。"李校本(343 頁)逕作"如",無校。《後漢書》卷一〇下《皇后紀下》載:"於是有司乃奏追尊王美人爲靈懷皇后,改葬文昭陵,儀比敬、恭二陵。"②

按,周校是。史乘雖多言"如……故事""依……故事",亦有見"比……故事"者,如《後漢紀》卷二九《獻帝紀》:"己丑,增封操并前三萬户,食柘城、陽夏四縣,比鄧禹、吴漢故事。"又卷九《明帝紀》載:"帝不能容,數下詔,比以竇嬰、田蚡故事。"③"比……故事"意與"如……故事"同。據此,周本、中華本校改爲"比",當是。李本逕作"如",無據。

208. 尚書以下

《後漢紀》卷二七《獻帝紀》:"尚書以下詣省闥謝,奏收侯汶考實。"(776 頁)

"尚書以下",中華本(523 頁);李校本(345 頁)亦同,均未校。《後漢書》卷九《獻帝紀》、卷七二《董卓傳》皆作"尚書令以下皆詣省闥謝"。④《御覽》卷八三八引《後漢書》、《册府》卷一〇五、《東漢會要》卷三〇載此均作"尚書令以下"。⑤ 按,後漢"尚書令""尚書"非爲一事。袁《紀》"令"字脱,當補。

209. 興平二年

《後漢紀》卷一八《獻帝紀》:"即拜袁紹爲後將軍,使持節冀州牧,封邟鄉侯。"(777 頁)

---

① 《後漢書》,第 2334、2338 頁。
② 《後漢書》,第 452 頁。
③ 《後漢紀》,張烈點校《兩漢紀》,第 567、177 頁。
④ 《後漢書》,第 376、2336 頁。
⑤ 《太平御覽》,第 3742 頁上欄;《册府元龜》,第 1146 頁;《東漢會要》,第 324 頁。

周本校曰:"范《書》《袁紹傳》作'拜紹右將軍'。"中華本同(534頁)。李本(350頁)作"後將軍",未校。

按,"邟鄉侯",中華本、李校本作"邟鄉侯"。周本作"邟"當爲迻錄排印之誤。另,《三國志》卷六《魏志·袁紹傳》載"卓以爲然,乃拜紹勃海太守,封邟鄉侯";《後漢書》卷七四上《袁紹傳》載"乃遣授紹勃海太守,封邟鄉侯",李賢注:"前《書》潁川有周承休侯國,元帝置。元始二年更名邟。"又引《山陽公載記》曰:"董卓以紹爲前將軍,封邟鄉侯。紹受侯,不受前將軍。"①據此,封紹邟鄉侯事乃在靈帝中平六年。《後漢書·袁紹傳》又云"興平二年,拜紹右將軍",②均未及袁紹爲"後將軍"。

據《後漢書》卷七五《袁術傳》載"時董卓將欲廢立,以術爲後將軍",卷七四上《袁紹傳》、卷九《獻帝紀》、卷七三《劉虞傳》均載時袁術爲"後將軍";③《三國志》卷一《魏志·武帝紀》、卷六《魏志·袁術傳》、卷八《魏志·公孫瓚傳》裴注引《典略》、卷一六《魏志·鄭渾傳》裴注引張璠《紀》均載袁術爲"後將軍"。④ 因此,袁《紀》言時"拜袁紹爲後將軍",殆誤,似當據《山陽公載記》作"前將軍"。

210. 抱鉞

《後漢紀》卷二八《獻帝紀》:"內有三公以爲主,外有縱橫以爲黨,呂布受恩而反圖之,斯須之間,身首異處,此有勇而無謀也。今將軍身爲上將,抱鉞持節,子孫親族,荷國寵榮。"(783頁)

"抱鉞",中華本(538頁)、李校本(352頁)皆同,亦均未校。按,"抱鉞",典籍鮮見。《三國志》卷六《董卓傳》裴注引《獻帝起居注》作"把鉞",⑤當是。"把"有持義,《說文·手部》:"把,握也。"⑥"把鉞"乃常語,《史記》卷三《殷本紀》:"湯乃興師率諸侯,伊尹從湯,湯自把鉞以伐昆吾,遂伐桀。"《漢書》卷九九上《王莽傳》:"以太保甄邯爲大將軍,受鉞高廟,領天下兵,左杖節,右把鉞,屯城外。"⑦《南齊書》卷一九《五行志》:"王者興師動衆,建立旗鼓,仗旄把鉞,以誅殘賊,止暴亂,殺伐應義,則金氣從。"《南史》卷四《齊

---

① 《三國志》,第190頁;《後漢書》,第2375、2386頁。
② 《後漢書》,第2382頁。
③ 《後漢書》,第2438、2375、370、2355頁。
④ 《三國志》,第6、207、243、510頁。
⑤ 《三國志》,第185頁。
⑥ 《說文解字》,第252頁上欄。
⑦ 《史記》,第95頁;《漢書》,第3428頁。

本紀》:"公把鉞出關,凝威江甸,正情與曒日同亮,明略與秋雲競爽。"①"斧鉞",權柄之謂也。"把鉞",謂把持兵權也。據此,"抱"即爲"把"之訛,②袁《紀》當據改。

211. 親與

《後漢紀》卷二九《獻帝紀》:"或曰:'山東未定,韓暹、楊奉親與天子還京,北連張陽,未可卒制。'"(800頁)

"楊奉親與天子還京",中華本(553頁)、李本(362頁)均未校。《三國志》卷一〇《荀彧傳》載此作"新將天子到洛陽"。③ 按,作"新"意更勝,顯韓暹、楊奉其勢初盛,不可卒制。"親"當爲"新"之訛。《後漢紀》卷二九《獻帝紀》載:"夏五月丙寅,遣使至楊奉、李樂、韓暹營,求送至洛陽,奉等從詔。"而秋七月甲子,車駕行至洛陽。④ 而此時乃八月,故曰"新與天子還京"。《册府》卷七二〇載亦作"新將天子到雒陽";⑤宋蕭常《續後漢書》卷三六《魏荀彧載紀》載此作"新將天子到洛",⑥並可證。

212. 處其逸

《後漢紀》卷二九《獻帝紀》:"宜遣使獻捷天子,務農逸民。若不得通,乃表曹操隔我王路。然後進屯黎陽,漸營河南,益作船舫,繕治器械,分遣精騎,抄掠邊鄙。令彼不得安,我處其逸,三年之内,事可坐定也。"(812—813頁)

"處其逸",周本無校。中華本(569頁)作"取",校改爲"處",校曰:"從龍谿本改。"李本逕作"取其逸",無校。《後漢書》卷七四《袁紹傳》、《三國志》卷六《魏志·袁紹傳》裴注引《獻帝傳》、《通鑑》卷六三《漢紀·獻帝建安四年》、元郝經《郝氏後漢書》卷九皆作"取其逸"。⑦ 唐趙蕤《長短經》卷

---

① 《南齊書》,第380頁;《南史》,第105頁。
② "抱""把"典籍常混,如唐白居易《琵琶行並序》:"千呼萬唤始出來,猶把琵琶半遮面。"謝思煒校曰:"'猶把',《文苑英華》同,其餘各本作'猶抱'。"參謝思煒校注:《白居易詩集校注》卷一二,中華書局,2006年,第963頁。唐張籍《築城詞》:"築城處,千人萬人抱杵杵。"徐禮節、余恕誠校曰:"'把',《文萃》《樂府》《品彙》、陸本、席本作'抱'。"參徐禮節、余恕誠校注:《張籍集繫年校注》,中華書局,2011年,第31頁。《全唐詩》卷七七七吴象之《陽春歌》:"簾低曉露濕,簾卷鶯聲急。欲起把箜篌,如凝彩弦澀。""把"下校曰:"一作'抱'。"參《全唐詩》,第8800頁。
③ 《三國志》,第310頁。
④ 《後漢紀》,張烈點校《兩漢紀》,第552頁;《後漢書》,第379頁。
⑤ 《册府元龜》,第8301頁。
⑥ (宋)蕭常:《續後漢書》卷三六,清道光上海郁氏刻宜稼堂叢書本,第一頁。
⑦ 《後漢書》,第2390頁;《三國志》,第196頁;《資治通鑑》,第2015頁;(元)郝經:《續後漢書》卷九《漢臣傳》,清道光上海郁氏刻宜稼叢書本,第一五頁。

四《霸圖》亦作"取"。① 檢黄本、南監本、薈要本録此均作"取"。今按,作"處"雖亦可通,其原文應爲"取"。"取",得也,言得其逸。"處"當爲龍谿本所改,似不可取信。

另,"宜遣使獻捷天子",《後漢書》卷七四《袁紹傳》、《三國志》卷六《魏志·袁紹傳》裴注引《獻帝傳》"宜"下皆有"先"字。② 按,補"先"字語意更顯,與後文言"然後"正相應。《袁》紀疑脱"先",當據補。

213. 不足邪

《後漢紀》卷二九《獻帝紀》:"〔承〕謂服曰:'郭汜有數百兵,壞李傕數萬人,但足下與吾同不耳! 昔吕不韋之門,須子楚而後高,今吾與子猶是也。'服〔曰〕:'惶恐不敢當,然兵又少。'承曰:'興事訖,得曹公成兵,不足邪?'"(815頁)

"不足邪",周本未校。中華本(560頁)作"得曹公成,兵不足邪";李本(367頁)逕作"第興事,奪得曹公兵,何憂不足耶",並未校。

按,中華本點誤,"成兵",已成之兵,不可點斷。③《後漢書》卷七九下《儒林傳》:"至如張温、皇甫嵩之徒,功定天下之半,聲馳四海之表,俯仰顧眄,則天業可移,猶鞠躬昏主之下,狼狽折札之命,散成兵,就繩約,而無悔心。"李本所録,乃據四庫本,與明嘉靖本、薈要本均不合,當爲館臣所改易。《三國志》卷三二《蜀志·先主傳》裴注引《獻帝起居注》載作:"服曰:'惶懼不敢當,且兵又少。'承曰:'舉事訖,得曹公成兵,顧不足邪?'"④明"不足邪"前當脱"顧"字。"顧",猶豈也。《漢書》卷三七《季布傳》:"且僕與足下俱楚人,使僕游揚足下名於天下,顧不美乎?"⑤清劉淇《助字辨略》卷四:"此顧字,猶豈也。"⑥《新唐書》卷一〇七《陳子昂傳》:"故庸人皆任縣令,教化之陵遲,顧不甚哉!"⑦袁《紀》補"顧"句意方完足。

214. 始用八佾

《後漢紀》卷二九《獻帝紀》:"九月,公卿迎氣北郊,始用八佾。"(821頁)

---

① 《長短經》,第218頁。
② 《後漢書》,第2390頁;《三國志》,第196頁;《資治通鑑》,第2015頁。
③ 周勛初等校訂《册府元龜》"成兵"點斷(第2030頁),亦誤。
④ 《三國志》,第875頁。
⑤ 《漢書》,第1978頁。
⑥ 《助字辨略》卷四,第202頁。
⑦ 《新唐書》,第4071頁。

周本校曰:"疑袁《紀》'始'下脱'復'字。范《書》及《續漢·祭祀志》注引《獻帝起居注》均有'復'字。"中華本(564頁)、李本(370頁)同,均無校。按,周校待商,無"復"字句亦通。《後漢書》卷八《獻帝紀》李賢注曰:"袁宏《紀》云:'迎氣北郊,始用八佾。'佾,列也。謂舞者之行列。往因亂廢,今始備之。"①明袁《紀》本即無"復"字。

215. 先

《後漢紀》卷三〇《獻帝紀》:"昔介子推有言:'竊人之財,猶謂之盜。'況君密謀安衆,先於孤者以百數乎? 以二事相還而復辭,何取謙亮多邪?"(829頁)

"先於孤者以百數",中華本(573頁)、李本(376頁)同,均未校。《三國志》卷一〇《魏志·荀彧傳》裴注引《荀彧別傳》作"光顯於孤者以百數",元郝經《續後漢書》卷三一亦同。②"光"即光顯也,言光顯曹氏之功。袁《紀》"先"即爲"光"之訛,二者形近多訛。③

216. 且

《後漢紀》卷三〇《獻帝紀》:"於是徐庶見劉備曰:'諸葛孔明,卧龍也,將軍豈願見之乎?'備曰:'君與俱來。'庶曰:'此人宜可以就見,不可屈致。將軍且枉駕顧之。'"(831頁)

"且枉駕顧之",李校本(376頁)、中華本(574頁)均未校。《三國志》卷三五《蜀志·諸葛亮傳》、《通鑑》卷六五《漢紀·獻帝紀》、《蕭氏續後漢書》卷七上均作"宜枉駕顧之"。④ 按,"且"似當作"宜",形近而訛。⑤ 徐庶爲臣下,與劉備言,似不當直言"且枉駕顧之",故以"宜"爲勝。

---

① 《後漢書》,第383頁。
② 《三國志》,第317頁;(元)郝經:《續後漢書》卷三一,清道光上海郁氏刻宜稼堂叢書本,第九頁。
③ 《後漢書》卷二〇《祭肜傳》"先明漢道",點校本校記曰:"《刊誤》謂'先'當作'光'。"參第749頁。《鹽鐵論·論菑》"故陽光盛於上",王利器校曰:"'光'原作'先',盧文弨曰:'先當作光。'今據改正。"參(漢)桓寬撰,王利器校注:《鹽鐵論校注》,第560頁。
④ 《三國志》,第912頁;《資治通鑑》,第2074頁;(宋)蕭常:《續後漢書》卷七上,清道光上海郁氏刻宜稼堂叢書本,第一頁。
⑤ "且""宜"形近,典籍多訛混,如韓愈《答渝州李方古使君書》:"以報見待,惟且遲之。""且"下宋魏仲舉校曰:"一作宜。"參《五百家注韓昌黎集》卷一八,第936頁。再如《杜詩詳注》卷一四《敝廬遣興奉寄嚴公》:"把酒宜深酌,題詩好細論。""宜"下校:"一作且。"參(清)仇兆鰲注:《杜詩詳注》,中華書局,1979年,第1202頁。

217. 通簡

《後漢紀》卷三〇《獻帝紀》："時河南尹李膺有重名，敕門通簡賓客，非當世英賢及通家子孫不見也。"（834頁）

"通簡賓客"，中華本（575頁）、李校本（377頁）均未校。《三國志》卷一二《魏志·崔琰傳》裴松之注引司馬彪《續漢書》作"簡通賓客"。按，"通簡賓客"未聞，當作"簡通賓客"。"簡通"，少通之義；"簡通賓客"，言少通賓客。《梁書》卷一《武帝本紀上》："或素定懷抱，或得之餘論，故得簡通賓客，無事①掃門。"卷二一《王志傳》："因多謝病，簡通賓客。"②《南史》卷三二《蕭子顯傳》："子顯風神灑落，雍容閑雅，簡通賓客，不畏鬼神。"③東魏《王諱悰（元悰）墓誌銘》："唯德是據，内無聲色之娱；非禮不行，外絕犬馬之好。簡通賓客，獨隔囂塵，苞苴弗行，請託目息。"④"簡通"均其例。據此，袁《紀》"通簡"爲誤倒，⑤當據乙正。

218. 求我之由

《後漢紀》卷三〇《獻帝紀》："融知儉長者，有窘迫色，謂曰：'吾獨不能爲君主也！'因留舍藏之。後以人客發泄，國相以下，密就掩捕，儉得脱走，收融及袞送獄。融曰：'保内藏舍者，融也，當坐之。'袞曰：'彼來求我，求我之由，非弟之過，我當坐之。'"（834頁）

"求我之由"，中華本（575頁）、李校本（377頁）同，均未校。《三國志》卷一二《魏志·崔琰傳》裴松之注引司馬彪《續漢書》作"罪我之由"。⑥ 按，"求我之由"，語意不明。"求我"當作"罪我"。"罪我之由"，即罪由我，言王儉本即求我，由我而罪也。《左傳·莊公八年》："公曰'不可，我實不德，齊師何罪？罪我之由。'"又《宣公十七年》："苟利社稷，請以我説，罪我之由，我則爲政，而亢大國之討，將以誰任，我則死之。"⑦"罪我之由"皆言罪由我也。據此，袁《紀》"求我"當正作"罪我"，蓋沿上文"彼來求我"而誤也。

---

① 中華本校勘記曰："'事'，《通典·選舉典》作'俟'，義似較勝。"真大成校"無事"不誤，"無事"義爲不必、無須。今按，真校是。詳參真大成：《中古史書校證》，第148頁。
② 《梁書》，第23、319頁。
③ 《南史》，第1073頁。
④ 趙超編：《漢魏南北朝墓誌彙編》，天津古籍出版社，1992年，第353頁。
⑤ "通簡"亦常詞，乃豁達、不拘小節之義，《漢語大詞典》據《後漢紀》另立義項爲"猶通刺"，殆據孤文立義，非是。參《漢語大詞典》卷一〇，第947頁。另，《漢語大詞典》未收"簡通"，似當據補。
⑥ 《三國志》，第371頁。
⑦ 《春秋左傳正義》，（清）阮元校刻《十三經注疏（清嘉慶刻本）》，第3832、4093頁。

219. 全生

《後漢紀》卷三〇《獻帝紀》:"求世休和,不可得已。且被刑之人,慮不全生,志在思死,類多趨惡。"(836頁)

"全生",中華本(577頁)、李本(378頁)同。《後漢書》卷七〇《孔融傳》、《晋書》卷三〇《刑法志》載此均作"念生";①另《御覽》卷六四八引司馬彪《續漢書》、《類聚》卷五四引孔融《肉刑議》、《通典》卷一六八載皆同。②按,"全"殆爲"念"之譌。"慮不念生",言心里不顧惜生命。"慮",思慮、意念也,與"志"義同;"念""思"亦義同。"慮不念生""志在思死"文相儷偶,互文見義,故當以"念"更勝。

220. 監丞相軍事

《後漢紀》卷三〇《獻帝紀》:"操由是心不平之。是行也,操請彧勞軍,因留彧,以侍中、光禄大夫持節監丞相軍事。次壽春,彧以憂死。"(845頁)

"持節監丞相軍事",李校本(381頁)亦同,均未校。中華本(594頁)作"持節〔參〕丞相軍事",校曰:"據《後漢書·荀彧列傳》補。"

按,明黄姬水本、薈要本作"持節丞相軍事",明國子監本作"持節監丞相軍事"。"監丞相軍事",無此職,此當作"參丞相軍事"。國子監本"監"當爲"參"之誤字。《唐六典》卷二九《諸王府公主邑司》:"後漢末,三公府有參軍事,如孫堅參車騎軍事,荀彧參丞相軍事是也。魏武帝征荆州,請邯鄲淳參軍事。自晋、宋已來,代有其任。《梁選簿》:'皇弟、皇子府有正參軍。'後魏有皇子參軍,北齊因之。"③《通典》卷三三《職官·州郡下》:"參軍事。後漢靈帝時,陶謙以幽州刺史參司空車騎張温軍事。"注云:"獻帝時,孫堅亦爲張温參軍。荀彧參丞相軍事、孫楚參石苞軍事是也。楚輕苞,謂曰:'天子命我參卿軍事'"④"參丞相軍事",官職名,東漢末年所置,掌參與謀議丞相府軍事。《三國志》卷一一《魏志·張範傳》:"太祖自荆州還,範得見於陳,以爲議郎,參丞相軍事,甚見敬重。"卷一二《魏志·何夔傳》:"太祖從其言。徵還,參丞相軍事。"同卷《邢顒傳》曰:"後參丞相軍事,轉東曹掾。"卷一四

---

① 《後漢書》,第2266頁;《晋書》,第921頁。
② 《太平御覽》,第2900頁下欄;《藝文類聚》,第972頁;《通典》,第4335頁。《通典》"念生"下校曰:"原作'全',據《晋書·刑法志》改。按,北宋本、傅校本、明抄本、明刻本'念'不誤。"(第4353頁)另《東漢會要》引《孔融傳》作"全"(第376頁),亦當爲訛文。
③ 《唐六典》,第731頁。
④ 《通典》,第914頁。

《魏志·劉放傳》："先是,資亦歷縣令,參丞相軍事。"①中華本校爲"參丞相軍事",甚是。

221. 糾逖

《後漢紀》卷三〇《獻帝紀》："君糾逖天刑,章厥有罪,犯關干紀,莫匪誅殛,是用錫君斧鉞各一。"(852頁)

周本校曰："《國語·魯語》:'糾虔天刑。'韋昭注:'糾,恭也,虔,敬也;刑,法也。'袁《紀》'逖'當作'虔'。"中華本(584頁)、李本(383頁)皆作"糾逖",均未校。

按,《三國志》卷一《魏志·武帝紀》作"糾虔天刑"。裴注曰:"'糾虔天刑'語出《國語》,韋昭注曰:'糾,察也。虔,敬也。刑,法也。'"②另《文選》卷三五潘元茂《魏公九錫文》、《白氏六帖事類集》卷一四引《册魏公文》均作"糾虔天刑"。③

"糾虔",糾察而敬慎也,多與"天刑"相連,言以上天之法而行糾察,當敬慎爲之。如《國語·魯語下》："少采夕月,與太史司載糾虔天刑。"④《三國志》卷四七《吳志·吳主傳》裴注引《江表傳》載孫權詔:"君戎馬整齊,威震遐方,糾虔天刑,彰厥有罪,是用錫君鈇鉞各一。"《晉書》卷二《景帝紀》："三月,乃諷天子廢皇后張氏,因下詔曰:'姦臣李豐等靖譖庸回,陰構凶慝。大將軍糾虔天刑,致之誅辟。'"⑤《唐會要》卷八〇《謚法下》載王彥威上表曰:"貨足以藩身,威足以鉗口,而法吏顧望自處,或不能糾虔天刑。生前網已漏鯨,没未戮而就木。"⑥

"糾逖",督察懲治。《左傳·僖公二十八年》："敬服王命,以綏四國,糾逖王慝。"晉杜預注:"逖,遠也;有惡於王者,糾而遠之。"楊伯峻注引惠棟補注:"《魯頌》'狄彼東南',鄭箋:'狄當爲剔。剔,治也。'此《傳》當訓爲治也。"⑦《後漢書》卷七六《循吏列傳》："峻擢用文武吏,皆盡其能,糾剔姦盜,不得旋踵,一歲斷獄,不過數十。"李賢注:"《左傳》天王策命晉文侯曰:'糾逖王慝。'杜預注云:'逖,遠也。''剔'與'逖'通。"⑧《隸釋》卷一九《范式

---

① 《三國志》,第337、380、383、457頁。
② 《三國志》,第39—40頁。
③ 《文選》,第503頁上欄;《白氏六帖事類集》卷一四,日本静嘉堂藏北宋刊本,第五頁。
④ 徐元誥:《國語集解》,第195—196頁。
⑤ 《三國志》,第1139頁;《晉書》,第27頁。
⑥ (宋)王溥:《唐會要》,第1473頁。
⑦ 楊伯峻編著:《春秋左傳注》,中華書局,1981年,第465頁。
⑧ 《後漢書》,第2470頁。

碑》："三府舉高第侍御史,拜冀州刺史,糾剔瑕慝,六教允施。"①

據此,作"糾虔天刑"當更切合詔書之意,吳主詔、晉景帝詔文等亦均可爲證。頗疑"糾遜"乃後世傳抄中所妄改也。

222. 后父完

《後漢紀》卷三〇《獻帝紀》："后見殺之日,后父完及宗族死者百有餘人。"(854頁)

"后父完",中華本(585頁)、李本(384頁)同。按,據《後漢書》卷一〇下《皇后紀下》,伏后父完"以政在曹操,自嫌尊戚,乃上印綬,拜中散大夫,尋遷屯騎校尉。十四年卒,子典嗣。"②是后父完建安十四年已歿。而伏后事發乃建安十九年。《皇后紀下》又曰："兄弟及宗族死者百餘人,母盈等十九人徙涿郡。"③《三國志》卷一《魏志·武帝紀》亦曰："十一月,漢皇后伏氏坐昔與父故屯騎校尉完書,云帝以董承被誅怨恨公,辭甚醜惡,發聞,后廢黜死,兄弟皆伏法。"袁《紀》所載與《三國志》卷一《魏志·武帝紀》裴注引《阿瞞傳》同,其曰："遂將后殺之,完及宗族死者數百人。"④其説頗可疑。⑤

223. 追惟

《後漢紀》卷三〇《獻帝紀》："所獲已過,不宜復忝高位,以重罪謗。群臣見逼,迫以大義,追惟寇賊不梟,國難未已,宗廟傾危,社稷將墮,誠臣深憂之責。"(859頁)

"追惟",中華本(587頁)、李校本(386頁)並未校。《三國志》卷三二《蜀志·先主傳》作"退惟"。按,當作"退惟","追"乃"退"之訛文。"追惟",多指追憶、追思、追念義。《戰國策·燕策三》："今以寡人無罪,君豈怨之乎？願君捐怨,追惟先王,復以教寡人！"⑥《後漢書》卷一七《馮異傳》："予末小子,夙夜永思,追惟勳烈,披圖案籍。"卷三《章帝紀》："追惟先帝勤人之德,底績遠圖,復禹弘業,聖迹滂流,至于海表。"卷二四《光武十王列傳·東海恭王劉彊傳》："帝追惟彊深執謙儉,不欲厚葬以違其意。"⑦"追

---

① 《隸釋 隸續》,第193頁。
② 《後漢書》,第453頁。
③ 《後漢書》,第454頁。
④ 《三國志》,第44頁。
⑤ 《曹瞞傳》蓋爲三國吳人所撰,取材駁雜,不拒市井之言。詳參熊明：《〈曹瞞傳〉考論——兼論六朝雜傳的小説化傾向》,載《古籍研究》2002年第1期(總第37輯),第25—30頁。
⑥ 《戰國策》,第1123頁。
⑦ 《後漢書》,第652、154、1424頁。

惟"皆追思義。

"退惟",多表退歸而思之義。《左傳·宣公十二年》:"林父之事君也,進思盡忠,退思補過,社稷之衛也。"①"退思"猶"退惟"。《三國志》卷二八《魏志·毌丘儉傳》裴注引《文欽降吴表》:"退惟不能扶翼本朝,抱愧俛仰,靡所自厝。""惟"又作"唯",《三國志》卷一九《魏志·任城王曹植傳》:"然天實爲之,謂之何哉!退唯諸王常有戚戚具爾之心。"②言退歸而思諸王有戚戚兄弟之情。因此,袁《紀》"追惟"於文意頗不切合,當正爲"退惟"。③

224. 越水火

《後漢紀》卷三〇《獻帝紀》:"若應權通變,以寧聖主,雖越水火,所不敢辭。常慮於懷,以防後悔。輒順衆議,拜授印璽,以崇國威。"(859頁)

"越水火",中華本(588頁)、李本(386頁)均未校。《三國志》卷三二《蜀志·先主傳》作"赴水火"。④ 今按,"越水火"典籍鮮見,⑤此當作"赴水火"。"赴水火",乃古之常語,典籍習見,猶"赴湯蹈火",多指置身危險之地,如《荀子·議兵》:"若以卵投石,以指撓沸;若赴水火,入焉焦没耳。"⑥《史記》卷六五《孫子吴起列傳》:"兵既整齊,王可試下觀之,唯王所欲用之,雖赴水火猶可也。"⑦《吴越春秋·闔閭内傳》作:"兵已整齊,願王觀之,惟所欲用,使赴水火,猶無難矣,而可以定天下。"⑧《三國志》卷九《夏侯玄傳》裴注引《世語》:"中書事發,可及書未至赴吴,何爲坐取死亡!左右可共同赴水火者誰?"⑨《魏書》卷七八《張普惠傳》:"今赤子幾臨危壑,將赴水火,以煩勞而不救,豈赤子所望於慈母!"⑩"赴水火"皆爲身赴險境之義。袁《紀》

---

① 《春秋左傳正義》,(清)阮元校刻《十三經注疏(清嘉慶刻本)》,第4088、4093頁。
② 《三國志》,第768、570頁。
③ "退""追"形近易訛,如《文苑英華》卷六七七徐陵《梁貞陽侯重與王太尉書》:"功自齊師,江左臣民,非關梁國,豈不追慼後主崇寄之恩,還負齊朝親鄰之意。"宋人"追"下校曰:"一作退。"參《文苑英華》,第3486頁。《墨子·明鬼下》:"以兵刃毒藥水火,退無罪人乎道路率徑。"校注曰:"案:'退'疑當讀爲'追'。《禮記·檀弓》'文子其中追然如不勝衣',釋文:'追,本作退。《戰國策·楚策》'楚太子曰:臣有傅,請追而問傅','追'一作'退',《慎子》亦作'退',是其例。追,逐也。言以兵刃毒藥水火追逐無罪人于道路術徑。"參吴毓江:《墨子校注》,中華書局,2006年第2版,第344—345頁。
④ 《三國志》,第886頁。
⑤ 宋華岳《翠微北征録》卷五《治安藥石》:"已上四法,皆令賊馬自越水火而前。""越水火",明唐順之《武編前集》卷六《馬》(明萬曆刻本)載此即作"赴水火"。
⑥ 《荀子集釋》,第267頁。
⑦ 《史記》,第2162頁。
⑧ (東漢)趙曄撰,周生春輯校彙考:《吴越春秋輯校彙考》,第39頁。
⑨ 《三國志》,第302頁。
⑩ 《魏書》,第1738頁。

"越水火"當據正。①

225. 旁祇厥序　甚

《後漢紀》卷三〇《獻帝紀》："甚敬服朕命,抑畀憂懷,旁祇厥序,時亮天工,以稱朕意。於戲,可不勉乎!"（860頁）

"旁祇厥序",周本校曰:"盧弼引錢儀吉曰:'"旁"疑作"方"。'是。"中華本（588頁）、李校本（386頁）均未校。

"時亮天工",周校曰:"裴注引袁《紀》作'時亮庶功'。"中華本（588頁）、李校本（386頁）據《三國志》卷二《魏志·文帝紀》逕改爲"時亮庶功"。

按,袁《紀》不煩改字,"時亮天工"亦常語,典出《尚書·舜典》:"欽哉,惟時亮天功。"孔傳曰:"各敬其職,惟是乃能信立天下之功。"②"功"又寫作"工"。"天工"即"天功",謂天職。《史記》卷一《五帝本紀》作"敬哉,惟時相天事"。③《續漢書》卷五《禮儀中》劉昭注引丁孚《漢儀有夏勤策文》:"實惟秉國之均,旁祇厥緒,時亮天工,可不慎與!"《後漢書》卷七一《袁紹劉表列傳·贊》:"既云天工,亦資人亮。"李賢注:"工者,官也。亮,信也。《尚書》曰:'天工人其代之。'又曰:'惟時亮天工。'"④"亮",輔助也。《廣雅·釋言》:"傅,亮,相也。"清王念孫疏證:"《堯典》'亮采惠疇',《史記·五帝紀》'亮采'作'相事'。"⑤

"旁祇厥序","旁""方"二者典籍常通,"旁",廣也;"祇"同"祗",敬也。《尚書·皋陶謨》:"皋陶方祗厥叙,方施象刑,惟明。"孔傳:"方,四方。禹五服既成,故皋陶敬行其九德,考績之次序於四方。"清孫星衍疏:"《白虎通·聖人篇》云……'旁施象刑惟明','方'作'旁'者,《説文》:'旁,溥也。'"⑥"序""緒""叙"典籍常通。⑦ 全句言廣敬其業,以時輔天職。

另,"甚",《三國志》卷二《魏志·文帝紀》作"其"。按,當作"其","其",應也。《國語·晉語四》:"由是始之。有此,其以戊申乎!"韋彪注:

---

① "越""赴"典籍常亂,《夷堅志·夷堅支景·西安紫姑》:"越二日,省帖下,以周捕獲僞造楮券遷一官,仍越都堂審察。"中華本校曰:"'越'當作'赴'。"參（宋）洪邁撰,何卓點校:《夷堅志》,中華書局,2006年,第928頁。《齊東野語》卷一二《曆差失閏》:"要東還赴上是何年。"中華本校記曰:"'赴',稗海本、津逮本、學津本作'越'。"參（宋）周密撰,張茂鵬點校:《齊東野語》,中華書局,1983年,第228頁。
② 《尚書正義》,（清）阮元校刻《十三經注疏（清嘉慶刻本）》,第277頁。
③ 《史記》,第39頁。
④ 《後漢書》,第3121、2425頁。
⑤ 《廣雅疏證》,第356頁。
⑥ （清）孫星衍:《尚書今古文注疏》,中華書局,2004年,第121頁。
⑦ 王海根編:《古代漢語通假字大字典》,第264頁。

"有此五鹿,當以戊申日也。"①"甚"當爲"其"之訛。② 詔書之命多稱"其",《三國志》卷一《魏志·武帝紀》:"今將授君典禮,其敬聽朕命。"又曰:"又加君九錫,其敬聽朕命。"卷三三《蜀志·後主傳》:"於戲,其進聽朕命!……公其祗服朕命,克廣德心,以終乃顯烈。"③《宋書》卷二《武帝本紀中》:"今將授公典策,其敬聽朕命。"④《南史》卷九《陳本紀》:"往欽哉!其恭循朕命,克相皇天,弘建邦家。"⑤"恭循朕命"義同"敬聽朕命"。《隋書》卷一《高祖本紀上》:"今將授王典禮,其敬聽朕命。"⑥"其",宜也,皆表祈使語氣,應當之義。《文苑英華》卷四四五唐劉禹錫《擬册齊王文》:"往欽哉!宜聽朕命。夫敬人可以理國,後已可以得人。"⑦"宜"猶"其"也。袁《紀》作"甚"當據改。

226. 大化

《後漢紀》卷三〇《獻帝紀》:"僉曰爾禮度克協于虞舜,用率我唐典,敬遜爾位。於戲!天之曆數在爾躬,允執其中,天禄永終;君其祗奉大化,饗兹萬國,以肅天道。"(861頁)

"大化",中華本(589頁)、李本(390頁)皆同李本,均未校。《三國志》卷二《文帝紀》作"大禮";《通志》卷七《魏紀》載此亦作"大禮"。⑧

按,"大化"無意,此當作"大禮"。天子即位古稱作"大禮","奉大禮"即指奉天子即位之禮。《三國志》卷一《武帝紀》裴注引《魏書》:"伏見魏國初封,聖朝發慮,稽謀群寮,然後策命;而明公久違上指,不即大禮。"⑨"即大禮"猶"奉大禮"。《南史》卷一《高帝紀》載晉帝禪位於宋,其策書曰:"遂逼

---

① 徐元誥:《國語集解》,第323頁。
② "其""甚"形近,古書二字相訛混者習見,《經義述聞》卷一七《春秋左傳上》"臣之罪甚多矣 行者甚衆 懿者甚衆矣"下,王引之引王念孫曰:"'臣之罪甚多矣','甚'當作'其',臣之罪其多矣,語意已足,不必言甚多也。《晉語》作'臣從君還軫巡於天下,怨其多矣',是其證。又'行者甚衆豈唯刑臣','甚'亦當作'其',言衆若念舊惡,則行其衆矣。'其'者將然之詞,此時尚未有行者,不得言甚衆也。《釋文》曰:'一本甚作其',是其證。又'國君而讎匹夫,懼者甚衆矣','甚'亦當作'其'。《釋文》曰:'懼者其衆矣,本或作"甚衆矣"'。《晉語》作'懼者衆矣',則作'其衆者'是也。"詳參(清)王引之撰,虞思徵等校點:《經義述聞》,上海古籍出版社,2016年,第999頁。
③ 《三國志》,第37、39、901頁。
④ 《宋書》,第38頁。
⑤ 《南史》,第269頁。
⑥ 《隋書》,第7頁。
⑦ 《文苑英華》,第2251頁。
⑧ 《三國志》,第62頁;《通志》,第144頁上欄。
⑨ 《三國志》,第41頁。

群議,恭兹大禮。"①《南齊書》卷一《高帝紀》載宋帝禪位,策命齊王曰:"命司袞而謁蒼昊,奏雲門而升圓丘,時膺大禮,永保洪業,豈不盛歟!"②《梁書》卷二《武帝紀中》載齊帝禪位於梁,策文曰:"以兹寡薄,臨御萬方,顧求夙志,永言祇惕。敬簡元辰,恭兹大禮,升壇受禪,告類上帝。"③《陳書》卷一《高祖本紀上》載梁帝禪位于陳霸先,其策文曰:"禋祀上帝,時膺大禮,永固洪業,豈不盛歟!"④《大唐創業起居注》卷三:"少帝以帝功德日懋,天曆有歸,欲行禪讓之禮,乃進帝爲相國,加九錫,賜殊物,加殊禮焉。冊曰:'……往欽哉! 祇奉大禮,用膺多福,以光我高祖之休命,可不慎歟!'"⑤其"大禮",均爲即帝位之禮義。"禮"俗寫常作"礼""礼""礼""礼"等,⑥字形多與"化"形近,故以相訛。⑦ 袁《紀》"大化"當作"大禮"。

227. 鹿皮帽冠

《後漢紀》卷三〇《獻帝紀》:"其錫公延年杖及伏几,〔延〕(筵朝)請之日,使杖入侍;又使著鹿皮帽冠。"(863頁)

"鹿皮帽冠",中華本(590頁)未校。李本(388頁)删"帽",出校曰"《校記》云:'帽'字衍。是。《三國志·文帝紀》裴松之注引《魏書》、《北堂書鈔》卷五〇引《續漢書》及范《書》本傳皆僅作'鹿皮冠'。按'帽''冠'同文重出。今據删。"

按,李校是。"鹿皮帽冠","帽"當爲衍文。《宋書》卷一八《禮志五》引此詔亦作"鹿皮冠"。⑧《漢書》卷九九下《王莽傳下》:"群臣始冠麟韋之

---

① 《南史》,第24頁。
② 《南齊書》,第21頁。
③ 《南史》,第34頁。
④ 《陳書》,第23頁。
⑤ (唐)温大雅撰,李繼平、李錫厚點校:《大唐創業起居注》,上海古籍出版社,1983年,第46、50頁。
⑥ 參《敦煌俗字典(第2版)》,第467頁;又見張顯成主編:《吐魯番出土文書字形全譜》,四川辭書出版社,2020年,第7頁。
⑦ 《淮南子·道應》:"孔子亦可謂知禮矣,故老子曰見小曰明。"清王念孫曰:"'知禮'本作'知化',謂知事理之變化也。見子贛之不受金,而知魯人之不復贖人,達於事變,故曰知化。〔《齊俗篇》曰:'唯聖人知其化。'《吕氏春秋·驕恣篇》曰:'智短則不知化。'《知化篇》曰:'凡智之貴也,貴知化也。'〕非謂其知禮也。俗書'禮'字或作礼形,與'化'相近,'化'誤爲礼,後人因改爲'禮'耳。《齊俗篇》述此事而論之曰:'孔子之明,以小知大,以近知遠。'即此所謂'知化'也,故下文引老子'見小曰明'之語。《吕氏春秋》論此事曰:'孔子見之以細,觀化遠也。'《説苑》曰:'孔子可謂通於化矣。'此皆其明證。"參《讀書雜志》,第2232頁。
⑧ 《宋書》,第520頁。

弁。"顔師古注引李奇曰："鹿皮冠。"①《後漢書》卷六《質帝紀》李賢注引《東觀記》曰："傳勉頭及所帶玉印、鹿皮冠、黄衣詣洛陽,詔懸夏城門外,章示百姓。"②"鹿皮冠"又稱"鹿弁""鹿冠""鹿皮帽"等,唐慧琳《一切經音義》卷九四《續高僧傳》"獵弁"下曰："鹿弁,隱淪之士以獵皮爲冠,鹿皮爲弁也。"③唐陸龜蒙《引泉詩》："必有學真子,鹿冠秋鶴顔。如能輔余志,日使疏其源。"④《宋書》卷六六《何尚之傳》："尚之在家常著鹿皮帽,及拜開府,天子臨軒,百僚陪位,沈慶之於殿廷戲之曰：'今日何不著鹿皮冠?'"⑤典籍鮮見有稱"鹿皮帽冠"者。另,"帽冠"爲詞,其源尚晚,至遲明清時始見可靠例,如明張岱《夜航船》卷一一《日用部·衣冠》："荀始制帽,舜制帽冠。漢成帝始制貴臣烏紗帽,后魏迄隋因之。"⑥清昭槤《嘯亭續録》卷一《紅絨結頂冠》："成王嘗戲謂余曰：'吾帽冠秖值清錢百文,然勝汝輩數百金之頂多矣!'"⑦據此,袁《紀》"帽"殆衍,當據删。

---

① 《漢書》,第4154頁。
② 《後漢書》,第277頁。
③ 《一切經音義三種校本合刊（修訂版）》,第2114—2115頁。
④ 《全唐詩》,第7132頁。
⑤ 《宋書》,第1738頁。
⑥ （明）張岱：《夜航船》,中華書局,2012年,第229頁。
⑦ （清）昭槤：《嘯亭續録》,中華書局,1980年,第379頁。

第三編　《東觀漢記》叢考

1. 極望老吏

《東觀漢記校注》卷一《光武帝紀》:"知者或畏其衣,奔走入邊郡。見司隸官屬,皆相指視之,極望老吏或垂涕曰:'粲然復見漢官威儀。'"(《御覽》卷九〇)(5頁)

按,"極望老吏或垂涕曰",句意不明。《後漢書》卷一上《光武帝紀上》載此曰:"及見司隸僚屬,皆歡喜不自勝。老吏或垂涕曰:'不圖今日復見漢官威儀!'"①《後漢紀》卷一《光武帝紀》作:"及司隸官屬至,衣冠制度皆如舊儀。父老、舊吏見之,莫不垂涕悲喜曰:'何幸今日又見漢官威儀!'"②頗疑"極望"當從上讀,當點作"見司隸官屬,皆相指視之,極望。""極望",極目、滿目之義,言圍觀之衆多也,與上文"知者或畏其衣,奔走入邊郡"正可相對比。"極望"猶"極目""滿目""彌望"。《史記》卷一二三《大宛列傳》:"離宮別觀旁盡種蒲萄、苜蓿極望。"《三國志》卷一三《魏志·鍾繇傳》裴注引《魏略》:"乃不忽遺,厚見周稱,鄴騎既到,寶玦初至,捧跪發匣,爛然滿目。"③漢王褒《四子講德論》:"含淳詠德之聲盈耳,登降揖讓之禮極目。"④"極目"猶"極望",言禮多也。《資治通鑑》卷一四〇《齊紀·明帝紀中》:"二月,至壽陽,衆號三十萬,鐵騎彌望。"胡注:"彌望,猶言極望也。"⑤因此,《東觀記》"極望"當從上讀。

2. 宜令

《東觀漢記校注》卷一《光武帝紀》:"議者曰:'昔周公郊祀后稷以配天,

---

① 《後漢書》,第10頁。
② 《後漢紀》,張烈點校《兩漢紀》,第10頁。
③ 《史記》,第3174頁;《三國志》,第396頁。
④ 《文選》,第715頁上欄。
⑤ 《資治通鑑》,第4375頁。

宗祀文王以配上帝。圖讖著伊堯赤帝之子，俱與后稷并受命而爲王。漢劉祖堯，宜令郊祀帝堯以配天，宗祀高祖以配上帝。'"（《御覽》卷九〇）（8頁）

校勘記曰："'宜令'，此二字原誤倒，今據聚珍本乙正。"

按，"宜令"爲宜讓之義，一般用爲讓某人作某事，如《漢書》卷七〇《陳湯傳》："御史大夫貢禹、博士匡衡以爲春秋之義'許夷狄者不壹而足'，所在絶遠，宜令使者送其子至塞而還。"①"宜令"語意甚明。《後漢書》卷一〇上《皇后紀上》："宜令史官著《長樂宮注》《聖德頌》，以敷宣景耀，勒勳金石，縣之日月。"②"宜令"乃決辭，爲宜讓之義，一般用於尊使卑，而鮮用於卑使尊者。揆之本文，"郊祀帝堯以配天，宗祀高祖以配上帝"乃光武帝事，臣下諫言用"宜令"，頗不合情理。"令宜"不當乙正，"令"當作"今"，"今宜"多爲建議、徵詢意見或商量之語，與本例合，③如《漢書》卷三六《楚元王傳》："上曰：'然此何罪而誅？今宜奈何？'"④"今宜奈何"，乃徵詢之言。《後漢書》卷四一《第五倫傳》："倫又上疏曰：'……今宜爲選賢能以輔助之，不可復令防自請人，有損事望。苟有所懷，敢不自聞。'"《後漢書》卷二四《馬援傳》："嚴上封事曰：'……今宜加防檢，式遵前制。'"卷四一《鍾離意傳》："（鍾離）意封還記，入言于太守曰：'……今宜先清府内，且闊略遠縣細微之愆。'"卷五一《龐參傳》："參奏記于鄧騭曰：'……今宜徙邊郡不能自存者，入居諸陵，田成故縣。'"⑤"今宜"皆其例。"令""今"字形頗似，多有訛混。⑥據此，"令"當作"今"。

3. 校勝

《東觀漢記校注》卷一《光武帝紀》："圖講天下事，極盡下恩。兵事方

---

① 《漢書》，第3008頁。
② 《後漢書》，第426頁。
③ 或單用"宜"者，如《御覽》卷一三六引《東觀記》曰："薄太后慈仁，孝文皇帝賢明，子孫賴福，延至於今，宜配食地祇高廟。"（第660頁上欄）《續漢志》卷九《祭祀志下》劉昭注引《東觀記》："太尉憙等奏奏：'禮，祖有功，宗有德。孝明皇帝功德茂盛，宜上尊號曰顯宗，四時袷食于世祖廟，如孝文皇帝在高廟之禮。'"（第3196頁）
④ 《漢書》，第1947、1490頁。
⑤ 《後漢書》，第1399、860、1406、1688頁。
⑥ 典籍"今""令"常訛，《漢書》卷一上《高帝紀上》："高祖曰：'天下方擾，諸侯並起，（令）〔今〕置將不善，一敗塗地。'"點校本校勘記曰："景佑、殿本都作'今'，王先謙説作'今'是。"又卷二四下《食貨志》顏師古注引如淳曰："如淳曰：'以赤銅爲其郭也。（令）〔今〕錢郭見有赤者，不知作法云何也。'"點校本校勘記曰："殿本考證説'令'當作'今'。按《平准書集解》作'今'。"參《漢書》，第10、1170頁。《讀書雜志·史記第六》："'匈奴無入塞，漢無出塞，犯令約者殺之。'念孫案：'令約'當爲'今約'，謂犯今日之約也。《漢書》正作'今約'。"（第392頁）

略,量敵校勝。闊達多大節,與高帝等。經學博覽,政事文辯,前世無比。"(《御覽》卷九〇)(9—10頁)

校勘記:"'校',《書鈔》卷一四引作'受'。"

《御覽》卷九〇引作"校勝"。①《後漢紀》卷五《光武帝紀》作"量敵決勝",②"決勝"猶"校勝"。今按,原文當作"校勝","校勝"乃成詞,決勝、爭勝之義。《三國志》卷五八《陸遜傳》裴注引《晉陽秋》:"使彼德靡加吾,而此善流聞,歸重邦國,弘明遠風,折衝于枕席之上,校勝于帷幄之內,傾敵而不以甲兵之力,保國而不浚溝池之固。"③"折衝",制敵取勝也,與"校勝"對文義近。《宋書》卷六四《何承天謝元傳》:"虜既不能校勝循理,攻城略地,而輕兵掩襲,急在驅殘。"④《魏書》卷四八《高允傳》:"宮博士管恬曰:'崔公其不免乎!苟逞其非,而校勝于上,何以勝濟。'"⑤"校勝"義同"決勝",爭勝、制勝之義。

"校""效""角""較"古多通,⑥故"校勝"亦可寫作"效勝""角勝""較勝"等,《戰國策·秦策一》:"于是乃廢文任武,厚養死士,綴甲厲兵,效勝于戰場。"⑦"效勝"亦爲爭勝之義;又作"角勝",三國魏曹植《與司馬仲達書》:"無有爭雄于宇內,角勝于平原之志也。"⑧宋梅堯臣《韓持國邀賦·鬥山鵲》詩:"胡能知遠人,角勝百合金。"又作"較勝",唐吳兢《貞觀政要》卷九《議征伐》:"故以天子之尊而較勝於遠夷,一戰而克,自以爲功,其器不亦小哉!"⑨

因此,原文疑當作"校勝"。"校""授"形近易訛,⑩本當爲"校勝",後訛成"授勝",不明者又改"授"爲"受",以致成誤。另,《漢語大詞典》收"效

---

① 《太平御覽》,第432頁上欄。
② 《後漢紀》,張烈點校《兩漢紀》,第81頁。
③ 《三國志》,第1358頁。
④ 《宋書》,第1707頁。
⑤ 《魏書》,第1069頁。
⑥ 蔣禮鴻:《敦煌變文字義通釋》,上海古籍出版社,1997年,第233頁(另,初版見229頁,1981年版)。又參項楚:《敦煌變文語詞札記》,《四川大學學報》,1982年第2期;又收入氏著《敦煌文學叢考》,上海古籍出版社,1991年,第144頁。
⑦ 《戰國策》,第81頁。
⑧ (三國魏)曹植撰,趙幼文校注:《曹植集校注》,中華書局,2016年,第611頁。
⑨ (唐)吳兢:《貞觀政要》卷九,明洪武三年王氏勤有堂刻本,第三頁。
⑩ "授""校"典籍多訛混,如《魏書》卷一一三《官氏志九》"檢校御史",中華本校勘記曰:"諸本'校'作'授',《通典》卷三八作'校'。"參《魏書》,第3018頁。《高僧傳》卷一三《齊北多寶寺釋慧忍》"互相傳授",校勘記曰:"三本、金陵本'授'作'校'。"(梁)慧皎撰,湯用彤校注:《高僧傳》,中華書局,1992年,第510頁。《後漢書》卷一〇《皇后紀上》集解引汪文臺:"《御覽》百三十七引《續漢書》云'出入計校'(一作'授計')。"(清)王先謙:《後漢書集解》,商務印書館,1959年,第138頁。"校"即訛爲"授",又倒文作"授計"。

勝""角勝",①但于"校勝"則失收,當補。

4. 失草

《東觀漢記校注》卷一《光武帝紀》:"有赤草生於水涯。郡國上甘露降。群臣上言:'地祇靈應而失草萌,宜命太史撰具郡國所上。'上遂不聽,是以史官鮮記焉。"(《御覽》卷九〇)(13頁)

按,"失草"無意,"失"當爲"朱"之誤字。《類聚》卷九八引《東觀記》即作"朱草";②《後漢書》卷一下《光武帝紀》作"朱草萌生",李賢注引《孝經·援神契》云:"德至草木,即朱草生。"③"失"當據改。疑《校注》付梓時校對未精而誤。另,此文《御覽》卷九〇未見,乃出《類聚》卷九八引《東觀記》,《校注》殆失檢。

5. 丹青之信

《東觀漢記校注》卷一《光武帝紀》:"光武詔曰:'明設丹青之信,廣開束手之路。'"(《文選》卷二三阮籍《詠懷》李善注)(14頁)

校勘記曰:"'廣開束手之路',此條文字不見范曄《後漢書》、《後漢紀》,年代不可確考,姑繫於篇末。以下各條文字情況相同。"(51頁)

按,《後漢書》卷一三《公孫述傳》載:"十一年,征南大將軍岑彭攻之,滿等大敗,述將王政斬滿首降于彭。田戎走保江州。城邑皆開門降,彭遂長驅至武陽。帝乃與述書,陳言禍福,以明丹青之信。"李賢注引揚雄《法言》云:"王者之言,炳若丹青。"④十二年,光武又"下詔喻述曰:'往年詔書比下,開示恩信,勿以來歙、岑彭受害自疑。今以時自詣,則家族完全;若迷惑不喻,委肉虎口,痛哉奈何!將帥疲倦,吏士思歸,不樂久相屯守,詔書手記,不可數得,朕不食言。'"⑤《漢書》卷九九下《王莽傳下》:"明告以生活丹青之信,復迷惑不解散,皆并力合擊。"唐顏師古注:"生活,謂來降者不殺之也。丹青之信,言明著也。"⑥《後漢書》卷一五《來歙傳》:"今陛下聖德隆興,臣願得奉威命,開以丹青之信,囂必束手自歸,則述自亡之執,不足圖也。"李注云:

---

① 《漢語大詞典》收"較勝",僅據《水滸傳》第十二回"拿刀在手,看得較勝"例,釋義爲"明白、準確",參《漢語大詞典》卷九,第1251頁。按,"較勝"有争勝、決勝義,當補。
② 《藝文類聚》,第1694頁。
③ 《後漢書》,第82頁。
④ 《後漢書》,第542頁。
⑤ 《後漢書》,第542頁。
⑥ 《漢書》,第4181頁。

"楊子《法言》曰'聖人之言，明若丹青'也。"①是"明設丹青之信，廣開束手之路"乃招降之言，則明此當爲光武帝建武十一年勸降公孫述之詔文。

6. 如平生　親

《東觀漢記校注》卷二《明帝紀》："正月，上謁原陵，夢先帝、太后如平生，親率百官上陵，其日降甘露，積於樹，百官取以薦。"（《御覽》卷九一）（55 頁）

校勘記曰："'上謁原陵'，《通鑑》卷四四云：'永平元年春正月，帝率公卿已下，朝於原陵，如元會儀。乘輿拜神坐，退，坐東廂，侍衛官皆在神坐後，太官上食，太常奏樂，郡國上計吏以次前，當神軒占其郡穀價及民所疾苦。''原陵'，光武帝葬此。"

按，此條乃據《御覽》卷四一一引《東觀記》所輯，當爲永平十七年事，校注綴爲永平元年事，殆誤。②《後漢書》卷一〇上《皇后紀上》載："十七年正月，當謁原陵，夜夢先帝、太后如平生歡。既寤，悲不能寐，即案歷，明旦日吉，遂率百官及故客上陵。其日，降甘露於陵樹，帝令百官采取以薦。會畢，帝從席前伏御牀，視太后鏡奩中物，感動悲涕，令易脂澤裝具。左右皆泣，莫能仰視焉。"《通鑑》卷四五《漢紀·明帝永平十七年》所載同。

另，據《後漢書》文，"平生"後脱"歡"字，當補。③ "歡"又作"懽"。《初學記》卷一七引《東觀漢記》："明帝，光武第四子，陰后所生。即祚，長思慕，至踰年。正月，當謁原陵，夢先帝太后如平生懽，朝率百官上陵。上伏御床，視太后鏡奩中物，感動悲涕，令易脂澤粧具。左右皆泣，莫敢仰視。"④ "如平生歡"，言像平常一樣歡樂。《漢書》卷三二《陳餘傳》："上使泄公持節問之箯輿前。印視泄公，勞苦如平生歡。"顔注云："勞苦，相勞問其勤苦也。"⑤《新唐書》卷一八八《朱宣傳》："瑾領精騎鬲池笑語如平生歡，乃使將胡規僞送款，欲得瓊躬上符節。"⑥元辛文房《唐才子傳》卷五："初至長安，謁韓愈，一會如平生歡，才名相許，論心結契。"⑦據此，"歡"字當補。

---

① 《後漢書》，第 585 頁。
② 《御覽》卷九一引《東觀漢記》："十七年春，甘露仍降，樹枝内附，芝生前殿。神雀五色，翔集京師。是夜，上夢見先帝、太后，夢中喜覺，因悲不能寐。明旦上陵，百官、胡客悉會。"《校注》即輯此綴爲十七年事。按，此二文所述殆爲一事也。
③ 《御覽》（鮑崇城嘉慶仿刻宋本）卷四八八引《後漢書》作"如平生忻"；四部叢刊本作"如平生忻對"。今按，"忻"，喜也，與"歡"義同。"對"恐爲衍文。《册府》卷二七、二八皆引作"如平生歡"。
④ 《初學記》，第 420 頁。
⑤ 《漢書》，第 1841 頁。
⑥ 《新唐書》，第 5465 頁。
⑦ （元）辛文房撰，傅璇琮主編：《唐才子傳校箋》，中華書局，1995 年，第 561 頁。

據《初學記》引，"親"當作"朝"。① "朝"，晨也。《後漢書》載作"明旦日吉"，因此，作"朝"更密合文意。原文當作"正月，上謁原陵。夢先帝、太后如平生歡。朝率百官上陵。"另，姚本《東觀記》據《初學記》輯作"夢先帝、太后如平生歡，朝率百官上陵。"校注本不必刪改。

7. 中子

《東觀漢記校注》卷二《明帝紀》："孝明皇帝諱陽，一名莊，世祖之中子也。"(《御覽》卷九一)（54頁）

校注曰："'世祖之中子也'，《初學記》卷一七、《御覽》卷四一一引云：'明帝，光武第四子。'范曄《後漢書·明帝紀》云：'顯宗孝明皇帝諱莊，光武第四子也。'"

按，"中子"不誤，《類聚》卷一二引《東觀記》亦作"世祖中子"。②《文選》卷一班固《西都賦》李善注引《東觀記》："孝明皇帝，光武中子也，以東海王爲皇太子。"③據《光武十王傳》，光武帝共有子十一人，明帝爲第四子，故亦可稱"中子"。

8. 非

《東觀漢記校注》卷二《明帝紀》："六年，廬江太守獻寶鼎，出王雒山，納於太廟。詔曰：'易鼎足象三公，豈非公卿奉職得理乎？太常其以礿祭之日陳鼎於廟，以備器用。'"(《御覽》卷九一)（56頁）

按，"豈非公卿奉職得理乎"，"豈非"，難道不是。其辭語氣強烈，與語境頗不合。《後漢書》卷二《明帝紀》作："祥瑞之降，以應有德。方今政化多僻，何以致兹？《易》曰鼎象三公，豈公卿奉職得其理邪？"④ "豈"可作推測語氣，相當於"莫不是""莫非"。清劉琪《助字辨略》卷三："《史記·封禪書》：'此豈所謂無其德而用事者邪？'《吳王濞傳》：'毋爲權首，反受其咎，豈盎錯邪？'此'豈'字，亦辭之未定，猶云殆也。"⑤ 清吳昌瑩《經詞衍釋》卷五："豈，猶'其'也，殆也。"⑥《莊子·外物》："我東海之波臣也，君豈有斗升之水而活我哉？"⑦ "豈"，其也，言莫不是有水以活我？《漢書》卷五八《卜式

---

① 若讀作"如平生親"文意亦可通，但據《後漢書》及《初學記》引，作"如平生歡"更勝。
② 《藝文類聚》，第238頁。
③ 《文選》，第31頁下欄。按，李善注避唐諱改"世祖"作"光武"。
④ 《後漢書》，第109頁。
⑤ 《助字辨略》，第138頁。
⑥ （清）吳昌瑩：《經詞衍釋》，中華書局，1956年，第78頁。
⑦ （清）郭慶藩撰，王孝魚點校：《莊子集釋》，中華書局，1961年，第924頁。

傳》："家豈有寃,欲言事乎？""豈有寃",言莫非有寃。《三國志》卷三五《蜀志·諸葛亮傳》："諸葛孔明者,臥龍也。將軍豈願見之乎？"①"豈願見",言莫不是願見臥龍？據此可明"非"字衍。原文當作"豈公卿奉職得理乎",言天垂瑞象,鼎象三公,莫不是公卿盡心奉職而得其天理吧？作"豈"意更勝。

9. 十年　牛被野

《東觀漢記校注》卷二《明帝紀》："是時天下安平,人無徭役,歲比登稔,百姓殷富,粟斛三十,牛被野。"(《御覽》卷九一)(57頁)

此條文字《校注》綴於永平十年行幸南頓事下。今按,《御覽》所載頗有省減。此當爲永平十二年事,《後漢書》卷三《明帝紀》載永平十二年"是歲,天下安平,人無徭役,歲比登稔,百姓殷富,粟斛三十,牛羊被野"。《通鑑》卷四五《漢紀·明帝紀下》亦同。② 另《通志》卷六上、《玉海》卷一七八、卷一九七、卷二〇〇載此均作永平十二年。③ 宋孔平仲《珩璜新論》卷一載作"明帝永平十二年粟斛三十"。④ 另,諸書載均作"牛羊被野",《御覽》卷九一引《東觀記》當補"羊"。

10. 胡客

《東觀漢記校注》卷二《明帝紀》："十七年春,甘露仍降,樹枝内附,芝生前殿,神雀五色,翔集京師。是夜,上夢見先帝、太后,夢中喜覺,因悲不能寐。明旦上陵,百官、胡客悉會。"(《御覽》卷九一)(57頁)

"胡客",《宋書》卷二八《符瑞志中》同。⑤《後漢書》卷一〇上《皇后紀上》作"故客",《册府》卷二七、二八載皆作"故客"。⑥《分門集注杜工部詩》卷一四《時事上·古詩三十一首》宋王洙注引此亦作"故客"。⑦ 曹金華《稽疑》認爲當以"胡客"是。⑧

按,《續漢志》卷一四《禮儀志上》："禮畢,次北郊,明堂,高廟,世祖廟,

---

① 《漢書》,第2625頁；《三國志》,第912頁。
② 《後漢書》,第115頁；《資治通鑑》,第1453頁。
③ 《通志》,第110頁；《玉海》卷一七八,清嘉慶十一年江寧藩署刻本,第六頁；卷一九七,第五頁；卷二〇〇,第七頁。
④ (宋)孔仲平：《珩璜新論》,收入《全宋筆記(第二輯)》第5册,大象出版社,2019年,第244頁。
⑤ 《宋書》,中華書局,2018年,第890頁。
⑥ 《後漢書》,第407頁；《册府元龜》,第270、284頁。
⑦ 《分門集注杜工部詩》卷一四,《四部叢刊初編》本,商務印書館,1922年,第二八頁。
⑧ 曹金華：《後漢書稽疑》,第195頁。

謂之五供。五供畢，以次上陵。西都舊有上陵。東都之儀，百官、四姓親家婦女、公主、諸王大夫、外國朝者侍子、郡國計吏會陵。晝漏上水，大鴻臚設九賓，隨立寢殿前。"劉昭於"四姓親家婦女、公主、諸王大夫"下注引蔡邕《獨斷》曰："凡與先后有瓜葛者。"①此當即"故客"也。雖有外國侍子會聚陵上，被列爲"九賓"，但"外國朝者侍子"非僅"胡客"。據此，似當從《後漢書·皇后紀上》作"故客"，"胡"蓋爲"故"之誤文。

11. 殂

《東觀漢記校注》卷二《章帝紀》："以至孝稱，孜孜膝下。"(《御覽》卷九一)(76頁)

校勘記曰："'以至孝稱，孜孜膝下'，此二句原無，姚本、聚珍本有，今據增補。《初學記》卷一七引云：'章帝殂，明帝子，以至孝稱，孜孜膝下。''殂'字係衍文。姚本、聚珍本即據此輯録。"

按，《書鈔》引《東觀記》"殂"非衍文，當爲"炟"之誤字，二者形近而訛。"炟"乃章帝名諱，《後漢書》卷二《明帝紀》："立貴人馬氏爲皇后，皇子炟爲皇太子。"李賢"炟"下注："音丁達反。"卷三《章帝紀》："肅宗孝章皇帝諱炟，顯宗第五子也。"李賢注曰："伏侯《古今注》曰：'炟之字曰著，音丁達反。'"②《御覽》卷九一引《東觀記》："孝章皇帝諱炟，孝明皇帝太子。"又卷三四三引《世說》："章帝炟，在位十三年。"③"炟"並爲"炟"之誤。

12. 太尉

《東觀漢記校注》卷二《章帝紀》："詔曰：'行太尉事趙憙，三世在位，爲國元老，其以憙爲太尉。'"(《書鈔》卷五二)(76頁)

校勘記曰："'其以憙爲太尉'，本書《趙憙傳》、范曄《後漢書·趙憙傳》亦載此詔。但此條文字當繫於《章帝紀》，《書鈔》卷五二明言此條文字出'《東觀章帝紀》'。"

按，《後漢書》卷三《章帝紀》載此詔，④卷二六《趙憙傳》則未見載，《校注》失檢。另《書鈔》卷五二引《東觀記》作"太尉"。⑤《後漢書·章帝紀》詔作"其以憙爲太傅，融爲太尉。""融"，牟融也。卷二六《趙憙傳》曰："肅宗即

---

① 《後漢書》，第3103頁。
② 《後漢書》，第106、129頁。
③ 《太平御覽》，第436頁上欄、1578頁下欄。
④ 《後漢書》，第129—130頁。
⑤ 《北堂書鈔》，第1冊，第391頁。

位,進爲太傅,録尚書事。"①《後漢紀》卷一〇《明帝紀下》作:"以衛尉趙喜爲太傅,司空牟融爲太尉。"②《類聚》卷四六引《東觀記》、《册府》卷一三〇載並作"太傅"。③ 據此,"太尉"當作"太傅"。

13. 章帝元和元年

《東觀漢記校注》卷二《章帝紀》:"章帝行幸,敕御史、司空,道橋所過歷樹木,今方春月,無得有所伐,輅車可引避也。"(《御覽》卷一九)(76 頁)

《校注》繫此條於章帝元和元年下。今按,此爲元和三年事,《校注》疑有誤。《後漢書》卷三《章帝紀》載,元和三年二月"乙丑,敕侍御史、司空曰:'方春,所過無得有所伐殺。車可以引避,引避之;騑馬可輟解,輟解之。《詩》云:"敦彼行葦,牛羊勿踐履。"禮,人君伐一草木不時,謂之不孝。俗知順人,莫知順天。其明稱朕意。'"《群書治要》卷二一引此作:"三年春,北巡狩,敕侍御史、司空曰:'方春所過無得有所伐殺。'"④《册府》卷四二引作"三年二月",又卷一一二載作二月"乙丑,勅侍御史曰:'方春所過,無得有所伐殺。車弓以引避之,騑馬可輟解之。'"⑤《書鈔》卷一三九引《東觀記》:"元和三年,敕道橋所過,歷林木防蓋菅,今方春月,毋得斫伐,輅車可引避也。"⑥均可證。

14. 謁者

《東觀漢記校注》卷二《和帝紀》:"六月,大將軍竇憲潛圖弒逆,幸北宫,詔收捕憲黨射聲校尉郭璜,使謁者收大將軍印綬,遣憲及弟篤、景就國,到皆自殺。"(《御覽》卷九一)(87 頁)

按,"謁者",《後漢書》卷四《和帝紀》、卷二三《竇憲傳》皆作"謁者僕射",李賢注引《續漢書》曰:"謁者僕射一人,秩千石,爲謁者臺率,主謁者。天子出,奉引也。"⑦《通鑑》卷四八《漢紀·和帝永平四年》、《通志》卷六上、卷一〇六、《東漢會要》卷二三載此皆作"謁者僕射"。⑧《續漢志》卷二五《百官志二》載:"謁者僕射一人,比千石。常侍謁者五人,比六百石。謁者

---

① 《後漢書》,第 130、915 頁。
② 《後漢紀》,張烈點校《兩漢紀》,第 196 頁。
③ 《册府元龜》,第 1421 頁。
④ 《群書治要》,第 241 頁。
⑤ 《册府元龜》,第 450、1219 頁。
⑥ 《北堂書鈔》,第 2 册,第 428 頁。
⑦ 《後漢書》,第 173—174、820 頁。
⑧ 《資治通鑑》,第 1533 頁;《通志》,第 115 頁中欄、1524 頁下欄;《東漢會要》,第 250 頁。

三十人。其給事謁者,四百石。"①可知"謁者僕射"與"謁者"非一,不可等而同之。《御覽》卷九一引《東觀漢記》脫"僕射"二字,當據補。

15. 收捕

《東觀漢記校注》卷二《和帝紀》:"自京師離宮果園上林廣成囿悉以假貧人,恣得收捕,不收其稅。"(《御覽》卷九一)(88頁)

校勘記"收捕"下出校曰:"'收',聚珍本脫,范曄《後漢書·和帝紀》作'采'。"

按,"收捕"義爲抓捕,多用爲抓捕罪犯義。此作"收捕"無意,當作"采捕"。"采捕",采摘捕取也。《宋書》卷六《武帝紀》:"凡寰衛貢職,山淵采捕,皆當詳辨產殖,考順歲時,勿使牽課虛懸,睽忤氣序。"②又作"採捕",《後漢書》卷八六《南蠻西南夷列傳》李賢注引李膺《益州記》:"唯姥宅無恙,迄今猶存。漁人採捕,必依止宿,每有風浪,輒居宅側,恬靜無它。"③又可倒文作"捕采(採)",義亦相同。如《宋書》卷六《武帝紀》:"供御服膳,減除遊侈。水陸捕採,各順時月。"④另,《通志》卷六上、《玉海》卷一七一、《册府》卷一〇五、《東漢會要》卷二八載皆作"恣得采捕"。⑤《御覽》卷九一引《東觀記》"收"當涉下文"不收其稅"而訛。

16. 晝日

《東觀漢記校注》卷二《和帝紀》:"六年六月,和帝初令伏閉晝日。"(《御覽》卷九一)(88頁)

校勘記曰:"'六年六月,和帝初令伏閉晝日',此二句原無,《史記·封禪書》索隱引下句,今據增補。上句則參考范曄《後漢書·和帝紀》補入。范《書》《和帝紀》永元六年載:'六月己酉,初令伏閉盡日。'李賢注引《漢官舊儀》云:'伏日萬鬼行,故盡日閉,不干它事。'此段文字姚本、聚珍本皆未輯錄。"

按,"晝日","晝"當爲"盡",二者形近易訛。《史記》卷二八《封禪書》司馬貞索隱引《曆忌釋》云:"伏者何?金氣伏藏之名。四時代謝,皆以相

---

① 《後漢書》,第3578頁。
② 《宋書》,第122頁。
③ 《後漢書》,第2852頁。
④ 《宋書》,第112頁。
⑤ 《通志》,第115頁下欄;《册府元龜》,第1144頁;《東漢會要》,第307頁;(宋)王應麟輯:《玉海》卷一七一,清嘉慶十一年江寧藩署刻本,第一一頁。

生。而春木代水,水生木也。夏火代木,木生火也。冬水代金,金生水也。至秋,則以金代火,金畏於火,故至庚日必伏。庚者,金日也。"中華本校記曰:"'晝日',疑當作'盡日',按,《玉海》卷一〇二,《册府》卷六〇皆作'盡日'。"①另,《册府》卷六〇、《玉海》卷一二、宋葉廷珪《海録碎事》卷二、宋祝穆《事文類聚前集》卷一〇、《東漢會要》卷一五載皆作"盡日"。②"盡日",終日,整日。此言初伏日,即庚日須整日閉門,而非唯"晝日",故當以"盡日"爲是。

17. 平簟

《東觀漢記校注》卷二《殤帝紀》:"殤帝詔省荏弱平簟。"(《御覽》卷九一)(98 頁)

校勘記曰:"此句原無,《御覽》卷七〇八引,聚珍本連綴於'延平元年八月'句前,今從之。此詔范曄《後漢書·殤帝紀》失載。'平簟'二字疑有訛誤。"

按,"平簟"當不誤。《御覽》卷七〇八《服用部·簟》下引。③《荀子·正名》:"心憂恐,則口銜芻豢而不知其味,耳聽鐘鼓而不知其聲,目視黼黻而不知其狀,輕暖平簟而體不知其安。"④俞越《諸子平議》卷一四:"平乃席名,故與簟並言。《說文·艸部》:'蒻,蒲子,可以爲平席。'《釋名·釋床帳》:'蒲平,以蒲作之,其體平也。'並可爲證。"⑤桂馥《說文義證》卷三"蒻"下曰:"《釋名》:'蒲苹,以蒲作之,其體平也。'《東觀漢記》'殤帝詔省荏蒻平簟',馥案:'蒲平''平簟'并當爲'苹',《廣韻》'苹蒲白',又云'芘蒻,小苹'。小當爲水,言在水中也。《文選·秋興賦》'藉莞蒻',李善引本書作'華席','苹''華'形近致誤。《禮記·閒傳》'苄蒻不納',注云'苄,今之蒲苹也。'"⑥"平"用爲"苹",蒲苹也。"荏弱平簟",柔軟苹席也。"平簟"字不誤。

---

① 《史記》,中華書局,2014 年,第 1686 頁。另,卷五《秦本紀》正義引《曆忌釋》云:"伏者何?以金氣伏藏之日也。四時代謝,皆以相生,立春,木代水,水生木;立夏,火代木,木生火;立冬,水代金,金生水;立秋,以金代火,故至庚日必伏。庚者金,故曰伏也。"(第 236 頁)
② 《册府元龜》,第 633 頁;《玉海》卷一二,清嘉慶十一年江寧藩署刻本,第一二頁;(宋)葉廷珪:《海録碎事》,《景印文淵閣四庫全書》,第 921 册,第 47 頁上欄;(宋)祝穆:《事文類聚前集》卷一〇,國家圖書館藏元泰定三年廬陵武溪書院刻本,第二頁;《東漢會要》,第 152 頁。
③ 《太平御覽》,第 3154 頁上欄。
④ 《荀子集解》,第 431 頁。
⑤ (清)俞樾:《諸子平議》,上海書店,1988 年,第 283 頁。
⑥ (清)桂馥:《說文解字義證》,上海古籍出版社,1987 年,第 61 頁。

另，《後漢書》卷四《殤帝紀》載延平元年六月"己未，詔曰：'自夏以來，陰雨過節，煖氣不效，將有厥咎。寤寐憂惶，未知所由。昔夏后惡衣服，菲飲食，孔子曰"吾無閒然"。今新遭大憂，且歲節未和，徹膳損服，庶有補焉。其減太官、導官、尚方、内署諸服御珍膳靡麗難成之物。'"①其言省"省茌弱平簟"，即省服御。又殤帝在位不及一年，聚珍本輯在在延平元年八月前，較可信。如此，則與《後漢書》載"六月詔"相合，未知即此詔否。

18. 百官表　明用達法理

《東觀漢記校注》卷四《百官表》："永平六年，以廷尉皆曹吏强爲廷尉，以明用達法理，超遷非次。"（《類聚》卷四九）（142頁）

按，《書鈔》卷五三引《東觀記》載云："張禹，字伯達，作九府吏，爲廷尉府北曹吏。斷獄處事執平，爲京師所稱。明帝以其明達法理，有張釋之風，超遷非次，拜廷尉。"②《後漢書》卷四四《張禹傳》載，張禹永元三年"遷下邳相"，"永元六年，入爲大司農，拜太尉，和帝甚禮之"。③《校注》輯此條入《張禹傳》。《類聚》所引此條，與《書鈔》引文類同而稍有簡省，亦當輯入《張禹傳》。

另，"以明用達法理"，"明用達"頗不協，句意亦不明。《書鈔》引《東觀記》作"以其明達法理"。《職官分紀》卷一九引謝承《書》作："張禹少作九府吏，給廷尉爲北曹吏，每斷法決處事執平，爲京師所稱，明帝以其達法理，有張釋之之風，起拜廷尉。"④《事類備要後集》卷三四引謝承《後漢書》亦作："明帝以其達法理。"⑤按，"明達"，猶"通達"，典籍習見，⑥如《續漢志》卷二四《百官志一》劉昭注引《漢官儀》："三曰明達法令，足以決疑，能案章覆問，文中御史。"⑦《三國志》卷一《魏志・武帝紀》："而任以三軍死生之事，吾甚懼之。其選明達法理者，使持典刑。"⑧《晋書》卷九一《儒林傳・續咸》："又修陳杜律，明達刑書。"⑨據此，"用"殆爲"其"之訛，又與"明"誤倒，似當以《書鈔》引"以其明達法理"爲是。

---

① 《後漢書》，第197頁。
② 《北堂書鈔》，第1册，第400頁上欄。另，此文《東觀漢記校注》卷一六已輯入（第705頁）。
③ 《後漢書》，第1497頁—1498頁。
④ 《職官分紀》，《景印文淵閣四庫全書》，第923册，第464頁下欄。
⑤ （宋）謝維新、虞載輯：《事類備要後集》卷三四，明嘉靖年間夏相刻本，第五頁。
⑥ "明達"《漢語大詞典》有收，參卷五，第611頁。
⑦ 《後漢書》，第3559頁。
⑧ 《三國志》，第44頁。
⑨ 《晋書》，第2355頁。

19. 凡律所革

《東觀漢記校注》卷五《律曆志》："凡律所革，以變律呂，相生至六十。"（聚珍本）（156頁）

校勘記曰："'相生至六十'，此條不知聚珍本從何書輯錄。"又曰："《律曆志》，司馬彪《續漢書·律曆志》中劉昭注引袁山松《書》云：'劉洪，字元卓，泰山蒙陰人。……及在東觀，與蔡邕共述《律曆記》，考驗天官。'則《東觀漢記·律曆志》出自蔡邕和劉洪之手。"

按，《文選》卷五六陸佐公《新刻漏銘》李善注引蔡邕《律曆志》："凡歷所革，以變律呂，相生至六十也。"①蔡邕所撰《律曆志》當即《東觀記》之《律曆志》。則此條蓋出自《文選》李善注所引《東觀記》。另，此條又被輯入《校注·補遺》（下册，930頁），似欠妥。

20. 不於京師　庶績

《東觀漢記校注》卷五《禮志》："漢承秦滅學，庶事草創，明堂、辟雍闕而未舉。武帝封禪，始立明堂於泰山，猶不於京師。元始中，王莽輔政，庶績復古，乃起明堂、辟雍。"（《御覽》卷五三三）（157頁）

按，"不於京師"，句意未明。《舊唐書》卷二二《禮志》引王方慶奏議曰"不立於京師"。②《册府》卷五八七、《文苑英華》卷七六二、《唐會要》卷一二所引王方慶奏議皆同。③ 據此，"不"下當補"立"，句意乃足。

另，"庶績復古"，上引衆書皆作"庶幾復古"。按，原文似當作"庶績"。"庶績"，衆功，衆業也，《尚書·虞書·堯典》："允釐百工，庶績咸熙。"孔傳："衆功皆廣。"④《後漢書》卷一〇《皇后紀·和熹鄧皇后》李賢注引《尚書》"庶績咸熙"，曰"言堯之朝政，衆功皆廣"。⑤ "庶績復古"，言衆業復古。"庶績復古，乃起明堂、辟雍"，正對應前文"庶事草創，明堂、辟雍闕而未舉"。作"庶績"義更勝。

21. 學博士

《東觀漢記校注》卷六《和熹鄧皇后傳》："七歲讀《論語》，志在書傳，母

---

① 《文選》，第777頁上欄。"歷"，四庫本改作"律"，參四庫本《文選》卷五六，第二三頁。張銑注云："律法經常懲定革改也。"參《六臣注文選》，第1040頁下欄。
② 《舊唐書》，第872頁。
③ 《册府元龜》，第6732頁；《文苑英華》，第4002頁下欄；（宋）王溥：《唐會要》，第290頁。
④ 《尚書正義》，（清）阮元校刻《十三經注疏（清嘉慶刻本）》，第277頁。
⑤ 《後漢書》，第427頁。

常非之曰:'當習女工,今不是務,寧當學博士耶?'"(《御覽》卷六一四)(204頁)

"學博士",《後漢書》卷一〇《皇后紀上》、《後漢紀》卷一四《和帝紀下》、《御覽》卷一三七引《續漢書》皆作"舉博士"。① 按,"學"蓋爲"舉"之形訛,作"舉"更密合文意。《漢書》卷八一《孔光傳》:"成帝初即位,舉爲博士,數使錄冤獄,行風俗,振贍流民。"②《晋書》卷四五《劉毅傳》:"太常鄭袤舉博士,文帝辟爲相國掾,辭疾,積年不就。"③"舉博士",被徵舉爲博士。因此,《御覽》引"學"當作"舉",形近而訛。

22. 其

《東觀漢記校注》卷七《東海恭王彊傳》:"十九年六月,彊廢爲東海王。"(《御覽》卷一四八)(234頁)

校勘記曰:"十九年六月 此句上有'其'字,當係衍文。聚珍本無,今據刪。"

按,《御覽》卷一四八有"其"。④ "其"此種用法,典籍習見,如《續漢志》卷一一《天文志中》:"其六年正月,司徒丁鴻薨。"又曰:"其四年正月,祀南郊,夕牲。"又曰:"其六年,征西將軍馬賢擊西羌於北地(謝)〔射〕姑山下,父子爲羌所没殺,是其應也。"又曰:"其六年,大將軍商薨。"⑤卷一二《天文志下》:"其三年四月戊寅,熒惑入東井口中,爲大臣有誅者。"又曰:"其九年十一月,太原太守劉瓆、南陽太守成瑨皆坐殺無辜,荆州刺史李隗爲賊所拘,尚書郎孟瓆坐受金漏言,皆棄市。"又曰:"其八年二月,太僕南鄉侯左勝以罪賜死。"⑥ "其"皆爲語辭,無實意,表一定程度的强調。此殆由"其"的指代義虚化而來。據此,"其"非衍。

23. 致

《東觀漢記校注》卷七《東海恭王彊傳》:"二十八年十月,就國,兼食東海、魯國二郡二十九縣,租入倍諸王,賞賜恩寵絶無倫比,置虎賁旄頭雲罕,宮殿設鍾簴之懸。"(《御覽》卷一四八)(234頁)

---

① 《後漢書》,第418頁;《後漢紀》,張烈點校《兩漢紀》,第248頁;《太平御覽》,第667頁上欄。
② 《漢書》,第3353頁。
③ 《晋書》,第1271—1272頁。
④ 《太平御覽》,第721頁上欄。
⑤ 《後漢書》,第3235、3245、3245—3246、3246頁。
⑥ 《後漢書》,第3256、3257—3258、3257頁。

校勘記曰:"'置',原誤作'致',姚本、聚珍本作'置',《書鈔》卷七〇兩次引徵、卷一三〇一次引徵皆作'置'。又《初學記》卷一〇、《御覽》卷六八〇、《萬花谷後集》卷七引亦作'置',今據改正。"

按,"致"不煩改字。"致""置"古常通。《國語·晉語八》:"昔成王盟諸侯于岐陽,楚爲荆蠻,置茅蕝,設望表。"①《説文》卷一下"蕝"下引作"致茅蕝"。② 清王鳴盛《蛾術編》卷一九《説字五》云:"'致'與'置'通,《後漢書》'置'字皆作'致'。"③《淮南子·謬稱》:"聖人之道,猶中衢而致尊邪:過者斟酌,多少不同,各得其所宜。"楊樹達、馬宗霍皆云"致"用爲"置"。④《漢書》卷九七《外戚傳上》:"乃追尊太后父爲靈文侯,會稽郡致園邑三百家,長丞以下使奉守寢廟,上食祠如法。"清王先謙補注曰:"致,同'置'。"⑤《後漢書》卷一下《光武帝紀下》:"六月庚午,復致屯騎、長水、射聲三校尉官;改青巾左校尉爲越騎校尉。"劉攽刊誤云:"'致'亦當作'置'。"同傳又曰:"是歲,復置函谷關都尉。修西京宫室。"劉攽曰:"正文'致'亦當作'置'。"⑥《東漢會要》卷二二亦作"致函谷關都尉"。⑦ 唐杜甫《草堂》詩:"飄飄風塵際,何地置老夫?""置"下有校曰"一作致"。⑧ 因此,"致"不煩改字。

24. 務行

《東觀漢記校注》卷七《東海恭王彊傳》:"東海王彊薨,追念彊雅性恭儉,不欲令厚葬以違其意,詔中常侍杜岑、東海傅相曰:'王恭謙好禮,以德自終。敕官屬遣送,務行約省,茅車瓦器,以成王志。'"(《御覽》卷五五三)(234頁)

"務行",《後漢書》卷四二《東海恭王劉彊傳》、《後漢紀》卷九《明帝紀上》、《通鑑》卷四四《漢紀·明帝紀上》均作"務從"。⑨ 按,作"務從"意更勝。"務從",言定要遵從。《後漢書》卷一下《光武帝紀下》:"遺詔曰:'朕無益

---

① 徐元誥:《國語集解》,第430頁。
② 《説文解字》,第24頁下欄。
③ (清)王鳴盛:《蛾術編》上册,上海書店出版社,2012年,第279頁。
④ 何寧集解:《淮南子集解》,中華書局,1998年,第708頁。
⑤ (漢)班固撰,(清)王先謙補注:《漢書補注》,上海古籍出版社,2008年,第5926頁。
⑥ (宋)劉攽:《東漢書刊誤》卷一,收入張舜徽主編《二十五史三編》第4分册《後漢書之屬》,岳麓書社,1994年,第2頁。
⑦ 校曰:"致當作置"。《東漢會要》,第337頁。
⑧ (清)仇兆鰲:《杜詩詳注》卷一三,第1116頁。
⑨ 《後漢書》,第1244—1245頁;《後漢紀》,張烈點校《兩漢紀》,第156頁;《資治通鑑》,第1342頁。

百姓,皆如孝文皇帝制度,務從約省。'"卷五七《樊巴傳》:"時梁太后臨朝,詔詰巴曰:'大行皇帝晏駕有日,卜擇陵園,務從省約。'"《續漢志》卷二四《百官志一》:"世祖中興,務從節約,并官省職,費減億計。"①《三國志》卷六二《吴志·是儀傳》:"及寝疾,遺令素棺,斂以時服,務從省約,年八十一卒。"②《舊唐書》卷一一《代宗本紀》:"慮失三農,憂深萬姓,務從省約,稍冀蠲除,用申勤卹之懷,以救悖瘼之弊。"③"務從"均其例。據此,當以"從"爲是。

25. 修　恭王法

《東觀漢記校注》卷七《東海恭王彊傳》:"東海王彊孫項王肅,性謙儉,修恭王法。永初中,以西羌未平,上錢二千萬。"(《初學記》卷一〇)(234頁)

校勘記曰:"'修恭王法',此句原無,姚本、聚珍本同,《書鈔》卷七〇引有,今據增補。"

"修恭王法",《後漢書》卷四二《東海恭王彊傳》作"循恭王法度"。④《册府》卷九三、卷二七二、《通志》卷七九上載皆作"循"。⑤ 按,作"循"意更勝。"循法度"乃常語。"循恭王法度",言遵循繼承恭王之遺則。《後漢書》卷四二《濟南安王康傳》:"康在國不循法度,交通賓客。"⑥《文選》卷三二屈原《離騷》"脩繩墨而不頗","脩"下注曰:"五臣作'循'",吕向曰:"言文王舉賢用能,循先聖法度,無有頗僻,故能安天下也。"⑦《漢書》卷八五《谷永傳》:"漢興九世,百九十餘載,繼體之主七,皆承天順道,遵先祖法度,或以中興,或以治安。"⑧"遵先王法度"意同"循先王法度"。據此,"修"當作"循"。"法"後疑脱"度"字。

26. 乃　祖廟

《東觀漢記校注》卷七《東平憲王蒼傳》:"是時四方無虞,蒼以天下化平,宜修禮樂,乃與公卿共議定南北郊冠冕車服制度,乃祖廟登歌八佾舞數。"(姚本)(241頁)

"乃",姚本作"及",《後漢書》卷四二《光武十王傳·東平憲王蒼傳》、

---

① 《後漢書》,第156、1841、3555頁。
② 《三國志》,第1413頁。
③ 《舊唐書》,第284頁。
④ 《後漢書》,第1425頁。
⑤ 《册府元龜》,第3081、3308頁;《通志》,第940頁下欄。
⑥ 《後漢書》,第1431頁。
⑦ 《六臣注文選》,第609頁。
⑧ 《漢書》,第3643頁。

《書鈔》卷六四引《續漢書》亦作"及"。① 按,此當作"及","乃"當爲謄錄之誤。

又,"祖廟",《後漢書》卷四二《光武十王傳·東平憲王蒼傳》作"光武廟";《書鈔》卷六四引《續漢書》亦同。②《續漢志》卷九《祭祀志下》劉昭注引《東觀記》作"公卿奏議世祖廟"。③ 按,"世祖"即"光武","祖廟"當作"世祖廟"。

另,校注云:"此條文字聚珍本亦有,不知二本輯自何書。陳禹謨刻本《書鈔》卷六四引《續漢書》,與此全同。疑姚本誤以《續漢書》文字輯入,而聚珍本輯者不察,又據姚本輯錄。"今按,校注所言甚是。④ 簡覈姚輯本《續漢書》正脫此條,殆爲姚本誤輯此條至《東觀記》下無疑。

27. 抵

《東觀漢記校注》卷八《劉玄傳》:"韓夫人尤嗜酒,每侍飲,見常侍奏事,輒怒曰:'帝方對我飲,正用此時持事來乎!'起,抵破書案。所置牧守交錯,州郡不知所從。"(《御覽》卷九〇)(261頁)

校勘記曰:"'抵破書案',此句原誤作'裭書案破之',姚本、聚珍本作'抵破書案',《書鈔》卷一三三,《類聚》卷六九,《六帖》卷一四,《御覽》卷四八三、卷七一〇,《合璧事類·外集》卷五〇引同,今據校改。'抵',擊也。"

按,"抵破書案",《後漢紀》卷二《光武帝紀》作"抵書按破之"。⑤ "書按"即"書案"。《後漢書》卷一一《劉玄傳》作"抵破書案",李賢注:"抵,擊也。"⑥ "抵"或作"扺",擊也。校記言"原誤作'裭書案破之'",今檢《御覽》四部叢刊影宋本作"裭";嘉慶仿宋本作"棓",下有注曰"音棒"。⑦ "裭""棓"並當作"掊"。《莊子·逍遥游》:"吾爲其無用而掊之。"唐陸德明釋文:"掊之,徐方垢反,司馬云:'擊破也。'"⑧ 晋葛洪《抱朴子外篇·用刑》:"鑄干戈,平城池,散府庫,毀符節,撤關梁,掊衡量,膠離朱之目,

---

① 《後漢書》,第1433頁;《北堂書鈔》,第487頁上欄。
② 《後漢書》,第1433頁;《北堂書鈔》,第487頁上欄。
③ 《後漢書》,第3196頁。
④ 孔氏萬春堂刊宋本《書鈔》卷六四引《續漢書》,文字與陳刻本略同,詳參《北堂書鈔》,第1册,第487頁上欄。
⑤ 《後漢紀》,張烈點校《兩漢紀》,第23頁。
⑥ 《後漢書》,第471—472頁。
⑦ 《太平御覽》,第434頁;另參鮑崇城嘉慶十七年仿宋刻《御覽》卷九〇,第一〇頁。
⑧ (唐)陸德明:《經典釋文》,上海古籍出版社,1985年,第1415頁。

塞子野之耳。"①"掊衡量",擊破衡量也。唐韓愈《曹成王碑》:"王及州,不解衣,下令掊鎖擴門,悉棄倉實與民,活數十萬人。"②據此,"裇"當作"掊"。

28. 至意

《東觀漢記校注》卷九《來歙傳》:"國家以公知臧否,曉廢興,故以手書暢至意。足下推忠誠,遣伯春委質,是君臣父子信也。"(《御覽》卷七七八)(287頁)

"至意",《後漢紀》卷五《光武帝紀》作"聖意"。按,"至意"有誠意之義,於文中雖亦可通,終不如"聖意"更密合文意。此光武使來歙罵責隗囂首鼠兩端之語,言光武親封書而暢達其意。古者君王可以"聖"稱之,"聖意",即君王之意。《史記》卷六《秦始皇本紀》:"大矣哉!宇縣之中,承順聖意。"③《漢書》卷八五《杜鄴傳》:"將軍宜承順聖意,加異往時,每事凡議,必與及之,指爲誠發,出於將軍,則孰敢不説諭?"④《後漢紀》卷二一《桓帝紀上》:"誠爲國賊,當誅日久。臣等弱劣,未知聖意何如耳。"⑤時隗囂用王元之策,欲擁兵爲王,光武手書責之。來歙乃光武之臣,故言於隗囂曰:"國家以公知臧否,曉廢興,故以手書暢聖意。"作"聖意",可彰光武國祚之正統,大義之凜然,故後申之以君臣父子之信;且言"聖意"又可明來歙君臣之義。可見,作"聖意"於語境更洽。⑥

29. 呼卿

《東觀漢記校注》卷九《來歙傳》:"蜀人大懼,使刺客刺歙,歙未死,馳告蓋延。延見歙,伏悲不能仰視。歙叱曰:'故呼卿,欲屬以軍事,而反效兒女子泣涕乎!'"(《御覽》卷四八八)(288頁)

"呼卿",《後漢書》卷一五《來歙傳》、《後漢紀》卷六《光武帝紀》皆作"呼

---

① (晋)葛洪撰,楊明照校箋:《抱朴子外篇校箋》,第362頁。
② 《五百家注韓昌黎集》,第1211頁。
③ 《史記》,第249頁。
④ 《漢書》,第3474頁。
⑤ 《後漢紀》,張烈點校《兩漢紀》,408—409頁。
⑥ "聖"草書多作圣(唐懷素《自叙帖》)、圣(明宋克《進學解》)、圣(明張弼《千字文》),與"至"相近,故可致誤。且後世"聖"俗書多作"圣",與"至"形體近甚,更易相訛。《宋元以來俗字譜》"聖"下《古今雜劇》《白袍記》《東牕記》《目連記》《金瓶梅》《嶺南逸事》均作"圣",參劉復、李家瑞編:《宋元以來俗字譜》,國立中央研究院歷史語言研究所單刊,1930年,第64頁。清顧嗣立編《元詩選二集》卷一〇傅若金《奉送達兼善御史赴河南憲僉十二韻》:"聖治尊儒術,賢才夙帝躬。"顧嗣立校曰:"聖一作至。"參《元詩選(二集上)》,中華書局,1987年,第484頁。

巨卿";《通鑑》卷四二《漢紀·光武建武十一年》亦同。①《後漢書》卷一八《蓋延傳》:"蓋延字巨卿,漁陽要陽人也。"②明《校注》據《御覽》所輯脱"巨"。

30. 所笑

《東觀漢記校注》卷九《馮異傳》:"建武二年,遣馮異西擊赤眉於關中,車駕送至河南,賜以乘輿七尺玉具劍,敕異曰:'念自修整,無爲郡縣所笑。'異頓首受命。"(《類聚》卷二九)(319頁)

"所笑",《後漢書》卷一七《馮異傳》、《後漢紀》卷四《光武帝紀》、《資治通鑑》卷四〇《光武建武二年》均作"所苦"。③ 按,作"所苦"意更勝。苦,厭也,怨恨也。《晏子春秋·諫上》:"是以民苦其政,而世非其行。"④"苦其政",謂怨其政也。《史記》卷四八《陳涉世家》:"天下苦秦久矣。吾聞二世少子,不當立,當立者乃公子扶蘇。""苦秦",怨秦也。《漢書》卷三四《韓信傳》:"信從下鄉南昌亭長食,亭長妻苦之,乃晨炊蓐食。"唐顔師古注:"苦,厭也。"《後漢書》卷八一《獨行傳·索盧》:"今天下所以苦毒王氏,歸心皇漢者,實以聖政寬仁故也。"⑤"苦""毒"同義連文,"毒"亦苦也。清王念孫曰:"毒,惡也,凡相憎惡亦謂之毒。《緇衣》云:'唯君子能好其正,小人毒其正。'是也。"《續漢志》卷二四《百官志一》劉昭注引《漢官儀》曰:"殘民貪污煩擾之吏,百姓所苦,務勿任用。"⑥"無爲郡縣所苦",言勿爲郡縣所憎也。作"笑"則無意。此蓋類書不明"苦"有怨毒義而擅改。

31. 南破昆陽　明公

《東觀漢記校注》卷一〇《耿弇傳》:"倒戟橫矢不足以喻明。公首事,南破昆陽,敗百萬師。今復定河北,以義征伐,表善懲惡,躬自克薄以待士民。"(《御覽》卷四六一)(354頁)。

校勘記曰:"'喻明',聚珍本作'明喻'。"

《後漢書》卷一九《耿弇傳》作"公首事南陽,破百萬之軍";《後漢紀》卷二《光武帝紀》作"明公首事南陽,破昆陽下百萬衆"。⑦ 按,《東觀記》文"明"當屬下讀;"南"下又脱"陽"字,原文當據《後漢紀》作"明公首事南陽,

---

① 《後漢書》,第589頁;《後漢紀》,張烈點校《兩漢紀》,第109頁;《資治通鑑》,第1367頁。
② 《後漢書》,第686頁。
③ 《後漢書》,第645頁;《後漢紀》,張烈點校《兩漢紀》,第58頁;《資治通鑑》,第1306頁。
④ 《晏子春秋校注》,第42頁。
⑤ 《史記》,第1950頁;《漢書》,第1861頁;《後漢書》,第2674、3546頁。
⑥ 《廣雅疏證》,第265頁。
⑦ 《後漢書》,第706頁;《後漢紀》,張烈點校《兩漢紀》,第28頁。

破昆陽"。光武起事於南陽,南陽位於昆陽之北,故不可言"南破昆陽",當據二書補"陽"字。"明公"乃對有名位者之尊稱,《後漢書》卷一六《鄧禹傳》:"光武曰:'即如是,何欲爲?'禹曰:'但願明公威德加於四海,禹得效其尺寸,垂功名於竹帛耳。'"卷五四《楊彪傳》:"操曰:'此國家之意。'融曰:'假使成王殺邵公,周公可得言不知邪?今天下纓緌搢紳所以瞻仰明公者,以公聰明仁智,輔相漢朝,舉直厝枉,致之雍熙也。'"卷七二《董卓傳》:"時孫堅爲溫參軍,勸溫陳兵斬之。溫曰:'卓有威名,方倚以西行。'堅曰:'明公親帥王師,威振天下,何恃於卓而賴之乎?'"①"明公"皆其例也。由此,《校注》當據正。

32. 臨淄

《東觀漢記校注》卷一〇《耿弇傳》:"正使得其城,張藍引兵突臨淄,更強勒兵,憑城觀人虛實,吾深入敵城,後無轉輸,旬月之間,不戰而困,諸軍不見是爾。"(《御覽》卷三七一引)(355 頁)

按,"張藍引兵突臨淄,更強勒兵,憑城觀人虛實",語意不明。《後漢紀》卷五《光武帝紀》云:"正使得其城,張藍引兵奔臨淄。如是臨淄更強,勒兵憑城,觀人虛實。"《後漢書》卷一九《耿弇傳》載:"藍引軍還奔臨淄,并兵合埶,觀人虛實。"②《册府》卷三六八載此事云:"張藍引兵突臨淄,臨淄更強。"③是時張藍將兵守西安,距臨淄四十里。耿弇謂若攻取西安,則張藍奔還臨淄。若此,臨淄兵力更盛,難以拔之。據此,《御覽》引"更強"上奪"臨淄"二字,蓋上文"臨淄"重文符號脱而誤奪也。原文當作:"張藍引兵突臨淄,臨淄更強,勒兵憑城,觀人虛實。"

33. 慙遽

《東觀漢記校注》卷一〇《王霸傳》:"上令王霸至市中募人,將以擊郎。市人皆大笑,舉手揶揄之,霸慙而去。"(《御覽》卷八二七)(370 頁)

校勘記曰:"'霸慙而去',《御覽》卷四九一引同,卷四六六引作'霸慙憱而還',卷四九八引作'霸慙遽而返'。按'遽'乃'憱'之訛。'憱',慙也。"

按,"遽"字非訛,典籍中"遽"常通"憱",宋潘自牧《記纂淵海》卷四六引《通鑑》即作"霸慙遽而反"。《廣雅·釋詁》:"畏、恐、遽,懼也。"清王念

---

① 《後漢書》,第 599、1788、2330 頁。
② 《後漢紀》,張烈點校《兩漢紀》,第 79 頁;《後漢書》,第 710 頁。
③ 《册府元龜》,第 4166 頁。

孫疏證云:"遽,謂惶遽也。《楚辭·九章》云:'衆駭遽以離心兮。'《大招》云:'魂乎歸徠,不遽惕只。'"①《方言》卷一〇:"江湘之間凡窘猝怖遽謂之㵿沭,或謂之征伀。"②"遽"即"懅","懼"也。《玉篇·心部》:"㤖忴,惶遽也。"③《左傳·襄公三十一年》:"忠善以損怨,不聞作威以防怨,豈不遽止?"晋杜預注:"遽,畏懼也。"④《漢書》卷八七上《楊雄傳》:"熊羆之挐攫,虎豹之淩遽,徒角搶題注,蹙竦罷怖。"顔注曰:"淩,戰栗也。遽,惶也。"⑤可知"遽""懅"皆可通也。

"慚懅",亦可寫作"慚遽"或"憋遽"。如《北史》卷四二《崔逞傳》:"贍容貌方嚴,詞旨雄辯,收慚遽,竟無一言。"⑥《全唐文》卷六四〇李皋《故東川節度使盧公傳》:"復告諸將曰:'盧侍御言是也。'大將慚遽走出,就坦謝,且曰:'向聞侍御言,某等羞愧汗出,恨無穴可入。'"⑦北宋劉變《林濰墓誌》:"至懷,公待之甚暇,曰:'吏所以謹文移,守所以奉命令,後期不集,守當論罪,重煩使者。'憋遽引去。"⑧"遽"皆用爲"懅",亦即"懼"。據此,"遽"字不誤。

34. 士

《東觀漢記校注》卷一〇《祭遵傳》:"祭遵奉公,賞賜與士卒,家無私財,身衣布衣韋袴,卧布被終身,夫人裳不加綵,士以此重之。"(《類聚》卷七〇)(375頁)

按,"士以此重之",《後漢紀》卷六《光武帝紀》作"上以是重焉";《後漢書》卷二〇《祭遵傳》作:"帝以是重焉。及卒,愍悼之尤甚。"⑨《册府》卷四〇六、《御覽》卷四三一引《後漢書》皆作"帝以是重"。⑩《類聚》引作"士",蓋爲"上"之訛字,當據正。

35. 娛樂

《東觀漢記校注》卷一〇《祭遵傳》:"遵爲將軍,取士皆用儒術,對酒娛

---

① 《廣雅疏證》,第150頁。
② 華學誠匯證:《揚雄方言校釋匯證》,中華書局,2006年,第668頁。
③ 《大廣益會玉篇》,第271頁。
④ 《春秋左傳正義》,(清)阮元校刻《十三經注疏(清嘉慶刻本)》,第4376頁。
⑤ 《漢書》,第3549頁。
⑥ 《北史》,第876頁。
⑦ 《全唐文》,第6462頁。
⑧ 中國文物研究所、河南省文物研究所編:《新中國出土墓誌·河南(壹)》,文物出版社,1994年,下册,第331—332頁。
⑨ 《後漢紀》,張烈點校《兩漢紀》,第105頁;《後漢書》,第741頁。
⑩ 《册府元龜》,第4600頁;《太平御覽》,第1986頁下欄。

樂，必雅歌投壺。"(《御覽》卷三五六)(375—376頁)

"娛樂"，《校注》未校。《後漢書》卷二〇《祭遵傳》、《書鈔》卷一一五引《東觀記》、《類聚》卷五九引《東觀記》皆作"設樂"。①《書鈔》卷一〇六、《御覽》卷五七〇、《事類賦》卷一一引謝承《後漢書》均同。② 按，"娛樂"，歡娛快樂也，於此意不甚合。"設樂"，設置音樂也。《列子》卷八《說符》："虞氏者，梁之富人也，家充殷盛，錢帛無量，財貨無訾。登高樓，臨大路，設樂陳酒，擊博樓上。"③《漢書》卷五四《蘇武傳》："久之，單于使陵至海上，爲武置酒設樂。"《三國志》卷二《魏志·文帝紀》裴注引《魏書》曰："權等詣行在所，帝置酒設樂，引見于承光殿。"《晉書》卷二一《禮志下》："門下奏，非祭祀宴饗，則無設樂之制。"④"設樂"皆其例。《祭遵傳》後言"雅歌投壺""好禮悅樂"，此正與"設樂"相應，且"對酒""設樂"亦相對文。《御覽》引《東觀記》"娛"當作"設"。

36. 懸

《東觀漢記校注》卷一一《任光傳》："光武平河北，任光伯卿暮入堂陽，使騎皆炬火，天地赫然盡赤，堂陽驚怖，即夜降。"(《御覽》卷八七〇)(390頁)

校勘記曰："'使'，原誤作'懸'，聚珍本作'使'，今據改。范曄《後漢書·任光傳》云：'世祖遂與光等投暮入堂陽界，使騎各持炬火。'"

聚珍本作"使"，當據《後漢書》改易之。今按，原文脫"使"字。《校注》據《後漢書》及聚珍本補，當是。但言"懸"爲"使"之訛字，則非是。"懸""使"音形相隔甚遠，無由致訛。《御覽》卷八七〇引作"懸"，當爲"縣"之訛字。⑤ "堂陽"乃縣名。《後漢書》卷一《光武帝紀》："世祖因發旁縣，得四千人，先擊堂陽、貰縣，皆降之。"李賢注："堂陽及貰並屬鉅鹿郡。堂陽在堂水之陽，今冀州縣，故城在今冀州鹿城縣西南。"⑥據此，"懸"當爲"縣"之訛。原文當作"任光伯卿暮入堂陽縣，使騎皆炬火"。

37. 抗省　免官

《東觀漢記校注》卷一一《任隗傳》："永元初，外戚秉權，朝臣畏疎，莫敢

---

① 《後漢書》，第742頁；《北堂書鈔》，第2冊，第228頁上欄；《藝文類聚》，第1060頁。
② 《北堂書鈔》，第2冊，第173頁下欄；《太平御覽》，第2578頁下欄；(宋)吳淑輯：《事類賦》卷一一，國圖藏宋紹興十六年兩浙東路茶鹽司刻本，第二頁。
③ 《列子集釋》，第262頁。
④ 《漢書》，第2464頁；《三國志》，第80頁；《晉書》，第660頁。
⑤ 按，"懸""縣"典籍雖多混，但"郡縣"多不用"懸"字。
⑥ 《後漢書》，第14頁。

抗省。惟隴與袁安同心合意,數犯嚴諫,舉竇憲并諸黨,免官爭奏。"(《書鈔》卷五二)(391頁)

"莫敢抗省"無意。檢《書鈔》卷五二,原文即作"莫敢抗者"。① "省"當為刊印之誤字。

另,"免官爭奏",《後漢書》卷四五《袁安傳》載作"免冠朝堂固爭者十上"。② 今按,"免官"當有訛誤。若作"免官",則言已然罷官,再諍奏則無意矣。"免冠",脱官帽以示諫之誠意與決心。《漢書》卷六七《朱雲傳》:"於是左將軍辛慶忌免冠解印綬,叩頭殿下曰:'此臣素著狂直於世。使其言是,不可誅;其言非,固當容之。臣敢以死爭。'"③《後漢書》卷七六《陳忠傳》李賢注:"御史大夫薛廣德當車免冠諫曰:'宜從橋。'詔曰:'大夫冠。'廣德曰:'陛下不聽臣,臣自刎,以血汙車輪。'"④《晋書》卷一〇二《劉聰載紀》:"其太宰劉延年及諸公卿列侯百有餘人,皆免冠涕泣固諫曰:'光文皇帝以聖武膺期,創建鴻祚,而六合未一,奄世升遐。'"⑤"免冠"皆免其冠帶,以示諫之決。據此可知《書鈔》引"官"當作"冠",二者音近而訛。

38. 費

《東觀漢記校注》卷一一《耿純傳》:"耿純,字伯山,率宗族賓客二千餘人,皆衣縑襜褕、絳巾,奉迎上於費。上目之,大悦。"(《書鈔》卷一二七)(400頁)

校勘記曰:"'費',范曄《後漢書·耿純傳》作'育'。《書鈔》卷一二九,《御覽》卷六九三、卷八一九亦引,字句略同。"

按,"費",《後漢紀》卷二《光武帝紀》作"貫",周本校"貫"為"貰",甚是。⑥《後漢書》卷二一《耿純傳》作"育",點校本校勘記曰:"《通鑑》胡注謂賢曰'育,縣名',余考《兩漢志》無育縣,蓋'貰'字之誤。今按:前志鉅鹿郡有貰縣。"⑦沈欽韓《後漢書疏證》卷二:"前《志》鉅鹿郡有貰縣。《一統志》:今保定府束鹿縣西南。此'育'字誤。《通鑑》注云,則沿訛已久。"⑧是《書

---

① 《北堂書鈔》,第1冊,第390頁上欄。
② 《後漢書》,第1519頁。
③ 《漢書》,第2519頁。
④ 《後漢書》,第1557—1558頁。
⑤ 《晋書》,第2661頁。
⑥ 《後漢紀校注》,第37頁。《後漢紀》,張烈點校《兩漢紀》,第22頁,校記曰:"鈕永建校曰:'本傳作"迎公於育"。'注謂'育,縣名,故城在冀州'。按貫縣不見郡國志,范《書》是。"
⑦ 《後漢書》,第748頁。
⑧ (清)沈欽韓:《後漢書疏證》,上海古籍出版社影印本,2006年,第34頁上欄。

鈔》引《東觀記》、袁《紀》皆誤,字當作"賁"。

39. 天中關

《東觀漢記校注》卷一一《王梁傳》:"王梁爲中郎將,與景丹、祭遵合擊蠻中,破之,詔梁別北守天中關。"(《初學記》卷七)(409頁)

"天中關",《後漢書》卷二一《王梁傳》作"天井關"。① 按,史籍未有"天中關"名。"天井關"在上黨郡,《漢書》卷一〇《成帝紀》:"秋,關東大水,流民欲入函谷、天井、壺口、五阮關者,勿苛留。"顏注引應劭云:"天井在上黨高都。"卷二八上《地理志上》"高都"縣下,注文曰:"有天井關。"②《續漢志》卷二三《郡國志五》上黨郡高都縣下劉昭注:"前《志》曰'有天井關'。《戰國策》曰'桀居天井',即天門也。"《後漢書》卷三《章帝紀》:"乙未,幸東阿,北登太行山,至天井關。"李賢注:"在今澤州晉城縣南,今太行山上,關南有天井泉三所也。"③據此,《初學記》引《東觀記》"中"應爲"井"之誤。

40. 厩第

《東觀漢記校注》卷一二《竇融傳》:"竇氏一公,兩侯,三公主,四二千石,相與並代,自祖至孫,官府厩第相望,奴婢千數,雖親戚功臣,莫與爲比。"(《初學記》卷一八)(418頁)

校勘記曰:"'厩',《初學記》卷二四引作'邸',於義較長。"

"厩第",《後漢書》卷二三《竇融傳》、《後漢紀》卷九《明帝紀》皆作"邸第"。④《初學記》卷二四引《東觀記》作"邸宅"。⑤ 按,《校注》言有理。"厩第"典籍罕見其例,當作"邸第"。"邸第"乃常詞,古書習見,府舍之義。《漢書》卷九九下《王莽傳下》:"漢兵貪莽封力戰者七百餘人。會日暮,官府邸第盡奔亡。"⑥《後漢書》卷五《安帝紀》:"帝自在邸第,數有神光照室,又有赤蛇盤於床笫之間。"李注云:"《倉頡篇》曰:'邸,舍也。'《説文》云:'屬國之舍也。'前《書》《音義》曰:'第謂有甲乙之次第。'"卷一〇《皇后紀上》:"鄧氏近親子孫三十餘人,並爲開邸第,教學經書,躬自監試。"李賢注:"《倉頡篇》曰:'邸,舍也。'"卷二四《馬援傳》:"磐子肅復出入北宮及王侯邸

---

① 《後漢書》,第774頁。
② 《漢書》,第313、1553頁。
③ 《後漢書》,第3522、150—151頁。
④ 《後漢書》,第808頁;《後漢紀》,張烈點校《兩漢紀》,第177頁。
⑤ 《初學記》,第579頁。
⑥ 《漢書》,第4190頁。

第。"①"邸"俗或作"郎",與"厩"形近,或相致訛。"邸第"皆官府宅舍之義。《初學記》卷一八引作"厩",當爲"邸"之訛字。

41. 帝自爲之辭

《東觀漢記校注》卷一二《竇章傳》:"竇章女初入掖庭爲貴人,早卒。帝追思之,詔史官樹碑頌德,帝自爲之辭。"(《書鈔》卷一〇二)(425頁)

校勘記曰:"'帝自爲之辭',范曄《後漢書·竇章傳》作'章自爲之辭'。此條聚珍本未輯錄。"

又,《東觀漢記校注》卷六《竇貴人傳》:"竇章女,順帝初,入掖庭爲貴人,早卒。帝追思之,詔史官樹碑頌德,章自爲之辭。"(《御覽》卷五八九)(216頁)

校勘記曰:"'章自爲之辭','章'字姚本、聚珍本作'帝'。范曄《後漢書·竇章傳》云:'順帝初,章女年十二,能屬文,以才貌選入掖庭,有寵,與梁皇后並爲貴人。……貴人早卒,帝追思之無已,詔史官樹碑頌德,章自爲之辭。'"

曹金華《稽疑》曰:"帝貴人卒,何能由貴人之父竇章爲辭?'章'乃'帝'字之訛無疑,《書鈔》卷一〇三引《東觀記》正作'帝'字。"②

按,曹氏言待商,古者祭辭對象無定,父爲女撰寫祭辭者亦多見,如三國魏曹植《金瓠哀辭》即爲祭悼其亡女而作,其文曰:"予之首女,雖未能言,固目授色知心矣。生十九旬而夭折,乃作此辭曰:在繈褓而撫育,向孩笑而未言,不終年而夭絶,何見罰于皇天,信吾罪之所招,悲弱子之無愆。去父母之懷抱,滅微骸于糞土。"③曹植另有《行女哀辭》,潘岳亦撰《金鹿哀辭》,皆爲悼女之辭。④"帝追思之,詔史官樹碑頌德,帝自爲之辭",前已言"帝",後如作"帝",則行文繁複耳。前言"詔史官樹碑頌德",而"章自爲之辭"則言辭暢順。故從句式看,以"章"爲是。且竇章長於文辭,《後漢書》卷二三《竇章傳》曰:"少好學,有文章,與馬融、崔瑗同好,更相推薦。"⑤另《御覽》卷五八九引《東觀記》亦作"章自爲之辭",⑥明《書鈔》所引"帝"當正作"章"。

---

① 《後漢書》,第203、428、851頁。
② 曹金華:《後漢書稽疑》,第345頁。
③ 《全上古三代秦漢三國六朝文》,第2315頁。
④ 參《藝文類聚》卷三四《哀傷》,第607—609頁。
⑤ 《後漢書》,第821頁。
⑥ 《太平御覽》,第2651頁上欄。

42. 德陽殿

《東觀漢記校注》卷一二《馬援傳》:"詔置馬德陽殿下。"(《類聚》卷九三)(431頁)

"德陽殿",《後漢書》卷二四《馬援傳》作"宣德殿"。按,當從《後漢書》作"宣德殿"。德陽殿位於北宮,乃明帝時所建北宮之正殿。①《後漢書》卷二《明帝紀》載:永平三年"起北宮及諸官府",永平八年十月,"北宮成"。②《後漢書》卷四一《鍾離意傳》:"帝雖不能用,然知其至誠。亦以此故不得久留,出為魯相。後德陽殿成,百官大會。帝思意言,謂公卿曰:'鍾離尚書若在,此殿不立。'"李注云:"《漢宮殿名》曰北宮中有德陽殿。"③"帝"即明帝。是光武帝時未有德陽殿甚明。東漢張衡《東京賦》:"逮至顯宗,六合殷昌,乃新崇德,遂作德陽。"唐李善注:"崇德、德陽皆殿名也。崇德在東,德陽在西,相去五十步。"④《藝文類聚》卷六二引《漢官典儀》:"德陽殿,周旋容萬人,激洛水於殿下。"⑤馬援交阯鑄銅馬,乃光武帝時事,據此可知《類聚》引《東觀記》殆誤。⑥

43. 持兵長史

《東觀漢記校注》卷一二《馬嚴傳》:"顯宗拜馬嚴持兵長史,將北軍五校士、羽林兵三千人,屯西河美稷,衛護南單于,聽置司馬、從事。"(《御覽》卷五二六)(451頁)

"持兵長史",《後漢書》卷二四《馬嚴傳》作"將軍長史"。按,"持"當作"將",二者形近而訛。後漢有"將兵長史"一職,多領軍邊塞。《後漢書》卷一《光武帝紀下》:"夏四月,安定屬國胡叛,屯聚青山,遣將兵長史陳訢討平之。"《後漢書》卷四《和帝紀》:"五月丁未,初置象林將兵長史官。"李賢注:"將兵長史居在日南郡,又有將兵司馬,去雒陽九千六百三十里。"象林乃縣名,屬日南郡。卷一六《鄧禹傳》:"永平中,以為小侯。引入與議邊事,帝以為能,拜將兵長史,率五營士屯鴈門。"卷二四《馬援傳》:"又令將兵長史李

---

① 詳參陳振蘇:《東漢的南宮和北宮》,《文史》2018年第1期。
② 《後漢書》,第107、111頁。
③ 《後漢書》,第1410頁。
④ 《文選》,第55頁上欄。
⑤ 《藝文類聚》,第1122頁。
⑥ 《全唐文》卷七八一李商隱《為中丞滎陽公祭全義縣伏波神文》:"扶風里中,詎守錢而為虜;德陽殿下,寧相馬以推工。"參《全唐文》,第8157頁。據此可知至遲晚唐時,《東觀記》恐已有本誤作"德陽殿"。

調等將四千人繞其西,三道俱擊,復破之。"①

另,《後漢書》作"將軍長史",亦當有誤。"將軍長史"乃諸將軍府之屬官,而"將兵長史"乃邊郡、屬國之長史,掌兵馬等。② 因此,《後漢書》"軍"蓋爲"兵"之訛字,亦當作"將兵長史"。

44. 葛縛

《東觀漢記校注》卷一二《馬嚴傳》:"建初中,嚴病,遣功曹史李龔奉章詣闕。上親召見龔,問疾病形狀,以黃金十斤、葛縛佩刀、書刀、革帶付龔,賜嚴,遣太醫送方藥。"(《類聚》卷六〇)(452頁)

按,"葛縛"未知何物。四庫本《類聚》卷六〇作"縛"。③《御覽》卷八一九引《東觀記》作"葛絺"。④《説文·糸部》:"縛,白鮮巵也。"《周禮·天官·内司服》:"掌王后之六服;褘衣、揄狄、闕狄、鞠衣、展衣、緣衣、素沙。"清孫詒讓正義:"漢之縛,即魏晉以後之絹也。"⑤"葛縛"意雖可通,但典籍罕見。"葛絺"乃成詞,典籍習見,當是。《説文·糸部》:"絺,細葛也。"《小爾雅·廣服》:"葛之精者曰絺。"⑥漢代"絺"亦爲貢品,《漢書》卷二八上《地理志上》:"田上下,賦中上。貢鹽、絺,海物惟錯,岱畎絲、枲、鉛、松、怪石,萊夷作牧,厥篚檿絲。"顔注云:"葛之精者曰絺。海中物産既多,故雜獻。"且漢初法令商賈之人不可穿戴"絺",《漢書》卷一下《高帝紀下》載漢高祖九年春三月令:"爵非公乘以上毋得冠劉氏冠,賈人毋得衣錦繡綺縠絺紵罽。"⑦漢宫亦多以"葛"班賜臣下,《後漢書》卷一〇《皇后紀下》:"乃博選諸儒劉珍等及博士、議郎、四府掾史五十餘人,詣東觀讎校傳記。事畢奏御,賜葛布各有差。"⑧"葛布",蓋即葛絺,乃葛之精者,爲精葛所織絲布。可知"葛絺"乃貴重織品。《莊子·讓王》:"余立於宇宙之中,冬日衣皮毛,夏日衣葛絺;春耕種,形足以勞動。"⑨《淮南子·原道》:"陸處宜牛馬,舟行宜多水,匈奴出穢

---

① 《後漢書》,第73、190、605、856頁。
② 參張俊民:《西漢簡牘文書所見職官長史識小》,《國學學刊》2015年第4期;申超、賈俊俠:《秦漢將軍長史考述》,《秦漢研究》第6輯,西北大學出版社,2012年,第157—169頁。
③ 宋紹興刻本、點校本《藝文類聚》卷六〇均作"縛",四庫本正作"縛"。參宋紹興刻本卷六〇,第五頁;點校本第1082頁,上海古籍出版社,1999年;文淵閣四庫本《藝文類聚》卷六〇,第一二頁。
④ 《太平御覽》,第3646頁。
⑤ (清)孫詒讓:《周禮正義》,中華書局,2015年,第712頁。
⑥ 參《小爾雅義證》,第101頁。
⑦ 《漢書》,第1526、65頁。
⑧ 《後漢書》,第424頁。
⑨ (清)郭慶藩撰,王孝魚點校:《莊子集釋》,第966頁。

裘,於越生葛絺。"①據此,"縛"當正作"絺","葛絺"後亦當點斷。

45. 少懼

《東觀漢記校注》卷一二《樊准傳》:"樊准見當世學者少懼,先王道術陵遲,乃上疏曰:'光武受命中興之初,群雄擾於冀州,旌旗亂於大澤,然猶投戈講學,息馬論道。'"(《書鈔》卷六二)(464頁)

校勘記曰:"懼,聚珍本作'憫'。"

按,此句標點有誤,當作"樊准見當世學者少,懼先王道術陵遲"。《後漢書》卷三二《樊准傳》載其疏云:"今學者蓋少,遠方尤甚。博士倚席不講,儒者競論浮麗,忘寋寋之忠,習諓諓之辭。"②《御覽》卷六一三引《東觀記》亦作"樊準見當世學者益少,憫先王道術陵遲",③更可爲證。"憫",憂也,作"憫"意更勝。據此,亦當改"懼"作"憫"。

46. 擔擾

《東觀漢記校注》卷一三《魯恭傳》:"親嘿然有頃,與恭訣曰:'所以來者,欲察君之治迹耳。今蟲不犯境,此一異也。化及鳥獸,此二異也。豎子有仁心,三異也。府掾久留,擔擾賢者。'"(《類聚》卷一〇〇)(476頁)

按,"擔擾",無校。檢《類聚》卷一〇〇,無"府掾久留,擔擾賢者"句。④《御覽》卷九一七引《東觀記》作"但擾";《後漢紀》卷一四《和帝紀》同。⑤《後漢書》卷二五作"徒擾";《類聚》卷五〇引司馬彪《續漢書》亦同。⑥"徒",意同"但"。今按,"擔擾"無意,此當據《御覽》引正作"但擾"。另《校注》言此條出《類聚》卷一〇〇"亦失考,當出《御覽》卷九一七引《東觀記》文。

47. 視事五年

《東觀漢記校注》卷一四《郭丹傳》:"丹爲司徒,視事五年,薨。賜送甚寵,百官會朝,詔問丹家。"(《御覽》卷八二一)(533—534頁)

按,《後漢書》卷二七《郭丹傳》載:"永平三年,代李訢爲司徒。在朝廉

---

① 何寧:《淮南子集釋》,第37頁。
② 《後漢書》,第1126頁。
③ 《太平御覽》,第2757頁下欄。
④ 《藝文類聚》,第1732頁。另檢明嘉靖天水胡刊本《類聚》亦無"府掾久留,擔擾賢者"句,未知吳輯自何本。
⑤ 《太平御覽》,第4067頁下欄;《後漢紀》,張烈點校《兩漢紀》,第282頁。
⑥ 《後漢書》,第874頁;《藝文類聚》,第909頁。

直公正,與侯霸、杜林、張湛、郭伋齊名相善。明年,坐考隴西太守鄧融事無所據,策免。五年,卒於家,時年八十七。"①《後漢紀》卷九《明帝紀上》載永平三年春二月,左馮翊郭丹爲司徒;四年十月乙卯,司徒郭丹免;《後漢書》卷二《明帝紀》載亦同。② 因此,"視事"後當絕句,作"丹爲司徒,視事。五年,薨"。"五年",即永平五年。

48. 平陵鮑恢爲從事

《東觀漢記校注》卷一四《鮑永傳》:"鮑永爲司隸校尉,矜嚴公正,平陵鮑恢爲從事,恢亦抗直不避強禦。詔曰:'貴戚且斂手,以避二鮑。'"(《御覽》卷二六五)(567 頁)

校勘記曰:"'平陵鮑恢爲從事',此句聚珍本作'以平陵鮑恢爲都官從事'。范曄《後漢書·鮑永傳》云:永爲司隸校尉,'乃辟扶風鮑恢爲都官從事'。"

按,《後漢紀》卷六《光武帝紀》亦載"永辟平陵人鮑恢爲都官從事"。③《續漢志》卷二七《百官志四》:"都官從事,主察舉百官犯法者。功曹從事,主州選署及衆事。別駕從事,校尉行部則奉引,録衆事。簿曹從事,主財穀簿書。其有軍事,則置兵曹從事,主兵事。其餘部郡國從事,每郡國各一人,主督促文書,察舉非法,皆州自辟除,故通爲百石云。"④是"從事"皆有所別,此乃司隸校尉所辟,"都官從事"之名不當省。另,"平陵鮑恢爲從事"句意不足,當據《後漢書》《後漢紀》補"辟",作"辟平陵鮑恢爲都官從事"。

49. 如前

《東觀漢記校注》卷一五《梁商傳》:"商病篤,敕子冀等曰:'……雖云禮制,亦有權時。方今邊郡不寧,盜賊未息,豈宜重爲國損。氣絶之後,載至冢舍,即時殯斂。斂以時服,皆以故衣,無更裁制。殯已開冢,冢開即葬。祭食如前,無用三牲。孝子善述父志,不宜違我言也。'"(聚珍本)(613—614 頁)

校勘記曰:"'前',姚本同,范曄《後漢書·梁商傳》作'存'。"

按,"如前"一般指如前儀,於此無意,此當作"如存"。"前""存"草書

---

① 《後漢書》,第 941 頁。
② 《後漢紀》,張烈點校《兩漢紀》,第 168 頁;《後漢書》,第 105 頁。
③ 《後漢紀》,張烈點校《兩漢紀》,第 109 頁。
④ 《後漢書》,第 3614 頁。

字形相近，故當易訛。① "如存"，如生前也。《後漢書》卷六六《陳蕃傳》："蕃以書責之曰：'古人立節，事亡如存。'"李注云："言人主雖亡，法度尚存，當行之與不亡時同，故曰'如存'。《前書》'爰盎曰：主在與在，主亡與亡'也。"②文意雖有別本傳，其義一也，"如存"即"與不亡時同"。《禮記·中庸》："踐其位，行其禮，奏其樂，敬其所尊，愛其所親，事死如事生，事亡如事存，孝之至也。"③《漢書》卷一一《哀帝紀》："孝子事亡如事存，帝太后宜起陵恭皇之園。"④《後漢紀》卷二三《靈帝紀中》："明帝嗣位逾年，群臣朝正，感先帝不復見此禮，乃率公卿百僚，就陵而朝焉，蓋事亡如事存之意也。"⑤ "祭食如存"，言祭食與不亡時同，食如生前，不必三牲也。《全唐文》卷一九六楊炯《祭汾陰公文》："門館虛兮寂寞，歲窮陰兮搖落。備物儼兮如存，光靈眇兮焉托？"⑥據此，"前"當正作"存"。⑦

50. 超號

《東觀漢記校注》卷一五《梁冀傳》："大將軍夫人躬先率禮，淑慎其身，超號爲開封君。"（聚珍本）（616 頁）

校注曰："此條不知聚珍本從何書輯錄。"

按，此條出《書鈔》卷四八引《東觀記·順帝紀》，⑧文字皆同。聚珍本又輯此入《梁冀傳》，《校注》從之，亦可商。《校注》卷三《順帝紀》已據輯。⑨

另"超號"意不明。今按，"超"當作"追"。《後漢書》卷三四《梁商傳》："明年，夫人陰氏薨，追號開封君，贈印綬。"《續漢志》卷一四《五行志二》："商長子冀當繼商爵，以商生在，復更封冀爲襄邑侯；追號后母爲開封君：皆過差非禮。"⑩《後漢紀》卷一八《順帝紀》亦載永和元年"夏四月壬寅，追號

---

① "存"草書常作"![]"（唐孫過庭《書譜》）、"![]"（明王鐸《自題詩》），"前"草書常作"![]"（晉王羲之《嫂疾帖》）、"![]"（唐孫過庭《書譜》）等形，二者運筆行迹頗爲類似。典籍亦見"前""存"相混例，如《史記》卷四《周本紀》："箕子不忍言殷惡，以存亡國宜告。武王亦醜，故問以天道。""存"下集解引徐廣曰："一作'前'。"參《史記》，中華書局，1982 年，第 131 頁。
② 《後漢書》，第 2168 頁。
③ 《禮記正義》，（清）阮元校刻《十三經注疏（清嘉慶刻本）》，第 3535 頁。
④ 《漢書》，第 339 頁。
⑤ 《後漢紀》，張烈點校《兩漢紀》，第 456 頁。
⑥ 《全唐文》，第 1991 頁。
⑦ 此條吳樹平輯自聚珍本《東觀記》，實乃聚珍本輯自陳禹謨本《書鈔》卷九二，文字全同。檢覈孔刻本《書鈔》並無此文，而此文字與《後漢書·梁商傳》全同，據此可明此條蓋陳本據《後漢書》文誤竄入《書鈔》內，似不可信從。
⑧ 《北堂書鈔》，第 1 册，第 362 頁上欄。
⑨ 《東觀漢記校注》，第 113 頁。
⑩ 《後漢書》，第 1175、3259 頁。

皇后母開封君",①皆可證。"超"字當據正。

51. 上書　梁不疑

《東觀漢記校注》卷一○《梁不疑傳》:"梁不疑拜步兵校尉,上書曰:'列校之職,上應天工,下厭群望,實非過少所宜任也。'"(《書鈔》卷六一)(617頁)

按,《後漢紀》載此事,卷一九《順帝紀下》云:"二月,以商少子虎賁中郎將不疑爲步兵校尉。商上書曰:'不疑童孺,猥處成人之位,是以寢不安席,食不甘味。昔者晏平仲辭鄗殿以守其富,公〔儀〕(魚)休不〔受〕(愛)魚食以定其位。臣雖不才,亦願固福禄於聖世。故敢布腹心,觸罪歸誠。'上許之,以不疑爲侍中、奉車都尉。"②《通鑑》卷五二《漢紀·順帝紀下》載略同。③且書言"過少",正與"童孺"相應,可明上書卻官者乃梁商,而非其子梁不疑。"上書"前脱"商"字,當據補。此條亦當輯入《梁商傳》。

52. 聚珍本

《東觀漢記校注》卷一五《陳元傳》:"光武興立左氏,而桓譚、衛宏並共毁訾,故中道而廢。"(聚珍本)(627頁)

校勘記曰:"此條聚珍本輯録,不知摘自何書。"

按,此條見唐劉知幾《史通》卷一四《外篇·申左》引《東觀記》:"陳元奏云:'光武興立左氏,而桓譚衛宏並共詆訾,故中道而廢。'"④"詆訾",四部叢刊本作"詆訾",明萬曆張之象刻本作"毁訾"。⑤另,《後漢書》卷三六《賈逵傳》載賈逵上章帝疏曰:"至光武皇帝,奮獨見之明,興立左氏、穀梁,會二家先師不曉圖讖,故令中道而廢。"⑥亦可比參。

53. 修父之業

《東觀漢記校注》卷一五《賈逵傳》:"對曰:'昔武王修父之業,鸑鷟鳴於岐山,宣帝威懷戎狄,神雀仍集,此降胡之徵也。'"(《稽瑞》)(628頁)

"修",《後漢書》卷三六《賈逵傳》作"終"。⑦《御覽》卷九一五、《東漢

---

① 《後漢紀》,張烈點校《兩漢紀》,第359頁。
② 《後漢紀》,張烈點校《兩漢紀》,第367頁。
③ 《資治通鑑》,第1685頁。
④ (唐)劉知幾撰,(清)浦起龍通釋:《史通通釋》,上海古籍出版社,2009年,第388頁。
⑤ 《史通》(四部叢刊本)卷一四,第一頁;明萬曆五年張之象刻本卷一四,第一頁。
⑥ 《後漢書》,第1237頁。
⑦ 《後漢書》,第1235頁。

會要》卷一五引《後漢書》、《册府》卷四〇載均作"終"。① 按,"修"當作"終"。"終"有成義,《國語·周語一》:"和於民神而儀於物則,故高朗令終,顯融昭明,命姓受氏。"三國韋昭注:"終,成也。"②《左傳·昭公十三年》:"不明棄共,百事不終,所由傾覆也。"晉杜預注:"百事不成。"③《史記》卷四《周本紀》:"武王渡河,中流,白魚躍入王舟中,武王俯取以祭。既渡,有火自上復于下,至于王屋,流爲烏,其色赤,其聲魄云。"南朝宋裴駰集解引鄭玄云:"《書説》云烏有孝名。武王卒父大業,故烏瑞臻。赤者,周之正色也。"唐司馬貞索隱又引鄭玄云:"烏是孝鳥,言武王能終父業。"④作"修父之業",⑤雖亦可通,終不如作"終"更密合文意。"終"可寫作"終"(晉王羲之《相過帖》)、"終"(宋黃庭堅《王長者墓志銘》)等,與"修"形近易訛。⑥

54. 止車門

《東觀漢記校注》卷一五《汝郁傳》:"汝郁再徵,載病詣公車,尚書敕郁自力受拜。郁乘輦白衣詣止車門,臺遣兩當關扶郁,入拜郎中。"(《文選》卷四三嵇康《與山巨源絶交書》李善注)(631頁)

校勘記曰:"'止車門',聚珍本同。疑當作'公車門'。"

按,"止車門"乃進出皇宫之外門。因司馬主武事,宫門有士兵守衛,故又稱爲"司馬門"。《通鑑》卷四七《漢紀·章帝紀》:"尚書南陽宋意上疏曰:'陛下至孝烝烝,恩愛隆深,禮寵諸王,同之家人,車入殿門,即席不拜,分甘損膳,賞賜優渥。'"元胡三省注:"漢制,太子諸王至司馬門,皆下車,故謂止車門。"⑦《漢書》卷五二《灌夫傳》:"蚡已罷朝,出止車門,召御史大夫安國載。"《宋書》卷一四《禮志一》:"凡遣大使拜皇后、三公,及冠皇太子,及拜蕃王,帝皆臨軒。其儀,太樂令宿設金石四廂之樂於殿前。……漏上三刻,殿中侍御史奏開殿之殿門、南止車門、宣陽城門。軍校、侍中、散騎常侍、給事黃門侍郎、散騎侍郎升殿夾御座。""止車門"又有東西止車門,《三國志》卷

---

① 《太平御覽》,第4058頁下欄;《東漢會要》,第154頁;《册府元龜》,第434頁。
② 徐元誥:《國語集解》,第98頁。
③ 《春秋左傳正義》,(清)阮元校刻《十三經注疏(清嘉慶刻本)》,第4498頁。
④ 《史記》,第120—121頁。
⑤ 清鮑廷爵編後不知足齋本《稽瑞》"父"作"文",按"文"當爲誤字,作"父"文意更顯。詳參清光緒中鮑氏重刊本《後知不足齋叢書》第四函第一册《稽瑞》,第35頁。
⑥ "修""終"相訛,典籍多見,如《壇經》第三八:"未得禀承者,雖説頓教法,未知根本,終不免諍。"校釋曰:"原本'終'作'修'。"參(唐)慧能撰,郭朋校釋:《壇經校釋》,中華書局,1983年,第75頁。敦煌P.2526《願文》:"願霧卷千殃,雲披百福;七珍具足,六度薰終。"黃征、吳偉校"終"爲"修"。參黃征、吳偉校注:《敦煌願文集》,岳麓書社,1995年,第194頁。
⑦ 《資治通鑑》,第1512頁。

四《魏志·高貴鄉公髦傳》裴注引《漢宫春秋》載有"東止車門"。①《文選》卷六《左思·魏都賦》李善注云："端門之前，南當南止車門，又有東西止車門。"②《御覽》卷一八三引《洛陽故宫名》載："司馬門、閶闔門、南止車門、東西止車門。"③《後漢書》卷一《光武帝紀》："舉賢良、方正各一人，遣詣公車。"唐李賢注："公車，門名。公車所在，因以名焉。《漢官儀》曰：'公車〔司馬〕掌殿司馬門，天下上事及徵召皆總領之。'"《續漢志》卷二五《百官志二》"衛尉"下："公車司馬令一人，六百石。本注曰：掌宫南闕門，凡吏民上章，四方貢獻，及徵詣公車者。丞、尉各一人。本注曰：丞選曉諱，掌知非法。尉主闕門兵禁，戒非常。"④

據此，"公車門"亦可稱"司馬門"，⑤又可曰"止車門"。《後漢紀》卷一七《安帝紀下》："詩因歸營，知事將敗，乃格殺登。閻景歸衛府，收兵將欲作亂。是時尚書郭鎮勒兵詣闕，遇景於公車門。鎮下車召景，景以刃斫鎮，鎮抽劍斬景。"⑥"公車門"，《後漢書》卷七八《宦者列傳》即作"南止車門"，卷六《順帝紀》載："閻顯兄弟聞帝立，率兵入北宫，尚書（郎）〔郭〕鎮與交鋒刃，遂斬顯弟衛尉景。"⑦可證安帝時居北宫，其"公車門"即爲北宫之南止車門。《御覽》卷一八三引劉澄之《宋初山川古今記》云："魏武聽政殿前有聽政門。《丹陽記》曰'司馬門之名起漢世'，案《列女傳》'鍾離春詣齊司馬門'，《史記》又云'司馬欣請事咸陽，留司馬門三日'，是則名起戰國，非獨漢也。今又曰'公車門'而俗稱'謝章門'也。"⑧因此，作"止車門"似不誤，不必改。

55. 何能多曰

《東觀漢記校注》卷一五《張霸傳》："九歲通《春秋》，復欲進業，父母語'汝小何能多曰'。"（《御覽》卷四一二）（633頁）

校勘記曰："'汝小何能多曰'，字有脱誤。聚珍本作'汝小何能多少'，字亦有誤。按范曄《後漢書·張霸傳》云：'七歲通《春秋》，復欲進餘經，父母曰"汝小未能也"，霸曰"我饒爲之"，故字曰"饒"焉。'據此，《東觀漢記》'汝小'六字當作'汝小何能，霸曰'，其下又有脱漏。"

---

① 《漢書》，第2391頁；《宋書》，第321頁；《三國志》，第144頁。
② 《文選》，第99頁上欄。
③ 《太平御覽》，第889頁上欄。
④ 《後漢書》，第52、3579頁。
⑤ 參陳蘇鎮：《東漢的南宫和北宫》，《文史》2018年第1期。
⑥ 《後漢紀》，張烈點校《兩漢紀》，第337頁。
⑦ 《後漢書》，第2515、250頁。
⑧ 《太平御覽》，第890頁上欄。

按，句當作"父母語：'汝小何能多？'曰"。檢覈四部叢刊影宋本《御覽》，"曰"後尚有雙行注文："'霸饒爲之'，故字'伯饒'。後作會稽太守，兒童歌曰：'城上烏，哺父母，府中諸吏皆孝子'"。①其注文當即補《御覽》引《東觀記》未竟之文，亦當據補入輯本中。另"汝小何能多"不誤，其意同《後漢書》"汝小未能也"。

56. 感愴

《東觀漢記校注》卷一三《丁鴻傳》："駿乃止而讓之曰：'今子以兄弟私恩而絕父不滅之基，可謂智乎？'鴻感愴，垂涕歎息，乃還就國。"(《御覽》卷七三九)(648頁)

校勘記曰："'愴'，聚珍本同，《文選》卷三八任昉《爲褚諮議蓁讓兄襲封表》李善注引作'悟'，與范曄《後漢書·丁鴻傳》同。"

《後漢紀》卷一三《和帝紀》亦作"鴻感悟垂涕歎息"；《通鑑》卷四五《漢紀》同。②按，"感愴"主要指感慨悲慟，如《後漢書》卷一〇上《皇后紀上·和熹鄧皇后》："和帝葬後，宮人並歸園，太后賜周、馮貴人策曰：'朕與貴人託配後庭，共歡等列，十有餘年。不獲福祐，先帝早棄天下，孤心煢煢，靡所瞻仰，夙夜永懷，感愴發中。'"同卷下《皇后紀下·唐姬》："催因欲妻之，固不聽，而終不自名。尚書賈詡知之，以狀白獻帝。帝聞感愴，乃下詔迎姬，置園中，使侍中持節拜爲弘農王妃。"③"感愴"，感動而悲愴也。丁鴻憐愛其弟而有讓國之志，鮑駿責讓之，使之醒悟，歸而受國。從文意看，作"感悟"於意更勝。《御覽》引作"感愴"，蓋爲類書改易，頗不足信，當正作"感悟"。

57. 自禮

《東觀漢記校注》卷一五《江革傳》："永平中，江革爲五官中郎將，每朝會，帝詔使虎賁迎送扶挾。革每進拜，上輒自禮之，小有疾，輒太官送食，寵遇甚厚。"(《御覽》卷四七四)(666頁)

校勘記曰："'上輒自禮之'，此句姚本、聚珍本作'恒自禮焉'。《書鈔》卷六三引作'常自禮之'，孔廣陶《書鈔》注云：'"恒"作"常"，係唐人轉寫避穆宗諱也。'《御覽》卷二四一引作'帝自禮之'。"

---

① 《太平御覽》，第1901頁下欄。另《御覽》卷二六二引《益部耆舊傳》曰："張霸字伯饒，爲會稽太守，舉賢士，勸教講授，一郡慕化。但聞誦聲，又野無遺寇，民語曰：'城上烏鳴哺父母，府中諸吏皆孝子。'"其文字可與卷四一二引《東觀記》相比。

② 《後漢紀》，張烈點校《兩漢紀》，第264頁；《資治通鑑》，第1451頁。

③ 《後漢書》，第421、451頁。

"上輒自禮之",《後漢書》卷三九《江革傳》作"恒目禮焉",唐李賢注:"獨視之也。"《後漢紀》卷一一《章帝紀》作"常(自)〔目〕禮之"。校曰:"據南監本、龍谿本改。"①按,"目禮",注目爲禮也。《漢書》卷一〇〇《叙傳上》:"上以伯新起,數目禮之。"顔注云:"目視而敬之。"②作"目"意更長,諸本所引"自"當據改。

另,孔本《書鈔》注云"'恒'作'常',係唐人轉寫避穆宗諱也",似顯武斷。《後漢紀》流傳不廣,全書鮮有避唐諱者,袁《紀》此處亦作"常","常"亦非謂不爲原文。

58. 下言

《東觀漢記校注》卷一六《張酺傳》:"和帝初,張酺下言:'臣聞王者法天,熒惑奏事太微,故州牧刺史入奏事,所以通下問,知外事也。'"(《玉海》卷六一)(714頁)

"下言",《玉海》卷六一、《續漢志》卷二八《百官志五》劉昭注引《東觀記》皆作"上言"。③ 聚珍本《東觀漢記》卷一九亦同。④ 按,"下言"不合文意,此當作"上言"。

59. 重式

《東觀漢記校注》卷一六《陳寵傳》:"明帝時決獄多近於重,尚書陳寵上疏諫曰:'先王之政,賞不僭,刑不濫,與其不得已,寧僭,故古賢君歎相重式者,重刑之至也。'"(《御覽》卷四五三)(721頁)

校勘記曰:"'故古賢君歎相重式者',此句有舛誤,聚珍本作'故古賢君相歎息重戒者'。"

按,"歎相重式"句意不明,當有誤。按,《後漢紀》卷一一《章帝紀上》作"咨歎相戒,重刑之至也";《魏書》卷六二《李彪傳》載李彪疏云"斯皆君臣相誡,重刑之至也",並可證原文當正作"歎相重戒"。⑤ "戒",戒慎也;"重戒",言益加戒慎。《後漢書》卷四六《陳寵傳》載陳寵疏云:"故唐堯著典,'眚災肆赦';周公作戒,'勿誤庶獄';伯夷之典,'惟敬五刑,以成三德'。"李

---

① 《後漢書》,第1302頁;《後漢紀》,張烈點校《兩漢紀》,第222頁。
② 《漢書》,第4201頁。
③ (宋)王應麟輯:《玉海》卷六一,清嘉慶十一年江寧藩署刻本,第七頁;《後漢書》,第3619頁。
④ 《東觀漢記》,中華書局據聚珍版排印(叢書集成初編本),1985年,第2冊,第173頁。
⑤ 《後漢紀》,第217頁;《魏書》,第1386頁。

賢注:"言文子文孫,從今以往,惟以正道理衆獄勿誤也。"①此正爲"歎相重戒"之辭也。《淮南子》卷一八《人間》:"聖人敬小慎微,動不失時,百射重戒,禍乃不滋。"東漢高誘注:"射,象也。"王利器注引吳承仕云:"象當爲豫,形壞作象也……此文百射與重戒對文,蓋事豫則立,不豫則廢之義。"②據此,聚珍本所校"式"爲"戒",當是。但又改"歎相"作"相歎息",則失之。"歎相重戒"意亦通,言古賢君歎息而重其戒令,乃重視刑法之至也。

60. 雒陽

《東觀漢記校注》卷一六《陳寵傳》:"陳寵,字昭公,沛國人也。轉廣漢太守,先是雒陽城南,每陰雨,常有哭聲聞於府中,寵使案行。"(《文選》卷六〇謝惠連《祭古冢文》李善注)(721頁)

《後漢書》卷四六《陳寵傳》作"(洛)〔雒〕縣",李賢注:"(洛)〔雒〕,縣名,故城在今益州雒縣南也。"點校本校勘記曰:"《集解》引錢大昕說,謂'洛'當作'雒',廣漢郡治所。今據改。注同。"③《後漢紀》卷一二《章帝紀下》作"廣漢城南",中華本據《後漢書》校"廣漢"爲"雒縣"。④ 廣漢郡治所即爲雒縣,故袁《紀》作"廣漢城南"。中華本不煩校改。清胡克家《文選考異》卷一〇校此曰:"何校引徐云'廣漢治雒縣',此'陽'字衍文,是也。各本皆衍。"⑤今按,"陽"殆爲"縣"之訛字,恐非衍文。《御覽》卷三七五引《東觀記》亦作"雒縣城南",與《後漢書》同;《水經注》卷三三《江水》載作"洛縣城南","洛"用同"雒",⑥並可證。參《後漢書》"洛縣"條。故"雒陽"當作"雒縣"。

61. 宮上閣

《東觀漢記校注》卷一六《陳忠傳》:"陳忠爲尚書令,數進忠言,辭旨弘麗,前後所奏,悉條於宮上閣,以爲故事。"(《御覽》卷二一〇)(723頁)

校勘記曰:"'悉條於宮上閣',此句有舛誤,'上'字當在'條'字下,'宮'當作'官'。聚珍本作'悉上於官閣'。"

---

① 《後漢書》,第1549頁。
② 何寧:《淮南子集釋》,第1279頁。
③ 《後漢書》,第1568頁。按,"洛""雒"古常通用,不必校改。《文選》卷一二郭璞《江賦》"聿經始於洛沫",唐李善注:"《漢書》廣漢郡雒縣有漳水,雒水所出,入湔,雒與洛通。"參第183頁下欄。詳另參高亨:《古字通假會典》,第882頁。
④ 《後漢紀》,張烈點校《兩漢紀》,第242頁。
⑤ 《文選》,第982頁上欄。
⑥ 《水經注校證》,第771頁。另,檢四部叢刊本《水經注》即作"洛",參卷三三,第一一頁。

按，唐杜佑《通典》卷二二《職官部·尚書令》載作"悉條於南宮閣上"，《玉海》卷五一《藝文》載亦同。① 後漢尚書臺位於南宮之西宮外，②故以"南宮"代稱尚書臺，③"南宮閣上"即指尚書臺。《後漢書》卷三三《鄭弘傳》："弘前後所陳有補益王政者，皆著之南宮，以爲故事。"卷六一《左雄傳》："自雄掌納言，多所匡肅，每有章表奏議，臺閣以爲故事。"④鄭弘、左雄、陳忠時皆任尚書令。地方官吏亦有奏文被條於南宮者，如《玉海》卷五一引謝承《後漢書》："明帝條李壽前後所上便宜，爲南宮故事。"卷一五六又引作："明帝條沛相李壽前後所上便宜，爲南宮故事。"⑤因此，《御覽》引"宮上閣"當脱"南"字，又"上""閣"二字誤倒，致文意不明。此當據《通典》《玉海》所載，正作"南宮閣上"。

62. 不遭明時

《東觀漢記校注》卷一七《申屠蟠傳》："蟠時年十五，爲諸生，進諫曰：'玉之節義，足以感無恥之孫，激忍辱之子。不遭明時，當表旌廬墓，況在清聽，而不加哀矜！'"(《御覽》卷四八一)(742頁)

按，"不遭明時，當表旌廬墓，況在清聽，而不加哀矜"，句意不足。《後漢書》卷五三《申屠蟠傳》作"不遭明時，尚當表旌廬墓，況在清聽，而不加哀矜"，晋皇甫謐《高士傳》卷下《申屠蟠傳》⑥、《類聚》卷三三引《列女傳》⑦亦均有"尚"字。此爲讓步句，言不遇明時，尚且應旌表廬墓，何況於此明治之時。⑧可知，《御覽》卷七四二引《東觀記》"當"前脱"尚"字，當補。

63. 陳　爲不足

《東觀漢記校注》卷一七《閔貢傳》："仲叔曰：'始被明公辟，且喜且懼。及奉見明公，喜懼皆去。所望明公問屬何以爲政，美俗成化，令蒸庶得所。

---

① 《通典》，第593頁；(宋)王應麟：《玉海》卷五一，清嘉慶十一年江寧藩署刻本，第一三頁。
② 參錢國祥：《東漢洛陽都城的空間格局復原研究》，《華夏考古》2022年第3期。
③ 《漢語大詞典》認爲尚書省象列宿之南宫，故以"南宫"代稱尚書臺。《漢語大詞典》卷一，第894頁。
④ 《後漢書》，第1155、2022頁。
⑤ (宋)王應麟：《玉海》卷五一，清嘉慶十一年江寧藩署刻本，第一三頁；又卷一五六，第二二頁。
⑥ (晋)皇甫謐：《高士傳》，叢書集成初編本，商務印書館影古今逸史本，1938年，第111頁。
⑦ 《藝文類聚》，第568頁。
⑧ "清聽"，猶"清治""明治"。"聽"有治義，《荀子·王霸》："相者，論列百官之長，要百事之聽。"楊倞注："聽，治也。要取百事之治考其得失也。"《漢語大詞典》"清聽"下未收此義，似當補。參《漢語大詞典》卷五，第1338頁。

以仲叔爲不足耶,不當辟也。如以爲任用而不使臣之,則爲失人,是以喜懼皆去。'"(《御覽》卷二〇九)(743 頁)

校勘記曰:"原誤作'陳',聚珍本作'臣',今據改。"

按,作"陳"不誤。《後漢紀》卷五《光武帝紀》即作"以爲任用而不使陳之"。①"陳",陳力也,即施展自己的才能。《論語·季氏》曰:"陳力就列,不能者止。"何晏集解引馬融曰:"言當陳其才力,度己所任,以就其位。"②《漢書》卷二四上《食貨志四上》:"聖王量能授事,四民陳力受職,故朝亡廢官,邑亡敖民,地亡曠土。"卷八四《翟方進傳》:"烏虖肆哉!諸侯王公列侯卿大夫元士御事,其勉助國道明!"唐顏師古注:"肆,陳也,勸令陳力。"③"如以爲任用而不使陳之,則爲失人",言如任用其職,使居其位,而未能盡其才,則爲失人。侯霸徵辟閔貢,卻不及政事,故貢始有此言也。"臣"爲館臣改易之字,不足爲憑。

另,"以仲叔爲不足",《後漢書》卷五三《周黄徐姜申屠列傳·序》、《通鑑》卷四一《漢紀·光武帝紀上之下》作"以仲叔爲不足問";④《後漢紀》卷五《光武帝紀》亦有"問"字;⑤晋皇甫謐《高士傳》卷中、宋潘自牧《記纂淵海》卷一二八載亦同。⑥ 按,《御覽》卷二〇九引"以仲叔爲不足",句意不足,脱"問"字,當據補。

64. 約禮者也

《東觀漢記校注》卷一七《馮良傳》:"南陽馮良少作縣吏,耻在厮役,因壞車殺馬,毁裂衣冠。主撻之。從杜撫學。妻子見車有死馬,謂爲盗賊所害。良志行高潔,約禮者也。"(《書鈔》卷七七)(747 頁)

校勘記曰:"'約禮者也',此有脱誤。范曄《後漢書·周燮傳》云:良'志行高整,非禮不動'。袁宏《後漢紀》卷一七云:良'雖處幽闇,必自整頓,非禮不動'。"

按,此句式整飭,文意完足,當無脱誤。"約禮",束之以禮。《論語·雍

---

① 《後漢紀》,張烈點校《兩漢紀》,第 82 頁。
② 《論語正義》,第 648 頁。
③ 《漢書》,第 1118、3434 頁。
④ 《後漢書》,第 1740 頁;《資治通鑑》,第 1335 頁。
⑤ 《後漢紀》,張烈點校《兩漢紀》,第 82 頁。另,中華本作"以叔爲不足問",李本(55 頁)同,均未校。周本校曰:"稱字不當僅稱末字,范《書》作'仲叔',故補之。下同。"按,周校是,參第 124 頁。
⑥ (晋)皇甫謐:《高士傳》,叢書集成初編本,商務印書館,1937 年,第 84 頁;(宋)潘自牧:《記纂淵海》卷一二八,國家圖書館藏宋刻本,第七頁。

也》:"君子博學于文,約之以禮。"《子罕》篇又曰:"夫子循循然善誘人,博我以文,約我以禮。'"梁皇侃疏:"言……又以禮教約束我,故云'約我以禮'也。"①唐徐堅等輯《初學記》卷二一《文部·講論》引梁元帝《皇太子講學碑》:"詳其懸鏡高堂,衢樽待酌,瞻後思前,博文約禮,將使東極長男之宮,不獨銘於銀榜。"②"約禮",猶"守禮"。因此,"良志行高潔,約禮者也",句不誤,與范《書》、袁《紀》載作"非禮不動"意近,言馮良志行高潔,爲守禮之人。

65. 亡捐

《東觀漢記校注》卷一七《楊賜傳》:"而今縉紳之徒委伏畎畝,口誦堯、舜之言,身蹈絕俗之行,亡捐溝壑,不見逮及,冠履倒易,陵谷代處。"(《御覽》卷四五三)(750 頁)

校勘記曰:"'亡',范曄《後漢書·楊賜傳》作'棄'。"

按,"亡捐"非詞,典籍罕見用例。"亡"當爲"棄"之訛字,"棄"俗寫常作"弃",《大廣益會玉篇·華部》:"棄,丘至切,遺也。古作弃。"③疑傳抄中"弃"脫下部"廾",而誤作"亡"。《群書治要》卷二〇、《通志》卷一一〇、《册府》卷五三八載均作"棄捐";④《通鑑》卷五七《漢紀·靈帝紀上之下》亦同。⑤ "棄捐"乃古之常詞,丢棄之義。《漢書》卷九六上《西域傳上》:"擁彊漢之節,餒山谷之間,乞匄無所得,離一二旬則人畜棄捐曠野而不反。"《後漢書》卷八七《西域傳》:"時連旱蝗飢荒,而驅戳劫略,流離分散,隨道死亡,或棄捐老弱,或爲人僕妾,喪其太半。"⑥據此,"亡"當正作"棄"。

66. 其

《東觀漢記校注》卷一七《杜安傳》:"杜安,字伯夷,貴戚慕其名,或遺其書,安不發,悉壁藏之。後捕貴戚賓客,安開壁出書,而封如故,由是不罹其患。"(《御覽》卷四三〇)(755 頁)

校勘記曰:"'其',聚珍本同。按原本作'之'。范曄《後漢書·杜根傳》云:'京師貴戚慕其名,或遺之書。'同書《樂恢傳》李賢注引華嶠《後漢書》與

---

① (梁)皇侃撰,高尚榘校點:《論語義疏》,第 148、218 頁。
② 《初學記》,第 510 頁。
③ (南朝梁)顧野王編撰,吕浩校點整理:《珍本玉篇音義集成》,上海人民出版社,2020 年,第 425 頁。
④ 《群書治要》,世界書局影日本尾張藩刻本,2011 年,第 550 頁;《通志》,第 1622 頁下欄;《册府元龜》,第 6146 頁。
⑤ 《資治通鑑》,第 1846 頁。
⑥ 《漢書》,第 3886 頁;《後漢書》,第 2888 頁。

范《書》同。"

按,校注所論待商,《御覽》卷四三〇引《東觀記》即載作"或遺其書",①未知校記所謂"原本"爲何本。《册府》卷八六四載此事曰:"杜安字伯夷,貴戚慕其名,或遺其書,安不發,悉壁藏之。後捕貴戚賓客,安開壁出書,封印如故,竟不罹其患,後至巴郡太守。"②《類聚》所引雖未著書名,但亦曰"或遺其書",可證作"其"不誤。代詞"其"上古多作定語,鮮見有單獨作賓語或兼語者。至漢,其功能已有擴大,已可在句中用作主語、賓語或兼語,③如《韓非子·十過》:"君其遺之女樂,以亂其政。"④《史記》卷五《秦本紀》作"君試遺其女樂,以亂其政",⑤"其"已取代了"之"在句中作賓語的地位。卷七《項羽本紀》:"楚遂拔成皋,欲西。漢使兵距之鞏,令其不得西。"⑥漢劉向《説苑》卷五:"中山見其誠也,不忍與其戰,果下之。"⑦這些"其"皆在句中均用作賓語或兼語。可見,《東觀記》作"遺其書",從句法上看,亦可成立。

67. 劉設教令　占見

《東觀漢記校注》卷一七《黄香傳》:"黄香,字文强,江夏安陸人。父况爲郡五官掾。劉設教令署香門下孝子,數占見。"(《書鈔》卷一二九)(763頁)

校勘記曰:"'劉設教令署香門下孝子',此句脱誤較多。范曄《後漢書·黄香傳》云:香'年九歲,失母,思慕憔悴,殆不免喪,鄉人稱其至孝。年十二,太守劉護聞而召之,署門下孝子,甚見愛敬'。由是可以推知此句大意。"

按,校勘記言此句有脱誤,當是。宋王觀國《學林》卷七、《册府》卷六八七、卷七五一、《通志》卷一七五等載此事均作"劉護"。⑧ 史乘多簡稱其名,

---

① 《太平御覽》,第1983頁上欄。另嘉慶仿宋刻本《御覽》載亦同,參卷四三〇,第九頁。
② 《册府元龜》,第10071頁。又卷七八一載:"京師貴戚慕其行,或遺之書,安不發,悉壁藏之。及後捕案貴戚賓客,安開壁出書,印封如故。"文字與李賢注引華嶠《書》全同。參第9048頁。
③ 詳參[日]太田辰夫:《中國語歷史文法(第2版)》,北京大學出版社,2003年,第99—100頁;董志翹、蔡鏡浩:《中古虚詞語法例釋》,吉林教育出版社,1994年,第411—412頁。
④ 《韓非子集解》,第72頁。
⑤ 《史記》,第193頁。
⑥ 《史記》,第327頁。
⑦ 《説苑校證》,第113頁。
⑧ (宋)王觀國:《學林》,中華書局,1988年,第238頁;《册府元龜》,第8689、8955頁;《通志》,第2805頁下欄。另《玉海》卷一一四引此作"劉授召黄香爲門下孝子","授"當爲"護"之形訛。參《玉海(合璧本)》,日本中文出版社影印本,1977年,第2189頁下欄。

卻鮮以其姓稱之,蓋《書鈔》所引"劉"下脫"護"字。

"設教令"以下,當不誤。此言太守劉護於郡內施設教令,召黃香署爲"門下孝子",以爲楷范。《爾雅·釋訓》:"憲憲、泄泄,制法則也。"晉郭璞注:"佐興虐政設教令也。"宋孫奭疏:"李巡曰:'皆惡黨爲制法則也。'孫炎曰:'厲王方虐,諂臣竝爲製作法令。'"①"施教令",意即"設教令","施""設"義同。以其風化庶民,故曰"施教令謂之風"。漢應劭《風俗通義·過譽》:"太守興被風病,恍忽誤亂,稜陰扶輔其政,出入二年,署置教令無愆失。興子嘗出教,欲轉徙吏,稜執不聽,由是發露被考。"②"教令",政令也。"教令無愆失",《後漢紀》卷一四作"政令無闕"。③ 唐杜牧《竇宏餘加官依前臺州刺史蘇莊除鄧州刺史等制》:"宏餘廉使上言,父老有請,其爲政也。長育多方,惠訓不倦,凡設教令,皆有科指。"④《新唐書》卷一六三《馬摠傳》:"摠爲設教令,明賞罰,磨治洗汰,其俗一變。"⑤宋王溥《唐會要》卷五四載唐褚遂良疏曰:"美哉斯言,王者德音,終後漢皆以明帝爲法。臣聞君施教令謂之風,人隨上行謂之俗。"⑥由上可知,《東觀記》言太守劉護"設教令",句意完足,當不誤。⑦

另,"占見"非詞,典籍罕見,疑"占"爲"召"之譌字,典籍"占""召"常譌。⑧《後漢書》卷《王龔傳》:"蕃性氣高明,初到,龔不即召見之,乃留記謝病去。龔怒,使除其錄。"⑨《東觀漢記》卷一一《李忠傳》:"時寵弟從忠爲校

---

① 《爾雅注疏》,(清)阮元校刻《十三經注疏(清嘉慶刻本)》,第5635頁。
② (漢)應劭撰,王利器校注:《風俗通義校注》,第177頁。
③ 《後漢紀》,張烈點校《兩漢紀》,第285頁。
④ 《全唐文》卷七四八,第7754頁。
⑤ 《新唐書》,第5033頁。
⑥ (宋)王溥:《唐會要》,第930頁。
⑦ "護"草書常寫作"𦶎"(晉王羲之《十七帖》)、"𦶎"(晉王羲之《足家下帖》)等;"設"常寫作"𤔌"(隋智永《真草千字文》)、"𤔌"(唐懷素《草書千字文》)、"𤔌"(唐孫過庭《書譜》)等,二者草書字形相近,從字形上看"護"訛爲"設"存在一定可能。果如此,則句當作"劉護教令,署香門下孝子"。但典籍中"教令"一般用爲名詞,如此,"劉護教令"頗不合語法,故不取。
⑧ "召"俗寫常作"𠮠""𠮟"(參張顯成主編:《吐魯番出土文書字形全譜》,四川辭書出版社,2020年,第63頁)·"𠮠"(見唐顏元孫《干祿字書·去聲》"召"下,曰"上俗",明嘉靖六年孫沐萬玉堂刻本)等,與"占"形近易訛,如《北史》卷九九《鐵勒傳》"能徵占風雨",點校本校記云:"南、北、汲、殿四本及《周書》卷五〇、《通典》卷一九七、《通志》卷二〇〇'占'作'召',百衲本作'占'。按'占'謂占卜,今從百衲本。"參第3306頁。《周書》卷三九《辛慶之傳》"昂召募從軍",點校本校記曰:"《北史》卷七〇《辛慶之附昂傳》'召'作'占'。按'占募'見《三國志》卷五八《陸抗傳》,亦屢見南北諸史,疑作'占'是。"另真大成曾辨析"召""占"之混,參氏著《中古史書校證》,第184—186頁。
⑨ 《後漢書》,第1819頁。

尉,忠即時召見,責數以背恩反城,因格殺之。"①因此,原文疑作"數召見"。

68. 賜演

《東觀漢記校注》卷一七《黃香傳》:"黃香,字文強,拜尚書郎,數陳得失,賞賜常增異同位。時車駕居南宮,《尚書》新成,詔賜演什物。以香父在,賜卧几、靈壽杖。"(《書鈔》卷六〇)(764頁)

按,"賜演什物",句意不可解。"演"疑爲"賞"之訛。"賞"可寫作"償",《銀雀山漢墓竹簡(貳)·聽有五患》:"故萬乘之主務存於舉廢償罰,之兩主者是也。"②"償"即讀爲"賞"。《戰國策·齊策六》:"求所以賞者。"鮑本"償"作"賞"。③《列子·皇帝》:"有能自投下者賞白金。"唐陸德明釋文"賞"作"償",曰:"償音賞。"④四部叢刊影宋本《御覽》卷七三一引《唐書》:"願公事驗之後,賜償金盆。"四庫本《御覽》改"償"爲"賞";吴玉貴《唐書輯校》卷三校曰:"《册府》'賞'作'償'。"⑤"賞""寅"草書相似,唯上部稍有區别,因此"償"或可訛爲"演"。"賜償"即"賜賞",與前文"賞賜常增異同位"正相應。"賜賞"乃常詞,《管子·五行》:"令掘溝澮津舊塗,發臧任君賜賞。"⑥《史記》卷九六《張丞相列傳》:"數年,病死。孝元帝親臨喪,賜賞甚厚。"《後漢書》卷五《安帝紀》李賢注引《續漢書》曰:"賜賞寶劍、玉玦、雜繒布等。"⑦"賜賞""賞賜"義同。據此,疑"演"當作"賞"。

69. 編草

《東觀漢記校注》卷一二《任尚傳》:"任尚編草爲船,置于簿上以渡河,掩擊羌胡。"(《書鈔》卷一三八)(774頁)

"編草",《書鈔》卷一一六、卷一三七、《御覽》卷七六九引《東觀記》均作"縫革"。⑧《後漢書》卷四六《鄧訓傳》曰:"訓乃發湟中六千人,令長史任

---

① 《東觀漢記校注》,第393頁。
② 《銀雀山漢墓竹簡(貳)》,文物出版社,2010年,第186頁。
③ 《戰國策》,第447頁。
④ 《列子集釋》,第55頁。
⑤ 《太平御覽》,第3241頁;又《景印文淵閣四庫全書》第899册《太平御覽》,第505頁;吴玉貴:《唐書輯校》,中華書局,2008年,第951頁。另吴玉貴認爲:"今天見到的《舊唐書》,就是咸平三年做了大量修訂工作後的《舊唐書》;而《太平御覽》引用的《唐書》,則是修訂前的《舊唐書》,更多保留了劉昫原書的面貌。"參《唐書輯校·前言》,第12頁。
⑥ 黎翔鳳校注:《管子校注》,中華書局,2004年,第872頁。
⑦ 《史記》,第2688頁;《後漢書》,第234頁。
⑧ 《北堂書鈔》,第2册,第234頁上欄、407頁下欄;《太平御覽》,第3409頁下欄。

尚將之,縫革爲船,置於箄上以度河";①《御覽》卷三一五引《後漢書》亦作"縫革";②《通鑑》卷四七《漢紀・和帝紀上》載亦同。③ 按,《東觀記》"編草"當作"縫革",編草爲船而以渡河,似於情理不合。古者西域別國有縫革爲船以渡河之風俗,《北史》卷九四《室韋國傳》:"乘牛車,以籧篨爲屋,如突厥氈車之狀。度水則束薪爲栰,或有以皮爲舟者。"卷九六《附國傳》亦載:"附國有水闊百餘丈,並南流,用皮爲舟而濟。"④《舊唐書》卷一九七《南蠻西南蠻傳》載東女國,曰:"其王所居名康延川,中有弱水南流,用牛皮爲船以渡。"⑤《新唐書》卷二二一上《西域傳上》亦有載:"以女爲君,居康延川,巖險四繚,有弱水南流,縫革爲船。"⑥宋樂史編《太平寰宇記》卷八〇引《十道紀》:"水浚急而多巉石,土人以牛皮爲船,往來津渡。"⑦湟中爲西陲各族雜居之所,故任尚所率湟中卒,或知縫革爲船之法也。

70. 常以吉日　杖二

《東觀漢記校注》卷一七《王允傳》:"尚書令王允奏曰:'太史令王立説《孝經》六隱事,能消却姦邪,常以良日。'允與立入,爲獻帝誦《孝經》一章,以杖二竹簀畫九宮其上,隨日時而出入焉。及允被害,乃不復行也。"(《御覽》卷七〇八)(784頁)

按,《後漢紀》卷二六《獻帝紀》曰:"帝乃从之。常以良日,王允與王立入爲帝誦孝經一章。"可知,"常以良日"非王允所奏之言,當移出引號。

另,"杖二"無意,《類聚》卷六九引《漢獻帝傳》、《後漢紀》卷二六載皆作"丈二"。⑧ 且古籍中"杖"鮮見通借爲"丈"者。"杖"當據正爲"丈",明陳耀文輯《天中記》卷四八引《東觀記》即作"丈二"。⑨

71. 漢紀

《東觀漢記校注》卷一七《郭泰傳》:"童子魏照求入事郭泰,供給灑掃。

---

① 《後漢書》,第610頁。
② 《太平御覽》,第1451頁下欄。
③ 《資治通鑑》,第1518頁。
④ 《北史》,第3130、3194頁。
⑤ 《舊唐書》,第5277頁。
⑥ 《新唐書》,第6219頁。
⑦ (宋)樂史撰,王文楚等點校:《太平寰宇記》,第1620頁。
⑧ 《藝文類聚》卷六九,上海圖書館藏宋刻本,第三頁;《後漢紀》,張烈點校《兩漢紀》,第506頁。按,本作"文",中華本校爲"丈",甚是。
⑨ (明)陳耀文輯:《天中記》卷四八,國家圖書館藏明萬曆刻本,第五九頁。

泰曰：'當精義講書，何來相近？'照曰：'經師易獲，人師難遭，欲以素絲之質，附近朱藍。'"(《事類賦》卷一〇)(786頁)

校勘記曰："此條《事類賦》卷一〇引出《漢記》，當即指《東觀漢記》。姚本、聚珍本皆未輯錄此條。……"

今按，此條輯自《事類賦》卷一〇所引《漢紀》，非"東觀漢記"也。該書引《東觀記》則必稱"東觀漢記曰"，全書皆然。此載"漢紀曰"，前又未著其名，則疑爲張璠之《漢記》，而非《東觀記》。檢《事類賦注》，全書載"漢記曰"者僅兩處，《事類賦》卷一三載："《漢記》曰：陳球爲零陵，州兵朱蓋等反，球城守，弦大木爲弓，羽矛爲矢，引機發之，射千餘步，斬蓋等。"①體例與此全同。檢《書鈔》卷一二五、《類聚》卷六〇、《御覽》卷三四七引此皆云"張璠漢記"。② 因此，本條疑出自張璠《後漢記》，③似不當輯入《東觀記》。

72. 聚珍本

《東觀漢記校注》卷一七《孔融傳》："孔融上書曰：'先帝褒厚老臣，懼其隕越，是故扶接助其氣力。三公刺掖，近爲憂之，非警戒也。云備大臣，非其類也。'"(聚珍本)(790頁)

校勘記曰："此條不知聚珍本從何書輯錄。"

按，《御覽》卷三六九載云"孔融上書曰：先帝褒厚老臣，懼其隕越，是故扶接助其氣力。三公刺掖，近爲憂之，非警戒也。云備大臣，非其類也。"④"孔融上書"，當指《孔融集》所收之疏文。《隋書·經籍志》載"後漢少府孔融集九卷"，注曰"梁十卷，錄一卷"。⑤ 惜宋時已亡佚，現存《孔北海集》據以輯此文。⑥ 檢覈《御覽》引此條之前，乃引《東觀記》載江革事，下即承"孔

---

① 《事類賦注》，第271頁。
② 《北堂書鈔》，第2册，第302頁；《藝文類聚》卷六〇，上海圖書館藏宋紹興刻本，第八頁，又詳點校本第1088頁；《太平御覽》，第1598頁上欄。
③ 檢《御覽》卷八一四又引："袁宏《漢紀》曰《郭泰傳》童子魏照求入其房，供給洒掃，泰曰：'當精義講書，何來相近？'照曰：'經師易獲，人師難遭，欲以素絲之質，附近朱藍。'"參《太平御覽》，第3616頁下欄。其言"郭泰傳"未明，但文字與今本《後漢紀》卷二三《靈帝紀上》載小異，可相比讀。參周天游點校《後漢紀》，第647頁。
④ 《太平御覽》，第1702頁。
⑤ 《隋書》，第1058頁。
⑥ 《四庫全書》收《孔北海集》一卷。《四庫總目提要》卷一四八"孔北海集一卷"下云："《隋書·經籍志》載漢少府《孔融集》九卷、注曰梁十卷，錄一卷。則較本傳所記已多增益。新舊《唐書》皆作十卷，蓋猶梁時之舊本。《宋史》始不著錄，則其集當佚於宋時。此本乃明人所掇拾。凡表一篇、疏一篇、上書三篇、奏事二篇、議一篇、對一篇、教一篇、書十六篇、碑銘一篇、論四篇、詩六篇、共三十七篇。其聖人優劣論、蓋一文而偶存兩條、編次者遂析爲兩篇、實三十六篇也。張溥《百三家集》亦載是集，而較此本少《再告高密令》《教告 (轉下頁)

融上書曰"。據《御覽》體例，若引一書中多則文字，則首條以下各條均啓之以"又曰"。此條未合此例，則定非出自《東觀記》，乃出《孔融集》無疑。聚珍本誤以其爲《東觀記》文而屢入集中，校注本沿誤，當據删。

73. 王稚子代

《東觀漢記校注》卷一八《王涣傳》："王涣除河内温令，商賈露宿，人開門卧。人爲作謡曰：'王稚子代，未有平徭役。'百姓喜。"（《御覽》卷四六五）（806 頁）

校勘記曰："'王稚子代，未有平徭役'，此二句義不明，必有舛誤。"

按，此句字不誤，當點爲"人爲作謡曰：'王稚子，代未有，平徭役，百姓喜'"。"代"，世代也。"子""有""喜"皆之部字，可相押韻。晉常璩《華陽國志》卷一○中載此事曰："王涣，字稚子，鄴人也。初爲河内温令，路不拾遺，卧不閉門。民歌之曰：'王稚子，世未有，平徭役，百姓喜。'"①文字與《御覽》所引《東觀記》大略相同，可爲證。

74. 後

《東觀漢記校注》卷一八《周紆傳》："坐徵詣廷尉，繫獄數日，免歸。家貧，無以自賑贍，身築墼以自給食。章帝知，憐之，後以爲郎。"（《御覽》卷四八四）（811—812 頁）

"後以爲郎"，《後漢書》卷七七《酷吏列傳·周紆傳》作"復以爲郎"。②按，"復"，優待也，《後漢書》卷三一《杜詩傳》："士卒之復，比於宿衛，則戎士自百。"唐李賢注曰："復謂優寬也，音福。《續漢志》曰：'羽林郎，秩比三百石，掌侍從宿衛。'言士卒得比於郎，則人百其勇。"③"復以爲郎"意爲優待之而比之爲郎，作"復"意更長，"後"當爲"復"之訛字。檢核四部叢刊影宋本《御覽》卷四八四引《東觀漢記》正作"復"。④ 此當爲《校注》迻録時致誤。

75. 紆便往察

《東觀漢記校注》卷一八《周紆傳》："廷掾擅行威殺人，斷手足，立寺門。

（接上頁）高密縣僚屬》二篇。大抵捃拾史傳類書、多斷簡殘章、首尾不具。不但非隋唐之舊、即蘇軾《孔北海贊序》稱讀其所作《楊氏四公贊》，今本亦無之。則宋人所及見者，今已不具矣。"詳參（清）永瑢等：《四庫總目提要》，第 1272 頁。
① （晉）常璩撰，任乃强校注：《華陽國志校補圖注》，上海古籍出版社，2007 年，第 562 頁。
② 《後漢書》，第 2494 頁。
③ 《後漢書》，第 1096 頁。
④ 《太平御覽》，第 2288 頁下欄。

紆便往察。"(《書鈔》卷七八)(812頁)

校勘記曰:"此條姚本、聚珍本皆未輯録。范曄《後漢書·周紆傳》載此事云:紆'遷召陵侯相,廷掾憚紆嚴明,欲損其威,乃晨取死人斷手足,立寺門。紆聞,便往至死人邊,若與死人共語狀。陰察視口眼有稻芒,乃密問守門人曰:"悉誰載藁入城者?"門者對:"唯有廷掾耳。"又問鈴下:"外頗有疑令與死人語者不?"對曰:"廷掾疑君。"乃收廷掾考問,具服"不殺人,取道邊死人"。後人莫敢欺者'。"

按,檢覈《書鈔》卷七八引《東觀記》文,"紆便往察"後尚有"口眼有稻芒,知廷掾載藁入城,收考具服,自後莫敢欺"。①《校注》所輯未竟。另,宋孫逢吉《職官分紀》卷三二引《東觀漢記》云:"周紆遷邵陵相,庭掾憚紆之嚴明,欲損其威,乃晨取死人,斷手足,立寺門。紆聞,使②往至死人邊,若與死人共語狀。陰察視口眼有稻芒,乃密問守門人曰:'誰載藁入城者?'對:'唯有廷掾爾。'紆乃收問。自後不敢有欺者。"③其文字與《書鈔》所引有異,而與《後漢書》所載文字大略相同,未知孰是。

76. 聚珍本

《東觀漢記校注》卷一八《鄭衆傳》:"鄭衆,字季産,爲人謹敏有心。"(聚珍本)(815頁)

校勘記曰:"此條聚珍本輯録,不知摘自何書。字句與范曄《後漢書·鄭衆傳》大同小異。"

按,此條當出自《職官分紀》卷六引《東觀記》,明抄本作"有心",四庫本作"有心幾",餘者文字全同。④

77. 以易生

《東觀漢記校注》卷一八《劉軼傳》:"劉軼,字君文,永平中,以易生,爲中庶子,入侍講。"(《書鈔》卷六六)(823頁)

校勘記曰:"'以易生',此三字姚本、聚珍本皆無。按此三字有脱誤,無從校正。"

---

① 《北堂書鈔》,第1册,第579頁。
② "使"當爲"便",形近而訛。
③ 《職官分紀》,《景印文淵閣四庫全書》,第923册,第611頁。
④ 《職官分紀》卷六《中常侍》下,國家圖書館藏明抄本;另見《景印文淵閣四庫全書》,第923册,第144頁。

"以易生",《書鈔》卷六六引有,①姚本、聚珍本無,蓋爲不明其義而擅删。今按,"以易生"三字不誤,"易生",《周易》生也,謂研習《周易》之諸生。漢博士可謂"經生",《後漢書》卷七九下《儒生·史論》曰:"若乃經生所處,不遠萬里之路,精廬暫建,贏糧動有千百,其耆名高義開門受徒者,編牒不下萬人。"唐李賢注:"經生謂博士也。"《續漢志》卷二四《百官志一》曰:"博士十四人,比六百石。本注曰:易四,施、孟、梁丘、京氏。"②《南史》卷四二《齊高帝諸子傳·蕭乾》:"滂弟乾字思惕,容止雅正,性恬簡,善隸書,得叔父子雲之法。九歲,補國子《周易》生,祭酒袁昂深敬重之。"③《陳書》卷一七《王勱傳》:"梁世爲國子《周易》生,射策舉高第。"卷二六《徐儀傳》:"儀少聰警,以《周易》生舉高第爲祕書郎,出爲烏傷令。"④"周易生"即"易生"也。《後漢書》卷七九上《儒林傳·劉昆》下云:"子軼,字君文,傳昆業,門徒亦盛。"軼父劉昆"受施氏易於沛人戴賓"。⑤《東觀記》"以《易》生,爲中庶子",言憑《周易》生的身份,爲中庶子。"以易生",字不誤也。

78. 持車

《東觀漢記校注》卷一八《楊政傳》:"政以車駕出時伏道邊,抱升子持車叩頭。武騎虎賁恐驚馬,引弓射之,不去。旄頭以戟叉政,傷胸前。政遂涕泣求哀,上即尺一出升。"(《御覽》卷三五二)(825 頁)

"持車",《後漢書》卷七九上《儒林傳·楊政》作"持章"。⑥《册府》卷六〇〇、《玉海》卷六四、卷一五〇、《通志》卷一七二載均同。⑦

按,"持車"於情理不合,天子出行,武騎虎賁警蹕其途,如何得持天子車?此當作"持章","車"乃"章"之形訛也。⑧"章"謂奏章。《後漢書》卷六一《周舉傳》:"尚書郭虔、應賀等見之歎息,共上疏稱舉忠直,欲帝置章御

---

① 《北堂書鈔》,第 1 册,第 503 頁上欄。
② 《後漢書》,第 2588、3572 頁。
③ 《南史》,第 1072 頁。
④ 《陳書》,第 238、336 頁。
⑤ 《後漢書》,第 2550、2549 頁。
⑥ 《後漢書》,第 2024 頁。
⑦ 《册府元龜》,第 6923 頁;《玉海(合璧本)》,日本中文出版社影印本,1977 年,第 1265 頁上欄、2844 頁上欄;《通志》,第 2773 頁中欄。
⑧ "車""章"形近相訛,典籍亦有見,如《文苑英華》卷六四六隋祖君彥《爲李密檄洛州文》:"不遵古典,不念前車。""車"下宋人校曰:"一作章。"參(宋)李昉等編:《文苑英華》,第 3319 頁上欄。"障""陣"典籍亦多亂,如《文苑英華》卷一九八唐盧照鄰《關山月》:"塞垣通碣石,虜陣抵祁連。""陣"下校曰"一作障",參第 978 頁上欄。

坐,以爲規誡。"唐李賢注:"謂所上之書也。"①"持章"言上呈奏章也,故後有感帝心,"即尺一出升",亦正與"持章"上疏相應。

79. 助國

《東觀漢記校注》卷一八《楊政傳》:"政把武手責之曰:'卿蒙國恩,備位藩臣,不思求賢助國,而驕天下英俊,今日摇者刀入脅。'"(《御覽》卷四三四)(826 頁)

校勘記曰:"'助',當作'報'。姚本、聚珍本作'報',《初學記》卷一,《御覽》卷三九三、卷四〇七引亦皆作'報'。"

《册府》卷八四七引此即作"求賢助國"。② 按,作"報國"固可通,然"助國"亦不可謂誤,"助國"亦古之常語,"助國""報國"義近。《御覽》卷三七四引《東觀記》:"前見良頭鬢皎然,衣冠甚偉,求賢助國,宰相之職。"③《後漢書》卷四一《寒朗傳》:"左右方引去,朗曰:'願一言而死。小臣不敢欺,欲助國耳。'"《續漢志》卷二二《郡國志四》劉昭注引《吴興紀》:"光和末,張角亂,此鄉守險助國,漢嘉之,故立縣。"④因此,"助"不煩改字。

80. 疾

《東觀漢記校注》卷一八《郭玉傳》:"和帝奇異之,乃試令嬖臣美手腕者與女子雜處帷中,使玉各診一手。玉言:'左陽脈,右陰脈,有男女,疾若異人。臣異其故。'帝歎稱善。"(聚珍本)(854 頁)

校勘記曰:"'疾',范曄《後漢書·郭玉傳》作'狀'。"又曰:"此條不知聚珍本輯自何書。"

按,此條當出自《御覽》卷三七〇,與聚珍本所引文字全同;引文前云"後漢書曰"。⑤ 其文字與《後漢書》有異,疑爲謝承《後漢書》。聚珍本誤輯。

另,"疾若異人",《後漢書》卷八二《方技傳·郭玉》、《御覽》卷七二二引《後漢書》、⑥《册府》卷八五八、《通志》卷一八一載均作"狀若異

---

① 《後漢書》,第 2024 頁。
② 《册府元龜》,第 9849 頁。
③ 《太平御覽》,第 1724 頁下欄。
④ 《後漢書》,第 1417、3486 頁。
⑤ 《太平御覽》,第 1703—1704 頁。《御覽》此條前尚有引曰:"《後漢書》曰:劉寬欲朝,婢翻羹污朝衣,手收之,寬曰:'徐徐羹爛汝手。'"本條與《後漢書·劉寬傳》文字多異,故此言"後漢書"似非范《書》。
⑥ 《後漢書》,第 2735 頁;《太平御覽》,第 3197 頁上欄。按,《御覽》引此條乃《史記》下,文首作"又曰"。此文顯非出自《史記》,其文字與《後漢書》全同,且引文中夾有李賢注文,故當出自《後漢書》。

人"。① "狀"謂診狀,即脈象也,言脈象如異人。此乃和帝試其醫技,作"狀若異人"意更洽。"疾"俗寫常作"疢""疢"(《字彙·疒部》)等,②與"狀"草寫頗近,"疾"當爲"狀"之形訛。

81. 跼迹

《東觀漢記校注》卷一九《周行傳》:"周行爲涇令,下車嚴峻,貴戚跼蹐,京師肅清。"(《書鈔》卷七八)(875 頁)

校勘記曰:"'跼蹐',原誤作'跼迹',姚本、聚珍本作'跼蹐',陳禹謨刻本《書鈔》同,今據改正。'跼蹐',恐懼貌。"

按,《書鈔》卷七八引作"跼迹",③字不誤。"跼蹐"乃聯綿詞,字無定形。明方以智《通雅》卷七《釋詁》曰:"局趣,即局足、局促、跼趑、跼瘇、局迹、局脊。"④又可寫作"跼迹",《全唐詩》卷七七駱賓王《疇昔篇》:"舜澤堯曦方有極,讒言巧佞儻無窮。誰能跼迹依三輔,會就商山訪四翁。""迹"下校曰:"一作蹐。"⑤《全唐文》卷一四八顔師古《等慈寺碑》:"交相吞噬,恣行刳斮。仰籲蒼昊,跼迹靡依,俯墜塗炭,息肩無所。"卷七五八謝觀《驥伏鹽車賦》:"既同跼迹,載馳之用靡分;儻遇知音,千里之期何遠。"⑥"跼迹"即"跼蹐",侷促不安也。"迹"不煩改字。

82. 范康

《東觀漢記校注》卷一九《范康傳》:"范康爲司隸校尉,務大綱,性節儉,常臥布被。"(聚珍本)(877 頁)

校勘記曰:"'范康',范曄《後漢書》未載,不知爲何時人。"又曰:"此條不知聚珍本從何書輯録。"

按,此條乃出宋孫逢吉《職官分紀》卷三七引《東觀記》,文字全同。⑦

另,《後漢書》卷六七有《苑康傳》,校勘記曰:"苑康 汲本、殿本'苑'作'范',下同。按:《荀淑》《竇武》傳並作'苑康',作'范'誤。"⑧《世説新語·德行》劉孝標注引張璠《漢紀》亦作"苑康";《魏書》卷一〇六上《地形志二

---

① 《册府元龜》,第 9997 頁;《通志》,第 2903 頁中欄。
② 另可參冉有喬主編:《漢語異體字大字典》,四川辭書出版社,2018 年,第 922 頁。
③ 《北堂書鈔》,第 1 册,第 582 頁上欄。
④ (明)方以智:《通雅》,上海古籍出版社,1988 年,第 299 頁。
⑤ 《全唐詩》,第 837 頁。
⑥ 《全唐文》,第 1497、7875 頁。
⑦ 《職官分紀》,《景印文淵閣四庫全書》,第 923 册,第 688 頁。
⑧ 《後漢書》,第 2214、2220 頁。

上》載重合縣境有苑康墓。① 苑康,字仲真,黨錮"八及"之一,②古書亦多引作"范康",如《治要》卷二四、《册府》卷六五〇、卷七七六、《東漢會要》卷二五、《記纂淵海》卷一一一等引"苑康"均作"范康"。③ 頗疑《職官分紀》所引"范康"即"苑康"。④

83. 闕文

《東觀漢記校注》卷二一《公孫述傳》:"公孫述補清水長,太守以其能,使兼治五縣政。"(《書鈔》卷七八)(910 頁)

按,《職官分紀》卷四二引《東觀記》云:"公孫述補清水長。父仁遣門下掾隨。之官月餘,掾辭歸,白仁曰:'述非待教者也。'後太守以其能,使兼治五縣。政事修理,姦盜不發。郡史⑤謂有神明。"⑥《書鈔》所引殆有闕文,當據補。

---

① 《世説新語箋疏》,第 8 頁;《魏書》,第 2473 頁。
② 《後漢書》,第 2187 頁。"八及",《三國志》卷六《魏志·劉表傳》裴注引《漢末名士傳》作"八友",參《三國志》,第 211 頁。
③ 《群書治要》,臺北世界書局影日本尾張藩刻本,2011 年,第 583 頁;《册府元龜》,第 7498、8987 頁;《東漢會要》,第 271 頁;(宋)潘自牧輯:《記纂淵海》卷一一一,國家圖書館藏宋刻本,第六頁。
④ 《後漢書·苑康傳》未見載苑康任職司隸校尉事。
⑤ "史",《類聚》卷五〇、《御覽》卷二六七引《續漢書》皆作"中"。另,《後漢書》卷一三《公孫述傳》作"郡中謂有鬼神"(第 533 頁)。《後漢紀》卷一《光武帝紀》作"郡中謂有神"(周本,第 22 頁)。按,"史"殆爲"中"之訛也。
⑥ 《職官分紀》,《景印文淵閣四庫全書》,第 923 册,第 808 頁。

第四編　《八家後漢書》叢考

1. 主身

謝承《後漢書》卷一《靈帝紀》："靈帝數遊戲於西園,令後宮綵女爲客,主身爲商賈服。"(《御覽》卷八二八)(2頁)

《續漢志》卷二三《五行志一》載此事曰:"令後宮采女爲客舍主人,身爲商賈服。"①《御覽》卷一九五引《續漢書·五行傳》作:"令後宮采女爲客舍主,身爲商賈服。"八四七又引《續漢書》曰:"令後宮婇女爲客舍主,身爲商賈。"②《金樓子》卷一《箴戒》載:"漢靈帝時,作列肆於後宮,使采女販賣,更相盜竊,鬭爭之聲,聞於人閒。帝著商賈服,飲宴於其間。"③唐釋道世《法苑珠林》卷四四引《搜神記》:"令後宮婇女爲客舍主,身爲商賈,行至舍閒,婇女下酒,因共飲食,以爲戲樂。"④按,綜上所引,可知原文斷句有誤,"主"應上讀,"客"下又脱"舍"字,本當作"令後宮綵女爲客舍主,身爲商賈"。"身",親自也。"身爲商賈",言自爲商賈。《爾雅·釋詁》云:"朕、身、甫、余、言,我也。"又曰:"朕、余、躬,身也。"晋郭璞注:"今人亦自呼爲'身'。"⑤

2. 彭

謝承《後漢書》卷二《岑彭傳》："狗犬不驚,足下生氂。含哺彭腹,焉知凶災。我嘉我生,獨丁斯時。美哉岑君,於戲在兹。"(《類聚》卷一九　《御

---

① 《後漢書》,第3273頁。
② 《太平御覽》,第940—941頁、3787頁上欄。另,《輯注》又據此輯司馬彪《續漢書》卷一《靈帝紀》:"靈帝數遊戲於西園,令後宮采女爲客舍,主身爲商賈,行至客舍,采女下酒,因共飲食。"參《八家後漢書輯注》,第307頁。按,此標點亦誤,"主"亦屬上讀。
③ (梁)蕭繹撰,許逸民校箋:《金樓子校箋》,中華書局,2011年,第292頁。
④ 《法苑珠林校注》,第1369頁。
⑤ 《爾雅注疏》,(清)阮元校刻《十三經注疏(清嘉慶刻本)》,第5597頁。另,"身"有己義,吕叔湘、江藍生、蔡鏡浩等先生均有論。可參吕叔湘著、江藍生補:《近代漢語指代詞》,學林出版社,1985年,第10—12頁;江藍生:《魏晋南北朝小説詞語匯釋》,語文出版社,1988年,第175頁;蔡鏡浩:《魏晋南北朝詞語例釋》,江蘇古籍出版社,1990年,第239頁。

覽》卷四六五）(13 頁)

按，"彭"，檢覈《類聚》卷一九、《御覽》卷四六五引謝承《後漢書》本即作"鼓"；①《御覽》卷二六〇引華嶠《後漢書》、《後漢書》卷一七《岑彭傳》亦同，李賢注曰："鼓，擊也。"②明"彭"蓋爲迻録致誤也。

3. 甲兵

謝承《後漢書》卷二《耿弇傳》："胡爽曰：'耿恭以甲兵守孤城於絶域。'"（《文選》卷四〇任彦昇《奏彈曹景宗》注）(13 頁)

校勘記曰："范《書》本傳'胡爽'作'鄭衆'。"

按，《後漢書》卷一九《耿恭傳》載此云"耿恭以單兵固守孤城，當匈奴之衝，對數萬之衆，連月踰年，心力困盡"；《通鑑》卷四六《漢紀·章帝紀上》作"以單兵守孤城"；《册府》卷八八四載亦同。③ 據《耿恭傳》，耿恭據守疏勒城數月，無救兵至，後僅餘數十人城守，可知作"單"更合文意。"單兵"猶孤軍，弱軍也。"甲"當正作"單"。

4. 會

謝承《後漢書》卷二《馬援傳》："援妻孥惶怖，不敢以喪還舊塋，裁買城西數畝地，槀葬而已，賓客故人莫敢弔。會援妻子草索相連，詣闕請罪，帝乃出訟書以示之，方知所坐。"（《御覽》卷五五四）(15 頁)

按，"會援妻子草索相連"，句意不屬。《後漢書》卷二四《馬援傳》作"賓客故人莫敢弔會。嚴與援妻子草索相連，詣闕請罪"；《通鑑》卷四一《漢紀·光武帝紀下》亦同，胡注"弔會"云："不敢弔及會葬。"④《孟子·滕文公上》："及至葬，四方來觀之，顏色之戚，哭泣之哀，弔者大悦。"東漢趙岐注云："四方諸侯之賓來弔會者，見世子之憔悴哀戚，大悦其孝行之高美也已。"⑤《穀梁傳·隱公三年》："癸未，葬宋繆公。日葬，故也，危不得葬也。"晉范寗集解引徐邈曰："《文元年傳》曰，'葬曰會'，言有天子諸侯之使，共赴會葬事。故凡書葬，皆據我而言葬彼。所以不稱'宋葬繆公'，而言'葬宋繆公'者，弔會之事，賵襚之命，此常事，無所書，故但記卒記葬，録魯恩義之所

---

① 《藝文類聚》，第 350 頁；《太平御覽》，第 2137 頁下欄。
② 《太平御覽》，第 1222 頁上欄；《後漢書》，第 663 頁。
③ 《後漢書》，第 723 頁；《資治通鑑》，第 1474 頁；《册府元龜》，第 10272 頁。
④ 《後漢書》，第 846 頁；《資治通鑑》，第 1411 頁。
⑤ 《孟子注疏》，(清) 阮元校刻《十三經注疏(清嘉慶刻本)》，第 5874 頁。

及,則哀其喪而恤其終,亦可知矣。"①"弔會"皆弔赴會葬之義。據此,原書標點有誤,"會"應從上讀,當點作"賓客故人莫敢弔會。援妻子草索相連,詣闕請罪"。

5. 令

謝承《後漢書》卷二《魏霸傳》:"臨郡,終不遣吏歸鄉里,妻子不〔令〕到官舍。"(《初學記》卷一七　《御覽》卷五一二　《類林雜說》卷一)(16頁)

校勘記曰:"據《類林雜說》卷一補。"

按,"令"不當補,《類聚》卷二一、《御覽》卷五一五引《東觀記》、《初學記》卷一七引謝承《後漢書》皆作"妻子不到官舍"。②《類林雜說》乃元代王朋壽所纂輯,時代尚晚,其引文與《初學記》幾乎全同,實當抄錄《初學記》文而衍"令"字,不當據以補字。

6. 時

謝承《後漢書》卷二《郭躬傳》:"賀當襲爵,上書讓與弟。時詔書不聽,遂竄逃匿三年。"(《御覽》卷五一五)(18—19頁)

按,"時"乃郭賀小弟之名,句當讀爲"上書讓與弟時"。《後漢書》卷四六《郭鎮傳》載此曰"長子賀當嗣爵,讓與小弟時而逃去",③即爲證。

7. 丹筆

謝承《後漢書》卷二《郭丹傳》:"郭丹,太守杜詩薦爲功曹,丹荐長者自代。勅以丹事編署黃堂。"(《書鈔》卷七七)(21頁)

校勘記曰:"蔡元培按:'"事"當爲"筆",本書"鄭吉持丹筆"。'蔡說當是。"

按,蔡氏說誤。《後漢書》卷二七《郭丹傳》載此事作:"太守杜詩請爲功曹,丹薦鄉人長者自代而去。詩乃歎曰:'昔明王興化,卿士讓位,今功曹推賢,可謂至德。勅以丹事編署黃堂,以爲後法。'"④"丹事",郭丹推賢之事。

8. 叔子

謝承《後漢書》卷二《趙典傳》:"典,太尉戒之叔子也。"(范《書》本傳

---

① 《春秋穀梁傳注疏》,(清)阮元校刻《十三經注疏(清嘉慶刻本)》,第5136頁。
② 《藝文類聚》,第388頁;《初學記》,第426頁;《太平御覽》,第2343頁下欄。
③ 《後漢書》,第1545頁。
④ 《後漢書》,第940—941頁。按,"勅以丹事"句非杜詩言,當出引號。

注)（22頁）

校勘記曰："范《書》本傳作'父戒，爲太尉'，與此異。"

曹金華《稽疑》曰："此謂'戒之叔子'，則衍'叔'字也。"①

按，校記言與本傳異，《稽疑》謂衍"叔"字，皆誤。蓋未明"叔子"之意也。"叔"蓋指排行，而非叔父之稱。"叔子"乃第三子。《三國志》卷二一《蜀志·劉焉傳》："時焉子範爲左中郎將，誕治書御史，璋爲奉車都尉，皆從獻帝在長安，惟（小）〔叔〕子別部司馬瑁素隨焉。"②同傳又曰："加璋振威將軍，兄瑁平寇將軍。"③《後漢書》卷七五《劉焉傳》載同，④可知劉瑁乃劉璋之兄，劉焉三子也，故謂之"叔子"。晋常璩《華陽國志》卷五《公孫述劉二牧志》："焉長子範爲中郎將，仲子誕治書御史，季子璋奉車都尉，皆從獻帝在長安，惟叔子別部司馬瑁隨焉。"⑤因此，傳言"父戒"，而注引謝承《書》曰："太尉戒之叔子"，其意實一也。另《華陽國志》卷一一《附益梁寧三州先漢以來士女目錄》載"文學國師太常〔襲廚亭侯〕趙典字仲經"，注曰"戒第二子也"。⑥ 按，《華陽國志》"二"當正爲"三"。

9. 鈞

謝承《後漢書》卷二《鄭敬傳》："鄭敬字次都，〔爲新遷功曹〕。〔隱於蟻陂〕，鈞於大澤。"（《御覽》卷三九三　又卷八三四　又卷九九九　《文選》卷三八《任彥昇·爲范尚書讓吏部封侯表》注）（25頁）

按，"鈞"無意，當作"釣"，《御覽》卷三九三引即作"釣"。⑦ 此當爲迻錄致誤。

10. 駭犀

謝承《後漢書》卷二《馮魴傳》："帝幸其府，留飲十日，賜駭犀玉具（綬）〔劍〕、佩刀、紫艾綬、玉玦。"（《初學記》卷二〇　《初學記》卷一九）（33頁）

"駭犀"，輯本無校。按，"駭"當爲"駮"之訛字。《初學記》卷二〇引作"駭"；《御覽》卷三四二、《事類賦》卷一三引《東觀記》正作"駮"，

---

① 曹金華：《後漢書稽疑》，第390頁。
② 中華本《三國志》據《華陽國志》卷五校"小"爲"叔"（第1498頁），甚是。
③ 《三國志》，第868頁。
④ 《後漢書》，第2434頁。
⑤ 《華陽國志校補圖注》，第340頁。
⑥ 《華陽國志校補圖注》，第669頁。
⑦ 《太平御覽》，第1816頁下欄。

即"駁"字。①《後漢書》卷三三《馮魴傳》即作"駁犀",唐李賢注:"以班犀飾劍也。"②"班犀"即"斑犀",明李時珍《本草綱目》卷五一《獸部·犀》注文云:"又有犀,角甚長,紋理似犀,不堪入藥。恭曰:'是雌犀,文理膩細,斑白分明,俗謂之斑犀。'"③《北堂書鈔》卷一二二引《東觀記》曰:"陳遵破匈奴,詔賜駁犀劍。"④吳本據以輯,校云:"'詔賜駁犀劍','駁犀劍'三字原誤作'駭犀劍',姚本作'駁犀劍',陳禹謨刻本《書鈔》同,今據改正。"⑤

11. 謝丞集

謝承《後漢書》卷二《鄭弘傳》:"永平之初,太尉鄭弘臨朝寒諤,日旰忘食。"(《書鈔》卷五一)(39頁)

校勘記曰:"《書鈔》注此條出自'謝丞集'。疑'集'係'書'之誤。"

按,據《隋書》卷三五《經籍志四》載"謝承集四卷,今亡",校勘記曰:"'承'原作'丞',據本志史部正史類及《舊唐志下》改。"⑥《新唐書》卷六〇《藝文志四》載作"謝承集四卷"。⑦是《書鈔》引作"謝承集"字不誤,"謝丞"即"謝承"。蓋此條非出謝承《後漢書》,而出《謝承集》。輯注誤輯此條,當刪。

12. 邴營

謝承《續漢書》卷三《桓榮傳》:"桓礹邴營氣類,經緯士人。"(《文選》卷四六《任彥昇·王文憲集序》注 又卷三七《曹植·求通親表》注)(47頁)

"邴營氣類",《文選》卷三七曹植《求通親表》注引此作"鄙營氣類"。⑧按,"邴營氣類",不可解。"氣類",意氣相投者。《文選》卷四六任昉《王文憲集序》:"弘長風流,許與氣類。"劉良注:"氣類,謂同氣相求,方以類聚也。"⑨"邴"當作"鄙",句言桓嚴鄙於經營氣類,經緯士人。

---

① 《初學記》,第472頁;《太平御覽》,第1572頁下欄;(宋)吳淑撰輯:《事類賦注》卷一三,國家圖書館藏宋紹興十六年兩浙東路茶鹽司刻本,第一八頁。
② 《後漢書》,第1149—1150頁。
③ (明)李時珍:《本草綱目》,上海科學技術出版社影明胡氏金陵初刻本,1993年,第3857頁。
④ 《北堂書鈔》,第2冊,277頁。
⑤ 《東觀漢記校注》,第525頁。另,"駁""駭"相亂,參《後漢紀》卷一四"駭異"條。
⑥ 《隋書》,第1100頁。
⑦ 《新唐書》,第1580頁。
⑧ 清胡克家《文選考異》卷七曰:"注'謝承《後漢書》曰桓礹鄙營氣類':袁本、茶陵本無此十二字。"參《文選》,第940頁上欄。據《考異》,此條亦頗有疑。
⑨ 《六臣注文選》,中華書局影涵芬樓藏宋刊本,2012年,第880頁上欄。

13. 五六十萬

謝承《後漢書》卷三《第五倫傳》："羽出,遂馳到定陶,閉門收匿賓客、親吏四十餘人,六七日中,糾發其贓五六十萬。"(《御覽》卷二五六)(57頁)

"五六十萬",《御覽》卷二六五引華嶠《後漢書》作"五六千萬",《後漢書》卷四一《第五種傳》、《通鑑》卷四六《漢紀·桓帝紀上之下》皆同。① 按,"十"當爲"千"字之誤。《後漢書》卷五六《王暢傳》曾載:"暢追恨之,更爲設法,諸受臧二千萬以上不自首實者,盡入財物;若其隱伏,使吏發屋伐樹,堙井夷灶。"②時王暢拜南陽太守,糾發"受臧二千萬以上不自首實者,盡入財物",可知其時贓錢千萬錢以上者習見。又卷四一《鍾離意傳》載"時交阯太守張恢,坐臧千金,徵還伏法"。千金,值千萬錢也。卷六三《杜喬傳》"陳留太守梁讓、濟陰太守汜宮、濟北相崔瑗等臧罪千萬以上";卷七一《皇甫嵩傳》"中常侍張讓私求錢五千萬,嵩不與,二人由此爲憾";卷七九《儒林傳·楊倫》:"邵陵令任嘉在職貪穢,因遷武威太守,後有司奏嘉臧罪千萬,徵考廷尉";卷八七《西羌傳》"任尚與遵爭功,又詐增首級,受賕枉法,臧千萬已上,檻車徵棄市"。③ 上所揭可知其時官吏貪墨之數多千萬錢以上。據此,"十"當作"千"。

14. 八十四

謝承《後漢書》卷三《胡廣傳》："胡廣爲太傅,時年八十四。練達事體,明解朝章,屢有補闕之益。"(《緯略》卷二)(62頁)

據《後漢書》卷四四《胡廣傳》載,廣"年八十二,熹平元年薨"。李賢又注云:"廣以順帝漢安元年爲司空,至靈帝熹平元年薨,三十一年也。'六帝'謂安順沖質桓靈也。"注又引盛弘之《荆州記》云:"太尉胡廣所患風疾,休沐南歸,恒飲此水,後疾遂瘳,年八十二薨也。"④袁《紀》卷二三《靈帝紀》載胡廣"年逾八十,繼母在堂",⑤可知《緯略》引謝承《後漢書》作"八十四"頗不可信。本傳又云:"會蕃被誅,代爲太傅,總錄如故。時年已八十,而心力克壯。繼母在堂。"⑥今按,

---

① 《太平御覽》,第1241頁上欄;《後漢書》,第1404頁;《資治通鑑》,第1753頁。
② 《後漢書》,第1823頁。
③ 《後漢書》,第1407、2092、2564、2891頁。
④ 《後漢書》,第1510頁。
⑤ 《後漢紀》,張烈點校《兩漢紀》,第456頁。
⑥ 《後漢書》,第1510頁。

"四"蓋爲"而"之訛字,①文當作"時年八十,而練達事體,明解朝章"。

15. 及

謝承《後漢書》卷三《胡廣傳》:"未嘗滿歲,輒復升進,凡一履〔司空,再作〕司徒,三登太尉。及爲太傅,其辟命皆天下名士,與故吏陳蕃、李咸並爲三司。"(《書鈔》卷五〇)(62 頁)

按,《書鈔》引作"及爲太傅,其辟命皆天下名士",於情狀不合。時司徒、太尉並爲三公,皆可徵辟。若作"及爲太傅",則言任太傅,始可徵辟天下賢士矣。《後漢書》卷四四《胡廣傳》作"凡一履司空,再作司徒,三登太尉,又爲太傅";②《職官分紀》卷二、《古今合璧事類備要後集》卷一一、《新編翰苑新書前集》卷一引謝承《後漢書》並作"又",③當是。"及"當據正。④

16. 徐淑

謝承《後漢書》卷三《徐淑傳》:"徐淑戎車首路。"(《文選》卷五九《沈休文·齊安陸昭王碑文》注　又卷二七《顔延年·北使洛詩》注)(74 頁)

校勘記曰:"《文選·顔延年詩》注'淑'誤作'俶'。"

按,"俶"非誤,"俶""淑"古多通用,《爾雅·釋詁上》:"淑,善也。"清郝懿行義疏:"淑者,俶之叚音也。"⑤《説文·人部》:"俶,善也。从人,叔聲。《詩》曰:'令終有俶。'一曰始也。"清段玉裁注:"《釋詁》《毛傳》皆曰:'淑,善也。'蓋假借之字,其正字則'俶'也。淑者,水之清湛也,自'淑'行而'俶'之本義廢矣。"⑥《儀禮·聘禮》:"俶獻無常數。"鄭玄注:"古

---

① "四""而"形近多訛,如唐柳宗元《封建論》:"周于同列,則相顧裂眦,勃然而起。"校曰:"世綵堂本注:'而',一作'四'。"參《柳宗元集》卷三,第 74 頁。《魏書》卷六二《李彪傳》:"降及華、馬、陳、干,咸有放焉,四。"校曰:"《册府》(同上卷頁)'四'作'而'。按作'四'不可通,疑當作'而'。但上舉華、馬、陳、干,恰正四人,也可能'四'下有脱文,今於'四'字下句斷。"參《魏書》,第 1404 頁。又《戰國策·韓策三》:"公孫郝、樗里疾請無攻韓,陳四辟去。"宋吳師道補注:"'四'疑當作'而'。"參何建章注釋:《戰國策注釋》,第 1066 頁。
② 《後漢書》,第 1510 頁。
③ 《職官分紀》,《景印文淵閣四庫全書》,第 923 册,第 14 頁上欄;(宋)謝維新、虞載輯:《古今合璧事類備要後集》卷一一,明嘉靖年夏相刻本,第四頁;(宋)佚名輯:《新編翰苑新書前集》卷一,國家圖書館藏明抄本,第七頁。
④ "及""又"典籍常訛,如《十三經注疏校勘記·禮記正義校記》:"'對啓蟄及將郊祀,故言始。''及',當作'又'。'啓蟄又將郊祀',謂祈穀之郊也。"參(清)孫詒讓:《十三經注疏校記》,中華書局,2009 年,第 476 頁。《全唐詩》卷五三九李商隱《楚澤》:"白祫經年卷。西來及早寒。""及"下校注:"一作'又'。"參《全唐詩》,第 6147 頁。
⑤ (清)郝懿行:《爾雅義疏》,齊魯書社,2010 年,第 2681 頁。
⑥ 《説文解字注》,第 370 頁。

文'俶'作'淑'。"①

另按，檢覈《文選》卷二七、卷五九李善注，均作"謝承《後漢書序》曰'徐淑（俶）戎車首路'"，②明此條非出《徐淑傳》，當輯入謝承《後漢書·序》文中。

17. 累世

謝承《後漢書》卷三《陳龜傳》："陳龜表曰：'臣累世展鷹犬搏擊之用。'"（《文選》卷四四《陳琳·爲袁紹檄豫州》注）（78頁）

按，"臣累世展鷹犬搏擊之用"，句意不明。《後漢書》卷五一《陳龜傳》載其疏曰："臣龜蒙恩累世，馳騁邊垂，雖展鷹犬之用，頓斃胡虜之庭，魂骸不返，薦享狐狸，猶無以塞厚責，荅萬分也。"③據此，李善注引謝承《書》，"累世"前當脱"蒙恩"二字。

18. 橋玄傳

謝承《後漢書》卷三《橋玄傳》："橋玄遷齊國相。郡有孝子爲父報仇，繫臨淄獄。玄愍其至孝，欲上讞減罪。縣令路芝酷烈苛暴，因殺之。懼玄收錄，佩印綬欲走。玄自以爲深負孝子，捕得芝，束縛籍械以還，笞殺以謝孝子冤魂。"（《御覽》卷四八一）（79頁）

校勘記曰："孫志祖案：'范《書》云"遷爲齊相，坐事爲城旦"，蓋即指笞殺縣令也。'"

《蔡中郎集》卷一《故太尉橋公廟碑》載："臨淄令賂之贓多，遂正其罪，受鞫就刑，没齒無怨，竟以不先請，免官。"校云："'賂'鈔本譌'路之'。"④按，"路之"誠有誤，但改爲"賂"則更誤。"路之"當即臨淄令"路芝"名。⑤《御覽》卷四八一引謝承《書》與《故太尉橋公廟碑》所載頗有異。

19. 談高妙

謝承《後漢書》卷三《崔瑗傳》："崔瑗字子玉，講論六經，三辟公府，論議

---

① 《禮儀注疏》，（清）阮元校刻《十三經注疏（清嘉慶刻本）》，第2302頁。
② 《文選》，第381頁下欄、821頁上欄。
③ 《後漢書》，第1692頁。
④ 《蔡中郎集》卷一，四部備要本，第一五頁。
⑤ 葉德輝《書林清話》卷八《明錫山華氏活字板》引《黃記再續》"鈔校本《蔡中郎集》十卷"曰："頃得惠松崖閱本，係《百三名家》，而所校字多非舊鈔、活字兩本所有。其《太尉橋公碑》中'臨令賂財贓多罪正'，惠校云：'案謝承《書》臨淄令路芝。'余覆檢活字本，云'臨淄令賂之，贓多罪正'，舊鈔云'臨淄令路之贓多罪正'。今就惠校核之，是惟舊鈔爲近。蓋'路'本未誤，'芝'僅脱'艸'頭。若活字本已訛'路'爲'賂'矣。"詳參葉德輝：《書林清話（附書林餘話）》，中華書局，1957年，第207—208頁。

京師,談高妙。安帝時舉奏事臣。"(《書鈔》卷六八)(79頁)

校勘記曰:"此句'談'上當脱字。"又曰:"疑'事臣'係'勢臣'之誤。天游按:范《書》本傳載,時閻顯以外戚入參政事,曾促安帝廢太子爲濟陰王,而以北鄉侯爲嗣。瑗以立侯不以正,知顯將敗,欲説顯令廢立,然顯醉不得見,而長史陳禪不敢爲之諫。適逢宦官孫程立順帝,瑗被斥而終不言其初謀,則瑗實未曾舉奏勢臣也。"

"事臣",典籍罕見,當有誤字,校記所論頗有理。宋孫逢吉《職官分紀》卷五引謝承《後漢書》曰:"崔瑗字子玉,講論六經,藝兼十業。英才秀出,文章典麗。治行清淑,少有令名。三辟公府,論議京師,言談高妙。安帝時諸府掾屬,每議朝堂,瑗輒舉奏諸幸臣,言辭切厲,無所依回。"①今按,周輯本此條失輯。對比即知《書鈔》卷六八引謝承《書》有闕漏。另"談"前脱"言"字;"事"當爲"幸"字之訛字,二者當形近而訛。謝承《書》本當作"論議京師,言談高妙。安帝時舉奏幸臣"。

20. 脯祭

謝承《後漢書》卷三《徐稚傳》:"及瓊卒,歸葬。稚乃負糧徒步到瓊所赴之,設雞酒脯祭,卒哭而去,不告姓名。"(《書鈔》卷八九)(84頁)

按,"設雞酒脯祭"與文意不符,徐稚赴祭黄瓊,未見載攜有果脯者。"脯"若作肉脯解,則與前文"雞酒"相重複,是"脯"當正作"薄"。"薄祭",言祭品之薄也。《周易·易經下》:"引吉,无咎,孚乃利用禴。"清郝懿行注:"禴,薄祭也。二履中應五,守正不變,必待君上引而後往,故得吉而无咎。相聚之道,孚誠爲本,苟有明信,雖用禴祭,可薦于鬼神。"②《晋書》卷三六《衛瓘傳》:"丞相王導教曰:'衛洗馬明當改葬。此君風流名士,海内所瞻,可修薄祭,以敦舊好。'"③《書鈔》卷八九正題曰"雞酒薄祭",注文引謝承《書》則作"雞酒脯祭",則失之矣。④《後漢書》卷八三《徐稚傳》亦作"雞酒薄祭",⑤可爲證。

21. 定有

謝承《後漢書》卷三《李曇傳》:"繼母酷烈,曇性純孝,定有恪勤,妻子恭

---

① 《職官分紀》,《景印文淵閣四庫全書》,第923册,第118頁。
② (清)郝懿行:《易説》卷二,《郝懿行集》第1册,齊魯書社,2010年,第89頁。
③ 《晋書》,第1068頁。
④ 《北堂書鈔》,下册,第58頁。
⑤ 《後漢書》,第1747頁。

奉，寒苦執勞，不以爲怨。"（范《書·徐穉傳》注）（84頁）

按，"定有"，檢核范《書》卷五三《徐穉傳》李賢注引，本作"定省"，①是也。"定省"乃常詞，早晚問安也。《禮記·曲禮上》："凡爲人子之禮，冬溫而夏凊，昏定而晨省。"鄭注："定，安其牀衽也；省，問其安否何如。"②《漢書》卷六〇《杜周傳》："親二宮之饗膳，致晨昏之定省。"③"有"蓋迻錄未審而誤也。

22. 欣然

謝承《後漢書》卷四《蔡邕傳》："蔡邕與袁公書曰：'酌麥醴，燔乾魚，樂亦在其中矣。'"（《文選》卷二一《應休璉·百一詩》注）（104頁）

校勘記曰："黃輯原注'出《文選·任彥昇〈爲范尚書讓吏部封侯第一表〉》注'，非。此引'樂'上有'欣然'二字，黃輯亦脱。然《文選》注未言出謝《書》，《書鈔》卷一四八引亦同，疑黃輯誤引，錄以俟考。"

今按，檢覈《六臣注文選》卷三八《任彥昇·爲范尚書讓吏部封侯第一表》注下曰："善曰：謝承《後漢書》曰：'鄭敬字次都，釣魚大澤，折芰而坐，以蒲薦肉，瓠瓢盈酒，琴書自樂。'又曰：'蔡邕與袁公書曰："酌麥醴，燔乾魚，欣然樂在其中矣。"'"④其言"又曰"，未知是李善"又曰"，抑或謝承《後漢書》"又曰"邪？考《六臣注文選》卷二一應休璉《百一詩》注曰："善曰：蔡邕與袁公書曰：'酌麥醴，燔乾魚，欣然樂在其中矣'"，⑤則明其言"又曰"蓋指李善又曰也。另《書鈔》卷一四八亦逕言"蔡邕與袁公書云：'朝夕游談，從學宴飲，酌麥醴，燔乾魚，欣欣焉樂在其矣。'"更可證此條乃出"蔡邕與袁公書"，⑥而非謝承《後漢書》，故此條當删。

23. 黃他求没

謝承《後漢書》卷四《黃瓊傳》："黃他求没，將投骸虜廷。"（《文選》卷三七《劉越石勸進表》注）（106頁）

---

① 《後漢書》，第1748頁。
② 《禮記正義》，（清）阮元校刻《十三經注疏（清嘉慶刻本）》，第2267頁。
③ 《漢書》，第2672頁。
④ 《六臣注文選》，第715頁上欄。
⑤ 《六臣注文選》，第399頁上欄。
⑥ 此文蓋出自《蔡中郎集》。《四庫提要》曰："《蔡中郎集》，漢蔡邕撰。《隋志》載'後漢左中郎將《蔡邕集》十二卷'，注文曰'梁有二十卷，錄一卷。'則其集至隋已非完本。《舊唐志》乃仍作二十卷，當由官書佚脱，而民間傳本未亡，故復出也。《宋志》著錄僅十卷。則又經散亡，非其舊本矣。"詳參《四庫全書總目》卷一四八，第1272頁。今本《蔡中郎集》已不見此文，蓋唐後此文已散佚。

按，《文選》卷三七《劉越石勸進表》注曰："謝承《後漢書序》曰：'黄他求没將投骸虜廷'。"明此條殆出謝承《書序》，而非《黄瓊傳》。

另"黄他求没"，"没"通"殁"。《三國志》卷五七《吴志·虞翻傳》裴注引《會稽典録》："主簿任光，章安小吏黄他，身當白刃，濟君於難。"①未知"黄他求没"是否即此事。若果是，則"將投骸虜廷"疑當别爲一事，文殆亦有訛脱。②

24. 嬴

謝承《後漢書》卷四《韓韶傳》："韓韶字仲黄，潁川人。韶爲嬴長，嬴鄰境歲饑，多被寇，廢耕桑，其民流入縣界，求索衣糧者衆。"(《御覽》卷四一九)(107—108頁)

校勘記曰："'嬴'原誤作'赢'，據范《書》本傳及《續漢·郡國志》逕改。"

按，"嬴"不煩改字，"嬴"爲縣名，典籍多作"嬴"。范《書》本傳作"嬴"，李賢注："嬴，縣，故城在今兖州博城縣東北。"③又多作"嬴"，《後漢書》卷七六《循吏傳序》曰"魯恭、吴祐、劉寬及潁川四長"，李賢注"謂荀淑爲當塗長，韓韶爲嬴長，陳寔爲太丘長，鍾皓爲林慮長。""嬴"即作"嬴"。又卷一下《光武帝紀下》："復嬴、博、梁父、奉高"，李賢注："四縣屬太山郡，故城在今兖州博城縣界。"卷一八《陳俊傳》"遣其將擊俊，戰於嬴下"，李賢注："嬴，縣名，屬太山郡。"卷三六《張霸傳》："昔延州使齊，子死嬴、博"，李賢注："嬴、博，二縣名，屬泰山郡。"④另檢覈《續漢志》卷二一《郡國志三》"泰山郡"下曰"嬴有鐵"；《漢書》卷二八上《地理志八上》泰山郡下載"嬴"縣，注文曰"有鐵官"。⑤"嬴"即嬴縣，未知周校所言"《續漢·郡國志》"爲何本。此可知縣名作"嬴"字當不誤。

25. 巷

謝承《後漢書》卷四《皇甫規傳》："乃以規爲中郎將，討降之。會軍士、郎將大疫，規親入巷，巡視將士，三軍感悦。"(《書鈔》卷六三)(117頁)

---

① 《三國志》，第1325頁。
② 清胡克家《文選考異》卷七曰："注'謝承'下至'虜廷'，袁本、茶陵本無此十六字，按，尤增多誤也。"詳參《文選》，第941頁上欄。
③ 《後漢書》，第2063頁。
④ 《後漢書》，第2458、82、690—691、1242頁。
⑤ 《後漢書》，第3453頁；《漢書》，第1582頁。

校勘記曰:"'巷',范《書》作'菴廬',汪輯從之,而姚、黄二輯作'巷廬'。又孫輯作'荐廬',非。"

按,"巷"無意,"巷廬"非詞,二者皆非。字當作"菴廬","巷"即爲"菴"之誤。范《書》卷六五《皇甫規傳》即作"菴廬";①《通典》卷一五二、《册府》卷三九八、《御覽》卷二八〇引均作"菴廬"。②《通鑑》卷五四《漢紀·桓帝紀下》載作"庵廬",胡注云:"庵,草屋;廬,寄舍也。毛晃曰:'結草木曰庵,在野曰廬。'"③清王念孫《廣雅疏證》卷七上曰:"'草圓屋曰庵。庵。奄也,所以自覆奄也。'《後漢書·皇甫規傳》:'親入菴廬,巡視將士。''菴'與'庵'同。《喪服四制》引《書》'高宗諒闇',鄭注云:'闇,謂廬也。'義亦與'庵'同。"④又曰:"'菴廬'即'幕'也。'幕''庵''廬'皆下覆之義。"⑤王氏所論甚是。《北史》卷五八《周室諸王傳·齊煬王宇文憲》:"憲密謂椿曰:'兵者詭道,汝今爲營,不須張幕,可伐栢爲菴,示有處所。令兵去之後,賊猶致疑。'"⑥前言"不須張幕",後言"伐柏爲菴",可知"菴"即營幕也。"菴"又可寫作"荐",《玉篇·艸部》"菴"下有古文"荐"。⑦《集韻·鹽韻》:"菴荐,菴門,艸名。古作'荐'。"又見《集韻·覃韻》。⑧ 明張自烈《正字通·艸部》曰:"'荐'同'菴'。"⑨是孫本輯作"荐廬",實與"菴廬"同,校記所論非是。

26. 且

謝承《後漢書》卷四《陳蕃傳》:"正月朝見太守王龔,客有貢白魚於龔者,龔曰:'汝南乃有此魚?'蕃曰:'魚大,且明府之德。'"(《御覽》卷九三六)(119頁)

"且明府之德",句意不明。按,宋吳淑《事類賦注》卷二九下注云:"《後漢書》曰:'陳蕃爲郡法曹吏,正⑩朝見太守王龔。客有貢白魚於龔者。龔曰:"汝南乃有此魚?"蕃曰:"魚大,由明府之德。"'"⑪宋葉廷珪《海録碎事》

---

① 《後漢書》,第2233頁。
② 《通典》,第3882頁;《册府元龜》,第4509頁;《太平御覽》,第1303頁下欄。
③ 《資治通鑑》,第1761頁。
④ (清)王念孫撰,張靖偉等校點:《廣雅疏證》,第1059頁。
⑤ (清)王念孫撰,張靖偉等校點:《廣雅疏證》,第1060頁。
⑥ 《北史》,第2089頁。
⑦ 《大廣益會玉篇》,第467頁。
⑧ 《集韻(附索引)》,第284、291頁。
⑨ (明)張自烈:《正字通》卷九《艸部》,哈佛大學燕京圖書館藏清畏堂刻本,第七〇頁。
⑩ "正"下當脱"月"字。
⑪ 此條《事類賦注》引所謂"後漢書",文字與《御覽》卷九三六引謝承《書》大略相同,頗疑此"後漢書",即謝承《後漢書》也。參《事類賦注》,第469頁。

卷一二載此亦作"魚大由明府之德",①明"且"當爲"由"之訛。"由"可讀爲"猶",《墨子·兼愛下》:"爲彼者由爲己也。爲人之都若爲其都。"清畢沅校曰:"由同猶。"②《史記》卷八七《李斯列傳》:"夫以秦之彊,大王之賢,由竈上騷除,足以滅諸侯,成帝業,爲天下一統,此萬世之一時也。"唐司馬貞索隱云:"言秦欲並天下,若炊婦埽除竈上之不淨,不足爲難。"③"由"皆通"猶",④若也。"魚大由明府之德",言魚大若明府之德也。

27. 不蒙

謝承《後漢書》卷四《陳蕃傳》:"臣位列台司,憂深責重,不敢尸祿惜生,坐觀成敗。如不蒙採錄,使身首分裂,異門而出,所不恨也。"(《御覽》卷四五二)(122頁)

按,"不蒙採錄"無意,"不"字衍。《後漢書》卷六六《陳蕃傳》作"如蒙採錄",⑤《群書治要》卷二四、《册府元龜》卷三二五載皆同,⑥可證。

28. 困杖

謝承《後漢書》卷四《范滂傳》:"滂入聞,資使伍伯亂捶困杖,言辭不懾,仰疾言曰:'范滂清議,猶利刃截腐肉。願爲明府所笞殺,不爲滂所廢絶。'"(《御覽》卷二四六 又卷四二七 《書鈔》卷三七)(130頁)

"困杖",文意不明,典籍亦罕見。按,疑"困"爲"因"之訛。"因杖",不當從上讀,當點作曰"資使伍伯亂捶,因杖,言辭不懾","因",乃,於是。"因杖",謂乃杖責也。《北史》卷一七《拓跋褒傳》:"褒大怒,因杖百餘,數日死。坐免官,卒于家。"卷五一《趙郡王琛傳》:"尋亂神武後庭,因杖而斃,時年二十三。"⑦《舊唐書》卷九八《裴耀卿傳》:"決杖便發,倘獄或未盡,又暑熱不耐,因杖或死,即是促期處分,不得順時。"卷一三五《封常清傳》:"因杖死,以面仆地曳出之。"⑧《太平廣記》卷五九《西河少女》:"今此兒,妾令服藥不

---

① (宋)葉廷珪撰,李之亮校點:《海録碎事》,中華書局,2002年,第667頁。
② (清)孫詒讓撰,孫啓治點校:《墨子間詁》,中華書局,2001年,第114頁。
③ 《史記》,第2540頁。另,清王念孫《讀書雜志·史記第五·李斯列傳》:"《太平御覽·人事部》引此'竈'字上有'老嫗'二字。念孫案:索隱曰:'言秦欲并天下,若炊婦埽除竈上之不净,不足爲難。'據此,則正文内有'老嫗'二字明矣。"(第358頁)
④ "由"古書通"猶",詳參高亨:《古字通假會典》,第718頁;馮其庸、鄧安生:《通假字彙釋》,北京大學出版社,2006年,第647—648頁。
⑤ 《後漢書》,第2166頁。
⑥ 《群書治要》,第227頁;《册府元龜》,第3679頁。
⑦ 《北史》,第643、1843頁。
⑧ 《舊唐書》,第3082頁;《新唐書》,第4580頁。

肯,致此衰老,行不及妾,妾恚之,故因杖耳。"(出《女仙傳》)①因此,"因杖,言辭不憚",言乃杖責之,而(范滂)言辭不憚服也。

29. 劾覽

謝承《後漢書》卷四《張儉傳》:"時中常侍侯覽殘暴百姓,儉舉劾覽,遏絕章奏,並不得通。"(《御覽》卷四二〇)(131 頁)

"儉舉劾覽,遏絕章奏"句意頗有疑。按,此句標點有誤,當於"劾"下點斷,作"儉舉劾,覽遏絕章奏"。《後漢書》卷六七《黨錮傳·張儉》即作"儉舉劾覽及其母罪惡,請誅之。覽遏絕章表";②《册府》卷八七〇載此作"覽遏絕章奏",③並可證。

30. 桑椹乾爲飯

謝承《後漢書》卷四《袁術傳》:"袁術在壽春,百姓以桑椹乾爲飯。"(《書鈔》卷一五六)(149 頁)

按,"以桑椹乾爲飯",《類聚》卷一〇〇引《吴書》作"以桑椹蝗蟲爲乾飯";《書鈔》卷一四四、《御覽》卷八五〇引《吴書》亦同;④《御覽》卷四八六又引《吴志》云:"袁術在壽春,穀石百餘萬,載金錢之市,求糴,市無米而棄錢去。百姓飢寒,以桑椹蝗蟲爲乾飯。"⑤據此,"以桑椹乾爲飯",當作"以桑椹爲乾飯","乾爲"二字誤倒,當據乙。

31. 後

謝承《後漢書》卷五《循吏傳·王阜》:"竊書負笈,乘跛馬,後安定受《韓詩》。年十七,經業大就,聲聞鄉里。"(《書鈔》卷一三九)(158 頁)

按,"後安定受韓詩",句意不明。檢陳本《書鈔》,"後"作"從",當是。

---

① 《太平廣記》,第 364 頁。
② 《後漢書》,第 2210 頁。
③ 《册府》載:"李篤,東萊人也。時山陽東部督郵張儉舉劾中常侍侯覽家在防東,殘暴百姓,所爲不軌,請誅之。覽遏絕章奏,並不得通。覽鄉人朱並上書告儉與同郡二十四人爲黨,於是刊章討捕。儉得亡命,流轉東萊,止篤家。外黄令毛欽操兵到門,篤引欽謂曰:'張儉知名天下,而亡非其罪。縱儉可得,寧忍執之乎?'欽因起,撫篤曰:'蘧伯玉耻獨爲君子,足下何如自傳仁義?'曰:'篤雖好義,明廷今日載其半矣!'欽嘆息而去。"據其體例當出自《李篤傳》,文字與《後漢書》有異,唯其未載書名,未知出何書。另,"自傳"當據《後漢書》作"自專"。詳參《册府元龜》,第 10131 頁。
④ 《藝文類聚》,第 1731 頁;《北堂書鈔》,第 2 册,第 463 頁上欄;《太平御覽》,第 3799 頁下欄。
⑤ 《太平御覽》,第 2227 頁下欄。

32. 化

謝承《後漢書》卷五《儒林傳·劉昆》:"劉昆遷弘農太守。先是崤險,驛道多虎災,行旅不通。昆爲政三年,化大行,虎皆負子渡河而去。"(《書鈔》卷七五)(161頁)

"化大行",語意未足。《後漢書》卷七九上《儒林傳上·劉昆》作"仁化大行";③《通典》卷三三載亦同。④ 蓋《書鈔》脱"仁"字,當據補。

33. 臨盡

謝承《後漢書》卷五《獨行傳·范式》:"後元伯寢疾篤,同郡郅君章、商子徵晨夜省視,元伯臨(盡)〔終歎〕曰:'恨不見死友。'尋卒。"(《御覽》卷四〇七 又卷三九七 《類聚》卷七九 《書鈔》卷一三九 《類聚》卷二一)(172頁)

校勘記曰:"據《御覽》卷三九七改補。"

按,"盡"不煩改,義亦可通。《御覽》卷四〇七引謝承《書》即作"臨盡",《後漢書》卷八一《獨行傳·范式》亦作"臨盡歎曰",可證"盡"字不誤。"盡"有終義,如《莊子·齊物論》:"一受其成形,不亡以待盡。"郭象注:"言物各有分,故知者守知以待終,而愚者抱愚以至死。"⑤《文選》卷四五陶淵明《歸去來辭》:"聊乘化以歸盡。"唐李善注:"盡謂之死。"⑥

34. 天子未嘗見

謝承《後漢書》卷五《方術傳·謝夷吾》:"行部始到南陽縣,遇孝章皇帝巡狩,駕幸魯陽。有詔敕荆州刺史入傳錄見囚徒,誡長史'勿廢舊儀,朕將覽

---

① 《北堂書鈔》,第2册,第430頁。
② 定生,生平不詳。"生"蓋爲尊稱,古者以"生"冠於姓後,如"伏生""高堂生""濟南張生""千乘歐陽生"等,"定"當爲其姓,而"安定"定非人名。另據《後漢書》卷七九下《儒林傳下》載:"杜撫字叔和,犍爲武陽人也。少有高才。受業於薛漢,定韓詩章句。後歸鄉里教授。沈靜樂道,舉動必以禮。弟子千餘人。……建初中,爲公車令,數月卒官。"如此,"犍爲定生"極可能師承杜撫。
③ 《後漢書》,第2550頁。
④ 《通典》,第923頁。
⑤ (晉)郭象注,(唐)成玄英疏:《南華真經注疏》,中華書局,1998年,第30頁。
⑥ 《文選》,第637頁上欄。

·384· 東漢史書叢考

焉'。"(范《書·方術傳》注 《書鈔》卷七二)(183頁)

按,陳本《書鈔》卷七二引與《後漢書》注引同。孔本《書鈔》引謝《書》曰:"行部到南陽,天子未嘗見,有詔敕'荆州録見囚徒等,朕將覽焉'。"① 相對比,"天子未嘗見"五字當補於"駕幸魯陽"後,如此文意益彰。

35. 蒙傳術

謝承《後漢書》卷五《方術傳·李南》:"女亦曉家術,爲卷縣民妻。晨詣甕室,卒有暴風,婦便上堂,從姑求歸,辭其二親。姑不許,乃跪而泣曰:'蒙傳術,疾風卒起,先吹竈突及井,此禍爲女婦主甕者,妾將亡之應。'"(《類聚》卷八〇)(184頁)

按,"蒙傳術",《後漢書》卷八一《方術傳上·李南》作"家世傳術";②《事文類聚續集》卷一〇引《漢書》作"家傳術"。③ 明《類聚》所引"蒙"即"家"之訛字,二者形近而訛。

36. 星等

謝承《後漢書》卷五《方術傳·郎宗》:"善京氏易、風角、星等,推步吉凶。"(范《書·方術傳》注 《書鈔》卷一三五 《御覽》卷七一一)(186頁)

按,"星等"無意,當作"星筭"。《後漢書》卷八二上《方術傳上》李賢注引謝承《書》正作"星算",《册府》卷九八、卷八七六載皆同。④ 此當爲周輯迻録失校而致誤。

37. 封告

謝承《後漢書》卷五《風教傳》:"告字君達,爲司徒虞延所辟。時隴西太守鄧融以職被罪,君達解其桎梏。"(《書鈔》卷八六)(191頁)

校勘記曰:"告,封告。俞本、孔本此條均作'封告傳',而陳本作'風教傳'。洪飴孫《史目表》據陳本,列'風教'於謝《書》傳目中。疑封告、風教其音相仿,或係陳禹謨妄改亦未可知。今暫存此目以俟考。又孫志祖按:'范《書·王丹傳》云永平四年坐考隴西太守鄧融事無所據策免。又《馮魴傳》

---

① 《北堂書鈔》,第1册,第540頁。
② 《後漢書》,第2716頁。
③ 《事文類聚續集》卷一〇引《漢書》,除卻"蒙"作"家"外,與《類聚》卷八〇引謝《書》皆同,疑此曰"漢書"即爲謝承《後漢書》。詳參(宋)祝穆、(元)富大用輯:《事文類聚續集》卷一〇,明萬曆三十二年金陵書林唐富春德壽堂刻本,第一四頁。
④ 《後漢書》,第2723頁;《册府元龜》,第1068、10185頁。

亦云永平四年坐考隴西太守鄧融聽任姦吏策免。鄧融不知緣何事被罪。王丹、馮魴皆以妄考策免，則鄧融之桎梏本非其罪可知。虞延爲司徒在永平八年，蓋此獄連年不決，久乃辯明其誣，故封告得解之也。'"

按，"盛告"，當作"盛吉"。《書鈔》卷五三引謝承《後漢書》："盛吉字君達，爲廷尉，自掌憲，罪内當斷，夜省坐，求共妻執燭。吉持丹筆，夫婦相向垂涕。"①

另《冊府》卷六〇八載後漢有"盛吉，字君達。爲廷尉，性多哀憐，視事十二年，天下稱有恩"，②《冊府》未注明所引何書。"告"殆亦爲"吉"之誤字。《初學記》卷一二引謝承《後漢書》："盛吉字君達。拜廷尉，自掌憲平法，常懇惻垂念之。"此條下又引虞預《會稽典錄》云："盛吉字君達，爲廷尉，性多哀憐。其妻謂吉曰：'君爲天下執法，不可使一人濫罪，殃及子孫。'其囚無後嗣者，令其妻妾得入，使有遺類。視事十二年，天下稱有恩。"③並可證。

38. 丹板

謝承《後漢書》卷六《羊茂傳》："羊茂字季寶，豫章人。爲東郡太守，冬坐白羊皮，夏處丹板榻，常食乾飯。"（《書鈔》卷三八　又卷七五　《御覽》卷四二五　又卷二一　又卷八五〇）（199 頁）

校勘記曰："《書鈔》卷七五、《御覽》卷二一均作'單榻板'。"

按，"丹"古書可與"單"通，"丹榻板"亦即"單榻板"。《華陽國志校補圖注》卷四《南中志·晋寧郡》："毋單縣，漢舊縣，屬牂柯郡。建興中度（據《水經注》）。有丹。"任乃強注解曰："'單'與'丹'同音。'毋單'又曰'丹川'。蓋原出丹沙，僰語從漢人呼朱砂爲'丹'，《漢志》緣僰語譯作'毋單'字也。凡縣名用毋（無）字者，皆示其本有。"④宋佚名《大宋宣和遺事》："帝用麻胡爲師，起天下百萬民夫，開一千丹八里汴河。"⑤"一千丹八里"即一千單八里。明代《石郎駙馬傳》："拜了二十丹四拜，山呼萬歲兩三聲。"⑥另，古代醫集中習見"丹方"一詞，亦作"單方"，並可知"丹榻板"即爲"單榻板"。

---

① 《八家後漢書輯注》謝承《後漢書》卷八《盛吉傳》輯此條，曰："〔會稽〕盛吉字君達，爲廷尉，自掌憲，〔常懇惻垂念之〕。〔每至冬節〕，罪囚當斷，夜省坐狀，其妻執燭，吉持丹筆，夫婦相向垂涕〔而決罪〕。"（《書鈔》卷五三　又卷一〇四　《初學記》卷一二　卷二〇　《蒙求集注》卷下）詳參《八家後漢書輯注》上册，第 257 頁。
② 《册府元龜》，第 7144 頁。校記曰："'吉'，原誤作'告'，據宋本改。"（第 7151 頁）
③ 《初學記》，第 310 頁。
④ 《華陽國志校補圖注》，第 271 頁。
⑤ 《大宋宣和遺事》，萬有文庫本，商務印書館，1925 年，第 4 頁。
⑥ 《新編説唱全相石郎駙馬傳》，《明成化説唱詞話叢刊》第 2 册，上海書店出版社影印，2011 年，第 15 頁。

39. 致富

謝承《後漢書》卷六《周敞傳》:"蒼梧廣信女子蘇娥,行宿高安鵲巢亭,爲亭長龔壽所殺,及婢,致富,取其財物,埋(致)〔置〕樓下。"(《文選》卷三九江淹《詣建平王上書》注　《御覽》卷一九四)(207頁)

校勘記曰:"據《御覽》卷一九四改。"

按,"致"不煩改,"致""置"古籍多通。詳參前文《東觀漢記校注》卷七《東海恭王彊傳》下"致"條。

另,"及婢,致富"不當點斷。"致富"乃婢女之名,《書鈔》卷七九引《漢書》云:"亭長殺之,并其婢致富,取其財物。"①《太平廣記》卷一二七《報應》下載蘇娥事甚詳,曰:"有雜繒帛百二十疋,及婢一人,名致富。"又曰:"載妾并繒,令致富執轡。"②因此,"致富"當連讀,且下當有專名綫。

40. 有録

謝承《後漢書》卷六《尹坤傳》:"特拜尚書僕射,詔曰:'惟君功曹時,以太守之術,克獎王室,其有録臺事,勿令謬誤。'"(《書鈔》卷五九)(223頁)

"有録",檢覈《書鈔》卷五九引謝承《書》,其文作"省録",清嚴可均《全後漢文》卷九七引亦同,其當正作"省"。③ 此蓋爲迻録失校而誤也。

41. 王黨

謝承《後漢書》卷七《王黨傳》:"王黨遷汝南太守,事無不敬,勞於求賢訪能,化清於上,事緝於下。"(《書鈔》卷七五)(233頁)

校勘記曰:"姚、汪、王三輯'事無'以下作'拔才禮士,不敢自專',又'訪能'作'故能'。"

按,范曄《後漢書》卷三一有《王堂傳》,曰:"遷汝南太守,搜才禮士,不苟自專,乃教掾(吏)〔史〕曰:'古人勞於求賢,逸於任使,故能化清於上,事緝於下。'"④另,晋常璩《華陽國志》卷一〇《廣漢士女》載"王堂,字敬伯,郪人也",卷一二《益梁寧三州先漢以來士女目録》又載"司隷校尉王堂,字敬伯〔郪人〕";⑤《通典》卷三三載"後漢王常字敬伯,爲汝南太守",王文錦校

---

① 《北堂書鈔》,第1册,第588頁下欄。
② 《太平廣記》,第897頁。
③ 《全上古三代秦漢三國六朝文》,第993頁上欄。
④ 《後漢書》,第1105頁。
⑤ (晋)常璩:《華陽國志》,叢書集成初編本,商務印書館,1935年,第141、212頁。

曰:"堂,原訛作'常',據《後漢書》及殿本改。"同卷又云"王堂字敬伯,爲巴郡,民生爲立祠"。①《御覽》卷二六二引梁鍾岏《良吏傳》曰:"王堂,字敬伯,廣漢郪人也。"②《文選》卷二五晉盧諶《贈劉琨詩》李善注引張璠《漢紀》亦曰:"王堂爲汝南太守,教掾吏曰:'其憲章朝右,委功曹陳蕃也。'"③《職官分紀》卷四一載亦作"王堂"。④ 明《書鈔》引謝《書》"王黨"當正作"王堂"。

另,"勞於求賢訪能,化清於上,事緝於下"句意不暢,"訪能",《後漢書》卷三一《王堂傳》作"故能",《職官分紀》卷四一引張璠《漢紀》、《通志》卷一〇七、《册府》卷七一六載此亦同。⑤ "故能"當是,"訪能"殆爲類書擅改之辭。

42. 許永

謝承《後漢書》卷八《許永傳》:"許永字永先,爲司隸校尉,督師京師。"(《書鈔》卷六一)(259頁)

校勘記曰:"姚輯作'字永先',汪輯作'字游光',且注曰:'原誤永光。'黃輯删。"

又:"靈帝光和中,武庫屋自壞。司隸許(冰)〔永〕上書曰:'武庫,禁兵所在,國之禁,爲災深也。'"(《初學記》卷二四 《御覽》卷一九一)(259頁)

校勘記曰:"據汪輯校改。"

《後漢書》卷一〇下《皇后紀下》載"羽林左監許永",李賢注"'永',一作'詠'"。(二册,449頁)

曹金華《稽疑》論曰:"余按:《續漢書・五行志》有'太常許詠',《集解》本作'永'。《黨錮列傳》'司隸校尉許冰',《校勘記》云:'汲本、殿本"冰"作"永"。按:殿本《考證》謂"永",毛本作"冰",監本作"水",今從宋本。王先謙謂毛本並不作"冰",不知所據何本。'《書鈔》卷六一引《謝承書》作'永',謂'許永字永先,爲司隸校尉,……永舉法無所回避,捕治閹侍,京師號曰"許永光日"'。《初學記》卷二四、《御覽》一九一引《謝承書》作'司隸許冰',周天游《八家後漢書輯注》據汪輯作'永',改'冰'爲'永'。故疑作

---

① 《通典》,第928、906頁。
② 《太平御覽》,第1228頁上欄。
③ 《文選》,第360頁上欄。
④ 《職官分紀》,《景印文淵閣四庫全書》,第923册,第773頁上欄。
⑤ 《職官分紀》,《景印文淵閣四庫全書》,第923册,第785頁上欄;《通志》,第1555頁中欄;《册府元龜》,第8255頁。

'永'爲是。'永''詠'同音,'水''冰'形近而訛也。"①

按,《初學記》卷二四、《御覽》卷一九一引此均作"許冰"。另《通志》卷一一二載此作"許冰"。《法苑珠林》卷七六《十惡》載:"以事問羽林左監許冰:此爲何祥? 其可禳乎? 冰對以宋后及渤海王無辜之狀,宜並改葬以安冤魂。"(出《冤魂志》)②《太平廣記》卷一一九輯此又作"許永"(出《還冤記》)。③ 另,《册府》卷四六八載此作"司隸校尉許沐",④"沐"字當不可信。作"許冰"抑或"許永(詠)",尚不明。

43. 駱俊傳

謝承《後漢書》卷八《駱俊傳》:"俊字孝遠,〔烏傷人〕。有文武才幹,少爲郡吏,察孝廉,補尚書郎,擢拜陳相。〔人有〕〔產子,厚致米肉,達府主意,生男女者,以駱爲名〕。值袁術僭號,兄弟忿爭,天下鼎沸,群賊並起。陳與比界,奸慝四布,俊厲威武,保疆境,賊不敢犯。養濟百姓,災害不生,歲獲豐稔。後術軍衆飢困,就俊求糧。俊疾惡術,初不應答。術怒,密使〔部曲將張闓陽私行到陳,之俊所。俊往從飲酒,因詐〕(人)殺俊。〔一郡吏人,哀號如喪父母〕。"(《吴志·駱統傳》注 范《書》《明八王傳》注)(267—268 頁)

按,此條合裴注引文與李賢注所引而成,所補皆爲李賢注引文。但合文後文氣頗亂。《御覽》卷二四八引《會稽典録》云:"駱俊字孝遠,烏傷人。孝靈皇帝擢拜陳相,汝南葛陂盜賊並起,陳與接境,四面受敵,俊厲吏民爲之保鄣。出倉見穀,以贍貧民。隣郡士庶咸往歸之。身捐俸禄,給其衣食,民有產子,常勑主者厚致米肉。生男女者,輒以駱爲名。"⑤《册府》卷六八二載:"駱俊爲陳國相。人有產子,厚致米肉,達府主意,生男女者,以駱爲名。袁術使部曲將張闓陽私行到陳,之俊所。俊往從飲酒,因詐殺俊。一郡吏人,哀號如喪父母。"⑥如此,則"人有產子,厚致米肉,達府主意,生男女者,以駱爲名"數句,當置於"歲獲豐稔"之後,如此方文意貫通。

44. 幹吏

謝承《後漢書》卷八《戎良傳》:"濟陰戎良字子恭,年十八,爲郡門下

---

① 曹金華:《後漢書稽疑》,第 209 頁。
② 《法苑珠林校注》,第 2250 頁。
③ 《太平廣記》,第 832 頁。
④ 《册府元龜》,第 5283 頁。
⑤ 《太平御覽》,第 1171 頁上欄。
⑥ 《册府元龜》,第 7858 頁。

〔幹〕吏。"(《御覽》卷四三八 又卷三七一)(274頁)

校勘記曰："據《御覽》卷三七一補。"

按,《御覽》卷四三八引謝承《書》作"門下吏",卷三七一引謝承《書》作"門下幹";①《職官分紀》卷四二引謝承《書》作"濟陽郡幹",②未見諸書引作"門下幹吏"者。"吏""幹"義近,《後漢書》卷五七《樂巴傳》："雖幹吏卑末,皆課令習讀,程試殿最,隨能升授。"李注曰："幹,府吏之類也。晉令諸郡國不滿五千以下,置幹、吏二人。郡縣皆有幹。幹猶主也。"《續漢志》卷二八《百官志五》載："閣下及諸曹各有書佐,幹主文書。"劉昭注曰："諸縣有秩三十五人……(循)〔脩〕行二百三十人,幹小史二百三十一人。"③因此,"幹""吏"義同,意皆可通,不必補字。

45. 張禹　公府吏

謝承《後漢書》卷八《張禹傳》："張禹少作公府吏,給廷尉爲北曹史,每斷法決處事執平,爲京師所稱。明帝以其達法理,有張釋之之風,起拜廷尉。"(《職官分紀》卷一九)(280頁)

校勘記曰："按范《書·張禹傳》,禹明帝時官至揚州刺史,不聞拜爲廷尉,此當別一張禹也。《翰苑新書前集》卷二二作'強禹'。"

按,《書鈔》卷五三引《東觀記》曰："張禹字伯達,作九府吏,爲廷尉府北曹吏,斷獄處事執平,爲京師所稱。明帝以其明達法理,有張釋之風,超遷非次,拜廷尉。"④《後漢書》卷三四《張禹傳》載："張禹字伯達,趙國襄國人也。"⑤據此,則《職官分紀》引謝承《書》之"張禹"與《後漢書》所載之"張禹"實爲一人。

另,"公府吏",檢覈《職官分紀》卷一九,實爲"九府吏",⑥與《書鈔》引《東觀記》合,"公"當正作"九"。"九府",九卿之府也。三國曹植《寫灌均上事令》："孤前令寫灌均所上孤章、三臺九府所奏事、及詔書一通,置之座隅,孤欲朝夕諷詠以自警誡也。"⑦亦即"九寺",《通典》卷二五《職官七》：

---

① 《太平御覽》,第2016頁上欄、1710頁上欄。
② 《職官分紀》卷四二引謝承《後漢書》作"濟陽成良",未知孰是。參《職官分紀》,《景印文淵閣四庫全書》,第923册,第814頁。
③ 《後漢書》,第1841頁。
④ 《北堂書鈔》,第1册,第400頁。
⑤ 《後漢書》,第1496頁。
⑥ 《職官分紀》,《景印文淵閣四庫全書》,第923册,第464頁。
⑦ 《全上古三代秦漢三國六朝文》,第1131頁中欄。

"漢以太常、光禄勳、衛尉、太僕、廷尉、大鴻臚、宗正、大司農、少府謂之九寺大卿。"①

46. 征艾　朔士

謝承《後漢書》卷八《散句》："威令神行，征艾朔士。"(《文選》卷五九沈休文《齊安陸昭王碑文》注)(282頁)

按，"征"當作"徵"，讀爲"懲"。"懲艾"，懲治也。《漢書》卷二七上《五行志上》："臣下懼齊之威，創艾之既。"唐顔師古注："創，懲艾也。"又作"懲乂"，《漢書》卷七〇《傅介子傳》："介子謂大將軍霍光曰：'樓蘭、龜兹數反覆而不誅，無所懲艾。'"顔注曰："艾讀曰乂。"②《後漢書》卷二三《竇融傳》："其後匈奴懲乂，稍復侵寇，而保塞羌胡皆震服親附。"唐李賢注："懲，創也。《説文》云'乂亦懲也。'"③

另，"朔士"，清胡克家《文選考異》卷一〇曰："何校'士'改'土'，是也。各本皆譌。"④按，"朔士"不合文意，當從何焯校作"朔土"。"朔土"，猶言北疆。漢揚雄《并州箴》："畫兹朔土，正直幽方，自昔何爲莫敢不來貢，莫敢不來王。"⑤《後漢書》卷七四《袁譚傳》："摧嚴敵於鄴都，揚休烈於朔土，顧定疆宇，虎視河外。"⑥因此，"士"當據正爲"土"。

47. 諸節　有閣

謝承《後漢書》卷八《序傳》："承父嬰，爲尚書侍郎，服事丹墀，彌綸舊章。〔每讀高祖及光武之後將相名臣〕，〔佐國翊治，謇諤諫争，諸節隱逸，儒林徵聘〕，策文通訓，條在宫禁，秘於有閣，(爲)〔唯〕承臺郎升復道取〔急〕，得爲開覽。"(《書鈔》卷六〇　《文選》卷二四陸士衡《答賈長淵詩》注)(283頁)

"諸節"，《職官分紀》卷八引謝承《書》作"清節"。⑦按，"諸"當作"清"，"清節"，清操也，與"隱逸"相平列。

"有閣"，檢《書鈔》卷六〇、《文選》卷二四李善注、《職官分紀》卷八引

---

① 《通典》，第690頁。
② 《漢書》，第1345、3002頁。
③ 《後漢書》，第797頁。
④ （清）胡克家：《文選考異》卷一〇《碑文》，《文選》，第979頁。
⑤ 《全上古三代秦漢三國六朝文》，第835頁。
⑥ 《後漢書》，第2411頁。
⑦ 《職官分紀》，《景印文淵閣四庫全書》，第923册，第217頁下欄。

謝承《書》均作"省閣"。① "有"蓋爲"省"之誤字,此當爲迻錄致誤。另,"有""省"亦形近多訛,如《續漢志》卷二一《郡國志三》:"建武中省泗水國,以其縣屬。"校勘記曰:"'省'原譌'有',逕據汲本、殿本改正。"又卷二二《郡國志四》:"建武十三年(有)〔省〕菑川、高密、膠東三國,以其縣屬。"校勘記曰:"校補謂'有'乃'省'之訛,各本皆未正。今據改。"②

另,《職官分紀》卷八引謝承《書》於"爲尚書侍郎"前尚有"博物聰識"四字,輯本亦當據補。

48. 波辜

薛瑩《後漢紀·桓帝紀》:"而桓帝繼之以淫暴,封殖宦豎,群妖滿側,姦黨彌興,賢良波辜,政荒民散,亡徵漸積。"(《御覽》卷九二 《書鈔》卷二一)(288 頁)

"波辜"非辭。覈《御覽》卷九二引,正作"被辜",《册府》卷一八〇注下載亦同。③ "波"當爲失校而致誤也。

49. 丈餘

薛瑩《後漢紀·靈帝紀》:"靈帝光和六年冬,大寒,北海、東萊、琅邪井中冰厚丈餘。"(《初學記》卷七 《御覽》卷六八)(289 頁)

按,"井中冰厚丈餘",難合情理。《後漢書》卷八《靈帝紀》載此曰:"冬,東海④、東萊、琅邪井中冰厚尺餘。"《續漢志》卷一五《五行志三》亦曰"井中冰厚尺餘。"⑤《書鈔》卷一五六引《續漢書》曰:"靈帝光和六年,井冰厚尺餘,冬大有年。"⑥《御覽》卷一八九亦引《後漢書》曰"琅邪有冰井,冰厚尺餘。"⑦明"丈"當爲"尺"之誤。

50. 有刑法

司馬彪《續漢書》卷一《光武帝紀》:"自今已後,有犯者,將正厥辜。〔與

---

① 《北堂書鈔》,第 1 册,第 457 頁上欄;《文選》,第 346 頁下欄;《職官分紀》,《景印文淵閣四庫全書》,第 923 册,第 217 頁下欄。
② 《後漢書》,第 3470、3493 頁。
③ 《册府元龜》,第 1991 頁。
④ 中華本校勘記曰:"校補引錢大昭説,謂《續五行志》'東海'作'北海'。"參《後漢書》,第 364 頁。
⑤ 《後漢書》,第 347、3313 頁。
⑥ 《北堂書鈔》,第 2 册,第 564 頁。
⑦ 《太平御覽》,第 914 頁上欄。

中二千石、諸大夫、博士、議郎有刑罰〕。"(《類聚》卷五二　《初學記》卷二〇)(297頁)

校勘記曰:"據《初學記》卷二〇補。"

按,"有刑法"不辭,"有"當作"省"。《後漢書》卷一《光武帝紀》即作"議省刑法";《後漢紀》卷四《光武帝紀》亦作"議省刑罰"。①檢覈《初學記》卷二〇引《續漢書》原即作"省",②此蓋輯注本迻錄未愼而致誤。

另,"省刑罰"句意亦未足,"議"亦當據《後漢書》《後漢紀》補,原文當作"與中二千石、諸大夫、博士、議郎議省刑罰"。

51. 牧人

司馬彪《續漢書》卷一《光武帝紀》:"昔羿、寒浞篡夏數十年,少康生,爲(牧人)〔仍牧正〕,能修德復夏,厥勳大矣,然尚有虞思及靡、有鬲内外之助。"(《類聚》卷一二　《御覽》卷九〇)(297頁)

校勘記曰:"據《御覽》卷九〇改補。《左傳·哀公元年》伍員曰:'昔有過澆殺斟灌以伐斟鄩,滅夏后相,后緡方娠,逃出自竇,歸于有仍,生少康焉。爲仍牧正。'杜預曰:'牧官之長。'"

按,"牧人"不誤。"牧人"亦爲官名,同"牧正"。《周禮·地官·牧人》下曰:"掌牧六牲而阜蕃其物。"③《尚書·立政》:"文王惟克厥宅心,乃克立茲常事司牧人,以克俊有德。"孔傳云:"文王惟其能居心遠惡舉善,乃能立此常事司牧人,用能俊有德者。"唐孔穎達疏:"惟慎擇在朝有司在外牧養民之夫。"④《詩經·小雅·無羊》:"牧人乃夢,衆維魚矣,旐維旟矣。大人占之,衆維魚矣,實維豐年。"鄭箋云:"厲王之時,牧人之職廢,宣王始興而復之,至此而成。"⑤"牧人"亦牧官之稱也。故此,作"牧人"亦通,不煩改補。

52. 深

司馬彪《續漢書》卷一《章帝紀》:"章帝徵能術者,深諸家曆,以爲四分之曆。"(《書鈔》卷一五三)(299頁)

"深諸家曆",文意不明。按,《續漢志》卷三《律曆志下》作"徵能術者課

---

① 《後漢書》,第29頁;《後漢紀》,張烈點校《兩漢紀》,第55頁。
② 《初學記》,第489頁。
③ 《周禮注疏》,(清)阮元校刻《十三經注疏(清嘉慶刻本)》,第1158頁。
④ 《尚書正義》,(清)阮元校刻《十三經注疏(清嘉慶刻本)》,第493頁。
⑤ 《毛詩傳箋》,第257—258頁。

校諸曆";①《御覽》卷一六引《續漢志》作"課效諸歷"。②"校""較""效"等典籍常通,③"課效"即"課校",計算考校也。④《後漢書》卷三《章帝紀》李賢注引《續漢書》云:"時待詔張盛、京房、鮑業等以《四分曆》請與待詔楊岑等共課歲餘。"⑤據此,"深"當爲"課"之訛。"課",算也。"課諸家曆",算諸皇家曆法。"課"草書常寫作"课"(元趙孟頫《急就章》)"课"(元鄧文原《急就章》)等,與"深"頗似,故易相訛。

53. 形似麟而無角

司馬彪《續漢書》卷一《章帝紀》:"章和元年,安息國遣使獻師子、符枝,形似麟而無角。"(《初學記》卷二九 《御覽》卷八八九 范《書》《班超傳》注)(300 頁)

校勘記曰:"范《書》《章帝紀》章和元年作'月氏國遣使獻扶拔、師子',《班超傳》略同。安息國來獻作二年事,時章帝已崩。《初學記》所引誤,又'枝'係'拔'之訛。疑'形似麟而無角'係注文,徐堅等誤入正文耳。"

按,《後漢書》卷八八《西域傳》:"章帝章和元年,遣使獻師子、符拔。符拔形似麟而無角。"又卷四七《班超傳》李賢注引《續漢書》亦曰:"符拔,形似麟而無角。"⑥據此,"形似麟而無角"即爲正文,校勘記所言待商。另,"符拔"疑有重文,《初學記》疑脱,當補。

54. 嚮衛

司馬彪《續漢書》卷一《安帝紀》:"永初四年詔:'比年饑,加有軍旅嚮衛,且勿設戲作樂,正旦無陳充庭車。'"(《書鈔》卷一五六)(301 頁)

校勘記曰:"《全後漢文》引此詔,'嚮'下有'者'字,嚴可均注:'此詔有脱誤。'"

按,此詔"加有軍旅嚮衛"文意不明。《後漢書》卷五《安帝紀》曰:"四年春正月元日,會,徹樂,不陳充庭車。"李注曰:"每大朝會,必陳乘輿法物車輦於庭,故曰充庭車也。以年饑,故不陳。"卷一〇上《皇后紀上》載此事曰:"舊事,歲終當饗遣衛士,大儺逐疫。太后以陰陽不和,軍旅數興,詔饗會勿

---

① 《後漢書》,第 3081 頁。
② 《太平御覽》,第 83 頁下欄。
③ 參前"《東觀漢記》叢考"下"校勝"條。
④ 《漢語大詞典》"課校""課效"分釋兩端,釋"課效"爲"考核其效果",殆爲望文。參《漢語大詞典》卷一一,第 279 頁。
⑤ 《後漢書》,第 149 頁。
⑥ 《後漢書》,第 2918、1581 頁。

設戲作樂,減逐疫侲子之半,悉罷象橐駝之屬。"李注云:"舊事,衛士得代歸者,上親饗焉。前《書‧蓋寬饒傳》曰'歲盡交代,上臨饗罷衛卒'是也。"①《通鑑》卷四九《漢紀‧安帝紀上》載:"太后以陰陽不和,軍旅數興,詔歲終饗遣衛士,勿設戲作樂,減逐疫侲子之半。"②

據此,原文當不誤。"嚮"當通"饗",③宴饗也。"衛"義爲衛士,《說文‧行部》:"衛,宿衛也。"④《左傳‧文公七年》:"文公之入也無衛。"⑤"衛"即衛士之義。《後漢書》卷三四《梁冀傳》:"宮衛近侍,並所親樹,禁省起居,纖微必知。"⑥"衛"皆指衛士。據此,原文當作"比年饑,加有軍旅,嚮衛,且勿設戲作樂。""嚮衛",宴饗衛士也。

55. 將醫

司馬彪《續漢書》卷一《安帝紀》:"元初中,會稽大疫,使光祿大夫將醫巡行。"(《御覽》卷七四二)(302頁)

校勘記曰:"范《書》'醫'上有'太'字,疑此脱。"

按,"將醫"亦通,不必補字。"醫",亦可指太醫。《廣韻‧之韻》:"醫,官名,漢太常屬官有太醫令。"《續漢志》卷二六《百官志三》:"太醫令一人,六百石。本注曰:掌諸醫。藥丞、方丞各一人。"劉昭注曰:"漢官曰:'員醫二百九十三人,員吏十九人。'""醫"即太醫也。《後漢書》卷三三《鄭弘傳》:"帝省章,遣醫占弘病,比至已卒。"⑦《後漢紀》卷二〇《質帝紀》:"語未絶而崩。固號哭,欲椎醫,冀不聽。"⑧"椎醫",《通鑑》卷五三《漢紀‧質帝紀》作"推舉侍醫"。"醫"皆指太醫。據此可知"將醫"不誤,意可爲攜將太醫也。

56. 死則委尸原野

司馬彪《續漢書》卷一《順帝紀》:"順帝詔曰:'死則委尸原野。'"(《文

---

① 《後漢書》,第214、424頁。
② 《資治通鑑》,第1579—1580頁。
③ "嚮""饗"古常通,如《韓非子‧十過》:"兵之著於晉陽三年,今旦暮將拔之而嚮其利,何乃將有他心?"《戰國策‧趙策一》載此"嚮"作"饗"。《史記》卷七三《白起王翦列傳》:"王翦曰:'爲大王將,有功終不得封侯,故及大王之嚮臣,臣亦及時以請園池爲子孫業耳。'""嚮臣"即"饗臣"也。《漢書》卷八《宣帝紀》:"上帝嘉嚮,海内承福。"唐顏師古注:"嚮,讀曰饗。"
④ 《説文解字》,第44頁上欄。
⑤ 《春秋左傳正義》,(清)阮元校刻《十三經注疏(清嘉慶刻本)》,第4006頁。
⑥ 《後漢書》,第1183頁。
⑦ 《後漢書》,第3592、1157頁。
⑧ 《後漢紀》,張烈點校《兩漢紀》,第386頁。

選》卷五七顔延年《陽給事誄》注）（303頁）

校勘記曰："嚴可均以爲是遺詔中語。"

按，此非遺詔語，乃出質帝本初元年二月詔，又見《後漢書》卷六《質帝紀》，載曰："二月庚辰，詔曰：'九江、廣陵二郡數離寇害，殘夷最甚。生者失其資業，死者委尸原野。昔之爲政，一物不得其所，若己爲之，況我元元，嬰此困毒。方春戒節，賑濟乏厄，掩骼埋胔之時。其調比郡見穀，出禀窮弱，收葬枯骸，務加埋瘞，以稱朕意。'"①《後漢紀》卷二〇《質帝紀》亦載此詔，此句作"生者飢乏，死者委棄"，②可知《文選》注引此爲"順帝詔"，殆誤。

57. 生本

司馬彪《續漢書》："光和元年，初置鴻都門，生本頗以經學相引。"（《御覽》卷九二　又卷七四九）（306頁）

按，《後漢書》卷八《靈帝紀》載此曰"始置鴻都門學生"，李注云："鴻都，門名也，於内置學。時其中諸生，皆敕州、郡、三公舉召能爲尺牘辭賦及工書鳥篆者相課試，至千人焉。"③《後漢紀》卷二四《靈帝紀中》作"初置鴻都門生"。④ 則原文當點作"初置鴻都門生，本頗以經學相引"。"鴻都門生"，即"鴻都門學生""鴻都門諸生"也。

58. 作官家

司馬彪《續漢書》卷一《靈帝紀》："上本侯家，居貧，即位常曰：'桓帝不能作官家，曾無私錢。'故爲私藏。"（《御覽》卷九二　《類聚》卷二四　《初學記》卷二四　《御覽》卷一七六）（309頁）

"作官家"，《後漢紀》卷二五《靈帝紀下》、《晉書》卷二六《食貨志》、《御覽》卷八三五引《續漢書》均作"作家"。⑤《後漢書》卷七八《宦者傳》、梁蕭繹《金樓子》卷一《箴誡》皆作"作家居"；《通鑑》卷五七載亦同，胡注云："居，積也。"⑥

按，"作家"，治家、持家也，與"作家居"語意相當。《三國志》卷四五《蜀

---

① 《後漢書》，第281頁。
② 袁《紀》載此詔在元初三月庚申。周天游校曰："范《書》作'二月庚辰'。按三月丙戌朔，無庚申，庚申乃二月第四日。則袁《紀》'三'當是'二'之誤。"參周本，第549頁。
③ 《後漢書》，第341頁。
④ 《後漢紀》，張烈點校《兩漢紀》，第466頁。
⑤ 《後漢紀》，張烈點校《兩漢紀》，第486頁；《晉書》，第781頁；《太平御覽》，第3729頁下欄。
⑥ 《後漢書》，第2536頁；《金樓子校箋》，第286頁；《資治通鑑》，第1850頁。

志·王元泰傳》裴松之注引《襄陽記》："亮嘗自校簿書，顗直入諫曰：'爲治有體，上下不可相侵，請爲明公以作家譬之。'"①晉葛洪《抱朴子內篇》卷六《微旨》："譬猶作家，云不事用他物者，蓋謂有金銀珠玉，在乎掌握懷抱之中，足以供累世之費者耳。"②清翟灝《通俗編》卷二三《食貨》下"作家"條云："作家本猶治家，而俗以畜積財產言之。"③據文意，靈帝乃言桓帝不擅持家，而無積財。而"作官家"則無此意，④亦與文意頗不合。"官"字衍，當據刪。

59. 中夫人

司馬彪《續漢書》卷一《靈帝紀》："上嘗登永安候臺，黃門常侍惡其登高臺，見居處樓殿，乃使中大夫尚坦諫曰：'天子不當登高，登高則百姓虛。'"(《御覽》卷九二引《續漢書》)(309頁)

按，《御覽》卷四九四引《後漢書》並作"中大夫尚坦"，⑤《後漢書》卷六八《宦者傳·張讓》作"中大人尚但"，李賢注曰："尚姓，但名。"卷一〇上《皇后紀上》："時宮婢出入，多能有所毀譽，其耆宿者皆稱中大人，所使者乃康家先婢，亦自通中大人。"卷一六《鄧禹傳》所載大略相同。⑥《通鑑》卷五八《漢紀·靈帝紀中》亦曰"中大人尚但"。⑦據此，當以"中大人"爲是。東漢有"太中大夫"等職，但並未設"中大夫"職。

另，《後漢書》卷八《靈帝紀論》云："趙忠、張讓亦紿靈帝不得登高臨觀。"李賢注："時宦官並起第宅，擬則宮室。帝嘗登永安候臺，宦官恐望見之，乃使趙忠等諫曰：'人君不當登高，登高則百姓散離。'自是不敢復登臺榭。見《宦者傳》。"⑧與此載稍有異。

60. 十月

司馬彪《續漢書》卷一《獻帝紀》："興平元年正月，帝加元服。二年十月，上自長安東遷。"(《御覽》卷九二)(310頁)

---

① 《三國志》，第1080頁。
② （晉）葛洪撰，王明校釋：《抱朴子內篇校釋》，中華書局，1985年，第125頁。
③ （清）翟灝：《通俗編》，商務印書館，1958年，第519頁。
④ 《漢語大詞典》下列"官家"義項三：一對皇帝的稱呼，二指公家、官府，三爲對官吏有權勢者的稱呼，四爲吳地婦女對公婆的稱呼。義項均不合文意。參《漢語大詞典》卷三，第1388頁。
⑤ 《太平御覽》，第2259頁下欄。
⑥ 《後漢書》，第2536、429、606頁。
⑦ 《資治通鑑》，第1867頁。
⑧ 《後漢書》，第359頁。

"十月"，《後漢書》卷九《獻帝紀》作興平二年"秋七月甲子，車駕東歸"；《後漢紀》卷二八《獻帝紀》載此亦曰興平二年六月"庚午，鎮東將軍張濟自陝至，欲和催、汜，遷乘輿幸他縣"；"秋七月甲子，車駕出宣平門"。① 據此，"十"當作"七"。

61. 七歲　授計

司馬彪《續漢書》卷一《后妃傳》："孝明明德馬皇后，伏波將軍新息侯援之女。后年七歲，幹治家事，敕制僮御，出入授計，一以貫之。諸家莫如其母，不知其家事獨后所爲也，後聞之，咸驚異焉。"（《御覽》卷一三七、《類聚》卷一五、《書鈔》卷二五）（312 頁）

校勘記曰："《類聚》卷一五'授計'作'計校'。"

"七歲"，《後漢書》卷一〇上《皇后紀上》、《後漢紀》卷九《明帝紀上》皆作"十歲"。按，據文意，當作"十"。②

另，"授計"無意，當作"校計"。"校計"，計算也，《後漢書》卷三〇下《郎顗傳》："願陛下校計繕修之費，永念百姓之勞，罷將作之官，減彫文之飾。"卷四九《仲長統傳》："及至一方有警，一面被災，未逮三年，校計贏短，坐視戰士之蔬食，立望餓殍之滿道。"卷八九《西羌傳》："若乃陷擊之所殲傷，追走之所崩籍，頭顱斷落於萬丈之山，支革判解於重崖之上，不可校計。"③

亦可作"計校"，《三國志》卷二一《魏志·衛覬傳》："當今之務，宜君臣上下，並用籌策，計校府庫，量入爲出。"《北齊書》卷四二《盧叔武傳》："叔武在鄉時有粟千石，每至春夏，鄉人無食者令自載取，至秋，任其償，都不計校。"④"校"亦作"較"，⑤如《顏氏家訓·治家》："婚姻素對，靖侯成規。近世嫁娶，遂有賣女納財，買婦輸絹，比量父祖，計較錙銖，責多還少，市井無異。"⑥

"出入"，蓋言收支也。《荀子·富國》："量地而立國，計利而畜民，度人力而授事，使民必勝事，事必出利，利足以生民，皆使衣食百用出入相揜，必

---

① 《後漢書》，第 378 頁；《後漢紀》，張烈點校《兩漢紀》，第 539 頁。
② 參胡愛英：《〈八家後漢書輯注〉校補》，南京師範大學碩士學位論文，2002 年，第 19 頁。
③ 《後漢書》，第 1058、1656、2900 頁。
④ 《三國志》，第 612 頁；《北齊書》，第 560 頁。
⑤ "校"頗多異寫，可參蔣禮鴻：《敦煌變文字義通釋（增補定本）》，上海古籍出版社，1997 年，第 233 頁。另，"校""授"古書多訛，參前《東觀漢記》叢考下"校勝"條。
⑥ （北齊）顏之推撰，王利器校注：《顏氏家訓集解》，中華書局，1993 年，第 53 頁。

時臧餘,謂之稱數。"清王先謙集解云:"出,出財也;入,入利也。"①《史記》卷五六《陳丞相世家》:"居頃之,孝文皇帝既益明習國家事,朝而問右丞相勃曰:'天下一歲決獄幾何?'勃謝曰:'不知。'問:'天下一歲錢穀出入幾何?'勃又謝不知,汗出沾背,愧不能對。"②因此,"出入校計",言家中收支覈算,"授"當正作"校"。《類聚》引作"計校",義同"校計"。

62. 夫人

司馬彪《續漢書》卷一《后妃傳》:"上未有所言,皇太后曰:'馬夫人德冠後宮,即其人也。'遂登后位。"(《御覽》卷一三七)(313 頁)

校勘記曰:"范《書·皇后紀》作'馬貴人'。"

按,"夫人"誤,當作"貴人"。《後漢紀》卷九《明帝紀上》亦作"馬貴人"。③ 另《古列女傳》卷八《續列女傳·明德馬皇后》,④《初學記》卷一〇,《御覽》卷三九八、卷九四四,《事類賦注》卷三〇引《東觀記》並作"馬貴人德冠後宮",⑤並可證。《後漢書》卷一〇上《皇后紀上》載:"及光武中興,斲彫爲樸,六宮稱號,唯皇后、貴人。貴人金印紫綬,奉不過粟數十斛。又置美人、宮人、采女三等,並無爵秩,歲時賞賜充給而已。"⑥明光武以降,後庭已不設"夫人",而稱"貴人"。⑦ 據《御覽》輯作"夫人"頗不可信。

63. 女娥

司馬彪《續漢書》卷一《后妃傳》:"〔燕〕蚤卒,有子女娥,甫在襁褓。時后年十二,傷娥早孤,養視撫育,慈恩深至。"(《御覽》卷一三七)(317 頁)

"女娥"下標專名號。按,"娥"乃鄧燕女之名。其後文曰"傷娥早孤",是女名爲"娥"也。"子女",女兒之義。⑧《後漢紀》卷一四《和帝紀》載:"后姊燕早卒,有遺腹女娥在襁褓。后年十二,傷娥早孤,躬自養撫。"⑨據此,"女"非女名,當出專名號。

―――――――

① 《荀子集解》,第 178 頁。
② 《史記》,第 2061 頁。
③ 《後漢紀》,張烈點校《兩漢紀》,第 167 頁。
④ 《古列女傳》卷八《續列女傳第一九·明德馬皇后》,清文選樓影宋刻本,第一五頁。
⑤ 《初學記》,第 222 頁;《太平御覽》,第 1837 頁上欄、4191 頁上欄;《事類賦注》,第 579 頁。
⑥ 《後漢書》,第 400 頁。
⑦ 秦以前天子夫人位次皇后,在衆女官之上。秦漢沿用,凡皇帝、皇太子之妾,皆稱夫人。東漢末曹操設内官時沿置,位次皇后,在衆嬪妃之上。詳參吕宗力主編:《中國歷代官制大詞典》,北京出版社,1994 年,第 89 頁。
⑧ 詳參前"《後漢書》叢考"下"子女"條。
⑨ 《後漢紀》,張烈點校《兩漢紀》,第 283—284 頁。

64. 遂

司馬彪《續漢書》卷一《后妃傳》："及董卓屯顯陽〔苑〕，議以爲太后迫永樂后令崩，遂婦姑之節，遷太后于桐宮。"（《御覽》卷一三七）（324頁）

"遂"不合文意。簡覈《御覽》卷一三七引《續漢書》，原文即作"逆"。① 《後漢書》卷一〇下《皇后紀下》載亦爲"逆婦姑之禮"。② 按，字當正作"逆"。蓋輯錄失校所致誤。

65. 又后

司馬彪《續漢書》卷一《后妃傳》："后怖畏何皇后，服藥欲除妊，胎安不動。又后數夢負日，遂不敢搖。"（《御覽》卷一三七　《書鈔》卷二六）（325頁）

按，"又后數夢負日"，文辭頗不連順。《後漢書》卷一〇下《皇后紀下》作"又數夢負日而行"；③《後漢紀》卷二七《獻帝紀》作"又夢負日而行"。④ 據此，"后"當衍。

66. 位次九卿

司馬彪《續漢書》卷二《王常傳》："王常字顏卿，拜橫野大將軍，位次九卿，〔與〕諸將絶席。引兵擊高峻。"（《書鈔》卷六四）（334頁）

"位次九卿"，《後漢書》卷一五《王常傳》曰："位次與諸將絶席"，無"九卿"字，李注云："絶席謂尊顯之也。《漢官儀》曰：'御史大夫、尚書令、司隸校尉，皆專席，號三獨坐。'"⑤《文選》卷五〇《史論下·范曄〈後漢書二十八將傳論〉》李善注引《後漢書》亦無"九卿"。⑥ 另《類聚》卷六九、《書鈔》卷一三三、《御覽》卷七〇九引《東觀記》皆與《後漢書》同；⑦《通典》卷二九《職官》曰"位與諸將絶席"。⑧ 按，字當無"九卿"，句讀爲"拜橫野大將軍，位次〔與〕諸將絶席"，言其位次與諸將分席獨坐，以示尊寵也。"九卿"當爲衍文。光武時多置"大將軍"號，《續漢志》卷二四《百官志一》云："將軍，不常置。本注曰：掌征伐背叛。比公者四：第一大將軍，次驃騎將軍，次車騎將

---

① 《太平御覽》，第669頁上欄。
② 《後漢書》，第450頁。
③ 《後漢書》，第449頁。
④ 《後漢紀》，張烈點校《兩漢紀》，第527頁。
⑤ 《後漢書》，第581—582頁。
⑥ 《文選》，第698頁下欄。
⑦ 《藝文類聚》，第1206頁；《北堂書鈔》，第2冊，第367頁上欄；《太平御覽》，第3159頁上欄。
⑧ 《通典》，第804頁。

軍,次衛將軍。又有前、後、左、右將軍。"又曰:"世祖中興,吳漢以大將軍爲大司馬,景丹爲驃騎大將軍,位在公下,及前、後、左、右雜號將軍衆多,皆主征伐,事訖皆罷。"①光武世冠"大將軍"者一般爲最高級別將軍,如驃騎大將軍景丹、建威大將軍耿弇等,位僅次大司馬吳漢。②

67. 捨

司馬彪《續漢書》卷二《陳俊傳》:"銅馬所過虜掠,(王)〔陳〕俊言於上曰:'宜捨輕兵出賊前,使百姓各堅壁,以絶其食,可不戰而殄也。'上然之,遣俊將輕騎,馳出賊前。"(《御覽》卷四四九)(345 頁)

"宜捨輕兵",《後漢書》卷一八《陳俊傳》作"宜令輕騎"。③ 按,"捨"於文意頗不密合,此當作"令"。疑"令"訛爲"舍",後又增手旁作"捨",而致此誤。後文"上然之,遣俊將輕騎,馳出賊前",即可爲證。另《通鑑》卷四〇《漢紀·光武帝紀上》、《册府》卷三四一載亦均作"令"。④《御覽》引司馬彪《後漢書》當據改。

68. 公

司馬彪《續漢書》卷二《陳俊傳》:"臧宮字君公,時爲左中郎將,擊武陵賊,降之。凡所將兵二十餘年,以信謹質樸,故常見用。"(《書鈔》卷六三)(346 頁)

校勘記曰:"按《東觀記》、袁《紀》、范《書》均作'字君翁',此作'字君公',誤。"

按,"公"不誤,"公""翁"古籍中常得通用。《説文·羽部》:"翁,頸毛也。"清段玉裁注:"俗言老翁者,假翁爲公也。"⑤《後漢書》卷七八《宦者傳·張讓》:"張常侍是我公,趙常侍是我母。"《御覽》卷九二引司馬彪《續漢書》"公"即作"翁"。⑥ 人名中亦多見混用,《漢書》卷六八《金日磾傳》"金日磾字翁叔",《書鈔》卷五六兩引均作"字公叔"。⑦《漢書》卷八六《王嘉傳》"王嘉字公仲",《白孔六帖事類集》卷一一引作"王嘉字翁仲"。⑧《漢書》卷八八《儒林傳·顔安樂》"顔安樂字公孫",王先謙補注引宋祁校曰:"一作翁

---

① 《後漢書》,第 3563 頁。
② 詳參張金龍:《東漢光武帝時期的將軍號》,《史學集刊》2014 年第 2 期。
③ 《後漢書》,第 690 頁。
④ 《資治通鑑》,第 1276 頁;《册府元龜》,第 3853 頁。
⑤ 《説文解字注》,第 138 頁下欄。
⑥ 《後漢書》,第 2536 頁;《太平御覽》,第 440 頁下欄。
⑦ 《漢書》,第 2959 頁;《北堂書鈔》,第 1 册,第 421、422 頁。
⑧ 《漢書》,第 3488 頁;《白氏六帖事類集》卷一一,日本静嘉堂文庫藏北宋刊本,第一三頁。

孫",①陸德明《經典釋文》卷一亦曰"字翁孫"。② 因此,"公"不煩改字。

69. 息　注留

司馬彪《後漢書》卷三《魯恭傳》:"魯恭爲中牟令。有亭長息牛不還,主訟之。恭敕令還牛,亭長仍不還。恭歎曰:'化不行也。'解印綬而去。掾吏注留,亭長慚,還牛不敢欺也。"(《書鈔》卷七八)(360頁)

"息牛不還",《後漢書》卷二五《魯恭傳》作"借牛而不肯還之";《御覽》卷八九八、《事類賦注》卷二二引《後漢書》,《白氏六帖事類集》卷一二皆作"借牛不還"。③ 按,"息牛"不辭,典籍中似未見"借某物"可稱"息某物"者。"息"殆爲"借"之音訛。

另,"注留"頗費解。《後漢書》卷二五《魯恭傳》作"掾史泣涕共留之";《後漢紀》卷一四《和帝紀下》作"掾吏涕泣固争";《白氏六帖事類集》卷二一載作"涕泣留之"。④ 比較可知,《書鈔》引"注留"當作"泣留"。"注"即爲"泣"之訛。⑤

70. 觀講

司馬彪《續漢書》卷三《劉寬傳》:"劉寬字太饒,拜太中大夫,觀講華光之内。"(《書鈔》卷四五)(363頁)

"觀講",典籍罕見,《書鈔》所引無意。《後漢書》卷二五《劉寬傳》作"侍講";《後漢紀》卷二五《靈帝紀》曰:"靈帝初,與劉寬、張濟侍講於華德殿。"⑥今按,"觀"當爲"勸"之訛字。⑦ "勸講",義同"侍講",參勸講授也。

---

① (漢)班固撰,(清)王先謙補注,上海師範大學古籍整理研究所整理:《漢書補注》,第5452頁。
② (唐)陸德明:《經典釋文》,上海古籍出版社影印宋元遞修本,1985年,第49頁。
③ 《後漢書》,第874頁;《太平御覽》,第3987頁上欄;《事類賦注》,第442頁;《白氏六帖事類集》卷一二,日本静嘉堂文庫藏北宋刊本,第四頁。
④ 《白氏六帖事類集》卷二一,日本静嘉堂文庫藏北宋刊本,第二二頁。
⑤ "泣""注"二字形近常訛,如宋王沂孫《一萼紅(又蔦丹雲)》:"玉管難留,金樽易注,幾度殘醉紛紛。""注"下校曰"一作泣"。參(宋)王沂孫:《花外集》,上海古籍出版社,1989年,第19頁。又如唐李白《送王孝廉覲省》:"相思無晝夜,東注似長川。""注"下出校曰"蕭本作泣"。參(清)王琦注:《李太白全集》,中華書局,1977年,第848頁。
⑥ 《後漢書》,第887頁;《後漢紀校注》,第704頁。另,"華德殿",周天游校曰:"范《書》《楊賜傳》作'華光殿'。注引《洛陽宫殿》名曰:'華光殿在崇光殿北。'"(704頁)按,"華光殿"是。《後漢書》卷二五《劉寬傳》亦作"侍講華光殿",唐李賢云:"《洛陽宫殿簿》云:'華光殿在華林園内。'"
⑦ "觀""勸"典籍形近多譌,如《論衡·定賢》:"子貢讓而止善,子路受而觀(勸)德。"黄暉校曰:"'觀'當作'勸',形譌。"參黄暉校釋:《論衡校釋》,第1117頁。又如《後漢書》卷六二《陳紀傳》"不可勸以善"。點校本校勘記曰:"《申鑒》'勸'作'觀'。"參《後漢書》,第2071頁。

《後漢書》卷四三《朱穆傳》："宜爲皇帝選置師傅及侍講者,得小心忠篤敦禮之士,將軍與之俱入,參勸講授,師賢法古。"卷五四《楊秉傳》："桓帝即位,以明尚書徵入勸講,拜太中大夫、左中郎將,遷侍中、尚書。"李賢注："勸講,猶侍講也。"同卷又曰："太尉黃瓊惜其去朝廷,上秉勸講帷幄,不宜外遷,留拜光禄大夫。"①《後漢紀》卷二一《桓帝紀》"又以薄學充在勸講,特蒙光識,見照日月";《後漢書》卷五四《楊秉傳》作"講勸"。②"講勸""勸講"義一也。據此,"觀講"當據正。

另,中華本《後漢紀》卷二〇《質帝紀》"將軍與之俱入,參觀講授,師賢法古",未校(388頁)。按,中華本乃從黃本所錄。"參觀講授"誤,周本即正作"參勸講授"(552頁)。

71. 嚴而不苟

司馬彪《續漢書》卷三《宣秉傳》："遷司隸校尉。奉公遵典,督察姦邪,務舉宏綱,正大體,闊略細微。其政嚴而不苟,百僚肅然,京師清静。"(《書鈔》卷六一)(368頁)

"苟",《後漢紀》卷六《光武帝紀》作"苛"。③ 按,作"苛"意更勝。《漢書》卷八六《王嘉傳》："人情不能不有過差,宜可闊略,令盡力者有所勸。"唐顏師古注："當寬恕其小罪也。"④"闊略細微",則爲政不苛。《漢書》卷五四《李廣傳》："將兵乏絶處見水,士卒不盡飲,不近水,不盡餐,不嘗食。寬緩不苛,士以此愛樂爲用。"顏注："苛,細也。"卷八九《循吏傳·朱邑》："少時爲舒桐鄉嗇夫,廉平不苛,以愛利爲行,未嘗笞辱人。""不苛"即不苛其小罪。卷七一《雋不疑傳》："即不疑多有所平反,母喜笑,爲飲食語言異於他時;或亡所出,母怒,爲之不食。故不疑爲吏,嚴而不殘。"⑤"不殘",謂不惡也。"嚴而不殘"與"嚴而不苛"義近。《晉書》卷七六《張闓傳》："夫二千石之任,當勉勵其德,綏齊所蒞,使寬而不縱,嚴而不苛。"⑥宋蘇軾《趙清獻公神道碑》："既至,遇吏民簡易,嚴而不苛,悉召諸縣令告之,爲令當自任事,勿以事諉郡。"⑦《宋史》卷三一六《趙抃傳》："虔素難治,抃御之嚴而不苛,召

---

① 《後漢書》,第1462、1769、1770頁。
② 《後漢紀》,張烈點校《兩漢紀》,第399頁;《後漢書》,第1770頁。
③ 《後漢紀》,張烈點校《兩漢紀》,第110頁。
④ 《漢書》,第3491頁。
⑤ 《漢書》,第2447、3635、3037頁。
⑥ 《晉書》,第2018頁。
⑦ (明)茅坤編:《蘇軾文集》,第519頁,中華書局,1986年。

戒諸縣令,使人自爲治。"①因此,《書鈔》所引當據《後漢紀》作"苟"。

72. 郡

司馬彪《續漢書》卷三《賈琮傳》:"賈琮爲冀州刺史。舊傳車驂駕迎於州界。及琮之郡,升車乃言曰:'刺史當遠視廣聽,糾察美惡,何反垂帷以自掩?'"(《書鈔》卷一三九)(383頁)

"之郡",《後漢書》卷三一《賈琮傳》作"之部"。② 按,《續漢志》卷二八《百官志五》:"外十二州,每州刺史一人,六百石。"又曰:"諸州常以八月巡行所部郡國。"③"州"又曰"部",故刺史可稱"部刺史",屬官從事可謂之"部從事"。刺史到官常曰"到部"或"之部",而鮮稱"到郡"或"之郡";④郡太守到官則多言"到郡""至郡",二者不相亂。如《後漢書》卷二《明帝紀》:"令司隸校尉、部刺史歲上墨綬長吏視事三歲已上理狀尤異者各一人。""部刺史",即各州部所置刺史。卷三一《賈琮傳》又曰:"靈帝特敕三府精選能吏,有司舉琮爲交阯刺史。琮到部,訊其反狀。"卷四八《徐璆傳》:"稍遷荆州刺史。時董太后姊子張忠爲南陽太守,因執放濫,贓罪數億。璆臨當之部,太后遣中常侍以忠屬璆。"⑤據此,"之郡"當作"之部"。

73. 波陂　百萬

司馬彪《續漢書》卷三《樊宏傳》:"能治田殖,至三百頃。廣起廬舍,高樓連閣,波陂灌注,竹木成林,六畜放牧,魚蠃梨果,檀棘桑麻,閉門成市,兵弩器械,貲至百萬。"(《水經注》卷二九《比水注》)(384頁)

按,"波陂"連用,典籍鮮見,當有誤文。《後漢書》卷三二《樊宏傳》作"陂渠",唐李賢注云:"酈元《水經注》曰:'湖水支分,東北爲樊氏陂,東西十里,南北五里,亦謂之凡亭。陂東樊氏故宅,樊氏既滅,庾氏取其陂,故諺曰:"陂汪汪,下田良,樊氏失業庾氏昌。"'其陂至今猶名爲樊陂,在今鄧州新野

---

① 《宋史》,第10322頁。
② 《後漢書》,第1111頁。
③ 《後漢書》,第3617頁。
④ 真大成言,"州"有境義,典籍中與"郡""都"意義相屬,多爲修辭性異文,而不必强定是非。詳參真大成:《中古文獻異文的語言學考察——以文字、詞語爲中心》,上海教育出版社,2020年,第383—384頁。今按,真大成所論甚是,郡、縣之界皆可曰"部",但刺史治所名"部"、名"州",而不稱"郡"。詳考後漢諸史,刺史到官亦稱"部"而鮮稱"郡"者,可知二字於此處仍不相亂。另,"漢十三部",清王鳴盛有論,可參氏著《蛾術編》卷三八《説地二》,上海書店,2012年,第523—526頁。
⑤ 《後漢書》,第112、1111、1620頁。

縣之西南也。"①《類聚》卷六五、《御覽》卷八二七引《東觀記》皆作"陂池"。②《水經注》卷二九《比水》"波陂"下楊守敬、熊會貞校曰:"趙二字改'陂渠'。守敬按:《名勝志》引此作'陂渠',《東觀漢記》作'陂池',尤勝。"③"陂渠""陂池"雖皆可通,但從字形看,"波陂"似可校作"池陂"。④"池陂"義同"陂池",如《水經注》卷二八《沔水》:"沔水又東南得洛溪口,水出縣西北集池陂,東南流逕洛陽城。""池陂"即池沼。

另,"貲至百萬",《後漢書》卷三二《樊宏傳》作"貲至巨萬"。⑤ 按,《後漢書》本傳曰:"其素所假貸人間數百萬,遺令焚削文契。責家聞者皆慚,爭往償之,諸子從敕,竟不肯受。"⑥其假貸者即數百萬錢,明《水經注》引作"貲至百萬",當誤。"巨萬",狀數額之極大也。《史記》卷一一七《司馬相如列傳》:"士卒多物故,費以巨萬計。"索隱云:"案:巨萬猶萬萬也。案:數有大小二法,張揖曰'算法萬萬爲億',是大數也。鸞子曰'十萬爲億',是小數也。"⑦《後漢書》卷四二《光武十王傳‧濟南安王劉康》:"又多起內第,觸犯防禁,費以巨萬,而功猶未半。"李注云:"巨,大也。大萬謂萬萬。"卷七八《宦者傳‧侯覽》:"桓帝初爲中常侍,以佞猾進,倚埶貪放,受納貨遺以巨萬計。"⑧字又作"鉅",《漢書‧食貨志上》:"富者累鉅萬,而貧者食糟糠。"顏注云:"鉅,大也。大萬,謂萬萬也。"⑨"巨萬"皆指數額巨大,"百"蓋爲"巨"之訛字。

74. 州郡

司馬彪《續漢書》卷三《朱浮傳》:"浮因上疏切諫。自是州郡奏長吏二千石不任位者,事皆先下三公,遣掾史案〔驗〕,然後黜退。"(《御覽》卷二三七 《書鈔》卷五四)(386頁)

按,"州郡"有誤。"長吏二千石"乃郡守也,"州郡"如何得奏"長吏二

---

① 《後漢書》,第1119頁。
② 《藝文類聚》,第1170頁;《太平御覽》,第3685頁下欄。
③ 詳參楊守敬、熊會貞疏:《水經注疏》,江蘇古籍出版社,1989年,第2485頁。又按,另《古今圖書集成‧明倫彙編‧人事典》卷六九引《水經注》作"陂池",詳參《古今圖書集成》,中華書局,1934年,第391册,第11頁。
④ "池""波"典籍有訛混,如《全唐詩》卷三〇二王建《宫詞一百首》:"御池水色春來好,處處分來白玉渠。""池"下校曰:"一作波。"參《全唐詩》,第3442頁。
⑤ 《後漢書》,第1119頁。
⑥ 《後漢書》,第1119頁。
⑦ 《史記》,第3047頁。
⑧ 《後漢書》,第1431、2522頁。
⑨ 《漢書》,第1126頁。

千石不任位者"。《職官分紀》卷三五引司馬彪《續漢書》作"州牧奏長吏二千石";①《後漢書》卷三三《朱浮傳》、《通典》卷二三載並作"州牧"。②"州牧",州刺史也。"州牧"當是。

另,《通典》卷三二《職官》載:"舊制,州牧奏二千石長吏不任位者,事皆先下三公,三公遣掾史按驗,然後黜退。光武即位,用法明察,不復委三府,故權歸舉刺之吏。"③《後漢書》卷三三《朱浮傳》亦曰:"舊制,州牧奏二千石長吏不任位者,事皆先下三公,三公遣掾史案驗,然後黜退。帝時用明察,不復委任三府,而權歸刺舉之吏。"④自光武帝建武十八年罷州牧置州刺史行督察之職後,並未廢置,因此,《御覽》引《續漢書》言自朱浮奏後仍行舊制,頗不可信。"自是"句當有訛脱,或"自是"即"舊制"之訛。

75. 曹襃

司馬彪《續漢書》卷三《曹襃傳》:"曹襃遷陳留圉令,愛民救死,爲太守馬嚴疾惡,免官,百姓涕泣。"(《書鈔》卷七八)(393頁)

按,此條文意不明,當有脱漏。《後漢書》卷三五《曹襃傳》載:"初舉孝廉,再遷圉令,以禮理人,以德化俗。時它郡盜徒五人來入圉界,吏捕得之,陳留太守馬嚴聞而疾惡,風縣殺之。襃敕吏曰:'夫絶人命者,天亦絶之。皋陶不爲盜制死刑,管仲遇盜而升諸公。今承旨而殺之,是逆天心,順府意也,其罰重矣。如得全此人命而身坐之,吾所願也。'遂不爲殺。嚴奏襃奧弱,免官歸郡,爲功曹。"事亦見《後漢紀》卷一二《章帝紀下》。⑤ 是"太守馬嚴疾惡"者爲盜徒,而非曹襃之"愛民救死"也。《書鈔》所引脱漏甚多。

76. 部

司馬彪《續漢書》卷四《周舉傳》:"周舉字真先,爲并州刺史。太原一(部)〔郡〕,舊俗以介子推焚骸,有龍忌之戒,或一月寒食,〔莫敢煙爨,老小不堪,歲歲多死者〕。"(《書鈔》卷七二 《類聚》卷五〇 《御覽》卷二五六)(447頁)

《輯注》改"部"爲"郡",校曰:"據范《書》本傳改。"按,東漢沿前漢之

---

① 《職官分紀》卷三五《職官紀·執金吾》下,國家圖書館藏明抄本,第一二一一三頁。
② 《後漢書》,第1143頁;《通典》,第885頁。
③ 《通典》,第885頁。
④ 《後漢書》,第1143頁。
⑤ 《後漢書》,第1202頁;《後漢紀》,張烈點校《兩漢紀》,第238頁。"順府意",《後漢紀》作"俯順人意"。按,《紀》文誤,當據改。詳參前文《後漢紀》卷一二《章帝紀下》"俯順人意"條。

制,設州刺史,乃一州之長官,案察州下各郡。"州"又稱爲"部",故又稱"部刺史",《後漢書》卷一《光武帝紀》:"是歲,罷州牧,置刺史。"李注云:"武帝元封五年初置部刺史,掌奉詔條察州,秩六百石,員十三人。成帝綏和元年更名牧,秩二千石。哀帝建平二年復爲刺史,元壽二年復爲牧。經王莽變革,至建武元年復置牧,今改置刺史。"①卷七七《酷吏傳》李賢注引《漢官儀》云:"御史中丞,外督部刺史,内領侍御史,糾察百司。"②因此,"太原一部"意即指太原所屬并州之境,與"太原郡"所指實同。③ 可見,"部""州"實一也,不必改。

77. 貪狠

司馬彪《續漢書》卷四《周舉傳》:"於是八使同拜,天下號曰'八俊'。於是奏劾貪狠,表薦清公,朝廷稱之。"(《書鈔》卷四〇　《御覽》卷七七八)(448 頁)

"貪狠",《御覽》卷七七八引《續漢書》作"貪猾",《後漢書》卷六一《周舉傳》載亦同。④ 按,字當作"貪猾"。"貪狠",貪鄙也,其成詞較遲,典籍所見尚晚,唐代始見,如唐許敬宗《代御史王師旦彈莒國公唐儉文》:"若乃營求不已,貪狠無厭,徇私利而黷官方,挾朝權而侮天憲。"⑤《全唐文》卷三八〇元結《再謝上表》:"官吏侵剋日多,實不合使凶庸貪狠之徒。"⑥"貪猾",凶貪奸惡之徒,漢已有見,如《漢書》卷八三《薛宣傳》:"始高陵令(陽)〔楊〕湛、櫟陽令謝游皆貪猾不遜,持郡短長,前二千石數案不能竟。"⑦《後漢書》卷六一《左雄傳》:"雄常閉門不與交通,奏案貪猾二千石,無所回忌。"⑧因此,作"貪狠"頗不可信。原文當作"貪猾","狠"蓋爲類書傳抄致誤。

---

① 《後漢書》,第 70 頁。
② 《後漢書》,第 2495 頁。
③ 《論衡》有"齊部","部"有異文作"郡""都"。真大成認爲"部"有境域義,故《論衡》中"齊部""齊都""齊郡"其義一,均爲修辭性異文。參真大成:《中古異文的語言學考察——以文字、詞語爲中心》,第 383—384 頁。按,《論衡》之"齊部"實指東漢之"齊國",乃劉縯之長子劉章所封之邦國名。《後漢書》卷一四《齊武王劉縯傳》:"有二子。建武二年,立長子章爲太原王,興爲魯王。十一年,徙章爲齊王。十五年,追謚伯升爲齊武王。"漢屬青州。《續漢志》卷二二《郡國志四》載:"濟南、平原、樂安、北海、東萊、齊國屬青州刺史部,郡、國六,縣六十五。"《續漢志》卷二八《百官志五》劉昭注引《獻帝起居注》:"青州得齊國、北海、東萊、濟南、樂安,凡五郡。""都"亦爲國名,《廣雅·釋詁四》:"都,國也。"《周禮·夏官·序官》:"都司馬每都上士二人。"鄭玄注:"都,王子弟所封及三公采地也。"因此,"部""郡""都"於此意上其實一也,如真大成所論,乃修辭性異文,不必定其是非。
④ 《太平御覽》,第 3450 頁上欄;《後漢書》,第 2029 頁。
⑤ 《文苑英華》卷六四九,第 3340 頁中欄。
⑥ 《全唐文》,第 3864 頁。
⑦ 《漢書》,第 3337 頁。
⑧ 《後漢書》,第 2015 頁。

78. 舉灼然

司馬彪《續漢書》卷四《陳寔傳》："陳寔字仲弓，舉灼然，爲司徒屬，遷太丘長。"（《書鈔》卷六八）（451 頁）

校勘記曰："姚之駰曰：'灼然應是當時選舉名目。'沈欽韓曰：'謂行義灼然。《晋書·溫嶠傳》："舉秀才、灼然。"'"

按，"舉灼然"，語意不明。《後漢紀》卷二三《靈帝紀》載："寔嘗爲郡功曹，中常侍侯覽屬非其人，太守高倫出教教之，寔固請不可，太守曰：'侯常侍不可違，君勿言。'寔乃封教入見：'必不得已，寔請自舉之，不足以（陳）[損]明德。'退而署文學掾。於是鄉里咸以寔爲失舉，寔晏然自若。"《後漢書》卷六二《陳寔傳》亦載此事。① 由是觀之，"舉"前當脫"自"，原文疑當作"自舉灼然"，當指自舉署文學掾之事。"灼然"亦非選舉名目，乃分明、清晰貌，句言自舉署文學掾甚清晰不猶豫也。

79. 甚

司馬彪《續漢書》卷四《史弼傳》："劼與同郡人賣郡邸，行賂於覽，得減死罪一等，論輸左校。時人或譏曰：'平原行貨免君，無乃甚乎？'陶丘洪曰：'文王羑里，閎、散懷金。史弼遭患，義夫獻寶，亦何疑焉！'"（《御覽》卷四二〇）（460 頁）

"無乃甚乎"，《後漢書》卷六四《史弼傳》作"無乃蚩乎"，《冊府》卷六七〇、卷八〇一載此均作"蚩"。② 按，"蚩"於意更長。《釋名·釋容姿》："蚩，癡也。"③ 漢曹操《秋胡行》："存亡有命，慮之爲蚩。"④《後漢書》卷一一《劉盆子傳》："兒大黠，宗室無蚩者。"李注引《釋名》："蚩，癡也。"卷七四上《袁紹傳上》："楊雄有言：'六國蚩蚩，爲嬴弱姬。'今之謂乎！"李注："《方言》：'蚩，悖也。'六國悖惑，侵弱周室，終爲秦所併也。"⑤ 作"甚"與"時人或譏之"意不相屬。據此"甚"即爲"蚩"之形訛，當據改。

80. 敬

司馬彪《續漢書》卷四《盧植傳》："孤到此州，嘉其餘風。春秋之義，賢者之後，有異於人。敬遣丞掾修墳墓，并致薄醊，以彰厥德。"（《魏志·盧毓

---

① 《後漢紀》，張烈點校《兩漢紀》，第 454—455 頁；《後漢書》，第 2065 頁。
② 《後漢書》，第 2111 頁；《冊府元龜》，第 7716、9309 頁。
③ 《釋名》，第 32 頁。
④ 《曹操集》，中華書局，2013 年，第 7 頁。
⑤ 《後漢書》，第 485、2399 頁。

傳》注)(461頁)

"敬"，《後漢書》卷六四《盧植傳》作"亟"，李注："亟，急也。"①《御覽》卷四七四引《魏志》亦作"亟"；《藝文類聚》卷四〇引《魏武帝令》作"今亟遣丞相掾除其墳墓"。② 按，此爲曹操過涿郡告守令文，作"敬"顯與告令之辭意不協。字當作"亟"，"亟"，急也。"敬""亟"形近，古書常亂，③《魏志》裴注引作"敬"，當據改。

81. 貪國

司馬彪《續漢書》卷五《陳蕃傳》："鄙諺言'盜不過五女門'，以〔女〕貧家也。今後宮之女，豈不貪國乎？'"(《御覽》卷四二〇)(467頁)

按，"貪國"，《後漢書》卷六六《陳蕃傳》作"貧國"。④《書鈔》卷五三引《東觀記》作"貧困"。⑤ 覈《御覽》卷四九五引《續漢書》正作"貧國"，⑥ 殆周輯本付梓失校也。

82. 黃門張讓

司馬彪《續漢書》卷五《黨錮傳》："爲河南尹。陽翟令張興，黃門張讓，政治殘虐。膺上十日，收興等考殺之。"(《書鈔》卷七六)(468頁)

校勘記曰："疑'張讓'下有脱文，或興係讓之宗親子弟。"

按，《後漢紀》卷二三《桓帝紀》載此事："初，陽翟令張興，黃門張讓弟也，多殺無辜，臧餘千金。李膺初爲河南尹，收興考殺之。"⑦據此，"黃門張讓"下脱"弟"字。

83. 軌濫

司馬彪《續漢書》卷五《郭泰傳》："泰曰：'袁奉高之器，譬諸軌濫，雖清

---

① 《後漢書》，第2120頁。
② 《太平御覽》，第2175頁下欄；《藝文類聚》，第732頁。
③ 清王引之《經義述聞》卷一一《大戴禮記上》："《文王·官人》篇：'驕厲以爲勇，内恐外悴，無所不至，敬再其説，以詐臨人。'盧注曰：'言苟自驕厲，持以爲勇，終必恐懼而更至恭佞也。'家大人曰：盧以恭佞釋'敬再其説'，亦曲説也。'敬'當爲'亟'"並注曰："《集韻》'亟或作䩴'，因譌而爲'敬'。《管子·五行》篇'天子亟行急政'，今本'亟'字亦譌作'敬'。"詳參(清)王引之撰，虞思徵等點校：《經義述聞》，第666頁。
④ 《後漢書》，第2161頁。
⑤ 《北堂書鈔》，第1冊，第398頁下欄。"因"爲"國"之形訛。詳參《東觀漢記校注》，第783頁。
⑥ 《太平御覽》，第2264頁上欄。
⑦ 《後漢紀》，張烈點校《兩漢紀》，第428頁。另《後漢書》卷六七《黨錮傳·李膺》作"張讓弟朔爲野王令"，且言此係李膺遷司隸校尉之後事。袁《紀》曰"張興"。未詳孰是。

而易挹也。叔度之器,汪汪若萬頃之陂,澄之而不清,混之而不濁,不可量也。'"(《類聚》卷九 《御覽》卷七二 《一切經音義》卷五五 《白帖》卷七)(471頁)

"軌濫",《後漢書》卷六八引謝承書作"汜濫",中華本校勘記曰:"《集解》引惠棟説,謂蔣皋云'泛'當作'汜',俗本誤'汜'爲'汎',因轉誤爲'泛'也。王先謙謂《黄憲傳》'泛濫'作'汜濫',謂'汜泉''濫泉'也。今據改。"①清沈欽韓疏證曰:"按,'《爾雅》汜泉'字當作'氿',音'軌'。劉熙《釋名》:'氿,軌也,流狹而長如車軌也。'正文'汜'及'音軌'字皆誤。雜本逕音'範'益非。"②《世説新語》劉孝標注引《郭泰別傳》作"汜濫",嘉錫箋疏:"程炎震云:'汜,當依范《書》《黄憲傳》作汜。'嘉錫案:此出郭泰別傳,見《後漢書·黄憲傳》注及《御覽》四百四十六。"③《藝文類聚》卷二二引《郭泰別傳》亦同。袁宏《後漢紀》卷二三《靈帝紀》作"汜",亦誤。④ 按,據《釋名·釋水》:"氿,軌也,流狹而長如車軌也。"⑤"軌""氿"雖爲同源字,但古籍中並不相混。"軌濫"指車軌粗濫,如唐僖宗文德元年鄭隼《劉鈐墓誌》:"伊蹄涔軌濫,傷吻弊策,徐致乎深遠者,惡可與同年而語哉。"⑥作"軌濫"顯不合文意,當從《後漢書》作"汜濫"。"汜濫",小泉也。《文選》卷四五班固《荅賓戲》:"欲從堥敦而度高乎泰山,懷汜濫而測深乎重淵。"唐李周瀚注:"汜濫,小泉也。"⑦

84. 損宫廟 塵沸

司馬彪《續漢書》卷五《董卓傳》:"今方建立聖主,光隆漢祚,而無故損宫廟,棄園陵,恐百姓驚愕,不解此意,必塵沸蟻聚,以致擾亂。石苞室讖,妖邪之書,豈可信用?"(《魏志·董卓傳》 《御覽》卷八三三 又卷七六七)(480—481頁)

"損宫廟",《後漢書》卷五四《楊彪傳》作"捐宗廟",《後漢紀》卷二六《獻帝紀》作"捐宗室宫廟",《三國志》卷六《魏志·董卓傳》裴松之注引司

---

① 《後漢書》,第2236頁。
② (清)沈欽韓:《後漢書疏證》卷六,第115頁下欄。
③ 《世説新語箋疏》,第7頁。
④ 參前文"《後漢紀》叢考"下"汜濫"條。
⑤ 《釋名》,第13頁。
⑥ 吴剛主編《全唐文補遺》第4輯收此銘,題爲"劉公(鈐)墓志銘",載作:"伊蹄涔軌濫傷,吻弊策徐。致乎深遠者,惡可與同年而語哉。"(三秦出版社,1997年,第268頁)按,此標點有誤。
⑦ 《六臣注文選》,第849頁下欄。

馬彪《續漢書》亦作"捐"。① 《册府》卷三一六引《後漢書》作"損宗廟",但卷一三引此作"捐宗廟"。② "損"乃"捐"之誤文。"捐",棄也。董卓欲遷都長安,楊彪駁之,故有"捐宮廟,棄陵園"之語,"捐""棄"互文。周本輯爲"損",殆爲誤錄。

又"塵沸",上列諸書皆作"糜沸",李賢注:"如糜粥之沸也。《詩》曰:'如沸如羹。'"③輯本誤錄"糜"爲"塵"。

85. 赤爲帷裳

司馬彪《續漢書》卷五《劉虞傳》:"虞等皆海内清名之士,或從列卿、尚書以選爲牧伯,各以本秩居任。舊典:傳車參駕,施赤爲帷裳。"(《蜀志·劉焉傳》注)(481頁)

"赤爲帷裳",《後漢書》卷三一《賈琮傳》作"垂赤帷裳";《續漢志》卷二九《輿服志上》劉昭注曰"按本傳,舊典,傳車驂駕,乘赤帷裳"。④《通典》卷三二注文引此亦作"垂赤帷裳"。⑤《書鈔》卷七二引謝承《續漢書》亦與劉昭注同。⑥ 據此,《蜀志》裴注所引"爲"殆衍,當據删。"赤帷裳",赤色車帷幔也。"施赤帷裳"義同"垂赤帷裳"。

86. 邪

司馬彪《續漢書》卷五:"政乃肉袒,以箭貫耳,抱升子,潛伏道傍,候車駕過,泣涕辭請,有感帝心。詔曰:'乞楊生師邪?'爲放出升。"(《御覽》卷四○四)(491頁)

校勘記曰:"'邪'原誤作'即',逕正。"

按,"即"不誤。《後漢書》卷七九上《儒林傳·楊政》作"詔曰:'乞楊生師。'即尺一出升";⑦《御覽》卷三五二引《東觀記》作"上即尺一出升"。⑧

---

① 《後漢書》,第1787頁;《後漢紀》,張烈點校《兩漢紀》,第503頁;《三國志》,第177頁。
② 《册府元龜》,第133、3579頁。
③ 《後漢書》,第1788頁。
④ 《後漢書》,第1112、3647頁。另按,"乘"疑爲"垂"之形譌,二者古籍多相亂。如漢應劭《風俗通義》:"芳氏。漢有幽州刺史芳乘。"清嚴可均校:"乘一作垂。"參《全上古三代秦漢三國六朝文》卷三七,第1377頁。又如南朝宋鮑照《凌煙樓銘(并序)》:"臣聞憑飆薦響,唱微效長;垂波鑒景,功少致深。"宋本"垂"下注曰:"一作'乘'。"參錢仲聯校注《鮑參軍集注》,上海古籍出版社,1980年,第120頁。《輯注》亦有例,續漢書·周乘傳》(497頁)校曰:"'乘'原誤作'垂',逕正。"
⑤ 《通典》,第886頁。
⑥ 《北堂書鈔》,第1册,第539頁下欄。
⑦ 《後漢書》,第2552頁。
⑧ 《太平御覽》,第1619頁下欄。

均可證原正作"即",字當從下,讀爲"乞楊生師。即爲放出升"。

87. 尚書

司馬彪《續漢書》卷五《文苑傳》:"黃香拜尚書左丞,功漢當遷,和帝詔留增秩。後拜尚書,遷僕射。"(《初學記》卷一一)(493頁)

按,"尚書",《後漢書》卷八〇上《文苑傳上》作"尚書令";卷二五《魯丕傳》載:"丕與侍中賈逵、尚書令黃香等相難數事。"①《南齊書》卷一二《天文志上》載:"漢尚書令黃香曰:'日蝕皆從西,月蝕皆從東。'"②《書鈔》卷五九引《東觀記》曰:"黃香爲尚書令,上愛其才。"③據此,"尚書"下當據補"令"字。《續漢志》卷二六《百官志三》:"尚書令一人,千石。"又曰:"尚書六人,六百石。"④"尚書""尚書令"二者有別。

88. 求之

司馬彪《續漢書》卷五《文苑傳》:"後除臨濟令,不敢之職,解印而去。冀令刺客求之,見琦耕於陌上,懷書一卷,息輒偃而詠之,刺客賢之,以實告琦,因得脱走。"(《御覽》卷六一一)(494頁)

"求之",《後漢書》卷八〇上《文苑傳上‧崔琦》作"陰求殺之"。⑤ 按,據文意,當補"殺"字。范《書》本傳後又曰"冀後竟捕殺之",可證。

89. 内居

司馬彪《續漢書》卷五《獨行傳》:"遭黨人禁錮,遂推鹿車,載妻子,捃拾自資,或依宿樹蔭,如此十餘年,乃結草室内居焉。"(《御覽》卷四八四 《初學記》卷一八 《類聚》卷三五)(496頁)

"結草室内居",《後漢書》卷八一《獨行傳‧范冉》作"結草室而居"。⑥ 按,"内居"典籍少見,一般指向内遷居,而無居於室内之意,如《魏書》卷三七《司馬楚之傳》:"世祖初,楚之遣妻子内居於鄴。"《晋書》卷五二《阮种傳》:"而今醜虜内居,與百姓雜處。"⑦皆其例。又有在朝内居官之意,與"外"相對,如《宋書》卷五六《孔琳傳》:"羨之内居朝右,外司輦轂,位任隆

---

① 《後漢書》,第2614、884頁。
② 《南齊書》,第207頁。
③ 《北堂書鈔》,第1册,第447頁。
④ 《後漢書》,第3596、3597頁。
⑤ 《後漢書》,第2623頁。
⑥ 《後漢書》,第2689頁。
⑦ 《魏書》,第855頁;《晋書》,第1445頁。

重,百辟所瞻。""内居朝右",居官於朝内之意。《晉書》卷一二六《秃髮烏孤載記》:"秦雍之世門,皆内居顯位,外宰郡縣。"①

因此,"結草室内居焉"不盡合語言事實。"内"當爲"而"之訛,"結草室而居焉",句意更暢。

90. 滅行

司馬彪《續漢書》卷五《逸民傳》:"平原王君公以明道深曉陰陽,懷德滅行,和光同塵,不爲皎皎之操。"(《御覽卷》八二八)(496 頁)

"滅行",《後漢書》卷八三《逸民傳·逢萌》作"穢行";《御覽》卷一八七引《後漢書》亦同。② 另,《陶淵明集》卷九《集聖賢群輔錄上》:"北海逢萌字子康,北海徐房字平原,李曇字子雲,平原王遵字君公。右皆懷德穢行,不仕亂世,相與爲友,時人號之四子。見《後漢書》、嵇康《高士傳》。"③

按,文當作"穢行","滅"爲穢之形訛。"滅行"乃佛教語,"行"爲五蘊之一,"滅行"即滅行蘊也,本土典籍未聞"滅行"。"穢行",放縱之行也,如《三國志》卷二六《魏志·牽招傳》裴松之注引《晉書》:"秀即表訴被誣陷之由,論愷穢行,文辭尤厲。"《晉書》卷三三《石喬傳》:"苞遂廢之,終身不聽仕。又以有穢行,徙頓丘,與弟崇同被害。"④南朝宋劉義慶《世説新語·品藻》:"孫興公、許玄度皆一時名流,或重許高情,則鄙孫穢行,或愛孫才藻,而無取於許。"劉孝標注引檀道鸞《續晉陽秋》:"綽雖有文才,而誕縱多穢行,時人鄙之。"⑤"懷德穢行",謂有德而行穢也,故後文云"和光同塵,不爲皎皎之操",正應此語也。卷八三《逸民傳·逢萌》李賢注引嵇康《高士傳》曰:"君公明《易》,爲郎。數言事不用,乃自汙與官婢通,免歸。"⑥"穢行"當即謂此。

91. 子居

司馬彪《續漢書》卷五《周乘傳》:"周乘字子居,拜侍御史、公車司馬令,不畏彊禦,以是怨於幸臣。"(《御覽》卷二三〇)(497 頁)

校勘記曰:"《書鈔》卷五五'子居'作'子車'。其引不詳所出,然與《御

---

① 《宋書》,第 1564 頁;《晉書》,第 3143 頁。
② 《後漢書》,第 2760 頁;《太平御覽》,第 906 頁下欄。
③ 袁行霈:《陶淵明集箋注》,第 583 頁。
④ 《三國志》,第 733 頁;《晉書》,第 1004 頁。
⑤ (南朝宋)劉義慶撰,(梁)劉孝標注,徐震堮校箋:《世説新語校箋》,第 292 頁。
⑥ 《後漢書》,第 2760 頁。

覽》多同,疑亦出自《續漢書》。又'乘'原誤作'垂',逕正。"

按,袁宏《後漢紀》卷二三《靈帝紀》載:"汝南周子居常曰:'吾旬月之間,不見黃叔度,則鄙吝之心生矣。'"①《後漢書》卷五三《黃憲傳》則曰:"同郡陳蕃、周舉常相謂曰:'時月之閒不見黃生,則鄙吝之萌復存乎心。'"點校本校勘記曰:"集解引惠棟説,謂《世説》及袁宏《紀》皆作'周子居'。"②《世説新語·賞譽》:"陳仲舉嘗歎曰:'若周子居者,真治國之器。'"劉孝標注引《汝南先賢傳》:"周乘字子居,汝南安城人。"③據此,當以"子居"爲是。

92. 浮圖佛道

司馬彪《續漢書》卷五《西域傳》:"天竺國,一名身毒。在大月氏東南,修浮圖佛道以成俗,不殺伐。"(《類聚》卷七六)(506頁)

按,"浮圖佛道"典籍未見。"浮圖"乃梵語 Buddha 的音譯,又作"浮屠""佛陀""浮頭"等稱,即爲"佛"。故"浮圖佛道"意重,"佛"或爲衍文。《後漢書》卷七八《西域傳》即作"脩浮圖道",李注云:"浮圖即佛也。"④《史記》卷一二三《大宛列傳》張守節正義載"脩浮圖道,不殺伐,遂以成俗",⑤文字與《後漢書》同。"浮圖道"即佛道,佛教之名也。《晉書》卷一〇《恭帝紀》:"其後復深信浮屠道,鑄貨千萬,造丈六金像,親於瓦官寺迎之,步從十許里。"《舊唐書》卷一〇八《杜鴻漸傳》:"鴻漸心無遠圖,志氣怯懦,又酷好浮圖道,不喜軍戎。"⑥"浮圖道""浮屠道"皆指佛教。據此,"佛"爲衍文,或爲注文而羼入正文,當據删。

93. 獨白草

司馬彪《續漢書》卷五《西域傳》:"西夜國生獨白草,煎以爲藥,傅箭,所射輒死。"(《御覽》卷九九四 《證類本草》卷八)(506頁)

校勘記曰:"《證類本草》卷八作'獨自草',末句作'人中之輒死'。"

按,字當作"獨白草"。《後漢書》卷七八《西域傳》作"地生白草,有毒"。《爾雅·釋草》清郝懿行義疏:"《本草》'白英,一名穀菜',《别録》'一名白草',唐本注云:'鬼目草也,蔓生,葉似王瓜,小長而五椏,實圓,若龍葵

---

① 《後漢紀》,張烈點校《兩漢紀》,第454頁。
② 《後漢書》,第1756頁。
③ (南朝宋)劉義慶撰,(梁)劉孝標注,徐震堮校箋:《世説新語校箋》,第227頁。
④ 《後漢書》,第2922頁。
⑤ 《史記》,第3165頁。
⑥ 《晉書》,第270頁;《舊唐書》,第2383—2384頁。

子,生青熟紫黑者,汁能解毒,東人謂之白草。'"①"獨"古可通"毒",《敦煌變文校注》卷一《漢將王陵變》:"王陵先到標下,灌嬰不來。王陵新思口惟:莫遭項羽獨(毒)手?"又卷四《太子成道變文(二)》:"從天有九隊雷明(鳴),一對明(鳴)中,各有獨(毒)龍吐水,欲(浴)我太子。"②"獨"皆讀爲"毒"。因此,原文當作"白草","獨白草"即"毒白草"。

94. 誤輯

司馬彪《續漢書》卷五《散句》:"昌邑王見狗冠方山冠,龔遂曰:'王之左右,皆狗而冠。'"(《御覽》卷九〇四)(509 頁)

校勘記曰:"《記纂淵海》卷九八亦作《續漢書》之文。按,龔遂乃西漢人,《漢書·五行志》曰:'賀爲王時,又見大白狗冠方山冠而無尾,此服妖,亦犬禍也。賀以問郎中令龔遂,遂曰:"此天戒,言在仄者盡冠狗也。"'二載意雖相近而文異,疑《御覽》所引係某東漢人書疏策文之語,暫入散句以俟考。汪輯入《劉備傳》,非。"

按,《事類賦注》卷二三亦錄此文,③文字全同。此文當輯自《後漢書》卷八《靈帝紀》李賢注文,曰:"《續漢志》曰:'靈帝寵用便嬖子弟,轉相汲引,賣關內侯直五百萬。令長強者貪如豺狼,弱者略不類物,實狗而冠也。'昌邑王見狗冠方山冠,龔遂曰:'王之左右皆狗而冠。'"據《續漢志》卷一三《五行志一》載:"後靈帝寵用便嬖子弟,永樂賓客、鴻都群小,傳相汲引,公卿牧守,比肩是也。又遣御史於西鄉賣官,關內侯顧五百萬者,賜與金紫;詣闕上書占令長,隨縣好醜,豐約有賈。強者貪如豺虎,弱者略不類物,實狗而冠者也。司徒古之丞相,壹統國政。天戒若曰:宰相多非其人,尸祿素餐,莫能據正持重,阿意曲從;今在位者皆如狗也,故狗走入其門。"④對比可知,李賢注文"靈帝寵用便嬖子弟,轉相汲引,賣關內侯直五百萬。令長強者貪如豺狼,弱者略不類物,實狗而冠也"乃引自《續漢志》文。"昌邑王見狗冠方山冠,龔遂曰:'王之左右皆狗而冠'",實爲李賢自注語。各本均誤輯李賢注文而羼入所引《續漢書》文內,當據刪。

95. 奇兵

華嶠《後漢書》卷一《靈帝紀》:"壇東北爲小壇,復建九重華蓋,高九

---

① (清)郝懿行撰,吴慶峰等點校:《爾雅義疏》,《郝懿行集》第 4 册,齊魯書社,2010 年,第 3493 頁。
② 黄征、張涌泉校注:《敦煌變文校注》,第 67、486 頁。
③ 《事類賦注》,第 459 頁。
④ 《後漢書》,第 346、3272 頁。

丈,列奇兵騎士數萬人。天子住大蓋下。"(《水經注》卷一六《穀水注》)(514頁)

"奇兵",《後漢書》卷六九《何進傳》作"步兵"。① 按,"奇兵",奇襲之兵。宋陳亮《酌古論·李靖》:"正兵,節制之兵也;奇兵,簡捷之兵也。"②此乃作列兵之陣,靈帝檢閱,"步兵""騎士"得並稱也。"奇兵"不切文意,當爲"步兵"之譌,應據改。

96. 潛過

華嶠《後漢書》卷一《獻帝紀》:"承夜潛過曰:'先具舟船爲應。'帝步出營,臨河岸高不得下。"(《御覽》卷八一七 《文選》卷一〇潘安仁《西征賦》注)(514頁)

《後漢書》卷七二《董卓傳》載:"承、奉等夜乃潛議過河,使李樂先度具舟舡,舉火爲應。"《後漢紀》卷二八《獻帝紀》曰:"董承等以爲宜令劉太陽使李樂夜渡,具船舉火爲應。"③按,董承未先渡河,不當言"承夜潛過"。據《後漢書》"潛"下脱"議"字,又脱"河",當作"潛議過河曰",文意方足。

97. 與國　與士

華嶠《後漢書》卷一《耿弇傳》:"秉鎮撫單于,匈奴與國懷其恩信,南留單于,以安天下。秉壯勇,與士簡易,軍行常自被甲。"(《書鈔》卷六四)(522—523頁)

校勘記曰:"疑'與'係'舉'之誤。"

按,"與""舉"典籍常通,例多不具。④ "與"非誤。

另,"與士簡易",《後漢書》卷一九《耿秉傳》作"秉壯勇,簡易於事,軍行常自被甲在前,休止不結營部"。⑤《御覽》卷二七九、卷四三四引《東觀記》亦作"簡易於事"。⑥ "簡易",疏闊簡單之義,《後漢書》卷二四《馬援傳》:"臣前至蜀,述陛戟而後進臣。臣今遠來,陛下何知非刺客姦人,而簡易若是?"李注云:"《東觀記》曰'援初到,敕令中黄門引入,時上在宣德殿南廡

---

① 《後漢書》,第2246頁。
② 鄧廣銘點校:《陳亮集》,中華書局,1987年,第84頁。
③ 《後漢書》,第2340頁;《後漢紀》,張烈點校《兩漢紀》,第544—545頁。
④ 詳參高亨:《古字通假會典》,第846頁。
⑤ 《後漢書》,第718頁。
⑥ 《太平御覽》,第1298頁下欄、1999頁下欄。《東觀漢記校注》據《御覽》卷二七九引輯此條作:"耿秉性勇壯,而簡易於事軍,行常自被甲在前,休止不結營部。"參《東觀漢記校注》,第361頁。按,此標點有誤,當作"簡易於事,軍行常自被甲在前。"

下,但幘坐',故云'簡易'也。"①據此,當以"於事簡易"爲勝,後曰"軍行常自被甲在前,休止不結營部",正應耿秉"簡易於事"也。"與士簡易"則無意。"與士"當爲"於事"之音訛,②當據改。

98. 百倍

華嶠《續漢書》卷一《祭遵傳》:"賊射遵洞肘,出血流袖。衆見遵傷,稍退,遵叱之,士卒戰皆百倍。光武歎曰:'安得憂國奉公如祭征虜者乎!'"(《書鈔》卷六四)(523—524頁)

宋文民曰:"言戰皆自倍,文意不通,百倍亦不可通。《御覽》卷四三四引《東觀漢記》云:'……吏士進戰,皆一人擊十,大破之。'語甚通曉。"③

"百倍",《後漢書》卷一〇《祭遵傳》作"自倍"。④ 按,宋説殆誤,"自倍"當不誤,《書鈔》引華嶠《書》作"百倍",⑤當爲"自倍"之誤。"自倍",倍己之數也。《淮南子·天文》:"二陰一陽成氣二,二陽一陰成氣三,合氣而爲音,合陰而爲陽,合陽而爲律,故曰五音六律。音自倍而爲日,律自倍而爲辰,故日十而辰十二。"⑥《史記》卷一八《高祖功臣侯者年表》:"後數世,民咸歸鄉里,户益息,蕭、曹、絳、灌之屬或至四萬,小侯自倍,富厚如之。"司馬貞索隱:"倍其初封時户數也。"⑦"自倍"即倍於己數。《漢書》卷一六《高惠高后文功臣表》載此曰:"列侯大者至三四萬户,小國自倍,富厚如之。"顔注:"自倍者,謂舊五百户,今者至千也。"《漢書》卷二四《食貨志》:"是故善平糴者,必謹觀歲有上、中、下孰。上孰其收自四,餘四百石;中孰自三,餘三百石;下孰自倍,餘百石。"顔注引張晏曰:"自倍,收三百石,終歲長百石,官糴其五十石,云下孰糴一,謂中分百石之一。"⑧

范《書》作"士卒戰皆自倍",文意顯明,自當不誤。"戰皆自倍",言戰皆

---

① 《後漢書》,第830頁。
② 先秦典籍"事""士"多可相通,參劉信芳:《楚簡帛通假匯釋》,高等教育出版社,2011年,第64頁;另可參寧鎮疆:《由〈卿士〉源流説〈厚父〉的性質及周人的經典重建》,《社會科學戰綫》2023年第8期。敦煌文獻中亦見相通者,如《伍子胥變文》:"酒食可供將軍兵事,即令兵衆飽食,兵事食訖。""兵事"即"兵士",參《敦煌變文校注》,第14頁。因此,尚不能排除"士"通"事"。
③ 宋文民:《後漢書考釋》,上海古籍出版社,1995年,第80頁。
④ 《後漢書》,第479頁。
⑤ 《北堂書鈔》,第1册,第492頁下欄。另"百""自"古籍形近多訛,如《續漢志》卷二《律曆志上》:"閏餘自五十二分之三。"中華本校記曰:"《集解》引盧文弨説,謂'自'當作'百',又引李鋭説,謂當作'百五十二分之三'。今據改。"參《後漢書》,第3054頁。
⑥ 何寧:《淮南子集釋》,第223頁。
⑦ 《史記》,第878頁。
⑧ 《漢書》,第528、1126頁。另"自倍"《漢語大詞典》未收,當補。

用倍己之力。①漢桓寬《鹽鐵論》卷九《論勇》："故孟賁奮臂，衆人輕之；怯夫有備，其氣自倍。"②《後漢書》卷一〇《王霸傳》："今閉營固守，示不相援，賊必乘勝輕進；捕虜無救，其戰自倍。"③《晉書》卷二四《慕容寶載記》："臣等與之誓同生死，感王恩澤，皆勇氣自倍。"④"自倍"皆言倍於自己本來之數也。⑤

另，《御覽》卷三一二等引《後漢書》、《册府》卷三九四、《通志》卷一〇六載此皆作"自倍"，⑥均可證。

99. 齊姦　朽轅

華嶠《後漢書》卷二《張堪傳》："顯曰：'漁陽太守張堪昔在蜀最能。堪仁足以惠下，威足以齊姦，清廉無以爲比。'上曰：'何以爲效？'顯曰：'當破蜀時，公孫述珍寶山積，卷握之物，足當十世。而堪不以介意，去蜀之日，乘朽轅車，白布破囊而已。'"（《書鈔》卷七五）（536—537 頁）

"齊姦"未聞。《後漢書》卷三一《張堪傳》作"威能討姦"；《後漢紀》卷六《光武帝紀》作"威足以擒姦"。⑦按，疑"齊姦"爲"擒姦"之訛。"齊""禽"形近，"齊"先訛作"禽"，又加手旁誤作"擒"。

另，"朽轅"，典籍鮮見，且所見亦甚晚，明方孝孺《雜著·雜銘》："百戰得賢成乃光，朽轅腐輻乘者殃。"⑧《後漢書》卷三一《張堪傳》、袁《紀》卷六《光武帝紀》載均作"折轅"；⑨《書鈔》卷三八、卷一三九、《類聚》卷七〇引《東觀記》、《通典》卷三三、《白氏六帖事類集》卷一二載此均同。⑩按，"折轅"當是。"折轅"典籍習見，指車輛破舊，如《宋書》卷九二《良吏傳·陸徽傳》："是以衣囊揮譽於西京，折轅延高於東帝。"《梁書》卷一六《王亮傳》："日者，飲至策勳，功微賞厚，出守名邦，入司管轄，苞筐罔遺，而假稱折轅，衣

---

① 另有"倍戰"，義爲以己之倍力而戰，猶"力戰"，如《史記》卷四三《趙世家》："且夫秦以牛田之水通糧蠶食，上乘倍戰者，裂上國之地，其政行，不可與爲難，必勿受也。"張守節正義曰："倍戰，力攻也。韓國四戰之地，軍士慣習，倍於餘國。"
② （漢）桓寬撰集，王利器校注：《鹽鐵論校注》，第 536 頁。
③ 《後漢書》，第 736 頁。
④ 《晉書》，第 3095 頁。
⑤ 《漢語大詞典》"自倍"未收，當據補。
⑥ 《太平御覽》，第 1434 頁上欄；《册府元龜》，第 4446 頁；《通志》，第 1514 頁上欄。
⑦ 《後漢書》，第 1100 頁；《後漢紀》，張烈點校《兩漢紀》，第 112 頁。
⑧ （明）方孝孺撰，徐光大點校：《方孝孺集》，浙江古籍出版社，2013 年，上册，第 17 頁。
⑨ 《後漢書》，第 1100 頁；《後漢紀》，張烈點校《兩漢紀》，第 112 頁。
⑩ 《北堂書鈔》，第 1 册，第 301 頁下欄；第 2 册，第 429 頁；《藝文類聚》，第 1219 頁；《通典》，第 906 頁；《白氏六帖事類集》卷一二，日本静嘉堂文庫藏北宋刊本，第 6 册，第 26 頁。

裙所弊,讒激失所,許與疵廢,廷辱民宗。"①"折""朽"形近易訛。"朽轅"當據正爲"折轅"。

100. 裯綯

華嶠《後漢書》卷二《羊續傳》:"羊續字興祖,爲南陽太守,以清率下,唯卧一幅布綯,裯綯敗,糊紙補之。"(《天中記》卷四八)(538頁)

按,"裯綯"未聞。"裯"爲床帳,《詩·召南·小星》:"肅肅宵征,抱衾與裯。"東漢鄭玄箋:"裯,牀帳也。"②"綯"可通"裯",此亦爲床帳義。"裯""幬"皆澄母幽部,"綯"定母幽部,音韻關係極近。"布綯",《書鈔》卷三八引謝承《後漢書》作"布裯",③可知"綯"即爲"裯"。"裯綯"重名,不爲詞。檢文淵閣四庫本《天中記》,原文"裯"即爲旁注字,④當爲輯入時羼入正文,應據删。

101. 便宜事　數

華嶠《後漢書》卷二《陳元傳》:"元字長孫,以才高著名,辟司空掾。宋弘受罪,上書訟之,言甚切直,又數陳當世便〔宜〕事。"(《書鈔》卷六八)(542頁)

校勘記補"宜"字,曰:"據汪輯補。"

按,補"宜"無據,不當補。《後漢書》卷三六《陳元傳》即作"便事"。⑤"便事",便宜於事者,即利於事者也。《史記》卷四三《趙世家》:"且聖人利身謂之服,便事謂之禮。""便事"即便於事,"便""利"義同。又引申爲便事之法,卷九七《酈生陸賈列傳》:"高陽賤民酈食其,竊聞沛公暴露,將兵助楚討不義,敬勞從者,願得望見,口畫天下便事。"⑥"便事"即利於事之措施或方法。《後漢書》卷五二《崔寔傳》:"明於政體,吏才有餘,論當世便事數十條,名曰《政論》。"卷五七《劉陶傳》:"又作七曜論、匡老子、反韓非、復孟軻,及上書言當世便事、條教、賦、奏、書、記、辯疑,凡百餘篇。"⑦"當世便事"即當時便宜於事者。又作"便宜事",如《史記》卷一〇二《張釋之馮唐列傳》:

---

① 《宋書》,第2267頁;《梁書》,第269頁。
② 《毛詩傳箋》,第28頁。
③ 《北堂書鈔》,第1册,第303頁上欄。
④ (明)陳耀文:《天中記》,《景印文淵閣四庫全書》,第967册,第328頁。
⑤ 《後漢書》,第1234頁。
⑥ 《史記》,第2704頁。
⑦ 《後漢書》,第1725、1851頁。

"釋之既朝畢,因前言便宜事。"①據此,作"便事"不誤。

另"敷陳",《後漢書·陳元傳》作"數陳"。② 按,作"數"義更勝,"敷"蓋爲形訛。"數"言諫之頻也。因"數陳便事"而帝不爲用,故終以病去。"敷陳"雖亦可通,終不如"數"更切文意。《通志》卷一〇八載亦作"數陳"。③

102. 辨説

華嶠《後漢書》卷二《桓榮傳》:"桓榮遷諫議大夫,每大射養老禮畢,帝輒引榮及弟子升堂,執經自爲辨説。"(《職官分紀》卷六)(544 頁)

"辨説",《後漢書》卷三七《桓榮傳》作"下説",李賢注曰:"下説,謂下語而講説之也。"《後漢紀》卷九《明帝紀上》作"上親自下説"。④《御覽》卷四〇四引《東觀漢記》亦作"下説"。⑤ 按,"辨説"誤,當作"下説"。中古"下"常有作出、提出之義,如"下意",提出意見也。《後漢書》卷一五《皇后紀》:"諸兄每讀經傳,輒下意難問。"李賢注:"下意,猶出意也。"另有"下己意""下心意"等語。⑥ 又有"下語",《列仙傳》卷下《騎龍鳴》:"後五十餘年,水壞其廬而去。一旦,騎龍來渾亭,下語云:'馮伯昌孫也。此間人不去五百里,必當死。'"⑦"下説"當與"下意""下語"意略近。"説"應指對經傳的解釋,《後漢書》卷三一《孔奮傳》:"奮晚有子嘉,官至城門校尉,作《左氏説》云。"李賢注:"説,猶今之疏也。"卷三五《張曹鄭列傳·史論》:"而守文之徒,滯固所禀,異端紛紜,互相詭激,遂令經有數家,家有數説,章句多者或乃百餘萬言,學徒勞而少功。"卷三六《賈逵傳》:"建初元年,詔逵入講北宫白虎觀、南宫雲臺。帝善逵説,使發出左氏傳大義長於二傳者。"⑧"説"皆爲對經文的疏解。"下説"當爲提出自己對經文的疏解意見。

據此,原文當作"下説"。"辨"古俗寫可作"卞",郭店簡《六德》簡三

---

① 《史記》,第 2751 頁。
② 《後漢書》,第 1234 頁。
③ 《通志》,第 1752 頁中欄。
④ 《後漢書》,第 1253 頁;《後漢紀》,張烈點校《兩漢紀》,第 168 頁。
⑤ 《太平御覽》,第 1869 頁下欄。《東觀漢記校注》卷一五《桓榮傳》輯此,校曰:"'下説'二字,聚珍本作'辯説'。"今按,聚珍本所輯此條文字與《御覽》卷四〇四引《東觀記》文頗有異,不知所出何書。參《東觀漢記》卷一六,清乾隆武英殿活字印聚珍本,第六一七頁。
⑥ 詳參吳金華:《世説新語考釋》,安徽教育出版社,1994 年,第 48—49 頁。
⑦ 王叔岷校注:《列仙傳校箋》,中華書局,2007 年,第 112 頁。另《列仙傳》舊題漢劉向撰,余嘉錫認爲"此書蓋明帝以後順帝以前人之所作也"。王叔岷認爲"是書即非向撰,亦不晚於魏晉"。詳參余嘉錫:《四庫提要辨證》,中華書局,2007 年,第 1207 頁;又參王叔岷:《列仙傳校箋·序》,第 1 頁。
⑧ 《後漢書》,第 1099、1213、1236 頁。

九:"男女不卞,父子不親。父子不親,君臣亡宜。""卞"即讀爲"辨"。《武王伐紂平話》卷下:"爾信妲己之言,剖孕婦,卞陰陽,是八過也。"①"卞"即"辨"。景宋殘本《五代史平話·周史下》:"鍾謨、李德明素有口卞,世宗知其必來遊説。"又:"相如素賤,乃因侍宴以口舌之卞,位居咱上。""卞"皆爲"辨"。② 疑類書傳抄中"卞""下"相亂,而誤"下説"爲"卞説",③又轉寫爲"辨説"。因此,"辨説"當據正。

103. 相豫

華嶠《後漢書》卷二《孝子傳》:"劉愷字相豫,爲太常,論議□□,常引正大義,諸儒爲之語曰:'難經伉伉劉太常。'"(《書鈔》卷五三 《類聚》卷四九 《御覽》卷二二八)(553 頁)

按,"相豫",《後漢書》卷三九《劉愷傳》作"伯豫"。④《御覽》卷四二四、卷五一五引《東觀記》亦同;卷二〇一引《東觀記》作"字伯預"。⑤ "預""豫"典籍常通。⑥《新唐書》卷七一上《宰相世系表》載:"高祖七世孫宣帝,生楚孝王囂,囂生思王衍,衍生紆,紆生居巢侯般,字伯興。般生愷,字伯豫,太尉、司空。"⑦據此,"伯豫"當是。

另,"論議□□,常引正大義",《御覽》卷二二八引華嶠《書》作"論議常弘正大義"。⑧《類聚》卷四九、《册府》卷六二二作"論議嘗引正大義";⑨《職官分紀》卷一八引華嶠《書》亦同。⑩《後漢書》卷三九《劉愷傳》作"論議引正,辭氣高雅"。⑪ 今按,頗疑《書鈔》"□□"爲寫本錯誤,即以墨丁塗之。後轉寫翻刻遂誤以爲有奪字,而以空格代之。"□□"似當據删。另"弘正"當作"引正"。"引正"猶"引證"。"引正大義"即引證大義。《後漢書》卷七

---

① 《武王伐紂平話》,中華書局,1958 年,第 84 頁。
② 詳參曾良、陳敏編著:《明清小説俗字典》,廣陵書社,2018 年,第 40 頁。
③ 清錢大昕《廿二史考異》卷五八《舊唐書二》:"'泗水,漢下縣。''下'當作'卞'。'於下縣古城置泗水縣。''下'當作'卞'。"參(清)錢大昕:《廿二史考異》,上海古籍出版社,2016 年,下册,第 842 頁。
④ 《後漢書》,第 1306 頁。
⑤ 《太平御覽》,第 1954 頁上欄、2342 頁下欄、971 頁上欄。
⑥ 《玉篇·象部》"豫"下曰:"或作預。"參胡吉宣校釋:《玉篇校釋》,上海古籍出版社,1989 年,第 4657 頁。《集韻·御韻》"預"下曰:"通作豫。"參《集韻(附索引)》,第 493 頁。
⑦ 《新唐書》,第 2244 頁。
⑧ 《太平御覽》,第 1084 頁下欄。
⑨ 《藝文類聚》,第 877 頁;《册府元龜》,第 7203 頁。周勛初校曰:"'弘',原誤作'引',據宋本改。"參《册府元龜》,第 7210 頁。
⑩ 《職官分紀》,《景印文淵閣四庫全書》,第 923 册,第 420 頁。
⑪ 《後漢書》,第 1307 頁。

○《孔融傳》："每朝會訪對，融輒引正定議，公卿大夫皆隸名而已。"①"引正定議"即引證定義。

104. 廉實

華嶠《後漢書》卷二《第五倫傳》："以司徒掾詔使冀州，廉實災害，舉奏刺史、二千石以下，所刑免甚多，棄官奔者數十人。"(《職官分紀》卷二六五《書鈔》卷六八)(556頁)

按，"廉實"無意，且成詞時代尚晚，至遲唐代始見，多爲方直淳樸之義。如《全唐文》卷七一文宗《授溫造山南西道節度等使詔》："非寬仁不可以理軍旅，非廉實不可以輯編氓。"又卷四九九權德輿《唐故楚州淮陰縣令贈尚書右僕射五府君神道碑銘〔並序〕》："至若文舒之清修廉實，處冲之剖析元微，安期之宏恕，懷祖之沈靜，合是家法，而躬行之。"②宋王安石《袁州軍事推官蕭君墓誌銘》："君惇厚謹密，事親左右不怠，當官廉實以敏，以故多舉者。"③"廉實"皆爲方正樸實之義。至遲明代以後，"廉實"始有考察覈實之義，清代亦多沿用，如《明實錄·明英宗睿皇帝實錄》卷二一八《廢帝郕戾王附錄》："雲南都指揮同知李福爲所部奏其強占官民田地、賣放強盜等事。法司請下巡按御史，廉實以聞。"④《清實錄·世祖章帝實錄》卷七〇《順治九年十月之十二月》："凡官邪民蠹，皆得廉實糾發，所以通壅蔽，鋤黨惡也。"⑤此"廉實"乃爲巡查覈實義。

"廉實"，《後漢書》卷四一《第五種傳》作"廉察"，李賢注："廉，察也。"⑥"廉"蓋即"覝"之借字。《說文·見部》："覝，察視也，讀若鎌。"《漢書》卷一下《高帝紀下》："且廉問，有不如吾詔者，以重論之。"顔師古注："廉，察也。廉字本作覝，其音同耳。"⑦"廉察"，巡察也，古書習見。如《三國志》卷一五《魏志·梁習傳》裴松之注引《魏略·苛吏傳》："每遣大吏出，輒使小吏隨覆察之，白日常自於牆壁間闚閃，夜使幹廉察諸曹，復以幹不足信，又遣鈴下及奴婢使轉相檢驗。"⑧《南齊書》卷四〇《武十七王傳·竟陵文宣王子良》："頃市司驅扇，租估過刻，吹毛求瑕，廉察相繼，被以小罪，責以重備。"《南

---

① 《後漢書》，第2264頁。
② 《全唐文》，第752、5086頁。
③ 《王安石文集》，第1615頁。
④ 《明實錄》卷二一八，清明史館紅格鈔本，第一一頁。
⑤ 《清實錄》，第557頁，中華書局影印本，1985年。
⑥ 《後漢書》，第1403頁。
⑦ 《漢書》，第55頁。
⑧ 《三國志》，第471頁。

史》卷二五《張欣泰傳》:"後從駕出新林,敕欣泰廉察,欣泰停仗,於松樹下飲酒賦詩。"①"廉察"皆巡查、檢查之義。

因此,《職官分紀》引華嶠《書》"實"當作"察"。"廉實"有廉察義,至明清時多見,頗疑《分紀》至明清時之抄刻本擅改而致誤。②

105. 便

華嶠《後漢書》卷二《鍾離意傳》:"時冬寒,病徒不能行,意輒移屬縣便作徒衣,縣不得已與之。"(《書鈔》卷六八)(557 頁)

按,"便"字無意,當作"使"。《後漢書》卷四一《鍾離意傳》作"使作徒衣",《書鈔》卷一二九、《御覽》卷四一九引《東觀漢記》同,均可證。③

106. 剪起

華嶠《後漢書》卷二《宋均傳》:"每會議,未嘗不合上意。常剪起,上未喻其意,以爲奸,大怒,縛即著格之。"(《書鈔》卷五九)(559 頁)

校勘記曰:"范《書》作'嘗刪翦疑事',則此'翦起'當作'翦疑'。"

按,"起"字不誤,似不當改。"起"有擬定、撰寫義。《荀子·性惡》:"古者聖王以人之性惡,以爲偏險而不正,悖亂而不治;是以爲之起禮義、制法度,以矯飾人之情性而正之,以擾化人之情性而導之也。"④《續漢志》卷二六《百官志三》:"一曹有六人,主作文書起草。"⑤"起草",擬定草稿也。"常剪起",言宋均常裁剪擬定奏章以呈上也。

107. 通客

華嶠《漢後書》卷二《陳寵傳》:"陳寵字昭公,爲司空,通客以明無所不受,論者大之。寵奏議溫粹有智,號爲明相。"(《書鈔》卷五二)(568 頁)

校勘記曰:"時府故事督屬籍不通賓客,以防交關。寵反其道而行之。'客'原誤作'容',據黃奭校而改。"

按,"通客"無意。《通典》卷二○載此曰:"陳寵爲司空,府故事,以計吏至,時自公以下督屬籍,不通賓客,以防交關。寵去籍通客,以明無所不受,

---

① 《南齊書》,第 698 頁;《南史》,第 692 頁。
② 目前,《職官分紀》明以前版本未見,僅見明清時期抄刻本,今本多用文淵閣本。詳參汪卉、龔延明:《〈職官分紀〉版本源流考述》,《文史》2015 年第 4 期。
③ 《後漢書》,第 1407 頁;《北堂書鈔》,第 2 冊,第 329 頁上欄;《太平御覽》,第 1932 頁下欄。
④ 《荀子集解》,第 435 頁。
⑤ 《後漢書》,第 3597 頁。

論者大之。"①《御覽》卷二〇八引《後漢書》、《職官分紀》卷二載均作"去籍通客"。② 由此,"通客"前疑脱"去籍"二字,"去籍",去其屬籍也。

108. 程徐

華嶠《後漢書》卷三《周規傳》:"周規除臨湘令。長沙太守程徐二月行縣,敕諸縣治道。規以方春向農,民多劇務,不欲奪人良時。徐出督郵,規即委官而去。徐憮然有愧色,遣功曹賫印綬檄書謝,請還,規謂功曹曰:'程府君愛馬蹄,不重民力。'徑逝不顧。"(《御覽》卷二六六)(587頁)

校勘記曰:"規,會稽人。曾辟公府,事見范《書·朱儁傳》。程徐之事未見他書。"

按,《後漢書》有載"長沙太守抗徐",卷三八《度尚傳》云:"徐字伯徐,丹陽人,鄉邦稱其膽智。初試守宣城長,悉移深林遠藪椎髻鳥語之人置於縣下,由是境内無復盜賊。後爲中郎將宗資别部司馬,擊太山賊公孫舉等,破平之,斬首三千餘級,封烏程東鄉侯五百户。遷太山都尉,寇盜望風奔亡。及在長沙,宿賊皆平。卒於官。"卷七《桓帝紀》李賢注曰:"謝承《書》曰:'抗徐字伯徐,丹陽人。少爲郡佐史,有膽智策略,三府表徐有將率之任,特遷長沙太守。'《風俗通》曰:'衛大夫三抗之後,漢有抗喜,爲漢中太守。'"③據《後漢書·朱儁傳》,周規與朱儁時代大體相同。朱儁曾"竊母繒帛,爲規解對",後"本縣長山陽度尚見而奇之",薦朱儁於太守韋毅。④ 因此,所謂"程徐""抗徐"時代頗近。⑤ 疑"程徐""抗徐"即同一人,尚未知孰是。

109. 謀略拜

華嶠《後漢書》卷三《散句》:"執金吾,行幸掌從領宿衛。"(《書鈔》卷五四)(598頁)

校勘記曰:"孔本原引首有'謀略拜'三字,陳俞本删之,諸輯皆然,今亦從之。出於何傳已不可考,故入散句以俟考。"

按,《御覽》卷二三七引華嶠《後漢書》云:"耿秉爲人威重,有謀略,拜執

---

① 《通典》,第517頁。
② 《太平御覽》,第999頁下欄;《職官分紀》,《景印文淵閣四庫全書》,第923册,第34頁上欄。另檢點校本《後漢書》,並無此語,未知此"後漢書"爲何本,周天游輯注《八家後漢書輯注(修訂本)》亦未輯此條。頗疑其出自謝承《後漢書》。
③ 《後漢書》,第1286、315頁。
④ 《後漢書》,第2308頁。
⑤ 嚴耕望《兩漢太守刺史表》載"程徐""抗徐",云:"程徐,不知何時。"北京聯合出版公司,2020年,第203頁。

金吾,每行幸,秉恒領宿衛。"①《職官分紀》卷三七引亦同。② 是《書鈔》引文蓋出自華嶠《後漢書·耿秉傳》,唯所引脱誤甚多,頗不可解。"謀略拜"三字即爲原文,不可删。

110. 劉盆子傳

謝沈《後漢書·劉盆子傳》:"赤眉入長安時,式侯恭以弟盆子爲赤眉所尊,故自繫。赤眉至,更始奔走,式侯從獄中參械出街中。"(《御覽》卷六四四)(605 頁)

按,此條與《御覽》卷六四三引謝承《後漢書》文字全同。③ 頗疑《御覽》所引二書有亂。

111. 岑彭傳

謝沈《後漢書·岑彭傳》:"光武攻洛陽,朱鮪守之。上令岑彭説鮪曰:'赤眉已得長安,更始爲胡殷所反害,今公誰爲守乎?'鮪曰:'大司徒公被害,鮪與其謀,誠知罪深,不敢降耳。'彭還白上,上謂彭復往明曉之:'夫建大事,不忌小怨。今降,官爵可保,況誅罰乎!'"(黄輯)(605 頁)

校勘記曰:"黄輯曰輯自《文選》卷四三邱遲《與陳伯之書》注,鈴木輯稿亦然。胡刻本作謝承《書》,汪輯從之。"

按,《文選》卷四二阮元瑜《爲曹公作書與孫權》注、卷四三邱遲《與陳伯之書》注均引此條,前皆曰:"謝承《後漢書》曰",④是此條出自謝承《書》甚明,⑤汪輯本、鈴木輯本當爲誤輯。此條當據删。

112. 尹伯

張瑩《後漢南記·魏應傳》:"魏應字尹伯,任城人。明魯詩,章帝重之,數進見論難於前,特受賞賜劍玦衣服也。"(《初學記》卷二二 《御覽》卷三四三)(617 頁)

"尹伯",《後漢書》卷七九下《儒林傳下》作"君伯",⑥《書鈔》卷六三引

---

① 此條《八家後漢書輯注(修訂本)》已有輯録(第 523 頁)。
② 《職官分紀》,《景印文淵閣四庫全書》,第 923 册,第 658 頁上欄。
③ 《太平御覽》,第 2879 頁下欄。另《八家後漢書輯注(修訂本)》據此引已輯入謝承《後漢書》(第 9 頁)。
④ 《文選》,第 589 頁上欄、608 頁下欄。
⑤ 《八家後漢書輯注(修訂本)》已輯此條爲謝承《後漢書》(第 12 頁)。
⑥ 《後漢書》,第 2517 頁。

《東觀記》亦同。① 另，《御覽》卷一八四引《後漢書》、《册府》卷五九七、卷五九八、卷七六七載此均作"君伯"。② 考後漢人喜以"君"爲美名，如侯霸字君房、桓譚字君山、鮑永字君長、郅惲字君章、龔勝字君賓、龔舍字君倩、劉焉字君郎、張玄字君夏、譙玄字君黃、索盧放字君陽、岑彭字君然等等，皆以"君"爲字。而檢范《書》中，似無一人以"尹"爲美字者。據此，"尹"疑爲"君"字之訛。

113. 朱穆

袁山松《後漢書》卷三《朱暉傳》："朱穆上疏曰：'養魚沸鼎之中，棲鳥烈火之上，用之不時，必也燋爛。'"（《文選》卷四三《邱遲與陳伯之書》注　又卷四九《范蔚宗皇后紀論》注）（663頁）

按，此文見《後漢書》卷五七《劉陶傳》載劉陶奏文曰："此猶養魚沸鼎之中，棲鳥烈火之上。水木本魚鳥之所生也，用之不時，必至燋爛。"③《後漢紀》卷二一《桓帝紀》、《晉書》卷二六《食貨志》、《通典》卷八《食貨志》、《通鑑》卷五四《漢紀·桓帝紀上之下》、《東漢會要》卷三一等均載有此奏文，皆謂劉陶所奏。④《文選》李善注所據引始有誤，且李氏兩引皆曰"袁崧《後漢書》朱穆上疏言"，恐李善所見袁《書》本已有誤矣。

114. 與

袁山松《後漢書》卷三《吳祐傳》："祐守志如初。與北海公沙穆遊太學，資乏，變服爲傭，祐賃使舂，遂爲死交於杵臼之間。"（《御覽》卷九〇三　又卷四〇七）（670頁）

按，"與北海公沙穆遊太學"，文意不明。《御覽》卷四〇七引袁山松《後漢書》無"與"字，卷八二九引《東觀記》作"公沙穆來遊太學"；⑤《後漢書》卷六四《吳祐傳》載作"時公沙穆來遊太學"。⑥ 可知《御覽》卷九〇三引"與"殆衍，當據《御覽》卷四〇七所引删。

115. 弨以襌

袁山松《後漢書》卷四《盧植傳》："尚書盧植將終，敕其子弨以襌，葬以

---

① 《北堂書鈔》，第1册，第479頁上欄。
② 《太平御覽》，第892頁下欄；《册府元龜》，第6870、6895、8869頁。
③ 《後漢書》，第1846頁。
④ 《後漢紀》，張烈點校《兩漢紀》，第405頁；《晉書》，第794頁；《通典》，第178頁；《資治通鑑》，第1737頁；《東漢會要》，第337頁。
⑤ 《太平御覽》，第1881頁上欄、3697頁下欄。
⑥ 《後漢書》，第2100頁。

土穴,其子從之。"(《書鈔》卷一五八)(671頁)

"弸",《説文·弓部》:"弸,弓弩尚部弦所居也。"清桂馥《義證》曰:"筆管亦謂之弸。"①是弓弩所繫弦處謂之"弸",筆管也可言"弸"也。"禪",褲也。《後漢書》卷六四《盧植傳》曰:"敕其子儉葬於土穴,不用棺槨,附體單帛而已。"《後漢紀》卷二五《靈帝紀》作:"敕其子斂具〔其〕單衣,葬以土穴。"②

今按,《書鈔》引"弸以禪"無意,字當作"殮以襌"。"弸"殆爲"殮"之形訛也,"殮",入殮也。《玉篇·歹部》:"殮,殯殮也。入棺也。"③古又多作"斂",《儀禮·士喪禮》:"主人奉尸斂於棺。"鄭玄注:"棺在肂中斂尸焉,所謂殯也。"賈公彦疏:"以尸入棺名斂,亦名殯也。"④"襌",當爲"襌"。"襌",單衣⑤也,《説文·衣部》:"襌,衣不重也。"《釋名·釋衣服》:"有裏曰複,無裏曰襌。"⑥《急就篇》卷二:"襌衣蔽膝布毋繜。"漢顔師古注:"襌衣,似深衣而褒大,亦以其無裏,故呼爲襌衣。"⑦因此,"殮以襌",言入棺以單衣也。

116. 下

袁山松《後漢書》卷四《陳蕃傳》:"陳蕃遷豫章〔太守〕,在郡下接賓客,獨坐一室。唯徐孺子來,爲置對榻,去則懸之。及徵爲尚書令,送之者亦不出郭門。"(《御覽》卷四〇五 《書鈔》卷七四)(671頁)

"在郡下接賓客",胡愛英校"下"爲"不"之訛,甚是。⑧《後漢書》卷五三《徐稚傳》作"蕃在郡不接賓客";《後漢紀》卷二三《靈帝紀》載曰:"初爲豫章太守,獨設一榻以候徐孺子,餘人不得而接。"⑨《御覽》卷四七四引謝承《後漢書》亦作"不接賓客"。⑩ 據此,"下"當爲"不",二者形近而訛。⑪ 原文當爲"在郡不接賓客",此亦與"獨坐一室"意相密合。

---

① (清)桂馥:《説文解字義證》,上海古籍出版社影印本,1987年,第1113頁。
② 《後漢書》,第2119頁;《後漢紀》,張烈點校《兩漢紀》,第499頁。
③ 吕浩點校:《大廣益會玉篇》,2019年。
④ 《儀禮注疏》,(清)阮元校刻《十三經注疏(清嘉慶刻本)》,第2470頁。
⑤ "單衣"似有四種,一爲單夾衣之單衣,二爲士大夫之便服,三爲弔服,四爲官吏服裝之一種。詳參周一良《魏晋南北朝史札記》引祝總斌説,中華書局,2007年第2版,第235—236頁。
⑥ 《説文解字》,第172頁上欄;《釋名》,第73頁。
⑦ 《急就篇》,《景印文淵閣四庫全書》,第223册,第27頁。
⑧ 參胡愛英:《〈八家後漢書輯注〉校補》,第23頁。
⑨ 《後漢書》,第1746頁;《後漢紀》,張烈點校《兩漢紀》,第445頁。
⑩ 《太平御覽》,第2174頁下欄。
⑪ "不""下"古書多相亂,可參前文"《後漢紀》叢考"下"下治"條。

117. 佩韋

袁山松《後漢書》卷四《范丹傳》："自以性急,每爲吏,常佩韋。"(《御覽》卷四二五　又卷二六七　又卷七〇七　又卷八三八　又卷五一二　范《書·范丹傳》注)(682 頁)

按,"韋"當作"韋",檢《御覽》卷四二五,《後漢書》卷八一《獨行傳·范冉》李賢注引袁山松《後漢書》即正作"韋",李賢注："《史記》曰'西門豹性急,佩韋以自緩。'"①可知,輯本殆爲轉錄致誤,且典籍中鮮見"韋"通作"韋"者,故當據正。

118. 延平元年

張璠《後漢紀·殤帝紀·延平元年》："莎車王殺于闐王。于闐大〔人〕都末出城,見野豕,欲搏之,乃人語曰:'無殺我,我爲汝殺莎車將軍。'都末異之,即與兄弟共殺莎車王。"(《類聚》卷九四　《御覽》卷九〇三)(693 頁)

按,檢覈《類聚》卷九四、《御覽》卷九〇三引此皆未載其年月。②《後漢書》卷八八《西域傳》詳載此事,爲"明帝永平三年"。③ 未詳輯本繫於延平元年下,所據者何。

119. 常置其章

張璠《後漢紀·順帝紀·永和六年》："周舉上書言得失,尚書郭虔見之歎息,上疏願退位避舉,常置其章於坐。"(《御覽》卷五九四)(696 頁)

校勘記曰："范《書》本傳作'欲帝置章御坐,以爲規誡'。"

按,"常置其章於坐"句意未明,當據《後漢書》補"欲"字。另,"常"字亦訛,當爲"帝",形訛也。④ "章"乃周舉所上之書也,李賢注曰："章謂所上之書。"⑤原文當作"欲帝置其章於坐"。

---

① 《太平御覽》,第 1959 頁上欄;《後漢書》,第 2689 頁。
② 《藝文類聚》,第 1642 頁;《太平御覽》,第 4006 頁上欄。
③ 《後漢書》,第 2925 頁。
④ "常""帝"形近多訛,如《管子·宙合》："大人之行,不必以先帝常義立之謂賢。"王念孫《讀書雜志·管子第二》"先帝常"下曰："'帝'即'常'字之誤而衍者,尋尹注亦無'帝'字。'先常'猶言'故常',不必以'先常'句絕,言大人之行不必遵守故常,唯義立之爲賢也。"(第 1084 頁)又《後漢書》卷五二《崔駰傳》："自見駰頌後,(帝)〔常〕嗟歎之。"中華本校勘記曰："據汲本改。"(第 1735 頁)
⑤ 《後漢書》,第 2024 頁。

120. 稱

張璠《後漢紀·靈帝紀·建寧元年》："先是,司徒韓縝爲河內太守,在公無私,所舉一辭而已,後亦不及其門户。曰:'我舉若可矣,不令恩偏稱一家也。'"(《吴志·周瑜傳》注)(705 頁)

按,"不令恩偏稱一家","稱"無意。吴金華校"稱"爲"積",①甚是。《後漢書》卷四五《周景傳》作:"舉吏當行,一辭而已,恩亦不及其家。曰:'豈可令偏積一門!'"②漢應劭《風俗通義·十反》載此亦作"偏積於一門"。③ "稱""積"形近而訛。④

121. 約

張璠《後漢紀·靈帝紀·中平三年》："靈帝鑄天禄、蝦蟆,吐水於平昌門外橋東約入宫,又作翻車、渴烏施於橋西,洒南北郊。"(《御覽》卷九四九)(709 頁)

校勘記曰:"'約'或係'轉'之譌,范《書·宦者傳》即作'轉水入宫'。"

按,周校甚是。"約"當爲"轉"之訛。宋陰時夫《韻府群玉》卷六載此作"漢靈帝鑄天禄蝦蟆,吐水轉入宫"。⑤ "轉"草書常作"𨽻"(晉王羲之《昨見帖》)"𨽻"(唐孫過庭《書譜》)"𨽻"⑥等,字形與"約"頗似,易被誤認爲"約"字。"約"當據正爲"轉"。

122. 解后

張璠《後漢紀·獻帝紀·初平三年》："又明公之將帥,皆中表腹心,周旋日久。自三原、硤口以來,恩信醇著,忠誠可遠任,智謀可特使,以此當山東解后之虛誕,實不相若,八也。"(《魏志·鄭渾傳》注 又《武帝紀》注《書鈔》卷八二一)(718 頁)

"解后",《三國志》卷一六《魏志·鄭渾傳》裴注引本作"解合"。中華

---

① 吴金華即據《風俗通》《後漢書》校"稱"爲"積",詳參吴金華《〈三國志校詁〉外編》,收入氏著《古文獻研究叢稿》,江蘇教育出版社,1995 年,第 286 頁;又參吴金華點校:《三國志(修訂本)》,第 838 頁。
② 《後漢書》,第 1538 頁。
③ (漢)應劭撰,王利器校注:《風俗通義校注》,第 237 頁。
④ "積""稱"古書亦見相混之例,如唐獨孤郁《獨孤秀才書》:"覽其文,則贊美積嗟,無不至也。"校曰:"原注:'一作稱。'《文粹》《唐文》作'稱'。"詳參(唐)權德輿撰,郭廣偉點校:《權德輿詩文集》卷四二,上海古籍出版社,2008 年,第 646 頁。
⑤ (宋)陰時夫:《韻府群玉》,《景印文淵閣四庫全書》,第 951 册,第 216 頁。
⑥ 參《敦煌俗字典(第二版)》,第 1104 頁。

本校"合"爲"后",出校曰:"從吳承仕《絸齋讀書記》説。"①趙幼文、吳金華點校《三國志》亦均從吳説。②

按,"解合"不誤。《後漢書》卷七〇《鄭太傳》載此曰:"以膠固之衆,當解合之執,猶以烈風掃彼枯葉。"③即正作"解合"。"解合"與"膠固"義相反,爲使聯合者解散之義。"恩信醇著,忠誠可遠任"句,言以忠信智謀之將士,對此山東分崩離析之虛誕之衆,則實不相似也。"解合"切合文意,不當改字。

123. 容皀

無名氏《後漢書》:"周蠻,後漢人也。拙爲容皀,不可觀採。梟頸折頷,鳥嘴欠頤。但清高,敦心方外,不以官位存懷,唯慕煙霞任誕。"(《琱玉集》)(726頁)

校勘記曰:"范《書》'周蠻'作'周燮',是。又此引文辭怪譎多訛,與范《書》異。"

按,"容皀"無意。"皀"當爲"皃"之訛,即"貌"字,胡愛英已校。④"慕煙霞任誕",句意不類。"煙霞",猶山水也。南朝梁蕭統《錦帶書十二月啓·夾鐘二月》:"敬想足下,優遊泉石,放曠煙霞。"⑤唐楊炯《原州百泉縣令李君神道碑》:"不掃一室,自懷包括之心;獨守大玄,且忘名利之境。於時魏特進、房僕射、杜相州等,並以江海相期,煙霞相許。"⑥是"煙霞"後不應承以"任誕",其後疑脱"性"字。句似當作"唯慕煙霞,性任誕"。

124. 梁輔

無名氏《後漢書》:"梁輔,後漢人也。當爲郡吏。時夏大旱,輔欲告天乞雨,身坐庭前,在傍多積薪柴,乃誓曰:'至日中不雨,即自燒身。'未及日中,天忽大雨也。"(《琱玉集》)(729頁)

校勘記曰:"李慈銘以爲當出謝承諸書,今録此以俟考。"

按,"梁輔",《後漢書》卷八一《獨行傳》作"諒輔",曰:"諒輔字漢儒,廣漢新都人也。仕郡爲五官掾。時夏大旱,太守自出祈禱山川,連日而無所

---

① 《三國志》,第1493頁。
② 《三國志校箋》,第665頁;吳金華點校《三國志(修訂本)》,第349頁。
③ 《後漢書》,第2258—2259頁。
④ 胡愛英:《〈八家後漢書輯注〉校補》,第24頁。
⑤ 《全上古三代秦漢三國六朝文》,第3902頁上欄。
⑥ (唐)楊炯撰,祝尚書箋注:《楊炯集箋注》,中華書局,2016年,第983頁。

降。輔乃自暴庭中。"①晋常璩《華陽國志》卷一〇中《先賢士女總讚論》載:"諒輔字漢儒,新都人,爲郡五官掾。時天大旱,請雨不降。輔出禱祈,乃積薪祝神曰:'不雨,則欲自焚,爲貪叨吏,謝罪百姓。'言終暴雨。"卷一二《益梁寧三州先漢以來士女目録》亦載曰"精誠五官諒輔,字漢儒"。② 另,《藝文類聚》卷一〇〇、《書鈔》卷七七、《御覽》卷三五引《搜神記》均作"諒輔"。③ 據此,當以"諒輔"爲是,"梁"當據改。

125. 陳□

無名氏《後漢書》:"陳□字文鍾,爲巫令,有政能。桑櫓生三萬餘株,民已温飽。"(《稽瑞》)(730 頁)

按,《御覽》九九五引謝承《後漢書》曰:"陳曄爲巫令,有惠政,桑生二萬餘株,民以爲給。"④另《册府》卷七〇三亦載曰:"陳曄字文鍾,爲卒令,有惠政。桑旅生二萬餘株,民以自給。"⑤據此"陳□"當爲"陳曄"。

―――――

① 《後漢書》,第 2694 頁。
② (晋)常璩:《華陽國志》,叢書集成初編本,商務印書館印,1936 年,第 145、213 頁。
③ 《藝文類聚》,第 1727 頁;《北堂書鈔》,第 1 册,第 572 頁上欄;《太平御覽》,第 167 頁下欄。
④ 周天游輯注《八家後漢書輯注(修訂本)》亦據《御覽》引輯此條(第 250 頁)。
⑤ 《册府元龜》,第 8121 頁。校勘記曰:"史無卒縣,卒字疑誤。"(第 8122 頁)按,"卒"爲"巫"之誤字。"巫",縣名,屬南郡。《類聚》引未標明所出。考上條"劉平"事載"劉平爲全椒令。先是縣多虎爲害,平到修政,選進儒良,退黜貪殘。視事三月,虎皆渡江而去",其文字與《御覽》卷二六七引華嶠《書》(第 1250 頁下欄)全同,則疑此條蓋當亦出自華嶠《續漢書》。

主要參考文獻

一、著作類

（漢）荀悦、（晋）袁宏撰,張烈校點：《兩漢紀》,中華書局,2002年
（晋）袁宏撰,周天游校注：《後漢紀校注》,天津古籍出版社,1987年
（晋）袁宏撰,李興和校點：《袁宏〈後漢紀〉集校》,雲南大學出版社,2008年
（晋）陳壽撰,（南朝宋）裴松之注：《三國志》,中華書局,1982年
（南朝宋）范曄撰,（唐）李賢注：《後漢書》,中華書局,1965年
（唐）杜佑撰,王文錦等點校：《通典》,中華書局,1988年
（唐）李林甫等：《唐六典》,中華書局,2014年
（唐）劉知幾撰,（清）浦起龍釋：《史通通釋》,上海古籍出版社,1978年
（宋）晁公武：《郡齋讀書志校證》,上海古籍出版社,1990年
（宋）洪适：《隸釋 隸續》,中華書局,1985年
（宋）劉攽：《東漢刊誤》,收入張舜徽主編《二十五史三編》第4册,岳麓書社,1994年
（宋）司馬光等：《資治通鑑（附考異）》,上海古籍出版社,1997年
（宋）孫逢吉：《職官分紀》,中華書局,1988年
（宋）王觀國：《學林》,中華書局,1988年
（宋）王應麟：《玉海》,江蘇古籍出版社、上海書店,1987年
（元）馬端臨：《文獻通考》,中華書局,2011年
（明）方以智：《通雅》,上海古籍出版社,1988年
（明）王夫之：《周易稗疏 附考異》,中華書局,2011年
（清）畢沅疏證,王先謙補：《釋名疏證補》,中華書局,2008年
（清）顧炎武：《菰中隨筆》一卷本,收入《顧炎武全集》第20册,上海古籍出版社,2011年
（清）顧炎武撰,陳垣校注：《日知錄校注》,安徽大學出版社,2007年
（清）段玉裁注：《説文解字注》,上海古籍出版社,1988年

（清）桂馥：《説文解字義證》，上海古籍出版社，1987年
（清）郝懿行：《爾雅義疏》，齊魯書社，2010年
（清）郝懿行：《易説》，收入《郝懿行集》第1册，齊魯書社，2010年
（清）何焯：《義門讀書記》，中華書局，1987年
（清）胡克家：《文選考異》，收入《文選》（胡氏重刻宋淳熙本），中華書局，1977年
（清）黄生撰，黄承吉合按：《字詁義府合按》，中華書局，1984年
（清）惠棟：《後漢書補注》，商務印書館，1936年
（清）李慈銘：《越縵堂讀史札記全編》，北京圖書館出版社，2003年
（清）梁啓超：《中國近三百年學術史》，東方出版社，2004年
（清）劉淇：《助字辨略》，萬有文庫本，商務印書館，1937年
（清）牛運震：《讀史糾謬》，齊魯書社，1989年
（清）馬瑞辰：《毛詩傳箋通釋》，中華書局，1989年
（清）錢大昕：《廿二史考異》，上海古籍出版社，2004年
（清）錢大昕：《潛研堂文集》，江蘇古籍出版社，1997年
（清）錢大昕撰：《十駕齋養新録（附餘録）》，鳳凰出版社，2016年
（清）阮元校刻：《十三經注疏》，中華書局，2009年
（清）沈欽韓：《後漢書疏證》，上海古籍出版社，2006年
（清）孫星衍等輯：《漢官六種》，中華書局1990年
（清）王鳴盛：《十七史商榷》，上海古籍出版社，2013年
（清）王鳴盛：《蛾術編》，上海書店出版社，2012年
（清）王念孫：《讀書雜志》，上海古籍出版社，2014年
（清）王念孫：《廣雅疏證》，中華書局，2019年
（清）王先謙等：《後漢書集解（外三種）》，上海古籍出版社，2006年
（清）王引之：《經傳釋詞》，上海古籍出版社，2016年
（清）王引之：《經義述聞》，上海古籍出版社，2016年
（清）吴仁傑：《兩漢刊誤補遺》，中華書局，1991年
（清）佚名：《漢書考正 後漢書考正（外一種）》，上海古籍出版社，2008年
（清）姚振宗：《隋書經籍志考證》，開明書店，1936年
（清）永瑢等：《四庫全書總目》，中華書局，1965年
（清）俞樾：《諸子平議（附補録）》，中華書局，1954年
（清）俞正燮：《癸巳類稿》，黄山書社，2005年
（清）張元濟：《百衲本二十四史校勘記——〈後漢書〉校勘記》，中華書局，1999年

（清）趙翼：《陔餘叢考》，上海古籍出版社，2011 年
（清）趙翼撰，王樹民校證：《廿二史劄記校證》，中華書局，2013 年
（清）周壽昌：《後漢書注補正》，商務印書館，1936 年
（清）周廣業撰，徐傳武、胡真點校：《經實避名彙考》，上海古籍出版社，
　　　2015 年
（日）尾崎康著，喬秀岩，王鏗編譯：《正史宋元版之研究》，中華書局，2018 年
（日）太田辰夫著，蔣紹愚、徐昌華譯：《中國語歷史文法（第 2 版）》，北京大
　　　學出版社，2003 年
白壽彝主編：《中國史學史》，上海人民出版社，2006 年
白維國主編：《近代漢語詞典》，商務印書館，2015 年
白於藍：《戰國古書通假字大系》，福建人民出版社，2017 年
蔡鏡浩：《魏晋南北朝詞語例釋》，江蘇古籍出版社，1990 年
曹金華：《後漢書稽疑》，中華書局，2014 年
柴德賡：《史籍舉要》，北京出版社，2002 年
陳興武：《通行本〈二十四史〉勘評選》，新世界出版社，2012 年
陳斯鵬：《楚系簡帛中字形與音義關係研究》，中國社會科學出版社，2011 年
陳垣：《二十史朔閏表》，《陳垣全集》第 6 冊，安徽大學出版社，2009 年
陳垣：《史諱舉例》中華書局，2012 年
崔富章、李大明編：《楚辭集校集注》，湖北教育出版社，2003 年
戴蕃豫：《稿本後漢書疏記》，書目文獻出版社，1995 年
董志翹：《漢語史研究叢稿》，上海古籍出版社，2013 年
董志翹：《文獻語言新探》，廣陵書社，2022 年
董志翹：《訓詁類稿》，四川大學出版社，1999 年
董志翹：《中古近代漢語探微》，中華書局，2007 年
董志翹：《中古文獻語言論集》，巴蜀書社，2000 年
董志翹、蔡鏡浩：《中古虛詞語法例釋》，吉林教育出版社，1994 年
竇懷永：《敦煌文獻避諱研究》，甘肅教育出版社，2013 年
方一新：《東漢魏晋南北朝史書詞語箋釋》，黃山書社，1997 年
方一新：《中古近代漢語詞彙學》，商務印書館，2010 年
方一新、高列過：《東漢疑偽佛經的語言學考辨研究》，人民出版社，2012 年
方一新、王雲路：《中古漢語讀本（修訂本）》，上海教育出版社，2018 年
馮其庸、鄧安生：《通假字彙釋》，北京大學出版社，2006 年
高亨：《古字通假會典》，齊魯書社，1989 年
高明：《中古史書詞彙論稿》，天津古籍出版社，2008 年

管錫華：《漢語古籍校勘學》，巴蜀書社，2003 年
郭永秉：《金石有聲：文獻與文字斷想》，上海人民出版社，2021 年
郭在貽：《郭在貽文集》，中華書局，2002 年
漢語大字典編輯委員會編纂：《漢語大字典(第二版)》，崇文書局、四川辭書
　　出版社，2016 年
洪誠：《洪誠文集》，江蘇古籍出版社，2000 年
洪鈞陶：《草字編(新編)》，文物出版社，2006 年
胡吉宣：《玉篇校釋》，上海古籍出版社，1989 年
黄侃：《新輯黄侃學術文集》，南京大學出版社，2008 年
黄金貴：《古代文化詞義集類辨考(新一版)》，商務印書館，2016 年
黄永年：《古籍整理研究概論》，陝西人民出版社，1985 年
黄征：《敦煌俗字典(第二版)》，上海教育出版社，2019 年
黄征、張涌泉校注：《敦煌變文校注》，中華書局，1997 年
江藍生：《魏晉南北朝小説詞語匯釋》，語文出版社，1987 年
蔣禮鴻：《蔣禮鴻集》，浙江教育出版社，2000 年
蔣文：《先秦秦漢出土文獻與〈詩經〉文本的校勘和解讀》，中西書局，2019 年
蔣宗許：《漢語詞綴研究》，巴蜀書社，2009 年
蘭佳麗：《連綿詞族叢考》，學林出版社，2012 年
李春桃：《古文異體關係整理與研究》，中華書局，2016 年
李裕民：《四庫提要訂誤》，中華書局，2005 年
李運富：《漢字漢語論稿》，學苑出版社，2008 年
李運富：《漢字漢語論稿續編》，中國社會科學出版社，2019 年
梁春勝：《楷書部件演變研究》，綫裝書局，2012 年
梁春勝：《六朝石刻叢考》，商務印書館，2021 年
梁啟超：《中國近三百年學術史》，商務印書館，2011 年
劉百順：《魏晉南北朝史書詞語札記》，陝西師範大學出版社，1993 年
劉復、李家瑞編：《宋元以來俗字譜》，中央研究院歷史語言研究所單刊，
　　1930 年
劉世儒：《魏晉南北朝量詞研究》，中華書局，1965 年
劉信芳：《楚簡帛通假匯釋》，高等教育出版社，2011 年
柳士鎮：《魏晉南北朝歷史語法》，南京大學出版社，1992 年
吕叔湘著，江藍生補：《近代漢語指代詞》，學林出版社，1985 年
吕宗力主編：《中國歷代官制大辭典》，北京出版社，1994 年
毛遠明：《漢魏六朝碑刻異體字研究》，商務印書館，2012 年

毛遠明：《漢魏六朝碑刻異體字典》，中華書局，2014 年
裴學海：《古書虛詞集釋》，中華書局，2004 年
錢鍾書：《管錐編》，中華書局，1986 年
秦公、劉大新：《碑別字新編（修訂本）》，文物出版社，2016 年
裘錫圭主編：《長沙馬王堆漢墓簡帛集成》，中華書局，2014 年
裘錫圭：《裘錫圭學術文集》，復旦大學出版社，2012 年
曲守約：《辭釋》，聯經出版事業公司，1979 年
曲守約：《辭釋續》，聯經出版事業公司，1982 年
曲守約：《中古辭語考釋》，臺灣商務印書館，1968 年
任繼昉：《釋名匯校》，齊魯書社，2006 年
陝西省考古研究所始皇陵秦俑坑考古發掘隊：《秦始皇陵兵馬俑一號坑發掘報告（1974—1984）》，文物出版社，1988 年
施之勉：《後漢書集解補》，"中國（臺北）文化大學"出版部，1982 年
史爲樂主編：《中國歷史地名大辭典》，中國社會科學出版社，2005 年
宋文民：《後漢書考釋》，上海古籍出版社，1995 年
孫殿起：《販書偶記》，中華書局，1959 年
禤健聰：《戰國楚系簡帛用字習慣研究》，科學出版社，2017 年
汪維輝：《東漢—隋常用詞演變研究（修訂本）》，商務印書館，2017 年
汪維輝：《漢語詞彙史新探》，上海人民出版社，2007 年
汪維輝：《漢語歷史詞的歷史與現狀研究》，商務印書館，2018 年
王海根編：《古代漢語通假字大字典》，福建人民出版社，2006 年
王華寶：《古文獻問學叢稿》，中華書局，2009 年
王輝：《古文字通假字典》，中華書局，2008 年
王建：《史諱辭典》，上海古籍出版社，2011 年
王繼如：《訓詁問學叢稿》，江蘇古籍出版社，2001 年
王力：《同源字典》，商務印書館，1982 年
王立軍：《漢碑文字通釋》，中華書局，2020 年
王利器：《王利器論學雜著》，北京師範學院出版社，1990 年
王紹曾：《目錄版本校勘學論集》，上海古籍出版社，2005 年
王叔岷：《史記斠正》，中華書局，2007 年
王彥坤：《歷代避諱字彙典》，中華書局，2009 年
王彥坤：《前四史生僻詞語考釋》，商務印書館，2006 年
王雲路：《中古漢語詞彙史》，商務印書館，2010 年
王雲路：《詞彙訓詁論稿》，北京語言文化大學出版社，2002 年

王雲路：《中古漢語論稿》，中華書局，2011 年

王雲路、方一新：《中古漢語語詞例釋》，吉林教育出版社，1992 年

王鍈：《詩詞曲語辭例釋（第二次增訂本）》，中華書局，2005 年

吳吉煌：《兩漢方言詞研究——以〈方言〉〈説文〉爲基礎》，高等教育出版社，2011 年

吳金華：《古文獻整理與古漢語研究》，江蘇古籍出版社，2001 年

吳金華：《古文獻研究叢稿》，江蘇古籍出版社，1995 年

吳金華：《三國志叢考》，上海古籍出版社，2000 年

吳金華：《三國志校詁》，江蘇古籍出版社，1990 年

吳金華：《世説新語釋》，安徽教育出版社，1994 年

吳懷成、完權、許立群：《"之""者""而"新解》，學林出版社，2019 年

吳礽驤、李永良、馬建華釋校：《敦煌漢簡釋文》，甘肅人民出版社，1991 年

吳樹平：《秦漢文獻研究》，齊魯書社，1988 年

吳樹平校注：《東觀漢記校注》，中華書局，2008 年

吳玉貴：《唐書輯校》，中華書局，2008 年

項楚：《敦煌文學叢考》，上海古籍出版社，1991 年

蕭旭：《群書校補》，廣陵書社，2011 年

肖瑜：《〈三國志〉古寫本用字研究》，上海教育出版社，2011 年

徐復：《後讀書雜志》，上海古籍出版社，1995 年

徐復：《徐復語言文字學論稿》，江蘇教育出版社，1995 年

徐復：《徐復語言文字學晚稿》，江蘇教育出版社，2007 年

徐蜀主編：《兩漢書訂補文獻彙編》，北京圖書館出版社，2004 年

徐時儀校注：《一切經音義三種校本合刊（修訂版）》，上海古籍出版社，2012 年

徐時儀：《學海先飛——徐時儀學術論文集》，上海辭書出版社，2017 年

許逸民：《古籍整理釋例》，中華書局，2011 年

續修四庫全書總目提要編撰委員會編：《續修四庫全書總目提要·史部》，上海古籍出版社，2014 年

徐正考、肖攀編著：《漢代文字編》，作家出版社，2016 年

嚴耕望：《嚴耕望史學論文集》，上海古籍出版社，2009 年

嚴耕望：《兩漢太守刺史表》，北京聯合出版公司，2020 年

楊琳：《訓詁方法新探》，商務印書館，2011 年

姚薇元：《北朝胡姓考（修訂本）》，中華書局，2007 年

楊聯陞：《東漢的豪族》，商務印書館，2011 年

楊守敬、熊會貞疏：《水經注疏》，江蘇古籍出版社，1989 年
楊樹達：《詞詮》，中華書局，1954 年
楊樹達：《積微居讀書記》，上海古籍出版社，2007 年
楊小平：《〈後漢書〉語言研究》，巴蜀書社，2004 年
楊小平：《清代手寫文獻之俗字研究》，北京師範大學出版社，2019 年
葉德輝：《書林清話（附書林餘話）》，中華書局，1957 年
殷寄明：《漢語同源詞大詞典》，復旦大學出版社，2018 年
余嘉錫：《四庫提要辨證》，中華書局，1980 年
余嘉錫：《世説新語箋疏》，中華書局，2007 年
俞理明、顧滿林：《東漢佛道文獻詞彙新質研究》，商務印書館，2013 年
俞理明、周俊勛、王寶紅、黃宜鳳、楊觀、武建宇、周艷梅：《歷代筆記小説俗語詞匯釋》，四川大學出版社，2020 年
俞敏、謝紀鋒編：《虛詞詁林》，黑龍江人民出版社，1992 年
曾良：《明清小説俗字典》，廣陵書社，2018 年
曾良：《明清小説俗字研究》，商務印書館，2017 年
曾良：《俗字及古籍文字通例研究》，百花洲文藝出版社，2006 年
曾良：《隋唐出土墓誌文字研究及整理》，齊魯書社，2007 年
張相：《詩詞曲語辭匯釋》，中華書局，1953 年
張小艷：《敦煌書儀語言研究》，商務印書館，2007 年
張小艷：《敦煌社會經濟文獻詞語論考》，上海人民出版社，2013 年
張舜徽主編：《後漢書辭典》，山東教育出版社，1994 年
張舜徽：《中國古代史籍校讀法》，中華書局，1962 年
張舜徽主編：《二十五史三編》第四分冊《後漢書之屬》，岳麓書社，1994 年
張顯成主編：《吐魯番出土文書字形全譜》，四川辭書出版社，2020 年
張顯成、李建平：《簡帛量詞研究》，中華書局，2017 年
張涌泉：《漢語俗字研究（增訂本）》，商務印書館，2010 年
張涌泉主編：《敦煌經部文獻集成》，中華書局，2008 年
張涌泉：《敦煌俗字研究（第二版）》，上海教育出版社，2015 年
張涌泉：《敦煌寫本文獻學》，甘肅教育出版社，2013 年
張元濟：《百衲本二十四史校勘記——〈後漢書〉校勘記》，商務印書館，1999 年
張元濟：《校史隨筆》，上海古籍出版社，1998 年
真大成：《中古史書校證》，中華書局，2013 年
真大成：《中古文獻異文的語言學考察——以文字、詞語爲中心》，上海教育

出版社,2020 年
鄭鶴聲著,鄭一鈞整理:《正史匯目》,天津古籍出版社,2009 年
周天游:《八家後漢書輯注(修訂本)》,上海古籍出版社,2020 年
周一良:《魏晉南北朝史札記》,中華書局,1985 年
朱承平:《異文類語料的鑒別與應用》,岳麓書社,2005 年
朱冠明:《先秦至中古語法演變研究》,中國社會科學出版社,2015 年

二、論文類

曹珍、段曉春:《〈東觀漢記校注〉拾遺》,《齊齊哈爾大學學報(哲學社會科學版)》2015 年第 5 期
陳光崇:《關於范曄〈後漢書〉的三個問題》,《光明日報》第 4 版,1963 年 11 月 20 日
陳長琦:《論〈後漢紀〉的史學價值》,《黃淮學刊》1990 年第 3 期
程少軒:《肩水金關漢簡中的端午節》,《文匯報》第 15 版《文匯學人》,2016 年 6 月 3 日
陳錦春:《〈後漢書〉紀年訂誤三則》,《理論學刊》2012 年第 1 期
陳鎮蘇:《東漢的南宮和北宮》,《文史》2018 年第 1 期
陳鎮蘇:《東漢的"東宮"和"西宮"》,《"中央研究院"歷史語言研究所集刊》第八十九本第三分冊,2018 年 9 月
董文武:《〈後漢紀〉對〈後漢書〉的校勘價值》,《古籍整理研究學刊》1999 年第 3 期
董志翹:《關於古代漢語大型辭書中"因誤成詞"詞條的處理》,《中國語文》2020 年第 2 期
方一新:《東漢語料與漢語史研究芻議》,《中國語文》1996 年第 2 期
方一新:《〈世說新語〉校釋札記》,《杭州大學學報(哲學社會科學版)》1998 年第 4 期
方一新:《中古漢語詞義求證法論略》,《浙江大學學報(人文社會科學版)》2002 年第 5 期
高明:《〈後漢紀〉校讀拾遺》,《圖書館雜志》2018 年第 12 期
高明:《〈後漢紀〉校讀獻疑》,《圖書館雜志》2006 年第 10 期
高明:《〈後漢紀〉校讀續記》,《古籍整理研究學刊》2006 年第 5 期
高明:《〈後漢紀〉瑣記》,《圖書館雜志》2007 年第 10 期
顧義生:《〈後漢書〉標點獻疑三則》,《中國語文》1994 年第 5 期
顧義生:《〈後漢書〉李賢注辨析》,《古籍整理研究學刊》1994 年第 4 期

顧義生：《〈後漢書〉札記》，《古漢語研究》1994 年第 3 期

郭偉濤：《新見文津閣四庫本〈東觀漢記〉考論》，《中國典籍與文化論叢》第 28 輯，鳳凰出版社，2023 年

郭永秉：《古人如何降落在草木之上》，《上海書評》，2018 年 9 月 27 日

何亞南：《〈後漢書〉詞語校釋》，《古籍整理研究學刊》1999 年第 3 期

何亞南：《〈後漢書〉校勘辨正》，《古籍整理研究學刊》1994 年第 6 期

何亞南：《〈後漢書〉語詞釋義獻疑》，《古籍整理研究學刊》2008 年第 3 期

洪誠：《略論量詞"个"的語源及在唐以前的發展情況》，《南京大學學報（人文科學版）》1963 年第 2 期

胡愛英：《〈八家後漢書輯注〉校考》，《長春理工大學學報（社會科學版）》2011 年第 6 期

季忠平：《是"光武"還是"世祖"——點校本〈後漢書〉唐諱錐指》，《史林》2011 年第 5 期

江波：《〈後漢書・趙壹傳〉辯誤》，《文獻》2011 年第 3 期

蔣禮鴻：《杜詩釋詞》，載吳文祺主編《中華文史論叢增刊・語言文字研究專輯》上冊，上海古籍出版社，1982 年

蔣文：《重論〈詩經・墓門〉"訊"爲"誶"之形訛——以文字訛混的時代性爲視角》，《中國語文》2019 年第 4 期

俊娜：《漢代玉剛卯、嚴卯考》，《環球人文地理》2017 年第 7 期

闞緒良：《〈後漢紀〉校讀札記》，《安徽廣播電視大學學報》2009 年第 4 期

理明：《"蘭臺令史"官秩考異》，《浙江檔案》1997 年第 8 期

李繁貴：《〈後漢書〉異文辨正十則》，《寧夏大學學報（人文社科版）》2020 年第 2 期

李格非：《釋"芳""棘"》，《武漢大學學報（哲學社會科學版）》1984 年第 4 期

李建平、張顯成：《泛指性量詞"枚/個"的興替及其動因——以出土文獻爲新材料》，《古漢語研究》2009 年第 4 期

李運富：《從成語的"誤解誤用"看漢語辭彙的發展》，載《江蘇大學學報》2013 年第 3 期

劉漢忠：《説范曄〈後漢書〉之志》，《文獻》1997 年第 4 期

劉鳴：《〈後漢書〉勘誤三則》，《江海學刊》2019 年第 2 期

劉婷婷：《中華書局校點本〈後漢書〉改字獻疑》，《鹽城師範學院學報（人文社會科學版）》2018 年第 4 期

羅炳良：《范曄〈後漢書〉紀傳與司馬彪〈續漢書〉志分合考辨》，《華中科技

大學學報(社會科學版)》2005 年第 4 期

羅亮:《〈太平御覽〉中的"唐書"考辨》,《中山大學學報(社會科學版)》2022 年第 4 期

馬承源:《從剛卯到玉琮的探索》,《遼海文物學刊》1989 年第 1 期

馬固鋼:《〈後漢書〉考釋四則》,《石家莊師範專科學校學報》2002 年第 5 期

錢國祥:《東漢洛陽都城的空間格局復原研究》,《華夏考古》2022 年第 3 期

喬卓男:《〈後漢書〉章懷注覶論》,《古籍整理研究學刊》2021 年第 6 期

裘錫圭:《考古發現的秦漢文字資料對於校讀古籍的重要性》,《中國社會科學》1980 年第 5 期

裘錫圭:《再談古書中與重文有關的誤文》,《出土文獻與傳世典籍的詮釋——紀念譚樸森先生逝世兩週年國際學術研討會論文集》,上海古籍出版社,2010 年

石雲孫:《〈後漢書〉異文札記》,《古籍研究》1998 年第 4 期

束景南:《〈別字〉即〈方言〉考》,《文史》第 39 輯,中華書局,1994 年

束世澂:《范曄與〈後漢書〉》,《歷史教學》1961 年第 11—12 期

宋志英:《華嶠〈後漢書〉考述》,《史學史研究》2001 年第 4 期

孫志敏:《秦漢刑徒兵制與謫戍制考辨》,《古代文明》2017 年第 4 期

童嶺:《舊抄本古類書〈秘府略〉殘卷中所見〈東觀漢記〉佚文輯考》,《古典文獻研究》第 13 輯,鳳凰出版社,2010 年

項楚:《敦煌變文語詞札記》,《四川大學學報》1981 年第 2 期

徐震堮:《〈世說新語〉詞語簡釋》,《中華文史論叢》1979 年第 4 輯

汪維輝:《漢語"説類詞"的歷史演變與共時分布》,《中國語文》2003 年第 4 期

汪維輝:《唐宋類書好改前代口語——以〈世說新語〉異文爲例》,《漢學研究》卷一八,第 2 期,2000 年 12 月

汪維輝、顧軍:《論詞的"誤解誤用義"》,《語言研究》2012 年第 3 期

汪卉、龔延明:《〈職官分紀〉版本源流考述》,《文史》2015 年第 4 期

王承略:《中華書局校點本〈後漢書〉校改辨疑》,《貴陽學院學報(社會科學版)》2023 年第 2 期

王文暉:《〈後漢書〉"干欲"解》,《中華文史論叢》2012 年第 3 期

王文暉:《〈後漢書〉"姓璋"辨》,《中華文史論叢》2012 年第 3 期

王正書:《漢代剛卯真僞考釋》,《文物》1991 年第 11 期

鄥可晶:《說上博簡"民乃宜怨"中的"宜"及古書中的相關字詞》,《出土文獻研究》第 12 輯,中西書局,2013 年

吴金華：《〈後漢紀〉校議》，《古籍整理研究學刊》2001 年第 2 期
吴金華：《〈後漢紀〉校箋》，《古籍整理研究學刊》1999 年第 1 期
吴金華：《〈後漢紀〉校讀瑣記》，《古籍研究》1998 年第 3 期
吴從祥：《漢代蘭臺考辨》，《蘭臺世界》2015 年 12 月上旬刊
吴顥中：《漢代畫像石中的跳丸探析》，《戲曲研究通訊》第 11 期，臺北"中央"大學，2017 年
項楚：《敦煌變文語詞札記》，《四川大學學報》1982 年第 2 期
項楚：《〈王梵志詩校輯〉匡補》，《中華文史論叢》1985 年第 1 輯
熊明：《〈曹瞞傳〉考論——兼論六朝雜傳的小説化傾向》，《古籍研究》（總第 37 輯）2002 年第 1 期
楊樹達：《跋〈後漢書集解〉》，《清華大學學報》1927 年第 1 期
余曉宏：《中華書局點校本〈後漢書·董卓傳〉校證拾遺》，《聊城大學學報（社會科學版）》2011 年第 2 期
余作勝：《蔡邕"二意"考辨》，《中國音樂》2005 年第 3 期
曾廣明：《〈後漢紀〉誤校辨證》，《古典文獻研究》第 19 輯，鳳凰出版社，2017 年
張烈：《兩漢紀及其版本問題》，《古籍整理研究學刊》1990 年第 6 期
詹宗佑：《近二十年（1978—1998）新校本二十五史内文校正論著索引——中古之部》，《漢學研究通訊》1999 年第 4 期
張文冠：《敦煌雜字疑難字詞箋釋》，載《唐研究》總第 27 卷，北京大學出版社，2022 年
張文冠：《中古史書校勘拾遺》，《漢語史學報》第 18 輯，上海教育出版社，2018 年
張述祖：《范蔚宗年譜》，《歷史年報》1940 年第 2 期
張宗品：《〈後漢書〉"詣校書部"辨》，《中國史研究》2014 年第 4 期
趙永：《琉璃名稱考辨》，《中國國家博物館館刊》2013 年第 5 期
真大成：《論中古"衍生性文本"的語料意義——以〈世説新語〉爲例》，《中國語文》2020 年第 1 期
真大成：《中古文獻異文與中古詞彙史研究》，《漢語史學報》第 22 輯，上海教育出版社，2020 年
周曉瑜：《李賢〈後漢書注〉評議》，《吉林大學社會科學學報》1992 年第 4 期
朱春雨：《〈後漢書稽疑〉商榷》，《勵耘語言學刊》第 28 輯，中華書局，2018 年 6 月
朱慶之：《論"誤用"在漢語歷史演變中的作用——社會語言學理論與漢語

史研究札記之一》,國際中國語言學學會第十八屆年會(Boston,哈佛大學),2010年5月

三、學位論文類

胡愛英:《〈八家後漢書輯注〉校補》,南京師範大學碩士學位論文,2003年

李博:《〈後漢紀〉〈後漢書〉史料比較研究》,南京師範大學博士學位論文,2019年

李繁貴:《〈後漢書〉異文研究》,廣州大學碩士學位論文,2011年

劉婷婷:《〈後漢書集解〉校勘札記》,山東大學碩士學位論文,2016年

劉玉萍:《〈後漢紀〉校讀札記》,南京師範大學碩士學位論文,2008年

沈芸:《古寫本〈群書治要‧後漢書〉異文研究》,復旦大學博士學位論文,2010年

王成厚:《王叔邊本〈後漢書〉與〈後漢書集解〉校勘研究》,山東大學碩士學位論文,2019年

閆菊香:《〈後漢書〉與相關史料語言比較研究》,浙江大學碩士學位論文,2021年

曾廣敏:《〈後漢紀〉校誤》,南京大學碩士學位論文,2016年

後　　記

　　本書是2022年度國家社科後期資助項目"東漢史書校證"的結項成果，也是我的博士後出站報告《東漢史書異文考辨》的擴展和深化。2014年夏秋之際，我隨方一新先生從事博士後研究，先生命我以東漢史籍異文爲題，試撰博士後工作報告，本書正是在此基礎上修改增訂而成。書稿交付出版社後，有賴編審老師審讀校訂，以爲書稿所涉内容頗雜，幫我更名爲"叢考"。東漢史籍流變錯綜，本書對材料爬梳僅涉冰山一角，考證尚多粗疏，實難副"叢考"之名。

　　課題已結項，書稿已完成，但其中疏漏定有很多，囿於學力和時間，祇能以此匆匆付梓。我深知，後漢史籍材料迭徑多出，異文研究猶待深耕，書稿對相關材料的整理研究僅是起步，後續值得投入更多時間和精力致身其中。

　　書稿在撰寫、修訂、出版的過程中，幸得諸多師友相助。首先要感謝博士後導師方一新先生。我在攻讀博士學位期間的研究方向是古文字學，漢語史方面功底薄弱。先生不以我駑鈍，領我稍窺門徑。正是在他悉心教導下，我纔順利完成博士後的研究工作。感謝王雲路先生、汪維輝先生，在浙大期間，多聆二位先生教誨，受益良多。討論課上，同門友對部分書稿内容也提出中肯的意見，在此統達謝忱！

　　另外，要感謝安徽大學徐在國先生、闞緒良先生的傳道受業和一直以來的幫助和鼓勵！

　　匿名評審專家匡我未逮，提出很多有價值的建議，對完善書稿起了重要作用；上海古籍出版社三審老師工作認真細緻，給書稿頗多潤色，在此並致謝意！

　　最後，要特別感謝家人的支持和陪伴，你們的守望是最溫暖的港灣。

陶　智

2025年4月28日於禾城

圖書在版編目（CIP）數據

東漢史書叢考 / 陶智著. -- 上海 ： 上海古籍出版社, 2025. 5. -- ISBN 978-7-5732-1620-5

Ⅰ. H109.2

中國國家版本館 CIP 數據核字第 2025AU1974 號

東漢史書叢考

陶　智　著

上海古籍出版社出版發行

（上海市閔行區號景路 159 弄 1 - 5 號 A 座 5F　郵政編碼 201101）

（1）網址：www.guji.com.cn

（2）E-mail：guji1@guji.com.cn

（3）易文網網址：www.ewen.co

商務印書館上海印刷有限公司印刷

開本 700×1000　1/16　印張 28.5　插頁 3　字數 492,000

2025 年 5 月第 1 版　2025 年 5 月第 1 次印刷

ISBN 978 - 7 - 5732 - 1620 - 5

K・3872　定價：148.00 元

如有質量問題，請與承印公司聯繫